서울 교통공사

통합기본서

시대에듀

2025 하반기 시대에듀 서울교통공사 통합기본서

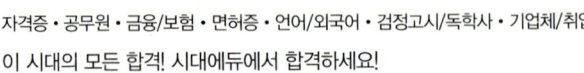

머리말 PREFACE

서울지하철 1~8호선, 9호선 2·3단계 구간(288역, 311.7km)을 운영하는 세계적 수준의 도시철도 운영기관인 서울교통공사는 2025년에 신입사원을 채용할 예정이다. 서울교통공사의 채용절차는 「원서 접수 → 서류전형 → 필기시험 → 인성검사 → 체력검정 → 면접시험 → 신체검사 결격조회 → 최종합격」 순서로 이루어진다. 필기시험은 직업기초능력평가와 직무수행능력평가로 진행하는데, 직업기초능력평가의 경우 의사소통능력, 수리능력, 문제해결능력, 조직이해능력, 정보능력, 자원관리능력, 기술능력, 자기개발능력, 대인관계능력, 직업윤리 총 10개의 영역을 평가하며 2024년에는 피듈형으로 출제되었다. 직무수행능력평가는 직종별로 평가내용이 상이하므로 반드시 확정된 채용공고를 확인해야 한다. 필기시험에서 고득점을 받기 위해서는 다양한 유형에 대한 폭넓은 학습과 문제풀이능력을 높이는 등 철저한 준비가 필요하다.

서울교통공사 합격을 위해 시대에듀에서는 기업별 NCS 시리즈 누적 판매량 1위의 출간 경험을 토대로 다음과 같은 특징을 가진 도서를 출간하였다.

도서의 특징

❶ 기출복원문제를 통한 출제 유형 확인!

- 서울교통공사 3개년(2024~2022년) 기출복원문제를 통해 서울교통공사 필기시험 출제경향을 파악할 수 있도록 하였다.

❷ 출제 영역 맞춤 문제를 통한 실력 상승!

- 직업기초능력평가 대표기출유형&기출응용문제를 수록하여 유형별로 꼼꼼히 NCS를 대비할 수 있도록 하였다.
- 사무직(행정학, 경영학, 법학, 경제학) 및 기술직(기계일반, 전기일반, 전자일반) 적중예상문제를 수록하여 전공까지 확실하게 준비할 수 있도록 하였다.

❸ 최종점검 모의고사를 통한 완벽한 실전 대비!

- 철저한 분석을 통해 실제 유형과 유사한 최종점검 모의고사를 수록하여 자신의 실력을 점검할 수 있도록 하였다.

❹ 다양한 콘텐츠로 최종 합격까지!

- 서울교통공사 채용 가이드와 면접 예상&기출질문을 수록하여 채용 전반에 대비할 수 있도록 하였다.
- 온라인 모의고사를 무료로 제공하여 필기시험을 준비하는 데 부족함이 없도록 하였다.

끝으로 본 도서를 통해 서울교통사 채용을 준비하는 모든 수험생 여러분이 합격의 기쁨을 누리기를 진심으로 기원한다.

SDC(Sidae Data Center) 씀

서울교통공사 기업분석 INTRODUCE

◇ 미션

안전한 도시철도, 편리한 교통서비스

◇ 비전

사람과 도시를 연결하는 종합교통기업 서울교통공사

◇ 핵심가치

안전우선

도전혁신

고객지향

지속경영

◇ 인재상

안전분야 최고를 지향하는 인재

혁신을 주도하는 인재

열린 마음으로 협력하는 인재

◇ 경영목표 & 추진과제

목표	추진과제
시스템 기반 최고 수준의 안전운행	• 선제적인 차량 및 시설 현대화 • 공사 고유의 안전관리 시스템 고도화
미래 성장동력 발굴 및 조직 경쟁력 강화	• 사업영역 확장을 통한 신규 수익 창출 • 경영합리화를 통한 비용절감 및 효율성 제고
더 나은 서비스를 통한 고객 만족도 제고	• 고객 맞춤형 고품질 서비스 제공 • 도시철도 이용환경 개선 및 편리성 강화
지속가능한 경영관리 체계 구축	• 친환경 · 상생 · 투명의 ESG 경영 실천 • 소통 · 협업 기반 창의적 조직역량 확보

◇ 성과지표

철도사고 · 재난 Zero	매출액 2조 3,114억 원
운행장애 Zero	영업수지 0.72
고객만족도 86.59점	종합청렴도 1등급
초미세먼지 32㎍/m	온실가스 감축 100%

신입 채용 안내 INFORMATION

◇ 지원자격(공통)

① 연령 : 만 18세 이상자

※ 단, 공사 정년 범위 내

② 학력사항 : 제한 없음

③ 병역사항 : 병역법 제76조에서 정한 병역의무 불이행 사실이 없는 자

※ 단, 복무 중인 경우에는 단계별 전형절차에 응시가 가능하고 최종합격자 발표일 전일까지 전역 가능한 자

④ 근무조건 : 주 · 야간 교대(교번)근무가 가능한 자

※ 단, 여성의 경우 근로기준법 제70조에 의거하여 야간근로(22:00~06:00) 및 휴일근로 동의서를 제출하여야 임용 가능

⑤ 서울교통공사 인사규정 제17조(결격사유)에 해당하지 않는 자

◇ 필기시험

구분	직종	평가내용	문항 수
직업기초능력평가	전 직종	의사소통능력, 수리능력, 문제해결능력, 조직이해능력, 정보능력, 자원관리능력, 기술능력, 자기개발능력, 대인관계능력, 직업윤리	40문항 (50%)
직무수행능력평가	사무	행정학, 경영학, 법학, 경제학 택 1	40문항 (50%)
	승무	기계일반, 전기일반, 전자일반 택 1	
	차량	기계일반, 전기일반, 전자일반 택 1	
	전기	전기일반	
	기계	기계일반, 전기일반 택 1	
	승강장안전문	전기일반, 전자일반, 통신일반 택 1	

※ 일부 직종의 전공내용은 생략하였음

◇ 면접시험

구분	평가내용
평정요소	직원으로서의 정신자세, 전문지식과 응용능력, 의사발표의 정확성과 논리성, 예의 · 품행 및 성실성, 창의력 · 의지력 및 기타 발전가능성
시험방법	개별(상황)면접 + 집단면접(3~4명)/각 15점 만점

❖ 위 채용 안내는 2024년 채용공고를 기준으로 작성하였으므로 세부사항은 확정된 채용공고를 확인하기 바랍니다.

2024년 기출분석 ANALYSIS

총평

서울교통공사 필기시험은 피듈형으로 출제되었으며, 난이도는 평이했으나 90분 내에 10개 영역의 NCS 문제와 전공 문제를 모두 풀어야 하므로 시간 관리가 어려웠다는 후기가 많았다. 의사소통능력의 경우 어휘와 관련된 문제가 출제되었으므로 자주 출제되는 어휘에 대한 준비가 필요해 보인다. 또한, 수리능력의 경우 단순한 계산 문제보다는 자료를 이해하고 활용하여 푸는 문제가 다수 출제되었으며, 조직이해능력이나 대인관계능력, 직업윤리 등의 영역에서는 모듈형 문제가 출제되었으므로 평소 모듈이론에 대한 학습을 충분히 해야 한다.

◇ 영역별 출제 비중

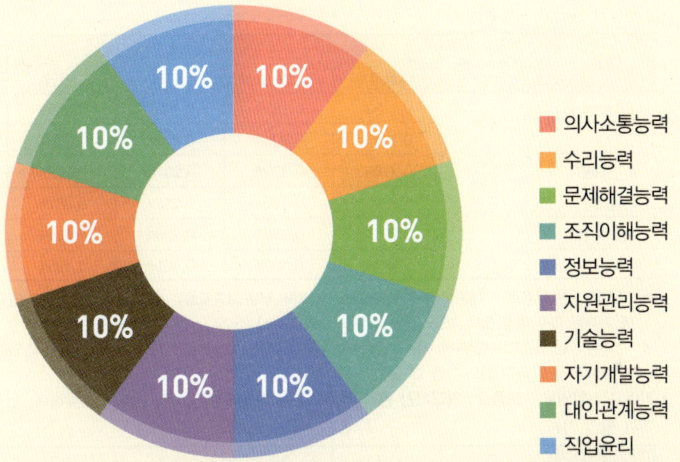

구분	출제 특징		출제 키워드
의사소통능력	• 문서 내용 이해 문제가 출제됨 • 안내문 관련 문제가 출제됨	• 어휘 문제가 출제됨	• 공문서, 안내문, 항목, 늘이다/늘리다, 갖은/가진 등
수리능력	• 자료 이해 문제가 출제됨	• 표 문제가 출제됨	• 평균, 버스, 설치률, 역의 개수 등
문제해결능력	• 명제 추론 문제가 출제됨	• 자료 해석 문제가 출제됨	• 캐리어, 총금액, 추가금, 부서 등
조직이해능력	• 조직 구조 문제가 출제됨	• 업무 종류 문제가 출제됨	• 조직도, 전결, 승진 등
정보능력	• 엑셀 함수 문제가 출제됨		• 날짜, 메일머지, 단축키, 외부자료 등
자원관리능력	• 시간 계획 문제가 출제됨	• 비용 계산 문제가 출제됨	• 시간자원, 30억, 예산, 최대수익, 방해요인 등
기술능력	• 기술 이해 문제가 출제됨		• 비문학, 양전하, 음전하 등
자기개발능력	• 자기 관리 문제가 출제됨		• 내면관리, 가점 등
대인관계능력	• 팀워크 문제가 출제됨	• 갈등 관리 문제가 출제됨	• 임파워먼트, 팔로워십, 갈등해결 등
직업윤리	• 윤리 관련 문제가 출제됨	• 근면 관련 문제가 출제됨	• 윤리강령, 직업윤리, 근로윤리 등

PSAT형

| 수리능력

04 다음은 신용등급에 따른 아파트 보증률에 대한 사항이다. 자료와 상황에 근거할 때, 갑(甲)과 을(乙)의 보증료의 차이는 얼마인가?(단, 두 명 모두 대지비 보증금액은 5억 원, 건축비 보증금액은 3억 원이며, 보증서 발급일로부터 입주자 모집공고 안에 기재된 입주 예정 월의 다음 달 말일까지의 해당 일수는 365일이다)

- (신용등급별 보증료)=(대지비 부분 보증료)+(건축비 부분 보증료)
- 신용평가 등급별 보증료율

구분	대지비 부분	건축비 부분				
		1등급	2등급	3등급	4등급	5등급
AAA, AA	0.138%	0.178%	0.185%	0.192%	0.203%	0.221%
A^+		0.194%	0.208%	0.215%	0.226%	0.236%
A^-, BBB^+		0.216%	0.225%	0.231%	0.242%	0.261%
BBB^-		0.232%	0.247%	0.255%	0.267%	0.301%
BB^+ ~ CC		0.254%	0.276%	0.296%	0.314%	0.335%
C, D		0.404%	0.427%	0.461%	0.495%	0.531%

※ (대지비 부분 보증료)=(대지비 부분 보증금액)×(대지비 부분 보증료율)×(보증서 발급일로부터 입주자 모집공고 안에 기재된 입주 예정 월의 다음 달 말일까지의 해당 일수)÷365

※ (건축비 부분 보증료)=(건축비 부분 보증금액)×(건축비 부분 보증료율)×(보증서 발급일로부터 입주자 모집공고 안에 기재된 입주 예정 월의 다음 달 말일까지의 해당 일수)÷365

- 기여고객 할인율 : 보증료, 거래기간 등을 기준으로 기여도에 따라 6개 군으로 분류하며, 건축비 부분 요율에서 할인 가능

구분	1군	2군	3군	4군	5군	6군
차감률	0.058%	0.050%	0.042%	0.033%	0.025%	0.017%

〈상황〉

- 갑 : 신용등급은 A^+이며, 3등급 아파트 보증금을 내야 한다. 기여고객 할인율에서는 2군으로 선정되었다.
- 을 : 신용등급은 C이며, 1등급 아파트 보증금을 내야 한다. 기여고객 할인율은 3군으로 선정되었다.

① 554,000원
② 566,000원
③ 582,000원
④ 591,000원
⑤ 623,000원

특징
▸ 대부분 의사소통능력, 수리능력, 문제해결능력을 중심으로 출제(일부 기업의 경우 자원관리능력, 조직이해능력을 출제)
▸ 자료에 대한 추론 및 해석 능력을 요구

대행사
▸ 엑스퍼트컨설팅, 커리어넷, 태드솔루션, 한국행동과학연구소(행과연), 휴노 등

모듈형

| 문제해결능력

41 문제해결절차의 문제 도출 단계는 (가)와 (나)의 절차를 거쳐 수행된다. 다음 중 (가)에 대한 설명으로 적절하지 않은 것은?

(가)		(나)
전체 문제를 개별화된 이슈들로 세분화	→	문제에 영향력이 큰 핵심이슈를 선정

① 문제의 내용 및 영향 등을 파악하여 문제의 구조를 도출한다.
② 본래 문제가 발생한 배경이나 문제를 일으키는 메커니즘을 분명히 해야 한다.
③ 현상에 얽매이지 말고 문제의 본질과 실제를 봐야 한다.
④ 눈앞의 결과를 중심으로 문제를 바라봐야 한다.
⑤ 문제 구조 파악을 위해서 Logic Tree 방법이 주로 사용된다.

특징
- 이론 및 개념을 활용하여 푸는 유형
- 채용 기업 및 직무에 따라 NCS 직업기초능력평가 10개 영역 중 선발하여 출제
- 기업의 특성을 고려한 직무 관련 문제를 출제
- 주어진 상황에 대한 판단 및 이론 적용을 요구

대행사
- 인트로맨, 휴스테이션, ORP연구소 등

피듈형(PSAT형 + 모듈형)

| 자원관리능력

07 다음 자료를 근거로 판단할 때, 연구모임 A ~ E 중 세 번째로 많은 지원금을 받는 모임은?

〈지원계획〉

- 지원을 받기 위해서는 한 모임당 5명 이상 9명 미만으로 구성되어야 한다.
- 기본지원금은 모임당 1,500천 원을 기본으로 지원한다. 단, 상품개발을 위한 모임의 경우는 2,000천 원을 지원한다.
- 추가지원금

등급	상	중	하
추가지원금(천 원/명)	120	100	70

※ 추가지원금은 연구 계획 사전평가결과에 따라 달라진다.

- 협업 장려를 위해 협업이 인정되는 모임에는 위의 두 지원금을 합한 금액의 30%를 별도로 지원한다.

〈연구모임 현황 및 평가결과〉

특징
- 기초 및 응용 모듈을 구분하여 푸는 유형
- 기초인지모듈과 응용업무모듈로 구분하여 출제
- PSAT형보다 난도가 낮은 편
- 유형이 정형화되어 있고, 유사한 유형의 문제를 세트로 출제

대행사
- 사람인, 스카우트, 인크루트, 커리어케어, 트리피, 한국사회능력개발원 등

주요 공기업 적중 문제 TEST CHECK

서울교통공사

공기질 ▶ 키워드

2024년 적중

08 다음은 1호선 지하역사 공기질 측정결과에 대한 자료이다. 〈보기〉 중 옳지 않은 것을 모두 고르면?

〈1호선 지하역사 공기질 측정결과〉

역사명	측정항목 및 기준								
	PM-10	CO_2	HCHO	CO	NO_2	Rn	석면	O_3	TVOC
	$\mu g/m^3$	ppm	$\mu g/m^3$	ppm	ppm	Bq/m^3	이하/cc	ppm	$\mu g/m^3$
기준치	140	1,000	100	9	0.05	148	0.01	0.06	500
1호선 평균	91.4	562	8.4	0.5	0.026	30.6	0.01 미만	0.017	117.7
서울역	86.9	676	8.5	0.6	0.031	25.7	0.01 미만	0.009	56.9
시청	102.0	535	7.9	0.5	0.019	33.7	0.01 미만	0.022	44.4
종각	79.4	562	9.5	0.6	0.032	35.0	0.01 미만	0.016	154.4
종각3가	87.7	495	6.4	0.6	0.036	32.0	0.01 미만	0.008	65.8
종로5가	90.1	591	10.4	0.4	0.020	29.7	0.01 미만	0.031	158.6
동대문	89.4	566	9.2	0.7	0.033	28.5	0.01 미만	0.016	97.7
동묘앞	93.6	606	8.3	0.5	0.018	32.0	0.01 미만	0.023	180.4
신설동	97.1	564	4.8	0.4	0.015	44.5	0.01 미만	0.010	232.1
제기동	98.7	518	8.0	0.5	0.024	12.0	0.01 미만	0.016	98.7
청량리	89.5	503	11.4	0.6	0.032	32.5	0.01 미만	0.014	87.5

보기

㉠ CO가 1호선 평균보다 낮게 측정된 역사는 종로5가역과 신설동역이다.
㉡ HCHO가 가장 높게 측정된 역과 가장 낮게 측정된 역의 평균은 1호선 평균 HCHO 수치보다 높다.
㉢ 시청역은 PM-10이 가장 높게 측정됐지만, TVOC는 가장 낮게 측정되었다.
㉣ 청량리역은 3가지 항목에서 1호선 평균이 넘는 수치가 측정됐다.

① ㉠, ㉡ ② ㉠, ㉢

전결 ▶ 키워드

2024년 적중

02 직무 전결 규정상 전무이사가 전결인 '과장의 국내출장 건'의 결재를 시행하고자 한다. 박기수 전무이사가 해외출장으로 인해 부재중이어서 직무대행자인 최수영 상무이사가 결재하였다. 다음 〈보기〉 중 이에 대한 설명으로 적절하지 않은 것을 모두 고르면?

보기

ㄱ. 최수영 상무이사가 결재한 것은 전결이다.
ㄴ. 공문의 결재표 상에는 '과장 최경옥, 부장 김석호, 상무이사 전결, 전무이사 최수영'이라고 표시되어 있다.
ㄷ. 박기수 전무이사가 출장에서 돌아와서 해당 공문을 검토하는 것은 후결이다.
ㄹ. 위임 전결받은 사항에 대해서는 원결재자인 대표이사에게 후결을 받는 것이 원칙이다.

① ㄱ, ㄴ ② ㄱ, ㄹ
③ ㄱ, ㄴ, ㄹ ④ ㄴ, ㄷ, ㄹ
⑤ ㄱ, ㄴ, ㄷ, ㄹ

코레일 한국철도공사

2025년 적중

교통사고 ▶ 키워드

※ 다음은 K국의 교통사고 사상자 2,500명에 대해 조사한 자료이다. 이어지는 질문에 답하시오. [3~4]

〈교통사고 현황〉

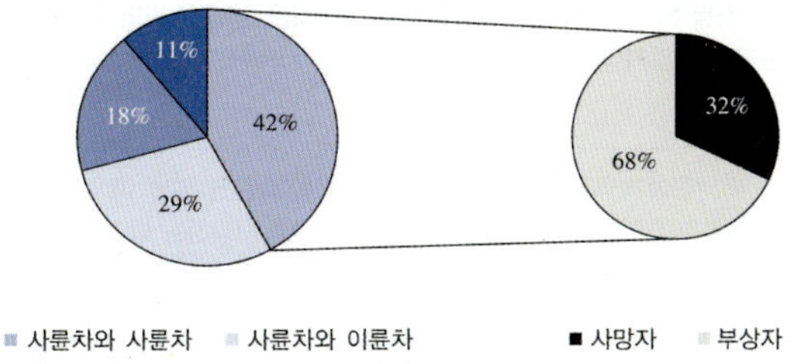

※ 사상자 수와 가해자 수는 같다.

〈교통사고 가해자 연령〉

구분	20대	30대	40대	50대	60대 이상
비율	38%	21%	11%	8%	( )

※ 교통사고 가해자 연령 비율의 합은 100%이다.

2025년 적중

지하철 요금 ▶ 키워드

※ 수원에 사는 H대리는 가족들과 가평으로 여행을 가기로 하였다. 다음은 가평을 가기 위한 대중교통 수단별 운행요금 및 소요시간과 자가용 이용 시 현황에 대한 자료이다. 이어지는 질문에 답하시오. [26~28]

〈대중교통수단별 운행요금 및 소요시간〉

구분	운행요금			소요시간		
	수원역 ~ 서울역	서울역 ~ 청량리역	청량리역 ~ 가평역	수원역 ~ 서울역	서울역 ~ 청량리역	청량리역 ~ 가평역
기차	2,700원	-	4,800원	32분	-	38분
버스	2,500원	1,200원	3,000원	1시간 16분	40분	2시간 44분
지하철	1,850원	1,250원	2,150원	1시간 03분	18분	1시간 17분

※ 운행요금은 어른 편도 요금이다.

〈자가용 이용 시 현황〉

구분	통행료	소요시간	거리
A길	4,500원	1시간 49분	98.28km
B길	4,400원	1시간 50분	97.08km
C길	6,600원	1시간 49분	102.35km

※ 거리에 따른 주유비는 124원/km이다.

조건

- H대리 가족은 어른 2명, 아이 2명이다.
- 아이 2명은 각각 만 12세, 만 4세이다.
- 어린이 기차 요금(만 13세 미만)은 어른 요금의 50%이고, 만 4세 미만은 무료이다.

국가철도공단

2025년 적중

경청 ▶ 유형

01 A씨 부부는 대화를 하다 보면 사소한 다툼으로 이어지곤 한다. A씨의 아내는 A씨가 자신의 이야기를 제대로 들어주지 않기 때문이라고 생각한다. 다음 사례에 나타난 A씨의 경청을 방해하는 습관은 무엇인가?

> A씨의 아내가 남편에게 직장에서 업무 실수로 상사에게 혼난 일을 이야기하자 A씨는 "항상 일을 진행하면서 꼼꼼하게 확인하라고 했잖아요. 당신이 일을 처리하는 방법이 잘못됐어요. 다음부터는 일을 하기 전에 미리 계획을 세우고 체크리스트를 작성해보세요."라고 이야기했다. A씨의 아내는 이런 대답을 듣자고 이야기한 것이 아니라며 더 이상 이야기하고 싶지 않다고 말하며 밖으로 나가 버렸다.

① 짐작하기　② 걸러내기
③ 판단하기　④ 조언하기

2025년 적중

브레인스토밍 ▶ 키워드

※ 다음 글을 읽고 이어지는 질문에 답하시오. **[3~4]**

> 이혜민 사원은 급하게 ㉠ 상사와 통화를 원하는 외부전화를 받았다. 상사는 현재 사내 상품개발팀과 신제품개발 아이디어 수집에 대해 전화회의를 하고 있다. 상대방의 양해를 얻어 전화를 대기시키고 ㉡ 메모지에 내용을 적어 통화 중인 상사에게 전하고 잠시 기다렸다. 통화 중인 상사는 이혜민 사원에게 전화를 ㉢ 받을 수 없다는 손짓을 하고, 메모지에 ㉣ '나중에 통화'라고 적었다. 이혜민 사원은 상사의 뜻을 전하고 ㉤ 전화번호를 물어보았다. 잠시 후 상품개발팀장과 통화를 끝낸 상사는 이혜민 사원에게 다음과 같이 지시하였다. "㉥ 다음 주에 약 12명이 모여 신상품 아이디어에 대한 브레인스토밍 회의를 할 겁니다. 화요일을 제외하고 날짜를 잡아 팀장과 의논해서 준비하세요."

03 의사전달 매체를 말, 글, 비언어적 수단 등으로 구분할 때, 다음 중 밑줄 친 ㉠~㉤에서 같은 매체로 짝지어진 것은?

① ㉠, ㉢　② ㉡, ㉣
③ ㉡, ㉤　④ ㉢, ㉣

한국수자원공사

2025년 적중

확률 ▶ 유형

12 K학교의 학생은 A과목과 B과목 중 한 과목만을 선택하여 수업을 받는다고 한다. A과목과 B과목을 선택한 학생의 비율이 각각 전체의 40%, 60%이고, A과목을 선택한 학생 중 여학생은 30%, B과목을 선택한 학생 중 여학생은 40%라고 하자. K학교의 3학년 학생 중에서 임의로 뽑은 학생이 여학생일 때, 그 학생이 B과목을 선택한 학생일 확률은?

① $\frac{1}{3}$ ② $\frac{2}{3}$

③ $\frac{1}{4}$ ④ $\frac{3}{4}$

2025년 적중

자리 배치 ▶ 유형

29 K기업의 영업1팀은 강팀장, 김대리, 이대리, 박사원, 유사원으로 이루어져 있었으나, 최근 인사이동으로 인해 팀원의 변화가 일어났고, 이로 인해 자리를 새롭게 배치하려고 한다. 〈조건〉이 다음과 같을 때, 항상 옳은 것은?

〈조건〉

- 영업1팀의 김대리는 영업2팀의 팀장으로 승진하였다.
- 이번 달 영업1팀에 김사원과 이사원이 새로 입사하였다.
- 자리는 일렬로 위치해 있으며, 영업1팀은 영업2팀과 마주하고 있다.
- 자리의 가장 안 쪽 옆은 벽이며, 반대편 끝자리의 옆은 복도이다.
- 각 팀의 팀장은 가장 안 쪽인 왼쪽 끝에 앉는다.
- 이대리는 영업2팀 김팀장의 대각선에 앉는다.
- 박사원의 양 옆은 신입사원이 앉는다.
- 김사원의 자리는 이사원의 자리보다 왼쪽에 있다.

① 이대리는 강팀장과 인접한다.
② 박사원의 자리는 유사원의 자리보다 왼쪽에 있다.
③ 이사원의 양 옆 중 한쪽은 복도이다.
④ 김사원은 유사원과 인접하지 않는다.

도서 200% 활용하기 STRUCTURES

1 기출복원문제로 출제경향 파악

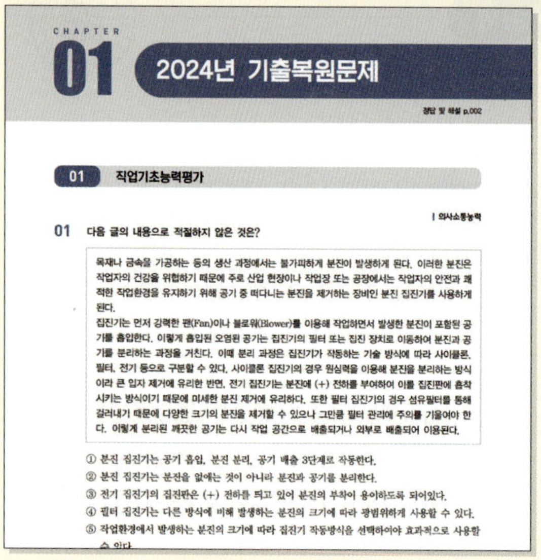
CHAPTER 01 2024년 기출복원문제

정답 및 해설 p.002

01 직업기초능력평가

| 의사소통능력

01 다음 글의 내용으로 적절하지 않은 것은?

목재나 금속을 가공하는 등의 생산 과정에서는 불가피하게 분진이 발생하게 된다. 이러한 분진은 작업자의 건강을 위협하기 때문에 주로 산업 현장이나 작업장 또는 공장에서는 작업자의 안전과 쾌적한 작업환경을 유지하기 위해 공기 중 떠다니는 분진을 제거하는 장비인 분진 집진기를 사용하게 된다.
집진기는 먼저 강력한 팬(Fan)이나 블로워(Blower)를 이용해 작업하면서 발생한 분진이 포함된 공기를 흡입한다. 이렇게 흡입된 오염된 공기는 집진기의 필터 또는 집진 장치로 이동하여 분진과 공기를 분리하는 과정을 거친다. 이때 분리 과정은 집진기가 작동하는 기술 방식에 따라 사이클론, 필터, 전기 등으로 구분할 수 있다. 사이클론 집진기의 경우 원심력을 이용해 분진을 분리하는 방식이라 큰 입자 제거에 유리한 반면, 전기 집진기는 분진에 (+) 전하를 부여하여 이를 집진판에 흡착시키는 방식이기 때문에 미세한 분진 제거에 유리하다. 또한 필터 집진기의 경우 섬유필터를 통해 걸러내기 때문에 다양한 크기의 분진을 제거할 수 있으나 그만큼 필터 관리에 주의를 기울여야 한다. 이렇게 분리된 깨끗한 공기는 다시 작업 공간으로 배출되거나 외부로 배출되어 이용된다.

① 분진 집진기는 공기 흡입, 분진 분리, 공기 배출 3단계로 작동한다.
② 분진 집진기는 분진을 없애는 것이 아니라 분진과 공기를 분리한다.
③ 전기 집진기의 집진판은 (+) 전하를 띄고 있어 분진의 부착이 용이하도록 되어있다.
④ 필터 집진기는 다른 방식에 비해 발생하는 분진의 크기에 따라 광범위하게 사용할 수 있다.
⑤ 작업환경에서 발생하는 분진의 크기에 따라 집진기 작동방식을 선택하여야 효과적으로 사용할 수 있다.

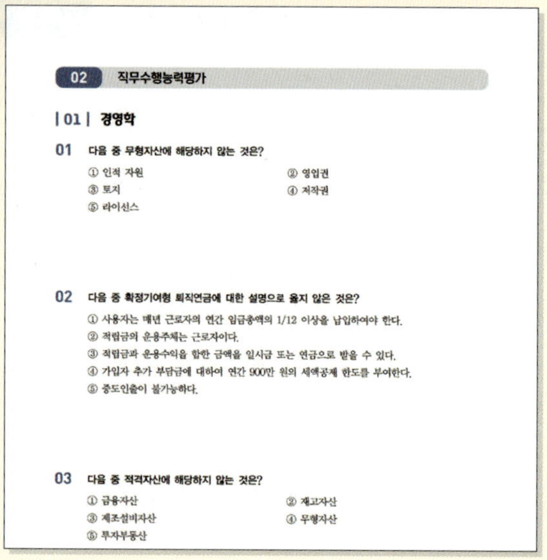
02 직무수행능력평가

| 01 | 경영학

01 다음 중 무형자산에 해당하지 않는 것은?
① 인적 자원 ② 영업권
③ 토지 ④ 저작권
⑤ 라이선스

02 다음 중 확정기여형 퇴직연금에 대한 설명으로 옳지 않은 것은?
① 사용자는 매년 근로자의 연간 임금총액의 1/12 이상을 납입하여야 한다.
② 적립금의 운용주체는 근로자이다.
③ 적립금과 운용수익을 합한 금액을 일시금 또는 연금으로 받을 수 있다.
④ 가입자 추가 부담금에 대하여 연간 900만 원의 세액공제 한도를 부여한다.
⑤ 중도인출이 불가능하다.

03 다음 중 적격자산에 해당하지 않는 것은?
① 금융자산 ② 재고자산
③ 제조설비자산 ④ 무형자산
⑤ 투자부동산

▶ 서울교통공사 3개년(2024～2022년) 기출복원문제를 통해 서울교통공사 필기시험 출제경향을 파악할 수 있도록 하였다.

2 출제 영역 맞춤 문제로 필기시험 완벽 대비

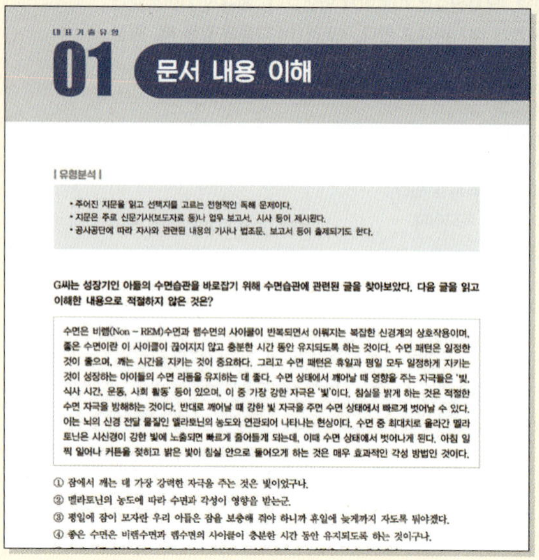
대표기출유형 01 문서 내용 이해

| 유형분석 |

- 주어진 지문을 읽고 선택지를 고르는 전형적인 독해 문제이다.
- 지문은 주로 신문기사(보도자료 등)나 업무 보고서, 시사 등이 제시된다.
- 공사공단에 따라 자사와 관련된 내용의 기사나 법조문, 보고서 등이 출제되기도 한다.

G씨는 성장기인 아들의 수면습관을 바로잡기 위해 수면습관에 관련된 글을 찾아보았다. 다음 글을 읽고 이해한 내용으로 적절하지 않은 것은?

수면은 비렘(Non – REM)수면과 렘수면의 사이클이 반복되면서 이뤄지는 복잡한 신경계의 상호작용이며, 좋은 수면이란 이 사이클이 끊어지지 않고 충분한 시간 동안 유지되도록 하는 것이다. 수면 패턴은 일정한 것이 좋으며, 깨는 시간을 지키는 것이 중요하다. 그리고 수면 패턴은 휴일과 평일 모두 일정하게 지키는 것이 성장하는 아이들의 수면 리듬을 유지하는 데 좋다. 수면 상태에서 깨어날 때 영향을 주는 자극들은 '빛, 식사 시간, 운동, 사회 활동' 등이 있으며, 이 중 가장 강한 자극은 '빛'이다. 침실을 밝게 하는 것은 적절한 수면 자극을 방해하는 것이다. 반대로 깨어날 때 강한 빛 자극을 주면 수면 상태에서 빠르게 벗어날 수 있다. 이는 뇌의 신경 전달 물질인 멜라토닌의 농도와 연관되어 나타나는 현상이다. 수면 중 최대치로 올라간 멜라토닌은 시신경이 강한 빛에 노출되면 빠르게 줄어들게 되는데, 이때 수면 상태에서 벗어나게 된다. 아침 일찍 일어나 커튼을 젖히고 밝은 빛이 침실 안으로 들어오게 하는 것은 매우 효과적인 각성 방법인 것이다.

① 잠에서 깨는 데 가장 강력한 자극을 주는 것은 빛이었구나.
② 멜라토닌의 농도에 따라 수면과 각성이 영향을 받는군.
③ 평일에 잠이 모자란 우리 아들은 잠을 보충해 줘야 하니까 휴일에 늦게까지 자도록 둬야겠다.
④ 좋은 수면은 비렘수면과 렘수면의 사이클이 충분한 시간 동안 유지되도록 하는 것이구나.

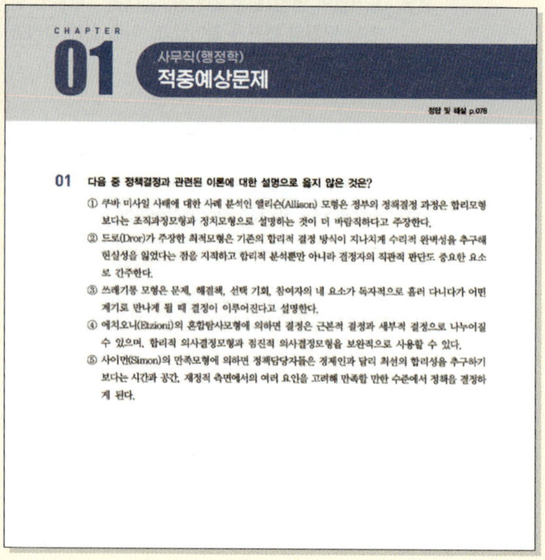
CHAPTER 01 사무직(행정학) 적중예상문제

정답 및 해설 p.078

01 다음 중 정책결정과 관련된 이론에 대한 설명으로 옳지 않은 것은?
① 쿠바 미사일 사태에 대한 사례 분석인 앨리슨(Allison) 모형은 정부의 정책결정 과정은 합리모형보다는 조직과정모형과 정치모형으로 설명하는 것이 더 바람직하다고 주장한다.
② 드로(Dror)가 주장한 최적모형은 기존의 합리적 결정 방식이 지나치게 수리적 완벽성을 추구해 현실성을 잃었다는 점을 지적하고 합리적 분석뿐만 아니라 결정자의 직관적 판단도 중요한 요소로 간주한다.
③ 쓰레기통 모형은 문제, 해결책, 선택 기회, 참여자의 네 요소가 독자적으로 흘러 다니다가 어떤 계기로 만나게 될 때 결정이 이루어진다고 설명한다.
④ 에치오니(Etzioni)의 혼합탐사모형에 의하면 결정은 근본적 결정과 세부적 결정으로 나누어질 수 있으며, 합리적 의사결정모형과 점진적 의사결정모형을 보완적으로 사용할 수 있다.
⑤ 사이먼(Simon)의 만족모형에 의하면 정책담당자들은 경제인과 달리 최선의 합리성을 추구하기보다는 시간과 공간, 재정적 측면에서의 여러 요인을 고려해 만족할 만한 수준에서 정책을 결정하게 된다.

▶ 직업기초능력평가 대표기출유형&기출응용문제를 수록하여 유형별로 꼼꼼히 NCS를 대비할 수 있도록 하였다.
▶ 사무직(행정학, 경영학, 법학, 경제학) 및 기술직(기계일반, 전기일반, 전자일반) 적중예상문제를 수록하여 전공까지 확실하게 준비할 수 있도록 하였다.

3 최종점검 모의고사 + OMR을 활용한 실전 연습

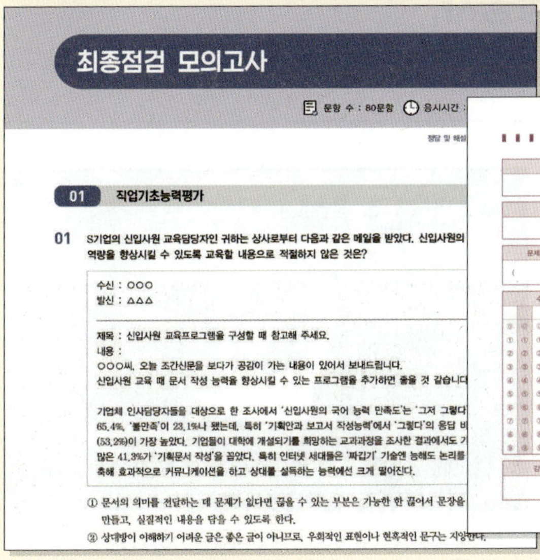
최종점검 모의고사

문항 수 : 80문항 응시시간 :

정답 및 해설

01 직업기초능력평가

01 S기업의 신입사원 교육담당자인 귀하는 상사로부터 다음과 같은 메일을 받았다. 신입사원의 역량을 향상시킬 수 있도록 교육할 내용으로 적절하지 않은 것은?

수신 : ○○○
발신 : △△△

제목 : 신입사원 교육프로그램을 구성할 때 참고해 주세요.
내용 :
○○○씨, 오늘 조간신문을 보다가 공감이 가는 내용이 있어서 보내드립니다.
신입사원 교육 때 문서 작성 능력을 향상시킬 수 있는 프로그램을 추가하면 좋을 것 같습니다

기업체 인사담당자들을 대상으로 한 조사에서 '신입사원의 국어 능력 만족도'는 '그저 그렇다' 65.4%, '불만족'이 23.1%나 됐는데, 특히 '기획안과 보고서 작성능력'에서 '그렇다'의 응답 비 (53.2%)이 가장 높았다. 기업들이 대학에 개설되기를 희망하는 교과과정을 조사한 결과에서도 가 많은 41.3%가 '기획문서 작성'을 꼽았다. 특히 인터넷 세대들은 '짜깁기' 기술엔 능해도 논리를 축해 효과적으로 커뮤니케이션을 하고 상대를 설득하는 능력에선 크게 떨어진다.

① 문서의 의미를 전달하는 데 문제가 없다면 끊을 수 있는 부분은 가능한 한 끊어서 문장을 만들고, 실질적인 내용을 담을 수 있도록 한다.
② 상대방이 이해하기 어려운 글은 좋은 글이 아니므로, 우회적인 표현이나 현혹적인 문구는 지양한다.

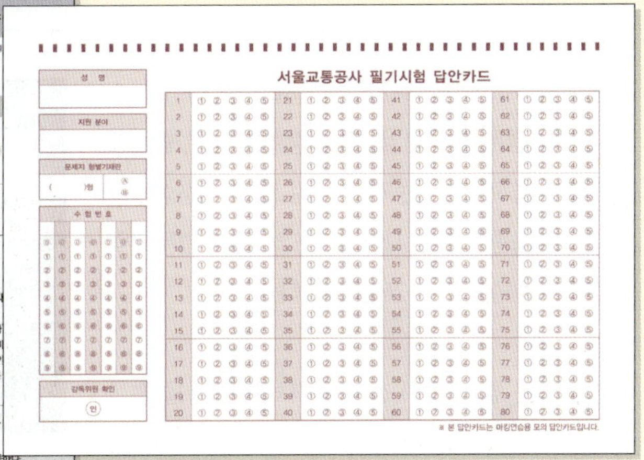

▶ 최종점검 모의고사와 OMR 답안카드를 수록하여 실제로 시험을 보는 것처럼 마무리 연습을 할 수 있도록 하였다.
▶ 모바일 OMR 답안채점/성적분석 서비스를 통해 필기시험에 대비할 수 있도록 하였다.

4 인성검사부터 면접까지 한 권으로 최종 마무리

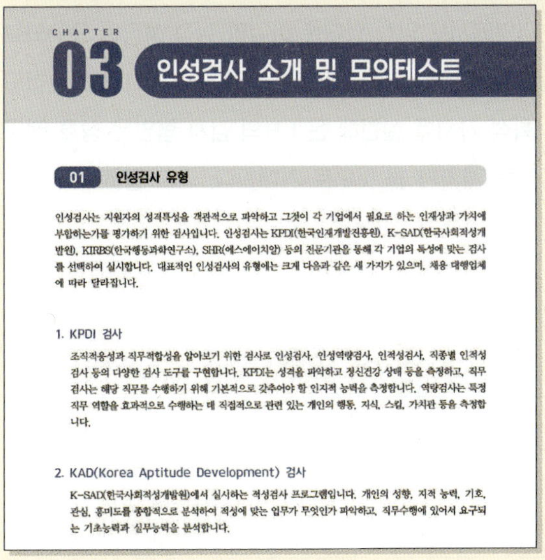
CHAPTER 03 인성검사 소개 및 모의테스트

01 인성검사 유형

인성검사는 지원자의 성격특성을 객관적으로 파악하고 그것이 각 기업에서 필요로 하는 인재상과 가치에 부합하는가를 평가하기 위한 검사입니다. 인성검사는 KPDI(한국인재개발진흥원), K-SAD(한국사회적성개발원), KIRBS(한국행동과학연구소), SHR(에스에이치알) 등의 전문기관을 통해 각 기업의 특성에 맞는 검사를 선택하여 실시합니다. 대표적인 인성검사의 유형에는 크게 다음과 같은 세 가지가 있으며, 채용 대행업체에 따라 달라집니다.

1. KPDI 검사

조직적응성과 직무적합성을 알아보기 위한 검사로 인성검사, 인성역량검사, 인적성검사, 직종별 인적성검사 등의 다양한 검사 도구를 구현합니다. KPDI는 성격을 파악하고 정신건강 상태 등을 측정하고, 직무검사는 해당 직무를 수행하기 위해 기본적으로 갖추어야 할 인지적 능력을 측정합니다. 역량검사는 특정 직무 역할을 효과적으로 수행하는 데 직접적으로 관련 있는 개인의 행동, 지식, 스킬, 가치관 등을 측정합니다.

2. KAD(Korea Aptitude Development) 검사

K-SAD(한국사회적성개발원)에서 실시하는 적성검사 프로그램입니다. 개인의 성향, 지적 능력, 기호, 관심, 흥미도를 종합적으로 분석하여 적성에 맞는 업무가 무엇인가 파악하고, 직무수행에 있어서 요구되는 기초능력과 실무능력을 분석합니다.

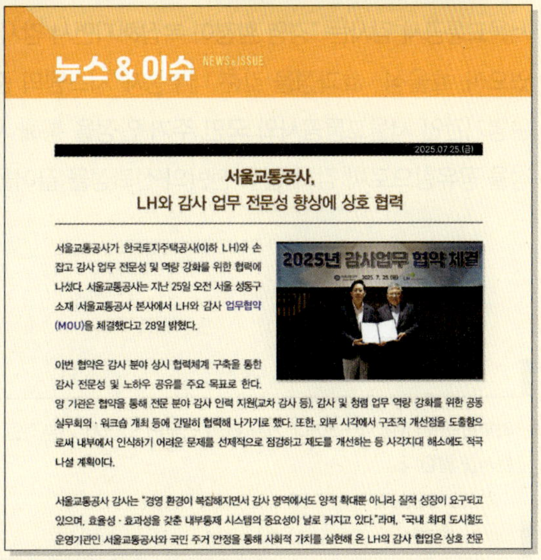
뉴스 & 이슈 NEWS & ISSUE

2025.07.25.(금)

서울교통공사,
LH와 감사 업무 전문성 향상에 상호 협력

서울교통공사가 한국토지주택공사(이하 LH)와 손잡고 감사 업무 전문성 및 역량 강화를 위한 협력에 나섰다. 서울교통공사는 지난 25일 오전 서울 성동구 소재 서울교통공사 본사에서 LH와 감사 업무협약(MOU)을 체결했다고 28일 밝혔다.

이번 협약은 감사 분야 상시 협력체계 구축을 통한 감사 전문성 및 노하우 공유를 주요 목표로 한다. 양 기관은 협약을 통해 전문 분야 감사 인력 지원(교차 감사 등), 감사 및 청렴 업무 역량 강화를 위한 공동 실무회의 · 워크숍 개최 등에 긴밀히 협력해 나가기로 했다. 또한, 외부 시각에서 구조적 개선점을 도출함으로써 내부에서 인식하기 어려운 문제를 선제적으로 점검하고 제도를 개선하는 등 사각지대 해소에도 적극 나설 계획이다.

서울교통공사 감사는 "경영 환경이 복잡해지면서 감사 영역에서도 양적 확대뿐 아니라 질적 성장이 요구되고 있으며, 효율성 · 효과성을 갖춘 내부통제 시스템의 중요성이 날로 커지고 있다."라며, "국내 최대 도시철도 운영기관인 서울교통공사와 국민 주거 안정을 통해 사회적 가치를 실현해 온 LH의 감사 협업은 상호 전문

▶ 인성검사 모의테스트를 수록하여 인성검사 유형 및 문항을 확인할 수 있도록 하였다.
▶ 서울교통공사 면접 예상&기출질문을 통해 실제 면접에서 나오는 질문을 미리 파악하고 연습할 수 있도록 하였다.

2025.07.25.(금)

서울교통공사, LH와 감사 업무 전문성 향상에 상호 협력

서울교통공사가 한국토지주택공사(이하 LH)와 손잡고 감사 업무 전문성 및 역량 강화를 위한 협력에 나섰다. 서울교통공사는 지난 25일 오전 서울 성동구 소재 서울교통공사 본사에서 LH와 감사 업무협약(MOU)을 체결했다고 28일 밝혔다.

이번 협약은 감사 분야 상시 협력체계 구축을 통한 감사 전문성 및 노하우 공유를 주요 목표로 한다. 양 기관은 협약을 통해 전문 분야 감사 인력 지원(교차 감사 등), 감사 및 청렴 업무 역량 강화를 위한 공동 실무회의 · 워크숍 개최 등에 긴밀히 협력해 나가기로 했다. 또한, 외부 시각에서 구조적 개선점을 도출함으로써 내부에서 인식하기 어려운 문제를 선제적으로 점검하고 제도를 개선하는 등 사각지대 해소에도 적극 나설 계획이다.

서울교통공사 감사는 "경영 환경이 복잡해지면서 감사 영역에서도 양적 확대뿐 아니라 질적 성장이 요구되고 있으며, 효율성 · 효과성을 갖춘 내부통제 시스템의 중요성이 날로 커지고 있다."라며, "국내 최대 도시철도 운영기관인 서울교통공사와 국민 주거 안정을 통해 사회적 가치를 실현해 온 LH의 감사 협업은 상호 전문성을 공유함으로써 감사 업무 전반의 신뢰성을 끌어올리는 계기가 될 것으로 기대한다."라고 말했다.

Keyword

- 업무협약(MOU) : 기업이나 기관 간의 업무에 있어서 기본적인 합의를 확인하고 기록하기 위하여 정식 계약 체결에 앞서 작성하는 문서를 말한다.

예상 면접 질문

- 서울교통공사가 다른 공공기관과 협업할 수 있는 분야가 있다면 말해 보시오.
- 서울교통공사의 내부통제 시스템에 대해 아는 대로 설명해 보시오.

2025.07.24.(목)

서울교통공사,
서울소방재난본부와 지하철 화재 대응 협력강화 위해 맞손

서울교통공사는 지난 23일 서울소방재난본부와 '운행 열차 등 지하철 시설물 화재 시 신속 · 유기적인 대응을 위한 업무협약'을 체결했다고 밝혔다. 이번 협약은 지난 5월 발생한 5호선 방화 사건으로 지하철 내 화재에 대한 우려가 제기되는 가운데, 화재 발생 시 신속한 대응과 유기적인 예방 체계 구축을 위해 마련됐다.

협약에 따라 양 기관은 운행 중인 열차와 지하철 내 시설물 화재 시 지역 긴급구조통제단 중심의 통합대응 체계 구축과 대응 매뉴얼 정립에 협력을 강화하기로 했다. 또한, 서울교통공사 또는 서울소방재난본부가 주최하는 지하철 시설물 화재 재현실험에 대해 적극 협조하고, 서울교통공사가 운영하는 전동차 설비품, 장치와 관련한 화재에 대한 적응성 있는 소화물질 연구 등 소방 시스템 연구개발에 대한 협력을 확대해 나가기로 했다. 이번 협약은 2025년 7월 23일부터 2년간 유효하며, 양 기관의 합의에 따라 연장될 수 있다.

서울교통공사 사장은 "이번 업무협약을 통해 열차 화재 안전성 검증과 매뉴얼 정비 등 지하철 내 화재에 대해 효과적으로 대응할 수 있는 기반이 마련됐다."라며, "앞으로도 서울교통공사는 화재뿐만 아니라 각종 재난 상황에 대비해 지하철 이용 시민이 언제나 안심하고 지하철을 이용할 수 있도록 최선을 다하겠다."라고 말했다.

Keyword

- 긴급구조통제단 : 재난이 발생할 우려가 있거나 재난이 발생하였을 때 국민의 생명 · 신체 및 재산을 보호하기 위하여 긴급구조기관과 긴급구조지원기관의 역할을 분담하고, 필요한 긴급한 조치를 지휘하는 임시조직을 말한다.

예상 면접 질문

- 서울교통공사의 안전 관련 사업 중 인상 깊은 것에 대해 말해 보시오.
- 서울교통공사가 안전한 지하철 이용을 위해 가장 중요하게 생각해야 하는 부분은 무엇인지 말해 보시오.

2025.07.03.(목)

서울교통공사, 지역마켓 브랜드 '서울Pick' 런칭

서울교통공사가 서울지하철 지역마켓 브랜드 '서울Pick'을 공식 런칭한다고 3일 밝혔다. 서울지하철 지역마켓(구 S-메트로컬 마켓)은 주요 역사 내 공실상가 및 유휴공간을 활용하여 지역 농수특산물 판매 및 홍보공간을 지자체에 제공해 지역소득 증대 및 판로확대에 도움이 되고자 2024년부터 서울교통공사에서 설치, 운영하고 있다.

'서울Pick'은 '서울시민이 선택(Pick)한 지역, 지역이 선택(Pick)한 서울'이라는 의미로, 도농상생의 사업임을 잘 표현하고 있다. 친숙하고 쉬운 단어에 발음이 용이해 시민에게 친숙하게 다가갈 것으로 기대된다. 서울교통공사는 향후 지속적인 대내외 홍보를 통해 새로운 서울지하철 지역마켓의 브랜드를 전국에 알릴 예정이다. 7월 서울시 서울동행상회 행사를 필두로 지난 5월 1차 행사에 이어, 오는 9월 잠실역, 압구정역 등 주요 역에서 펼쳐질 '제2차 행정안전부 청년, 마을기업' 행사를 통해 시민에게 첫 선을 보일 예정이다.

서울교통공사 전략사업본부장은 "서울지하철 지역마켓의 새로운 이름 '서울Pick'이 탄생했다."라며, "이를 계기로 지역문제에 대한 국민적 공감대를 형성하고, 지역소멸 위기극복에 일조하기 위한 다채롭고 풍성한 도농상생사업을 펼치도록 노력하겠다."라고 전했다.

Keyword

- **도농상생** : 도시와 농촌이 서로 조화를 이룸을 이르는 말로, 농촌에서는 우수생산물을 생산 · 제공하고, 도시에서는 우리 농산물을 애용하는 형태로 주로 나타난다.

예상 면접 질문

- 서울교통공사의 지역 발전 사업에 대해 말해 보시오.
- 서울교통공사의 사회적 역할에 대해 설명해 보시오.

2025.05.30.(금)

서울교통공사, 또타 유실물 배송서비스 출시

서울교통공사는 오는 내달 2일부터 **또타** 유실물 배송서비스를 시행한다고 밝혔다. 이는 직접 유실물센터에 방문하지 않더라도 운영 중인 '또타 캐리어 배송서비스'의 인프라를 활용해 원하는 지하철역의 물품 보관함에서 유실물을 수령할 수 있는 비대면 서비스이다.

이용을 원하는 고객은 반드시 유실물센터에 연락해 본인 유실물을 확인해야 한다. 이후 또타라커 앱에서 배송받을 역을 선택하고 결제하면 당일 또는 익일 본인이 지정한 역의 보관함에서 유실물을 수령할 수 있다. 올해 하반기부터는 고객이 원하는 장소 어디에서나 유실물을 수령할 수 있는 '유실물 집앞배송 서비스'도 내놓을 계획이다. 한편, 서울교통공사는 또타 유실물 배송서비스 실시와 더불어 열차 내 유실물 발생 시 시민의 빠른 대처를 돕기 위한 행동 요령 슬로건으로 **'아!차!내!짐!'**을 제시했다.

서울교통공사 영업본부장은 "또타 유실물 배송서비스는 시민이 원하는 시간과 장소에서 유실물을 수령할 수 있도록 해 접근성과 편의성을 향상시킬 것으로 기대한다."라며, "앞으로도 시민이 체감할 수 있는 서비스를 지속적으로 발굴하여 고객만족도 향상을 위해 노력하겠다."라고 말했다.

Keyword

- **또타** : 서울교통공사의 공식 캐릭터로, 시민과 함께하는 서울지하철의 모습을 밝고 유쾌하게 표현한 이미지이다. 전동차 측면 모양으로 캐릭터 얼굴을 디자인하였으며, 메인 컬러인 파란색은 시민과 서울교통공사의 신뢰를 나타낸다.
- **아!차!내!짐!** : 열차 내에서 물건을 두고 내렸을 때의 대처를 쉽게 기억할 수 있도록 만든 표어로, '아! 물건을 두고 내렸을 땐, 차!량 시간 확인, 내!린 칸 위치 확인, 짐!의 위치 확인'의 줄임말이다.

예상 면접 질문

- 서울교통공사가 제공하고 있는 서비스를 실제로 이용해 본 경험이 있다면 말해 보시오.
- 기술의 발전이 서울교통공사에 주는 영향에 대해 설명해 보시오.

이 책의 차례 CONTENTS

PART 1

서울교통공사 3개년 기출복원문제

※ 기출복원문제는 수험생들의 후기를 통해 시대에듀에서 복원한 문제로 실제 문제와 다소 차이가 있을 수 있으며, 본 저작물의 무단전재 및 복제를 금합니다.

CHAPTER

01 2024년 기출복원문제

정답 및 해설 p.002

01 직업기초능력평가

| 의사소통능력

01 다음 글의 내용으로 적절하지 않은 것은?

> 목재나 금속을 가공하는 등의 생산 과정에서는 불가피하게 분진이 발생하게 된다. 이러한 분진은 작업자의 건강을 위협하기 때문에 주로 산업 현장이나 작업장 또는 공장에서는 작업자의 안전과 쾌적한 작업환경을 유지하기 위해 공기 중 떠다니는 분진을 제거하는 장비인 분진 집진기가 사용된다. 집진기는 먼저 강력한 팬(Fan)이나 블로워(Blower)를 이용해 작업하면서 발생한 분진이 포함된 공기를 흡입한다. 이렇게 흡입된 오염된 공기는 집진기의 필터 또는 집진 장치로 이동하여 분진과 공기를 분리하는 과정을 거친다. 이때 분리 과정은 집진기가 작동하는 기술 방식에 따라 사이클론, 필터, 전기 등으로 구분할 수 있다. 사이클론 집진기의 경우 원심력을 이용해 분진을 분리하는 방식이라 큰 입자 제거에 유리한 반면, 전기 집진기는 분진에 (+) 전하를 부여하여 이를 집진판에 흡착시키는 방식이기 때문에 미세한 분진 제거에 유리하다. 또한 필터 집진기의 경우 섬유필터를 통해 분진을 걸러내기 때문에 다양한 크기의 분진을 제거할 수 있으나 그만큼 필터 관리에 주의를 기울여야 한다. 이렇게 분리된 깨끗한 공기는 다시 작업 공간으로 배출되거나 외부로 배출되어 이용된다.

① 분진 집진기는 공기 흡입, 분진 분리, 공기 배출 3단계로 작동한다.
② 분진 집진기는 분진을 없애는 것이 아니라 분진과 공기를 분리한다.
③ 전기 집진기의 집진판은 (+) 전하를 띠고 있어 분진의 부착이 용이하도록 되어있다.
④ 필터 집진기는 다른 방식에 비해 발생하는 분진의 크기에 따라 광범위하게 사용할 수 있다.
⑤ 작업환경에서 발생하는 분진의 크기에 따라 집진기 작동방식을 선택하여야 효과적으로 사용할 수 있다.

02 **다음 중 밑줄 친 어휘의 쓰임이 옳은 것은?**

① 보복관세는 사실상 총구만 겨루지 않았을 뿐 보이지 않는 전쟁이다.
② 비타민 B3의 복용이 암환자의 수명을 늘인다는 연구 결과가 나타났다.
③ 오해에 대해 해명하지 않았더니 소문은 걷잡을 수 없이 퍼져나갔다.
④ 자신과 정치적 성향이 다르다고 편을 가늠하는 것은 폭력과 다름이 없다.
⑤ 전라도 김치는 갖은 양념과 속이 꽉 찬 배추로 K-푸드의 선두주자로 자리매김하고 있다.

03 **다음 중 공문서의 항목의 표시에 대한 설명으로 옳지 않은 것은?**

① 항목을 표시할 때 항목 기호와 그 항목의 내용 사이에는 1타를 띄운다.
② 문서의 두 번째 항목부터는 바로 위 항목 위치에서 오른쪽으로 2타씩 옮겨 시작한다.
③ 항목의 순서는 숫자인 경우에는 오름차순으로, 한글인 경우에는 가나다순으로 표시한다.
④ 항목을 표시할 때 필요한 경우에 한하여 ㅁ, ㅇ, -, · 등의 특수기호 표시를 허용한다.
⑤ 항목을 표시할 때에는 상위 항목부터 가. → 1. → 가) → 1) → (가) → (1)의 순서로 표시한다.

04 다음 중 공문서의 금액 표기로 옳은 것은?

① 금1,130,000원(금백십삼만원)
② 금1,130,000원(금일백십삼만원)
③ 금1,130,000원(금일백일십삼만원)
④ 금 1,130,000원(금 일백십삼만원)
⑤ 금 1,130,000원(금 일백일십삼만원)

05 다음은 S시의 버스 이용 현황이다. 2025년의 노선당 평균 이용자 수를 2024년의 노선당 평균 이용자 수 이하로 유지하려면 2025년에 충원해야 하는 최소한의 버스 노선 수는?

〈S시 버스 이용 현황〉

구분	2024년	2025년(예상)
총 이용자 수(천 명)	5,200	5,850
운영 버스 노선 수(개)	250	

① 28개
② 29개
③ 30개
④ 31개
⑤ 32개

06 다음은 S시 지하철 노선별 에스컬레이터 설치 현황이다. 이에 대한 설명으로 옳지 않은 것은?

〈S시 지하철 노선별 에스컬레이터 설치 현황〉

(단위 : 개)

구분	전체 역사 수	에스컬레이터 설치 역사 수
1호선	50	38
2호선	65	50
3호선	45	30
4호선	55	44
합계	215	162

① 3호선의 에스컬레이터 설치율은 2호선보다 높다.

② 1호선에서 에스컬레이터가 설치된 역사의 비율은 75% 이상이다.

③ 4호선에서 에스컬레이터가 설치되지 않은 역사 수는 11개이다.

④ 전체 역사 중 에스컬레이터가 설치되지 않은 역사의 비율은 $\frac{1}{4}$ 이하이다.

⑤ 3호선에서 에스컬레이터가 설치된 역사의 수는 1, 2, 4호선의 평균 설치 역사 수보다 적다.

※ S공사는 인천국제공항과 제휴를 통해 캐리어 보관 및 이동 서비스인 또타 T-luggage를 제공하고 있다. 이어지는 질문에 답하시오. **[7~8]**

〈공항 – 지하철역 간 캐리어 이동 비용〉

(단위 : 원)

출발지 \ 도착지		인천국제공항		서울역	홍대입구역	강변역
		제1터미널	제2터미널			
인천공항	제1터미널	–	30,000	50,000	40,000	60,000
	제2터미널	30,000	–	45,000	60,000	65,000
서울역		50,000	45,000	–	–	–
홍대입구역		40,000	60,000	–	–	–
강변역		60,000	65,000	–	–	–

〈지하철역 간 거리 및 이동 시간〉

출발지 \ 도착지	서울역	신촌역	수서역	영등포역	광명역
서울역	–	5km, 7분	21km, 42분	10km, 15분	27km, 37분
신촌역	5km, 7분	–	26km, 51분	7km, 14분	20km, 34분
수서역	21km, 42분	26km, 51분	–	25km, 43분	28km, 28분
영등포역	10km, 15분	7km, 14분	25km, 43분	–	15km, 20분
광명역	27km, 37분	20km, 34분	28km, 28분	15km, 20분	–

※ 지하철역 간 캐리어 1개당 거리 비용은 지하철역 간 거리가 15km 이하인 경우 기본 비용(10,000원)이 부과되고, 15km를 초과할 경우 초과한 1km당 3,000원의 추가 비용이 발생함

※ 지하철역 간 캐리어 1개당 시간 비용은 1분당 200원이 부과됨

〈캐리어 크기별 보관료〉

(단위 : 원)

시간 \ 크기	30인치 미만	30인치 이상 44인치 미만	44인치 이상 55인치 미만	55인치 이상
4시간 미만	7,000	10,000	15,000	20,000
4시간 이상	기본 시간(4시간) 이후 시간당 1,000원의 추가 비용 발생			

※ 캐리어 크기는 (가로)×(세로)×(높이)로 표시하며, 가로, 세로, 높이의 합을 기준으로 함

※ 1인치는 2.54cm임

07 **다음은 또타 T-luggage 서비스를 이용한 A ~ E고객의 이용내역이다. 이들 5명 중 캐리어 이동 비용 및 보관료를 가장 많이 지불한 사람은?(단, 소수점 둘째 자리에서 반올림한다)**

A : 40cm×20cm×55cm 크기의 캐리어를 홍대입구역에서 인천국제공항 제1터미널로 이동시켰고, 5시간 동안 보관하였다.
B : 40cm×40cm×55cm 크기의 캐리어를 강변역에서 인천국제공항 제1터미널로 이동시켰고, 7시간 동안 보관하였다.
C : 40cm×60cm×60cm 크기의 캐리어를 서울역에서 인천국제공항 제2터미널로 이동시켰고, 14시간 동안 보관하였다.
D : 25cm×30cm×60cm 크기의 캐리어를 홍대입구역에서 인천국제공항 제2터미널로 이동시켰고, 5시간 동안 보관하였다.
E : 20cm×20cm×30cm 크기의 캐리어를 서울역에서 인천국제공항 제1터미널로 이동시켰고, 12시간 동안 보관하였다.

① A
② B
③ C
④ D
⑤ E

08 **다음은 또타 T-luggage 서비스를 이용한 갑 ~ 정고객의 이용내역이다. 지하철역 간 캐리어 이동 서비스 비용은 거리 비용과 시간 비용의 합이라고 할 때, 이들 4명이 지불한 비용의 총합은?(단, 1인당 캐리어 이동 서비스 비용이 50,000원 이상인 경우 서비스 비용의 10%를 할인한다)**

갑 : 서울역에서 수서역까지 캐리어 2개 이동 서비스를 이용하였다.
을 : 신촌역에서 영등포역까지 캐리어 3개 이동 서비스를 이용하였다.
병 : 광명역에서 신촌역까지 캐리어 2개 이동 서비스를 이용하였다.
정 : 수서역에서 영등포역까지 캐리어 1개 이동 서비스를 이용하였다.

① 209,760원
② 216,120원
③ 217,040원
④ 223,400원
⑤ 235,560원

09 다음 중 서울교통공사에 재직 중인 A직원이 부여받지 못한 승진 포인트의 종류는?

〈A직원의 승진 포인트 관련 활동〉

• 1년간 휴직이나 정직 없이 근속함
• 사이버교육 40시간 이수
• 목표 및 실적에 따라 내부평가 A등급 달성
• 전기기사 자격증 취득
• 반기 단위 평정에서 상위 40%, 상위 29% 달성

※ 경력 포인트 : 월 단위로 1포인트씩 연간 최대 10포인트 부여
※ 근무평정 포인트 : 반기마다 근무평정을 실시하여 연간 최대 66포인트까지 부여(반기별로 최대 33포인트)
※ 경영평가 포인트 : 목표 및 실적에 따라 부서 내부평가를 바탕으로 S ~ D등급까지 연간 최대 20포인트 부여
※ 교육실적 포인트 : 연간 50시간의 교육을 이수했을 때 4포인트 부여
※ 가점 및 감점 포인트 : 자격증 취득, TF 파견, 포상 등에 가점을 부여하고, 정직, 감봉, 견책 등에 감점을 부여

① 경력 포인트
② 근무평정 포인트
③ 경영평가 포인트
④ 교육실적 포인트
⑤ 가점 및 감점 포인트

10 다음은 S사의 고객문의에 대한 스프레드 시트이다. [A7] 셀에 [A6] 셀에 입력된 날짜에 5일을 더한 값을 표기하려고 할 때, [A7] 셀에 들어갈 함수식으로 옳은 것은?

	A	B	C	D
1	날짜	처리 건수	담당 부서	비고
2	2024-10-12	6건	품질관리부	-
3	2024-10-13	4건	품질관리부	-
4	2024-10-14	2건	품질관리부	미해결 2건
5	2024-10-15	5건	홍보부	-
6	2024-10-16	8건	홍보부	-
7				

① =A6+5
② =A6+DAY(5)
③ =EDATE(A6,5)
④ =A6+5,$A6+5
⑤ =MONTH(A6)+DATE(A6,5)

11 다음 중 메일 머지에서 '부서' 필드를 삽입할 때 사용하는 기호로 옳은 것은?

① [부서]
② [[부서]]
③ {부서}
④ {{부서}}
⑤ 〈부서〉

12 다음은 S국의 기업 A～E에 대한 자료이다. 총자본 대비 순수익의 비율이 높은 경우 효율적인 사업을 한다고 할 때, 가장 효율적인 사업을 하는 기업은?

〈S국 기업별 자본〉

(단위 : 만 원)

구분	부동산	토지	예금	부채	합계
A	3,500	500	1,000	2,300	7,300
B	5,000	1,000	700	1,800	8,500
C	3,500	800	400	2,100	6,800
D	5,700	200	500	1,200	7,600
E	4,300	1,000	800	2,700	8,800

〈S국 기업별 투입 비용〉

(단위 : 명, 만 원, 개, 시간)

구분	인원	장비		자금	시간	비고
		가격	개수			
A	4	100	3	500	120	–
B	3	150	2	470	100	특별
C	5	130	3	510	75	–
D	2	200	1	535	135	–
E	5	170	2	495	150	특별

※ (전체 투입 비용)=(인건비)+(장비비용)+(자금)+(시간비용)
※ 특별 기업의 경우 전체 투입 비용의 20%가 추가로 소요됨
※ 인건비는 1인당 100만 원씩 소요됨
※ 시간비용은 1시간당 10,000원으로 계산함

〈S국 기업별 판매 정보〉

(단위 : 개, 원)

구분	판매량	단가	비고
A	400	70,000	–
B	650	50,000	–
C	550	65,000	세일
D	300	85,000	–
E	850	55,000	세일

※ (전체 수입)=(판매량)×(단가)
※ (순수익)=(전체 수입)−(전체 투입 비용)
※ 세일 기업의 경우 전체 수입의 80%를 전체 수입으로 얻음

① A
② B
③ C
④ D
⑤ E

13 다음은 S공사의 여비 및 국내외 파견 강사료에 대한 자료이다. S공사에 귀속할 강사료가 임직원에게 지급한 여비보다 많으면 흑자이고, 그 반대는 적자일 때, 이에 대한 설명으로 옳은 것은?

〈S공사 임직원 구분〉

- 임원 : 제1호(회장, 사장, 부사장), 제2호(전무, 상무, 이사)
- 직원 : 제3호(부장, 차장, 과장), 제4호(대리, 주임, 사원)

〈S공사 여비 지급표〉

(단위 : 원)

구분	교통비(편도)				출장비		
	철도운임	선박운임	항공운임	자동차	일비(1일)	숙박비(1박)	식비(1일)
제1호	100,000	100,000	1,000,000	100,000	50,000	100,000	60,000
제2호	100,000	50,000	1,000,000	100,000	50,000	100,000	50,000
제3호	50,000	50,000	500,000	50,000	30,000	50,000	40,000
제4호	30,000	30,000	500,000	50,000	30,000	50,000	30,000

〈S공사 국내외 파견 강사료 1일 수령 기준표〉

(단위 : 원)

구분	국내			국외		
	2시간 미만	4시간 미만	4시간 이상	2시간 미만	4시간 미만	4시간 이상
제1호	100,000	200,000	250,000	200,000	350,000	500,000
제2호	80,000	150,000	200,000	150,000	300,000	450,000
제3호	50,000	70,000	180,000	120,000	250,000	400,000
제4호	30,000	50,000	150,000	100,000	200,000	300,000

※ S공사의 임원은 자신이 받은 강사료의 80%를 S공사에 귀속시킴
※ S공사의 직원은 자신이 받은 강사료의 60%를 S공사에 귀속시킴

① A부사장이 철도를 왕복 이용하여 출장을 떠나 국내에서 2박 3일 동안 매일 4시간씩 강의를 했다면, S공사는 흑자이다.

② B상무가 선박을 왕복 이용하여 출장을 떠나 국내에서 1박 2일 동안 매일 8시간씩 강의를 했다면, S공사는 흑자이다.

③ C부장이 자동차를 왕복 이용하여 출장을 떠나 국내에서 4박 5일 동안 매일 4시간씩 강의를 했다면, S공사는 적자이다.

④ D대리가 선박을 왕복 이용하여 출장을 떠나 국외에서 3박 4일 동안 매일 4시간씩 강의를 했다면, S공사는 적자이다.

⑤ E사원이 선박을 왕복 이용하여 출장을 떠나 국외에서 5박 6일 동안 매일 3시간씩 강의를 했다면, S공사는 적자이다.

14 다음 중 두 팀장의 대화에서 나타나는 임파워먼트 장애요인의 차원으로 가장 적절한 것은?

김팀장 : 박팀장님, 요즘 우리 부서원들이 회의 때 별다른 의견을 내지 않고, 자신들의 생각도 잘 표현하지 않는 것 같아요.
박팀장 : 저희 팀도 그래요. 사실 새로운 시도나 아이디어를 말해 보라고 하면, 다들 조심스러워하는 분위기입니다.
김팀장 : 우리 회사가 실수를 거의 용납하지 않는 분위기라 그런 것 같지 않으세요? 한 번 실수라도 하면 바로 윗선에서 문제 삼고, 실패에 대한 압박도 심하잖아요.
박팀장 : 맞아요. 위에서 항상 '실수 없이 일하라'고 강조하니까, 팀원들도 무엇인가를 시도하는 일 자체를 꺼리는 것 같아요. 새로운 아이디어를 내거나 도전하는 걸 아예 포기한 모습이 보이더라고요.
김팀장 : 너무 엄격한 시스템 때문에 팀원들이 자율적으로 움직이기 힘든 상황인 것 같네요.
박팀장 : 실제로 우리가 더 권한을 주고 싶어도 이 분위기에서는 팀원들이 책임질 일이 생길까봐 더 소극적으로 움직일 수밖에 없는 것 같습니다.

① 개인 차원
② 대인 차원
③ 관리 차원
④ 조직 차원
⑤ 장애요인 없음

| 01 | 경영학

01 **다음 중 무형자산에 해당하지 않는 것은?**

① 인적 자원
② 영업권
③ 토지
④ 저작권
⑤ 라이선스

02 **다음 중 확정기여형 퇴직연금에 대한 설명으로 옳지 않은 것은?**

① 사용자는 매년 근로자의 연간 임금총액의 1/12 이상을 납입하여야 한다.
② 적립금의 운용주체는 근로자이다.
③ 적립금과 운용수익을 합한 금액을 일시금 또는 연금으로 받을 수 있다.
④ 가입자 추가 부담금에 대하여 연간 900만 원의 세액공제 한도를 부여한다.
⑤ 중도인출이 불가능하다.

03 **다음 중 적격자산에 해당하지 않는 것은?**

① 금융자산
② 재고자산
③ 제조설비자산
④ 무형자산
⑤ 투자부동산

04 **다음 중 법인세에 대한 설명으로 옳지 않은 것은?**

① 법인세는 국세에 해당하며, 근거 법률은 법인세법이다.
② 법인세법은 연 1회 정기적으로 개정되는 것이 원칙이며, 수시로 개정되는 경우도 있다.
③ 법인세법의 계산 방식에는 직접법과 간접법이 있다.
④ 법인세법을 통해 배당세액공제제도를 도입하여 시행하고 있다.
⑤ 자기자본에 대한 기회비용은 법인세상 비용처리로 별도의 세액공제를 인정하지 않는다.

05 **다음 중 협동조합에 대한 설명으로 옳지 않은 것은?**

① 비슷한 목적을 가진 생산자 또는 소비자로 구성된다.
② 협동조합에 가입하려면 출자금이 필요하다.
③ 조합의 이윤추구를 최우선 목표로 한다.
④ 조합원은 주식회사의 주주와 동일하게 유한책임만 진다.
⑤ 발기인은 최소 5명 이상이어야 한다.

06 **다음 중 테일러의 과학적 관리론에 대한 설명으로 옳지 않은 것은?**

① 현대의 경영학과 산업공학의 근본 이론으로 볼 수 있다.
② 노동자와 관리자가 비슷한 수준의 분업과 책임감을 가지도록 한다.
③ 객관적인 지표에 따라 노동자의 훈련방식을 선택하여 훈련한다.
④ 노동자의 작업요소를 기존 경험을 토대로 분석하여 판단한다.
⑤ 노동자의 성과창출을 위해 적절한 인센티브와 임금을 지급한다.

07 **다음 중 성과급제 종류가 다른 하나는 무엇인가?**

① 복률성과급
② 생산량 비례급
③ 비도우식 할증급
④ 할시식 할증급
⑤ 맨체스터 플랜

08 **다음 중 복리후생에 대한 설명으로 옳지 않은 것은?**

① 기업이 직원과 직원가족 등의 생활 및 건강관리 등을 지원하는 제도이다.
② 복리후생은 임금에 포함하지 않고 별도로 운영된다.
③ 상여금은 법정 복리후생에 해당한다.
④ 복리후생 중에는 기업이 의무적으로 실시해야 하는 복리후생도 있다.
⑤ 퇴직자의 재취업을 지원하는 것도 복리후생에 해당한다.

| 02 | 경제학

01 다음 자료를 바탕으로 국내총생산을 구하면?

• 소비 : 1,200조 원	• 투자 : 400조 원
• 정부지출 : 600조 원	• 순수출 : −50조 원
• 정부저축 : 100조 원	• 국민저축 : 200조 원

① 1,750조 원
② 2,050조 원
③ 2,150조 원
④ 2,200조 원
⑤ 2,300조 원

02 다음 자료를 바탕으로 경제활동참가율을 구하면?

• 경제활동인구 : 3,000만 명	• 비경제활동인구 : 2,000만 명
• 15세 이상 인구 : 5,000만 명	• 총인구 : 5,200만 명

① 50%
② 55%
③ 60%
④ 65%
⑤ 70%

03 다음 중 본원통화에 대한 설명으로 옳지 않은 것은?

① 중앙은행이 금융기관에 대출을 할 경우 본원통화는 증가한다.
② 본원통화는 화폐발행액과 금융기관 지급 준비예치금의 합이다.
③ 통화승수 효과를 통해 실제 통화량보다 더 큰 규모의 통화를 만들 수 있다.
④ 본원통화를 조절하여 물가안정, 경기조절 등 경제 건전성을 확보할 수 있다.
⑤ 본원통화는 정부가 중앙은행에 대출을 하거나 중앙은행이 정부에서 예금을 인출하는 화폐를 말한다.

04 다음 중 무역수지 계산방식에 대한 설명으로 옳은 것은?

① 일정 시점의 총수출액에서 총수입액을 차감하여 구한다.
② 일정 기간 동안의 총수출액에서 총수입액을 차감하여 구한다.
③ 일정 시점의 총수출액에서 총수입액을 차감한 후 경상수지를 더하여 구한다.
④ 일정 기간 동안의 총수출액에서 총수입액을 차감한 후 경상수지를 더하여 구한다.
⑤ 일정 기간 동안의 총수출액에서 총수입액을 차감한 후 경상수지를 차감하여 구한다.

| 03 | 전기

01 **변압기 보호에 사용되는 계전기 중 변압기의 1차측과 2차측의 전류를 비교하여 그 차이가 미리 설정된 값(정정값) 이상일 때 동작하여 내부 고장을 검출하는 보호 계전기는?**

① 과전류 계전기(OCR; Over Current Relay)
② 거리 계전기(DR; Distance Relay)
③ 차동 계전기(DPR; Differential Protection Relay)
④ 접지 계전기(GR; Ground Relay)
⑤ 과전압 계전기(OVR; Over Voltage Relay)

02 **다음 중 빈칸 ㉠~㉢에 들어갈 내용이 바르게 짝지어진 것은?**

태양전지 표면온도 상승 시 전압은 ___㉠___ 하고, 전류는 약간 ___㉡___ 하며, 출력은 ___㉢___ 한다.

	㉠	㉡	㉢
①	증가	증가	증가
②	증가	감소	감소
③	감소	증가	증가
④	감소	증가	감소
⑤	감소	감소	감소

03 무손실 분포 정수 선로에서 위상정수 $\beta = \omega\sqrt{LC}$일 때, 파장의 값으로 옳은 것은?

① $\sqrt{\frac{L}{C}}$
② $\sqrt{RG}$
③ $\omega\sqrt{LC}$
④ $\frac{1}{f\sqrt{LC}}$
⑤ $\frac{1}{\omega\sqrt{LC}}$

04 비유전율이 9, 비투자율이 1인 공간에서 전자파의 전파속도는?

① 0.1×10^8m/sec
② 0.5×10^8m/sec
③ 1.0×10^8m/sec
④ 1.2×10^8m/sec
⑤ 1.5×10^8m/sec

05 단면적 S[m^2], 평균 자로 길이 l[m], 비투자율이 1인 철심에 N_1, N_2 권선을 감은 무단 솔레노이드가 있다. 결합계수가 1이고 누설자속을 무시할 때, 권선의 상호인덕턴스 값은?

① $\frac{\mu S^2 N_1 N_2}{l}$
② $\frac{\mu S N_1 N_2}{l}$
③ $\frac{\mu S N_1 N_2}{l^2}$
④ $\frac{\mu S N_1^2 N_2}{l^2}$
⑤ $\frac{\mu S N_1^2 N_2^2}{l}$

06 다음 중 비정현파 교류에 대한 설명으로 옳은 것은?

① 푸리에 급수를 통해 정현파의 합으로 표현할 수 있다.

② 전압과 전류의 실횻값은 각 고조파의 실횻값의 합과 같다.

③ 각 고조파의 주파수는 기본파 주파수의 절반이다.

④ 고조파는 회로에 아무런 영향을 미치지 않는다.

⑤ 직류 성분은 포함되지 않는다.

07 다음 중 표피효과에 대한 설명으로 옳은 것을 〈보기〉에서 모두 고르면?

보기

ㄱ. 표피효과는 도체의 도전율이 높을수록 심해진다.
ㄴ. 표피효과는 주파수가 높을수록 심해진다.
ㄷ. 표피효과는 도체가 얇을수록 심해진다.
ㄹ. 표피효과는 바깥으로 갈수록 전류밀도가 커진다.

① ㄱ, ㄴ

② ㄱ, ㄷ

③ ㄱ, ㄴ, ㄷ

④ ㄱ, ㄴ, ㄹ

⑤ ㄴ, ㄷ, ㄹ

CHAPTER

02 2023년 기출복원문제

정답 및 해설 p.010

01 직업기초능력평가

| 의사소통능력

01 다음은 탄소배출을 줄이기 위한 철도 연구 논문의 목차이다. 이를 참고할 때, 〈보기〉의 (가) ~ (마) 문단을 논리적 순서대로 바르게 나열한 것은?

〈목차〉

1. **서론**
   (1) 연구배경
   (2) 연구목표

2. **수송시스템**
   (1) 도로와 철도의 수송시스템 구성
   (2) 수송부문 온실가스 저감전략
   (3) 수송시스템 온실가스 배출경향

3. Modal Shift(**전환교통**)
   (1) Modal Shift의 정의 및 활성화 방안

4. **사례연구**
   (1) 분석방법 및 분석대상
   (2) 단계별 분석
   (3) 전 과정 통합 분석

5. **결론 및 향후 연구방향**

보기

(가) 도로와 철도의 수송시스템은 크게 차량, 노선, 정류장, 운영, 연료사용으로 구분되며, 수송부분의 환경영향을 저감시키는 방법으로는 전체 수송요구량을 줄이는 '회피', 전체수송량은 유지하되 저탄소 수송모드로 수송수단을 전환시키는 '전환', 수송수단과 시스템의 환경성을 개선하는 '개선'으로 나눌 수 있다.

(나) 2022년 OECD 통계에 따르면 우리나라의 온실가스 배출량은 13위이다. 특히 우리나라의 수송부문의 이산화탄소 배출량은 도로부문에서 51%, 철도부문에서 5%, 수상 및 항공 부문에서 22%를 차지하고 있어 도로부문에서의 온실가스 저감노력이 필요할 것으로 판단된다. 이에 본 연구에서는 도로에서 철도로의 교통수요 전환에 따른 온실가스 저감효과를 수송시스템의 제작부터 폐기까지 모든 단계를 고려하여 예측하고자 한다.

(다) 이에 본 연구에서는 Modal Shift의 효과를 예측하기 위해 단계별로 나누어 연구를 진행하였으며, 특히 운행단계에서 온실가스 저감량을 분석해 본 결과 철도로의 승객이 증가하자 온실가스 저감효과가 나타나는 것이 확인되었고, 제작 단계, 건설 단계, 폐기 단계의 각 과정에서도 모두 온실가스 저감효과가 확인되었다.

(라) 이때, 각 수송시스템의 단계별 온실가스 배출 기여도를 살펴보면 두 시스템 모두 초기건설 단계에서 가장 높았으며, 운영 및 유지보수 단계, 해체폐기 단계 순으로 높았다. 또한 실제 배출량은 여객수송(1인/km당)에서는 도로가 105.6gCO_2e로 철도의 배출량인 29.8gCO_2e보다 약 3.5배 높았고, 화물수송(톤/km당)에서는 도로가 299.6gCO_2e로 철도의 35.9gCO_2e보다 약 8배 높았다.

(마) 이에 여객 또는 화물의 장거리 운송에 있어 도로에서 철도로의 수송모드 전환인 Modal Shift가 환경적인 측면에서 부각되고 있다. 하지만 낮은 접근성과 이동성 등 비효율적인 요소가 많아 쉽지 않은 상황이다. 따라서 교통시설을 체계적으로 구축하고 신규노선 및 신규차량을 도입하는 등의 전략적 추진방안이 필요할 것으로 보인다.

① (가) – (나) – (다) – (라) – (마)
② (가) – (나) – (라) – (마) – (다)
③ (나) – (가) – (다) – (라) – (마)
④ (나) – (가) – (라) – (마) – (다)
⑤ (나) – (다) – (가) – (라) – (마)

02 다음 글에서 언급되지 않은 내용은?

전 세계적인 과제로 탄소중립이 대두되자 친환경적 운송수단인 철도가 주목받고 있다. 특히 국제에너지기구는 철도를 에너지 효율이 가장 높은 운송 수단으로 꼽으며, 철도 수송을 확대하면 세계 수송부문에서 온실가스 배출량이 그렇지 않을 때보다 약 6억 톤이 줄어들 수 있다고 하였다.
게다가 철도의 에너지 소비량은 도로의 22분의 1이고 온실가스 배출량은 9분의 1에 불과해, 탄소배출이 높은 도로 운행의 수요를 친환경 수단인 철도로 전환한다면 수송부문 총배출량이 획기적으로 감소될 것이라 전망하고 있다.
이와 같은 전망에 발맞춰 우리나라의 S철도공단도 '녹색교통'인 철도 중심 교통체계를 구축하기 위해 박차를 가하고 있으며, 정부 역시 '2050 탄소중립 실현' 목표에 발맞춰 저탄소 철도 인프라 건설・관리로 탄소를 지속적으로 감축하고자 노력하고 있다.
S철도공단은 철도 인프라 생애주기 관점에서 탄소를 감축하기 위해 먼저 철도 건설 단계에서부터 친환경・저탄소 자재를 적용해 탄소 배출을 줄이고 있다. 실제로 중앙선 안동 ~ 영천 간 궤도 설계 당시 철근 대신에 저탄소 자재인 유리섬유 보강근을 콘크리트 궤도에 적용했으며, 이를 통한 탄소 감축효과는 약 6,000톤으로 추정된다. 이 밖에도 저탄소 철도 건축물 구축을 위해 2025년부터 모든 철도건축물을 에너지 자립률 60% 이상(3등급)으로 설계하기로 결정했으며, 도심의 철도 용지는 지자체와 협업을 통해 도심 속 철길 숲 등 탄소 흡수원이자 지역민의 휴식처로 철도부지 특성에 맞게 조성되고 있다.
S철도공단은 이와 같은 철도로의 수송 전환으로 약 20%의 탄소 감축 목표를 내세웠으며, 이를 위해서는 정부의 노력도 필요하다고 강조하였다. 특히 수송 수단 간 공정한 가격 경쟁이 이루어질 수 있도록 도로 차량에 집중된 보조금 제도를 화물차의 탄소배출을 줄이기 위한 철도 전환교통 보조금으로 확대하는 등 실질적인 방안의 필요성을 제기하고 있다.

① 녹색교통으로 철도 수송이 대두된 배경
② 철도 수송 확대를 통해 기대할 수 있는 효과
③ 국내의 탄소 감축 방안이 적용된 건축물 사례
④ 정부의 철도 중심 교통체계 구축을 위해 시행된 조치
⑤ S철도공단의 철도 중심 교통체계 구축을 위한 방안

03 다음 글을 이해한 내용으로 가장 적절한 것은?

도심항공교통, UAM은 Urban Air Mobility의 약자로, 전기 수직 이착륙기(eVTOL)를 활용해 지상에서 450m 정도 상공인 저고도 공중에서 사람이나 물건 등을 운송하는 항공 교통 수단 시스템을 지칭하는 용어이다. 기체 개발부터 운항, 인프라 구축, 플랫폼 서비스 그리고 유지보수에 이르기까지 이와 관련된 모든 사업을 통틀어 일컫는 말이기도 하다.
도심항공교통은 전 세계적인 인구 증가와 대도시 인구 과밀화로 인해 도심의 지상교통수단이 교통체증 한계에 맞닥뜨리면서 이를 해결하고자 등장한 대안책이다. 특히 이 교통수단은 활주로가 필요한 비행기와 달리 로켓처럼 동체를 세운 상태로 이착륙이 가능한 수직이착륙 기술, 또 배터리와 모터로 운행되는 친환경적인 방식과 저소음 기술로 인해 탄소중립 시대에 새로운 교통수단으로 주목받고 있다.
이 때문에 많은 국가와 기업에서 도심항공교통 상용화 추진에 박차를 가하고 있으며 우리나라 역시 예외는 아니다. 현대자동차 등 국내기업들은 상용화를 목표로 기체 개발 중에 있으며, 핵심 인프라 중 하나인 플라잉카 공항 에어원을 건설 중이다. 다수의 공기업 역시 미래모빌리티 토탈솔루션 구축 등의 UAM 생태계 조성 및 활성화를 추진 중에 있다.
실제로 강릉시는 강릉역 '미래형 복합환승센터'에 기차, 버스, 철도, 자율주행차뿐만 아니라 도심항공교통 UAM까지 한곳에서 승하차가 가능하도록 개발사업 기본 계획을 수립해 사업 추진에 나섰으며, 경기 고양시 역시 항공교통 상용화를 위한 UAM 이착륙장을 내년 완공을 목표로 진행 중에 있다.
이와 같은 여러 단체와 시의 노력으로 도심항공교통이 상용화된다면 많은 기대효과를 가져올 수 있을 것이라 전망되는데, 특히 친환경적인 기술로 탄소배출 절감에 큰 역할을 할 것으로 판단된다. 이뿐만 아니라 도시권역 간 이동시간을 단축해 출퇴근 교통체증을 해소할 수 있고, 또 획기적인 운송 서비스의 제공으로 사회적 비용을 감소시킬 수 있을 것으로 보인다.

① 도심항공교통은 상공을 통해 사람이나 물품 등의 이동이 가능하게 하는 모든 항공교통수단 시스템을 지칭한다.
② 도심항공교통은 지상교통수단의 이용이 불가능해짐에 따라 대체 방안으로 등장한 기술이다.
③ 도심항공교통은 수직이착륙 기술을 가지고 있어 별도의 활주로와 공항이 없이도 어디서든 운행이 가능하다.
④ 국내 공기업과 사기업, 그리고 정부와 각 시는 도심항공교통의 상용화를 위해 역할을 분담하여 추진 중에 있다.
⑤ 도심항공교통이 상용화된다면 도심지상교통이 이전보다 원활하게 운행이 가능해질 것으로 예측된다.

04 다음 글의 주제로 가장 적절한 것은?

지난 5월 아이슬란드에 각종 파이프와 열교환기, 화학물질 저장탱크, 압축기로 이루어져 있는 '조지올라 재생가능 메탄올 공장'이 등장했다. 이곳은 이산화탄소로 메탄올을 만드는 첨단 시설로, 과거 2011년 아이슬란드 기업 '카본리사이클링인터내셔널(CRI)'이 탄소 포집·활용(CCU) 기술의 실험을 위해서 지은 곳이다.
이곳에서는 인근 지열발전소에서 발생하는 적은 양의 이산화탄소(CO_2)를 포집한 뒤 물을 분해해 조달한 수소(H)와 결합시켜 재생 메탄올(CH_3OH)을 제조하였으며, 이때 필요한 열과 냉각수 역시 지역발전소의 부산물을 이용했다. 이렇게 만들어진 메탄올은 자동차, 선박, 항공 연료는 물론 플라스틱 제조 원료로 활용되는 등 여러 곳에서 활용이 되었다.
하지만 이렇게 메탄올을 만드는 것이 미래 원료 문제의 근본적인 해결책이 될 수는 없었다. 왜냐하면 메탄올이 만드는 에너지보다 메탄올을 만드는 데 들어가는 에너지가 더 필요하다는 문제점에 더하여 액화천연가스 LNG를 메탄올로 변환할 경우 이전보다 오히려 탄소배출량이 증가하고, 탄소배출량을 감소시키기 위해서는 태양광과 에너지 저장장치를 활용해 메탄올 제조에 필요한 에너지를 모두 조달해야만 하기 때문이다.
또한 탄소를 포집해 지하에 영구 저장하는 탄소포집 저장방식과 달리, 탄소를 포집해 만든 연료나 제품은 사용 중에 탄소를 다시 배출할 가능성이 있어 이에 대한 논의가 분분한 상황이다.

① 탄소 재활용의 득과 실
② 재생 에너지 메탄올의 다양한 활용
③ 지열발전소에서 탄생한 재활용 원료
④ 탄소 재활용을 통한 미래 원료의 개발
⑤ 미래의 에너지 원료로 주목받는 재활용 원료, 메탄올

05 다음 글과 같이 한자어 및 외래어를 순화한 내용으로 적절하지 않은 것은?

> 열차를 타다 보면 한 번쯤은 다음과 같은 안내방송을 들어 봤을 것이다.
> "○○역 인근 '공중사상사고' 발생으로 KTX 열차가 지연되고 있습니다."
> 이때 들리는 안내방송 중 한자어인 '공중사상사고'를 한 번에 알아듣기란 일반적으로 쉽지 않다. 실제로 코레일 관계자는 승객들로부터 안내방송 문구가 적절하지 않다는 지적을 받아 왔다고 밝혔으며, 이에 코레일은 국토교통부와 협의를 거쳐 보다 이해하기 쉬운 안내방송을 전달하기 위해 문구를 바꾸는 작업에 착수하기로 결정하였다고 전했다.
> 가장 먼저 수정하기로 한 것은 한자어 및 외래어로 표기된 철도 용어이다. 그중 대표적인 것이 '공중사상사고'이다. 코레일 관계자는 '일반인의 사상사고'나 '열차 운행 중 인명사고' 등과 같이 이해하기 쉬운 말로 바꿀 예정이라고 밝혔다. 이 외에도 열차 지연 예상 시간, 사고복구 현황 등 열차 내 안내 방송을 승객에게 좀 더 알기 쉽고 상세하게 전달할 것이라고 전했다.

① 열차시격 → 배차간격
② 전차선 단전 → 선로 전기 공급 중단
③ 우회수송 → 우측 선로로의 변경
④ 핸드레일(Handrail) → 안전손잡이
⑤ 키스 앤 라이드(Kiss and Ride) → 환승정차구역

PART 1

※ 다음은 2023년 승차권 정기권의 거리비례용 종별 운임에 대한 자료이다. 이어지는 질문에 답하시오. [6~8]

〈거리비례용 종별 운임〉

종별	정기권 운임(원)	교통카드 기준 운임(원)	이용구간 초과 시 추가차감 기준	이용구간 14회 초과 시 추가비용 차감 후 정기권 잔액(원)
1단계	-	1,450	20km마다 1회	34,700
2단계	-	1,550	25km마다 1회	36,300
3단계	-	1,650	30km마다 1회	38,600
4단계	-	1,750	35km마다 1회	41,000
5단계	-	1,850	40km마다 1회	43,300
6단계	-	1,950	45km마다 1회	45,600
7단계	-	2,050	50km마다 1회	48,000
8단계	-	2,150	58km마다 1회	50,300
9단계	-	2,250	66km마다 1회	52,700
10단계	-	2,350	74km마다 1회	55,000
11단계	-	2,450	82km마다 1회	57,300
12단계	-	2,550	90km마다 1회	59,700
13단계	-	2,650	98km마다 1회	62,000
14단계	-	2,750	106km마다 1회	64,400
15단계	-	2,850	114km마다 1회	66,700
16단계	-	2,950	122km마다 1회	69,000
17단계	-	3,050	130km마다 1회	71,400
18단계	117,800	3,150	추가차감 없음	117,800

※ 원하는 종류의 정기권 운임을 충전하여 사용할 수 있으며, 사용 기간은 충전일로부터 30일 이내 60회임
※ 정기권 운임 가격에서 이용구간을 초과할 때마다 종별에 해당하는 교통카드 기준 운임이 차감됨
※ 정기권 운임은 (교통카드 기준 운임)×44에 15%를 할인 후 10원 단위에서 반올림함
※ 승차권 사용 불가 구간 및 추가 차감 구간은 별도의 기준에 따름

| 수리능력

06 다음 중 종별 정기권 운임 비용과 전 단계와의 정기권 운임 비용의 차이가 3,800원인 경우는 모두 몇 가지인가?

① 4가지
② 5가지
③ 6가지
④ 7가지
⑤ 8가지

07 서울에 사는 강대리는 지방에 있는 회사로 출퇴근하고자 4월 3일 월요일에 3단계 거리비례용 정기권을 구매하여 충전 후 바로 사용하였다. 다음 〈조건〉에 따를 때, 4월 말 강대리의 정기권 잔액은?

> **조건**
> - 강대리의 이용 거리는 편도 25km이다.
> - 강대리가 근무하는 회사는 평일에만 근무하며, 강대리는 4월에 연차를 신청하지 않았다.
> - 강대리는 출퇴근 모두 정기권을 사용하였으며, 출퇴근 외에는 정기권을 사용하지 않았다.
> - 승차권 사용 불가 구간 및 추가 차감 구간은 없었다.

① 7,250원 ② 7,600원
③ 7,950원 ④ 8,300원
⑤ 8,650원

08 지방에서 서울에 있는 학교로 통학하는 대학생 S군은 교통비를 절약하고자 거리비례용 정기권을 구매하려 한다. 다음 〈조건〉에 따를 때, S군이 충전할 수 있는 가장 저렴한 정기권으로 옳은 것은? (단, 교통카드 기준 운임에 대한 종별 정기권 운임의 비는 모두 37이다)

> **조건**
> - S군의 이용 거리는 편도 45km이다.
> - S군은 교내 일정으로 한 달에 25일은 학교에 가는 것으로 계산한다.
> - S군은 통학할 때에만 정기권을 사용하였으며, 통학 외에는 정기권을 사용하지 않았다.
> - 승차권 사용 불가 구간 및 추가 차감 구간은 없었다.
> - 정기권은 월 1회만 충전하는 것으로 가정한다.

① 7단계 ② 9단계
③ 11단계 ④ 13단계
⑤ 15단계

※ 일정한 규칙에 따라 수를 나열할 때, 빈칸에 들어갈 수로 옳은 것을 고르시오. [9~10]

| 수리능력

09

16	33	50	67	84	101	118	135	( )

① 152
② 154
③ 156
④ 158
⑤ 160

| 수리능력

10

2	5	11	20	32	( )	65	86

① 41
② 44
③ 47
④ 50
⑤ 53

| 수리능력

11 다음 수열의 20번째 항의 값은?

5	7	12	20	31	…	( )

① 545
② 549
③ 551
④ 554
⑤ 556

12 다음은 A ~ C철도사의 2020 ~ 2022년 차량 수 및 연간 승차인원에 대한 자료이다. 이에 대한 설명으로 옳지 않은 것은?

〈철도사별 차량 수 및 승차 인원〉

구분	2020년			2021년			2022년		
철도사	A	B	C	A	B	C	A	B	C
차량 수(량)	2,751	103	185	2,731	111	185	2,710	113	185
승차인원 (천 명/년)	775,386	26,350	35,650	768,776	24,736	33,130	755,376	23,686	34,179

① C철도사가 운영하는 차량 수는 변동이 없다.
② 3년간 전체 승차인원 중 A철도사의 철도를 이용하는 승차인원의 비율이 가장 높다.
③ A ~ C철도사 철도를 이용하는 연간 전체 승차인원 수는 매년 감소하였다.
④ 3년간 차량 1량당 평균 승차인원 수는 B철도사가 가장 적다.
⑤ C철도사의 차량 1량당 승차인원 수는 200천 명 미만이다.

13 다음 〈조건〉에 따라 성우, 희성, 지영, 유진, 혜인, 재호가 근무할 때, 반드시 참인 명제는?

조건

- 성우, 희성, 지영, 유진, 혜인, 재호는 각자 다른 곳에서 근무하고 있다.
- 근무할 수 있는 곳은 감사팀, 대외협력부, 마케팅부, 비서실, 기획팀, 회계부이다.
- 성우가 비서실에서 근무하면, 희성이는 기획팀에서 근무하지 않는다.
- 유진이와 재호 중 한 명은 감사팀에서 근무하고, 나머지 한 명은 마케팅부에서 근무한다.
- 유진이가 감사팀에서 근무하지 않으면, 지영이는 대외협력부에서 근무하지 않는다.
- 혜인이가 회계부에서 근무하지 않을 때에만 재호는 마케팅부에서 근무한다.
- 지영이는 대외협력부에서 근무한다.

① 재호는 감사팀에서 근무한다.
② 희성이는 기획팀에서 근무한다.
③ 성우는 비서실에서 근무하지 않는다.
④ 혜인이는 회계팀에서 근무하지 않는다.
⑤ 유진이는 감사팀에서 근무하지 않는다.

14 A씨는 6월 중 부서 주요업무가 있는 날을 제외한 날에 1일 휴가를 신청하고자 한다. 부서 주요업무가 다음과 같을 때, A씨가 휴가를 신청하기에 가장 적절한 날은?(단, 6월 1일은 목요일이고 6월 6일은 공휴일이며, 주말 및 공휴일에는 휴가를 사용하지 않는다)

- 매주 수요일과 금요일에 회의를 진행한다.
- 6월 22 ~ 26일에 내부품질검증 TF에 참여한다.
- 매월 두 번째, 네 번째 주 월요일에 회식을 진행한다.
- 매주 금요일 오전에 본부장님 대상 주간보고를 진행한다.
- 6월 13 ~ 16일에 본부에서 주관하는 세미나에 참석한다.

① 6월 2일
② 6월 12일
③ 6월 15일
④ 6월 22일
⑤ 6월 29일

15 다음 문장에서 범하고 있는 논리적 오류로 가장 적절한 것은?

공부를 잘하는 사람은 무엇이든 잘할 것이다.

① 근접효과
② 초두효과
③ 최신효과
④ 후광효과
⑤ 현저성 효과

16 다음은 S사의 신입사원 선발 조건이다. 〈보기〉의 지원자 중 최고득점자와 최저득점자를 바르게 연결한 것은?

〈S사 신입사원 선발 조건〉

• 다음과 같은 항목에 따른 점수를 합산하여 최종점수(100점 만점)을 산정해 점수가 가장 높은 지원자 2명을 신입사원으로 선발한다.

– 학위점수(30점 만점)

학위	학사	석사	박사
점수(점)	18	25	30

– 어학능력점수(20점 만점)

어학시험점수 (300점 만점)	0점 이상 50점 미만	50점 이상 150점 미만	150점 이상 220점 미만	220점 이상
점수(점)	8	14	17	20

– 면접점수(20점 만점)

면접점수	미흡	보통	우수
점수(점)	18	24	30

– 실무경험점수(20점 만점)

총 인턴근무 기간	4개월 미만	4개월 이상 8개월 미만	8개월 이상 12개월 미만	12개월 이상
점수(점)	12	16	18	20

보기

지원자	학위점수	어학시험점수	면접점수	총 인턴근무 기간
A	학사	228	우수	8개월
B	석사	204	보통	11개월
C	학사	198	보통	9개월
D	박사	124	미흡	3개월

	최고득점자	최저득점자
①	A	B
②	A	D
③	B	C
④	B	D
⑤	C	D

17 A과장이 모스크바로 출장을 가기 위해 인천에서 출발하는 항공편을 찾아보았는데, 모든 항공사가 1개의 경유지를 거쳐 모스크바로 갈 수 있다고 한다. 이용하려는 항공사별 정보가 다음과 같을 때, 각 도시와의 시차에 대한 설명으로 옳지 않은 것은?

〈항공사별 인천 – 모스크바 항공편〉

• C사

출발 시각 (인천 기준)	경유지	경유지 도착 시각 (경유지 기준)	환승 대기시간	도착 시각 (모스크바 기준)
00:30	베이징	01:30	19시간	00:30*
23:30	상하이	00:30*	15시간	21:00*
이동시간	인천 – 베이징, 상하이 : 2시간 베이징 – 모스크바 : 9시간 상하이 – 모스크바 : 10시간 30분			

• E사

출발 시각 (인천 기준)	경유지	경유지 도착 시각 (경유지 기준)	환승 대기시간	도착 시각 (모스크바 기준)
06:00	아부다비	11:00	2시간 30분	18:30
이동시간	인천 – 아부다비 : 10시간 아부다비 – 모스크바 : 6시간			

• Q사

출발 시각 (인천 기준)	경유지	경유지 도착 시각 (경유지 기준)	환승 대기시간	도착 시각 (모스크바 기준)
01:30	도하	05:30	3시간	14:00
이동시간	인천 – 도하 : 10시간 도하 – 모스크바 : 5시간 30분			

* : 출발일 기준 익일 도착 시각

① 모스크바와 도하의 시차는 없다.
② 모스크바는 인천보다 6시간 늦다.
③ 모스크바는 아부다비보다 1시간 늦다.
④ 도하는 베이징보다 5시간 늦다.
⑤ 아부다비는 상하이보다 5시간 늦다.

18 다음 중 서번트 리더십에 대한 설명으로 옳지 않은 것은?

① 구성원 간의 과도한 경쟁을 경계한다.
② 구성원의 성과를 최종 결과물 중심으로 평가한다.
③ 조직구성원은 조직의 목적을 달성하는 가장 중요한 자원이다.
④ 전통적 리더십에 비해 성과를 발휘하기까지 비교적 많은 시간이 걸린다.
⑤ 봉사와 희생의 정신으로부터 생기는 권위를 통해 구성원이 리더를 따르게 한다.

19 다음 〈보기〉의 맥킨지 7S 모델을 소프트웨어적 요소와 하드웨어적 요소로 바르게 구분한 것은?

보기

㉠ 스타일(Style)	㉡ 구성원(Staff)
㉢ 전략(Strategy)	㉣ 스킬(Skills)
㉤ 구조(Structure)	㉥ 공유가치(Shared Values)
㉦ 시스템(Systems)	

	소프트웨어	하드웨어
①	㉠, ㉡, ㉢, ㉥	㉣, ㉤, ㉦
②	㉠, ㉡, ㉣, ㉥	㉢, ㉤, ㉦
③	㉡, ㉢, ㉥, ㉦	㉠, ㉣, ㉤
④	㉡, ㉣, ㉤, ㉦	㉠, ㉢, ㉥
⑤	㉢, ㉤, ㉥, ㉦	㉠, ㉡, ㉣

20 다음 C언어 프로그램을 실행하였을 때 출력되는 값은?

```
#include <stdio.h>
int power(int x, int y);
int main(void)
{    int a, b;
     a=6;
     b=4;
     printf("%d",power(a,b));
     return 0;
}int power(int x, int y)
{    if(y==0)
     return 1;
     return x*power(x,y-1);
}
```

① 24　② 64
③ 1,296　④ 6,543
⑤ 6,666

21 다음 중 음이 아닌 정수 n에 대하여 〈보기〉의 순서도의 출력값과 같은 것은?

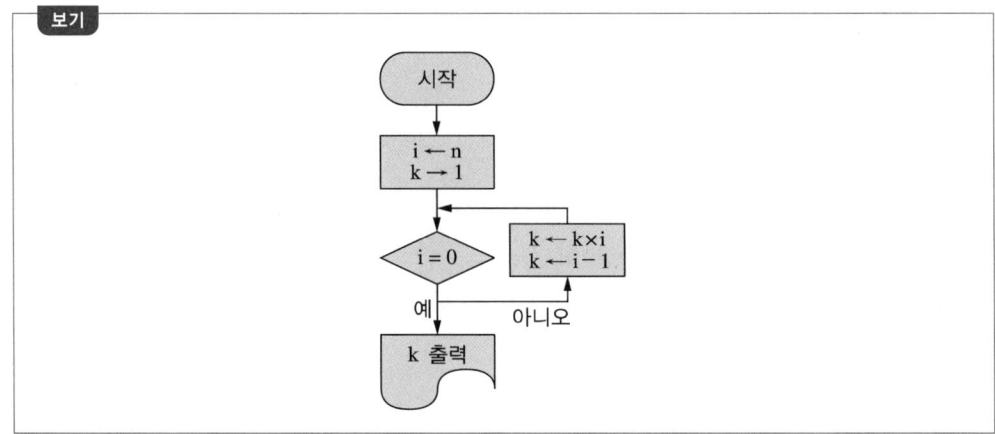

보기

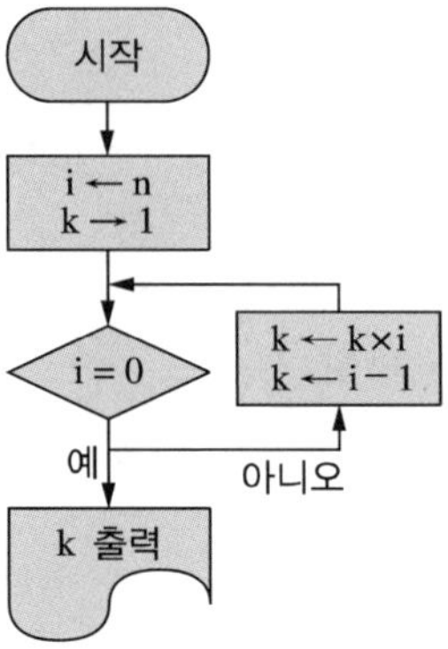

① 0

② $\frac{n(n+1)}{2}$

③ $n!$

④ n

⑤ 1

22 다음은 임의의 수 8개를 퀵 정렬 알고리즘을 통해 오름차순으로 나열하는 과정이다. 이 과정에서 나타난 퀵 정렬 과정으로 옳지 않은 것은?

	3	15	8	27	36	45	10	7
①	3	15	8	27	36	7	10	45
②	3	15	8	27	10	7	36	45
③	3	15	8	7	10	27	36	45
④	3	7	8	15	10	27	36	45
⑤	3	7	8	10	15	27	36	45

23 다음은 임의의 수 8개에 대한 배열을 오름차순으로 나열하는 C언어 프로그램이다. 이를 내림차순으로 나열하고자 할 때 수정해야 하는 행과 그 내용으로 옳은 것은?

```
#include 〈stdio.h〉
int main(){
        int arr[8] = {7, 59, 30, 1, 26, 40, 5, 39};
        int i, j, temp, index, min;
        for(i=0; i<8;++i){
                min = arr[i];
                index = i;
                for(j=i+1;j<8;++j){
                         if(min>arr[j]){
                                  min = arr[j];
                                  index = j;
                         }
                }
                temp = arr[i];
                arr[i] = arr[index];
                arr[index] = temp;
    }
    for(i=0;i<8;++i){
            printf(“%d”, arr[i]);
    }
    return 0;
}
```

① 3번째 행의 'arr[8]'을 'arr[−8]'으로 수정한다.

② 8번째 행의 'for(j=i+1;j<8;++j);'을 'for(j=8−i;j<8;++j);'로 수정한다.

③ 9번째 행의 'if(min>arr[j])'를 'if(min<arr[j])'로 수정한다.

④ 19번째 행의 'printf(“%d”, arr[i]);'를 'printf(“%d”, arr[8−i]);'로 수정한다.

⑤ 21번째 행의 'return 0;'을 제거한다.

※ S대학교에 근무하는 K씨는 전자교탁 340개를 강의실에 설치하고자 한다. 다음 자료를 보고 이어지는 질문에 답하시오. [24~25]

- K씨는 전자교탁 340개를 2월 1일 수요일에 주문할 예정이다.
- 모든 업체는 주문을 확인한 다음날부터 전자교탁을 제작하기 시작한다.
- 2월 20일에 설치가 가능하도록 모든 업체가 2월 18일까지 전자교탁을 제작하여야 한다.
- 전자교탁 제작을 의뢰할 업체는 모두 5곳이며 각 업체에 대한 정보는 다음과 같다.

구분	1인 1개 제작 시간(시간)	제작 직원 수(명)	개당 가격(만 원)
A	4	7	50
B	5	10	50
C	4	3	40
D	2	5	40
E	6	6	30

- A, B, C업체는 월 ~ 토요일에 근무하고 D, E업체는 월 ~ 금요일에 근무하며, 모든 업체는 1일 8시간 근무를 시행한다.
- 모든 업체는 연장근무를 시행하지 않는다.

| 자원관리능력

24 비용을 최소로 하여 각 업체에 전자교탁 제작을 의뢰한다고 할 때, 다음 중 E업체에 의뢰한 전자교탁의 수는?(단, 소수점 아래는 버림한다)

① 48개
② 72개
③ 96개
④ 144개
⑤ 192개

| 자원관리능력

25 교내 내부 일정이 촉박해져 전자교탁 제작이 기존 예정 완료일보다 이른 2월 9일까지 완료되어야 한다고 한다. 이에 따라 비용을 최소로 하여 제작을 다시 의뢰하고자 할 때, 필요한 비용은?(단, 소수점 아래는 버림한다)

① 1억 2,460만 원
② 1억 4,420만 원
③ 1억 6,480만 원
④ 1억 8,820만 원
⑤ 1억 9,860만 원

26 다음 〈조건〉에 따라 A ~ F팀 중 회의실 대관료를 가장 적게 지불한 팀과 가장 많이 지불한 팀을 순서대로 바르게 나열한 것은?

조건

- 회의실은 평일 월요일부터 금요일까지 9:00 ~ 19:00에 개방한다.
- 주말에는 토요일 9:00 ~ 12:00에 개방하며 그 외 시간 및 일요일, 공휴일에는 개방하지 않는다.
- 회의실은 90분 단위로 대관할 수 있다.
- 12:00 ~ 13:00은 점심시간으로, 회의실을 잠시 폐쇄한다.
- 월요일 9:00 ~ 10:30, 금요일 17:30 ~ 19:00는 회의실 청소 일정으로 대관할 수 없다.
- 회의실 대관료는 15,000원이며 평일 17:30 ~ 19:00 및 토요일에는 5,000원을 추가로 지불해야 한다.
- 회의실은 두 팀 이상이 함께 사용할 수 없다.
- A팀은 수요일, 금요일, 토요일 9:00 ~ 10:30에 대관하고자 하며, 금요일에는 12:00까지 대관한다.
- B팀은 월요일, 수요일, 토요일 10:30 ~ 12:00에 대관하고자 하며, 어느 하루는 17:30 ~ 19:00에 대관하고자 한다.
- C팀은 수요일 13:00 ~ 17:30에 대관하고자 하며, 어느 하루는 17:30 ~ 19:00에 대관하고자 한다.
- D팀은 평일에 어느 하루를 종일 대관하려 한다.
- E팀은 2일 연속으로 13:00 ~ 16:00에 대관하고자 한다.
- F팀은 평일에 어느 하루는 9:00 ~ 12:00에 대관하고자 하며, 또 다른 어느 하루는 17:30 ~ 19:00에 대관하고자 한다.

① A팀, F팀　　② B팀, A팀
③ C팀, B팀　　④ D팀, C팀
⑤ D팀, F팀

| 기술능력

27 다음 글의 빈칸 ㉠~㉢에 들어갈 말을 순서대로 바르게 나열한 것은?

> 4차 산업혁명이란 인공지능, 클라우드 컴퓨터 등의 고도화된 정보통신기술이 사회, 산업 등 다양한 분야에 융합되어 기존과는 다른 혁신적인 변화를 이뤄 낸 21세기 산업혁명을 말한다.
> 무인항공기로도 불리는 ___㉠___은 원격 조종을 통해 기기를 제어하며 지정된 경로를 자율적으로 비행하거나 반자동으로 비행하곤 한다. 군사용으로 사용된 이것은 점차 민간 분야로 확대되어 농업, 수송 등 다양한 분야에서 쓰이고 있다. ___㉡___은 기기에 인터넷을 적용하여 사용자와의 커뮤니케이션은 물론 센서를 통해 환경 등을 감지하여 물체가 물체를 자동으로 제어하는 등 다양한 방식으로 적용되고 있다. ___㉢___는 이름 그대로 방대한 데이터이다. 크기(Volume), 속도(Velocity), 다양성(Variety)을 3대 중요요소로 꼽는다. 하지만 단순 방대한 데이터 자체만으로는 의미가 없고 이 방대한 데이터를 분석하여 원하는 정보를 추출하고 가공하여 결론을 도출하는 과정에서 의미가 있다.

	㉠	㉡	㉢
①	인공위성	광케이블	빅데이터
②	드론	광케이블	데이터베이스
③	인공위성	사물인터넷	데이터베이스
④	드론	사물인터넷	빅데이터
⑤	인공위성	사물인터넷	빅데이터

| 기술능력

28 다음 중 중대재해 처벌 등에 관한 법률상 사업주의 안전 및 보건 책임의무로 옳지 않은 것은?

① 재해 발생 시 재발방지 대책의 수립 및 그 이행에 관한 조치
② 안전·보건 관계 법령에 따른 의무이행에 필요한 관리상의 조치
③ 산업 안전 및 보건에 관한 기술의 연구·개발 및 시설의 설치·운영에 관한 조치
④ 재해예방에 필요한 인력 및 예산 등 안전보건관리체계의 구축 및 그 이행에 관한 조치
⑤ 중앙행정기관·지방자치단체가 관계 법령에 따라 개선, 시정 등을 명한 사항의 이행에 관한 조치

29 다음 글과 〈보기〉의 사례를 바탕으로 할 때, 결함의 종류가 바르게 연결된 것은?

> 중대재해 처벌 등에 관한 법률(중대재해처벌법)에서 '중대시민재해'란 특정 원료 또는 제조물, 공중이용시설 또는 공중교통수단의 설계, 제조, 설치, 관리상의 결함을 원인으로 하여 발생한 재해로서 다음 항목 중 하나에 해당하는 재해를 뜻한다.
> - 사망자가 1명 이상 발생
> - 동일한 사고로 2개월 이상 치료가 필요한 부상자가 10명 이상 발생
> - 동일한 원인으로 3개월 이상 치료가 필요한 질병자가 10명 이상 발생
>
> 중대재해처벌법에서 제조물의 정의가 제조물 책임법상의 제조물과 동일하므로 설계, 제조상의 결함은 다음 제조물 책임법에서의 정의를 참고할 수 있다.
>
> **〈제조물 책임법상 결함의 정의〉**
>
> - '제조상의 결함'이란 제조업자가 제조물에 대하여 제조상·가공상의 주의의무를 이행하였는지에 관계없이 제조물이 원래 의도한 설계와 다르게 제조·가공됨으로써 안전하지 못하게 된 경우를 말한다.
> - '설계상의 결함'이란 제조업자가 합리적인 대체설계(代替設計)를 채용하였더라면 피해나 위험을 줄이거나 피할 수 있었음에도 대체설계를 채용하지 아니하여 해당 제조물이 안전하지 못하게 된 경우를 말한다.

> **보기**
>
> ㄱ. 해상전망대의 투명데크를 설계보다 넓게 건축하여 데크가 하중을 견디지 못하고 붕괴되어 시민 2명이 사망한 사건
> ㄴ. 터널 방음벽이 화재에 취약한 PMMA 소재로 되어있어 차량에서 시작된 불이 방음벽에 옮겨 붙어 차량 17대가 고립되어 시민 8명이 사망한 사건
> ㄷ. 자연적 여건 측량을 잘못하여 지나치게 낮게 건설된 방조설비로 인해 너울성 파도에 시민 2명이 휩쓸려 1명이 사망한 사건
> ㄹ. 제약회사에서 밀폐 포장을 해야 하는 주사약이 출고 시 밀봉되지 않아 변질되어 해당 주사약을 투여 받은 환자 1명이 패혈성 쇼크로 사망한 사건

	제조상의 결함	설계상의 결함
①	ㄱ	ㄴ, ㄷ, ㄹ
②	ㄱ, ㄴ	ㄷ, ㄹ
③	ㄱ, ㄹ	ㄴ, ㄷ
④	ㄱ, ㄴ, ㄹ	ㄷ
⑤	ㄴ, ㄷ, ㄹ	ㄱ

| 자기개발능력

30 다음 중 자기관리 계획의 수립 단계별 활동의 연결이 적절하지 않은 것은?

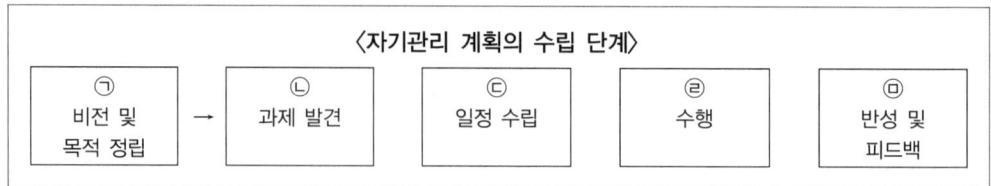

〈자기관리 계획의 수립 단계〉

㉠		㉡	㉢	㉣	㉤
비전 및 목적 정립	→	과제 발견	일정 수립	수행	반성 및 피드백

① ㉠ : 우선순위 결정

② ㉡ : 역할에 따른 활동목표 설정

③ ㉢ : 하루, 주간, 월간 계획의 수립

④ ㉣ : 수행과 관련된 요소 분석

⑤ ㉤ : 수행결과 분석

| 자기개발능력

31 다음 중 A사원의 자기개발 계획 수립이 어려운 이유로 가장 적절한 것은?

> A사원은 퇴근 후 남는 시간에 좋아하는 스포츠를 골라 운동을 하는 자기개발 계획을 설계하려 한다. 그러나 A사원은 스포츠에 대한 관심이 전혀 없었기 때문에 어떤 운동을 고를지, 몇 시간 동안 운동을 할지 등 구체적으로 계획을 설계하는 데 어려움을 겪고 있다.

① 주변상황의 제약

② 자기정보의 부족

③ 내부 작업정보 부족

④ 일상생활의 요구사항

⑤ 의사결정 시 자신감의 부족

32 다음 글에서 S사원에게 필요한 능력으로 가장 적절한 것은?

> 신입사원인 S사원은 최근 고민이 생겼다. 충분히 해낼 수 있을 것으로 예상한 업무를 익숙하지 않은 업무조건 탓에 제시간에 완료하지 못했고, 이로 인해 A과장으로부터 문책을 당했기 때문이다. 이 사건 이후 S사원은 크게 위축되어 자신의 능력에 회의감을 가지게 되었고, 주어진 업무를 완수할 수 없을 것 같다는 불안감에 더욱 업무효율이 떨어지게 되었다.

① 자기관리
② 자아존중감
③ 경력개발
④ 강인성
⑤ 낙관주의

33 다음 〈보기〉 중 분배적 협상과 통합적 협상에 대한 설명이 바르게 연결된 것은?

보기

구분	분배적 협상	통합적 협상
㉠ 협상전략	협력적 문제해결전략	강압적 경쟁전략
㉡ 승패방식	Win – Win 방식	Win – Lose 방식
㉢ 이득증식	파이 자체의 증대	고정된 파이 분배
㉣ 정보공유	은밀한 정보	공개적 정보공유
㉤ 토론성격	실질적 이해관계 토론	입장 토론

① ㉠
② ㉡
③ ㉢
④ ㉣
⑤ ㉤

34 **다음 중 빈칸 ㉠~㉢에 들어갈 용어를 순서대로 바르게 나열한 것은?**

> • ___㉠___ : 인간관계를 지향하게 하고 사회적 행동을 유발하는 욕구
> • ___㉡___ : 개인이 인간과 인간관계에 대해 가지고 있는 지적인 이해, 믿음
> • ___㉢___ : 인간관계를 성공적으로 이끌어 갈 수 있는 사교적 능력

	㉠	㉡	㉢
①	대인신념	대인기술	대인동기
②	대인신념	대인동기	대인기술
③	대인동기	대인신념	대인기술
④	대인동기	대인기술	대인신념
⑤	대인기술	대인동기	대인신념

35 **다음 중 기업의 사회적 책임(CSR; Corporate Social Responsibility)의 등장 배경으로 적절하지 않은 것은?**

① 기업 영향력의 확대
② 지속가능성 이슈의 대두
③ 정보통신 기술의 발전
④ 사회의 획일화
⑤ 국제기구 및 비정부기구의 활동

36 **다음 중 도덕적 해이(Moral Hazard)의 특징으로 적절하지 않은 것은?**

① 결정을 내리고 책임지기보다 상급기관에 결정을 미루는 행동방식을 취한다.
② 법률 위반과 차이가 있어 적발과 입증이 어렵다.
③ 사익을 추구하지 않는 방만한 경영 행태는 도덕적 해이에 포함되지 않는다.
④ 조직의 틀에 어긋나는 개인의 이익실현 행위이다.
⑤ 신규업무에 관심을 갖지 않는 등 소극적인 모습을 보인다.

| 직업윤리

37 **다음 중 직장 내 성희롱에 대한 설명으로 적절하지 않은 것은?**

① 성적 언동 등을 조건으로 고용상 불이익을 주는 행위를 뜻한다.
② 성희롱 자체는 형사처벌 대상이 아니다.
③ 성희롱의 판단기준은 피해자의 관점에 따른다.
④ 모든 남녀 근로자는 직장 내 성희롱의 피해자가 될 수 있다.
⑤ 직장 내 성희롱은 직장 내부에서 일어나야 성립한다.

03 다음 글이 설명하는 개념과 가장 가까운 경력의 닻의 유형은?

> ‘워라밸’이란 개인의 일과 생활간의 조화가 이루어진 상태로, ‘일 – 가정 양립’이라는 용어로도 사용되지만 의미적으로 개인의 삶 전체를 포괄하지 못하며 일과 가정간의 갈등 해소에 초점을 둔다는 점에서 최근에는 ‘일과 개인생활의 균형’이라는 의미로 사용된다.

① 전문성 추구형
② 총괄관리 추구형
③ 삶의 균형 추구형
④ 안전 / 안정 추구형
⑤ 사업가적 창의성 추구형

04 다음 중 매슬로의 욕구이론에 대한 설명으로 옳은 것은?

① 종족 번식 본능은 생리적 욕구이면서, 안전의 욕구로 해석할 수 있다.
② 자아실현의 욕구는 타인에게 인정받고 존중받고자 하는 욕구를 의미한다.
③ 매슬로의 욕구이론에 따르면 인간의 욕구는 6가지 단계로 구분할 수 있다.
④ 화재보험 가입은 안전에 대한 욕구를 충족시키기 위한 장치로 해석할 수 있다.
⑤ 상위 욕구에 대한 열망이 강할 경우, 하위 욕구가 충족되지 않은 상태에서 상위 욕구를 추구할 수 있다.

05 다음 중 적대적 M&A 혹은 경영권에 대한 침해 시도가 있을 때, 기존 주주들에게 현재 시가보다 더욱 낮은 가격에 지분을 매입할 수 있는 권리를 부여하는 제도는?

① 차입매수
② 포이즌 필
③ 언더라이팅
④ 차등의결권
⑤ 황금주 제도

06 다음 중 사이먼의 제한된 합리성에 대한 설명으로 옳은 것을 〈보기〉에서 모두 고르면?

보기

ㄱ. 사이먼은 모든 정보를 고려한 의사결정은 비현실적이라고 설명한다.
ㄴ. 제한된 합리성에 따르더라도 반드시 최선의 대안을 선택할 수 있다.
ㄷ. 제한된 합리성을 토대로 한 정책결정모형은 점증모형이다.
ㄹ. 모든 대안을 검토하는 것은 중복을 발생시킨다고 본다.

① ㄱ
② ㄷ
③ ㄱ, ㄷ
④ ㄱ, ㄷ, ㄹ
⑤ ㄴ, ㄷ, ㄹ

07 다음 정책과정의 참여자 중 공식적 참여자에 해당하지 않는 것은?

① 입법부
② 사법부
③ 정당
④ 행정기관
⑤ 사법부

| 02 | 경영학

01 다음 〈조건〉을 참고할 때, S회사의 적정주가는?

> **조건**
> - S회사 유통주식 수 : 1,000만 주
> - S회사 당기순이익 : 300억 원
> - S회사 주가수익비율 : 8배

① 18,000원
② 20,000원
③ 24,000원
④ 30,000원
⑤ 32,000원

02 다음 중 공매도가 미치는 영향으로 옳지 않은 것은?

① 주가가 고평가되어 있다고 생각하는 투자자의 의견도 반영할 수 있어 효율성이 증대된다.
② 시장에 매도물량이 공급됨에 따라 시장 유동성이 증대된다.
③ 공매도에 따른 채무불이행 리스크가 발생할 수 있다.
④ 하락장에서도 수익을 낼 수 있어 수익의 변동성을 조정할 수 있다.
⑤ 공매도를 통해 기대수익과 기대손실을 자산 가격 내에서 운용할 수 있다.

03 다음 중 적대적 M&A에 대한 사전 방어 전략으로 옳지 않은 것은?

① 포이즌 필
② 포이즌 풋
③ 그린메일
④ 황금낙하산
⑤ 황금주

04 다음 중 기업 결합 형태에 대한 설명으로 옳지 않은 것은?

① 콘체른(Konzern) : 대기업이 자본지배를 목적으로 여러 산업에 속한 중소기업의 주식을 보유하거나 자금을 대여하여 금융적으로 결합한 형태를 말한다.
② 카르텔(Cartel) : 생산 및 판매에 있어 경쟁을 방지하고 수익을 확보하기 위해 동종 상품을 생산하는 기업 간 수평적으로 결합한 형태를 말한다.
③ 트러스트(Trust) : 시장을 지배할 목적으로 동종 혹은 이종 기업이 자본적 결합에 의해 완전히 하나의 기업으로 결합한 형태를 말한다.
④ 콤비나트(Kombinat) : 기술적으로 연관성이 높은 여러 생산부문을 근거리에 위치시켜 형성된 지역적 결합 형태를 말한다.
⑤ 컨글로머리트(Conglomerate) : 사업내용이 같은 기업을 최대한 많이 흡수 또는 합병해서 지배하는 결합 형태를 말한다.

05 다음 중 대차대조표 항목상 성격이 다른 하나는?

① 선수금
② 현금
③ 유가증권
④ 현금성자산
⑤ 미수금

06 다음 중 소품종 대량생산에 적합한 제품으로 옳은 것은?

① 차량용 충전기
② 메모리 반도체
③ 생활용품
④ 지하철 광고물
⑤ 발전기 부품

07 다음 글에 해당하는 마케팅 STP 단계로 옳은 것은?

> • 서로 다른 욕구를 가지고 있는 다양한 고객들을 하나의 동질적인 고객집단으로 나눈다.
> • 인구, 지역, 사회, 심리 등을 기준으로 활용한다.
> • 전체시장을 동질적인 몇 개의 하위시장으로 구분하여 시장별 차별화된 마케팅을 실행한다.

① 시장 세분화 단계
② 시장 매력도 평가 단계
③ 표적시장 선정 단계
④ 포지셔닝 단계
⑤ 재포지셔닝 단계

08 다음 중 인사와 관련된 이론에 대한 설명으로 옳지 않은 것은?

① 허즈버그는 욕구를 동기요인과 위생요인으로 나누었으며, 동기요인에서는 인정감, 성취, 성장 가능성, 승진, 책임감, 직무 자체를 하위요인으로 정의하고, 위생요인에서는 보수, 대인관계, 감독, 직무안정성, 근무환경, 회사의 정책 및 관리를 하위요인으로 정의하였다.
② 브룸은 동기 부여에 관해 기대이론을 적용하여, 기대감, 적합성, 신뢰성을 통해 구성원의 직무에 대한 동기 부여를 결정한다고 주장하였다.
③ 매슬로는 욕구의 위계를 생리적 욕구, 안전의 욕구, 애정과 공감의 욕구, 존경의 욕구, 자아실현의 욕구로 나누어 단계별로 욕구가 작용한다고 설명하였다.
④ 맥그리거는 인간의 본성을 부정적으로 바라보는 X이론과 긍정적으로 바라보는 Y이론이 있으며, 경영자는 조직목표 달성을 위해 근로자의 본성(X, Y)을 파악해야 한다고 주장하였다.
⑤ 로크는 인간이 합리적으로 행동한다는 가정하에 개인이 의식적으로 얻으려고 설정한 목표가 동기와 행동에 영향을 미친다고 주장하였다.

09 **다음 중 벤치마킹 시 지켜야 하는 원칙으로 옳지 않은 것은?**

① 교환의 원칙
② 적법성의 원칙
③ 당사자 접촉의 원칙
④ 공개의 원칙
⑤ 사전준비의 원칙

10 **다음 중 창업 시 기능별로 기업내부를 분석하려고 할 때 필요하지 않은 정보로 옳은 것은?**

① 우선순위
② 기술개발
③ 인적자원
④ 마케팅
⑤ 재무/회계

11 **다음 사례의 S씨가 얻게 되는 이익과 손실의 합은?**

- S씨는 땅을 빌려 배추 농사를 짓고 있으며, 1월 1일 10,000평에 해당하는 땅에 대해 1년간 농사를 짓기로 계약하고 평당 1,500원의 계약금을 주었다.
- 계약금을 제외한 잔금은 배추의 시장가격에 따라 지급하기로 하였는데 계약일 기준 6개월 이후 배추가격이 10% 이상 오를 경우 계약금과 동일한 평당 1,500원을 잔금으로 지급하며, 0 ~ 10% 미만 오를 경우 1,200원, 하락한 경우에는 평당 800원을 잔금으로 지급한다.
- 1월 1일 기준 평당 배추가격은 6,000원이며, 7월 1일 기준 평당 배추가격은 5,500원이다.

① 200만 원
② 600만 원
③ 1,000만 원
④ 2,400만 원
⑤ 3,200만 원

| 03 | 경제학

01 **다음 중 수요의 가격탄력성에 대한 설명으로 옳지 않은 것은?**

① 수요의 가격탄력성은 가격의 변화에 따른 수요의 변화를 의미한다.

② 분모는 상품 가격의 변화량을 상품 가격으로 나눈 값이다.

③ 수요의 가격탄력성은 대체재가 많을수록 탄력적이다.

④ 가격이 1% 상승할 때 수요가 2% 감소하였으면 수요의 가격탄력성은 2이다.

⑤ 가격탄력성이 0보다 크면 탄력적이라고 할 수 있다.

02 **다음 중 GDP 디플레이터를 구하는 계산식으로 옳은 것은?**

① (실질 GDP)÷(명목 GDP)×100

② (명목 GDP)÷(실질 GDP)×100

③ (실질 GDP)+(명목 GDP)÷2

④ (명목 GDP)−(실질 GDP)÷2

⑤ (실질 GDP)÷(명목 GDP)×2

03 다음 〈조건〉을 참고할 때, 한계소비성향(MPC) 변화에 따른 현재 소비자들의 소비 변화 폭은?

조건

- 기존 소비자들의 연간 소득은 3,000만 원이며, 한계소비성향은 0.6을 나타내었다.
- 현재 소비자들의 연간 소득은 4,000만 원이며, 한계소비성향은 0.7을 나타내었다.

① 700만 원
② 1,100만 원
③ 1,800만 원
④ 2,500만 원
⑤ 3,700만 원

04 다음 〈조건〉을 토대로 계산할 때의 엥겔지수로 옳은 것은?

조건

- 독립적인 소비지출 : 100만 원
- 한계소비성향 : 0.6
- 가처분소득 : 300만 원
- 식비지출 : 70만 원

① 0.2
② 0.25
③ 0.3
④ 0.35
⑤ 0.4

| 04 | 기계

01 **다음 중 길이가 a인 단위격자에 반지름이 R인 원자가 면심입방격자(FCC)를 이룰 때, 원자의 충진율(APF)과 a와 R의 관계를 바르게 짝지은 것은?**

① $\dfrac{4\times\dfrac{4\pi}{3}R^3}{a^3}$, $\sqrt{2}\,a=4R$

② $\dfrac{4\times\dfrac{4\pi}{3}R^3}{a^3}$, $\sqrt{3}\,a=4R$

③ $\dfrac{4\times\dfrac{4\pi}{3}R^3}{(2a)^3}$, $\sqrt{2}\,a=4R$

④ $\dfrac{4\times\dfrac{4\pi}{3}R^3}{(2a)^3}$, $\sqrt{3}\,a=4R$

⑤ $\dfrac{5\times\dfrac{4\pi}{3}R^3}{a^3}$, $\sqrt{2}\,a=4R$

02 **다음 중 냉간가공에 대한 특징으로 옳지 않은 것은?**

① 재결정온도 이하에서 가공하는 소성가공이다.
② 제품의 치수를 정확하게 가공할 수 있다.
③ 가공방향에 따른 강도 변화가 거의 없다.
④ 가공면이 아름답다.
⑤ 재결정온도 이상으로 어닐링하여 변형응력을 제거하는 과정을 거쳐야 한다.

03 **다음 중 대류 현상의 규모가 가장 작은 것부터 순서대로 바르게 나열한 것은?**

> ㄱ. 밤에 해안가 지방에서는 육지에서 바다 쪽으로 바람이 분다.
> ㄴ. 북극에서 빙하가 녹은 물이 바다 밑으로 흘러 들어간다.
> ㄷ. 물을 끓이면 수증기가 위로 올라간다.

① ㄱ－ㄷ－ㄴ
② ㄴ－ㄱ－ㄷ
③ ㄴ－ㄷ－ㄱ
④ ㄷ－ㄱ－ㄴ
⑤ ㄷ－ㄴ－ㄱ

04 다음 그림과 같이 길이가 $2R$인 보 위에 반지름이 R인 반원 모양인 물체가 있다. 이 물체의 단위하중이 w_0일 때 A로부터 R만큼 떨어진 곳과 $\frac{R}{2}$만큼 떨어진 곳에서의 전단력의 크기를 바르게 짝지은 것은?(단, 물체는 모든 곳이 동일한 재질로 고르게 이루어져 있다)

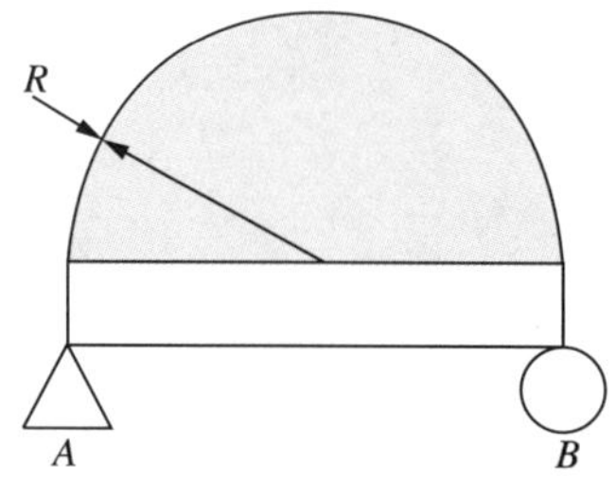

	R	$\frac{R}{2}$
①	0	$w_0R^2\left(-\frac{\pi}{12}+\frac{\sqrt{3}}{8}\right)$
②	0	$w_0R^2\left(\frac{\pi}{12}+\frac{\sqrt{3}}{8}\right)$
③	0	$w_0R^2\left(\frac{\pi}{6}+\frac{\sqrt{3}}{8}\right)$
④	$\frac{\pi R^2}{3}$	$w_0R^2\left(-\frac{\pi}{6}+\frac{\sqrt{3}}{8}\right)$
⑤	$\frac{\pi R^2}{3}$	$w_0R^2\left(\frac{\pi}{3}+\frac{\sqrt{3}}{8}\right)$

05 다음 중 스프링 상수와 비례관계인 것은?

① 권선 수
② 횡탄성계수
③ 소선 지름
④ 스프링 평균 지름
⑤ 푸아송 비

| 05 | 전기

01 **다음 중 리액터 기동에 대한 설명으로 옳지 않은 것은?**

① 기동 시 기동전류를 작게 하는 만큼 기동토크도 현저히 저하된다.
② 리액터는 병렬로 연결한다.
③ Y－△기동에서 가속이 불가능하거나 기동 시 쇼트를 방지할 때에도 리액터 기동을 사용한다.
④ 모터에 비해 기동 시 토크의 부족이 지속되면 모터에 무리가 갈 수 있다.
⑤ 기동전류는 전압강하 비율로 감소하며, 기동토크는 전압강하의 제곱 비율로 감소한다.

PART 1

02 **다음 중 단상유도전압조정기에서 단락권선의 역할로 옳은 것은?**

① 철손 경감
② 절연 보호
③ 전압조정 용이
④ 전압강하 감소
⑤ 동손 경감

03 **다음 중 단권변압기의 특징으로 옳지 않은 것은?**

① 전압변동률이 낮다.
② 동손이 감소하여 효율이 높다.
③ 3상에서는 사용할 수 없다.
④ 권선의 수가 1이므로 동량을 줄일 수 있어 경제적이다.
⑤ 공통권선을 가진다.

04 **다음 중 단락비가 큰 기기의 특징으로 옳지 않은 것은?**

① 동기 임피던스가 크다.
② $\%Z$가 작다.
③ 전압강하가 작다.
④ 전압변동률이 낮다.
⑤ 안정도가 좋다.

05 다음 중 원자로 제어재의 구비조건으로 옳지 않은 것은?

① 중성자 흡수율이 작아야 한다.
② 열과 방사능에 대해 안정적이어야 한다.
③ 기계적 강도가 커야 한다.
④ 냉각제에 대하여 내식성이 있어야 한다.
⑤ 방사선 조사 및 방사능 열에 강해야 한다.

06 직류기에서 사용하는 단중파권의 병렬회로의 수로 옳은 것은?

① 극수와 같다.
② 2개
③ 4개
④ 6개
⑤ 8개

07 다음 중 비례추이의 특징에 대한 설명으로 옳지 않은 것은?

① 슬립은 2차 저항에 비례한다.
② 저항이 클수록 기동토크는 커지고 기동전류는 감소한다.
③ 권선형 유도전동기에서만 사용한다.
④ 슬립이 증가하면 최대토크도 변화한다.
⑤ 1, 2차 전류는 비례추이가 가능하다.

08 다음 중 SF_6에 대한 설명으로 옳은 것은?

① 소호능력이 작다.
② 가스가 누출될 수 있다.
③ 열적 안정성이 불안정하다.
④ 아크가 불안정하다.
⑤ 열전달성이 공기보다 불량하다.

09 다음 중 GIS에 대한 설명으로 옳지 않은 것은?

① 설치 면적을 소형화할 수 있다.
② 부싱 이외의 금속제 탱크는 대지와 접지되어 있으므로 안정성 확보가 가능하다.
③ 고도의 신뢰성을 가진다.
④ 설치비용이 고가이고 설치기간이 길다.
⑤ 염해 등 외부 환경에 의한 사고가 없다.

10 다음 중 직렬 콘덴서의 특징으로 옳지 않은 것은?

① 선로의 전압강하를 감소시킨다.
② 수전단 전압변동을 감소시킨다.
③ 송전전력을 증가시킨다.
④ 부하역률이 불량한 선로일수록 효과적이다.
⑤ 선로개폐기 고장이 발생하여도 이상현상을 발생시키지 않는다.

11 다음 중 제3고조파를 제거할 수 없는 결선으로 옳은 것은?

① Y－Y결선
② Y－V결선
③ △－Y결선
④ △－V결선
⑤ △－△결선

CHAPTER

03 2022년 기출복원문제

정답 및 해설 p.032

01 직업기초능력평가

❙ 의사소통능력

01 다음 글의 제목으로 가장 적절한 것은?

> 서울교통공사가 유관기관과 손을 잡고 지하철역과 열차 내에서 임산부 배려문화 조성을 위한 캠페인을 펼쳤다.
> 서울교통공사는 5호선 여의도역과 열차에서 보건복지부・인구보건복지협회・KBS아나운서협회와 함께 '임산부 배려 캠페인'을 진행했다. 서울교통공사 및 유관기관 관계자를 비롯해 KBS아나운서협회장 등 20여 명의 인사가 참여하여 임산부 배려문화 인식개선에 나섰다.
> 이번 캠페인은 임산부 체험, 퀴즈 이벤트, 임산부 배려석 및 엠블럼 인지 설문조사, 또타와 함께하는 포토존 등 시민들이 직접 참여할 수 있는 다채로운 내용으로 진행됐다. 행사에서는 서울교통공사 공식 캐릭터인 또타가 함께해 시민들과 사진 촬영을 진행했으며, 퀴즈 등 이벤트 경품으로 또타 피규어가 제공됐다.
> 서울교통공사는 매년 인구보건복지협회와 함께 임산부를 배려하는 문화 조성에 힘쓰고 있다. 임산부가 지하철을 이용할 시 먼저 배려 받을 수 있는 사회적 분위기 확산을 위해 30개 역사에서 자체 캠페인을 진행하는 등 홍보를 지속하고 있다.
> 서울교통공사는 캠페인 이외에도 임산부 배려 웹툰 공모전, 차내 안내방송 시행, 시인성 강화 홍보물 부착 등 임산부 배려문화 조성을 위해 노력 중이다.
> 지하철 내 임산부 배려석은 열차 중앙좌석 양 끝에 1칸당 2석씩 설치되어 있다. 임산부 배려석은 객실 의자가 분홍색이고, 의자 뒤쪽과 바닥에 엠블럼 및 배려 요청 표지가 부착되어 있어 이용객들이 임산부 배려석임을 쉽게 알아볼 수 있다.
> 서울교통공사 영업지원처장은 "지하철 및 대중교통에서 교통약자인 임산부를 배려하는 사회적 분위기가 무르익길 바란다."라며, "공사는 임산부 배려문화 인식개선을 위한 지속적인 홍보를 펼치는 등 교통약자 지하철 이용 편의 증진을 위해 힘쓰겠다."라고 밝혔다.

① 서울교통공사, 임산부 배려석 이용 실태 조사
② 서울교통공사, 임산부 배려 캠페인 진행
③ 서울교통공사, 또타와 함께하는 사진 촬영 이벤트 실시
④ 서울교통공사, 배려문화 정착 위해 웹툰 공모전 주최
⑤ 서울교통공사, 인구보건복지협회와 협약 체결

02 다음 글을 읽고 추론한 내용으로 적절하지 않은 것은?

미세먼지가 피부의 염증 반응을 악화시키고, 재생을 둔화시키는 등 피부에 해를 끼친다는 연구 결과가 지속적으로 발표되고 있다. 최근 한 연구 결과에 따르면 초미세먼지 농도가 짙은 지역에 거주하는 사람은 공기가 가장 깨끗한 지역에 사는 사람보다 잡티나 주름이 생길 확률이 높았고, 고령일수록 그 확률은 증가했다.
그렇다면 미세먼지 차단 화장품은 과연 효과가 있을까? 정답은 '제대로 된 제품을 고른다면 어느 정도 효과가 있다.'이다. 그러나 식품의약품안전처에서 발표한 내용에 따르면 미세먼지에 효과가 있다고 광고하는 제품 중 절반 이상이 효과가 없는 것으로 드러났다. 무엇보다 미세먼지 차단지수가 표준화되어 있지 않고, 나라와 회사별로 다른 지수를 제시하고 있어서 이를 검증하고 표준화시키는 데는 좀 더 시간이 걸릴 것으로 보고 있다.
미세먼지로부터 피부를 보호하는 방법은 애초에 건강한 피부를 유지하는 것이다. 미세먼지가 가장 많이 침투하는 부위를 살펴보면 피부가 얇거나 자주 갈라지는 눈 근처, 코 옆, 입술 등이다. 평소 세안을 깨끗이 하고, 보습제와 자외선 차단제를 잘 바르는 생활습관만으로도 피부를 보호할 수 있다. 특히, 메이크업을 즐겨하는 사람들은 색조 제품의 특성상 노폐물이 더 잘 붙을 수밖에 없으므로 주의해야 한다.
다음으로 체내 면역력을 높이는 것이다. 미세먼지는 체내의 면역체계를 약하게 만들어서 비염, 편도선염, 폐질환, 피부염 등을 유발할 수 있다. 이를 예방하기 위해서는 건강한 음식과 꾸준한 운동으로 체내의 면역력을 높여 미세먼지를 방어해야 한다.

① 나이가 많은 사람일수록 미세먼지에 취약하다.
② 국가별로 표준화된 미세먼지 차단지수를 발표했지만, 자리를 잡는 데는 시간이 걸릴 것이다.
③ 미세먼지는 피부가 약한 부위일수록 침투하기 쉽다.
④ 메이크업을 즐겨하는 사람은 그렇지 않은 사람보다 미세먼지에 더 많이 노출되어 있다.
⑤ 미세먼지는 피부질환뿐 아니라 폐질환의 원인도 된다.

03 다음 빈칸에 들어갈 접속어로 가장 적절한 것은?

문학이 보여 주는 세상은 실제의 세상 그 자체가 아니며, 실제의 세상을 잘 반영하여 작품으로 빚어 놓은 것이다. ________ 문학 작품 안에 있는 세상이나 실제로 존재하는 세상이나 그 본질에 있어서는 다를 바가 없다.

① 그러나
② 그렇게
③ 그리고
④ 더구나
⑤ 게다가

04 다음 글을 이해한 내용으로 가장 적절한 것은?

2020년 11월 서울교통공사가 처음 선보인 지하철역 개인 창고 장기대여 서비스 '또타스토리지'가 9월 15일부터 서울 지하철 20개역 24개소로 확대 운영된다.
'또타스토리지'는 캠핑용품, 계절의류처럼 당장 사용하지 않는 물건부터 소형가전・가구까지 기간 제한 없이 이용자가 직접 물건을 보관하고 찾아갈 수 있는 일종의 '개인 창고(셀프 – 스토리지)' 서비스이다. 수요가 커지는 개인 창고를 지하철역에 조성해 시민 편의를 높이고자 서울교통공사는 2020년 11월, 또타스토리지 3개소를 개설했다. 서울교통공사는 생활물류 사업이 역사의 공간 효율성을 높이고, 신규 수익도 창출할 수 있을 것으로 기대하며 2021년에 10개소를 증설했다. 그리고 이번 11개역 11개소를 확장하며 또타스토리지는 총 20개역 24개소로 운영된다.
신규 조성되는 '또타스토리지'는 군자역(5호선), 안암역, 봉화산역, 마들역, 중계역, 하계역, 어린이대공원역, 논현역, 이수역, 남성역, 가락시장역 등 11개역 11개소이다. 서울교통공사는 기조성된 '또타스토리지'와 마찬가지로 1인・4인 가구의 주거 비율이 높은 지역을 우선 사업대상지로 선정했다.
9월 15일 또타스토리지 서비스를 확장하며 서울교통공사는 한층 더 넓은 선택의 폭을 제공하고자 0.15평형을 신규 모델로 추가했다. 0.15평형은 1인 가구 등 작은 짐 정도만 보관할 필요가 있는 이용층을 대상으로, 적당한 크기를 합리적인 가격에 제공하는 맞춤 상품이다. 특히 안암역・어린이대공원역 등 대학교 근처의 역에 조성돼, 자취하는 대학생들의 관심을 끌 수 있을 것으로 기대된다.
또타스토리지는 100% 비대면 무인시스템으로 운영되기에 지하철 물품보관함 전용 앱인 '또타라커'를 설치해야 한다. 앱을 통해 창고 접수부터 결제, 출입까지 원스톱으로 이용할 수 있다. 'T – locker 또타라커'는 서울교통공사가 자체 개발한 지하철역 물품보관・전달함 전용 앱이다. 앱에서 원하는 역사・창고・이용기간을 선택해 요금을 결제할 수 있고, 사용자 인증을 통해 출입도 가능하다. 또타스토리지 이용은 서울 지하철 운영시간인 평일(05:00 ~ 25:00), 주말 및 공휴일(05:00 ~ 24:00)에 가능하다. 보관은 1개월부터 가능하며, 6개월 이상 이용 시 추가 할인이 제공된다.
또타라커 앱 내에는 또타스토리지 정기구독 결제 서비스가 구축되어 있다. 이 기능을 통해 1년 이상 장기 보관을 원하는 이용객은 매월 직접 결제하지 않아도 구독이 자동 연장돼 편리하게 이용할 수 있다. 서울교통공사는 또타스토리지 이용 활성화를 위해 정기구독 서비스로 결제하는 이용자들에게 첫 달 7일의 추가 이용 기간을 주는 이벤트를 진행한다. 신규 오픈 개소에는 30일 무료 체험 서비스를 제공하는 이벤트도 진행할 예정이다.
창고 내부는 보온・보습 시설이 완비돼 최적의 상태로 짐을 보관할 수 있으며, 내부를 실시간으로 녹화하는 CCTV도 설치되어 있다. 보관물품에 문제가 생겼을 경우 보상해 줄 수 있는 영업배상책임보험에도 가입되어 있어, 이용객들은 안전하게 짐을 맡길 수 있다. 서울교통공사는 2024년까지 최대 50개소의 생활물류센터(또타스토리지, 또타러기지)를 조성할 계획이다. 지하철역의 인식을 바꾸고 새로운 변화에 대응할 수 있도록 운영 서비스 구조를 개선하겠다는 목표다.
서울교통공사 본부장은 "서울교통공사의 사업 다각화를 위해 '또타스토리지'와 같은 비운수사업을 추진하면서도, 시민 편의나 지역경제 활성화, 일자리 창출과 같은 공익적인 효과를 놓치지 않겠다."라며, "지하철 중심의 생활편의 서비스를 계속 확대해 나가겠다."라고 말했다.

① 또타스토리지 서비스가 확장되면서 1평형 신규 모델이 추가되었다.
② 보관은 3개월부터 가능하며, 6개월 이상 이용 시에는 추가 할인된다.
③ 또타스토리지는 연중무휴 24시간 내내 이용 가능하다.
④ 'T – locker 또타라커' 어플 정기구독 결제 서비스는 매월 직접 결제하지 않아도 구독이 자동 연장된다.
⑤ 서울교통공사는 또타스토리지를 정기구독하는 이용자들에게 첫 달 3일의 추가 이용 기간을 제공한다.

05 서울교통공사 기관사 체험안내문을 보고 다섯 사람이 대화를 나누었다. 다음 중 잘못 말한 사람은?

〈서울교통공사 기관사 체험안내문〉

1. **기관사 체험일정**
   2022년 8월 24일(금) 13:00 ~ 16:40

2. **신청기간 및 방법**
   - 신청기간 : 2022년 8월 1일(수) ~ 8월 5일(일)
   - 신청방법 : 서울교통공사 홈페이지에서 신청

3. **신청대상**
   - 초등학생 및 청소년, 일반인

4. **체험인원 및 선정방법**
   - 체험인원 : 30명
   - 선정방법 : 신청인원이 체험인원보다 많을 경우 신청자 중에서 전산 추첨

5. **선정자 발표** : 8월 7일(화) ~ 8월 10일(금)
   ※ 개인정보 제공 미동의 시 선정자에서 배제되며, 동의하신 개인정보는 여행자보험 가입 시 이용된 후 체험 행사 종료 시 파기됩니다.
   ※ 개별적으로 전화연락은 드리지 않으니 홈페이지에서 꼭 확인해 주세요.

6. **체험프로그램 구성**

진행시간	프로그램	장소
13:00 ~ 13:30	• 환영인사 • 행사일정 소개 및 안전교육 • 조별 담당자 소개	승무사업소 교양실
13:30 ~ 15:00	• 승무보고, 종료보고 체험 • 운전연습기 체험 • VR 체험	승무사업소 운용실 및 운전연습기실
15:00 ~ 15:08	• 임시열차 승차를 위해 이동	대림역 내선 승강장
15:08 ~ 16:40	• 기관사 및 차장 칸 운전실 조별 승차 – 전부운전실 및 터널 체험 – 후부운전실 방송 체험 • 기념품 증정 및 기념촬영 • 종료인사	2호선 임시열차

① 정혁 : 유치원에 다니는 조카가 지하철을 참 좋아하는데, 신청하지 못할 것 같아서 아쉽네요.
② 민우 : 신청자가 40명이면 전산 추첨 후 10명이 떨어지겠네요.
③ 동진 : 체험프로그램은 총 3시간 40분 동안 진행되네요.
④ 혜성 : 선정자는 문자로 개별 연락이 온다고 하니 발표기간에 잘 체크해야겠어요.
⑤ 선호 : 가장 궁금했던 지하철 방송을 체험할 수 있는 시간도 있으니 꼭 신청해야겠어요.

06 다음 글의 핵심 내용으로 가장 적절한 것은?

BMO 금속 및 광업 관련 연구 보고서에 따르면 최근 가격 강세를 지속해 온 알루미늄, 구리, 니켈 등 산업금속들의 4분기 중 공급부족 심화와 가격 상승세가 전망된다. 산업금속이란 산업에 필수적으로 사용되는 금속들을 말하는데, 앞서 제시한 알루미늄, 구리, 니켈뿐만 아니라 비교적 단단한 금속에 속하는 은이나 금 등도 모두 산업에 많이 사용될 수 있는 금속이므로 산업금속의 카테고리에 속한다고 할 수 있다. 이러한 산업금속은 물품을 생산하는 기계의 부품으로서 필요하기도 하고, 전자제품 등의 소재로 쓰이기도 하기 때문에 특정 분야의 산업이 활성화되면 특정 금속의 가격이 뛰거나 심각한 공급난을 겪기도 한다.

금융투자업계에 따르면 최근 전 세계적인 경제 회복 조짐과 함께 탈탄소 트렌드, 즉 '그린 열풍'에 따른 수요 증가로 산업금속 가격이 초강세이다. 런던금속거래소에서 발표한 자료에 따르면 올해 들어 지난달까지 알루미늄은 20.7%, 구리는 47.8%, 니켈은 15.9% 가격이 상승했다. 구리 수요를 필두로 알루미늄, 니켈 등 전반적인 산업금속 섹터의 수요량이 증가한 것이다.

이는 전기자동차 산업의 확충과 관련이 있다. 전기자동차의 핵심적인 부품인 배터리를 만드는 데 구리와 니켈이 사용되기 때문이다. 배터리 소재 중 니켈의 비중을 높이면 배터리의 용량을 키울 수 있으나 배터리의 안정성이 저하된다. 기존의 전기자동차 배터리는 니켈의 사용량이 높았기 때문에 계속해서 안정성 문제가 제기되어 왔다. 그래서 연구 끝에 적정량의 구리를 배합하는 것이 배터리 성능과 안정성을 모두 향상시키기 위해서 중요하다는 것을 밝혀내었다. 즉, 구리가 전기자동차 산업의 핵심 금속인 셈이다.

이처럼 전기자동차와 배터리 등 친환경 산업에 필수적인 금속들의 수요는 증가하는 반면, 세계 각국의 환경 규제 강화로 인해 금속의 생산은 오히려 감소하고 있기 때문에 산업금속에 대한 공급난과 가격 인상이 우려되고 있다.

① 전기자동차의 배터리 성능을 향상시키는 기술
② 세계적인 '그린 열풍' 현상 발생의 원인
③ 필수적인 산업금속 공급난으로 인한 문제
④ 전기자동차 산업 확충에 따른 산업금속 수요의 증가
⑤ 탈탄소 산업의 대표 주자인 전기자동차 산업

07 다음은 연령계층별 경제활동 인구를 보여 주는 자료이다. 경제활동 참가율이 가장 높은 연령대와 가장 낮은 연령대의 차이는?(단, 경제활동 참가율은 소수점 둘째 자리에서 반올림한다)

〈연령계층별 경제활동 인구〉

(단위 : 천 명)

구분	전체 인구	경제활동 인구	취업자	실업자	비경제활동 인구	실업률(%)
15 ~ 19세	2,944	265	242	23	2,679	8.7
20 ~ 29세	6,435	4,066	3,724	342	2,369	8.3
30 ~ 39세	7,519	5,831	5,655	176	1,688	3
40 ~ 49세	8,351	6,749	6,619	130	1,602	1.9
50 ~ 59세	8,220	6,238	6,124	114	1,982	1.8
60세 이상	10,093	3,885	3,804	81	6,208	2.1
합계	43,562	27,034	26,168	866	16,528	25.8

※ [경제활동 참가율(%)]$=\frac{\text{(경제활동 인구)}}{\text{(전체 인구)}}\times 100$

① 54.2%p
② 66.9%p
③ 68.6%p
④ 71.8%p
⑤ 80.8%p

※ 다음은 S공사 직원 250명을 대상으로 조사한 자료이다. 이어지는 질문에 답하시오. [8~9]

〈2021년 독감 예방접종 여부〉

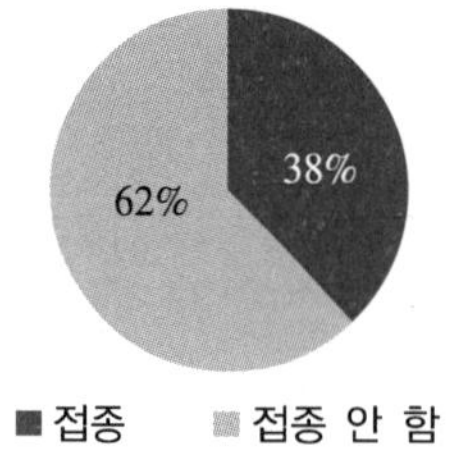

〈2022년 독감 예방접종 여부〉

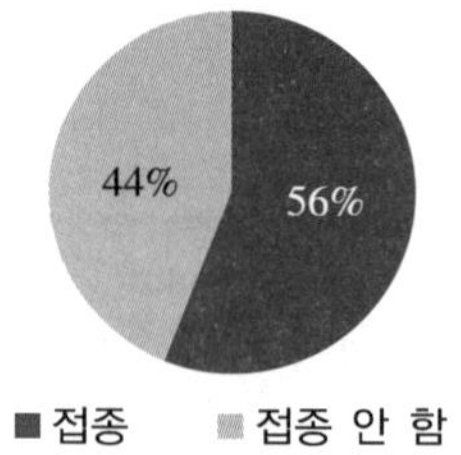

〈부서별 직원 현황〉

구분	총무부서	회계부서	영업부서	제조부서	합계
비율	16%	12%	28%	44%	100%

※ 제시된 것 외의 부서는 없음

※ 2021년과 2022년 부서별 직원 현황은 변동이 없음

| 수리능력

08 다음 중 자료에 대한 설명으로 옳은 것은?(단, 소수점 첫째 자리에서 버림한다)

① 2021년의 독감 예방접종자가 2022년에도 예방접종했다면, 2021년에는 예방접종을 하지 않았지만 2022년에는 예방접종을 한 직원은 총 54명이다.

② 2021년 대비 2022년에 예방접종을 한 직원의 수는 49% 이상 증가했다.

③ 2021년에 예방접종을 하지 않은 직원들을 대상으로 2022년의 독감 예방접종 여부를 조사한 자료라고 한다면, 2021년과 2022년 모두 예방접종을 하지 않은 직원은 총 65명이다.

④ 2022년에 제조부서를 제외한 모든 부서 직원들이 예방접종을 했다고 할 때, 제조부서 중 예방접종을 한 직원의 비율은 2%이다.

⑤ 2021년과 2022년의 독감 예방접종 여부가 총무부서에 대한 자료라고 할 때, 총무부서 직원 중 예방접종을 한 직원은 2021년 대비 2022년에 7명 증가했다.

| 수리능력

09 제조부서를 제외한 모든 부서 직원들의 절반이 2021년에 예방접종을 했다고 할 때, 제조부서 직원 중 2021년에 예방접종을 한 직원의 비율은?(단, 소수점 첫째 자리에서 버림한다)

① 18%

② 20%

③ 22%

④ 24%

⑤ 26%

10 S공사에 근무하는 C계장은 내일 오전 10시에 목포로 출장을 갈 예정이다. 출장 당일 오후 1시에 미팅이 예정되어 있어 늦지 않게 도착하고자 한다. 다음 제시된 교통편을 고려하였을 때, C계장이 선택할 경로로 가장 적절한 것은?(단, 1인당 출장지원 교통비 한도는 5만 원이며, 도보이동에 따른 소요시간은 고려하지 않는다)

• S공사에서 대전역까지의 비용

구분	소요시간	비용	비고
버스	30분	2,000원	–
택시	15분	6,000원	–

• 대전역에서 목포역까지 교통수단별 이용정보

구분	열차	출발시각	소요시간	비용	비고
직통	새마을호	10:00 / 10:50	2시간 10분	28,000원	–
직통	무궁화	10:20 / 10:40 10:50 / 11:00	2시간 40분	16,000원	–
환승	KTX	10:10 / 10:50	20분	6,000원	환승 10분 소요
	KTX	–	1시간 20분	34,000원	
환승	KTX	10:00 / 10:30	1시간	20,000원	환승 10분 소요
	새마을호	–	1시간	14,000원	

• 목포역에서 목포의 미팅장소까지의 비용

구분	소요시간	비용	비고
버스	40분	2,000원	–
택시	20분	9,000원	–

① 버스 – 새마을호(직통) – 버스
② 택시 – 무궁화(직통) – 택시
③ 버스 – KTX / KTX(환승) – 택시
④ 택시 – KTX / 새마을호(환승) – 택시
⑤ 택시 – KTX / KTX(환승) – 택시

※ 다음 자료를 참고하여 이어지는 질문에 답하시오. [11~12]

S과장 : A대리, 이번 주 수요일에 각 지역본부에서 정기회의가 잡혀 있어요. 이번에는 중요한 업무가 있어 직접 가기 어려우니 대신 참여해 주길 바랍니다. 아직 지역본부별 회의시간이 정해지지 않았다고 하는데, 본사에서 제안하는 시간에 맞춰 정한다고 하더군요. 구체적인 일정은 A대리가 공유해 주세요. 참! 이번에 새로 들어온 B사원도 함께 다녀와요. 본사 앞에 있는 버스 정류장에서 버스를 타면, 서울역까지는 15분이면 도착해요. 우선 본사에 들러서 준비한 다음, 근무시작 시간인 오전 09:00에 출발하면 됩니다. 그리고 서울에 도착하면 회사에 올 필요 없이 바로 퇴근하세요. 시간 외 근무수당은 서울역에 도착하는 시간까지 계산됩니다. 영수증은 반드시 챙겨야 해요.

〈KTX 소요시간〉

구분	서울역 ↔ 대전역	대전역 ↔ 울산역	울산역 ↔ 부산역
소요시간	1시간	1시간 20분	30분

※ KTX는 각 역에서 매시 정각부터 20분 간격으로 출발함(정각, 20분, 40분 출발)
※ 여러 역을 거칠 경우 총소요시간은 해당 구간별 소요시간을 합산한 시간으로 함

〈직위별 시간 외 근무수당〉

구분	사원	주임	대리	과장
수당	15,000원/시간		20,000원/시간	30,000원/시간

※ 시간 외 근무수당 : 정규 근무시간을 초과하여 근로한 사람에게 지급하는 수당임(정규 근무시간 : 주 40시간, 일 8시간, 점심시간 제외)
※ 수당은 시간 기준으로 정산하고, 잔여 근로시간이 30분을 초과할 경우 근무수당의 50%를 지급함

11 **A대리는 S과장의 업무 지시에 따라 각 지역본부에 회의일정을 공유하려고 한다. 다음 〈조건〉에 따라 시간 외 근무수당이 가장 적게 드는 방법으로 다녀오고자 할 때, A대리와 B사원의 수당을 더하면?**

조건

- 지역본부는 대전본부, 울산본부, 부산본부가 있으며, 회의는 모든 지역본부에서 진행된다.
- 각 역에서 지역본부까지 거리는 모두 10분이 걸린다.
- 회의는 매시 정각이나 30분에 시작하며, 90분 동안 진행된다.
- 지역별 회의는 정규 근무시간 내에 이뤄진다.
- 점심 및 저녁식사에 대한 시간은 고려하지 않는다.

① 105,000원
② 120,000원
③ 145,000원
④ 150,000원
⑤ 215,000원

12 **A대리는 11번 문제에서 도출한 회의일정을 지역본부에 모두 공유하였다. 또한 지역별로 출장을 가는 김에 거래처도 함께 방문하고자 한다. 다음 〈조건〉에 따라 최대한 많은 거래처를 다녀오려고 할 때, 몇 곳을 다녀올 수 있는가?**

조건

- 거래처는 지역별(대전 · 울산 · 부산)로 3곳이 있다.
- 지역별로 거래처 1곳 이상은 반드시 방문해야 한다.
- 역과 지역본부 및 거래처 간의 거리는 모두 10분이 걸린다.
- 거래처에 방문하여 업무를 보는 시간은 고려하지 않는다.
- 시간 외 근무수당은 앞 문제에서 도출한 금액으로 고정한다.
- 기타 조건은 앞에서 제시된 것과 동일하다.

① 2곳
② 3곳
③ 4곳
④ 5곳
⑤ 6곳

13 다음은 S공사에 근무하는 M사원이 지난달의 초과근무일과 시간을 기록한 다이어리와 S공사의 초과근무수당 지급 규정이다. M사원의 월 통상임금이 4,493,500원이라고 할 때, 지난달 초과근무수당은?

〈M사원의 다이어리〉

일	월	화	수	목	금	토
	1	2	3	4	5 어린이날 9:00 ~18:00 (점심시간 1시간 포함)	6
7	8	9	10	11 18:00 ~ 20:00	12 18:00 ~ 20:00	13
14 10:00 ~ 15:00	15	16	17	18	19 18:00 ~ 20:00	20
21	22	23 18:00 ~ 22:00	24	25	26	27 10:00 ~ 19:00 (점심시간 1시간 포함)
28	29	30	31			

〈S공사 초과근무수당 지급 규정〉

1. 다음의 경우 초과근무를 한 것으로 인정한다.
   - 주중(월 ~ 금) 저녁 6시 이후 근무한 경우
   - 주말(토 ~ 일) 및 공휴일에 근무한 경우

2. 초과근무 시간의 계산
   - 주중은 '(시간당 통상임금)×1.5×(근무시간)'으로 계산한다.
   - 주말 및 공휴일은 '일당 통상임금×1.5'로 계산한다.
   - 주중 초과근무는 최대 3시간까지 1시간 단위로 인정한다.
   - 주말과 공휴일은 휴게시간을 제외하고 8시간을 근무해야 인정한다.
   - 통상임금의 계산은 다음과 같다.
     - (시간당 통상임금)=(직위별 월 통상임금)÷209시간
     - (일당 통상임금)=(시간당 통상임금)×8

① 725,750원
② 806,250원
③ 836,750원
④ 852,750원
⑤ 915,250원

| 조직이해능력

14 **다음은 고객 불만처리 프로세스 8단계를 나타낸 자료이다. 밑줄 친 (가) ~ (마)에 대한 설명으로 옳지 않은 것은?**

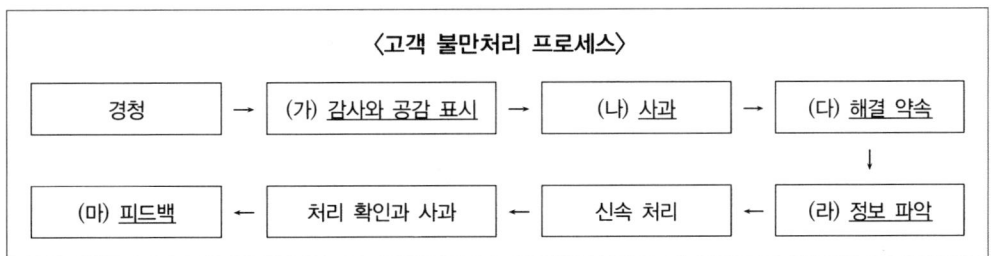

〈고객 불만처리 프로세스〉

경청 → (가) 감사와 공감 표시 → (나) 사과 → (다) 해결 약속 → (라) 정보 파악 → 신속 처리 → 처리 확인과 사과 → (마) 피드백

① (가)의 경우 고객이 일부러 시간을 내서 해결의 기회를 준 것에 대한 감사를 표시한다.
② (나)의 경우 고객의 이야기를 듣고 문제점에 대한 인정과 잘못된 부분에 대해 사과한다.
③ (다)의 경우 고객이 납득할 수 있도록 신중하고 천천히 문제를 해결할 것임을 약속한다.
④ (라)의 경우 문제해결을 위해 꼭 필요한 질문만 하여 정보를 얻는다.
⑤ (마)의 경우 고객 불만 사례를 회사 및 전 직원에게 알려 다시는 동일한 문제가 발생하지 않도록 한다.

| 자원관리능력

15 **S공사는 유럽의 P회사와 체결한 수출계약 건으로 물품을 20ft 컨테이너의 내부에 가득 채워 보내려고 한다. 물품은 A와 B로 구성되어 있으며, A와 B는 개별 포장된다. 물품 A 2박스와 물품 B 1박스가 결합했을 때 완제품이 되는데, 이를 정확히 파악하기 위해서 컨테이너에는 한 세트를 이루도록 넣고자 한다. 20ft 컨테이너 내부규격과 물품 A와 B의 포장규격이 다음과 같다면, 총 몇 박스의 제품을 실을 수 있는가?**

- 20ft 컨테이너 내부규격 : (L) 6,000mm×(W) 2,400mm×(H) 2,400mm
- 물품 A의 포장규격 : (L) 200mm×(W) 200mm×(H) 400mm
- 물품 B의 포장규격 : (L) 400mm×(W) 200mm×(H) 400mm

① 1,440박스
② 1,470박스
③ 1,530박스
④ 1,580박스
⑤ 1,620박스

16 다음은 S공사의 성과급 지급 기준에 대한 자료이다. K대리가 받은 성과평가 등급이 아래와 같을 때, K대리가 받게 될 성과급은?

〈S공사 성과급 지급 기준〉

■ 개인 성과평가 점수

(단위 : 점)

실적	난이도평가	중요도평가	신속성	합계
30	20	30	20	100

■ 각 성과평가 항목에 대한 등급별 가중치

구분	실적	난이도평가	중요도평가	신속성
A등급(매우 우수)	1	1	1	1
B등급(우수)	0.8	0.8	0.8	0.8
C등급(보통)	0.6	0.6	0.6	0.6
D등급(미흡)	0.4	0.4	0.4	0.4

■ 성과평가 결과에 따른 성과급 지급액

구분	성과급 지급액
85점 이상	120만 원
75점 이상 85점 미만	100만 원
65점 이상 75점 미만	80만 원
55점 이상 65점 미만	60만 원
55점 미만	40만 원

〈K대리 성과평가 등급〉

실적	난이도평가	중요도평가	신속성
A등급	B등급	D등급	B등급

① 40만 원
② 60만 원
③ 80만 원
④ 100만 원
⑤ 120만 원

17 S공사의 K대리는 지사 4곳을 방문하여 재무건전성을 조사하려고 한다. 다음 〈조건〉에 따라 이동한다고 할 때, K대리가 방문할 지사를 순서대로 바르게 나열한 것은?

조건

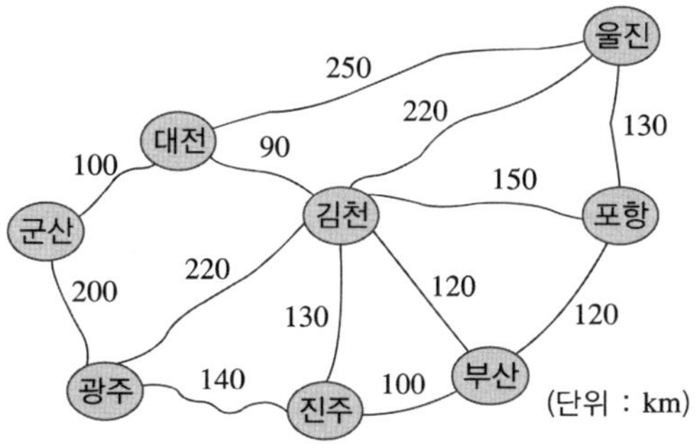

- K대리는 방금 대전 지사에서 재무조사를 마쳤다.
- 대전을 포함하여 이미 방문한 도시는 재방문하지 않는다.
- 이동 방법은 디스크 스케줄링 기법인 SSTF(Shortest Seek Time First)를 활용한다.

※ SSTF : 현 위치에서 가장 짧은 거리를 우선 탐색하는 기법

① 군산 – 광주 – 김천
② 군산 – 광주 – 진주
③ 김천 – 부산 – 진주
④ 김천 – 부산 – 포항
⑤ 울진 – 김천 – 광주

18 다음 사례에 나타난 K씨의 현재 경력개발 단계는?

K씨는 33세에 건축회사에 취업하여 20년 가까이 직장생활을 하다가 문득 직장생활을 되돌아보고 창업을 결심하였고 지난달 퇴사하였다. 현재는 창업 관련 서적을 구입하기도 하고, 관련 박람회를 찾아가기도 하며 많은 노력을 기울이고 있다.

① 경력 초기 단계
② 경력 말기 단계
③ 경력 중기 단계
④ 직업 선택 단계
⑤ 조직 입사 단계

19 **다음 중 리더와 관리자를 비교한 내용으로 적절하지 않은 것은?**

	리더	관리자
①	계산된 리스크(위험)를 수용한다.	리스크(위험)를 최대한 피한다.
②	'어떻게 할까'를 생각한다.	'무엇을 할까'를 생각한다.
③	사람을 중시한다.	체제·기구를 중시한다.
④	새로운 상황을 만든다.	현재 상황에 집중한다.
⑤	내일에 초점을 둔다.	오늘에 초점을 둔다.

20 **다음 중 임파워먼트의 장애요인과 그에 대한 내용으로 적절하지 않은 것은?**

① 개인 차원 : 주어진 일을 해내는 역량의 결여, 대응성, 동기 결여, 결의 부족, 책임감 부족 등
② 대인 차원 : 다른 사람과의 성실성 결여, 약속 불이행, 성과를 제한하는 조직의 규범(Norm) 등
③ 관리 차원 : 효과적 리더십 발휘능력 결여, 경험 부족, 정책 및 기획의 실행능력 결여 등
④ 조직 차원 : 공감대 형성이 없는 구조와 시스템, 제한된 정책과 절차 등
⑤ 업무 차원 : 새로운 동기부여에 도움이 되는 시스템, 환경 변화에 따라 변화하는 업무 실적 등

21 다음 〈보기〉는 도덕적 해이와 역선택에 대한 사례이다. 역선택에 해당하는 사례를 모두 고르면?

> **보기**
>
> ㉠ A사장으로부터 능력을 인정받아 대리인으로 고용된 B씨는 A사장이 운영에 대해 세밀한 보고를 받지 않는다는 것을 알게 되었고, 이후 보고서에 올려야 하는 중요한 사업만 신경을 쓰고 나머지 회사 업무는 신경을 쓰지 않았다.
>
> ㉡ C회사가 모든 사원에게 평균적으로 책정한 임금을 지급하기로 결정하자, 회사의 임금 정책에 만족하지 못한 우수 사원들이 퇴사하게 되었다. 결국 능력이 뛰어나지 않은 사람들만 C회사에 지원하게 되었고, 실제로 고용된 사원들이 우수 사원이 될 가능성은 낮아졌다.
>
> ㉢ 중고차를 구입하는 D업체는 판매되는 중고차의 상태를 확신할 수 없다고 판단하여 획일화된 가격으로 차를 구입하기로 하였다. 그러자 상태가 좋은 중고차를 가진 사람은 D업체에 차를 팔지 않게 되었고, 결국 D업체는 상태가 좋지 않은 중고차만 구입하게 되었다.
>
> ㉣ 공동생산체제의 E농장에서는 여러 명의 대리인이 함께 일하고, 그 성과도 함께 나누어 갖는다. E농장의 주인은 최종 결과물에만 관심을 갖고, 대리인 개개인이 얼마나 노력하였는지는 관심을 갖지 않았다. 시간이 지나자 열심히 일하지 않는 대리인이 나타났고, E농장의 주인은 최종 성과물의 분배에만 참여하기 시작하였다.

① ㉠
② ㉡
③ ㉠, ㉣
④ ㉡, ㉢
⑤ ㉢, ㉣

22 다음 〈보기〉의 ㉠~㉣을 비윤리적 행위 유형에 따라 바르게 구분한 것은?

> **보기**
>
> ㉠ 제약회사에서 근무하는 A사원은 자신의 매출실적을 올리기 위하여 계속해서 병원에 금품을 제공하고 있다.
>
> ㉡ B건설회사는 완공일자를 맞추기에 급급하여 안전수칙을 제대로 지키지 않았고, 결국 커다란 인명사고가 발생하였다.
>
> ㉢ C가구업체는 제품 설계 시 안전상의 고려를 충분히 하지 않아, 제품을 구매한 소비자들에게 안전사고를 유발시켰다.
>
> ㉣ IT회사의 D팀장은 관련 업계의 회사 간 가격담합이 이루어지고 있음을 발견하였으나, 별다른 조치를 취하지 않았다.

	도덕적 타성	도덕적 태만
①	㉠, ㉡	㉢, ㉣
②	㉠, ㉢	㉡, ㉣
③	㉠, ㉣	㉡, ㉢
④	㉡, ㉢	㉠, ㉣
⑤	㉡, ㉣	㉠, ㉢

※ 다음 글을 읽고 이어지는 질문에 답하시오. [23~24]

〈더글러스와 보잉의 대결〉

항공기 제작회사인 더글러스사와 보잉사는 최초의 대형 제트 여객기를 이스턴 항공사에 팔기 위해 경합을 벌이고 있었다.
이스턴 항공사의 사장인 에디 레켄베커는 더글러스 사의 도날드 더글러스 사장에게 편지를 하여 더글러스사가 DC－8 항공기에 대해 작성한 설계 명세서나 요구 조건은 보잉사와 매우 흡사한 반면 소음방지 장치에 대한 부분은 미흡하다고 전했다. 그러고 나서 레켄베커는 더글러스사가 보잉사보다 더 우수한 소음방지 장치를 달아 주겠다는 약속을 할 수 있는지 물어보았다.
이에 대해 더글러스는 다음과 같은 편지를 보냈다.

To. 이스턴 항공사의 에디 레켄베커님
　우리 회사의 기술자들에게 조회해 본 결과, 소음방지 장치에 대한 약속은 할 수 없음을 알려드립니다.
From. 더글러스사의 도날드 더글러스

이에 레켄베커는 다음과 같은 내용의 답신을 보냈다.

To. 더글러스사의 도날드 더글러스님
　나는 당신이 그 약속을 할 수 없다는 것을 알고 있었습니다.
　나는 당신이 얼마나 정직한지를 알고 싶었을 뿐입니다.
　이제 1억 3천5백만 달러 상당의 항공기를 주문하겠습니다.
　마음 놓고 소음을 최대한 줄일 수 있도록 노력해 주십시오.

ㅣ직업윤리

23 **더글러스가 만약 레켄베커의 요청에 대해 기술적으로 불가능함을 알고도 할 수 있다고 답장을 보냈다면, 직업윤리 덕목 중 어떤 덕목에 어긋난 행동인가?**

① 책임 의식, 전문가 의식
② 소명 의식, 전문가 의식
③ 직분 의식, 천직 의식
④ 천직 의식, 소명 의식
⑤ 봉사 의식, 직분 의식

PART 1

ㅣ직업윤리

24 **다음 중 더글러스가 윗글처럼 답장을 함으로써 얻을 수 있는 가치는?**

① 눈앞의 단기적 이익
② 명예로움과 양심
③ 매출 커미션
④ 주위의 부러움
⑤ 승리감

ㅣ직업윤리

25 **다음은 직장생활에서 나타나는 근면의 사례이다. A～E씨의 사례 중 근면의 성격이 다른 것은?**

① A씨는 자기 계발을 위해 퇴근 후 컴퓨터 학원에 다니고 있다.
② B씨는 아침 일찍 출근하여 업무 계획을 세우는 것을 좋아한다.
③ C씨는 같은 부서 사원들의 업무 경감을 위해 적극적으로 프로그램을 개발하고 있다.
④ D씨는 다가오는 휴가를 대비하여 프로젝트 마무리에 최선을 다하고 있다.
⑤ E씨는 상사의 지시로 신제품 출시를 위한 설문조사를 계획하고 있다.

02 직무수행능력평가

| 01 | 기계

01 다음 중 구름접촉에 의해 마찰을 적게 하여 고속운전을 돕는 베어링으로, 마찰에 의한 에너지 손실을 줄이므로 마찰 저항이 작아 가벼운 하중에 유용한 베어링은?

① 니들 롤러 베어링(Needle Roller Bearing)
② 슬라이드 베어링 (Sliding Bearing)
③ 볼 베어링(Ball Bearing)
④ 슬리브 베어링(Sleeve Bearing)
⑤ 스러스트 베어링 (Thrust Bearing)

02 다음 중 철(Fe)에 니켈(Ni) 35%, 코발트(Co) 0.1 ~ 0.3%, 망간(Mn) 0.4%가 합금된 불변강의 일종으로, 상온 부근에서 열팽창계수가 매우 작아서 길이 변화가 거의 없는 재료는?

① 인바
② 인코넬
③ 두랄루민
④ 하이드로날륨
⑤ 퍼멀로이

03 다음 중 열전달 이론에서 사용되는 무차원 파라미터로, 자유대류 내 유체에 작용하는 점성력에 대한 부력의 비로 정의되는 무차원 수는?

① 레일리 수
② 그라쇼프 수
③ 넛셀 수
④ 레이놀즈 수
⑤ 프란틀 수

04 다음 〈보기〉 중 피복 아크 용접봉에서의 피복제의 역할은 모두 몇 개인가?

보기

㉠ 아크를 안정하게 한다.
㉡ 융착 금속의 유동성을 좋게 한다.
㉢ 융착 금속에 필요한 합금 원소를 보충한다.
㉣ 용적을 미세화하고, 융착 효율을 높인다.
㉤ 모재 표면의 산화물을 제거한다.

① 1개
② 2개
③ 3개
④ 4개
⑤ 5개

05 다음 〈보기〉 중 이상기체의 교축과정에 대한 설명으로 옳지 않은 것을 모두 고르면?

보기

㉠ 비가역 단열과정이다.
㉡ 온도의 변화가 없다.
㉢ 엔탈피 변화가 없다.
㉣ 엔트로피 변화가 없다.

① ㉠
② ㉣
③ ㉠, ㉡
④ ㉡, ㉣
⑤ ㉢, ㉣

06 다음 밑줄 친 이것은 무엇인가?

열전달률과 열전도율의 비로, 유체 흐름 속에 있는 물체의 표면을 통해 열이 출입하는 비율을 나타낸다. <u>이것</u>이 크다는 것은 유체로 열전달이 잘된다는 것을 의미한다.

① 리처드슨 수
② 레이놀즈 수
③ 프란틀 수
④ 스탠턴 수
⑤ 넛셀 수

| 02 | 전기

01 다음 중 변압기유의 구비조건으로 옳지 않은 것은?

① 냉각효과가 커야 한다.
② 응고점이 높아야 한다.
③ 절연내력이 커야 한다.
④ 고온에서 화학반응이 없어야 한다.
⑤ 발화점이 높아야 한다.

02 $R-C$ 직렬회로에 직류전압 100V를 연결하였다. 이때, 커패시터의 정전용량이 $1\mu F$ 이라면 시정수를 1초로 만들기 위한 저항값은?

① 0.1MΩ
② 1MΩ
③ 10MΩ
④ 100MΩ
⑤ 1,000MΩ

03 3,300/200V, 10kVA인 단상 변압기의 2차를 단락하여 1차 측에 300V를 가하니 2차에 120A가 흘렀다. 이 변압기의 임피던스 전압과 백분율 임피던스 강하를 바르게 짝지은 것은?(단, 소수점 둘째 자리에서 반올림한다)

① 125V, 3.8%
② 125V, 4%
③ 125V, 4.2%
④ 200V, 3%
⑤ 200V, 3.2%

04 전부하로 운전 중인 출력 4kW, 전압 100V, 회전수 1,500rpm인 분권 발전기의 여자 전류를 일정하게 유지하고 회전수를 1,200rpm으로 할 때, 단자 전압과 부하 전류를 바르게 짝지은 것은?(단, 전기자 저항은 0.15Ω 이며, 전기자 반작용은 무시한다)

① 80V, 32A
② 80V, 40A
③ 85V, 30A
④ 85V, 40A
⑤ 106V, 40A

PART 1

05 정격 용량 100kVA인 변압기에서 지상 역률 60%의 부하에 100kVA를 공급역률 90%로 개선하여 변압기의 전용량까지 부하에 공급하고자 할 때, 소요되는 전력용 콘덴서의 용량은?(단, 소수점 둘째 자리에서 버림한다)

① 34.8kVA
② 36.2kVA
③ 36.4kVA
④ 37.4kVA
⑤ 38.2kVA

06 다음 중 전선의 구비조건으로 옳지 않은 것은?

① 가격이 저렴해야 한다.
② 도전율이 커야 한다.
③ 내식성과 내열성이 커야 한다.
④ 기계적 강도 및 인장강도가 작아야 한다.
⑤ 전압강하 및 전력손실이 작아야 한다.

M E M O

PART 2

직업기초능력평가

CHAPTER 01

의사소통능력

합격 CHEAT KEY

의사소통능력은 평가하지 않는 공사・공단이 없을 만큼 필기시험에서 중요도가 높은 영역으로, 세부 유형은 문서 이해, 문서 작성, 의사 표현, 경청, 기초 외국어로 나눌 수 있다. 문서 이해・문서 작성과 같은 지문에 대한 주제 찾기, 내용 일치 문제의 출제 비중이 높으며, 문서의 특성을 파악하는 문제도 출제되고 있다.

01 문제에서 요구하는 바를 먼저 파악하라!

의사소통능력에서 가장 중요한 것은 제한된 시간 안에 빠르고 정확하게 답을 찾아내는 것이다. 의사소통능력에서는 지문이 아니라 문제가 주인공이므로 지문을 보기 전에 문제를 먼저 파악해야 하며, 문제에 따라 전략적으로 빠르게 풀어내는 연습을 해야 한다.

02 잠재되어 있는 언어 능력을 발휘하라!

세상에 글은 많고 우리가 학습할 수 있는 시간은 한정적이다. 이를 극복할 수 있는 방법은 다양한 글을 접하는 것이다. 실제 시험장에서 어떤 내용의 지문이 나올지 아무도 예측할 수 없으므로 평소에 신문, 소설, 보고서 등 여러 글을 접하는 것이 필요하다.

03 상황을 가정하라!

업무 수행에 있어 상황에 따른 언어 표현은 중요하다. 같은 말이라도 상황에 따라 다르게 해석될 수 있기 때문이다. 그런 의미에서 자신의 의견을 효과적으로 전달할 수 있는 능력을 평가하는 것이다. 업무를 수행하면서 발생할 수 있는 여러 상황을 가정하고 그에 따른 올바른 언어표현을 정리하는 것이 필요하다.

04 말하는 이의 입장에서 생각하라!

잘 듣는 것 또한 하나의 능력이다. 상대방의 이야기에 귀 기울이고 공감하는 태도는 업무를 수행하는 관계 속에서 필요한 요소이다. 그런 의미에서 다양한 상황에서 듣는 능력을 평가하는 것이다. 말하는 이가 요구하는 듣는 이의 태도를 파악하고, 이에 따른 판단을 할 수 있도록 언제나 말하는 사람의 입장이 되는 연습이 필요하다.

대표기출유형

01 문서 내용 이해

| 유형분석 |

- 주어진 지문을 읽고 선택지를 고르는 전형적인 독해 문제이다.
- 지문은 주로 신문기사(보도자료 등)나 업무 보고서, 시사 등이 제시된다.
- 공사공단에 따라 자사와 관련된 내용의 기사나 법조문, 보고서 등이 출제되기도 한다.

G씨는 성장기인 아들의 수면습관을 바로잡기 위해 수면습관에 관련된 글을 찾아보았다. 다음 글을 읽고 이해한 내용으로 적절하지 않은 것은?

수면은 비렘(Non – REM)수면과 렘수면의 사이클이 반복되면서 이뤄지는 복잡한 신경계의 상호작용이며, 좋은 수면이란 이 사이클이 끊어지지 않고 충분한 시간 동안 유지되도록 하는 것이다. 수면 패턴은 일정한 것이 좋으며, 깨는 시간을 지키는 것이 중요하다. 그리고 수면 패턴은 휴일과 평일 모두 일정하게 지키는 것이 성장하는 아이들의 수면 리듬을 유지하는 데 좋다. 수면 상태에서 깨어날 때 영향을 주는 자극들은 '빛, 식사 시간, 운동, 사회 활동' 등이 있으며, 이 중 가장 강한 자극은 '빛'이다. 침실을 밝게 하는 것은 적절한 수면 자극을 방해하는 것이다. 반대로 깨어날 때 강한 빛 자극을 주면 수면 상태에서 빠르게 벗어날 수 있다. 이는 뇌의 신경 전달 물질인 멜라토닌의 농도와 연관되어 나타나는 현상이다. 수면 중 최대치로 올라간 멜라토닌은 시신경이 강한 빛에 노출되면 빠르게 줄어들게 되는데, 이때 수면 상태에서 벗어나게 된다. 아침 일찍 일어나 커튼을 젖히고 밝은 빛이 침실 안으로 들어오게 하는 것은 매우 효과적인 각성 방법인 것이다.

① 잠에서 깨는 데 가장 강력한 자극을 주는 것은 빛이었구나.
② 멜라토닌의 농도에 따라 수면과 각성이 영향을 받는군.
③ 평일에 잠이 모자란 우리 아들은 잠을 보충해 줘야 하니까 휴일에 늦게까지 자도록 둬야겠다.
④ 좋은 수면은 비렘수면과 렘수면의 사이클이 충분한 시간 동안 유지되도록 하는 것이구나.
⑤ 우리 아들 침실이 좀 밝은 편이니 충분한 수면을 위해 암막커튼을 달아 줘야겠어.

정답 ③

수면 패턴은 휴일과 평일 모두 일정하게 지키는 것이 성장하는 아이들의 수면 리듬을 유지하는 데 좋다. 따라서 휴일에 늦잠을 자는 것은 적절하지 않다.

풀이 전략!

주어진 선택지에서 키워드를 체크한 후, 지문의 내용과 비교해 가면서 내용의 일치 유무를 빠르게 판단한다.

대표기출유형 01 기출응용문제

※ 다음 글의 내용으로 가장 적절한 것을 고르시오. [1~2]

01

인공 지능을 면접에 활용하는 것은 바람직하지 않다. 인공 지능 앞에서 면접을 보느라 진땀을 흘리는 인간의 모습을 생각하면 너무 안타깝다. 미래에 인공 지능이 인간의 고유한 영역까지 대신할 것이라고 사람들은 말하는데, 인공 지능이 인간을 대신할 수 있을까? 인간과 인공 지능의 관계는 어떠해야 할까?

인공 지능은 인간의 삶을 편리하게 돕는 도구일 뿐이다. 인간이 만든 도구인 인공 지능이 인간을 평가할 수 있는지에 대해 생각해 볼 필요가 있다. 도구일 뿐인 기계가 인간을 평가하는 것은 정당하지 않다. 인간이 개발한 인공 지능이 인간을 판단한다면 주체와 객체가 뒤바뀌는 상황이 발생할 것이다.

인공 지능이 발전하더라도 인간과 같은 사고는 불가능하다. 인공 지능은 겉으로 드러난 인간의 말과 행동을 분석하지만 인간은 말과 행동 이면의 의미까지 고려하여 사고한다. 인공 지능은 빅데이터를 바탕으로 결과를 도출해 내는 기계에 불과하므로, 통계적 분석을 할 뿐 타당한 판단을 할 수 없다. 기계가 타당한 판단을 할 것이라는 막연한 기대를 한다면 머지않아 인간이 기계에 예속되는 상황이 벌어질지도 모른다.

인공 지능은 사회적 관계를 맺을 수 없다. 반면 인간은 사회에서 의사소통을 통해 관계를 형성한다. 이 과정에서 축적된 인간의 경험이 바탕이 되어야 타인의 잠재력을 발견할 수 있다.

① 미래에 인공 지능이 인간을 대체할 것이다.
② 인공 지능이 인간을 평가하는 것은 정당하지 않다.
③ 인공 지능은 의사소통을 통해 사회적 관계를 형성한다.
④ 인공 지능과 인간의 공통점을 통해 논지를 주장하고 있다.
⑤ 인공 지능은 빅데이터를 바탕으로 타당한 판단을 할 수 있다.

PART 2

02

> 방사성 오염 물질은 크기가 초미세먼지(2.5마이크로미터)의 1만 분의 1 정도로 작은 원자들이다. 제논 – 125처럼 독립된 원자 상태로 존재하는 경우도 있지만, 대부분은 다른 원소들과 화학적으로 결합한 분자 상태로 존재한다. 전기적으로 중성인 경우도 있고, 양전하나 음전하를 가진 이온의 상태로 존재하기도 한다. 기체 상태로 공기 중에 날아다니기도 하고, 물에 녹아 있기도 하고, 단단한 고체에 섞여 있는 경우도 있다.
> 후쿠시마 원전 사고 부지에서 흘러나오는 '오염수'도 마찬가지다. 후쿠시마 원전 오염수는 2011년 3월 동일본 대지진으로 발생한 쓰나미(지진해일)로 파괴되어 땅속에 묻혀 있는 원자로 3기의 노심(연료봉)에서 녹아 나온 200여 종의 방사성 핵종이 들어 있는 지하수이다. 당초 섭씨 1,000도 이상으로 뜨거웠던 노심은 시간이 지나면서 천천히 차갑게 식어 있는 상태가 되었다. 사고 직후에는 하루 470t씩 흘러나오던 오염수도 이제는 하루 140t으로 줄어들었다. 단단한 합금 상태의 노심에서 녹아나오는 방사성 핵종의 양도 시간이 지나면서 점점 줄어들고 있다. 현재 후쿠시마 사고 현장의 탱크에는 125만 t의 오염수가 수거되어 있다.
> 일본은 처리수를 충분히 희석시켜서 삼중수소의 농도를 방류 허용기준보다 훨씬 낮은 리터당 1,500베크렐로 저감시킬 계획이다. 125만 t의 오염수를 400배로 희석시켜서 5억 t으로 묽힌 후에 30년에 걸쳐서 느린 속도로 방류하겠다는 것이다. 파괴된 노심을 완전히 제거하는 2051년까지 흘러나오는 오염수도 같은 방법으로 정화・희석시켜서 방류한다는 것이 일본의 계획이다.
> 한편, 희석을 시키더라도 시간이 지나면 방사성 오염물질이 다시 모여들 수 있다는 주장은 엔트로피 증가의 법칙을 무시한 억지이다. 물에 떨어뜨린 잉크는 시간이 지나면 균일하게 묽어진다. 묽어진 잉크는 아무리 시간이 지나도 다시 모여들어서 진해지지 않는다. 태평양으로 방류한 삼중수소도 마찬가지이다. 시간이 지나면 태평양 전체로 퍼져 버리게 된다. 태평양 전체에 퍼져 버린 삼중수소가 방출하는 모든 방사선에 노출되는 일은 현실적으로 불가능하다.

① 방사성 오염 물질은 초미세먼지와 비슷한 크기이다.
② 방사성 오염 물질은 보통 독립된 원자 상태로 존재한다.
③ 방사성 오염 물질이 이온 상태로 존재하는 경우는 거의 없다.
④ 대지진 당시 노심은 섭씨 1,000도까지 올랐다가 바로 차갑게 식었다.
⑤ 오염수를 희석시켜 방류하면 일정 시간 후 다시 오염물질이 모여들 걱정을 하지 않아도 된다.

03 다음 글의 내용으로 적절하지 않은 것을 〈보기〉에서 모두 고르면?

찬 공기가 따뜻한 공기 쪽으로 이동하면 상대적으로 밀도가 낮은 따뜻한 공기는 찬 공기 위로 상승하게 된다. 이때 상승하는 공기가 충분한 수분을 포함하고 있다면 공기 중의 수증기가 냉각되어 작은 물방울이나 얼음 알갱이로 응결되면서 구름이 형성된다. 이 과정에서 열이 외부로 방출된다. 이때 방출된 열이 상승하는 공기에 공급되어 공기가 더 높은 고도로 상승할 수 있게 한다. 그런데 공기에 포함된 수증기의 양이 충분하지 않으면 상승하던 공기는 더 이상 열을 공급받지 못하게 되면서 주변의 대기보다 차가워지게 되고, 그렇게 되면 공기가 더 이상 상승하지 못하고 구름도 발달하기 어렵게 된다. 만일 상승하는 공기가 일반적인 공기에 비해 매우 따뜻하고 습한 공기일 경우에는 상승 과정에서 수증기가 냉각 응결하며 방출하는 열이 그 공기에 지속적으로 공급되면서 일반적인 공기보다 더 높은 고도에서도 계속 새로운 구름들을 만들어 낼 수 있다. 그렇기 때문에 따뜻하고 습한 공기는 상승하는 과정에서 구름을 생성하고 그 구름들이 아래쪽부터 연직으로 차곡차곡 쌓이게 되어 두터운 구름층을 형성하게 된다. 이렇게 형성된 구름을 적란운이라고 한다.

보기

㉠ 구름은 공기에 충분한 수분이 있을 때 생길 가능성이 높다.
㉡ 구름이 생성될 때 공기의 온도는 높아진다.
㉢ 공기가 따뜻하고 습할수록 구름을 생성하기 어렵다.
㉣ 적란운은 가로로 넓게 퍼진 형태를 띤다.

① ㉠
② ㉣
③ ㉠, ㉡
④ ㉡, ㉢
⑤ ㉢, ㉣

대표기출유형

02 글의 주제 · 제목

| 유형분석 |

- 주어진 지문을 파악하여 전달하고자 하는 핵심 주제를 고르는 문제이다.
- 정보를 종합하고 중요한 내용을 구별하는 능력이 필요하다.
- 설명문부터 주장, 반박문까지 다양한 성격의 지문이 제시되므로 글의 성격별 특징을 알아 두는 것이 좋다.

다음 글의 주제로 가장 적절한 것은?

표준화된 언어는 의사소통을 효과적으로 하기 위하여 의도적으로 선택해야 할 공용어로서의 가치가 있다. 반면에 방언은 지역이나 계층의 언어와 문화를 보존하고 드러냄으로써 국가 전체의 언어와 문화를 다양하게 발전시키는 토대로서의 가치가 있다. 이러한 의미에서 표준화된 언어와 방언은 상호 보완적인 관계에 있다. 표준화된 언어가 있기에 정확한 의사소통이 가능하며, 방언이 있기에 개인의 언어생활에서나 언어 예술 활동에서 자유롭고 창의적인 표현이 가능하다. 결국 우리는 표준화된 언어와 방언 둘 다의 가치를 인정해야 하며, 발화(發話) 상황(狀況)을 잘 고려해서 표준화된 언어와 방언을 잘 가려서 사용할 줄 아는 능력을 길러야 한다.

① 창의적인 예술 활동에서는 방언의 기능이 중요하다.
② 표준화된 언어와 방언에는 각각 독자적인 가치와 역할이 있다.
③ 정확한 의사소통을 위해서는 표준화된 언어가 꼭 필요하다.
④ 표준화된 언어와 방언을 구분할 줄 아는 능력을 길러야 한다.
⑤ 표준화된 언어는 방언보다 효용가치가 있다.

정답 ②

마지막 문장의 '표준화된 언어와 방언 둘 다의 가치를 인정'하고, '잘 가려서 사용할 줄 아는 능력을 길러야 한다.'는 내용을 바탕으로 ②와 같은 주제를 이끌어 낼 수 있다.

풀이 전략!

'결국', '즉', '그런데', '그러나', '그러므로' 등의 접속어 뒤에 주제가 드러나는 경우가 많다는 것에 주의하면서 지문을 읽는다.

대표기출유형 02 기출응용문제

01 다음 글의 제목으로 가장 적절한 것은?

> 높은 휘발유세는 자동차를 사용함으로써 발생하는 다음과 같은 문제들을 줄이는 교정적 역할을 수행한다. 첫째, 휘발유세는 사람들의 대중교통수단 이용을 유도하고, 자가용 사용을 억제함으로써 교통혼잡을 줄여준다. 둘째, 교통사고 발생 시 대형 차량이나 승합차가 중소형 차량에 비해 보다 치명적인 피해를 줄 가능성이 높다. 이와 관련해서 휘발유세는 휘발유를 많이 소비하는 대형 차량을 운행하는 사람에게 보다 높은 비용을 치르게 함으로써 교통사고 위험에 대한 간접적인 비용을 징수하는 효과를 가진다. 셋째, 휘발유세는 휘발유 소비를 억제함으로써 대기오염을 줄이는 데 기여한다.

① 휘발유세의 용도
② 높은 휘발유세의 정당성
③ 휘발유세의 지속적 인상
④ 에너지 소비 절약
⑤ 휘발유세의 감소 원인

02 다음 글의 주제로 가장 적절한 것은?

> 우리 사회는 타의 추종을 불허할 정도로 빠르게 변화하고 있다. 가족정책도 4인 가족 중심에서 1 ~ 2인 가구 중심으로 변해야 하며, 청년실업률과 비정규직화, 독거노인의 증가를 더 이상 개인의 문제가 아닌 사회문제로 다뤄야 하는 시기이다. 여러 유형의 가구와 생애주기 변화, 다양해지는 수요에 맞춘 공동체 주택이야말로 최고의 주거복지사업이다. 공동체 주택은 공동의 목표와 가치를 가진 사람들이 커뮤니티를 이뤄 사회문제에 공동으로 대처해 나가도록 돕고, 나아가 지역사회와도 연결시키는 작업을 진행하고 있다.
>
> 임대료 부담으로 작품활동이나 생계에 어려움을 겪는 예술인을 위한 공동주택, 1인 창업과 취업을 위해 골몰하는 청년을 위한 주택, 지속적인 의료서비스가 필요한 환자나 고령자를 위한 의료안심주택은 모두 시민의 삶의 질을 높이며, 선별적 복지가 아닌 복지사회를 이루기 위한 노력의 일환이다. 혼자가 아닌 '함께 가는' 길에 더 나은 삶이 있기 때문에 오늘도 수요자 맞춤형 공공주택은 수요자에 맞게 진화하고 있다.

① 주거난에 대비하는 주거복지 정책
② 4차 산업혁명과 주거복지
③ 선별적 복지 정책의 긍정적 결과
④ 수요자 중심의 대출규제 완화
⑤ 다양성을 수용하는 주거복지 정책

대표기출유형

03 내용 추론

| 유형분석 |

- 주어진 지문을 바탕으로 도출할 수 있는 내용을 찾는 문제이다.
- 선택지의 내용을 정확하게 확인하고 지문의 정보와 비교하여 추론하는 능력이 필요하다.

다음 글을 통해 추론할 수 없는 것은?

제약 연구원이란 제약 회사에서 약을 만드는 과정에 참여하는 사람을 말한다. 제약 연구원은 이러한 모든 단계에 참여하지만, 특히 신약 개발 단계와 임상 시험 단계에서 가장 중점적인 역할을 한다. 일반적으로 약을 만드는 과정은 새로운 약품을 개발하는 신약 개발 단계, 임상 시험을 통해 개발된 신약의 약효를 확인하는 임상 시험 단계, 식약처에 신약이 판매될 수 있도록 허가를 요청하는 약품 허가 요청 단계, 마지막으로 의료진과 환자를 대상으로 신약에 대해 홍보하는 영업 및 마케팅의 단계로 나눈다.
제약 연구원이 되기 위해서는 일반적으로 약학을 전공해야 한다고 생각하기 쉽지만, 약학 전공자 이외에도 생명 공학, 화학 공학, 유전 공학 전공자들이 제약 연구원으로 활발하게 참여하고 있다. 만일 신약 개발의 전문가가 되고 싶다면 해당 분야에서 오랫동안 연구한 경험이 필요하기 때문에 대학원에서 석사나 박사 학위를 취득하는 것이 유리하다.
제약 연구원이 되기 위해서는 전문적인 지식도 중요하지만, 사람의 생명과 관련된 일인 만큼, 무엇보다도 꼼꼼함과 신중함, 책임 의식이 필요하다. 또한 제약 회사라는 공동체 안에서 일을 하는 것이므로 원만한 일의 진행을 위해서 의사소통능력도 필수적으로 요구된다. 오늘날 제약 분야가 빠르게 성장하고 있다는 점을 고려할 때, 일에 대한 도전 의식, 호기심과 탐구심 등도 제약 연구원에게 필요한 능력으로 꼽을 수 있다.

① 제약 연구원은 약품 허가 요청 단계에 참여한다.
② 오늘날 제약 연구원에게 요구되는 능력이 많아졌다.
③ 생명이나 유전 공학 전공자도 제약 연구원으로 일할 수 있다.
④ 신약 개발 전문가가 되려면 반드시 석사나 박사를 취득해야 한다.
⑤ 제약 연구원과 관련된 정보가 부족하다면 약학을 전공해야만 제약 연구원이 될 수 있다고 생각할 수 있다.

정답 ④

제시문에 따르면 신약 개발의 전문가가 되기 위해서는 해당 분야에서 오랫동안 연구한 경험이 필요하므로 석사나 박사 학위를 취득하는 것이 유리하다고 하였다. 그러나 석사나 박사 학위는 신약 개발 전문가가 되는 데 도움을 준다는 것일 뿐이므로 반드시 필요한 필수 조건인지는 알 수 없다. 따라서 ④는 제시문을 통해 추론할 수 없다.

풀이 전략!

주어진 지문이 어떠한 내용을 다루고 있는지 파악한 후 선택지의 키워드를 확실하게 체크하고, 지문의 정보에서 도출할 수 있는 내용을 찾는다.

대표기출유형 03 기출응용문제

01 다음 글을 통해 추론할 수 있는 내용으로 가장 적절한 것은?

> 사람의 눈은 지름 약 2.3cm의 크기로 앞쪽이 볼록 튀어나온 공처럼 생겼으며 탄력이 있다. 눈의 가장 바깥 부분은 흰색의 공막이 싸고 있으며 그 안쪽에 검은색의 맥락막이 있어 눈동자를 통해서만 빛이 들어가도록 되어 있다. 눈의 앞쪽은 투명한 각막으로 되어 있는데, 빛은 이 각막을 통과하여 그 안쪽에 있는 렌즈 모양의 수정체에 의해 굴절되어 초점이 맞추어져 망막에 상을 맺는다. 이 망막에는 빛의 자극을 받아들이는 시신경세포가 있다.
>
> 이 시신경세포는 원뿔 모양의 '원추세포'와 간상세포(桿狀細胞)로도 불리는 막대 모양의 '막대세포'라는 두 종류로 이루어진다. 원추세포는 눈조리개의 초점 부근 좁은 영역에 주로 분포되어 있으며, 그 세포 수는 막대세포에 비해 매우 적다. 이에 반해 막대세포는 망막 전체에 걸쳐 분포되어 있고 그 세포 수는 원추세포에 비해 매우 많다. 원추세포와 막대세포는 각각 다른 색깔의 빛에 민감한데, 원추세포는 파장이 500나노미터 부근의 빛(노랑)에, 막대세포는 파장이 560나노미터 부근의 빛(초록)에 가장 민감하다.
>
> 원추세포는 그 수가 많지 않으므로, 우리 눈은 어두운 곳에서 색을 인식하는 능력은 많이 떨어지지만 밝은 곳에서는 제 기능을 잘 발휘하는데, 노란색 근처의 빛(붉은색 – 주황색 – 노란색 구간)이 특히 눈에 잘 띈다. 노란색이나 붉은색으로 경고나 위험 상황을 나타내는 것은 이 때문이다. 이 색들은 밝은 곳에서 눈에 잘 띄어 안전을 위해 효율적이지만 날이 어두워지면 무용지물이 될 수도 있다. 인간의 눈은 우리 주위에 가장 흔한 가시광선에 민감하도록 진화되어왔다고 할 수 있다. 즉, 우리 주위에 가장 흔하고 강한 노란빛에 민감하도록 진화해왔을 것이며, 따라서 우리가 노란색에 가장 민감함은 자연스러워 보인다. 그러나 시신경세포의 대부분은 막대세포들인데, 이 막대세포는 비타민 A에서 생긴 로돕신이라는 물질이 있어 빛을 감지할 수 있다. 로돕신은 빛을 받으면 분해되어 시신경을 자극하고, 이 자극이 대뇌에 전달되어 물체를 인식한다. 그 세포들은 비록 색을 인식하지는 못하지만, 초록색 빛을 더 민감하게 인식한다. 즉, 비록 색깔을 인식하지 못한다 할지라도 어두운 곳에서는 초록색 물체가 잘 보인다.

① 시신경세포의 로돕신이 시신경을 자극함으로써 물체의 색을 인식할 수 있다.
② 눈조리개의 초점 부근 좁은 영역에 분포하는 세포는 막대 모양을 하고 있다.
③ 막대세포의 수보다 원추세포의 수가 많다면 밝은 곳에서도 초록색 물체가 잘 보일 것이다.
④ 어두운 터널 내에는 노란색의 경고 표지판보다 초록색의 경고 표지판을 설치하는 것이 더 효과적이다.
⑤ 위험 지역에 노란색이나 붉은색의 경고등을 설치하는 것은 우리 눈의 막대세포의 수와 관련이 있다.

02 다음 글을 읽고 추론할 수 없는 것은?

> 삼국통일을 이룩한 신라는 경덕왕(742 ~ 765)대에 이르러 안정된 왕권과 정치제도를 바탕으로 문화적인 면에서 역시 황금기를 맞이하게 되었다. 불교문화 역시 융성기를 맞이하여 석굴암, 불국사를 비롯한 많은 건축물과 조형물을 건립함으로써 당시의 문화적 수준과 역량을 지금까지 전하고 있다. 석탑에 있어서도 시원양식과 전형기를 거치면서 성립된 양식이 이때에 이르러 통일된 수법으로 정착되어, 이후 건립되는 모든 석탑의 근원적인 양식이 되고 있다. 이때 건립된 석탑으로는 나원리 오층석탑, 구황동 삼층석탑, 장항리 오층석탑, 불국사 삼층석탑, 갈항사지 삼층석탑, 원원사지 삼층석탑 그리고 경주지방 외에 청도 봉기동 삼층석탑과 창녕 술정리 동삼층석탑 등이 있다. 이들은 대부분 불국사 삼층석탑의 양식을 모형으로 건립되었다. 이러한 석탑이 경주지방에 밀집되어 있다는 것은 통일된 석탑양식이 아직 지방으로까지는 파급되지 못하고 있었음을 보여 준다.
>
> 이 통일된 수법을 가장 대표하는 석탑이 불국사 삼층석탑이다. 부재의 단일화를 통해 규모는 축소되었으나, 목조건축의 양식을 완벽하게 재현하고 있고, 양식적인 면에서도 초기적인 양식을 벗어나 높은 완성도를 보이고 있다.
>
> 불국사 삼층석탑에는 세 가지 특징이 있다. 첫 번째로 탑은 이층기단으로, 상·하층기단부에 모두 2개의 탱주와 우주를 마련하고 있다는 점이다. 또한 하층기단갑석의 상면에는 호각형 2단의 상층기단면석 받침이, 상층기단갑석의 상면에는 각형 2단의 1층 탑신석 받침이 마련되었고, 하면에는 각형 1단의 부연이 마련되었다. 두 번째로 탑신석과 옥개석은 각각 1석으로 구성되어 있다는 점이다. 또한 1층 탑신에 비해 2·3층 탑신이 낮게 만들어져 체감률에 있어 안정감을 주고 있다. 옥개석은 5단의 옥개받침과 각형 2단의 탑신받침을 가지고 있으며, 낙수면의 경사는 완만하고, 처마는 수평을 이루다가 전각에 이르러 날렵한 반전을 보이고 있다. 세 번째로 탑의 상륜부는 대부분 결실되어 노반석만 남아 있다는 점이다.

① 경덕왕 때 불교문화가 번창할 수 있었던 것은 안정된 정치 체제가 바탕이 되었기 때문이다.
② 장항리 오층석탑은 불국사 삼층석탑과 동일한 양식으로 지어졌다.
③ 경덕왕 때 통일된 석탑양식은 경주뿐만 아니라 전 지역으로 유행했다.
④ 이전에는 시원양식을 사용해 석탑을 만들었다.
⑤ 탑신부에서 안정감이 느껴지는 것은 아래층보다 위층을 낮게 만들었기 때문이다.

03 다음 글을 토대로 〈보기〉를 해석한 내용으로 적절하지 않은 것은?

자기 조절은 목표 달성을 위해 자신의 사고, 감정, 욕구, 행동 등을 바꾸려는 시도인데, 목표를 달성한 경우는 자기 조절의 성공을, 반대의 경우는 자기 조절의 실패를 의미한다. 이에 대한 대표적인 이론으로는 앨버트 반두라의 '사회 인지 이론'과 로이 바우마이스터의 '자기 통제 힘 이론'이 있다.
반두라의 사회 인지 이론에서는 인간이 자기 조절 능력을 선천적으로 가지고 있다고 본다. 이런 특징을 가진 인간은 가치 있는 것을 획득하기 위해 행동하거나 두려워하는 것을 피하기 위해 행동한다. 반두라에 따르면, 자기 조절은 세 가지의 하위 기능인 자기 검열, 자기 판단, 자기 반응의 과정을 통해 작동한다. 자기 검열은 자기 조절의 첫 단계로, 선입견이나 감정을 배제하고 자신이 지향하는 목표와 관련하여 자신이 놓여 있는 상황과 현재 자신의 행동을 감독, 관찰하는 것을 말한다. 자기 판단은 목표 성취와 관련된 개인의 내적 기준인 개인적 표준, 현재 자신이 처한 상황, 그리고 자신이 하게 될 행동 이후 느끼게 될 정서 등을 고려하여 자신이 하고자 하는 행동을 결정하는 것을 말한다. 그리고 자기 반응은 자신이 한 행동 이후에 자신에게 부여하는 정서적 현상을 의미하는데, 자신이 지향하는 목표와 관련된 개인적 표준에 부합하는 행동은 만족감이나 긍지라는 자기 반응을 만들어 내고 그렇지 않은 행동은 죄책감이나 수치심이라는 자기 반응을 만들어 낸다.
한편, 바우마이스터의 자기 통제 힘 이론은 사회 인지 이론의 기본적인 틀을 유지하면서 인간의 심리적 현상에 대해 자연과학적 근거를 찾으려는 경향이 대두되면서 등장하였다. 이 이론에서 말하는 자기 조절은 개인의 목표 성취와 관련된 개인적 표준, 자신의 행동을 관찰하는 모니터링, 개인적 표준에 도달할 수 있게 하는 동기, 자기 조절에 들이는 에너지로 구성된다. 바우마이스터는 그중 에너지의 양이 목표 성취의 여부에 결정적인 영향을 준다고 보기 때문에 자기 조절에서 특히 에너지의 양적인 측면을 중시한다. 바우마이스터에 따르면, 다양한 자기 조절 과업에서 개인은 자신이 가지고 있는 에너지를 사용하는데, 에너지의 양은 제한되어 있어서 지속적으로 자기 조절에 성공하기 위해서는 에너지를 효율적으로 사용해야 한다. 그런데 에너지를 많이 사용한다 하더라도 에너지가 완전히 고갈되는 상황은 벌어지지 않는다. 그 이유는 인간이 긴박한 욕구나 예외적인 상황을 대비하여 에너지의 일부를 남겨 두기 때문이다.

보기

S씨는 건강관리를 자기 삶의 가장 중요한 목표로 삼았다. 우선 그녀는 퇴근하는 시간이 규칙적인 자신의 근무 환경을, 그리고 과식을 하고 운동을 하지 않는 자신을 관찰하였다. 그래서 퇴근 후의 시간을 활용하여 일주일에 3번 필라테스를 하고, 균형 잡힌 식단에 따라 식사를 하겠다고 다짐하였다. 한 달 후 S씨는 다짐한 대로 운동을 해서 만족감을 느꼈다. 그러나 균형 잡힌 식단에 따라 식사를 하지는 못했다.

① 반두라에 따르면 S씨는 선천적인 자기 조절 능력을 통한 자기 검열, 자기 판단, 자기 반응의 자기 조절 과정을 거쳤다.

② 반두라에 따르면 S씨는 식단 조절에 실패함으로써 죄책감이나 수치심을 느꼈을 것이다.

③ 반두라에 따르면 S씨는 건강관리를 가치 있는 것으로 생각하고 이를 획득하기 위해 운동을 시작하였다.

④ 바우마이스터에 따르면 S씨는 건강관리라는 개인적 표준에 도달하기 위해 자신의 근무환경과 행동을 모니터링하였다.

⑤ 바우마이스터에 따르면 S씨는 운동하는 데 모든 에너지를 사용하여 에너지가 고갈됨으로써 식단 조절에 실패하였다.

PART 2

대표기출유형

04 문서 작성 · 수정

| 유형분석 |

- 기본적인 어휘력과 어법에 대한 지식을 필요로 하는 문제이다.
- 글의 내용을 파악하고 문맥을 읽을 줄 알아야 한다.

다음 글에서 ㉠ ~ ㉤의 수정 방안으로 적절하지 않은 것은?

학부모들을 상대로 설문조사를 한 결과, 사교육비 절감에 가장 큰 도움을 준 제도는 바로 교과교실제(영어, 수학 교실 등 과목전용교실 운영)였다. 사교육비 중에서도 가장 ㉠ 많은 비용이 차지하는 과목이 영어와 수학이라는 점을 고려해 보면 공교육에서 영어, 수학을 집중적으로 가르쳐 주는 것이 사교육비 절감에 큰 도움이 되었다는 점을 이해할 수 있다. 한때 사교육비 절감을 기대하며 도입했던 '방과 후 학교'는 사교육비를 절감하지 못했는데, 이는 학생들을 학교에 묶어 놓는 것만으로는 사교육을 막을 수 없다는 점을 시사한다. 학생과 학부모가 적지 않은 비용을 지불하면서도 사교육을 찾게 되는 이유는 ㉡ 입시에 도움이 된다. 공교육에서는 정해진 교과 과정에 맞추어 수업을 해야 하고 실력 차이가 나는 학생들을 ㉢ 개별적으로 가르쳐야 하기 때문에 입시에 초점을 맞추기가 쉽지 않다. 따라서 공교육만으로는 입시에 뒤처진다고 생각하는 사람들이 많은 것이다. ㉣ 그래서 교과교실제에 이어 사교육비 절감에 도움이 되었다고 생각하는 요인이 '다양하고 좋은 학교의 확산'이라는 점을 보면 공교육에도 희망이 있다고 할 수 있다. 학교가 인문계, 예체능계, 실업계, 특목고 정도로만 나눠졌던 과거에 비해 지금은 학생의 특기와 적성에 맞는 다양하고 좋은 학교가 많이 생겨났다. 좋은 대학에 입학하려는 이유가 대학의 서열화와 그에 따른 취업경쟁 때문이라는 것을 생각해보면 고등학교 때부터 ㉤ 미래를 위해 공부할 수 있는 학교는 사교육비 절감과 더불어 공교육의 강화, 과도한 입시 경쟁 완화에 도움이 될 것이다.

① ㉠ : 조사가 잘못 쓰였으므로 '많은 비용을 차지하는'으로 수정한다.
② ㉡ : 호응 관계를 고려하여 '입시에 도움이 되기 때문이다.'로 수정한다.
③ ㉢ : 문맥을 고려하여 '집중적으로'로 수정한다.
④ ㉣ : 앞 내용과 상반된 내용이 이어지므로 '하지만'으로 수정한다.
⑤ ㉤ : 앞 내용을 고려하여 '미래를 위해 공부할 수 있는 학교의 확산은'으로 수정한다.

정답 ③

제시문의 내용에 따르면 공교육에서는 학생들의 실력 차이를 모두 고려할 수가 없다. 따라서 '한꺼번에'로 수정하는 것이 적절하다.

풀이 전략!

문장에서 주어와 서술어의 호응 관계가 적절한지 주어와 서술어를 찾아 확인해 보는 연습을 하며, 문서작성의 원칙과 주의사항은 미리 알아 두는 것이 좋다.

01 다음은 '대기전력을 줄이는 습관'에 대한 글을 쓰기 위해 작성한 개요이다. 이를 수정·보완하거나 자료를 제시하기 위한 방안으로 적절하지 않은 것은?

> Ⅰ. 서론 : 대기전력에 대한 주의 환기
> Ⅱ. 본론 ······ ㉠
> 1. 대기전력의 발생 원인과 실태 ······ ㉡
> (1) 대기전력의 발생 원인
> (2) 대기전력이 발생하는 가전제품 ······ ㉢
> 2. 대기전력 해결 방안 ······ ㉣
> (1) 가전 기기의 플러그 뽑기
> (2) 절전형 멀티탭 사용하기
> (3) 에너지 절약 마크 제품 구입하기
> Ⅲ. 결론 : 대기전력을 줄이기 위한 개인과 기업의 노력 촉구 ······ ㉤

① ㉠ : 독자의 이해를 돕기 위해 '대기전력의 개념'을 하위 항목으로 추가한다.
② ㉡ : '전력 소비에 대한 잘못된 인식'을 하위 항목으로 추가한다.
③ ㉢ : 주요 가전 기기의 평균 대기전력을 제시하여 가전제품의 실태를 보여준다.
④ ㉣ : 하위 항목을 고려하여 '대기전력을 줄이는 생활 습관'으로 고친다.
⑤ ㉤ : 개요의 흐름을 고려하여 '대기전력을 줄이는 생활 습관의 실천 촉구'로 고친다.

02 다음 중 공문서 작성 시 유의해야 할 내용으로 가장 적절한 것은?

① 반드시 일정한 양식과 격식을 갖추어 작성하여야 한다.
② 날짜 다음에 괄호를 사용할 경우 반드시 마침표를 찍어야 한다.
③ 복잡한 내용은 도표를 통해 시각화하여 이해도를 높인다.
④ 여러 장에 담아내는 것이 원칙이다.
⑤ 회사 내부로 전달되는 글이므로 누가, 언제, 어디서, 무엇을, 어떻게(혹은 왜)가 드러나지 않아도 된다.

※ 다음 글의 ㉠ ~ ㉤의 수정 방안으로 적절하지 않은 것을 고르시오. [3~5]

03

최근 비만에 해당하는 인구가 증가하고 있다. 비만은 다른 질병들을 ㉠ 유발할 수 있어 주의를 필요로 ㉡ 하는 데, 특히 학생들의 비만이 증가하여 제일 큰 문제가 되고 있다. 그리고 학생들의 비만 원인으로 교내 매점에서 판매되는 제품에 설탕이 많이 ㉢ 함유되어 있다는 점이 거론되고 있다. 예를 들어, 매점의 주요 판매 품목은 탄산음료, 빵 등과 같이 다른 제품들에 비해 설탕 함유량이 높은 제품들이다. 따라서 학생들의 비만 문제를 해결하기 위한 방안으로 매점에서 판매되는 설탕 함유량이 높은 제품에 설탕세를 ㉣ 메겨서 학생들의 구매를 억제하자는 주장이 있다.

한편, 영국의 한 과학자는 생쥐에게 일정 기간 동안 설탕을 주입한 후 변화를 관찰하여 설탕이 비만에 상당한 영향력을 미치고 있으며, 운동 능력도 저하시킬 수 있다는 실험 결과를 발표하였다. 권장량 이상의 설탕은 비만의 주요한 요인이 될 수 있으며, 이로 인해 다른 질병에 노출될 가능성도 ㉤ 높이는 것이다. 이렇게 비만을 일으키는 주요한 성분 중 하나인 설탕이 들어간 제품에 대해 그 함유량에 따라 부과하는 세금을 '설탕세'라고 한다. 즉, 설탕세는 설탕 함유량이 높은 제품의 가격을 올려 소비를 억제하기 위한 방법이라고 할 수 있다.

① ㉠ : 사동의 뜻을 가진 '유발시킬'로 수정해야 한다.

② ㉡ : '-ㄴ데'는 연결 어미이므로 '하는데'와 같이 붙여 써야 한다.

③ ㉢ : 문맥상 같은 의미인 '포함되어'로 바꾸어 쓸 수 있다.

④ ㉣ : 잘못된 표기이므로 '매겨서'로 수정해야 한다.

⑤ ㉤ : 피동의 뜻을 가진 '높아지는'으로 수정해야 한다.

04

행동경제학은 기존의 경제학과 ㉠ 다른 시선으로 인간을 바라본다. 기존의 경제학은 인간을 철저하게 합리적이고 이기적인 존재로 상정(想定)하여, 인간은 시간과 공간에 관계없이 일관된 선호를 보이며 효용을 극대화하는 방향으로 선택을 한다고 본다. ㉡ 기존의 경제학자들은 인간의 행동이 예측 가능하다는 것을 전제(前提)로 경제 이론을 발전시켜 왔다. 반면 행동경제학에서는 인간이 제한적으로 합리적이며 감성적인 존재라고 보며, 처한 상황에 따라 선호가 바뀌기 때문에 그 행동을 예측하기 어렵다고 생각한다. 또한 인간은 효용을 ㉢ 극대화하기 보다는 어느 정도 만족하는 선에서 선택을 한다고 본다. 행동경제학은 기존의 경제학이 가정하는 인간관을 지나치게 이상적이고 비현실적이라고 비판한다. ㉣ 그러나 행동경제학은 인간이 때로는 이타적인 행동을 하고 비합리적인 행동을 하는 존재라는 점을 인정하며, ㉤ 실제하는 인간을 연구 대상으로 한다.

① ㉠ : 문맥을 고려하여 '같은'으로 고친다.

② ㉡ : 문장을 자연스럽게 연결하기 위해 문장 앞에 '그러므로'를 추가한다.

③ ㉢ : 띄어쓰기가 옳지 않으므로 '극대화하기보다는'으로 고친다.

④ ㉣ : 앞 문장과의 내용을 고려하여 '그래서'로 고친다.

⑤ ㉤ : 맞춤법에 어긋나므로 '실재하는'으로 고친다.

05

> 요즘은 안심하고 야외 활동을 즐기기가 어려워졌다. 초미세먼지로 인해 우리나라의 대기 오염이 부쩍 ㉠ 심각해졌다. 공기의 질은 우리 삶의 질과 직결되어 있다. 그렇기 때문에 우리는 초미세먼지가 어떤 것이고 얼마나 위험한지를 알아야 하며, 생활 속 초미세먼지에 대한 대응 방안 또한 알아야 한다.
> 초미세먼지란 입자의 크기가 매우 작은 먼지를 말한다. 입자가 큰 일반적인 먼지는 코나 기관지에서 걸러지지만, 초미세먼지는 걸러지지 않는다. 그래서 초미세먼지는 인체에 미치는 유해성이 매우 크다. ㉡ 초미세먼지는 호흡기의 가장 깊은 곳까지 침투해 혈관으로 들어간다.
> 우리나라의 초미세먼지는 중국에서 ㉢ 날라온 것들도 있지만 국내에서 발생한 것들도 많다. 화석연료를 사용하며 배출된 공장 매연이 초미세먼지의 주요한 국내 발생원이다. 현재 정부에서는 매연을 통한 오염 물질의 배출 총량을 규제하고 대체 에너지원 개발을 장려하는 등 초미세먼지를 줄이기 위한 노력을 하고 있다. 초미세먼지를 줄이기 위해서는 정부의 노력뿐만 아니라 우리의 노력도 필요하다. 과도한 난방을 자제하고, ㉣ 주·정차시 불필요하게 자동차 시동을 걸어 놓는 공회전을 줄이기 위한 캠페인 활동에 참여하는 것 등이 우리가 할 수 있는 일이다.
> 생활 속에서 초미세먼지에 적절히 대응하기 위해서는 매일 초미세먼지에 대한 기상 예보를 확인하는 것을 습관화해야 한다. 특히 초미세먼지가 '나쁨' 단계 이상일 때는 외출을 삼가고 부득이 외출할 때는 특수 마스크를 착용해야 한다. ㉤ 그리고 초미세먼지로부터 우리 몸을 보호하기 위해 물을 충분히 마시고, 항산화 식품을 자주 섭취하는 것이 좋다. 항산화 식품으로는 과일과 채소가 대표적이다. 자신의 건강도 지키고 깨끗한 공기도 만들기 위한 실천을 시작해 보자.

① ㉠ : 호응 관계를 고려하여 '심각해졌기 때문이다.'로 고친다.
② ㉡ : 문장의 연결 관계를 고려하여 앞의 문장과 위치를 바꾼다.
③ ㉢ : 맞춤법에 어긋나므로 '날아온'으로 고친다.
④ ㉣ : 띄어쓰기가 옳지 않으므로 '주·정차 시'로 고친다.
⑤ ㉤ : 앞 문장과의 관계를 고려하여 '그러므로'로 고친다.

대표기출유형

05 맞춤법 · 어휘

| 유형분석 |

- 맞춤법에 맞는 단어를 찾거나 주어진 지문의 내용에 어울리는 단어를 찾는 문제가 주로 출제된다.
- 자주 출제되는 단어나 헷갈리는 단어에 대한 학습을 꾸준히 하는 것이 좋다.

다음 중 밑줄 친 부분의 표기가 옳은 것은?

① 나의 바램대로 내일은 흰 눈이 왔으면 좋겠다.
② 엿가락을 고무줄처럼 늘였다.
③ 학생 신분에 알맞는 옷차림을 해야 한다.
④ 계곡물에 손을 담구니 시원하다.
⑤ 지리한 장마가 끝나고 불볕더위가 시작되었다.

정답 ②

'본디보다 더 길어지게 하다.'라는 의미로 쓰였으므로 '늘이다'로 쓰는 것이 옳다.

오답분석

① 바램 → 바람
③ 알맞는 → 알맞은
④ 담구니 → 담그니
⑤ 지리한 → 지루한

풀이 전략!

문제에서 물어보는 단어를 정확히 확인해야 하고, 어휘문제의 경우 주어진 지문의 전체적인 흐름에 어울리는 단어를 생각해 본다.

대표기출유형 05 기출응용문제

01 다음 ㉠~㉣ 중 맥락에 맞는 단어를 바르게 나열한 것은?

> • 승객 대상 서비스를 강화하기 위해 전문가에게 ㉠ 자문 / 조언을 구하도록 했다.
> • 무더위로 최대 전력 수요 ㉡ 경신 / 갱신이 계속되고 있다.
> • 사업의 진행을 위해 팀장님께 ㉢ 결제 / 결재를 받았다.
> • 동생에게 결혼 문제를 ㉣ 비쳤더니 / 비췄더니 그 자리에서 펄쩍 뛰었다.

	㉠	㉡	㉢	㉣
①	자문	경신	결재	비쳤더니
②	조언	경신	결재	비쳤더니
③	자문	갱신	결제	비췄더니
④	조언	갱신	결제	비췄더니
⑤	자문	갱신	결재	비쳤더니

02 다음 중 밑줄 친 부분의 맞춤법이 옳지 않은 것은?

① 쉬이 넘어갈 문제가 아니다.
② 가정을 소홀히 해서는 안 된다.
③ 소파에 깊숙이 기대어 앉았다.
④ 헛기침이 간간히 섞여 나왔다.
⑤ 일을 하는 틈틈이 공부를 했다.

03 다음 중 빈칸에 들어갈 단어로 가장 적절한 것은?

> 정부는 선거와 관련하여 신고자에 대한 ________을/를 대폭 강화하기로 하였다.

① 보훈(報勳)
② 공훈(功勳)
③ 공로(功勞)
④ 포상(褒賞)
⑤ 공적(功績)

CHAPTER 02

수리능력

합격 CHEAT KEY

수리능력은 사칙 연산 · 통계 · 확률의 의미를 정확하게 이해하고 이를 업무에 적용하는 능력으로, 기초 연산과 기초 통계, 도표 분석 및 작성의 문제 유형으로 출제된다. 수리능력 역시 채택하지 않는 공사 · 공단이 거의 없을 만큼 필기시험에서 중요도가 높은 영역이다.

특히, 난이도가 높은 공사 · 공단의 시험에서는 도표 분석, 즉 자료 해석 유형의 문제가 많이 출제되고 있고, 응용 수리 역시 꾸준히 출제하는 공사 · 공단이 많기 때문에 기초 연산과 기초 통계에 대한 공식의 암기와 자료 해석 능력을 기를 수 있는 꾸준한 연습이 필요하다.

01 응용 수리의 공식은 반드시 암기하라!

응용 수리는 공사 · 공단마다 출제되는 문제는 다르지만, 사용되는 공식은 비슷한 경우가 많으므로 자주 출제되는 공식을 반드시 암기하여야 한다. 문제에서 묻는 것을 정확하게 파악하여 그에 맞는 공식을 적절하게 적용하는 꾸준한 노력과 공식을 암기하는 연습이 필요하다.

02 자료의 해석은 자료에서 즉시 확인할 수 있는 지문부터 확인하라!

수리능력 중 도표 분석, 즉 자료 해석 능력은 많은 시간을 필요로 하는 문제가 출제되므로, 증가·감소 추이와 같이 눈으로 확인이 가능한 지문을 먼저 확인한 후 복잡한 계산이 필요한 지문을 확인하는 방법으로 문제를 풀이한다면 시간을 조금이라도 아낄 수 있다. 또한, 여러 가지 보기가 주어진 문제 역시 지문을 잘 확인하고 문제를 풀이한다면 불필요한 계산을 생략할 수 있으므로 항상 지문부터 확인하는 습관을 들여야 한다.

03 도표 작성에서 지문에 작성된 도표의 제목을 반드시 확인하라!

도표 작성은 하나의 자료 혹은 보고서와 같은 수치가 표현된 자료를 도표로 작성하는 형식으로 출제되는데, 대체로 표보다는 그래프를 작성하는 형태로 많이 출제된다. 지문을 살펴보면 각 지문에서 주어진 도표에도 소제목이 있는 경우가 대부분이다. 이때, 자료의 수치와 도표의 제목이 일치하지 않는 경우 함정이 존재하는 문제일 가능성이 높으므로 도표의 제목을 반드시 확인하는 것이 중요하다.

대표기출유형

01 응용 수리

| 유형분석 |

- 문제에서 제공하는 정보를 파악한 뒤, 사칙연산을 활용하여 계산하는 전형적인 수리문제이다.
- 문제를 풀기 위한 정보가 산재되어 있는 경우가 많으므로 주어진 조건 등을 꼼꼼히 확인해야 한다.

대학 서적을 도서관에서 빌리면 10일간 무료이고, 그 이상은 하루에 100원의 연체료가 부과되며 한 달 단위로 연체료는 두 배로 늘어난다. 1학기 동안 대학 서적을 도서관에서 빌려 사용하는 데 얼마의 비용이 드는가?(단, 1학기의 기간은 15주이고, 한 달은 30일로 정한다)

① 18,000원 ② 20,000원
③ 23,000원 ④ 25,000원
⑤ 28,000원

정답 ④

- 1학기의 기간 : 15×7=105일
- 연체료가 부과되는 기간 : 105−10=95일
- 연체료가 부과되는 시점에서부터 한 달 동안의 연체료 : 30×100=3,000원
- 첫 번째 달부터 두 번째 달까지의 연체료 : 30×100×2=6,000원
- 두 번째 달부터 세 번째 달까지의 연체료 : 30×100×2×2=12,000원
- 95일(3개월 5일) 연체료 : 3,000+6,000+12,000+5×(100×2×2×2)=25,000원

따라서 1학기 동안 대학 서적을 도서관에서 빌려 사용한다면 25,000원의 비용이 든다.

풀이 전략!

문제에서 묻는 바를 정확하게 확인한 후, 필요한 조건 또는 정보를 구분하여 신속하게 풀어 나간다. 단, 계산에 착오가 생기지 않도록 유의한다.

01 전체 인원이 1,000명인 고등학교에서 성별에 따른 학력평가점수 평균을 알아보니 남학생은 45점, 여학생은 60점이었다. 남학생과 여학생 전체 평균점수가 51점일 때, 여학생은 총 몇 명인가?

① 400명
② 450명
③ 500명
④ 550명
⑤ 600명

02 가방가게를 운영하는 S씨는 샌들 원가 20,000원에 40%의 이익을 붙여서 정가를 정했지만 판매가 잘 되지 않아 할인을 하고자 한다. 이때 몇 %를 할인해야 원가의 10% 이익을 얻을 수 있는가?(단, 소수점 둘째 자리에서 반올림한다)

① 20.5%
② 21.4%
③ 22.5%
④ 23.7%
⑤ 24.5%

03 A비커에는 농도가 x%인 설탕물 300g이 들어 있고 B비커에는 농도가 y%인 설탕물 600g이 들어 있다. B비커에서 A비커로 100g를 부어 골고루 섞은 후 다시 B비커로 옮기고 골고루 섞어 농도를 측정해 보니 A비커의 설탕물과 B비커의 설탕물의 농도는 각각 5%, 9.5%였다. 이때 $10x+10y$의 값은?

① 106
② 116
③ 126
④ 136
⑤ 146

04 철도 길이가 570m인 터널이 있다. A기차는 터널을 완전히 빠져나갈 때까지 50초가 걸렸고, 기차 길이가 A기차의 길이보다 60m 짧은 B기차는 23초가 걸렸다. 두 기차가 터널 양 끝에서 동시에 출발하면 $\frac{1}{3}$ 지점에서 만난다고 할 때, A기차의 길이는 얼마인가?(단, 기차 속력은 일정하다)

① 150m
② 160m
③ 170m
④ 180m
⑤ 190m

대표기출유형

02 자료 계산

| 유형분석 |

- 제시된 자료를 통해 문제에서 주어진 특정한 값을 계산하거나 자료의 변동량을 구할 수 있는지 평가하는 유형이다.
- 자료상에 주어진 공식을 활용하는 계산문제와 증감률, 비율, 합, 차 등을 활용한 문제가 출제된다.
- 출제 비중은 낮지만, 숫자가 큰 경우가 많으므로 제시된 수치와 조건을 꼼꼼히 확인하여 정확하게 계산하는 것이 중요하다.

S마트 물류팀에 근무하는 E사원은 9월 라면 입고량과 판매량을 확인하던 중 11일과 15일에 A, B업체의 기록이 누락되어 있는 것을 발견하였다. 동료직원인 D사원은 E사원에게 "9월 11일의 전체 라면 재고량 중 A업체는 10%, B업체는 9%를 차지하였고, 9월 15일의 A업체 라면 재고량은 B업체보다 500개가 더 많았다."라고 말했다. 이때 9월 11일의 전체 라면 재고량은 몇 개인가?

구분		9월 12일	9월 13일	9월 14일
A업체	입고량	300	–	200
	판매량	150	100	–
B업체	입고량	–	250	–
	판매량	200	150	50

① 10,000개
② 15,000개
③ 20,000개
④ 25,000개
⑤ 30,000개

정답 ①

9월 11일의 전체 라면 재고량을 x개라고 하면, A, B업체의 9월 11일 라면 재고량은 각각 $0.1x$개, $0.09x$개이다.
이때 A, B업체의 9월 15일 라면 재고량을 구하면 다음과 같다.

- A업체 : $0.1x+300+200-150-100=(0.1x+250)$개
- B업체 : $0.09x+250-200-150-50=(0.09x-150)$개

9월 15일에는 A업체의 라면 재고량이 B업체보다 500개가 더 많으므로 식을 세우면 다음과 같다.

$0.1x+250=0.09x-150+500$

$\therefore x=10,000$

따라서 9월 11일의 전체 라면 재고량은 10,000개이다.

풀이 전략!

선택지를 먼저 읽고 필요한 정보를 자료에서 확인하도록 하며, 계산이 필요한 경우에는 실제 수치를 사용하여 복잡한 계산을 하는 대신, 대소 관계의 비교나 선택지의 옳고 그름만을 판단할 수 있을 정도로 간소화하여 계산해 풀이시간을 단축할 수 있도록 한다.

대표기출유형 02 기출응용문제

01 S사는 최근 미세먼지와 황사로 인해 실내 공기질이 많이 안 좋아졌다는 건의가 들어와 내부 검토 후 예산 400만 원으로 공기청정기 40대를 구매하기로 하였다. 다음 두 업체 중 어느 곳에서 공기청정기를 구매하는 것이 유리하며, 얼마나 더 저렴한가?

업체	할인 정보	가격
S전자	• 8대 구매 시 2대 무료 증정 • 구매 금액 100만 원당 2만 원 할인	8만 원/대
B마트	• 20대 이상 구매 : 2% 할인 • 30대 이상 구매 : 5% 할인 • 40대 이상 구매 : 7% 할인 • 50대 이상 구매 : 10% 할인	9만 원/대

※ 1,000원 단위 이하는 절사함

① S전자, 82만 원
② S전자, 148만 원
③ S전자, 160만 원
④ B마트, 20만 원
⑤ B마트, 48만 원

02 S통신회사는 휴대전화의 통화시간에 따라 월 2시간까지는 기본요금, 2시간 초과 3시간까지는 분당 a원, 3시간 초과부터는 $2a$원을 부과한다. 다음과 같이 요금이 청구되었을 때, a의 값은 얼마인가?

〈휴대전화 이용요금〉

구분	통화시간	요금
8월	3시간 30분	21,600원
9월	2시간 20분	13,600원

① 50
② 80
③ 100
④ 120
⑤ 150

03 자료 이해

| 유형분석 |

- 제시된 자료를 분석하여 선택지의 정답 유무를 판단하는 문제이다.
- 자료의 수치 등을 통해 변화량이나 증감률, 비중 등을 비교하여 판단하는 문제가 자주 출제된다.
- 지원하고자 하는 기업이나 산업과 관련된 자료 등이 문제의 자료로 많이 다뤄진다.

다음은 A ~ E 5개국의 경제 및 사회 지표 자료이다. 이에 대한 설명으로 옳지 않은 것은?

〈주요 5개국의 경제 및 사회 지표〉

구분	1인당 GDP(달러)	경제성장률(%)	수출(백만 달러)	수입(백만 달러)	총 인구(백만 명)
A	27,214	2.6	526,757	436,499	50.6
B	32,477	0.5	624,787	648,315	126.6
C	55,837	2.4	1,504,580	2,315,300	321.8
D	25,832	3.2	277,423	304,315	46.1
E	56,328	2.3	188,445	208,414	24.0

※ (총 GDP)=(1인당 GDP)×(총 인구)

① 경제성장률이 가장 큰 나라가 총 GDP는 가장 작다.
② 총 GDP가 가장 큰 나라의 GDP는 가장 작은 나라의 GDP보다 10배 이상 더 크다.
③ 5개국 중 수출과 수입에 있어서 규모에 따라 나열한 순위는 서로 일치한다.
④ A국이 E국보다 총 GDP가 더 크다.
⑤ 1인당 GDP에 따른 순위와 총 GDP에 따른 순위는 서로 일치한다.

정답 ⑤

1인당 GDP 순위는 E>C>B>A>D이다. 그런데 1인당 GDP가 가장 큰 E국은 1인당 GDP가 2위인 C국보다 1% 정도밖에 높지 않은 반면, 인구는 C국의 $\frac{1}{10}$ 이하이므로 총 GDP 역시 C국보다 작다. 따라서 1인당 GDP 순위와 총 GDP 순위는 일치하지 않는다.

풀이 전략!

평소 변화량이나 증감률, 비중 등을 구하는 공식을 알아 두고 있어야 하며, 지원하는 기업이나 산업에 관한 자료 등을 확인하여 비교하는 연습 등을 한다.

01 다음은 2021 ~ 2024년 갑국의 방송통신 매체별 광고매출액에 대한 자료이다. 이에 대한 〈보기〉의 설명 중 옳은 것을 모두 고르면?

〈2021 ~ 2024년 방송통신 매체별 광고매출액〉

(단위 : 억 원)

매체	세부 매체 \ 연도	2021년	2022년	2023년	2024년
방송	지상파TV	15,517	14,219	12,352	12,310
	라디오	2,530	2,073	1,943	1,816
	지상파DMB	53	44	36	35
	케이블PP	18,537	17,130	16,646	( )
	케이블SO	1,391	1,408	1,275	1,369
	위성방송	480	511	504	503
	소계	38,508	35,385	32,756	31,041
온라인	인터넷(PC)	19,092	20,554	19,614	19,109
	모바일	28,659	36,618	45,678	54,781
	소계	47,751	57,172	65,292	73,890

보기

ㄱ. 2021 ~ 2024년 동안 모바일 광고매출액의 전년 대비 증가율은 매년 30% 이상이다.
ㄴ. 2022년의 경우 방송 매체 중 지상파TV 광고매출액이 차지하는 비중은 온라인 매체 중 인터넷(PC) 광고매출액이 차지하는 비중보다 작다.
ㄷ. 케이블PP의 광고매출액은 매년 감소한다.
ㄹ. 2021년 대비 2024년 광고매출액 증감률이 가장 큰 세부 매체는 모바일이다.

① ㄱ, ㄴ
② ㄱ, ㄷ
③ ㄴ, ㄷ
④ ㄴ, ㄹ
⑤ ㄷ, ㄹ

02 다음은 A, B 두 국가의 에너지원 수입액에 대한 자료이다. 이에 대한 설명으로 옳은 것은?

〈A, B국의 에너지원 수입액〉

(단위 : 달러)

구분	연도	1984년	2004년	2024년
A국	석유	74	49.9	29.5
	석탄	82.4	60.8	28
	LNG	29.2	54.3	79.9
B국	석유	75	39	39
	석탄	44	19.2	7.1
	LNG	30	62	102

① 1984년의 석유 수입액은 A국이 B국보다 많다.

② 2004년의 A국의 석유 및 석탄의 수입액의 합은 LNG 수입액의 2배보다 적다.

③ 2024년의 석탄 수입액은 A국이 B국의 4배보다 적다.

④ 1984년 대비 2024년의 LNG 수입액의 증가율은 A국이 B국보다 크다.

⑤ 1984년 대비 2024년의 석탄 수입액의 감소율은 A국이 B국보다 크다.

03 다음은 S국의 인구성장률과 합계출산율에 대한 자료이다. 이에 대한 설명으로 옳지 않은 것은?

〈인구성장률〉

(단위 : %)

구분	2019년	2020년	2021년	2022년	2023년	2024년
인구성장률	0.53	0.46	0.63	0.53	0.45	0.39

〈합계출산율〉

(단위 : 명)

구분	2019년	2020년	2021년	2022년	2023년	2024년
합계출산율	1.297	1.187	1.205	1.239	1.172	1.052

※ 합계출산율 : 가임여성 1명이 평생 낳을 것으로 예상되는 평균 출생아 수

① S국의 인구성장률은 2021년 이후로 계속해서 감소하고 있다.

② 2019년부터 2024년까지 인구성장률이 가장 낮았던 해는 합계출산율도 가장 낮았다.

③ 2020년부터 2021년까지 합계출산율과 인구성장률의 전년 대비 증감추세는 동일하다.

④ 2019년부터 2024년까지 인구성장률과 합계출산율이 두 번째로 높은 해는 2022년이다.

⑤ 2024년의 인구성장률은 2021년 대비 40% 이상 감소하였다.

04 다음은 카페 음료에 대한 연령별 선호도를 조사한 자료이다. 이에 대한 설명으로 옳은 것을 〈보기〉에서 모두 고르면?

〈연령별 카페 음료 선호도〉

구분	20대	30대	40대	50대
아메리카노	42%	47%	35%	31%
카페라테	8%	18%	28%	42%
카페모카	13%	16%	2%	1%
바닐라라테	9%	8%	11%	3%
핫초코	6%	2%	3%	1%
에이드	3%	1%	1%	1%
아이스티	2%	3%	4%	7%
허브티	17%	5%	16%	14%

보기

ㄱ. 연령대가 높아질수록 아메리카노에 대한 선호율은 낮아진다.
ㄴ. 아메리카노와 카페라테의 선호율 차이가 가장 적은 연령대는 40대이다.
ㄷ. 20대와 30대의 선호율 하위 3개 메뉴는 동일하다.
ㄹ. 40대와 50대의 선호율 상위 2개 메뉴가 전체 선호율의 70% 이상이다.

① ㄱ, ㄴ
② ㄱ, ㄹ
③ ㄴ, ㄷ
④ ㄴ, ㄹ
⑤ ㄷ, ㄹ

05 다음은 연령별 선물환거래 금액 비율을 나타낸 자료이다. 이에 대한 설명으로 옳은 것은?

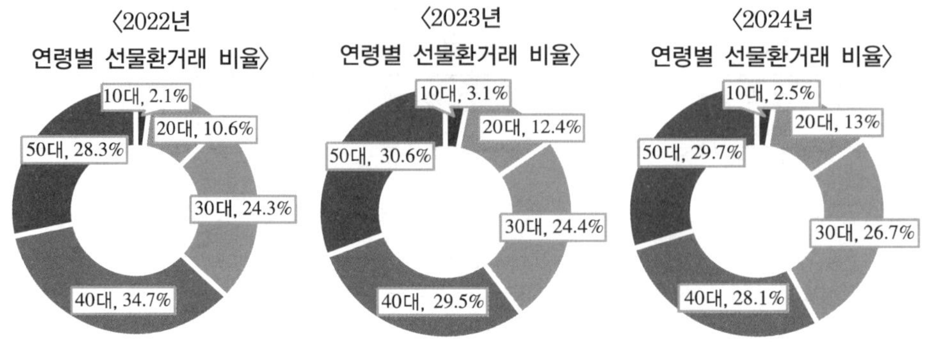

〈선물환거래 총금액〉

(단위 : 억 원)

구분	2022년	2023년	2024년
선물환거래 총금액	1,920	1,980	2,084

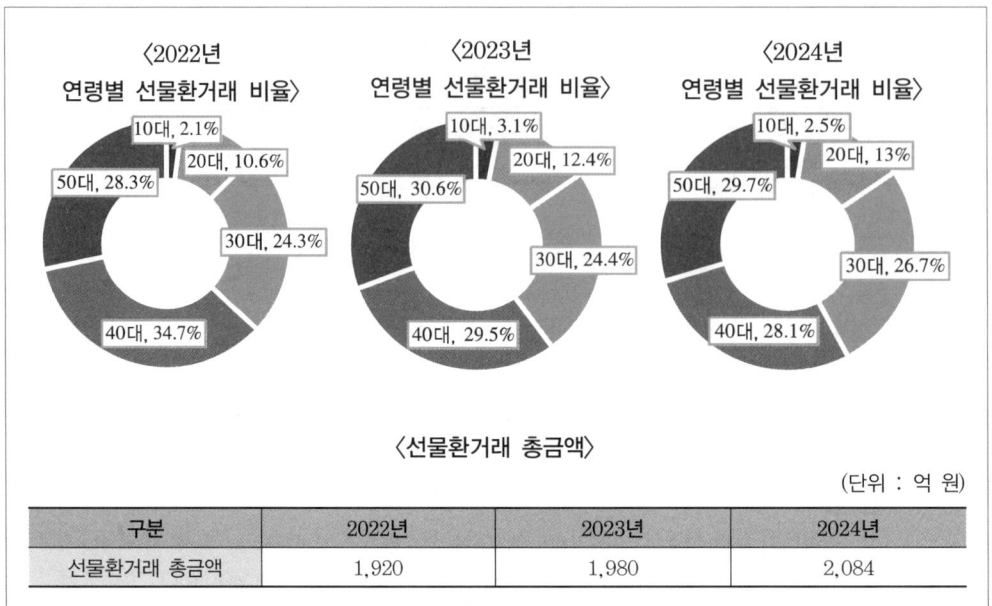

① 2023～2024년의 전년 대비 10대와 20대의 선물환거래 금액 비율 증감 추이는 같다.
② 2023년 대비 2024년의 50대의 선물환거래 금액 증가량은 13억 원 이상이다.
③ 2023～2024년 동안 전년 대비 매년 40대의 선물환거래 금액은 지속적으로 감소하고 있다.
④ 2024년 10～40대의 선물환거래 금액 총비율은 2023년 50대의 비율의 2.5배 이상이다.
⑤ 2024년 30대의 선물환거래 비율은 2022년 30대의 선물환거래 비율에 비해 2.6%p 높다.

06 다음은 2024년 1월, 6월, 12월에 20대부터 70대를 대상으로 조사한 정당 A ~ E의 지지율과 응답자에 대한 자료이다. 이에 대한 설명으로 옳지 않은 것은?

〈정당 A ~ E의 지지율〉

(단위 : %)

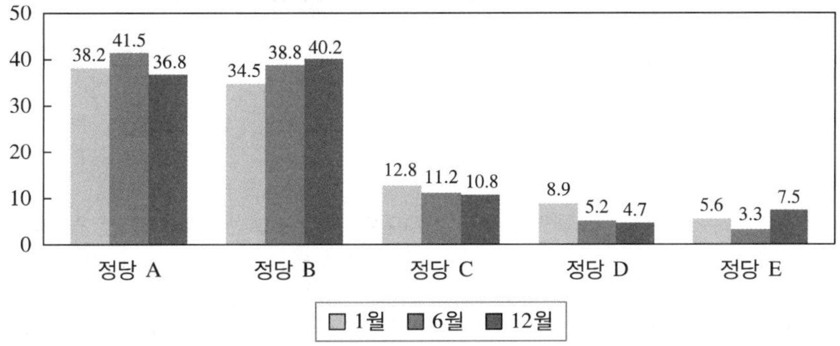

〈정당 지지율 조사 응답자〉

(단위 : 명)

연령 \ 성별	남성	여성	전체
20 ~ 30대	295	305	600
40 ~ 50대	370	335	705
60 ~ 70대	330	365	695

※ 모든 응답자는 정당 A ~ E 중에서 한 정당만 지지함

※ 2024년 1월, 6월, 12월 응답자 인원은 모두 동일함

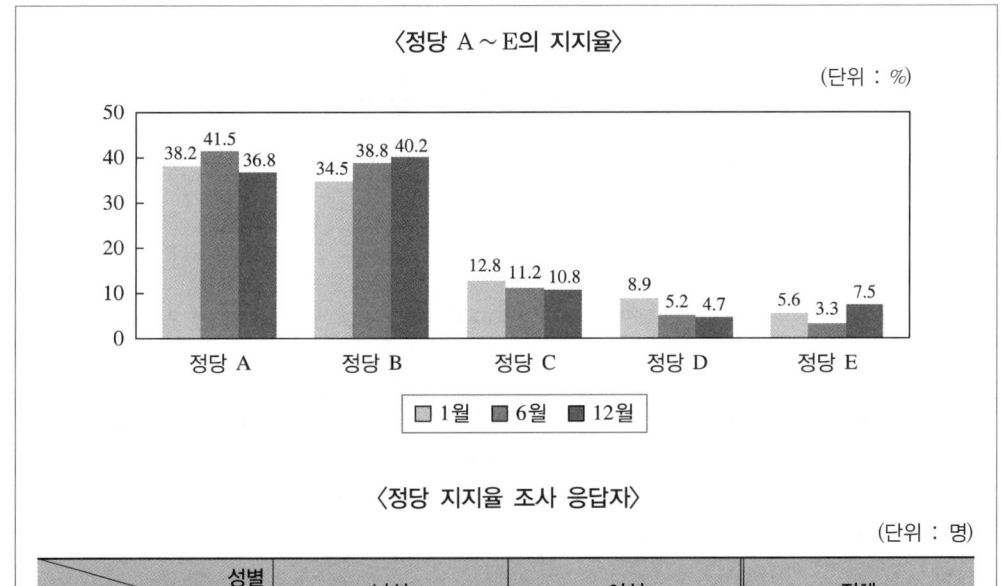

① 응답기간 중 지지율 증감추이가 동일한 정당은 정당 C와 정당 D이다.

② 응답기간 중 정당 A와 정당 B의 지지율의 합은 항상 70% 이상이다.

③ 지지율이 하위인 두 정당의 지지율 합은 항상 정당 C의 지지율보다 낮다.

④ 2024년 6월 조사에서 모든 연령대에서의 정당 A와 정당 B를 지지하는 인원수 차이는 54명이다.

⑤ 2024년 1월 조사에서 20대부터 50대까지 응답자가 모두 정당 A, B, C 중 한 곳을 지지했다면, 이 중 정당 B의 지지자 수는 최소 285명이다.

CHAPTER 03

문제해결능력

합격 CHEAT KEY

문제해결능력은 업무를 수행하면서 여러 가지 문제 상황이 발생하였을 때, 창의적이고 논리적인 사고를 통하여 이를 올바르게 인식하고 적절히 해결하는 능력으로, 하위 능력에는 사고력과 문제처리능력이 있다.

문제해결능력은 NCS 기반 채용을 진행하는 대다수의 공사·공단에서 채택하고 있으며, 다양한 자료와 함께 출제되는 경우가 많아 어렵게 느껴질 수 있다. 특히, 난이도가 높은 문제로 자주 출제되기 때문에 다른 영역보다 더 많은 노력이 필요할 수는 있지만 그렇기에 차별화를 할 수 있는 득점 영역이므로 포기하지 말고 꾸준하게 노력해야 한다.

01 질문의 의도를 정확하게 파악하라!

문제해결능력은 문제에서 무엇을 묻고 있는지 정확하게 파악하여 먼저 풀이 방향을 설정하는 것이 가장 효율적인 방법이다. 특히, 조건이 주어지고 답을 찾는 창의적·분석적인 문제가 주로 출제되고 있기 때문에 처음에 정확한 풀이 방향이 설정되지 않는다면 문제를 제대로 풀지 못하게 되므로 첫 번째로 출제 의도 파악에 집중해야 한다.

02 중요한 정보는 반드시 표시하라!

출제 의도를 정확히 파악하기 위해서는 문제의 중요한 정보를 반드시 표시하거나 메모하여 하나의 조건, 단서도 잊고 넘어가는 일이 없도록 해야 한다. 실제 시험에서는 시간의 압박과 긴장감으로 정보를 잘못 적용하거나 잊어버리는 실수가 많이 발생하므로 사전에 충분한 연습이 필요하다.

03 반복 풀이를 통해 취약 유형을 파악하라!

문제해결능력은 특히 시간관리가 중요한 영역이다. 따라서 정해진 시간 안에 고득점을 할 수 있는 효율적인 문제 풀이 방법을 찾아야 한다. 이때, 반복적인 문제 풀이를 통해 자신이 취약한 유형을 파악하는 것이 중요하다. 정확하게 풀 수 있는 문제부터 빠르게 풀고 취약한 유형은 나중에 푸는 효율적인 문제 풀이를 통해 최대한 고득점을 맞는 것이 중요하다.

대표기출유형

01 명제 추론

| 유형분석 |

- 주어진 문장을 토대로 논리적으로 추론하여 참 또는 거짓을 구분하는 문제이다.
- 대체로 연역추론을 활용한 명제 문제가 출제된다.
- 자료를 제시하고 새로운 결과나 자료에 주어지지 않은 내용을 추론해 가는 형식의 문제가 출제된다.

어느 도시에 있는 병원의 공휴일 진료 현황은 다음과 같다. 공휴일에 진료하는 병원의 수는?

- B병원이 진료를 하지 않으면, A병원은 진료를 한다.
- B병원이 진료를 하면, D병원은 진료를 하지 않는다.
- A병원이 진료를 하면, C병원은 진료를 하지 않는다.
- C병원이 진료를 하지 않으면, E병원이 진료를 한다.
- E병원은 공휴일에 진료를 하지 않는다.

① 1곳　　② 2곳
③ 3곳　　④ 4곳
⑤ 5곳

정답 ②

제시된 진료 현황을 각각의 명제로 보고 이들을 수식으로 설명하면 다음과 같다(단, 명제가 참일 경우 그 대우도 참이다).

- B병원이 진료를 하지 않으면 A병원이 진료를 한다(~B → A / ~A → B).
- B병원이 진료를 하면 D병원은 진료를 하지 않는다(B → ~D / D → ~B).
- A병원이 진료를 하면 C병원은 진료를 하지 않는다(A → ~C / C → ~A).
- C병원이 진료를 하지 않으면 E병원이 진료를 한다(~C → E / ~E → C).

이를 하나로 연결하면, D병원이 진료를 하면 B병원이 진료를 하지 않고, B병원이 진료를 하지 않으면 A병원은 진료를 한다. A병원이 진료를 하면 C병원은 진료를 하지 않고, C병원이 진료를 하지 않으면 E병원은 진료를 한다(D → ~B → A → ~C → E). 명제가 참일 경우 그 대우도 참이므로 ~E → C → ~A → B → ~D가 된다. E병원은 공휴일에 진료를 하지 않으므로 위의 명제를 참고하면 C와 B병원만이 진료를 하는 경우가 된다. 따라서 공휴일에 진료를 하는 병원은 2곳이다.

풀이 전략!

명제와 관련한 기본적인 논법에 대해서는 미리 학습해 두며, 이를 바탕으로 각 문장에 있는 핵심단어 또는 문구를 기호화하여 정리한 후, 선택지와 비교하여 참 또는 거짓을 판단한다.

대표기출유형 01 기출응용문제

01 S공사는 A ~ D부서에 각 1명씩 신입사원을 선발하였다. 지원자는 총 5명이었으며, 선발 결과에 대해 다음과 같이 진술하였다. 이 중 1명의 진술이 거짓일 때, 항상 참인 것은?

> 지원자 1 : 지원자 2가 A부서에 선발되었다.
> 지원자 2 : 지원자 3은 A부서 또는 D부서에 선발되었다.
> 지원자 3 : 지원자 4는 C부서가 아닌 다른 부서에 선발되었다.
> 지원자 4 : 지원자 5는 D부서에 선발되었다.
> 지원자 5 : 나는 D부서에 선발되었는데, 지원자 1은 선발되지 않았다.

① 지원자 1은 B부서에 선발되었다.
② 지원자 2는 A부서에 선발되었다.
③ 지원자 3은 D부서에 선발되었다.
④ 지원자 4는 B부서에 선발되었다.
⑤ 지원자 5는 C부서에 선발되었다.

02 A ~ G 7명이 원형테이블에 〈조건〉과 같이 앉아 있을 때, 다음 중 직급이 사원인 사람과 대리인 사람을 순서대로 바르게 나열한 것은?

> **조건**
>
> A, B, C, D, E, F, G는 모두 사원, 대리, 과장, 차장, 팀장, 부부장, 부장 중 하나의 직급에 해당하며, 이 중 동일한 직급인 직원은 없다.
> - A의 왼쪽에는 부장이, 오른쪽에는 차장이 앉아 있다.
> - E는 사원과 이웃하여 앉지 않았다.
> - B는 부장과 이웃하여 앉아 있다.
> - C의 직급은 차장이다.
> - G는 차장과 과장 사이에 앉아 있다.
> - D는 A와 이웃하여 앉아 있다.
> - 사원은 부장, 대리와 이웃하여 앉아 있다.

	사원	대리
①	A	F
②	B	E
③	B	F
④	D	E
⑤	D	G

03 경영학과에 재학 중인 A ~ E는 계절학기 시간표에 따라 요일별로 하나의 강의만 수강한다. 전공 수업을 신청한 C는 D보다 앞선 요일에 수강하고, E는 교양 수업을 신청한 A보다 나중에 수강한다고 할 때, 다음 중 항상 참이 되는 것은?

월	화	수	목	금
전공1	전공2	교양1	교양2	교양3

① A가 수요일에 강의를 듣는다면 E는 교양2 강의를 듣는다.

② B가 전공 수업을 듣는다면 C는 화요일에 강의를 듣는다.

③ C가 화요일에 강의를 듣는다면 E는 교양3 강의를 듣는다.

④ D는 반드시 전공 수업을 듣는다.

⑤ E는 반드시 교양 수업을 듣는다.

04 S대학교의 기숙사에 거주하는 A ~ D는 1층부터 4층에 매년 새롭게 방을 배정받고 있으며, 올해도 방을 배정받는다. 다음 〈조건〉을 참고할 때, 반드시 참인 것은?

조건

- 한 번 배정받은 층에는 다시 배정받지 않는다.
- A와 D는 2층에 배정받은 적이 있다.
- B와 C는 3층에 배정받은 적이 있다.
- A와 B는 1층에 배정받은 적이 있다.
- A, B, D는 4층에 배정받은 적이 있다.

① C는 4층에 배정될 것이다.

② D는 3층에 배정받은 적이 있을 것이다.

③ D는 1층에 배정받은 적이 있을 것이다.

④ C는 2층에 배정받은 적이 있을 것이다.

⑤ 기숙사에 3년 이상 산 사람은 A밖에 없다.

05 S공사의 건물에서는 엘리베이터 여섯 대(1 ~ 6호기)를 6시간에 걸쳐 검사하고자 한다. 한 시간에 한 대씩만 검사한다고 할 때, 다음 〈조건〉에 근거하여 바르게 추론한 것은?

조건

- 가장 먼저 검사하는 엘리베이터는 5호기이다.
- 가장 마지막에 검사하는 엘리베이터는 6호기가 아니다.
- 2호기는 6호기보다 먼저 검사한다.
- 3호기는 두 번째로 검사하며, 그 다음으로 검사하는 엘리베이터는 1호기이다.

① 6호기는 4호기보다 늦게 검사한다.
② 마지막으로 검사하는 엘리베이터는 4호기가 아니다.
③ 4호기 다음으로 검사할 엘리베이터는 2호기이다.
④ 2호기는 세 번째로 검사한다.
⑤ 6호기는 1호기 다다음에 검사하며, 다섯 번째로 검사하게 된다.

06 이번 학기에 4개의 강좌 A ~ D가 새로 개설되는데, 강의 지원자 갑 ~ 무 중 4명이 한 강좌씩 강좌를 맡으려 한다. 배정 결과를 궁금해 하는 5명은 다음 〈조건〉과 같이 예측했다. 배정 결과를 보니 갑 ~ 무의 진술 중 한 명의 진술만이 거짓이고 나머지는 참임이 드러났을 때, 바르게 추론한 것은?

조건

갑 : 을이 A강좌를 담당하고 병은 강좌를 담당하지 않을 것이다.
을 : 병이 B강좌를 담당할 것이다.
병 : 정은 D강좌가 아닌 다른 강좌를 담당할 것이다.
정 : 무가 D강좌를 담당할 것이다.
무 : 을의 말은 거짓일 것이다.

① 갑은 A강좌를 담당한다.
② 을은 C강좌를 담당한다.
③ 병은 강좌를 담당하지 않는다.
④ 정은 D강좌를 담당한다.
⑤ 무는 B강좌를 담당한다.

대표기출유형

02 규칙 적용

| 유형분석 |

- 주어진 상황과 규칙을 종합적으로 활용하여 풀어 가는 문제이다.
- 일정, 비용, 순서 등 다양한 내용을 다루고 있어 유형을 한 가지로 단일화하기 어렵다.

S기업은 생산된 제품의 품번을 다음과 같은 규칙에 따라 정한다고 한다. 제품에 설정된 임의의 영단어가 'abroad'일 경우, 이 제품의 품번으로 옳은 것은?

〈규칙〉

- 1단계 : 알파벳 A～Z를 숫자 1, 2, 3, …으로 변환하여 계산한다.
- 2단계 : 제품에 설정된 임의의 영단어를 숫자로 변환한 값의 합을 구한다.
- 3단계 : 임의의 단어 속 모음의 합의 제곱 값을 모음의 개수로 나눈다.
- 4단계 : 3단계의 값이 정수가 아닐 경우, 소수점 첫째 자리에서 버림한다.
- 5단계 : 2단계의 값과 4단계의 값을 더한다.

① 110
② 137
③ 311
④ 330
⑤ 450

정답 ②

알파벳 순서에 따라 숫자로 변환하면 다음과 같다.

a	b	c	d	e	f	g	h	i	j	k	l	m
1	2	3	4	5	6	7	8	9	10	11	12	13
n	o	p	q	r	s	t	u	v	w	x	y	z
14	15	16	17	18	19	20	21	22	23	24	25	26

'abroad'의 품번을 규칙에 따라 계산하면 다음과 같다.

- 1단계 : 1(a), 2(b), 18(r), 15(o), 1(a), 4(d)
- 2단계 : $1+2+18+15+1+4=41$
- 3단계 : $1+15+1=17 \rightarrow 17^2=289 \rightarrow 289 \div 3 \fallingdotseq 96.3$
- 4단계 : 96.3을 소수점 첫째 자리에서 버림하면 96이다.
- 5단계 : $41+96=137$

따라서 제품의 품번은 '137'이다.

풀이 전략!

문제에 제시된 조건이나 규칙을 정확히 파악한 후, 선택지나 상황에 적용하여 문제를 풀어 나간다.

대표기출유형 02 기출응용문제

01 S회사는 일정한 규칙에 따라 만든 암호를 팀별 보안키로 활용한다. 이때 x와 y의 합은?

A팀	B팀	C팀	D팀	E팀	F팀
1938	2649	3576	6537	9642	2766
G팀	H팀	I팀	J팀	K팀	L팀
19344	21864	53193	84522	9023x	7y352

① 11
② 13
③ 15
④ 17
⑤ 19

02 다음 자료를 참고할 때, 〈보기〉의 주민등록번호 빈칸에 해당하는 숫자로 옳은 것은?

우리나라에서 국민에게 발급하는 주민등록번호는 각각의 번호가 고유한 번호로, 13자리 숫자로 구성된다. 13자리 숫자는 생년, 월, 일, 성별, 출생신고지역, 접수번호, 검증번호로 구분된다.

여기서 13번째 숫자인 검증번호는 주민등록번호의 정확성 여부를 검사하는 번호로, 앞의 12자리 숫자를 이용해서 구해지는데 계산법은 다음과 같다.

- 1단계 : 주민등록번호의 앞 12자리 숫자에 가중치 2, 3, 4, 5, 6, 7, 8, 9, 2, 3, 4, 5를 곱한다.
- 2단계 : 가중치를 곱한 값의 합을 계산한다.
- 3단계 : 가중치의 합을 11로 나눈 나머지를 구한다.
- 4단계 : 11에서 나머지를 뺀 수를 10으로 나눈 나머지가 검증번호가 된다.

보기

2 4 0 2 0 2 – 8 0 3 7 0 1 (　)

① 4
② 5
③ 6
④ 7
⑤ 8

대표기출유형

03 자료 해석

| 유형분석 |

- 주어진 자료를 해석하고 활용하여 풀어가는 문제이다.
- 꼼꼼하고 분석적인 접근이 필요한 다양한 자료들이 출제된다.

S사 인사팀 직원인 A씨는 사내 설문조사를 통해 요즘 사람들이 연봉보다는 일과 삶의 균형을 더 중요시하고 직무의 전문성을 높이고 싶어 한다는 결과를 도출했다. 다음 중 설문조사 결과와 S사 임직원의 근무여건에 대한 자료를 참고하여 인사제도를 합리적으로 변경한 것은?

〈임직원 근무여건〉

구분	주당 근무 일수(평균)	주당 근무시간(평균)	직무교육 여부	퇴사율
정규직	6일	52시간 이상	○	17%
비정규직 1	5일	40시간 이상	○	12%
비정규직 2	5일	20시간 이상	×	25%

① 정규직의 연봉을 7% 인상한다.
② 정규직을 비정규직으로 전환한다.
③ 비정규직 1의 직무교육을 비정규직 2와 같이 조정한다.
④ 정규직의 주당 근무시간을 비정규직 1과 같이 조정하고 비정규직 2의 직무교육을 시행한다.
⑤ 비정규직 2의 근무 일수를 정규직과 같이 조정한다.

정답 ④

정규직의 주당 근무시간을 비정규직 1과 같이 줄여 근무여건을 개선하고, 퇴사율이 가장 높은 비정규직 2의 직무교육을 시행하여 퇴사율을 줄이는 것이 가장 합리적이다.

오답분석

① 설문조사 결과에서 연봉보다는 일과 삶의 균형을 더 중요시한다고 하였으므로 연봉이 상승하는 것은 퇴사율에 영향을 미치지 않음을 추론할 수 있다.
② 정규직을 비정규직으로 전환하는 것은 고용의 안정성을 낮추어 퇴사율을 더욱 높일 수 있다.
③ 직무교육을 하지 않는 비정규직 2보다 직무교육을 하는 정규직과 비정규직 1의 퇴사율이 더 낮기 때문에 적절하지 않다.
⑤ 비정규직 2의 주당 근무 일수를 정규직과 같이 조정하면 주 6일 20시간을 근무하게 되어 비효율적인 업무를 수행한다.

풀이 전략!

문제해결을 위해 필요한 정보가 무엇인지 먼저 파악한 후, 제시된 자료를 분석적으로 읽고 해석한다.

01 다음은 아동수당에 대한 매뉴얼이다. 〈보기〉 중 고객의 문의에 대한 처리로 옳은 것을 모두 고르면?

〈아동수당〉

- 아동수당은 만 6세 미만 아동의 보호자에게 월 10만 원의 수당을 지급하는 제도이다.
- 아동수당은 보육료나 양육수당과는 별개의 제도로서 다른 복지급여를 받고 있어도 수급이 가능하지만, 반드시 신청을 해야 혜택을 받을 수 있다.
- 6월 20일부터 사전 신청 접수가 시작되고, 9월 21일부터 수당이 지급된다.
- 아동수당 수급대상 아동을 보호하고 있는 보호자나 대리인은 20일부터 아동 주소지 읍·면·동 주민센터에서 방문 신청 또는 복지로 홈페이지 및 모바일 앱에서 신청할 수 있다.
- 아동수당 제도 첫 도입에 따라 초기에 아동수당 신청이 한꺼번에 몰릴 것으로 예상되어 연령별 신청기간을 운영한다(연령별 신청기간은 만 0 ~ 1세는 20 ~ 25일, 만 2 ~ 3세는 26 ~ 30일, 만 4 ~ 5세는 7월 1 ~ 5일, 전 연령은 7월 6일부터이다).
- 아동수당은 신청한 달의 급여분(사전신청은 제외)부터 지급한다. 따라서 9월분 아동수당을 받기 위해서는 9월 말까지 아동수당을 신청해야 한다(단, 소급 적용은 되지 않는다).
- 아동수당 관련 신청서 작성요령이나 수급 가능성 등 자세한 내용은 아동수당 홈페이지에서 확인 가능하다.

보기

고객 : 저희 아이가 만 5세인데요. 아동수당을 지급받을 수 있나요?
(가) : 네, 만 6세 미만의 아동이면 9월 21일부터 10만 원의 수당을 지급받을 수 있습니다.
고객 : 제가 보육료를 지원받고 있는데, 아동수당도 받을 수 있는 건가요?
(나) : 아동수당은 보육료와는 별개의 제도로 신청만 하면 수당을 받을 수 있습니다.
고객 : 그럼 아동수당을 신청하려면 어떻게 해야 하나요?
(다) : 아동 주소지의 주민센터를 방문하거나 복지로 홈페이지 또는 모바일 앱에서 신청하시면 됩니다.
고객 : 따로 정해진 신청기간은 없나요?
(라) : 6월 20일부터 사전 신청 접수가 시작되고, 9월 말까지 아동수당을 신청하면 되지만 소급 적용이 되지 않습니다. 10월에 신청하시면 9월 아동수당은 지급받을 수 없으므로 9월 말까지 신청해 주시면 될 것 같습니다.
고객 : 네, 감사합니다.
(마) : 아동수당 관련 신청서 작성요령이나 수급 가능성 등의 자세한 내용은 메일로 문의해 주세요.

① (가), (나)
② (가), (다)
③ (가), (나), (다)
④ (나), (다), (라)
⑤ (나), (다), (마)

※ 다음은 S회사의 사내 복지정책 및 직원대출제도에 대한 자료이다. 이어지는 질문에 답하시오. [2~4]

〈직원 복지정책 및 대출제도〉

구분	내용	혜택	세부사항
복지	경조사	생일 : 10만 원	–
		결혼 : 50만 원	• 입사 1년 차 이상, 본인과 배우자 모두 S회사 직원일 경우 1.5배씩 지원
		출산(등본상 기준) – 첫째 100만 원 – 둘째 150만 원 – 셋째 이상 200만 원	• 입사 2년 차 이상, 본인과 배우자 중 한 사람 이상 결혼 축하금을 받았을 경우 20만 원씩 추가 지원 • 다태아일 경우, 등본상 순서로 지원
		부모님 경조사 : 20만 원	–
	학자금	본인 대학교 학자금	• 입사 1년 차 이상, 잔여 대출원금의 50% 지원
		본인 대학원 학자금	• 입사 2년 차 이상, 잔여 대출원금의 80% 지원
		초·중학생 자녀 학자금	• 입사 2년 차 이상, 자녀 1인당 연 50만 원 지원
		고등학생 자녀 학자금	• 입사 3년 차 이상, 자녀 1인당 연 100만 원 지원(3년 차 미만일 경우 50만 원)
		대학생 자녀 학자금	• 입사 4년 차 이상, 자녀 1인당 연 200만 원 지원(4년 차 미만일 경우 100만 원)
대출	주택	저금리 주택 지원 대출	• 입사 1년 차 이상, 최대 2,000만 원, 연이율 2.7% • 입사 2년 차 이상, 최대 3,000만 원, 연이율 2.3% • 입사 3년 차 이상, 최대 5,000만 원, 연이율 2.1% • 입사 5년 차 이상, 최대 10,000만 원, 연이율 1.8%

※ 별도의 사항이 명시되지 않은 경우, 입사 연차 제한이 없음

※ 현재 날짜는 2024년 9월 1일임

02 A대리가 복지부서에 문의한 내용이 다음과 같을 때, A대리가 받을 수 있는 사내 복지 혜택은 총금액은 얼마인가?

〈문의 내용〉

안녕하세요, 영업부서에 근무 중인 A대리입니다. 올해 직원복지 지원금을 신청하고 싶은데, 얼마나 받을 수 있는지 몰라서 문의 드려요. 저는 2021년 11월에 입사해 올해 1월 ㅁㅁ사에서 일하는 아내와 결혼을 했고, 아내는 현재 중학생인 딸아이가 한 명 있어요. 제 등본으로 들어와서 이제 제 딸아이이기도 하고요. 그리고 저번 달 말 제 생일에 저희 아이가 태어났어요. 올해 들어와서는 지원금 신청을 아직 못했는데, 총 얼마를 받을 수 있을까요?

① 160만 원
② 180만 원
③ 210만 원
④ 230만 원
⑤ 280만 원

03 **다음은 직원 B와 복지부서 담당자가 대화한 내용이다. 직원 B가 지원받을 총금액은 얼마인가?**

직원 B :	안녕하세요. 사내 학자금 지원금과 주택 지원 대출을 받고 싶어서요.
복지팀 :	안녕하세요. 입사 연차에 따라 지원받을 수 있는 내용이 다른데 혹시 입사일이 언제인가요?
직원 B :	작년 3월 초에 입사했어요.
복지팀 :	입사하신 지 2년이 좀 안 되신 거군요. 일단 1년 차 이상이므로 학자금 지원금은 경우에 따라서 신청이 가능할 것 같고요. 주택 지원 대출은 한도 내에서 연이율 2.7%로 가능해요.
직원 B :	학자금은 대학교 학자금은 다 상환했는데, 대학원 학자금이 1,500만 원 남아있어요. 농어촌 학자금이라 무이자이고요. 주택은 지금 전세를 알아봤는데 5,000만 원이라 절반만 대출받으면 될 것 같아요.

① 1,500만 원
② 2,000만 원
③ 2,500만 원
④ 4,000만 원
⑤ 5,000만 원

PART 2

04 **03번 문제의 직원 B가 재작년 3월 초에 입사했다면, 직원 B가 지원받을 총금액은 얼마인가?**

① 3,700만 원
② 4,000만 원
③ 4,200만 원
④ 4,500만 원
⑤ 6,200만 원

CHAPTER 04

조직이해능력

합격 CHEAT KEY

조직이해능력은 업무를 원활하게 수행하기 위해 조직의 체제와 경영을 이해하고 국제적인 추세를 이해하는 능력이다. 현재 많은 공사·공단에서 출제 비중을 높이고 있는 영역이기 때문에 미리 대비하는 것이 중요하다. 실제 업무 능력에서 조직이해능력을 요구하기 때문에 중요도는 점점 높아 질 것이다.

세부 유형은 조직 체제 이해, 경영 이해, 업무 이해, 국제 감각으로 나눌 수 있다. 조직도를 제시하는 문제가 출제되거나 조직의 체계를 파악해 경영의 방향성을 예측하고, 업무의 우선순위를 파악하는 문제가 출제된다.

01 문제 속에 정답이 있다!

경력이 없는 경우 조직에 대한 이해가 낮을 수밖에 없다. 그러나 문제 자체가 실무적인 내용을 담고 있어도 문제 안에는 해결의 단서가 주어진다. 부담을 갖지 않고 접근하는 것이 중요하다.

02 경영·경제학원론 정도의 수준은 갖추도록 하라!

지원한 직군마다 차이는 있을 수 있으나, 경영·경제이론을 접목시킨 문제가 꾸준히 출제되고 있다. 따라서 기본적인 경영·경제이론은 익혀 둘 필요가 있다.

03 지원하는 공사 · 공단의 조직도를 파악하라!

출제되는 문제는 각 공사 · 공단의 세부내용일 경우가 많기 때문에 지원하는 공사 · 공단의 조직도를 파악해 두어야 한다. 조직이 운영되는 방법과 전략을 이해하고, 조직을 구성하는 체제를 파악하고 간다면 조직이해능력에서 조직도가 나올 때 단기간에 문제를 풀 수 있을 것이다.

04 실제 업무에서도 요구되므로 이론을 익혀라!

각 공사 · 공단의 직무 특성상 일부 영역에 중요도가 가중되는 경우가 있어서 많은 취업준비생들이 일부 영역에만 집중하지만, 실제 업무 능력에서 직업기초능력평가 10개 영역이 골고루 요구되는 경우가 많고, 현재는 필기시험에서도 조직이해능력을 출제하는 기관의 비중이 늘어나고 있기 때문에 미리 이론을 익혀 둔다면 모듈형 문제에서 고득점을 노릴 수 있다.

대표기출유형

01 경영 전략

| 유형분석 |

- 경영 전략에서 대표적으로 출제되는 문제는 마이클 포터(Michael Porter)의 본원적 경쟁 전략이다.
- 경영 전략의 기본적인 이해와 구조를 물어보는 문제가 자주 출제되므로 전략별 특징 및 개념에 대한 이론 학습이 요구된다.

경영이 어떻게 이루어지냐에 따라 조직의 생사가 결정된다고 할 만큼 경영은 조직에 있어서 핵심이다. 다음 중 경영 전략을 추진하는 과정에 대한 설명으로 옳지 않은 것은?

① 경영 전략은 조직 전략, 사업 전략, 부문 전략으로 분류된다.

② 환경 분석을 할 때는 조직의 내부환경뿐만 아니라 외부환경에 대한 분석도 필수이다.

③ 전략 목표는 비전과 미션으로 구분되는데, 둘 다 있어야 한다.

④ 경영 전략이 실행됨으로써 세웠던 목표에 대한 결과가 나오는데, 그것에 대한 평가 및 피드백 과정도 생략되어서는 안 된다.

⑤ '환경 분석 → 전략 목표 설정 → 경영 전략 도출 → 경영 전략 실행 → 평가 및 피드백'의 과정을 거쳐 이루어진다.

정답 ⑤

전략 목표를 먼저 설정하고 환경을 분석해야 한다.

풀이 전략!

대부분의 기업들은 마이클 포터의 본원적 경쟁 전략을 사용하고 있다. 각 전략에 해당하는 대표적인 기업을 연결하고, 그들의 경영 전략을 상기하며 문제를 풀어보도록 한다.

대표기출유형 01 기출응용문제

01 **다음은 S공사의 해외시장 진출 및 지원 확대를 위한 전략과제의 필요성을 제시한 자료이다. 이를 통해 도출된 과제의 추진방향으로 적절하지 않은 것은?**

> 〈전략과제 필요성〉
>
> • 해외시장에서 기관이 수주할 수 있는 산업 발굴
> • 국제사업 수행을 통한 경험축적 및 컨소시엄을 통한 기술・노하우 습득
> • 해당 산업 관련 민간기업의 해외진출 활성화를 위한 실질적 지원

① 국제기관의 다양한 자금을 활용하여 사업을 발굴하고, 해당 사업의 해외진출을 위한 기술역량을 강화한다.

② 해외봉사활동 등과 연계하여 기관 이미지 제고 및 사업에 대한 사전조사, 시장조사를 통한 선제적 마케팅 활동을 추진한다.

③ 국제경쟁입찰의 과열 경쟁 심화와 컨소시엄 구성 시 민간기업과 업무배분, 이윤추구성향 조율에 어려움이 예상된다.

④ 해당 산업 민간(중소)기업을 대상으로 입찰 정보제공, 사업전략 상담, 동반 진출 등을 통한 실질적 지원을 확대한다.

⑤ 국제사업에 참여하여 경험을 축적시키고, 컨소시엄을 통해 습득한 기술 등을 재활용할 수 있는 사업을 구상하고 연구진을 지원한다.

02 **다음 밑줄 친 법칙에 해당하는 사례로 가장 적절한 것은?**

> 돈이 되는 20%의 고객이나 상품만 있으면 80%의 수익이 보장된다는 파레토 법칙이 그간 진리로 여겨졌다. 그런데 최근 <u>롱테일(Long tail) 법칙</u>이라는 새로운 개념이 자리를 잡고 있다. 이는 하위 80%가 상위 20%보다 더 많은 수익을 낸다는 법칙이다. 한마디로 '티끌 모아 태산'이 가능하다는 것이다.

① A은행은 VIP전용 창구를 확대하였다.

② B기업은 생산량을 늘려 단위당 생산비를 낮추었다.

③ C인터넷 서점은 극소량만 팔리는 책이라도 일단 진열하였다.

④ D극장은 주말 요금을 평일 요금보다 20%를 인상하였다.

⑤ E학원은 인기가 없는 과목의 강의는 더는 열지 않도록 했다.

03 다음 글의 밑줄 친 '마케팅 기법'에 대한 설명으로 적절한 것을 〈보기〉에서 모두 고르면?

기업들이 신제품을 출시하면서 한정된 수량만 제작 판매하는 한정판 제품을 잇따라 내놓고 있다. 이번 기회가 아니면 더 이상 구입할 수 없다는 메시지를 끊임없이 던지며 소비자의 호기심을 자극하는 마케팅 기법이다. S자동차 회사는 기존 제품과 가죽 시트와 일부 외형이 다른 모델을 8,000대 한정 판매하였는데, 이 모델은 단기간에 매진을 기록하였다.

보기

㉠ 소비자의 충동구매를 유발하기 쉽다.
㉡ 이윤 증대를 위한 경영 혁신의 한 사례이다.
㉢ 의도적으로 공급의 가격탄력성을 크게 하는 방법이다.
㉣ 소장 가치가 높은 상품을 대상으로 하면 더 효과적이다.

① ㉠, ㉡
② ㉠, ㉢
③ ㉡, ㉣
④ ㉠, ㉡, ㉣
⑤ ㉡, ㉢, ㉣

04 다음 〈보기〉의 (가) ~ (마) 중 경영활동을 수행하고 있는 사례로 적절하지 않은 것은?

보기

(가) 다음 시즌 우승을 목표로 해외 전지훈련에 참여하여 열심히 구슬땀을 흘리고 있는 선수단과 이를 운영하는 구단 직원들
(나) 뜻을 같이한 동료들과 함께 자발적인 참여로 매주 어려운 이웃을 찾아다니며 봉사활동을 펼치고 있는 S씨
(다) 교육지원대대장으로서 사병들의 교육이 원활히 진행될 수 있도록 훈련장 관리와 유지에 최선을 다하고 있는 원 대령과 참모진
(라) 영화 촬영을 앞두고 시나리오와 제작 콘셉트를 회의하기 위해 모인 감독 및 스태프와 출연 배우들
(마) 대기업을 그만두고 가족들과 함께 조그만 무역회사를 차려 손수 제작한 밀짚 가방을 동남아로 수출하고 있는 B씨

① (가)
② (나)
③ (다)
④ (라)
⑤ (마)

05 다음은 개인화 마케팅에 대한 글이다. 개인화 마케팅의 사례로 적절하지 않은 것은?

> 소비자들의 요구가 점차 다양해지고 복잡해짐에 따라 개인별로 맞춤형 제품과 서비스를 제공하며 '개인화 마케팅'을 펼치는 기업이 늘어나고 있다. 개인화 마케팅이란 각 소비자의 이름, 관심사, 구매이력 등의 데이터를 기반으로 특정 고객에 대한 개인화 서비스를 제공하는 활동을 의미한다. 이러한 개인화 마케팅은 개별적 커뮤니케이션 실현을 통한 효율성 증대 및 기업 이윤 창출을 목적으로 하고 있다.
> 이러한 개인화 마케팅은 기업들의 지속적인 투자를 통해 다양한 방식으로 계속되고 있다. 빠르게 변화하고 있는 마케팅 시장에서 개인화된 서비스 제공을 통해 소비자 만족도를 끌어낼 수 있다는 점은 충분히 매력적일 수 있기 때문이다.

① 고객들의 사연을 받아 지하철역 에스컬레이터 벽면에 광고판을 만든 A배달업체는 고객들로 하여금 자신의 사연이 뽑히지 않았는지 관심을 갖도록 유도하여 광고 효과를 톡톡히 보고 있다.

② 최근 B전시관은 시각적인 시원한 민트색 벽지와 그에 어울리는 시원한 음향, 상쾌한 민트 향기, 민트맛 사탕을 나눠주며 민트에 대한 다섯 가지 감각을 이용한 미술관 전시로 화제가 되었다.

③ C위생용품회사는 자사의 인기 상품에 대한 단종으로 사과의 뜻을 담은 뮤직비디오를 제작했다. 고객들은 뮤직비디오를 보기 전에 자신의 이름을 입력하면, 뮤직비디오에 자신의 이름이 노출되어 자신이 직접 사과를 받는 듯한 효과를 느낄 수 있다.

④ 참치캔을 생산하는 D사는 최근 소외계층에게 힘이 되는 응원 메시지를 댓글로 받아 77명을 추첨하여 댓글 작성자의 이름으로 소외계층들에게 참치캔을 전달하는 이벤트를 진행하였다.

⑤ 커피전문점 E사는 고객이 자사 홈페이지에서 회원 가입 후 이름을 등록한 경우, 음료 주문 시 "○○○ 고객님, 주문하신 아메리카노 나왔습니다."와 같이 고객의 이름을 불러주는 서비스를 제공하고 있다.

대표기출유형

02 조직 구조

| 유형분석 |

- 조직 구조 유형에 대한 특징을 물어보는 문제가 자주 출제된다.
- 기계적 조직과 유기적 조직의 차이점과 사례 등을 숙지하고 있어야 한다.
- 조직 구조 형태에 따라 기능적 조직, 사업별 조직으로 구분하여 출제되기도 한다.

다음 중 기계적 조직의 특징으로 옳은 것을 〈보기〉에서 모두 고르면?

보기

㉠ 변화에 맞춰 쉽게 변할 수 있다.
㉡ 상하 간 의사소통이 공식적인 경로를 통해 이루어진다.
㉢ 대표적으로 사내 벤처팀, 프로젝트팀이 있다.
㉣ 구성원의 업무가 분명하게 규정되어 있다.
㉤ 다양한 규칙과 규제가 있다.

① ㉠, ㉡, ㉢
② ㉠, ㉣, ㉤
③ ㉡, ㉢, ㉣
④ ㉡, ㉣, ㉤
⑤ ㉢, ㉣, ㉤

정답 ④

오답분석

㉠·㉢ 유기적 조직에 대한 설명이다.

- 기계적 조직
  - 구성원의 업무가 분명하게 규정되어 있고, 많은 규칙과 규제가 있다.
  - 상하 간 의사소통이 공식적인 경로를 통해 이루어진다.
  - 대표적으로 군대, 정부, 공공기관 등이 있다.
- 유기적 조직
  - 업무가 고전되지 않아 업무 공유가 가능하다.
  - 규제나 통제의 정도가 낮아 변화에 맞춰 쉽게 변할 수 있다.
  - 대표적으로 권한위임을 받아 독자적으로 활동하는 사내 벤처팀, 특정한 과제 수행을 위해 조직된 프로젝트팀이 있다.

풀이 전략!

조직 구조는 유형에 따라 기계적 조직과 유기적 조직으로 나눌 수 있다. 기계적 조직과 유기적 조직은 상반된 특징을 가지고 있으며, 기계적 조직이 관료제의 특징과 비슷함을 파악하고 있다면, 이와 상반된 유기적 조직의 특징도 수월하게 파악할 수 있다.

대표기출유형 02 기출응용문제

01 다음 중 조직 구조의 결정요인에 대한 설명으로 적절하지 않은 것은?

① 급변하는 환경에서는 유기적 조직보다 원칙이 확립된 기계적 조직이 더 적합하다.
② 대규모 조직은 소규모 조직에 비해 업무의 전문화 정도가 높다.
③ 조직 구조의 주요 결정요인은 전략, 규모, 기술, 환경이다.
④ 조직 활동의 결과에 대한 만족은 조직의 문화적 특성에 따라 상이하다.
⑤ 일반적으로 소량생산기술을 가진 조직은 유기적 조직 구조를, 대량생산기술을 가진 조직은 기계적 조직 구조를 가진다.

02 다음 중 조직문화에 대한 설명으로 적절하지 않은 것은?

① 조직구성원들에게 일체감과 정체성을 부여하고, 결속력을 강화시킨다.
② 조직구성원들의 조직몰입을 높여 준다.
③ 조직구성원들의 사고방식과 행동양식을 규정한다.
④ 조직구성원들의 생활양식이나 가치를 의미한다.
⑤ 대부분의 조직들은 서로 비슷한 조직문화를 만들기 위해 노력한다.

03 다음 중 조직목표의 기능에 대한 설명으로 적절하지 않은 것은?

① 조직이 나아갈 방향을 제시해 주는 기능을 한다.
② 조직 구성원의 의사결정 기준의 기능을 한다.
③ 조직 구성원의 행동에 동기를 유발시키는 기능을 한다.
④ 조직을 운영하는 데에 융통성을 제공하는 기능을 한다.
⑤ 조직 구조나 운영과정과 같이 조직 체제를 구체화할 수 있는 기준이 된다.

04 다음 중 조직변화의 과정을 순서대로 바르게 나열한 것은?

ㄱ. 환경변화 인지	ㄴ. 변화결과 평가
ㄷ. 조직변화 방향 수립	ㄹ. 조직변화 실행

① ㄱ－ㄷ－ㄹ－ㄴ
② ㄱ－ㄹ－ㄷ－ㄴ
③ ㄴ－ㄷ－ㄹ－ㄱ
④ ㄹ－ㄱ－ㄷ－ㄴ
⑤ ㄹ－ㄴ－ㄷ－ㄱ

05 다음 〈보기〉 중 비영리조직으로 적절한 것을 모두 고르면?

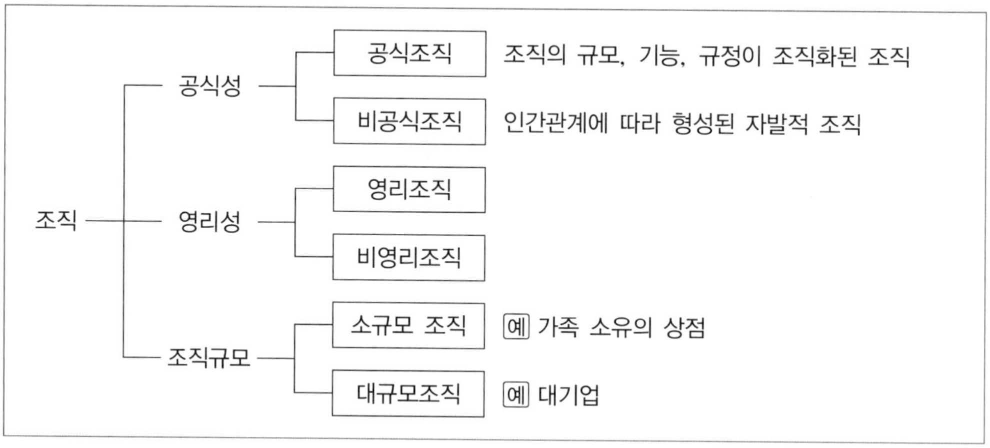

보기

㉠ 사기업	㉡ 정부조직
㉢ 병원	㉣ 대학
㉤ 시민단체	

① ㉠, ㉢
② ㉠, ㉢, ㉣
③ ㉡, ㉢, ㉣
④ ㉡, ㉣, ㉤
⑤ ㉡, ㉢, ㉣, ㉤

06 새로운 조직 개편 기준에 따라 다음 조직도 (가)를 조직도 (나)로 변경하려 한다. 조직도 (나)의 빈칸에 들어갈 팀으로 옳지 않은 것은?

(가)

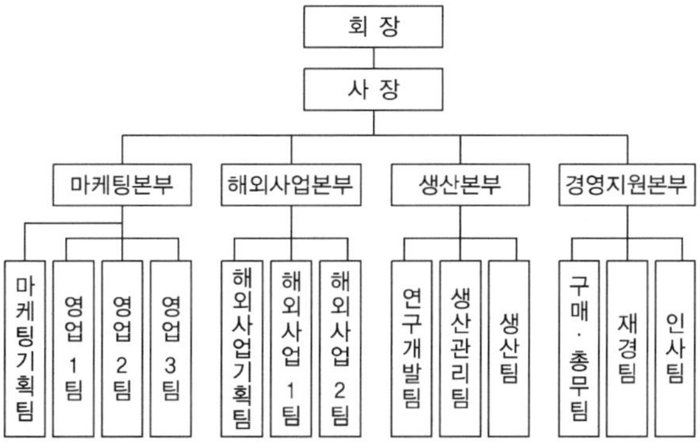

조직 개편 방향 및 기준
□ 명칭 변경 : 해외사업기획팀 → 해외마케팅기획팀
□ 본부 이동 : 해외사업 1·2팀(해외사업본부 → 마케팅본부)
□ 기능중심의 조직 개편
○ 해외사업본부의 해외사업기획팀과 마케팅본부의 마케팅기획팀을 신설한 마케팅기획본부로 이동
○ 마케팅본부의 영업 1·2·3팀을 두 개의 팀으로 통합
○ 해외사업 1·2팀 통합 후 해외영업팀 신설
○ 구매·총무팀에서 구매팀과 총무팀으로 분리
○ 총무팀과 재경팀 통합 후 재무팀 신설

(나)

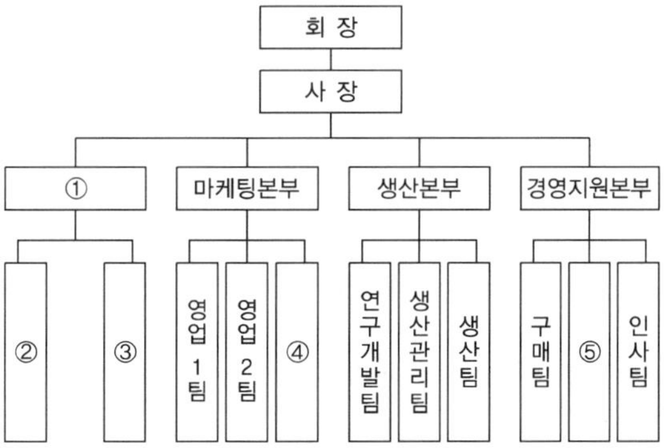

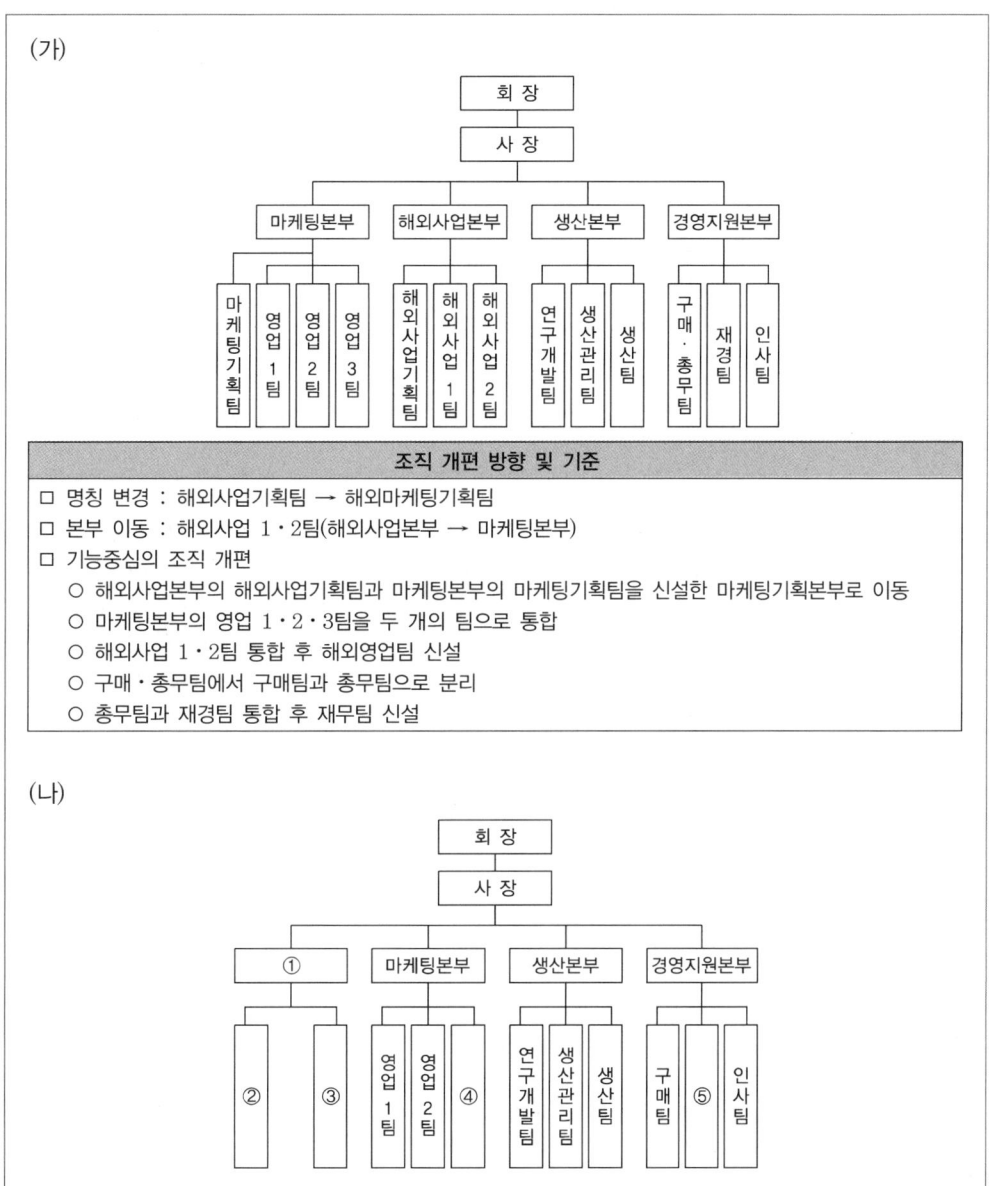

① 마케팅기획본부
② 해외마케팅기획팀
③ 영업 3팀
④ 해외영업팀
⑤ 재무팀

03 업무 종류

| 유형분석 |

- 부서별 주요 업무에 대해 묻는 문제이다.
- 부서별 특징과 담당 업무에 대한 이해가 필요하다.

다음 상황에서 팀장의 지시를 적절히 수행하기 위하여 오대리가 거쳐야 할 부서명을 순서대로 바르게 나열한 것은?

> 오대리, 내가 내일 출장 준비 때문에 무척 바빠서 그러는데 자네가 좀 도와줘야 할 것 같군. 우선 박비서한테 가서 오후 사장님 회의 자료를 좀 가져다 주게나. 오는 길에 지난주 기자단 간담회 자료 정리가 되었는지 확인해 보고 완료됐으면 한 부 챙겨 오고. 다음 주에 승진자 발표가 있을 것 같은데 우리 팀 승진 대상자 서류가 잘 전달되었는지 그것도 확인 좀 해 줘야겠어. 참, 오후에 바이어가 내방하기로 되어 있는데 공항 픽업 준비는 잘 해 두었지? 배차 예약 상황도 다시 한 번 점검해 봐야 할 거야. 그럼 수고 좀 해 주게.

① 기획팀 – 홍보팀 – 총무팀 – 경영관리팀
② 비서실 – 홍보팀 – 인사팀 – 총무팀
③ 인사팀 – 법무팀 – 총무팀 – 기획팀
④ 경영관리팀 – 법무팀 – 총무팀 – 인사팀
⑤ 회계팀 – 경영관리팀 – 인사팀 – 총무팀

정답 ②

우선 박비서에게 회의 자료를 받아와야 하므로 비서실을 들러야 한다. 다음으로 기자단 간담회는 대회 홍보 및 기자단 상대 업무를 맡은 홍보팀에서 자료를 정리할 것이므로 홍보팀을 거쳐야 한다. 또한, 승진자 인사 발표 소관 업무는 인사팀이 담당한다고 볼 수 있으며, 회사의 차량 배차에 대한 업무는 총무팀과 같은 지원부서의 업무로 보는 것이 적절하다.

풀이 전략!

> 조직은 목적의 달성을 위해 업무를 효과적으로 분배하고 처리할 수 있는 구조를 확립해야 한다. 조직의 목적이나 규모에 따라 업무의 종류는 다양하지만, 대부분의 조직에서는 총무, 인사, 기획, 회계, 영업으로 부서를 나누어 업무를 담당하고 있다. 따라서 5가지 업무 종류에 대해서는 미리 숙지해야 한다.

대표기출유형 03 기출응용문제

01 다음은 S회사의 신제품 관련 회의가 끝난 후 작성된 회의록이다. 이를 이해한 내용으로 적절하지 않은 것은?

회의일시	2025.○.○	부서	홍보팀, 영업팀, 기획팀
참석자	홍보팀 팀장, 영업팀 팀장, 기획팀 팀장		
회의안건	신제품 홍보 및 판매 방안		
회의내용	– 경쟁 업체와 차별화된 마케팅 전략 필요 – 적극적인 홍보 및 판매 전략 필요 – 대리점 실적 파악 및 소비자 반응 파악 필요 – 홍보팀 업무 증가에 따라 팀원 보충 필요		
회의 결과	– 홍보용 보도 자료 작성 및 홍보용 사은품 구매 요청 – 대리점별 신제품 판매량 조사 실시 – 마케팅 기획안 작성 및 공유 – 홍보팀 경력직 채용 공고		

① 이번 회의안건은 여러 팀의 협업이 필요한 사안이다.
② 기획팀은 마케팅 기획안을 작성하고, 이를 다른 팀과 공유해야 한다.
③ 홍보팀 팀장은 경력직 채용 공고와 관련하여 인사팀에 업무협조를 요청해야 한다.
④ 영업팀은 홍보용 보도 자료를 작성하고, 홍보용 사은품을 구매해야 한다.
⑤ 대리점의 신제품 판매량 조사는 소비자들의 반응을 파악하기 위한 것이다.

02 총무부의 S부장은 오늘까지 처리해야 할 부서업무를 다음과 같이 정리하였고, 금일 스케줄을 바탕으로 부서원들에게 해당 업무를 배정하려고 한다. 총무부의 금일 스케줄을 참고할 때, 처리해야 할 업무가 잘못 배정된 사람은?(단, 한 사람당 하나의 업무만 배정한다)

〈총무부 금일 업무〉

- 부서장 회의 참석(09:30 ~ 11:00)
- 사무용품 주문서 작성 및 주문 메일 발송
  - ※ 주문서 최종 결재자 : S부장
  - ※ 주문 메일은 퇴근 전에 발송할 것
- 행사 용품 오배송건 반품
  - ※ 택배 접수 마감 시간 16:00
- H프로젝트 보고서 초안 작성
- 행사 참여 안내문 등기 발송
  - ※ 우체국 영업시간(09:00 ~ 18:00) 내 방문

〈총무부 금일 스케줄〉

<table>
<tr><th>시간</th><th>S부장</th><th>G과장</th><th>J대리</th><th>L사원</th><th>O사원</th></tr>
<tr><td>09:00 ~ 10:00</td><td></td><td></td><td rowspan="3">오전 반차</td><td colspan="2" rowspan="2">사내 교육 프로그램 참여</td></tr>
<tr><td>10:00 ~ 11:00</td><td></td><td rowspan="2">H프로젝트 회의</td></tr>
<tr><td>11:00 ~ 12:00</td><td></td><td></td><td></td></tr>
<tr><td>12:00 ~ 13:00</td><td colspan="5">점심시간</td></tr>
<tr><td>13:00 ~ 14:00</td><td></td><td></td><td>오전 반차</td><td></td><td></td></tr>
<tr><td>14:00 ~ 15:00</td><td rowspan="3">외근</td><td></td><td rowspan="2">행사 진행 업체 사전미팅</td><td></td><td></td></tr>
<tr><td>15:00 ~ 16:00</td><td></td><td></td><td></td></tr>
<tr><td>16:00 ~ 17:00</td><td></td><td></td><td></td><td></td></tr>
<tr><td>17:00 ~ 18:00</td><td colspan="2">업무 보고</td><td></td><td colspan="2">비품 정리</td></tr>
</table>

① S부장 : 부서장 회의 참석
② G과장 : H프로젝트 보고서 초안 작성
③ J대리 : 행사 용품 오배송건 반품
④ L사원 : 우체국 방문 및 등기 발송
⑤ O사원 : 사무용품 주문서 작성 및 주문 메일 발송

03 현재 시각은 오전 11시이다. 다음 중 오늘 안으로 마쳐야 하는 네 가지의 업무 ㉠~㉣을 업무의 우선순위대로 바르게 나열한 것은?(단, 업무시간은 오전 9시부터 오후 6시까지이며, 점심시간은 12시부터 1시간이다)

업무내용	처리시간
㉠ 기한이 오늘까지인 비품 신청	1시간
㉡ 오늘 내에 보고해야 하는 보고서 초안을 작성해 달라는 부서장의 지시	2시간
㉢ 가능한 빨리 보내 달라는 인접 부서의 협조 요청	1시간
㉣ 오전 중으로 고객에게 보내기로 한 자료 작성	1시간

① ㉠ - ㉡ - ㉢ - ㉣
② ㉡ - ㉠ - ㉢ - ㉣
③ ㉡ - ㉢ - ㉣ - ㉠
④ ㉢ - ㉡ - ㉣ - ㉠
⑤ ㉣ - ㉡ - ㉢ - ㉠

04 다음은 S사 직무전결표의 일부분이다. 이를 토대로 결재한 기안문으로 옳은 것은?

〈직무전결표〉

직무 내용	위임 시 전결권자			대표이사
	부서장	상무이사	부사장	
주식관리 – 명의개서 및 제신고		○		
기업공시에 관한 사항				○
주식관리에 관한 위탁계약 체결				○
문서이관 접수	○			
인장의 보관 및 관리	○			
4대 보험 관리		○		
직원 국내출장			○	
임원 국내출장				○

① 주식의 명의개서를 위한 결재처리 – 주임 신은현 / 부장 전결 최병수 / 상무이사 후결 임철진
② 최병수 부장의 국내출장을 위한 결재처리 – 대리 서민우 / 부장 박경석 / 상무이사 대결 최석우 / 부사장 전결
③ 임원변경에 따른 기업공시를 위한 결재처리 – 부장 최병수 / 상무이사 임철진 / 부사장 대결 신은진 / 대표이사 전결 김진수
④ 신입직원의 고용보험 가입신청을 위한 결재처리 – 대리 김철민 / 부장 전결 박경석 / 상무이사 후결 최석우
⑤ 박경석 상무의 국내출장을 위한 결재처리 – 대리 서민우 / 부장 박경석 / 상무이사 대결 최석우 / 부사장 전결

CHAPTER 05 정보능력

합격 CHEAT KEY

정보능력은 업무를 수행함에 있어 기본적인 컴퓨터를 활용하여 필요한 정보를 수집・분석・활용하는 능력으로, 업무와 관련된 정보를 수집하고, 이를 분석하여 의미 있는 정보를 얻는 능력을 의미한다. 세부 유형은 컴퓨터 활용, 정보 처리로 나눌 수 있다.

01 평소에 컴퓨터 활용 스킬을 틈틈이 익혀라!

윈도우(OS)에서 어떠한 설정을 할 수 있는지, 응용프로그램(엑셀 등)에서 어떠한 기능을 활용할 수 있는지를 평소에 직접 사용해 본다면 문제를 보다 수월하게 해결할 수 있다. 여건이 된다면 컴퓨터 활용 능력에 관련된 자격증 공부를 하는 것도 이론과 실무를 익히는 데 도움이 될 것이다.

02 문제의 규칙을 찾는 연습을 하라!

일반적으로 코드체계나 시스템 논리체계를 제공하고 이를 분석하여 문제를 해결하는 유형이 출제된다. 이러한 문제는 문제해결능력과 같은 맥락으로 규칙을 파악하여 접근하는 방식으로 연습이 필요하다.

03 현재 보고 있는 그 문제에 집중하라!

정보능력의 모든 것을 공부하려고 한다면 양이 너무나 방대하다. 그렇기 때문에 수험서에서 본인이 현재 보고 있는 문제들을 집중적으로 공부하고 기억하려고 해야 한다. 그러나 엑셀의 함수 수식, 연산자 등 암기를 필요로 하는 부분들은 필수적으로 암기를 해서 출제가 되었을 때 오답률을 낮출 수 있도록 한다.

04 사진 · 그림을 기억하라!

컴퓨터 활용 능력을 파악하는 영역이다 보니 컴퓨터 속 옵션, 기능, 설정 등의 사진 · 그림이 문제에 같이 나오는 경우들이 있다. 그런 부분들은 직접 컴퓨터를 통해서 하나하나 확인을 하면서 공부한다면 더 기억에 잘 남게 된다. 조금 귀찮더라도 한 번씩 클릭하면서 확인해 보도록 한다.

대표기출유형

01 정보 이해

| 유형분석 |

- 정보능력 전반에 대한 이해를 확인하는 문제이다.
- 정보능력 이론이나 새로운 정보 기술에 대한 문제가 자주 출제된다.

다음 중 정보처리 절차에 대한 설명으로 옳지 않은 것은?

① 정보의 기획은 정보의 입수대상, 주제, 목적 등을 고려하여 전략적으로 이루어져야 한다.
② 정보처리는 기획 – 수집 – 활용 – 관리의 순서로 이루어진다.
③ 다양한 정보원으로부터 목적에 적합한 정보를 수집해야 한다.
④ 정보 관리 시에 고려하여야 할 3요소는 목적성, 용이성, 유용성이다.
⑤ 정보 활용 시에는 합목적성 외에도 합법성이 고려되어야 한다.

정답 ②

정보처리는 기획 – 수집 – 관리 – 활용 순서로 이루어진다.

풀이 전략!

자주 출제되는 정보능력 이론을 확인하고, 확실하게 암기해야 한다. 특히 새로운 정보 기술이나 컴퓨터 전반에 대해 관심을 가지는 것이 좋다.

대표기출유형 01 기출응용문제

01 다음 중 4차 산업혁명의 적용사례로 적절하지 않은 것은?

① 농사 기술에 ICT를 접목한 농장에서는 농작물 재배 시설의 온도·습도·햇볕량·토양 등을 분석하고, 그 결과에 따라 기계 등을 작동하여 적절한 상태로 변화시킨다.
② 주로 경화성 소재를 사용하고, 3차원 모델링 파일을 출력 소스로 활용하여 프린터로 입체 모형의 물체를 뽑아낸다.
③ 인터넷 서버에 데이터를 저장하고 여러 IT 기기를 사용해 언제 어디서든 이용할 수 있는 컴퓨팅 환경에서는 자신의 컴퓨터가 아닌 인터넷으로 연결된 다른 컴퓨터로 정보를 처리할 수 있다.
④ 인터넷에서 정보를 교환하는 시스템으로, 하이퍼텍스트 구조를 활용해서 인터넷상의 정보들을 연결해 준다.
⑤ 사물에 센서를 부착해 실시간으로 데이터를 인터넷으로 주고받는 환경에서는 세상 모든 유형·무형 객체들이 연결되어 새로운 서비스를 제공한다.

02 다음 글에 제시된 S대학교의 문제를 해결하기 위한 대안으로 가장 적절한 것은?

> S대학교는 현재 학생 관리 프로그램, 교수 관리 프로그램, 성적 관리 프로그램의 3개의 응용 프로그램을 갖추고 있다. 학생 관리 프로그램은 학생 정보를 저장하고 있는 파일을 이용하고, 교수 관리 프로그램은 교수 정보 파일 그리고 성적 관리 프로그램은 성적 정보 파일을 이용한다. 즉, 각각의 응용 프로그램들은 개별적인 파일을 이용한다.
> 이런 경우, 파일에는 많은 정보가 중복 저장되어 있다. 그렇기 때문에 중복된 정보가 수정되면 관련된 모든 파일을 수정해야 하는 불편함이 있다. 예를 들어, 한 학생이 자퇴하게 되면 학생 정보 파일뿐만 아니라 교수 정보 파일, 성적 정보 파일도 수정해야 하는 것이다.

① 데이터베이스 구축
② 유비쿼터스 구축
③ RFID 구축
④ NFC 구축
⑤ 와이파이 구축

02 엑셀 함수

| 유형분석 |

- 컴퓨터 활용과 관련된 상황에서 문제를 해결하기 위한 행동이 무엇인지 묻는 문제이다.
- 주로 업무수행 중에 많이 활용되는 대표적인 엑셀 함수(COUNTIF, ROUND, MAX, SUM, COUNT, AVERAGE 등)가 출제된다.
- 종종 엑셀시트를 제시하여 각 셀에 들어갈 함수식이 무엇인지 고르는 문제가 출제되기도 한다.

다음 중 엑셀에 제시된 함수식의 결괏값으로 옳지 않은 것은?

	A	B	C	D	E	F
1						
2		120	200	20	60	
3		10	60	40	80	
4		50	60	70	100	
5						
6		함수식			결괏값	
7		=MAX(B2:E4)			A	
8		=MODE(B2:E4)			B	
9		=LARGE(B2:E4,3)			C	
10		=COUNTIF(B2:E4,E4)			D	
11		=ROUND(B2,−1)			E	
12						

① A=200
② B=60
③ C=100
④ D=1
⑤ E=100

정답 ⑤

ROUND 함수는 지정한 자릿수를 반올림하는 함수이다. 함수식에서 '−1'은 일의 자리를 뜻하며, '−2'는 십의 자리를 뜻한다. 여기서 '−' 기호를 빼면 소수점 자리로 인식한다. 따라서 일의 자리에서 반올림하기 때문에 결괏값은 120이다.

풀이 전략!

제시된 상황에서 사용할 엑셀 함수가 무엇인지 파악한 후, 선택지에서 적절한 함수식을 골라 식을 만들어야 한다. 평소 대표적으로 문제에 자주 출제되는 몇몇 엑셀 함수를 익혀 두면 풀이시간을 단축할 수 있다.

01 다음 중 입사일이 2024년 6월 1일인 직원의 오늘 현재까지의 근속 일수를 구하려고 할 때의 함수식으로 옳은 것은?

① =TODAY()−DAY(2024, 6, 1)
② =TODAY()−DATE(2024, 6, 1)
③ =DATE(2024, 6, 1)−TODAY()
④ =DAY(2024, 6, 1)−TODAY()
⑤ =DAY(2024, 6, 1)−DATE

02 다음 시트를 참조하여 작성한 수식 「=INDEX(B2:D9, 2, 3)」의 결괏값으로 옳은 것은?

	A	B	C	D
1	코드	정가	판매수량	판매가격
2	L-001	25,400	503	12,776,000
3	D-001	23,200	1,000	23,200,000
4	D-002	19,500	805	15,698,000
5	C-001	28,000	3,500	98,000,000
6	C-002	20,000	6,000	96,000,000
7	L-002	24,000	750	18,000,000
8	L-003	26,500	935	24,778,000
9	D-003	22,000	850	18,700,000

① 805
② 1,000
③ 19,500
④ 12,776,000
⑤ 23,200,000

03 다음 시트에서 판매수량과 추가판매의 합계를 구하기 위해 [B6] 셀에 작성해야 할 수식으로 옳은 것은?

	A	B	C
1	일자	판매수량	추가판매
2	09월19일	30	8
3	09월20일	48	
4	09월21일	44	
5	09월22일	42	12
6	합계	184	

① =SUM(B2,C2,C5)
② =LEN(B2:B5,3)
③ =COUNTIF(B2:B5,“>=12”)
④ =SUM(B2:B5)
⑤ =SUM(B2:B5,C2,C5)

04 다음 시트에서 [D2:D7]처럼 생년월일만 따로 구하려고 할 때 [D2] 셀에 작성해야 할 수식으로 옳은 것은?

	A	B	C	D
1	순번	이름	주민등록번호	생년월일
2	1	김현진	880821-2949324	880821
3	2	이혜지	900214-2928342	900214
4	3	김지언	880104-2124321	880104
5	4	이유미	921011-2152345	921011
6	5	박슬기	911218-2123423	911218
7	6	김혜원	920324-2143426	920324

① =RIGHT(A2,6)
② =RIGHT(A2,C2)
③ =LEFT(C2,6)
④ =LEFT(C2,2)
⑤ =MID(C2,5,2)

05 다음은 S중학교 2학년 1반 국어, 수학, 영어, 사회, 과학에 대한 학생 9명의 성적표이다. 학생들의 평균 점수를 가장 높은 순서대로 구하고자 할 때, [H2] 셀에 들어갈 함수식으로 옳은 것은?(단, G열의 평균 점수는 구한 것으로 가정한다)

〈2학년 1반 성적표〉

	A	B	C	D	E	F	G	H
1		국어	수학	영어	사회	과학	평균 점수	평균 점수 순위
2	강○○	80	77	92	81	75		
3	권○○	70	80	87	65	88		
4	김○○	90	88	76	86	87		
5	김△△	60	38	66	40	44		
6	신○○	88	66	70	58	60		
7	장○○	95	98	77	70	90		
8	전○○	76	75	73	72	80		
9	현○○	30	60	50	44	27		
10	황○○	76	85	88	87	92		

① =RANK(G2,G$2:G$10,0)

② =RANK(G2,$G2$:G10,0)

③ =RANK(G2,$B2$:G10,0)

④ =RANK(G2,$B$2:$G$10,0)

⑤ =RANK(G2,B2$:$F$F10,0)

06 다음 시트의 [B9] 셀에 「=DSUM(A1:C7,C1,A9:A10)」 함수를 입력했을 때 결괏값으로 옳은 것은?

	A	B	C
1	이름	직급	상여금
2	장기동	과장	1,200,000
3	이승연	대리	900,000
4	김영신	차장	1,300,000
5	공경호	대리	850,000
6	표나리	사원	750,000
7	한미연	과장	950,000
8			
9	상여금		
10	>=1,000,000		

① 1,000,000

② 2,500,000

③ 3,450,000

④ 3,500,000

⑤ 5,950,000

대표기출유형

03 프로그램 언어(코딩)

| 유형분석 |

- 프로그램의 실행 결과를 코딩을 통해 파악하여 이를 풀이하는 문제이다.
- 대체로 문제에서 규칙을 제공하고 있으며, 해당 규칙을 적용하여 새로운 코드번호를 만들거나 혹은 만들어진 코드번호를 해석하는 등의 문제가 출제된다.

다음 중 프로그램의 실행 결과로 옳은 것은?

```
#include <stdio.h>

int main(){
        int i=4;
        int k=2;
        switch(i) {
                case 0:
                case 1:
                case 2:
                case 3: k=0;
                case 4: k+=5;
                case 5: k-=20;
                default: k++;
        }
        printf("%d", k);
}
```

① 12　　② −12
③ 10　　④ −10

정답 ②

i가 4이기 때문에 case 4부터 시작한다. k는 2이므로 k+=5를 하면 7이 되고, Case 5에서 k-=20을 하면 −13이 되며, default에서 1이 증가하여 결괏값은 −12가 된다.

풀이 전략!

문제에서 실행 프로그램 내용이 주어지면 핵심 키워드를 확인한다. 코딩 프로그램을 통해 요구되는 내용을 찾아내어 정답 유무를 판단한다.

대표기출유형 03 기출응용문제

※ 다음 프로그램의 실행 결과로 옳은 것을 고르시오. **[1~2]**

01

```
#include <stdio.h>
void main( ) {
    int arr[10]={1, 2, 3, 4, 5};
    int num=10;
    int i;

    for (i=0; i<10; i++) {
      num+=arr[i];
    }
    printf("%d\n", num);
}
```

① 15 ② 20
③ 25 ④ 30
⑤ 35

02

```
#include <stdio.h>
void main() {
    int temp=0;
    int i=10;

    temp=i++;
    temp=i--;

    printf("%d, %d", temp, i);
}
```

① 10, 10 ② 11, 10
③ 10, 11 ④ 11, 11
⑤ 0, 10

CHAPTER 06
자원관리능력

합격 CHEAT KEY

자원관리능력은 현재 NCS 기반 채용을 진행하는 많은 공사・공단에서 핵심영역으로 자리 잡아, 대부분의 시험에서 출제되고 있다.

세부 유형은 비용 계산, 해외파견 지원금 계산, 주문 제작 단가 계산, 일정 조율, 일정 선정, 행사 대여 장소 선정, 최단거리 구하기, 시차 계산, 소요시간 구하기, 해외파견 근무 기준에 부합하는 또는 부합하지 않는 직원 고르기 등으로 나눌 수 있다.

01 시차를 먼저 계산하라!

시간 자원 관리의 대표유형 중 시차를 계산하여 일정에 맞는 항공권을 구입하거나 회의시간을 구하는 문제에서는 각각의 나라 시간을 한국 시간으로 전부 바꾸어 계산하는 것이 편리하다. 조건에 맞는 나라들의 시간을 전부 한국 시간으로 바꾸고 한국 시간과의 시차만 더하거나 빼면 시간을 단축하여 풀 수 있다.

02 선택지를 잘 활용하라!

계산을 해서 값을 요구하는 문제 유형에서는 선택지를 먼저 본 후 자리 수가 몇 단위로 끝나는지 확인해야 한다. 예를 들어 412,300원, 426,700원, 434,100원인 선택지가 있다고 할 때, 제시된 조건에서 100원 단위로 나올 수 있는 항목을 찾아 그 항목만 계산하는 방법이 있다. 또한, 일일이 계산하는 문제가 많다. 예를 들어 640,000원, 720,000원, 810,000원 등의 수를 이용해 푸는 문제가 있다고 할 때, 만 원 단위를 절사하고 계산하여 64, 72, 81처럼 요약하는 방법이 있다.

03 최적의 값을 구하는 문제인지 파악하라!

물적 자원 관리의 대표유형에서는 제한된 자원 내에서 최대의 만족 또는 이익을 얻을 수 있는 방법을 강구하는 문제가 출제된다. 이때, 구하고자 하는 값을 x, y로 정하고 연립방정식을 이용해 x, y 값을 구한다. 최소 비용으로 목표생산량을 달성하기 위한 업무 및 인력 할당, 정해진 시간 내에 최대 이윤을 낼 수 있는 업체 선정, 정해진 인력으로 효율적 업무 배치 등을 구하는 문제에서 사용되는 방법이다.

04 각 평가항목을 비교하라!

인적 자원 관리의 대표유형에서는 각 평가항목을 비교하여 기준에 적합한 인물을 고르거나, 저렴한 업체를 선정하거나, 총점이 높은 업체를 선정하는 문제가 출제된다. 이런 유형은 평가항목에서 가격이나 점수 차이에 영향을 많이 미치는 항목을 찾아 $1\sim2$개의 선택지를 삭제하고, 남은 $3\sim4$개의 선택지만 계산하여 시간을 단축할 수 있다.

01 시간 계획

| 유형분석 |

- 시간 자원과 관련된 다양한 정보를 활용하여 풀어 가는 문제이다.
- 대체로 교통편 정보나 국가별 시차 정보가 제공되며, 이를 근거로 '현지 도착시간 또는 약속된 시간 내에 도착하기 위한 방안'을 고르는 문제가 출제된다.

한국은 뉴욕보다 16시간 빠르고, 런던은 한국보다 8시간 느리다. 다음 중 비행기가 현지에 도착할 때의 시간(㉠, ㉡)으로 옳은 것은?

구분	출발일자	출발시간	비행시간	도착시간
뉴욕행 비행기	6월 6일	22:20	13시간 40분	㉠
런던행 비행기	6월 13일	18:15	12시간 15분	㉡

	㉠	㉡
①	6월 6일 09시	6월 13일 09시 30분
②	6월 6일 20시	6월 13일 22시 30분
③	6월 7일 09시	6월 14일 09시 30분
④	6월 7일 13시	6월 14일 15시 30분
⑤	6월 7일 20시	6월 14일 20시 30분

정답 ②

㉠ 뉴욕행 비행기는 한국에서 6월 6일 22시 20분에 출발하고, 13시간 40분 동안 비행하기 때문에 6월 7일 12시에 도착한다. 한국 시간은 뉴욕보다 16시간 빠르므로 현지에 도착하는 시간은 6월 6일 20시가 된다.

㉡ 런던행 비행기는 한국에서 6월 13일 18시 15분에 출발하고, 12시간 15분 동안 비행하기 때문에 현지에 6월 14일 6시 30분에 도착한다. 한국 시간은 런던보다 8시간이 빠르므로 현지에 도착하는 시간은 6월 13일 22시 30분이 된다.

풀이 전략!

문제에서 묻는 것을 정확히 파악한다. 특히 제한사항에 대해서는 빠짐없이 확인해 두어야 한다. 이후 제시된 정보(시차 등)에서 필요한 것을 선별하여 문제를 풀어 간다.

대표기출유형 01 기출응용문제

01 A씨는 여행을 가기 위해 B자동차를 대여하려 한다. 다음 〈조건〉을 바탕으로 할 때 A씨가 B자동차를 대여할 수 없는 요일은?

〈2월 달력〉

일	월	화	수	목	금	토
	1	2	3	4	5	6
7	8	9	10	11 설 연휴	12 설 연휴	13 설 연휴
14	15	16	17	18	19	20
21	22	23	24	25	26	27
28						

조건

- 2월에 주말을 포함하여 3일 동안 연속으로 대여한다.
- 설 연휴에는 대여하지 않는다.
- 설 연휴가 끝난 다음 주 월요일과 화요일에 출장이 있다(단, 출장 중에 대여하지 않는다).
- B자동차는 첫째 주 짝수 날에는 점검이 있어 대여할 수 없다.
- B자동차는 24일부터 3일간 C가 대여를 예약해 두었다.
- 설 연휴가 있는 주의 화요일과 수요일은 업무를 마쳐야 하므로 대여하지 않는다.

① 수요일 ② 목요일
③ 금요일 ④ 토요일
⑤ 일요일

PART 2

02 다음은 S회사 신제품개발1팀의 하루 업무 스케줄에 대한 자료이다. 신입사원 A씨는 스케줄을 바탕으로 금일 회의 시간을 정하려고 한다. 1시간 동안 진행될 팀 회의의 가장 적절한 시간대는?

〈S회사 신제품개발1팀 스케줄〉

시간	직급별 스케줄				
	부장	차장	과장	대리	사원
09:00 ~ 10:00	업무회의				
10:00 ~ 11:00					비품요청
11:00 ~ 12:00			시장조사	시장조사	시장조사
12:00 ~ 13:00	점심식사				
13:00 ~ 14:00	개발전략수립		시장조사	시장조사	시장조사
14:00 ~ 15:00		샘플검수	제품구상	제품구상	제품구상
15:00 ~ 16:00			제품개발	제품개발	제품개발
16:00 ~ 17:00					
17:00 ~ 18:00			결과보고	결과보고	

① 09:00 ~ 10:00　　② 10:00 ~ 11:00
③ 14:00 ~ 15:00　　④ 16:00 ~ 17:00
⑤ 17:00 ~ 18:00

03 S공사는 한국 현지 시각 기준으로 오후 4시부터 5시까지 외국 지사와 화상 회의를 진행하려고 한다. 모든 지사는 각국 현지 시각으로 오전 8시부터 오후 6시까지 근무한다고 할 때, 다음 중 회의에 참석할 수 없는 지사는?(단, 서머타임을 시행하는 국가는 +1:00을 반영한다)

국가	시차	국가	시차
파키스탄	−4:00	불가리아	−6:00
호주	+1:00	영국	−9:00
싱가포르	−1:00	−	−

※ 오후 12시부터 1시까지는 점심시간이므로 회의를 진행하지 않음
※ 서머타임 시행 국가 : 영국

① 파키스탄 지사　　② 호주 지사
③ 싱가포르 지사　　④ 불가리아 지사
⑤ 영국 지사

04 다음은 S제품의 생산계획을 나타낸 자료이다. 〈조건〉에 따라 공정이 진행될 때, 첫 번째 완제품이 생산되기 위해서는 최소 몇 시간이 소요되는가?

〈S제품 생산계획〉

공정	선행공정	소요시간
A	없음	3
B	A	1
C	B, E	3
D	없음	2
E	D	1
F	C	2

조건

- 공정별로 1명의 작업 담당자가 공정을 수행한다.
- A공정과 D공정의 작업 시작 시점은 같다.
- 공정 간 제품의 이동 시간은 무시한다.

① 6시간
② 7시간
③ 8시간
④ 9시간
⑤ 10시간

PART 2

02 비용 계산

| 유형분석 |

- 예산 자원과 관련된 다양한 정보를 활용하여 풀어 가는 문제이다.
- 대체로 한정된 예산 내에서 수행할 수 있는 업무 및 예산 가격을 묻는 문제가 출제된다.

A사원은 이번 출장을 위해 KTX표를 미리 40% 할인된 가격에 구매하였으나, 출장 일정이 바뀌는 바람에 하루 전날 표를 취소하였다. 다음 환불 규정에 따라 16,800원을 돌려받았을 때, 할인되지 않은 KTX표의 가격은 얼마인가?

〈KTX 환불 규정〉

출발 2일 전	출발 1일 전 ~ 열차 출발 전	열차 출발 후
100%	70%	50%

① 40,000원
② 48,000원
③ 56,000원
④ 67,200원
⑤ 70,000원

정답 ①

할인되지 않은 KTX표의 가격을 x원이라 하면, 표를 40% 할인된 가격으로 구매하였으므로 구매 가격은 $(1-0.4)x=0.6x$원이다. 환불 규정에 따르면 하루 전에 표를 취소하는 경우 70%의 금액을 돌려받을 수 있으므로 다음 식이 성립한다.

$0.6x \times 0.7=16,800$

$\rightarrow 0.42x=16,800$

$\therefore x=40,000$

풀이 전략!

제한사항인 예산을 고려하여 문제에서 묻는 것을 정확히 파악한 후, 제시된 정보에서 필요한 것을 선별하여 문제를 풀어 간다.

대표기출유형 02 기출응용문제

01 S공사는 신입사원 입사를 맞아 워크숍을 가려고 한다. 총 13명의 임직원이 워크숍에 참여한다고 할 때, 다음 중 가장 저렴한 비용으로 이용할 수 있는 교통편의 조합은 무엇인가?

〈이용 가능한 교통편 현황〉

구분	탑승 인원	비용	주유비	비고
소형버스	10명	200,000원	0원	1일 대여 비용
대형버스	40명	500,000원	0원	-
렌터카	5명	80,000원(대당)	50,000원	동일 기간 3대 이상 렌트 시 렌트비용 5% 할인
택시	3명	120,000원(편도)	0원	-
대중교통	제한 없음	13,400원 (1인당, 편도)	0원	10명 이상 왕복티켓 구매 시 총금액에서 10% 할인

① 대형버스 1대
② 소형버스 1대, 렌터카 1대
③ 소형버스 1대, 택시 1대
④ 렌터카 3대
⑤ 대중교통 13명

02 대구에서 광주까지 편도운송을 하는 S사는 다음과 같이 화물차량을 운용한다. 수송비 절감을 통해 경영에 필요한 예산을 확보하기 위하여 적재효율을 기존 1,000상자에서 1,200상자로 높여 운행횟수를 줄인다면, S사가 얻을 수 있는 월 수송비 절감액은?

〈S사의 화물차량 운용 정보〉

- 차량 운행대수 : 4대
- 1대당 1일 운행횟수 : 3회
- 1대당 1회 수송비 : 100,000원
- 월 운행일수 : 20일

① 3,500,000원
② 4,000,000원
③ 4,500,000원
④ 5,000,000원
⑤ 5,500,000원

03 S공사는 연말 시상식을 개최하여 한 해 동안 모범이 되거나 훌륭한 성과를 낸 직원을 독려하고자 한다. 시상 종류 및 인원, 상품에 대한 정보가 다음과 같을 때, 총 상품 구입비는 얼마인가?

〈시상내역〉

상 종류	수상인원	상품
사내선행상	5	인당 금 도금 상패 1개, 식기 1세트
사회기여상	1	인당 은 도금 상패 1개, 신형 노트북 1대
연구공로상	2	인당 금 도금 상패 1개, 안마의자 1개, 태블릿PC 1대
성과공로상	4	인당 은 도금 상패 1개, 만년필 2개, 태블릿PC 1대
청렴모범상	2	인당 동 상패 1개, 안마의자 1개

• 상패 제작비용
 – 금 도금 상패 : 개당 55,000원(5개 이상 주문 시 개당 가격 10% 할인)
 – 은 도금 상패 : 개당 42,000원(주문수량 4개당 1개 무료 제공)
 – 동 상패 : 개당 35,000원

• 물품 구입비용(개당)
 – 식기 세트 : 450,000원
 – 신형 노트북 : 1,500,000원
 – 태블릿PC : 600,000원
 – 만년필 : 100,000원
 – 안마의자 : 1,700,000원

① 14,085,000원
② 15,050,000원
③ 15,534,500원
④ 16,805,000원
⑤ 17,200,000원

04 S기업은 창고업체를 통해 아래 세 제품군을 보관하고 있다. 각 제품군에 대한 정보를 참고하여 다음 〈조건〉에 따라 S기업이 보관료로 지급해야 할 총금액은?

〈제품군별 보관 관련 정보〉

구분	매출액(억 원)	용량	
		용적(CUBIC)	무게(톤)
A제품군	300	3,000	200
B제품군	200	2,000	300
C제품군	100	5,000	500

조건

- A제품군은 매출액의 1%를 보관료로 지급한다.
- B제품군은 1CUBIC당 20,000원의 보관료를 지급한다.
- C제품군은 1톤당 80,000원의 보관료를 지급한다.

① 3억 2천만 원
② 3억 4천만 원
③ 3억 6천만 원
④ 3억 8천만 원
⑤ 4억 원

PART 2

03 품목 확정

| 유형분석 |

- 물적 자원과 관련된 다양한 정보를 활용하여 풀어 가는 문제이다.
- 주로 공정도·제품·시설 등에 대한 가격·특징·시간 정보가 제시되며, 이를 종합적으로 고려하는 문제가 출제된다.

S공사는 신축 본사에 비치할 사무실 명패를 제작하기 위해 다음과 같은 팸플릿을 참고하고 있다. 신축 본사에 비치할 사무실 명패는 사무실마다 국문과 영문 명패를 함께 주문했고, 총 주문 비용이 80만 원이라면 사무실에 최대 몇 개의 국문과 영문 명패를 함께 비치할 수 있는가?(단, 추가 구입 가격은 1SET를 구입할 때 한 번씩만 적용된다)

〈명패 제작 가격〉

- 국문 명패 : 1SET(10개)에 10,000원, 5개 추가 시 2,000원
- 영문 명패 : 1SET(5개)에 8,000원, 3개 추가 시 3,000원

① 345개
② 350개
③ 355개
④ 360개
⑤ 365개

정답 ④

국문 명패 최저가는 15개에 12,000원이고, 영문 명패 최저가는 8개에 11,000원이다. 각 명패를 최저가에 구입하는 개수의 최소공배수를 구하면 120개이다. 이때의 비용은 12,000×8+11,000×15=96,000+165,000=261,000원이다. 따라서 한 사무실에 국문과 영문 명패를 함께 비치한다면 120개의 사무실에 명패를 비치하는 비용은 261,000원이다. 360개의 사무실에 명패를 비치한다면 783,000원이 필요하고, 남은 17,000원으로 국문 명패와 영문 명패를 동시에 구입할 수는 없다. 따라서 80만 원으로 최대 360개의 국문 명패와 영문 명패를 함께 비치할 수 있다.

풀이 전략!

문제에서 묻고자 하는 바를 정확히 파악하는 것이 중요하다. 문제에서 제시한 물적 자원의 정보를 문제의 의도에 맞게 선별하면서 풀어 간다.

대표기출유형 03 기출응용문제

01 S공사에서는 건물 보수공사를 할 업체를 선정하려고 한다. 다음은 A～E 다섯 개의 후보업체에 대한 부문별 점수와 부문별 가중치를 나타낸 자료이다. 가중치를 적용한 가중평균점수가 가장 높은 업체를 선정한다고 할 때, S공사에서 선정할 업체는 어디인가?

〈후보업체별 점수 현황〉

(단위 : 점)

구분	규모	가격	위치
A업체	8	8	7
B업체	7	9	8
C업체	6	10	5
D업체	5	7	10
E업체	8	6	8

〈부문별 가중치〉

구분	규모	가격	위치
가중치	0.2	0.5	0.3

① A업체
② B업체
③ C업체
④ D업체
⑤ E업체

PART 2

02 S회사 마케팅 팀장은 팀원 50명에게 연말 선물을 하기 위해 물품을 구매하려고 한다. 다음은 업체별 품목 가격과 팀원들의 품목 선호도를 나타낸 자료이다. 〈조건〉에 따라 팀장이 구매할 물품과 업체를 순서대로 바르게 나열한 것은?

〈업체별 품목 가격〉

구분		한 벌당 가격(원)
A업체	티셔츠	6,000
	카라 티셔츠	8,000
B업체	티셔츠	7,000
	후드 집업	10,000
	맨투맨	9,000

〈팀원 품목 선호도〉

순위	품목
1	카라 티셔츠
2	티셔츠
3	후드 집업
4	맨투맨

조건

- 팀원의 선호도를 우선으로 품목을 선택한다.
- 총 구매금액이 30만 원 이상이면 총금액에서 5%를 할인해 준다.
- 차순위 품목이 1순위 품목보다 총금액이 20% 이상 저렴하면 차순위를 선택한다.

① 티셔츠, A업체
② 카라 티셔츠, A업체
③ 티셔츠, B업체
④ 후드 집업, B업체
⑤ 맨투맨, B업체

03 S공사는 직원용 컴퓨터를 교체하려고 한다. 다음 중 〈조건〉을 만족하는 컴퓨터로 옳은 것은?

〈컴퓨터별 가격 현황〉

구분	A컴퓨터	B컴퓨터	C컴퓨터	D컴퓨터	E컴퓨터
모니터	20만 원	23만 원	20만 원	19만 원	18만 원
본체	70만 원	64만 원	60만 원	54만 원	52만 원
세트	80만 원	75만 원	70만 원	66만 원	65만 원
성능평가	중	상	중	중	하
할인혜택	-	세트로 15대 이상 구매 시 총금액에서 100만 원 할인	모니터 10대 초과 구매 시 초과 대수 15% 할인	-	-

조건

- 예산은 1,000만 원이다.
- 교체할 직원용 컴퓨터는 모니터와 본체 각각 15대이다.
- 성능평가에서 '중' 이상을 받은 컴퓨터로 교체한다.
- 컴퓨터 구매는 세트 또는 모니터와 본체 따로 구매할 수 있다.

① A컴퓨터
② B컴퓨터
③ C컴퓨터
④ D컴퓨터
⑤ E컴퓨터

PART 2

04 인원 선발

| 유형분석 |

- 인적 자원과 관련된 다양한 정보를 활용하여 풀어 가는 문제이다.
- 주로 근무명단, 휴무일, 업무할당 등의 주제로 다양한 정보를 활용하여 종합적으로 풀어 가는 문제가 출제된다.

다음 자료를 토대로 S공사가 하루 동안 고용할 수 있는 최대 인원은?

〈S공사의 예산과 고용비〉

총예산	본예산	500,000원
	예비비	100,000원
고용비	1인당 수당	50,000원
	산재보험료	(수당)×0.504%
	고용보험료	(수당)×1.3%

① 10명
② 11명
③ 12명
④ 13명
⑤ 14명

정답 ②

(하루 1인당 고용비)=(1인당 수당)+(산재보험료)+(고용보험료)
=50,000+(50,000×0.504%)+(50,000×1.3%)
=50,000+252+650=50,902원
(하루에 고용할 수 있는 인원 수)=[(본예산)+(예비비)]÷(하루 1인당 고용비)
=600,000÷50,902≒11.8
따라서 하루 동안 고용할 수 있는 최대 인원은 11명이다.

풀이 전략!

문제에서 신입사원 채용이나 인력배치 등의 주제가 출제될 경우에는 주어진 규정 혹은 규칙을 꼼꼼히 확인하여야 한다. 이를 토대로 각 선택지가 어긋나지 않는지 검토하며 문제를 풀어 간다.

대표기출유형 04 기출응용문제

01 S공사에서는 약 2개월 동안 근무할 인턴사원을 선발하고자 다음과 같은 공고를 게시하였다. 이에 지원한 A ~ E 중 S공사의 인턴사원으로 가장 적합한 지원자는?

〈인턴 모집 공고〉

- 근무기간 : 약 2개월(6 ~ 8월)
- 자격 요건
  - 1개월 이상 경력자
  - 포토샵 가능자
  - 근무 시간(9 ~ 18시) 이후에도 근무가 가능한 자
- 기타사항
  - 경우에 따라서 인턴 기간이 연장될 수 있음

A지원자	• 경력사항 : 출판사 3개월 근무 • 컴퓨터 활용 능력 中(포토샵, 워드 프로세서) • 대학 휴학 중(9월 복학 예정)
B지원자	• 경력사항 : 없음 • 포토샵 능력 우수 • 전문대학 졸업
C지원자	• 경력사항 : 마케팅 회사 1개월 근무 • 컴퓨터 활용 능력 上(포토샵, 워드 프로세서, 파워포인트) • 4년제 대학 졸업
D지원자	• 경력사항 : 제약 회사 3개월 근무 • 포토샵 가능 • 저녁 근무 불가
E지원자	• 경력사항 : 마케팅 회사 1개월 근무 • 컴퓨터 활용 능력 中(워드 프로세서, 파워포인트) • 전문대학 졸업

① A지원자
② B지원자
③ C지원자
④ D지원자
⑤ E지원자

02 다음은 S공사의 승진대상과 승진 규정이다. 이를 참고할 때, 2025년 현재 직급이 대리인 사람은?

〈승진규정〉

- 2025년까지 근속연수가 3년 이상인 자를 대상으로 한다.
- 출산휴가 및 병가 기간은 근속연수에서 제외한다.
- 평가연도 업무평가 점수가 80점 이상인 자를 대상으로 한다.
- 평가연도 업무평가 점수는 직전연도 업무평가 점수에서 벌점을 차감한 점수이다.
- 벌점은 결근 1회당 −10점, 지각 1회당 −5점이다.

〈승진후보자 정보〉

구분	근무기간	작년 업무평가(점)	근태현황(회)		기타
			지각	결근	
A사원	1년 4개월	79	1	−	−
B주임	3년 1개월	86	−	1	출산휴가 35일
C대리	7년 1개월	89	1	1	병가 10일
D과장	10년 3개월	82	−	−	−
E차장	12년 7개월	81	2	−	−

① A
② B
③ C
④ D
⑤ E

03 다음은 S학교의 성과급 기준표이다. 이를 적용해 S학교 교사들의 성과급 배점을 계산하고자 할 때, 〈보기〉의 A～E교사 중 가장 높은 배점을 받을 교사는?

〈성과급 기준표〉

항목	평가사항	배점기준		배점
수업 지도	주당 수업시간	24시간 이하	14점	20점
		25시간	16점	
		26시간	18점	
		27시간 이상	20점	
	수업 공개 유무	교사 수업 공개	10점	10점
		학부모 수업 공개	5점	
생활 지도	담임 유무	담임교사	10점	10점
		비담임교사	5점	
담당 업무	업무 곤란도	보직교사	30점	30점
		비보직교사	20점	
경력	호봉	10호봉 이하	5점	30점
		11～15호봉	10점	
		16～20호봉	15점	
		21～25호봉	20점	
		26～30호봉	25점	
		31호봉 이상	30점	

※ 수업지도 항목에서 교사 수업 공개, 학부모 수업 공개를 모두 진행했을 경우 10점으로 배점하며, 수업 공개를 하지 않았을 경우 배점은 없음

보기

구분	주당 수업시간	수업 공개 유무	담임 유무	업무 곤란도	호봉
A교사	20시간	−	담임교사	비보직교사	32호봉
B교사	29시간	−	비담임교사	비보직교사	35호봉
C교사	26시간	학부모 수업 공개	비담임교사	보직교사	22호봉
D교사	22시간	교사 수업 공개	담임교사	보직교사	17호봉
E교사	25시간	교사 수업 공개, 학부모 수업 공개	비담임교사	비보직교사	30호봉

① A교사
② B교사
③ C교사
④ D교사
⑤ E교사

CHAPTER 07
기술능력

합격 CHEAT KEY

기술능력은 업무를 수행함에 있어 도구, 장치 등을 포함하여 필요한 기술에 어떠한 것들이 있는지 이해하고, 실제 업무를 수행함에 있어 적절한 기술을 선택하여 적용하는 능력이다.

세부 유형은 기술 이해·기술 선택·기술 적용으로 나눌 수 있다. 제품설명서나 상황별 매뉴얼을 제시하는 문제 또는 명령어를 제시하고 규칙을 대입할 수 있는지 묻는 문제가 출제되기 때문에 이런 유형들을 공략할 수 있는 전략을 세워야 한다.

01 긴 지문이 출제될 때는 선택지의 내용을 미리 보라!

기술능력에서 자주 출제되는 제품설명서나 상황별 매뉴얼을 제시하는 문제에서는 기술을 이해하고, 상황에 알맞은 원인 및 해결방안을 고르는 문제가 출제된다. 실제 시험장에서 문제를 풀 때는 시간적 여유가 없기 때문에 보기를 먼저 읽고, 그 다음 긴 지문을 보면서 동시에 보기와 일치하는 내용이 나오면 확인해 가면서 푸는 것이 좋다.

02 모듈형에도 대비하라!

모듈형 문제의 비중이 늘어나는 추세이므로 공기업을 준비하는 취업준비생이라면 모듈형 문제에 대비해야 한다. 기술능력의 모듈형 이론 부분을 학습하고 모듈형 문제를 풀어보고 여러 번 읽으며 이론을 확실히 익혀두면 실제 시험장에서 이론을 묻는 문제가 나왔을 때 단번에 답을 고를 수 있다.

03 전공 이론도 익혀 두어라!

지원하는 직렬의 전공 이론이 기술능력으로 출제되는 경우가 많기 때문에 전공 이론을 익혀두는 것이 좋다. 깊이 있는 지식을 묻는 문제가 아니더라도 출제되는 문제의 소재가 전공과 관련된 내용일 가능성이 크기 때문에 최소한 지원하는 직렬의 전공 용어는 확실히 익혀 두어야 한다.

04 쉽게 포기하지 말라!

직업기초능력평가에서 주요 영역이 아니면 소홀한 경우가 많다. 시험장에서 기술능력을 읽어보지도 않고 포기하는 경우가 많은데 차근차근 읽어보면 지문만 잘 읽어도 풀 수 있는 문제들이 출제되는 경우가 있다. 이론을 모르더라도 풀 수 있는 문제인지 파악해보자.

대표기출유형

01 기술 이해

| 유형분석 |

- 업무수행에 필요한 기술의 개념 및 원리, 관련 용어에 대한 문제가 자주 출제된다.
- 기술시스템의 개념과 발전 단계에 대한 문제가 출제되므로 각 단계의 순서와 그에 따른 특징을 숙지하여야 하며, 단계별로 요구되는 핵심 역할이 다름에 유의한다.

다음 글에서 설명하고 있는 것은?

농부는 농기계와 화학비료를 써서 밀을 재배하고 수확한다. 이렇게 생산된 밀은 보관업자, 운송업자, 제분회사, 제빵 공장을 거쳐 시장으로 판매된다. 보다 높은 생산성을 위해 화학비료를 연구하고, 공장을 가동하기 위해 공작기계와 전기를 생산한다. 보다 빠른 운송을 위해서 트럭이나 기차, 배가 개발되었고, 보다 효과적인 운송수단과 농기계를 운용하기 위해 증기기관에서 석유에너지로 발전하였다. 이렇듯 우리의 식탁에 올라오는 빵은 여러 기술이 네트워크로 결합하여 시너지를 내고 있다.

① 기술시스템
② 기술혁신
③ 기술경영
④ 기술이전
⑤ 기술경쟁

정답 ①

기술시스템(Technological System)은 개별 기술이 네트워크로 결합하는 것을 말한다. 인공물의 집합체만이 아니라 투자회사, 법적 제도, 정치, 과학, 자연자원을 모두 포함하는 것으로, 사회기술시스템이라고도 한다.

풀이 전략!

문제에 제시된 내용만으로는 풀이가 어려울 수 있으므로, 사전에 관련 기술 이론을 숙지하고 있어야 한다. 자주 출제되는 개념을 확실하게 암기하여 빠르게 문제를 풀 수 있도록 하는 것이 좋다.

01 다음 글의 제목으로 가장 적절한 것은?

일반적으로 다음과 같은 장점이 있다. 첫째, 정해진 시간이 없고 정해진 장소에 모여서 학습을 할 필요가 없으며, 원하는 시간과 장소에서 컴퓨터만 연결되어 있다면 학습이 가능하기 때문에 시간적·공간적으로 독립적이다. 둘째, 원하는 내용을 원하는 순서에 맞게 원하는 시간만큼 학습이 가능하며, 개개인의 요구에 맞게 개별화·맞춤화가 가능하기 때문에 학습자 스스로가 학습을 조절 및 통제할 수 있다. 셋째, 칠판 판서 및 책이 아니라 비디오, 사진, 텍스트, 소리, 동영상 등 멀티미디어를 이용한 학습이 가능하다. 넷째, 이메일, 토론방, 자료실 등을 통해 의사교환과 상호작용이 자유롭게 이루어질 수 있다. 다섯째, 한번 출판되면 새로운 내용을 반영하기 어려운 책에 비해 업데이트를 통해 새로운 내용을 반영하기 쉽기 때문에 새로운 교육의 요구나 내용을 신속하게 반영할 수 있어 교육에 소요되는 비용을 절감할 수 있다. 반면에 직접적으로 교수자와 동료들 간의 인간적인 접촉이 상대적으로 적고, 중도탈락율이 높으며, 기술교육의 특성상 현장 중심의 실무 교육이 중요함에도 불구하고 현장중심의 교육이 힘든 단점이 있다.

① e-Learning을 활용한 기술교육의 장·단점
② 상급학교 진학을 통한 기술교육의 장·단점
③ 전문 연수원을 통한 기술과정 연수의 장·단점
④ OJT를 활용한 기술교육의 장·단점
⑤ 전문가 초청 연수의 장·단점

02 다음 뉴스 내용에서 볼 수 있는 기술경영자의 능력으로 가장 적절한 것은?

앵커 : 현재 국제 원유 값이 고공 행진을 계속하면서 석유자원에서 탈피하려는 기술 개발이 활발히 진행되고 있는데요. 석유자원을 대체하고 에너지의 효율성을 높일 수 있는 연구개발 현장을 이은경 기자가 소개합니다.

기자 : 네. 여기는 메탄올을 화학 산업에 많이 쓰이는 에틸렌과 프로필렌, 부탄 등의 경질 올레핀으로 만드는 공정 현장입니다. 석탄과 바이오매스, 천연가스를 원료로 만들어진 메탄올에서 촉매반응을 통해 경질 올레핀을 만들기 때문에 석유 의존도를 낮출 수 있는 기술로 볼 수 있는데요. 기존 석유 나프타 열분해 공정보다 수율이 높고, 섭씨 400도 이하에서 제조가 가능해 온실가스는 물론 에너지 비용을 50% 이상 줄일 수 있어 화제가 되고 있습니다.

① 빠르고 효과적으로 새로운 기술을 습득하고 기존의 기술에서 탈피하는 능력
② 기술 전문 인력을 운용할 수 있는 능력
③ 조직 내의 기술 이용을 수행할 수 있는 능력
④ 새로운 제품 개발 시간을 단축할 수 있는 능력
⑤ 기술을 효과적으로 평가할 수 있는 능력

03 다음은 기술의 특징을 설명하는 글이다. 이를 읽고 이해한 내용으로 적절하지 않은 것은?

> 일반적으로 기술에 대한 특징은 다음과 같이 정의될 수 있다.
> 첫째, 하드웨어나 인간에 의해 만들어진 비자연적인 대상, 혹은 그 이상을 의미한다.
> 둘째, 기술은 '노하우(Know-How)'를 포함한다. 즉, 기술을 설계하고, 생산하고, 사용하기 위해 필요한 정보, 기술, 절차를 갖는데 노하우(Know-How)가 필요한 것이다.
> 셋째, 기술은 하드웨어를 생산하는 과정이다.
> 넷째, 기술은 인간의 능력을 확장시키기 위한 하드웨어와 그것의 활용을 뜻한다.
> 다섯째, 기술은 정의 가능한 문제를 해결하기 위해 순서화되고 이해 가능한 노력이다.
> 이와 같이 기술이 어떻게 형성되는가를 이해하는 것과 사회에 의해 형성되는 방법을 이해하는 것은 두 가지 원칙에 근거한다. 먼저 기술은 사회적 변화의 요인이다. 기술체계는 의사소통의 속도를 증가시켰으며, 이것은 개인으로 하여금 현명한 의사결정을 할 수 있도록 도와준다. 또한, 사회는 기술 개발에 영향을 준다. 사회적, 역사적, 문화적 요인은 기술이 어떻게 활용되는가를 결정한다.
> 기술은 두 개의 개념으로 구분될 수 있으며, 하나는 모든 직업 세계에서 필요로 하는 기술적 요소들로 이루어지는 광의의 개념이고, 다른 하나는 구체적 직무수행능력 형태를 의미하는 협의의 개념이다.

① 영국에서 시작된 산업혁명 역시 기술 개발에 영향을 주었다고 볼 수 있다.
② 미래 산업을 위해 인간의 노동을 대체할 로봇을 활용하는 것 역시 기술이라고 볼 수 있을 것이다.
③ 기술은 건물, 도로, 교량, 전자장비 등 인간이 만들어 낸 모든 물질적 창조물을 생산하는 과정으로 볼 수 있다.
④ 컴퓨터의 발전은 기술체계가 개인으로 하여금 현명한 의사결정을 할 수 있게 하는 사례로 볼 수 있을 것이다.
⑤ 전기산업기사, 건축산업기사, 정보처리산업기사 등의 자격 기술은 기술의 광의의 개념으로 볼 수 있을 것이다.

04 다음 중 A사와 B사가 활용한 벤치마킹의 종류를 순서대로 바르게 나열한 것은?

> A사는 기존 신용카드사가 시도하지 않았던 새로운 분야를 개척하며 성장했다. A사만의 독특한 문화와 경영방식 중 상당 부분은 회사 바깥에서 얻었다. 이런 작업의 기폭제가 바로 'Insight Tour'이다. A사 직원들은 업종을 불문하고 새로운 마케팅으로 주목받는 곳을 방문한다. 심지어 혁신적인 미술관이나 자동차 회사까지 찾아간다. 금융회사는 가급적 가지 않는다. 카드사는 고객이 결제하는 카드만 취급하는 것이 아니라 회사 고객의 라이프 스타일까지 디자인하는 곳이라는 게 A사의 시각이다. A사의 브랜드 실장은 "카드사는 생활과 밀접한 분야에서 통찰을 얻어야 한다. 'Insight Tour'는 고객의 삶을 업그레이드시키는 데 역점을 둔다."라고 강조했다.
> B사의 첫 벤치마킹 대상은 선반이 높은 창고형 매장을 운영한 월마트였다. 하지만 한국 문화에 맞지 않았다. 3년 후 일본 할인점인 이토요카토로 벤치마킹 대상을 바꿨다. 신선식품에 주력하고 시식행사도 마련하였고, 결과는 성공이었다. 또한 자체브랜드(PL; Private Label) 전략도 벤치마킹을 통해 가다듬었다. 기존 B사의 PL은 저가 이미지가 강했지만, 이를 극복하기 위해 B사는 'PL 종주국' 유럽을 벤치마킹했다. 유럽의 기업인 테스코는 PL 브랜드를 세분화해서 '테스코 파이니스트 – 테스코 노멀 – 테스코 벨류'란 브랜드를 달았다. 이와 유사하게 B사도 '베스트 – 벨류 – 세이브' 등의 브랜드로 개편했다.

	A사	B사
①	경쟁적 벤치마킹	비경쟁적 벤치마킹
②	간접적 벤치마킹	글로벌 벤치마킹
③	비경쟁적 벤치마킹	글로벌 벤치마킹
④	직접적 벤치마킹	경쟁적 벤치마킹
⑤	비경쟁적 벤치마킹	경쟁적 벤치마킹

대표기출유형

02 기술 적용

| 유형분석 |

- 주어진 자료를 해석하고 기술을 적용하여 풀어가는 문제이다.
- 자료 등을 읽고 제시된 문제 상황에 적절한 해결 방법을 찾는 문제가 자주 출제된다.
- 지문의 길이가 길고 복잡하므로, 문제에서 요구하는 정보를 놓치지 않도록 주의해야 한다.

PC방에서 아르바이트를 하는 A군이 화면이 나오지 않는다는 손님의 문의를 받았을 때, 다음 모니터 설명서를 읽고 할 수 있는 대응 방안으로 옳지 않은 것은?

〈모니터 설명서〉

고장 내용	확인사항
화면이 나오지 않아요.	• 모니터 전원 코드가 전원과 바르게 연결되어 있는지 확인해 주세요. • 전원 버튼이 꺼져 있는지 확인해 주세요. • [입력] 설정이 바르게 되어 있는지 확인해 주세요. • PC와 모니터가 바르게 연결되어 있는지 확인해 주세요. • 모니터가 절전모드로 전환되어 있는지 확인해 주세요.
'UNKNOWN DEVICE' 문구가 뜹니다.	• 자사 홈페이지의 모니터 드라이브를 설치해 주세요. (http://www.*******.**.**)
화면이 흐려요.	• 권장 해상도로 설정되어 있는지 확인해 주세요. • 그래픽카드 성능에 따라 권장 해상도 지원이 불가능할 수 있으니 그래픽카드 제조사에 문의해 주세요.
화면에 잔상이 남아 있어요.	• 모니터를 꺼도 잔상이 남으면 고장신고로 접수해 주세요. (고정된 특정 화면을 장기간 사용하면 모니터에 손상을 줄 수 있습니다) • 몇 개의 빨간색, 파란색, 초록색, 흰색, 검은색 점이 보이는 것은 정상이므로 안심하고 사용하셔도 됩니다.
소리가 나오지 않아요.	• 모니터가 스피커 단자와 바르게 연결되어 있는지 확인해 주세요. • 볼륨 설정이 낮거나 음소거 모드로 되어 있는지 확인해 주세요.
모니터 기능이 잠겨 있어요.	• [메뉴] – [잠금 해제]를 통해 잠금을 해제해 주세요.

① 모니터 전원이 켜져 있는지 확인한다.
② 모니터 드라이버를 설치한다.
③ 모니터와 PC가 바르게 연결되어 있는지 확인한다.
④ 모니터가 전원에 연결되어 있는지 확인한다.
⑤ 모니터 입력 설정이 바르게 설정되어 있는지 확인한다.

정답 ②

모니터 드라이버를 설치하는 것은 'UNKNOWN DEVICE' 문구가 뜰 때이므로 화면이 나오지 않는다는 손님의 문의에 대한 대응 방안으로는 옳지 않다.

풀이 전략!

문제에 제시된 자료 중 필요한 정보를 빠르게 파악하는 것이 중요하다. 질문을 먼저 읽고 문제 상황을 파악한 뒤 제시된 선택지를 하나씩 소거하며 문제를 푸는 것이 좋다.

대표기출유형 02 기출응용문제

※ S사는 유무선 공유기 HI-804A를 사내에 설치하고자 한다. 이어지는 질문에 답하시오. [1~2]

■ 공유기 설치 전 확인사항
- 현재 사용 중인 공유기가 있다면 HI-804A의 IP주소와 충돌을 일으킬 수 있으므로 현재 사용 중인 공유기가 있는지 확인해 주세요.
- HI-804A 공유기의 IP주소는 http://190.275.2.3입니다.
- 사용 중인 공유기의 IP주소가 http://190.275.2.3인 경우 사용 중인 공유기의 IP주소를 변경한 후 설치를 시작합니다.
- 사용자 이름은 admin이며, 비밀번호는 0000입니다.
- 기존에 사용 중인 공유기가 없다면 바로 설치를 진행합니다.

■ 공유기 설치 시작
1) HI-804A, 외장형 모뎀, PC의 전원을 모두 끕니다.
2) 현재 인터넷이 되는 PC에 연결된 외장형 모뎀을 분리합니다.
3) 분리한 외장형 모뎀에서 인터넷케이블로 HI-804A의 INTERNET포트에 연결합니다.
4) PC와 LAN포트를 LAN케이블로 연결합니다.
5) 외장형 모뎀을 켜서 1분 정도 기다립니다.
6) HI-804A 전원을 켜서 1분 정도 기다립니다.
7) PC 전원을 켜서 부팅을 합니다.

■ 공유기 설정 및 무선 설정
1) 스마트폰에서 'HI-NETWORK' 앱을 설치합니다.
2) 앱을 실행한 후 '기본 설정 마법사'를 실행합니다.
3) 자동으로 검색된 HI-804A를 터치합니다.
4) 장치의 비밀번호는 기본 세팅이 되어 있는데, 변경을 원하면 비밀번호 터치 후 새로 입력한 뒤 '저장'을 터치하세요.
5) 동작 방식을 [Router 방식], 연결 방식을 [유동 IP방식]으로 설정합니다.
6) 와이파이의 이름과 비밀번호가 자동 세팅이 되는데, 변경을 원하면 새로 입력한 뒤 '저장'을 터치하세요.
7) 설정이 완료되면 '확인' 버튼을 터치하세요.

01 S사의 정보보안팀 H사원은 HI-804A를 설치하기 위해 몇 가지 사항들을 점검하였다. 다음 중 H사원이 점검한 내용으로 적절하지 않은 것은?

① 현재 사내에서 사용 중인 다른 공유기가 있는지 확인하였다.
② HI-804A의 IP주소를 확인하였다.
③ 현재 사용 중인 공유기의 IP주소를 확인하였다.
④ IP주소가 충돌하여 HI-804A의 IP주소를 변경하였다.
⑤ HI-804A의 사용자 이름과 비밀번호를 확인하였다.

02 H사원은 설명서를 참고하여 공유기를 설치하였다. HI-804A의 1·2번 포트는 INTERNET포트이고 3·4번 포트는 LAN포트이며, 5번 포트는 셋톱박스포트이다. 다음 중 공유기를 바르게 설치한 것은?

①
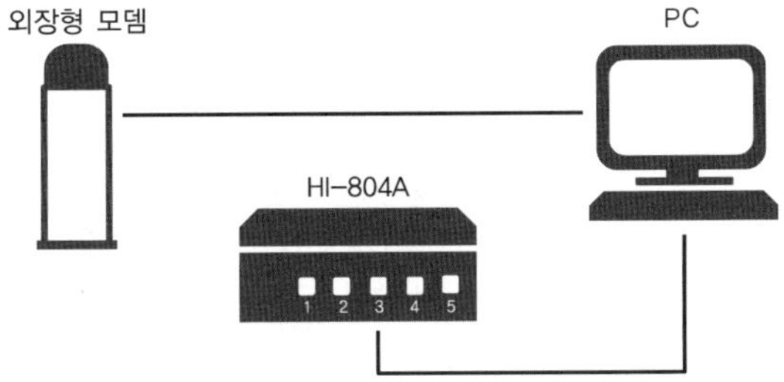

②
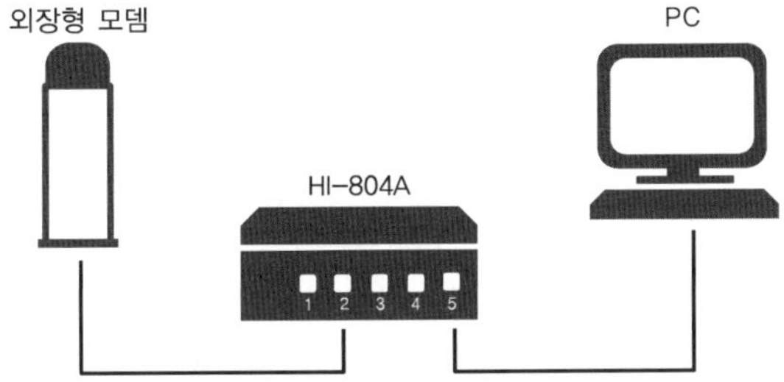

③
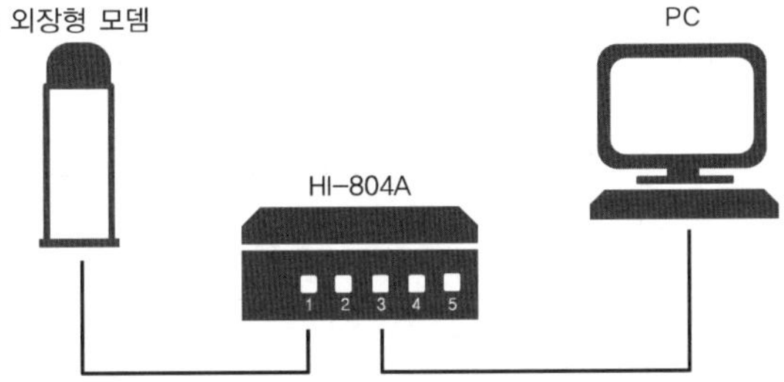

④
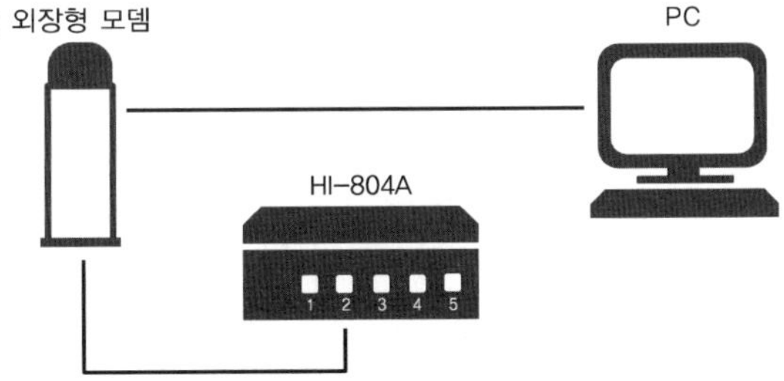

⑤
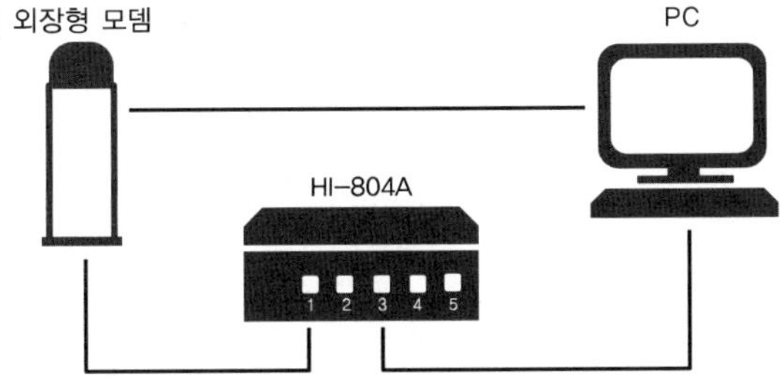

03 다음과 같은 입력 패턴 A, B를 〈조건〉에 따라 원하는 출력 패턴으로 합성하고자 한다. (가)에 들어갈 논리 연산자로 옳은 것은?

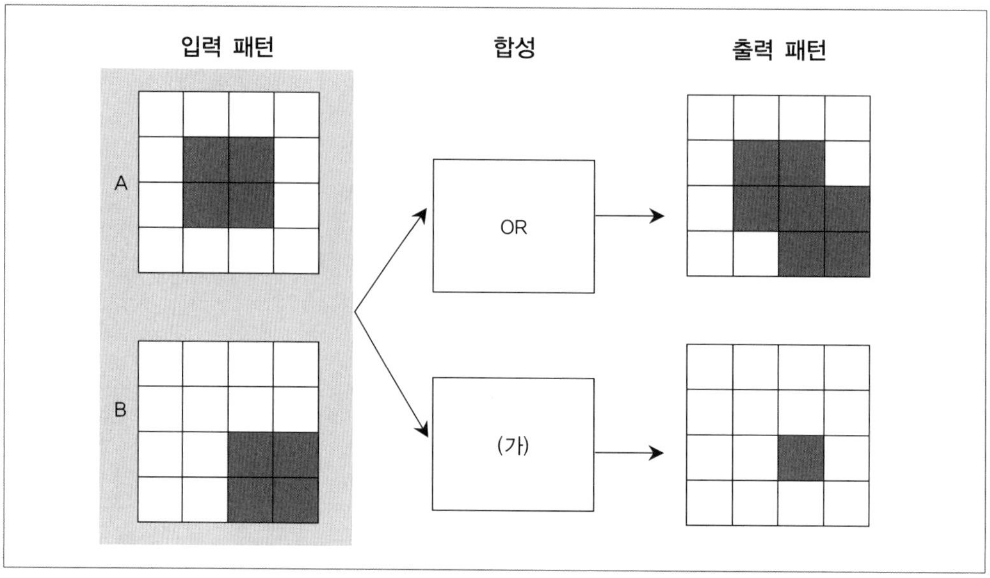

조건

- ■은 패턴값 '1'로, □은 패턴값 '0'으로 변환하여 합성에 필요한 논리 연산을 한 후, '1'은 ■으로 '0'은 □으로 표시한다.
- 합성은 두 개의 입력 패턴 A, B를 겹쳐서 1 : 1로 대응되는 위치의 패턴값끼리 논리 연산을 수행하여 이루어진다.
- 입력 패턴 A, B와 출력 패턴의 회전은 없다.

① AND ② NOR
③ XOR ④ NAND
⑤ OR

04 S정보통신회사에 입사한 A사원은 시스템 모니터링 및 관리 업무를 담당하게 되었다. 다음 내용을 참고할 때, 〈보기〉의 빈칸에 들어갈 코드로 옳은 것은?

다음 모니터에 나타나는 정보를 이해하고 시스템 상태를 판독하여 적절한 코드를 입력하는 방식을 파악하시오.

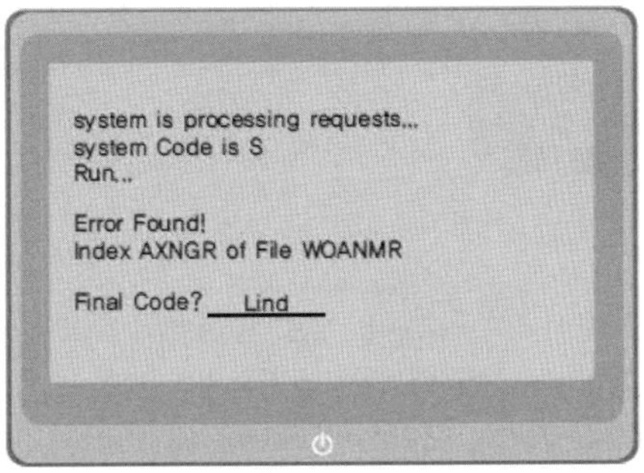
system is processing requests...
system Code is S
Run...
Error Found!
Index AXNGR of File WOANMR
Final Code? Lind

항목	세부사항
Index ◇◇◇ of File ◇◇◇	• 오류 문자 : Index 뒤에 나타나는 문자 • 오류 발생 위치 : File 뒤에 나타나는 문자
Error Value	• 오류 문자와 오류 발생 위치를 의미하는 문자에 사용된 알파벳을 비교하여 일치하는 알파벳의 개수를 확인
Final Code	• Error Value를 통하여 시스템 상태 판단

판단 기준	Final Code
일치하는 알파벳의 개수=0	Svem
0<일치하는 알파벳의 개수≤1	Atur
1<일치하는 알파벳의 개수≤3	Lind
3<일치하는 알파벳의 개수≤5	Nugre
일치하는 알파벳의 개수>5	Qutom

보기

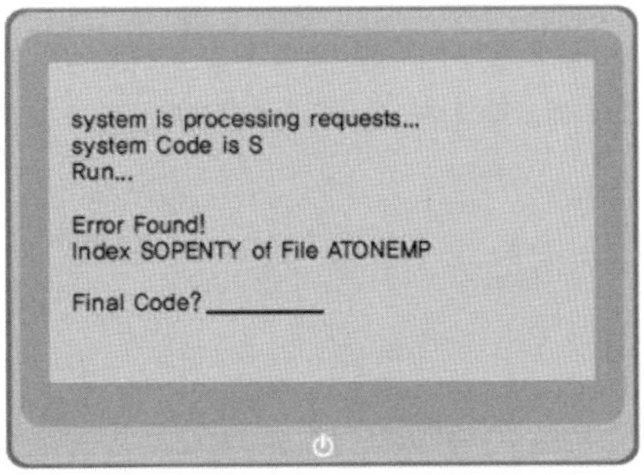
system is processing requests...
system Code is S
Run...
Error Found!
Index SOPENTY of File ATONEMP
Final Code?

① Svem
② Atur
③ Lind
④ Nugre
⑤ Qutom

CHAPTER 08

자기개발능력

합격 CHEAT KEY

자기개발능력은 직업인으로서 자신의 능력, 적성, 특성 등의 객관적 이해를 기초로 자기 발전 목표를 스스로 수립하고 자기관리를 통하여 성취해 나가는 능력을 의미한다. 또한 직장 생활을 포함한 일상에서 스스로를 관리하고 개발하는 능력을 말한다. 국가직무능력표준에 따르면 세부 유형은 자아 인식 · 자기 관리 · 경력 개발로 나눌 수 있다.

01 개념을 정립하라!

자기개발능력의 문제들은 대부분 어렵거나 특별한 지식을 요구하지는 않는다. 그렇기 때문에 따로 시간을 할애해 학습하지 않아도 득점이 가능하다. 다만, 매슬로의 욕구 단계, 조하리의 창 등의 개념이나 키워드들은 정리해서 미리 알아 둘 필요가 있다.

02 개념과 상황에 대비하라!

자신에 대한 이해를 바탕으로 스스로를 관리하고 나아가 개발하는 것에 대한 문제가 대부분인데, 상식으로 풀 수 있는 내용뿐만 아니라 지식을 알아 두지 않으면 틀릴 수밖에 없는 내용도 많다. 그렇기 때문에 자주 출제되는 개념들은 분명히 정리해야 하고, 출제되는 유형이 지식 자체를 묻기보다는 대화나 예시와 함께 제시되기 때문에 상황과 함께 연결해서 정리해 두어야 한다.

03 업무 사례와 연관 지어라!

자기개발의 정의와 구성 요인을 파악하는 기본적인 이론도 중요하지만, 실제 업무 사례와 연관 짓거나 상황에 적용하는 등의 문제를 통해 자기개발 전략에 대해 이해할 필요가 있다. 스스로 자기개발 계획을 수립하여 실제 업무 수행 시 반영할 수 있어야 한다.

04 출제 이유를 생각하라!

이 영역은 굳이 공부를 하지 않아도 되는 영역이라고 생각하는 사람들이 많다. 그럼에도 공사·공단에서 자기개발능력을 시험으로 출제하는 근본적인 이유를 생각해 볼 필요가 있다. 대부분의 수험생들이 자기개발능력에 공부시간을 전혀 할애하지 않고 시험을 보러 간다. 그렇기 때문에 본인이 찍는 정답이 곧 본인의 가치관을 반영하는 것이라고 할 수 있다. 자기개발은 본인 스스로를 위해서 이루어지고, 직장생활에서의 자기개발은 업무의 성과를 향상시키기 위해 이루어진다. 출제자들은 그것을 파악하려고 하는 것이다. 이는 기본적인 개념을 암기해야 할 이유이다.

01 자기 관리

| 유형분석 |

- 자기개발과 관련된 개념 문제가 자주 출제된다.
- 다양한 상황에 이론을 대입하여 푸는 문제가 출제된다.

다음 사례에서 A사원이 자기개발을 위해 가장 먼저 해야 할 일로 옳은 것은?

> 현재 직장에 근무한 지 3년 차인 A사원은 그동안 단순 반복되는 업무를 맡아왔다. 얼마 전 새로 입사한 신입사원을 보면서 자신이 신입사원으로 들어왔을 때를 떠올렸다. 그때는 나름 힘찬 포부와 커다란 목표를 가지고 있었는데, 지금은 업무에 시달리다 보니 아무런 목표 의식 없이 주어진 일을 끝내기에만 바빴다. 신입사원보다 자신의 능력이 부족하다는 것을 느끼게 되었고, 마침내 자신의 전문성을 신장시켜야겠다고 결심했다.

① 반성 및 피드백을 한다.
② 일정을 수립한다.
③ 수행해야 할 과제를 발견한다.
④ 비전과 목표를 수립한다.
⑤ 자신의 흥미·적성 등을 파악한다.

정답 ⑤

A사원은 신입사원을 보면서 자기개발의 필요성을 깨닫고 있다. 따라서 A사원이 자기개발을 하기 위해 가장 먼저 해야 할 일은 자기개발의 첫 단계인 자신의 흥미·적성 등 자신이 누구인지 파악하는 것이다.

오답분석

①·②·③·④ 자아 인식의 단계 이후 이루어지는 자기 관리에 해당한다.

풀이 전략!

> 주로 상황과 함께 문제가 출제되기 때문에 제시된 상황을 정확하게 이해하는 것이 중요하다. 또한 자주 출제되는 개념을 반복 학습하여 빠르게 문제를 풀어야 한다.

01 **다음 사례를 읽고 C가 A와 B에게 해줄 수 있는 조언으로 적절하지 않은 것은?**

> 같은 제약회사에서 일하는 A, B, C 세 사람은 열심히 일을 하고 있다. 요즘 들어 업무량이 많아졌기 때문에, 세 사람 모두 하루 종일 열심히 일을 해도 배당되는 업무량을 달성하기가 쉽지 않다. 그러나 일을 하는 태도에 있어서는 차이를 보이고 있다.
> A의 경우는 오늘도 불평이다. "왜 이렇게 더워?", "도대체 집에는 언제 갈 수 있는 거야?", "뭐야? 몇 번이나 실험을 해야 돼?", "정말 내가 그만두지 못해서 다닌다. 다녀."
> B의 경우는 묵묵히 자신의 일을 하지만 그렇게 즐거워 보이지는 않는다. "회사는 돈을 버는 수단이지. 열심히 일해서 돈을 많이 벌고, 그 돈을 여가생활에 쓰면 되는 거 아냐?", "나는 주말만 기다려. 주말에는 수상스키를 타러 가야지."
> C의 경우는 뭐가 그렇게 좋은지 오늘도 싱글벙글이다. "이번 신상품 개발에 내가 낸 제안이 받아들여졌어. 너무 신나지 않아?", "아. 이렇게 하면 졸리지 않은 코감기 약이 나올 수 있겠는걸? 한 번 더 실험해 봐야겠다." 이처럼 매사에 긍정적인 C는 A와 B에게 흥미나 적성도 노력을 통해 개발될 수 있음을 알려주고 싶어 한다.

① 마인드컨트롤을 통해 자신을 의식적으로 관리해 보는 건 어때?
② 자신이 수행한 결과물을 점검해 보면 자신이 성취한 일에 대한 자긍심이 생길 거야.
③ 현재 기업의 문화와 풍토가 자신에게 어떠한 영향을 주고 있는지 확인해 보는 게 어때?
④ 자기 스스로 이 일을 잘 할 수 있다고 생각하는 자신감을 꾸준히 가질 필요가 있어.
⑤ 무엇보다 일을 할 때에는 작은 단위보다 큰 단위로 수행하는 것이 좋아.

02 **S회사 외식사업부 상품개발팀에 소속되어 있는 A사원은 자신만이 가지고 있는 능력을 팀원들에게 홍보하고자 한다. 이때, A사원이 자신을 홍보하기 위해 활용할 수 있는 전략으로 적절하지 않은 것은?**

① 외식 동호회 및 미식 연구 동아리에 가입하여 인적 네트워크를 형성한다.
② 자신이 개발한 메뉴가 곧 자신을 홍보하는 것이므로 메뉴 개발에 몰두한다.
③ 개인 블로그를 만들어 자신의 실무적인 지식과 업무경험에 대한 자료를 꾸준히 게시한다.
④ 자신이 개발한 대표 메인메뉴와 디저트메뉴를 정리하여 포트폴리오를 제작한다.
⑤ 기존의 전형적인 명함과 달리 음식 사진을 넣은 자신만의 명함을 만든다.

03 **다음 중 자기개발 설계 전략의 특징으로 적절하지 않은 것은?**

① 보통 장기목표라 하면 1 ~ 3년 정도의 목표를 의미한다.
② 인간관계를 고려한다.
③ 현 직무를 담당하는 데 필요한 능력과 적성들을 고려한다.
④ 명확하고 구체적으로 수립한다.
⑤ 개인에 따라 중요한 생애전환기를 기준으로 바뀔 수 있다.

04 **다음 중 S사원이 자기개발에 어려움을 겪고 있는 이유로 가장 적절한 것은?**

> S사원은 국내 제조업체에서 근무하고 있지만 업무에 흥미를 느끼지 못하고 있다. 그래서 외국계 IT 회사로 이직하기 위해 계획을 세우고 관련한 자격증을 따기 위해서 인터넷 강의도 등록하였다. 그러나 강의를 들어 보니 그동안 해 왔던 업무와 전혀 다른 새로운 분야인 데다가, 현재 근무 중인 회사를 벗어나 자신이 새로운 곳에 잘 적응할 수 있을지 두려움이 생겼다.

① 자기실현에 대한 욕구보다 다른 욕구가 더 강했기 때문이다.
② 자신을 객관적으로 파악하지 못했기 때문이다.
③ 자기개발 방법을 정확히 알지 못했기 때문이다.
④ 현재 익숙한 일과 환경을 지속하려는 습성 때문이다.
⑤ 시간에 비해 과도한 계획을 세웠기 때문이다.

05 다음 중 자기관리의 단계를 순서대로 바르게 나열한 것은?

㉠ 일정 수립 ㉡ 과제 발견 ㉢ 수행 ㉣ 반성 및 피드백 ㉤ 비전 및 목표 정립

① ㉠－㉢－㉡－㉤－㉣
② ㉠－㉢－㉤－㉡－㉣
③ ㉠－㉣－㉡－㉢－㉤
④ ㉤－㉡－㉠－㉢－㉣
⑤ ㉤－㉢－㉡－㉠－㉣

PART 2

06 다음은 조셉과 해리, 두 심리학자에 의해 만들어진 '조해리의 창(Johari's Window)'을 나타낸 자료이다. S사원은 자신이 생각하는 자신의 모습과 주변 동료들이 생각하는 자신의 모습을 다음과 같이 정리하였을 때, 이를 이해한 내용으로 적절하지 않은 것은?

〈S사원이 작성한 조해리의 창〉

구분	내가 아는 나	내가 모르는 나
타인이 아는 나	• 활달하고 개방적이다. • 사람들과 원만하게 잘 지내려고 한다. • 센스가 있는 편이다.	• 감정 기복이 심한 편이다. • 간혹 소심하고 내성적인 모습도 보인다. • 과시하고 싶어 한다.
타인이 모르는 나	• 불의를 보면 참을 수 없다. • 다혈질적이다. • 혼자 있는 것을 싫어한다.	㉠

① 자신이 감정 기복이 심한 편인지 스스로 생각해 볼 필요가 있다.
② 혼자 있는 것을 싫어하는 점을 상대방에게 조금씩 알려 주는 것도 좋다.
③ 자신이 다혈질적인지 스스로 생각해 볼 필요가 있다.
④ 자신이 매사에 과시하는 모습을 보이지 않았는지 반성할 필요가 있다.
⑤ ㉠은 S사원 자신도 모르고, 타인도 모르는 미지의 영역으로 볼 수 있다.

대표기출유형

02 경력 관리

| 유형분석 |

- 경력개발의 단계에 대한 문제가 자주 출제된다.
- 직장 내 상황에 경력개발의 단계를 대입하여 푸는 문제가 출제된다.

다음은 A부장이 경력 목표를 설정하기 위해 사용한 방법들이다. 이 중 그 성격이 다른 하나는?

① 자기인식 관련 워크숍 참여
② 평가기관의 전문가와 면담
③ 표준화된 검사 이용
④ 일기 등을 통한 성찰
⑤ 직업 관련 홈페이지 탐색

정답 ⑤

①·②·③·④는 모두 자신의 능력·흥미·적성 등을 파악하기 위한 자기 탐색의 방법으로, 이와 달리 ⑤는 직무와 관련된 주변 환경의 기회와 장애요인을 분석하기 위한 환경 탐색의 방법이다.

풀이 전략!

경력개발의 단계에 대한 암기를 확실하게 해야 하고, 문제에 제시된 상황을 꼼꼼하게 읽고 이론을 대입해야 한다.

01 다음 글에서 설명하는 경력개발의 단계로 가장 적절한 것은?

이 단계는 조직의 규칙이나 규범, 분위기를 알고 적응해 나가는 것이 중요한 과제이다. 또한 궁극적으로 조직에서 자신의 입지를 확고히 다져나가 승진하는 데 많은 관심을 가지는 시기이다.

① 직업 선택
② 조직 입사
③ 경력 초기
④ 경력 중기
⑤ 경력 말기

02 다음 중 경력개발계획을 수립하기 위한 과정을 순서대로 바르게 나열한 것은?

㉠ 경력개발 전략수립
㉡ 경력목표 설정
㉢ 직무정보 탐색
㉣ 자신과 환경이해

① ㉠－㉣－㉢－㉡
② ㉡－㉢－㉣－㉠
③ ㉢－㉡－㉣－㉠
④ ㉢－㉣－㉡－㉠
⑤ ㉣－㉢－㉠－㉡

03 다음 중 환경변화에 속하는 경력개발능력이 필요한 이유로 적절하지 않은 것은?

① 지식정보의 빠른 변화
② 삶의 질 추구
③ 능력주의 문화
④ 중견사원 이직 증가
⑤ 인력난 심화

CHAPTER 09 대인관계능력

합격 CHEAT KEY

대인관계능력은 직장생활에서 접촉하는 사람들과 원만한 관계를 유지하고 조직구성원들에게 도움을 줄 수 있으며 조직 내부 및 외부의 갈등을 원만히 해결하고 고객의 요구를 충족할 수 있는 능력을 의미한다. 또한, 직장생활을 포함한 일상에서 스스로를 관리하고 개발하는 능력을 말한다. 세부 유형은 팀워크, 갈등 관리, 협상, 고객 서비스로 나눌 수 있다.

01 일반적인 수준에서 판단하라!

일상생활에서의 대인관계를 생각하면서 문제에 접근하면 어렵지 않게 풀 수 있다. 그러나 수험생들 입장에서 직장 내에서의 상황, 특히 역할(직위)에 따른 대인관계를 묻는 문제는 까다롭게 느껴질 수 있고 일상과는 차이가 있을 수 있기 때문에 이런 유형에 대해서는 따로 알아둘 필요가 있다.

02 이론을 먼저 익혀라!

대인관계능력 이론을 접목한 문제가 종종 출제된다. 물론 상식 수준에서도 풀 수 있지만 정확하고 신속하게 해결하기 위해서는 이론을 정독한 후 자주 출제되는 부분들은 암기를 필수로 해야 한다. 자주 출제되는 부분은 리더십과 멤버십의 차이, 단계별 협상 과정, 고객 불만 처리 프로세스 등이 있다.

03 실제 업무에 대한 이해를 높여라!

출제되는 문제의 수는 많지 않으나, 고객과의 접점에 있는 서비스직군 시험에 출제될 가능성이 높은 영역이다. 특히 상황 제시형 문제들이 많이 출제되므로 실제 업무에 대한 이해를 높여야 한다.

04 애매한 유형의 빈출 문제, 선택지를 파악하라!

대인관계능력의 출제 문제들을 보면 이것도 맞고, 저것도 맞는 것 같은 선택지가 많다. 하지만 정답은 하나이다. 출제자들은 대인관계능력이란 공부를 통해 얻는 것이 아닌 본인의 독립적인 성품으로부터 자연스럽게 나오는 것이라고 생각한다. 수험생들이 선택하는 보기로 그 수험생들을 파악한다. 그러므로 대인관계능력은 빈출 유형의 문제와 선택지를 파악하고 가는 것이 애매한 문제들의 정답률을 높이는 데 도움이 될 것이다. 내가 맞다고 생각하는 선택지가 답이 아닐 가능성이 있기 때문이다.

01 팀워크

| 유형분석 |

- 팀워크에 대한 이해를 묻는 문제가 자주 출제된다.
- 직장 내 상황 중에서 구성원으로서 팀워크를 위해 어떤 행동을 해야 하는지 묻는 문제가 출제되기도 한다.

다음 상황에 대하여 K부장에게 조언할 수 있는 말로 가장 적절한 것은?

K부장은 얼마 전에 자신의 부서에 들어온 두 명의 신입사원 때문에 고민 중이다. 신입사원 A씨는 꼼꼼하고 차분하지만 대인관계가 서투르며, 신입사원 B씨는 사람들과 금방 친해지는 친화력을 가졌으나 업무에 세심하지 못한 모습을 보여 주고 있다. 이러한 성격으로 인해 A씨는 현재 영업 업무를 맡아 자신에게 어려운 대인관계로 인해 스트레스를 받고 있으며, B씨는 재고 관리 업무에 대해 재고 기록을 누락시키는 등의 실수를 반복하고 있다.

① 조직구조를 이해시켜야 한다.
② 의견의 불일치를 해결해야 한다.
③ 개인의 강점을 활용해야 한다.
④ 주관적인 결정을 내려야 한다.
⑤ 팀의 풍토를 발전시켜야 한다.

정답 ③

팀 에너지를 최대로 활용하는 효과적인 팀을 위해서는 팀원들 개인의 강점을 인식하고 활용해야 한다. A씨의 강점인 꼼꼼하고 차분한 성격과 B씨의 강점인 친화력을 인식하여 A씨에게 재고 관리 업무를, B씨에게 영업 업무를 맡긴다면 팀 에너지를 향상시킬 수 있다.

풀이 전략!

제시된 상황을 자신의 입장이라고 생각해 본 후, 가장 모범적이라고 생각되는 것을 찾아야 한다. 이때, 지나치게 자신의 생각만 가지고 문제를 풀지 않도록 주의하며, 팀워크에 대한 이론과 연관 지어 답을 찾도록 해야 한다.

대표기출유형 01 기출응용문제

01 **다음 〈보기〉 중 S부서가 직면한 상황에서 대안으로 제시될 팀워크(Teamwork) 유형의 핵심 가치로 옳은 것을 모두 고르면?**

> S부서는 최근 도전적인 프로젝트 진행을 위해 새로운 팀워크 유형을 모델로 삼으려고 한다. 빠른 실천과 피드백이 필요한 만큼, 구성원 개인이 거쳐야 하는 결재 절차를 간소화하는 방향의 팀워크 유형을 적용하여 조직 구조를 변화시키고자 한다.

보기

ㄱ. 일관성
ㄴ. 개인적 책임
ㄷ. 유연성
ㄹ. 제한된 조망

① ㄱ, ㄴ
② ㄱ, ㄷ
③ ㄴ, ㄷ
④ ㄴ, ㄹ
⑤ ㄷ, ㄹ

02 **다음 중 팀워크에 효과적인 방법으로 옳지 않은 것은?**

① 사소한 것에도 관심을 가진다.
② 결과보다 과정에 초점을 맞춘다.
③ 기대와 책임 등을 명확하게 한다.
④ 목표를 명확하게 한다.
⑤ 개인의 강점을 활용한다.

02 리더십

| 유형분석 |

- 리더십의 개념을 비교하는 문제가 자주 출제된다.
- 리더의 역할에 대한 문제가 출제되기도 한다.

다음 중 거래적 리더십과 변혁적 리더십의 차이점에 대한 설명으로 옳지 않은 것은?

거래적 리더십은 '규칙을 따르는' 의무에 관계되어 있기 때문에 거래적 리더들은 변화를 촉진하기보다는 조직의 안정을 유지하는 것을 중시한다. 그리고 거래적 리더십에는 리더의 요구에 부하가 순응하는 결과를 가져오는 교환 과정이 포함되지만, 조직원들이 과업목표에 대해 열의와 몰입까지는 발생시키지 않는 것이 일반적이다.
변혁적 리더십은 거래적 리더십 내용과 대조적이다. 리더가 조직원들에게 장기적 비전을 제시하고 그 비전을 향해 매진하도록 조직원들로 하여금 자신의 정서・가치관・행동 등을 바꾸어 목표 달성을 위한 성취의지와 자신감을 고취시킨다. 즉, 거래적 리더십은 교환에 초점을 맞춰 단기적 목표를 달성하고 이에 따른 보상을 받고, 변혁적 리더십은 장기적으로 성장과 발전을 도모하며 조직원들의 소속감, 몰입감, 응집력, 직무만족 등을 발생시킨다.

① 거래적 리더십의 보상체계에서는 규정에 맞는 성과 달성 시 인센티브와 보상이 주어진다.
② 변혁적 리더십은 기계적 관료제에 적합하고, 거래적 리더십은 단순구조나 임시조직에 적합하다.
③ 거래적 리더십은 안전을 지향하고 폐쇄적인 성격을 가지고 있다.
④ 변혁적 리더십은 공동목표를 추구하고 리더가 교육적 역할을 담당한다.
⑤ 변혁적 리더십은 업무 등의 과제의 가치와 당위성을 주시하여 성공에 대한 기대를 제공한다.

정답 ②

거래적 리더십은 기계적 관료제에 적합하고, 변혁적 리더십은 단순구조나 임시조직, 경제적응적 구조에 적합하다.
- 거래적 리더십 : 리더와 조직원들이 이해타산적 관계에 의해 규정에 따르며, 합리적인 사고를 중시하고 보강으로 동기를 유발한다.
- 변혁적 리더십 : 리더와 조직원들이 장기적 목표 달성을 추구하고, 리더는 조직원의 변화를 통해 동기를 부여하고자 한다.

풀이 전략!

리더십의 개념을 비교하는 문제가 자주 출제되기 때문에 관련 개념을 정확하게 암기해야 하고, 조직 내에서의 리더의 역할에 대한 이해가 필요하다.

대표기출유형 02 기출응용문제

01 다음 중 임파워먼트를 방해하는 요소에서 관리 차원의 장애요인에 해당하지 않는 것은?

① 최팀장은 부서 내 모든 정보를 본인이 직접 보유하고 통제하려는 성향이 강하다.
② 김부장은 경력직 인사로 임명되었으나, 부서 사업과 동종의 사업 경험이 부족하다.
③ 이팀장은 정책을 기획하는 능력이 뛰어나지만, 이를 실행하는 능력은 부족하다.
④ 주팀장은 조직의 성과 달성을 위한 업무 분장을 번거로운 일로 여긴다.
⑤ 박부장은 새로운 사업에 대한 아이디어가 풍부하지만, 조직 구성원들에게 이를 구체적으로 전달하지 못한다.

02 다음은 멤버십 유형별 특징을 정리한 자료이다. 각 유형의 멤버십을 가진 사원에 대한 리더의 대처 방안으로 가장 적절한 것은?

〈멤버십 유형별 특징〉

소외형	순응형
• 조직에서 자신을 인정해 주지 않음 • 적절한 보상이 없음 • 업무 진행에 있어 불공정하고 문제가 있음	• 기존 질서를 따르는 것이 중요하다고 생각함 • 리더의 의견을 거스르는 것은 어려운 일임 • 획일적인 태도와 행동에 익숙함
실무형	**수동형**
• 조직에서 규정준수를 강조함 • 명령과 계획을 빈번하게 변경함	• 조직이 나의 아이디어를 원치 않음 • 노력과 공헌을 해도 아무 소용이 없음 • 리더는 항상 자기 마음대로 함

① 소외형 사원은 팀에 협조하는 경우에 적절한 보상을 주도록 한다.
② 소외형 사원은 팀을 위해 업무에서 배제시킨다.
③ 순응형 사원에 대해서는 조직을 위해 순응적인 모습을 계속 권장한다.
④ 실무형 사원에 대해서는 징계를 통해 규정준수를 강조한다.
⑤ 수동형 사원에 대해서는 의견 존중을 통해 자신감을 주도록 한다.

대표기출유형

03 갈등 관리

| 유형분석 |

- 갈등의 개념이나 원인, 해결방법을 묻는 문제가 자주 출제된다.
- 실제 사례에 적용할 수 있는지를 확인하는 문제가 출제되기도 한다.
- 일반적인 상식으로 해결할 수 있는 문제가 출제되기도 하지만, 자의적인 판단에 주의해야 한다.

갈등을 관리하고 해소하는 방법을 더욱 잘 이해하기 위해서는 갈등을 증폭시키는 원인이 무엇인지 알 필요가 있다. 다음 중 조직에서 갈등을 증폭시키는 행위로 볼 수 없는 것은?

① 팀원 간에 서로 상대보다 더 높은 인사고과를 얻기 위해 경쟁한다.
② 팀의 공동목표 달성보다는 본인의 승진이 더 중요하다고 생각한다.
③ 다른 팀원이 중요한 프로젝트를 맡은 경우에 그 프로젝트에 대해 자신이 알고 있는 노하우를 알려 주지 않는다.
④ 갈등이 발견되면 바로 갈등 문제를 즉각적으로 다루려고 한다.
⑤ 혼자 돋보이려고 지시받은 업무를 다른 팀원에게 전달하지 않는다.

정답 ④

갈등을 발견하고도 즉각적으로 다루지 않는다면 나중에는 팀 성공을 저해하는 장애물이 될 것이다. 그러나 갈등이 존재한다는 사실을 인정하고 바로 해결을 위한 조치를 취한다면, 갈등을 해결하기 위한 하나의 기회로 전환할 수 있다.

풀이 전략!

문제에서 물어보는 내용을 정확하게 파악한 뒤, 갈등 관련 이론과 대조해 본다. 특히 자주 출제되는 갈등 해결방법에 대한 이론을 암기해 두면 문제 푸는 속도를 줄일 수 있다.

대표기출유형 03 기출응용문제

01 다음은 갈등해결을 위한 6단계 프로세스이다. 3단계에 해당하는 대화의 예로 옳은 것은?

1단계 사전 준비하기	⇨	2단계 긍정적인 분위기에서 대화 시작하기	⇨	3단계 상대방의 입장 파악하기
				⇩
6단계 최종적으로 해결책 선택 및 실행하기	⇦	5단계 해결책 평가하기	⇦	4단계 상대방의 입장에서 해결책 생각하기

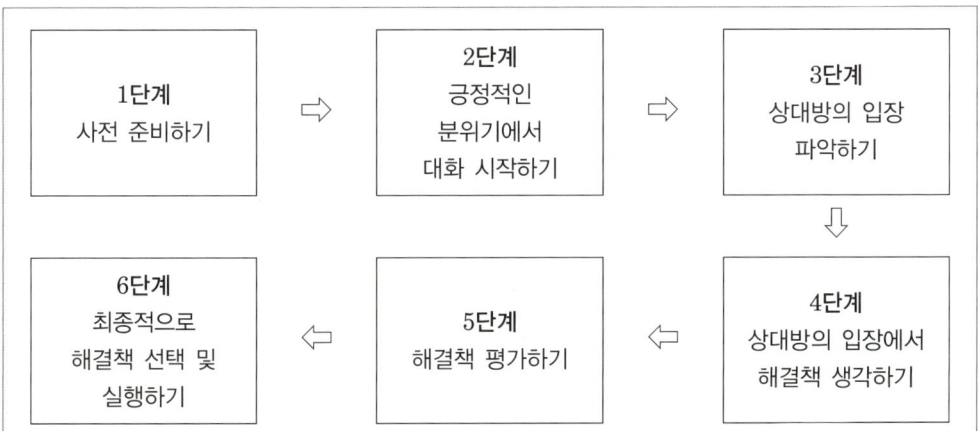

① 그럼 A씨의 생각대로 진행해 보시죠.
② 제 생각은 이런데, A씨의 생각은 어떠신지 말씀해 주시겠어요?
③ 저도 좋아요. 그것으로 결정해요.
④ 저는 모두가 만족하는 해결책을 찾고 싶어요.
⑤ A씨의 말은 아무리 들어도 이해가 안 되는데요.

02 S사에 근무하는 사원 A씨는 최근 자신의 상사인 B대리 때문에 스트레스를 받고 있다. A씨가 공들여 작성한 기획서를 제출하면 B대리가 중간에서 매번 퇴짜를 놓기 때문이다. 이와 동시에 A씨는 자신에 대한 B대리의 감정이 좋지 않은 것 같아 마음이 더 불편하다. A씨가 직장 동료인 C씨에게 이러한 어려움을 토로했을 때, 다음 중 C씨가 A씨에게 해 줄 수 있는 조언으로 적절하지 않은 것은?

① 무엇보다 관계 갈등의 원인을 찾는 것이 중요하다.
② B대리님의 입장을 충분히 고려해 볼 필요가 있다.
③ B대리님과 마음을 열고 대화해 볼 필요가 있다.
④ B대리님과 누가 옳고 그른지 확실히 논쟁해 볼 필요가 있다.
⑤ 걱정되더라도 갈등해결을 위해 피하지 말고 맞서야 한다.

대표기출유형

04 협상 전략

| 유형분석 |

- 협상 전략은 문제에서 특징을 제시하고 이에 해당하는 협상이 무엇인지 묻는 형태의 문제가 자주 출제된다.
- 협상 전략별 상황이 함께 주어지는 문제가 출제되기도 한다.

다음 중 협상 전략과 그 내용을 바르게 연결한 것은?

① 협력 전략 : 협상 참여자들이 협동과 통합으로 문제를 해결하고자 하는 과정이다.
② 유화 전략 : 'I Win, You Lose' 전략으로 영합(Zero – sum)적인 결과가 산출될 수 있다.
③ 회피 전략 : 상대방이 제시하는 것을 일방적으로 수용하여 협상의 가능성을 높이려는 전략이다.
④ 강압 전략 : 협상을 더 이상 진행하는 것이 자신에게 불리하게 될 가능성이 있을 때 사용할 수 있다.

정답 ①

협상 전략의 구분

- 협력 전략 : 협상 참여자들이 협동과 통합으로 문제를 해결하고자 하는 협력적 문제해결전략, 'Win – Win' 전략
- 유화 전략 : 상대방이 제시하는 것을 일방적으로 수용하여 협상의 가능성을 높이려는 전략, 'Lose – Win' 전략
- 회피 전략 : 협상을 피하거나 잠정적으로 중단하거나 철수하는 전략, 'Lose – Lose' 전략
- 강압 전략 : 자신이 상대방보다 힘에 있어서 우위를 점유하고 있을 때 자신의 이익을 극대화하기 위한 공격적 전략, 'Win – Lose' 전략

풀이 전략!

이론적인 내용을 묻는 문제의 경우를 대비하여 대표적인 협상 전략 이론을 숙지하고 있어야 한다. 사례의 경우 제시된 키워드를 찾아 풀이한다. 협상 전략마다 특징이 있기 때문에 어떤 예시든 그 안에 특징이 제시되므로 이를 바탕으로 적절한 협상 전략을 찾으면 된다.

대표기출유형 04 기출응용문제

01 다음 〈보기〉 중 협상 전략에 대한 설명으로 옳지 않은 것을 모두 고르면?

> 보기
>
> ㄱ. 상대방과의 협상 이외의 방법으로 쟁점해결을 위한 대안이 존재하는 경우 회피 전략을 사용할 수 있다.
>
> ㄴ. Win－Lose전략은 상대방과 상호 간에 신뢰가 두텁고, 상대에 비해 협상력이 열위에 있는 경우에 효과적이다.
>
> ㄷ. 유화 전략은 협상의 결과로 인한 이득보다 상대방과의 우호적 관계를 통해 협력관계를 이어가는 것을 중시하는 전략이다.
>
> ㄹ. 협상 과정에서 개발된 대안들에 대해 협상 참여자들이 공동으로 평가하는 것은 유화 전략의 한 형태이다.

① ㄱ, ㄴ
② ㄱ, ㄷ
③ ㄴ, ㄷ
④ ㄴ, ㄹ
⑤ ㄷ, ㄹ

02 다음 사례에서 나타나는 협상 전략으로 가장 적절한 것은?

> 사람들은 합리적인 의사결정보다 감성적인 의사결정을 하곤 한다. 소비에 있어서 이와 같은 현상을 쉽게 발견할 수 있는데, 사람들은 물건을 살 때 제품의 기능이나 가격보다는 다른 사람들의 판단에 기대어 결정하거나 브랜드의 위치를 따르는 소비를 하는 경우를 쉽게 볼 수 있는 것이다. 명품에 대한 소비나 1위 브랜드 제품을 선호하는 것 모두 이러한 현상 때문으로 볼 수 있다.

① 상대방 이해 전략
② 권위 전략
③ 희소성 해결 전략
④ 호혜관계 형성 전략
⑤ 사회적 입증 전략

PART 2

CHAPTER 10
직업윤리

합격 CHEAT KEY

직업윤리는 업무를 수행함에 있어 원만한 직업생활을 위해 필요한 태도, 매너, 올바른 직업관이다. 직업윤리는 필기시험뿐만 아니라 서류를 제출하면서 자기소개서를 작성할 때와 면접을 시행할 때도 포함되는 항목으로 들어가지 않는 공사·공단이 없을 정도로 필수 능력으로 꼽힌다.

직업윤리의 세부 능력은 근로 윤리·공동체 윤리로 나눌 수 있다. 구체적인 문제 상황을 제시하여 해결하기 위해 어떤 대안을 선택해야 할지에 관한 문제들이 출제된다.

01 오답을 통해 대비하라!

이론을 따로 정리하는 것보다는 문제에서 본인이 생각하는 모범답안을 선택하고 틀렸을 경우 그 이유를 정리하는 방식으로 학습하는 것이 효율적이다. 암기하기보다는 이해에 중점을 두고 자신의 상식으로 문제를 푸는 것이 아니라 해당 문제가 어느 영역 어떤 하위능력의 문제인지 파악하는 훈련을 한다면 답이 보일 것이다.

02 직업윤리와 일반윤리를 구분하라!

일반윤리와 구분되는 직업윤리의 특징을 이해해야 한다. 통념상 비윤리적이라고 일컬어지는 행동도 특정한 직업에서는 허용되는 경우가 있다. 그러므로 문제에서 주어진 상황을 판단할 때는 우선 직업의 특성을 고려해야 한다.

03 직업윤리의 하위능력을 파악해 두어라!

직업윤리의 경우 직장생활 경험이 없는 수험생들은 조직에서 일어날 수 있는 구체적인 직업윤리와 관련된 내용에 흥미가 없고 이를 이해하는 데 어려움이 있을 수 있다. 그러나 문제에서는 구체적인 상황·사례를 제시하는 문제가 나오기 때문에 직장에서의 예절을 정리하고 문제 상황에서 적절한 대처를 선택하는 연습을 하는 것이 중요하다.

04 면접에서도 유리하다!

많은 공사·공단에서 면접 시 직업윤리에 관련된 질문을 하는 경우가 많다. 직업윤리 이론 학습을 미리 해 두면 본인의 가치관을 세우는 데 도움이 되고 이는 곧 기업의 인재상과도 연결되기 때문에 미리 준비해 두면 필기시험에서 합격하고 면접을 준비할 때도 수월할 것이다.

대표기출유형

01 윤리 · 근면

| 유형분석 |

- 주어진 제시문 속의 비윤리적인 상황에 대하여 원인이나 대처법을 고르는 문제가 출제된다.
- 근면한 자세의 사례를 고르는 문제 또한 종종 출제된다.
- 직장생활 내에서 필요한 윤리적이고 근면한 태도에 대한 문제가 자주 출제된다.

다음 중 A ~ C의 비윤리적 행위에 대한 원인을 순서대로 바르게 나열한 것은?

- A는 영화관 내 촬영이 금지된 것을 모르고 영화 관람 중 스크린을 동영상으로 촬영하였고, 이를 인터넷에 올렸다가 저작권 위반으로 벌금이 부과되었다.
- B는 얼마 전 친구에게 인터넷 도박 사이트를 함께 운영하자는 제안을 받았고, 그러한 행위가 불법인 줄 알았음에도 불구하고 많은 돈을 벌 수 있다는 친구의 말에 제안을 바로 수락했다.
- 평소에 화를 잘 내지 않는 C는 만취한 상태로 편의점에 들어가 물건을 구매하는 과정에서 직원과 말다툼을 하다가 화를 주체하지 못하고 주먹을 휘둘렀다.

	A	B	C
①	무절제	무지	무관심
②	무관심	무지	무절제
③	무관심	무절제	무지
④	무지	무관심	무절제
⑤	무지	무절제	무관심

정답 ④

- A : 영화관 내 촬영이 불법인 줄 모르고 영상을 촬영하였으므로 무지로 인한 비윤리적 행위를 저질렀다.
- B : 불법 도박 사이트 운영이 불법임을 알고 있었지만, 이를 중요하게 여기지 않는 무관심으로 인한 비윤리적 행위를 저질렀다.
- C : 만취한 상태에서 자신을 스스로 통제하지 못하고 폭력을 행사하였으므로 무절제로 인한 비윤리적 행위를 저질렀다.

비윤리적 행위의 원인

- 무지 : 사람들은 무엇이 옳고, 무엇이 그른지 모르기 때문에 비윤리적 행위를 저지른다.
- 무관심 : 자신의 행위가 비윤리적이라는 것을 알고 있지만, 윤리적인 기준에 따라 행동해야 한다는 것을 중요하게 여기지 않는다.
- 무절제 : 자신의 행위가 잘못이라는 것을 알고 그러한 행위를 하지 않으려고 함에도 불구하고 자신의 통제를 벗어나는 어떤 요인으로 인하여 비윤리적 행위를 저지른다.

풀이 전략!

근로윤리는 우리 사회가 요구하는 도덕상에 기초하고 있다는 점을 유념하고, 다양한 사례를 익혀 문제에 적응한다.

대표기출유형 01 기출응용문제

01 근면에는 외부로부터 강요당한 근면과 스스로 자진해서 하는 근면 두 가지가 있다. 다음 〈보기〉 중 스스로 자진해서 하는 근면을 모두 고르면?

보기

㉠ 생계를 유지하기 위해 기계적으로 작업장에서 하는 일
㉡ 승진을 위해 외국어를 열심히 공부하는 일
㉢ 상사의 명령에 의해 하는 야근
㉣ 영업사원이 실적향상을 위해 노력하는 일

① ㉠, ㉡
② ㉠, ㉢
③ ㉡, ㉢
④ ㉡, ㉣
⑤ ㉢, ㉣

02 다음 〈보기〉의 ㉠ ~ ㉣과 비윤리적 행위 유형을 바르게 분류한 것은?

보기

㉠ 제약회사에서 근무하는 A사원은 자신의 매출실적을 올리기 위하여 계속해서 병원에 금품을 제공하고 있다.
㉡ B건설회사는 완공일자를 맞추기에 급급하여 안전수칙을 제대로 지키지 않았고, 결국 커다란 인명사고가 발생하였다.
㉢ C가구업체는 제품 설계 시 안전상의 고려를 충분히 하지 않아, 제품을 구매한 소비자들에게 안전사고를 유발시켰다.
㉣ IT회사의 D팀장은 관련 업계의 회사 간 가격담합이 이루어지고 있음을 발견하였으나, 별다른 조치를 취하지 않았다.

	도덕적 타성	도덕적 태만
①	㉠, ㉡	㉢, ㉣
②	㉠, ㉢	㉡, ㉣
③	㉠, ㉣	㉡, ㉢
④	㉡, ㉢	㉠, ㉣
⑤	㉡, ㉣	㉠, ㉢

대표기출유형

02 봉사 · 책임 의식

| 유형분석 |

- 개인이 가져야 하는 책임 의식과 기업의 사회적 책임으로 양분되는 문제이다.
- 봉사의 의미를 묻는 문제가 종종 출제된다.

다음은 봉사에 대한 글이다. 영문 철자에서 봉사가 함유한 의미로 옳지 않은 것은?

> 봉사란 나라나 사회 혹은 타인을 위하여 자신의 이해를 돌보지 아니하고 몸과 마음을 다하여 일하는 것을 가리키며, 영문으로는 'Service'에 해당한다. 'Service'의 각 철자에서 봉사가 함유한 7가지 의미를 도출해 볼 수 있다.

① S : Smile & Speed
② E : Emotion
③ R : Repeat
④ V : Value
⑤ C : Courtesy

정답 ③

'R'은 반복하여 제공한다는 'Repeat'이 아니라 'Respect'로, 고객을 존중하는 것을 의미한다.

오답분석

① 미소와 함께 신속한 도움을 제공한다는 의미이다.
② 고객에게 감동을 준다는 의미이다.
④ 고객에게 가치를 제공한다는 의미이다.
⑤ 고객에게 예의를 갖추고 정중하게 대한다는 의미한다.

풀이 전략!

직업인으로서 요구되는 봉사정신과 책임 의식에 대해 숙지하도록 한다.

01 다음 글을 읽고 이해한 내용으로 적절하지 않은 것은?

> 중소기업 영업부에서 수주업무를 담당하는 S과장은 거래처 한 곳에서 큰 프로젝트를 수주할 좋은 기회를 얻게 되었고, 이를 위하여 기술부와 영업부 직원 모두가 며칠 동안 밤을 세우며 입찰 서류를 준비했다. 드디어 입찰하는 날이 되었고, S과장은 뿌듯한 기분으로 운전을 하며 입찰장소로 향하고 있었다. 그런데 S과장은 앞에서 달리고 있던 승용차 한 대가 사람을 친 후 달아나는 것을 목격했다. S과장은 출혈도 심하고 의식이 없는 환자를 차에 태우고 인근 병원으로 정신없이 운전하였고, 결국 상당한 시간이 지체되었다. 그 후 S과장은 황급히 입찰장소로 향했으나 교통체증이 너무 심했고, 현장에 도착하니 입찰은 이미 다 끝나 버린 상태였다.

① 회사의 입장에서 S과장은 좋은 일을 했다고 볼 수 있다.
② S과장의 행동은 직업인으로서 책임과 본분을 망각한 행위이다.
③ S과장은 환자를 태우고 가면서 회사에 상황을 보고했어야 한다.
④ 회사 업무 중에는 공적인 입장에서 판단해야 함을 알 수 있다.
⑤ 사회적 입장에서 S과장은 생명의 은인으로 찬사받을 수 있다.

02 다음 〈보기〉 중 고객접점서비스에 대한 설명으로 적절한 것을 모두 고르면?

> **보기**
> ㄱ. 덧셈 법칙이 적용된다.
> ㄴ. 처음 만났을 때의 15초가 중요하다.
> ㄷ. 서비스 요원이 책임을 지고 고객을 만족시킨다.
> ㄹ. 서비스 요원의 용모와 복장이 중요하다.
> ㅁ. 고객접점서비스를 강화하기 위해서는 서비스 요원의 권한을 약화시켜야 한다.

① ㄱ, ㄴ, ㄷ
② ㄴ, ㄷ, ㄹ
③ ㄷ, ㄹ, ㅁ
④ ㄱ, ㄷ, ㄹ, ㅁ
⑤ ㄱ, ㄴ, ㄷ, ㄹ, ㅁ

시대에듀

MEMO

PART 3

직무수행능력평가

CHAPTER

01 사무직(행정학) 적중예상문제

정답 및 해설 p.078

01 다음 중 정책결정과 관련된 이론에 대한 설명으로 옳지 않은 것은?

① 쿠바 미사일 사태에 대한 사례 분석인 앨리슨(Allison) 모형은 정부의 정책결정 과정은 합리모형보다는 조직과정모형과 정치모형으로 설명하는 것이 더 바람직하다고 주장한다.

② 드로(Dror)가 주장한 최적모형은 기존의 합리적 결정 방식이 지나치게 수리적 완벽성을 추구해 현실성을 잃었다는 점을 지적하고 합리적 분석뿐만 아니라 결정자의 직관적 판단도 중요한 요소로 간주한다.

③ 쓰레기통 모형은 문제, 해결책, 선택 기회, 참여자의 네 요소가 독자적으로 흘러 다니다가 어떤 계기로 만나게 될 때 결정이 이루어진다고 설명한다.

④ 에치오니(Etzioni)의 혼합탐사모형에 의하면 결정은 근본적 결정과 세부적 결정으로 나누어질 수 있으며, 합리적 의사결정모형과 점진적 의사결정모형을 보완적으로 사용할 수 있다.

⑤ 사이먼(Simon)의 만족모형에 의하면 정책담당자들은 경제인과 달리 최선의 합리성을 추구하기보다는 시간과 공간, 재정적 측면에서의 여러 요인을 고려해 만족할 만한 수준에서 정책을 결정하게 된다.

02 다음 중 주민의 참여가 확대됨으로써 예상되는 긍정적 기능으로 옳지 않은 것은?

① 행정적 비용의 감소

② 정책집행의 순응성 제고

③ 시민의 역량과 자질 증대

④ 정책의 민주성과 정당성 증대

⑤ 지방정부와 주민 간 협조 관계 강화

03 다음 중 규제피라미드에 대한 설명으로 옳은 것은?

① 새로운 위험만 규제하다 보면 사회의 전체 위험 수준은 증가하는 상황이다.
② 규제가 또 다른 규제를 낳은 결과 피규제자의 비용 부담이 점점 늘어나게 되는 상황이다.
③ 소득재분배를 위한 규제가 오히려 사회적으로 가장 어려운 사람들에게 해를 끼치게 되는 상황이다.
④ 과도한 규제를 무리하게 설정하다 보면 실제로는 규제가 거의 이루어지지 않게 되는 상황이다.
⑤ 기업체에게 상품 정보에 대한 공개 의무를 강화할수록 소비자들의 실질적인 정보량은 줄어들게 되는 상황이다.

PART 3

04 다음 중 행태주의와 제도주의에 대한 설명으로 옳은 것은?

① 행태주의에서는 인간의 자유와 존엄과 같은 가치를 강조한다.
② 제도주의에서는 사회과학도 엄격한 자연과학의 방법을 따라야 한다고 본다.
③ 행태주의에서는 시대적 상황에 적합한 학문의 실천력을 중시한다.
④ 제도의 변화와 개혁을 지향한다는 점에서 행태주의와 제도주의는 같다.
⑤ 각국에서 채택된 정책의 상이성과 효과를 역사적으로 형성된 제도에서 찾으려는 것은 제도주의 접근의 한 방식이다.

05 다음 중 뉴거버넌스에 대한 설명으로 옳은 것은?

① 정부 · 시장 · 시민사회의 역할적 분화와 영역 간의 개입금지를 중요시한다.
② 입법과정에서의 세력연합과 협상 및 타협을 배제한다.
③ 정부의 역할에 있어서 노젓기(Rowing)를 중시한다.
④ 공공문제의 해결 기제로 네트워크의 활용을 중시한다.
⑤ 산출보다 투입에 대한 통제를 강조한다.

06 다음 중 직위분류제와 관련된 개념들에 대한 설명으로 옳지 않은 것은?

① 직위 : 한 사람의 근무를 요하는 직무와 책임이다.

② 직류 : 동일 직렬 내에서 담당 직책이 유사한 직무군이다.

③ 직렬 : 직무의 종류는 유사하나 난이도와 책임수준이 다른 직급 계열이다.

④ 직급 : 직위에 포함된 직무의 성질 및 난이도, 책임의 정도가 유사해 채용과 보수 등에서 동일하게 다룰 수 있는 직위의 집단이다.

⑤ 직군 : 직무의 종류는 다르지만 직무 수행의 책임도와 자격 요건이 상당히 유사해 동일한 보수를 지급할 수 있는 직위의 횡적군이다.

07 다음 중 막스 베버(M. Weber)가 제시한 이념형 관료제에 대한 설명으로 옳지 않은 것은?

① 관료의 충원 및 승진은 전문적인 자격과 능력을 기준으로 이루어진다.

② 조직 내의 모든 결정행위나 작동은 공식적으로 확립된 법규체제에 따른다.

③ 하급자는 상급자의 지시나 명령에 복종하는 계층제의 원리에 따라 조직이 운영된다.

④ 민원인의 만족 극대화를 위해 업무처리 시 관료와 민원인과의 긴밀한 감정교류가 중시된다.

⑤ 조직 내의 모든 업무는 문서로 처리하는 것이 원칙이다.

08 다음 중 정책평가에서 인과관계의 타당성을 저해하는 여러 가지 요인에 대한 설명으로 옳지 않은 것은?

① 성숙효과 : 정책으로 인하여 그 결과가 나타난 것이 아니라 그냥 가만히 두어도 시간이 지나면서 자연스럽게 변화가 일어나는 경우이다.

② 회귀인공요소 : 정책대상의 상태가 정책의 영향력과는 관계없이 자연스럽게 평균값으로 되돌아가는 경향이다.

③ 호손효과 : 정책효과가 나타날 가능성이 높은 집단을 의도적으로 실험집단으로 선정함으로써 정책의 영향력이 실제보다 과대평가되는 경우이다.

④ 혼란변수 : 정책 이외에 제3의 변수도 결과에 영향을 미치는 경우 정책의 영향력을 정확히 평가하기 어렵게 만드는 변수이다.

⑤ 허위변수 : 정책과 결과 사이에 아무런 인과관계가 없으나 마치 정책과 결과 사이에 인과관계가 존재하는 것처럼 착각하게 만드는 변수이다.

09 다음 중 제도화된 부패의 특징으로 옳지 않은 것은?

① 부패저항자에 대한 보복
② 비현실적 반부패 행동규범의 대외적 발표
③ 부패행위자에 대한 보호
④ 공식적 행동규범의 준수
⑤ 부패의 타성화

10 다음 중 정책결정 모형에 대한 설명으로 옳지 않은 것은?

① 사이먼(Simon)은 결정자의 인지능력의 한계, 결정상황의 불확실성 및 시간의 제약 때문에 결정은 제한적 합리성의 조건하에 이루어지게 된다고 주장한다.
② 점증모형은 이상적이고 규범적인 합리모형과는 대조적으로 실제의 결정상황에 기초한 현실적이고 기술적인 모형이다.
③ 혼합모형은 점증모형의 단점을 합리모형과의 통합으로 보완하려는 시도이다.
④ 쓰레기통모형에서 가정하는 결정상황은 불확실성과 혼란이 심한 상태로 정상적인 권위구조와 결정규칙이 작동하지 않는 경우이다.
⑤ 합리모형에서 말하는 합리성은 정치적 합리성을 의미한다.

11 다음 중 책임운영기관에 대한 설명으로 옳지 않은 것은?

① 책임운영기관의 경우 민영화로 쉽게 전환할 수 있으면서 성과관리가 용이한 분야에 주로 설치한다.
② 우리나라의 경우 기관의 지위에 따라 중앙책임운영기관과 소속책임운영기관으로 구분된다.
③ 우리나라 중앙책임운영기관의 장의 임기는 2년이며, 한 차례만 연임할 수 있다.
④ 우리나라 책임운영기관 소속 직원의 신분은 공무원이다.
⑤ 책임운영기관은 기관장에게 기관운영의 자율성을 보장하고, 기관운영 성과에 대해 책임을 지도록 설치된 행정기관이다.

12 다음 중 리더십에 대한 설명으로 옳지 않은 것은?

① 행태론적 접근법은 효과적인 리더의 행동은 상황에 따라 다르다는 사실을 간과한다.
② 거래적 리더십은 합리적 과정이나 교환 과정의 중요성을 강조한다.
③ 변혁적 리더십은 카리스마, 개별적 배려, 지적자극, 영감(Inspiration) 등을 강조한다.
④ 특성론적 접근법은 성공적인 리더는 그들만의 공통적인 특성이나 자질을 가지고 있다고 전제한다.
⑤ 상황론적 접근법은 리더의 어떠한 행동이 리더십 효과성과 관계가 있는가를 파악하고자 하는 접근법이다.

13 다음 〈보기〉에서 조직이론에 대한 설명으로 옳은 것을 모두 고르면?

보기

ㄱ. 베버(M. Weber)의 관료제론에 따르면 규칙에 의한 규제는 조직에 계속성과 안정성을 제공한다.
ㄴ. 행정관리론에서는 효율적 조직관리를 위한 원리들을 강조한다.
ㄷ. 호손(Hawthorne)실험을 통하여 조직 내 비공식집단의 중요성이 부각되었다.
ㄹ. 조직군 생태이론(Population Ecology Theory)에서는 조직과 환경의 관계를 분석함에 있어 조직의 주도적·능동적 선택과 행동을 강조한다.

① ㄱ, ㄴ
② ㄱ, ㄴ, ㄷ
③ ㄱ, ㄴ, ㄹ
④ ㄱ, ㄷ, ㄹ
⑤ ㄴ, ㄷ, ㄹ

14 다음 중 신공공관리론(NPM)의 오류에 대한 반작용으로 대두된 신공공서비스론(NPS)에서 주장하는 원칙에 해당하는 것은?

① 지출보다는 수익 창출
② 노젓기보다는 방향잡기
③ 서비스 제공보다 권한 부여
④ 고객이 아닌 시민에 대한 봉사
⑤ 시장기구를 통한 변화 촉진

15 다음 중 예산의 원칙에 대한 설명으로 옳지 않은 것은?

① 공개성의 원칙에는 예외가 있다.
② 사전의결의 원칙에는 예외가 있다.
③ 통일성의 원칙은 회계장부가 하나여야 한다는 원칙이다.
④ 목적세는 예산원칙의 예외이다.
⑤ 총괄 예산제도는 명확성의 원칙과 관련이 있다.

PART 3

16 다음 중 정책의제 설정에 대한 설명으로 옳지 않은 것은?

① 일반적으로 정책의제는 정치성, 주관성, 동태성 등의 성격을 가진다.
② 정책대안이 아무리 훌륭하더라도 정책문제를 잘못 인지하고 채택하여 정책문제가 여전히 해결되지 않은 상태로 남아있는 현상을 제2종 오류라 한다.
③ 킹던(J. Kingdon)의 정책의 창 모형은 정책문제의 흐름, 정책대안의 흐름, 정치의 흐름이 어떤 계기로 서로 결합함으로써 새로운 정책의제로 형성되는 것을 말한다.
④ 콥(R.W. Cobb)과 엘더(C.D. Elder)의 이론에 의하면 정책의제 설정과정은 사회문제 – 사회적 이슈 – 체제의제 – 제도의제의 순서로 정책의제로 선택됨을 설명하고 있다.
⑤ 정책의제의 설정은 목표설정기능 및 적절한 정책수단을 선택하는 기능을 하고 있다.

17 다음 중 정책집행에 대한 설명으로 옳지 않은 것은?

① 정책의 희생집단보다 수혜집단의 조직화가 강하면 정책집행이 곤란하다.
② 집행은 명확하고 일관되게 이루어져야 한다.
③ 규제정책의 집행과정에서도 갈등은 존재한다고 본다.
④ 정책집행 유형은 집행자와 결정자와의 관계에 따라 달라진다.
⑤ 정책집행에는 환경적 요인도 작용한다.

18 다음 중 조직구조에 대한 설명으로 옳은 것은?

① 매트릭스 조직은 수평적인 팀제와 유사하다.
② 정보통신기술의 발달로 통솔의 범위는 과거보다 좁아졌다고 판단된다.
③ 기계적 조직구조는 직무의 범위가 넓다.
④ 유기적인 조직은 안정적인 행정환경에서 성과가 상대적으로 높다.
⑤ 수평적 전문화 수준이 높을수록 업무는 단순해진다.

19 동기부여와 관련된 이론을 내용이론과 과정이론으로 나눌 때, 다음 중 과정이론에 해당하는 것은?

① 욕구계층이론
② 기대이론
③ 욕구충족요인 이원론
④ 성취동기이론
⑤ X－Y이론

20 다음 〈보기〉 중 국회의 예산심의에 대한 설명으로 옳은 것을 모두 고르면?

보기

ㄱ. 상임위원회의 예비심사를 거친 예산안은 예산결산특별위원회에 회부된다.
ㄴ. 예산결산특별위원회의 심사를 거친 예산안은 본회의에 부의된다.
ㄷ. 예산결산특별위원회를 구성할 때에는 그 활동기한을 정하여야 한다. 다만, 본회의의 의결로 그 기간을 연장할 수 있다.
ㄹ. 예산결산특별위원회는 소관 상임위원회의 동의없이 새 비목을 설치할 수 있다.

① ㄱ, ㄴ
② ㄴ, ㄹ
③ ㄱ, ㄴ, ㄷ
④ ㄱ, ㄷ, ㄹ
⑤ ㄴ, ㄷ, ㄹ

사무직(경영학) 적중예상문제

정답 및 해설 p.083

01 **다음 중 마이클 포터(Michael E. Porter)가 제시한 가치사슬분석에서 본원적 활동에 속하지 않는 것은?**

① 구매물류활동
② 생산활동
③ 마케팅과 판매활동
④ R&D기술개발활동
⑤ 서비스활동

02 **다음 중 균형성과표(BSC)에 대한 설명으로 옳지 않은 것은?**

① 균형성과표에서 균형이란 재무적지표와 비재무적지표, 단기적지표와 장기적지표, 후속지표와 선행지표 간의 균형을 의미한다.
② 재무적 관점에서 사업조직별 재무 성과지표 설정 시 사업조직의 전략에 대한 고려가 필수적이다.
③ 고객 관점에서 회사는 재무적 목표에서 수익의 원천이 되는 고객 및 시장을 파악해야 한다.
④ 내부프로세스 관점은 고객 관점을 만족시키기 위하여 경영관리 측면에서 필요한 프로세스 의사결정 및 조직을 통한 지표들로 구성되어 있다.
⑤ 학습과 성장 관점에서는 기존의 관점들과 관련 없이 조직의 현재 역량을 파악하고 필요한 역량을 개발하는 데 집중하여야 한다.

03 **다음 중 특정 기업이 자사 제품을 경쟁제품과 비교하여 유리하고 독특한 위치를 차지하도록 하는 마케팅 전략은?**

① 관계 마케팅
② 포지셔닝
③ 표적시장 선정
④ 일대일 마케팅
⑤ 시장세분화

04 다음 중 경영정보시스템 관련 용어에 대한 설명으로 옳은 것은?

① 데이터베이스관리시스템은 비즈니스 수행에 필요한 일상적인 거래를 처리하는 정보시스템이다.
② 전문가시스템은 일반적인 업무를 지원하는 정보시스템이다.
③ 전사적 자원관리시스템은 공급자와 공급기업을 연계하여 활용하는 정보시스템이다.
④ 의사결정지원시스템은 데이터를 저장하고 관리하는 정보시스템이다.
⑤ 중역정보시스템은 최고경영자층이 전략적인 의사결정을 하도록 도와주는 정보시스템이다.

05 다음 중 투자부동산에 대한 설명으로 옳지 않은 것은?

① 투자부동산은 임대수익이나 시세차익을 얻기 위하여 보유하는 부동산을 말한다.
② 본사 사옥으로 사용하고 있는 건물은 투자부동산이 아니다.
③ 운용리스로 제공하기 위하여 보유하는 미사용건물은 투자부동산이다.
④ 투자부동산에 대해 공정가치모형을 적용할 경우 공정가치 변동으로 발생하는 손익은 발생한 기간의 기타 포괄손익에 반영한다.
⑤ 최초 인식 후 예외적인 경우를 제외하고 원가모형과 공정가치모형 중 하나를 선택하여 모든 투자부동산에 적용한다.

06 다음 수요예측 기법 중 정성적 기법에 해당하지 않는 것은?

① 델파이법
② 시계열분석
③ 전문가패널법
④ 자료유추법
⑤ 패널동의법

07 다음 중 자본예산기법과 포트폴리오에 대한 설명으로 옳지 않은 것은?

① 포트폴리오의 분산은 각 구성주식의 분산을 투자비율로 가중평균하여 산출한다.
② 비체계적 위험은 분산투자를 통해 제거할 수 있는 위험이다.
③ 단일 투자안의 경우 순현가법과 내부수익률법의 경제성 평가 결과는 동일하다.
④ 포트폴리오 기대수익률은 각 구성주식의 기대수익률을 투자비율로 가중평균하여 산출한다.
⑤ 두 투자안 중 하나의 투자안을 선택해야 하는 경우 순현가법과 내부수익률법의 선택 결과가 다를 수 있다.

08 다음 중 직무분석에 대한 설명으로 옳지 않은 것은?

① 직무분석은 직무와 관련된 정보를 수집 · 정리하는 활동이다.
② 직무분석을 통해 얻어진 정보는 전반적인 인적자원관리 활동의 기초자료로 활용된다.
③ 직무분석을 통해 직무기술서와 직무명세서가 작성된다.
④ 직무기술서는 직무를 수행하는 데 필요한 인적요건을 중심으로 작성된다.
⑤ 직무평가는 직무분석을 기초로 이루어진다.

PART 3

09 다음 중 트러스트에 대한 설명으로 옳은 것은?

① 동종 상품을 생산하는 기업이 시장통제를 위해 가격, 생산량 등을 담합하여 이익을 확보한다.
② 각 기업 간 합의된 생산량과 가격을 정확히 지켜야 효과가 크다.
③ 동일시장 내 여러 기업이 출자하여 공동판매회사를 설립하고 판매채널을 일원화한다.
④ 강력한 동종 산업 기업집중 형태로, 시장 독점을 위하여 각 기업이 독립성을 상실하고 합동한다.
⑤ 법률적으로 독립되어 있는 몇 개의 기업이 출자 등을 통해 지배, 종속 관계를 형성한다.

10 다음 중 BCG 매트릭스에 대한 설명으로 옳은 것은?

① 횡축은 시장성장률, 종축은 상대적 시장점유율이다.
② 물음표 영역은 시장성장률이 높고, 상대적 시장점유율은 낮아 계속적인 투자가 필요하다.
③ 별 영역은 시장성장률이 낮고, 상대적 시장점유율은 높아 현상유지를 해야 한다.
④ 현금젖소 영역은 현금창출이 많지만, 상대적 시장점유율이 낮아 많은 투자가 필요하다.
⑤ 개 영역은 시장지배적인 위치를 구축하여 성숙기에 접어든 경우이다.

11 S회사의 2024년도 이자비용 30,000원에는 사채할인발행차금 상각액 3,000원이 포함되어 있다. 미지급 이자비용의 기초잔액과 기말잔액은 각각 3,800원과 5,200원이고, 선급이자비용의 기초잔액과 기말잔액은 각각 2,000원과 2,700원이다. S회사의 2024년도 현금이자지급액은?

① 24,900원
② 26,300원
③ 29,100원
④ 30,900원
⑤ 31,800원

12 다음 중 단위당 소요되는 표준작업시간과 실제작업시간을 비교하여, 절약된 작업시간에 대한 생산성 이득을 노사가 각각 50 : 50의 비율로 배분하는 임금제도는?

① 임프로쉐어 플랜
② 스캔런 플랜
③ 메리크식 복률성과급
④ 테일러식 차별성과급
⑤ 러커 플랜

13 다음 중 다각화 전략의 장점으로 옳지 않은 것은?

① 새로운 성장동력을 찾아 기업 자체의 성장성을 잃지 않을 수 있다.
② 개별 사업부문들의 경기순환에 의한 리스크를 줄일 수 있다.
③ 범위의 경제성 또는 시너지 효과는 실질적으로 기업의 이익을 증대시킬 수 있다.
④ 복합기업들이 여러 시장에 참여하고 있기 때문에 어떤 한 사업분야에서 가격경쟁이 치열하다면, 다른 사업분야에서 나오는 수익으로 가격경쟁을 가져갈 수 있다.
⑤ 글로벌경쟁이 심화될수록 경쟁력이 높아질 수 있다.

14 **다음 중 델파이 기법에 대한 설명으로 옳지 않은 것은?**

① 전문가들을 두 그룹으로 나누어 진행한다.
② 많은 전문가들의 의견을 취합하여 재조정 과정을 거친다.
③ 의사결정 및 의견개진 과정에서 타인의 압력이 배제된다.
④ 전문가들을 공식적으로 소집하여 한 장소에 모이게 할 필요가 없다.
⑤ 미래의 불확실성에 대한 의사결정 및 중장기예측에 좋은 방법이다.

15 **다음 중 마이클 포터가 제시한 경쟁우위전략에 대한 설명으로 옳지 않은 것은?**

① 원가우위전략은 경쟁기업보다 낮은 비용에 생산하여 저렴하게 판매하는 것을 의미한다.
② 차별화전략은 경쟁사들이 모방하기 힘든 독특한 제품을 판매하는 것을 의미한다.
③ 집중화전략은 원가우위에 토대를 두거나 차별화우위에 토대를 둘 수 있다.
④ 원가우위전략과 차별화전략은 일반적으로 대기업에서 많이 수행된다.
⑤ 마이클 포터는 기업이 성공하기 위해서는 한 제품을 통하여 원가우위전략과 차별화전략 두 가지 전략을 동시에 추구해야 한다고 보았다.

16 **다음 〈보기〉 중 리더십이론에 대한 설명으로 옳은 것을 모두 고르면?**

보기

ㄱ. 변혁적 리더십을 발휘하는 리더는 부하에게 이상적인 방향을 제시하고 임파워먼트(Empowerment)를 실시한다.
ㄴ. 거래적 리더십을 발휘하는 리더는 비전을 통해 단결, 비전의 전달과 신뢰의 확보를 강조한다.
ㄷ. 카리스마 리더십을 발휘하는 리더는 부하에게 높은 자신감을 보이며 매력적인 비전을 제시하지만 위압적이고 충성심을 요구하는 측면이 있다.
ㄹ. 슈퍼리더십을 발휘하는 리더는 부하를 강력하게 지도하고 통제하는 데 역점을 둔다.

① ㄱ, ㄷ
② ㄱ, ㄹ
③ ㄴ, ㄷ
④ ㄴ, ㄹ
⑤ ㄷ, ㄹ

17 다음 중 신제품을 가장 먼저 받아들이는 그룹에 이어 두 번째로 신제품의 정보를 수집하여 신중하게 수용하는 그룹은?

① 조기 수용자(Early Adopters)
② 혁신자(Innovators)
③ 조기 다수자(Early Majority)
④ 후기 다수자(Late Majority)
⑤ 최후 수용자(Laggards)

18 다음 중 전사적 품질경영(TQM)에 대한 설명으로 옳지 않은 것은?

① TQM의 궁극적인 목표는 고객 만족도 향상이다.
② TQM은 프로세스의 지속적 개선을 강조한다.
③ TQM은 전문화가 높은 개인 단위의 과업을 위주로 진행된다.
④ TQM에는 기업의 모든 구성원들이 참여한다.
⑤ TQM은 생산의 결과뿐 아니라 과정 자체를 중요시한다.

19 다음 중 한 사람의 업무담당자가 기능부문과 제품부문의 관리자로부터 동시에 통제를 받도록 이중 권한 구조를 형성하는 조직구조는?

① 기능별 조직
② 사업부제 조직
③ 매트릭스 조직
④ 프로젝트 조직
⑤ 팀제 조직

20 다음 중 신제품을 출시할 때 고가로 책정한 후 대체품이 출시되기 전 가격을 내려 소비층을 확대하는 전략은?

① 침투가격전략
② 적응가격전략
③ 시가전략
④ 스키밍 가격전략
⑤ 명성가격전략

사무직(법학) 적중예상문제

정답 및 해설 p.088

01 다음 중 외국과의 조약 · 체결의 동의권을 갖는 대상은?

① 헌법재판소
② 국회
③ 선거관리위원회
④ 감사원
⑤ 지방의회

02 다음 중 행정청이 타인의 법률행위를 보충하여 그 행위의 효력을 완성시켜 주는 행정행위의 강학상의 용어는?

① 허가
② 면제
③ 인가
④ 특허
⑤ 공증

03 다음 중 관습법에 대한 설명으로 옳지 않은 것은?

① 관습법은 당사자의 주장 · 입증이 있어야만 법원이 이를 판단할 수 있다.
② 민법 제1조에서는 관습법의 보충적 효력을 인정하고 있다.
③ 형법은 관습형법금지의 원칙이 적용된다.
④ 헌법재판소 다수의견에 의하면 관습헌법도 성문헌법과 동등한 효력이 있다.
⑤ 성문법이 발달하지 않은 국제법에서는 관습법이 중요한 법원이 된다.

04 **다음 중 상법의 우선순위를 바르게 나열한 것은?**

① 상법 → 민법 → 상관습법 → 민사특별법
② 민법 → 상법 → 민사특별법 → 상관습법
③ 민사특별법 → 상법 → 민법 → 상관습법
④ 상법 → 상관습법 → 민사특별법 → 민법
⑤ 민사특별법 → 민법 → 상관습법 → 상법

05 **다음 중 법의 체계에 대한 설명으로 옳은 것은?**

① 강행법과 임의법은 실정성 여부에 따른 구분이다.
② 고유법과 계수법은 적용대상에 따른 구분이다.
③ 실체법과 절차법은 법의 제정주체에 따른 구분이다.
④ 공법과 사법으로 분류하는 것은 영미법계의 특징이다.
⑤ 일반법과 특별법은 적용되는 효력 범위에 따른 구분이다.

06 **다음 중 행정상 강제집행이 아닌 것은?**

① 즉시강제
② 강제징수
③ 직접강제
④ 이행강제금
⑤ 대집행

18 **다음 중 현행 헌법에 규정되어 있는 내용이 아닌 것은?**

① 국정감사권
② 긴급명령권
③ 헌법소원
④ 국민소환권
⑤ 탄핵소추

19 **다음 중 상법상 주식에 대한 설명으로 옳은 것은?**

① 회사는 잔여재산 분배에 관하여 내용이 다른 종류주식을 발행할 수 없다.
② 주식이 수인의 공유에 속하는 때에는 공유자는 주주의 권리를 공동으로 행사하여야 한다.
③ 회사가 무액면주식을 발행하는 경우 동시에 액면주식을 발행할 수도 있다.
④ 회사는 주주총회 특별결의로 액면주식을 분할할 수 있다.
⑤ 회사는 설립 시에 창립총회의 결의와 법원의 인가를 얻어 액면미달의 가액으로 주식을 발행할 수 있다.

20 **사용자 甲이 의사능력이 없는 상태에서 乙과 근로계약을 체결하였다. 다음 중 이에 대한 설명으로 옳은 것은?(단, 다툼이 있으면 판례에 의한다)**

① 甲은 乙과의 근로계약을 취소할 수 있다.
② 甲이 의사무능력 상태에서 乙과의 근로계약을 추인하더라도 그 계약은 무효이다.
③ 甲이 의사무능력을 회복한 후에 추인하면, 다른 약정이 없더라도 그 근로계약은 소급하여 유효하다.
④ 甲과 乙의 근로계약은 추인여부와 상관없이 甲이 의사능력을 회복한 때로부터 유효하다.
⑤ 甲이 의사능력을 회복한 후에 상당한 기간 내에 취소하지 않으면 근로계약은 유효하다.

적중예상문제

정답 및 해설 p.091

01 **다음 중 독점적 경쟁시장의 장기균형에 대한 설명으로 옳지 않은 것은?(단, P는 가격, SAC는 단기평균비용, LAC는 장기평균비용, SMC는 단기한계비용을 의미한다)**

① $P=SAC$가 성립한다.
② $P=LAC$가 성립한다.
③ $P=SMC$가 성립한다.
④ 균형생산량은 SAC가 최소화되는 수준보다 작다.
⑤ 기업의 장기 초과이윤은 0이다.

02 **다음 중 물가지수에 대한 설명으로 옳지 않은 것은?**

① 소비자물가지수는 소비재를 기준으로 측정하고, 생산자물가지수는 원자재 혹은 자본재 등을 기준으로 측정하기 때문에 두 물가지수는 일치하지 않을 수 있다.
② 소비자물가지수는 상품가격 변화에 대한 소비자의 반응을 고려하지 않는다.
③ GDP 디플레이터는 국내에서 생산된 상품만을 조사 대상으로 하기 때문에 수입상품의 가격동향을 반영하지 못한다.
④ 물가수준 그 자체가 높다는 것과 물가상승률이 높다는 것은 다른 의미를 가진다.
⑤ 물가지수를 구할 때 모든 상품의 가중치를 동일하게 반영한다.

03 다음 중 인플레이션에 대한 설명으로 옳은 것은?

① 피셔가설은 '(명목이자율)=(실질이자율)+(물가상승률)'이라는 명제로, 예상된 인플레이션이 금융거래에 미리 반영됨을 의미한다.
② 새케인스 학파에 의하면 예상된 인플레이션의 경우에는 어떤 형태의 사회적 비용도 발생하지 않는다.
③ 실제 물가상승률이 예상된 물가상승률보다 더 큰 경우, 채권자는 이득을 보고 채무자는 손해를 본다.
④ 실제 물가상승률이 예상된 물가상승률보다 더 큰 경우, 고정된 명목임금을 받는 노동자와 기업 사이의 관계에서 노동자는 이득을 보고 기업은 손해를 보게 된다.
⑤ 예상하지 못한 인플레이션 발생의 불확실성이 커지면 장기계약이 활성화되고 단기계약이 위축된다.

04 다음 중 소득분배를 측정하는 방식에 대한 설명으로 옳지 않은 것은?

① 지니계수 값이 커질수록 더 불균등한 소득분배를 나타낸다.
② 십분위분배율 값이 커질수록 더 균등한 소득분배를 나타낸다.
③ 모든 구성원의 소득이 동일하다면 로렌츠 곡선은 대각선이다.
④ 동일한 지니계수 값을 갖는 두 로렌츠 곡선은 교차할 수 없다.
⑤ 전체 구성원의 소득기준 하위 10% 계층이 전체 소득의 10%를 벌면 로렌츠 곡선은 대각선이다.

05 다음 〈보기〉 중 노동시장에 대한 설명으로 옳은 것을 모두 고르면?

보기

ㄱ. 완전경쟁 노동시장이 수요 독점화되면 고용은 줄어든다.
ㄴ. 단기 노동수요곡선은 장기 노동수요곡선보다 임금의 변화에 비탄력적이다.
ㄷ. 채용비용이 존재할 때 숙련 노동수요곡선은 미숙련 노동수요곡선보다 임금의 변화에 더 탄력적이다.

① ㄱ
② ㄷ
③ ㄱ, ㄴ
④ ㄴ, ㄷ
⑤ ㄱ, ㄴ, ㄷ

06 다음 〈보기〉 중 총수요곡선을 우측으로 이동시키는 요인으로 옳은 것을 모두 고르면?

보기

ㄱ. 주택담보대출의 이자율 인하
ㄴ. 종합소득세율 인상
ㄷ. 기업에 대한 투자세액공제 확대
ㄹ. 물가수준 하락으로 가계의 실질자산가치 증대
ㅁ. 해외경기 호조로 순수출 증대

① ㄱ, ㄴ, ㄹ
② ㄱ, ㄷ, ㅁ
③ ㄱ, ㄹ, ㅁ
④ ㄴ, ㄷ, ㄹ
⑤ ㄴ, ㄷ, ㅁ

07 수요의 가격탄력성이 공급의 가격탄력성에 비해 상대적으로 작은 와인에 대해서 종량세를 올린다고 할 경우 세금 부담은 어떻게 전가되는가?

① 판매자가 모두 부담
② 소비자가 모두 부담
③ 판매자가 소비자에 비해 많이 부담
④ 소비자가 판매자에 비해 많이 부담
⑤ 판매자와 소비자가 균등하게 부담

08 다음 중 케인스 소비함수에 대한 설명으로 옳지 않은 것은?

① 한계소비성향은 0보다 크고 1보다 작다.
② 소비는 현재 소득의 함수이다.
③ 소득이 없어도 기본적인 소비는 있다.
④ 소득이 증가할수록 평균소비성향은 증가한다.
⑤ 소득과 소비의 장기적 관계를 설명할 수 없다.

09 다음 중 수요견인 인플레이션(Demand - pull Inflation)이 발생하는 경우로 옳은 것은?

① 가계의 소비 증가
② 수입 자본재 가격의 상승
③ 임금의 삭감
④ 환경오염의 감소
⑤ 국제 원자재 가격의 상승

10 다음 중 여러 형태의 시장 또는 기업에 대한 설명으로 옳지 않은 것은?

① 독점기업이 직면한 수요곡선은 시장수요곡선 그 자체이다.
② 독점시장의 균형에서 가격과 한계수입의 차이가 클수록 독점도는 커진다.
③ 독점적 경쟁시장에서 제품의 차별화가 클수록 수요의 가격탄력성이 커진다.
④ 모든 기업의 이윤극대화 필요조건은 한계수입과 한계비용이 같아지는 것이다.
⑤ 독점기업은 수요의 가격탄력성이 서로 다른 두 소비자 집단이 있을 때 가격차별로 이윤극대화를 꾀할 수 있다.

11 다음은 후생경제학에 대한 내용이다. 빈칸에 들어갈 용어를 바르게 나열한 것은?

> • __㉮__ 이론에 따르면 일부의 파레토효율성 조건이 추가로 충족된다고 해서 사회후생이 증가한다는 보장은 없다.
> • 파레토효율성을 통해 __㉯__ 을 평가하고, 사회후생함수(사회무차별곡선)를 통해 __㉰__ 을 평가한다.
> • 후생경제학 제1정리에 따르면 모든 경제주체가 합리적이고 시장실패 요인이 없으면 __㉱__ 에서 자원배분은 파레토효율적이다.

① ㉮ : 차선, ㉯ : 효율성, ㉰ : 공평성, ㉱ : 완전경쟁시장
② ㉮ : 코즈, ㉯ : 효율성, ㉰ : 공평성, ㉱ : 완전경쟁시장
③ ㉮ : 차선, ㉯ : 효율성, ㉰ : 공평성, ㉱ : 독점적경쟁시장
④ ㉮ : 코즈, ㉯ : 공평성, ㉰ : 효율성, ㉱ : 독점적경쟁시장
⑤ ㉮ : 차선, ㉯ : 공평성, ㉰ : 효율성, ㉱ : 완전경쟁시장

12 **다음 중 물적자본의 축적을 통한 경제성장을 설명하는 솔로우(R. Solow)모형에서 수렴현상이 발생하는 원인은?**

① 내생적 기술진보
② 자본의 한계생산체감
③ 경제성장과 환경오염
④ 기업가 정신
⑤ 인적자본

13 **최근 들어 우리나라에서 자동차 부품 생산이 활발하게 이루어지고 있다. 동일한 자동차 부품을 생산하는 5개 기업의 노동투입량과 자동차 부품 생산량 간의 관계가 다음과 같을 때, 평균노동생산성이 가장 낮은 기업은?**

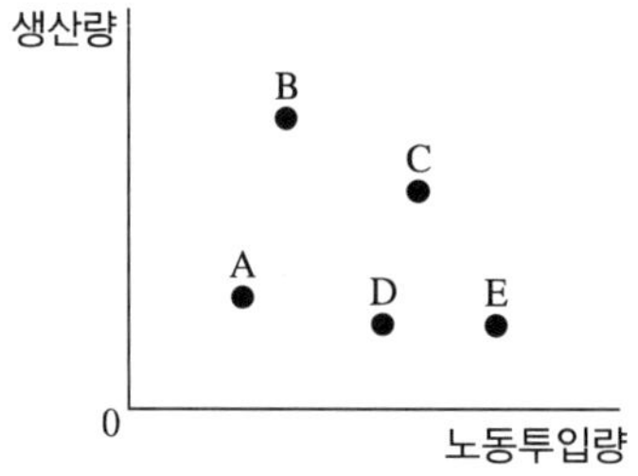

① A
② B
③ C
④ D
⑤ E

14 **다음 중 빈칸에 들어갈 내용이 바르게 연결된 것은?**

> 여가가 정상재인 상황에서 임금이 상승할 경우 ___ㄱ___효과보다 ___ㄴ___효과가 더 크다면 노동공급은 임금상승에도 불구하고 감소하게 된다. 만약 ___ㄷ___의 기회비용 상승에 반응하여 ___ㄷ___의 총사용량을 줄인다면, 노동공급곡선은 정(+)의 기울기를 가지게 된다.

	ㄱ	ㄴ	ㄷ
①	대체	소득	여가
②	대체	소득	노동
③	소득	대체	여가
④	소득	대체	노동
⑤	가격	소득	여가

15 다음 〈보기〉 중 소득분배에 대한 설명으로 옳은 것을 모두 고르면?

보기

가. 생산물시장 및 생산요소시장이 완전경쟁일 때, 기업이 고용하는 노동의 한계생산력 가치는 임금과 일치한다.

나. 생산요소가 노동과 자본뿐이라고 할 때, 요소의 대체탄력성이 1보다 작다면 노동의 상대가격상승은 자본의 분배비율을 크게 만든다.

다. 10분위 분배율의 크기가 크면 클수록, 또는 지니계수의 크기가 작을수록 소득은 더욱 균등하게 분배되었다고 본다.

라. 간접세 비중이 높아지면 지니계수가 낮아진다.

① 가, 나
② 가, 다
③ 가, 라
④ 나, 다
⑤ 나, 라

PART 3

16 기업 S가 생산하는 재화에 투입하는 노동의 양을 L이라 하면, 노동의 한계생산은 $27-5L$이다. 이 재화의 가격이 20이고 임금이 40이라면, 이윤을 극대로 하는 기업 S의 노동수요량은?

① 1
② 2
③ 3
④ 4
⑤ 5

17 다음 중 과점시장의 굴절수요곡선 이론에 대한 설명으로 옳지 않은 것은?

① 한계수입곡선에는 불연속한 부분이 있다.
② 굴절수요곡선은 원점에 대해 볼록한 모양을 갖는다.
③ 한 기업이 가격을 내리면 나머지 기업들도 같이 내리려 한다.
④ 한 기업이 가격을 올리더라도 나머지 기업들은 따라서 올리려 하지 않는다.
⑤ 기업은 한계비용이 일정 범위 내에서 변해도 가격과 수량을 쉽게 바꾸려 하지 않는다.

18 다음 〈조건〉은 X재에 대한 시장수요곡선과 시장공급곡선을 나타낸 자료이다. 이를 이용하여 계산한 생산자잉여의 크기로 옳은 것은?

> **조건**
> - 시장수요곡선 $P=340-4X$
> - 시장공급곡선 $P=100+4X$

① 6,600　② 3,300
③ 2,200　④ 1,800
⑤ 1,500

19 다음 〈보기〉 중 여러 가지 비용곡선에 대한 설명으로 옳은 것을 모두 고르면?

> **보기**
> ㄱ. 평균비용곡선은 평균가변비용곡선의 위에 위치한다.
> ㄴ. 평균비용곡선이 상승할 때 한계비용곡선은 평균비용곡선 아래에 있다.
> ㄷ. 평균고정비용곡선은 우하향한다.
> ㄹ. 총가변비용곡선의 기울기와 총비용곡선의 기울기는 다르다.
> ㅁ. 평균비용은 평균고정비용에 평균가변비용을 더한 값이다.

① ㄱ, ㄴ, ㄷ　② ㄱ, ㄷ, ㅁ
③ ㄱ, ㄹ, ㅁ　④ ㄴ, ㄷ, ㄹ
⑤ ㄴ, ㄹ, ㅁ

20 A국의 2023년 명목 GDP는 100억 원이었고, 2024년 명목 GDP는 150억 원이었다. 기준년도인 2023년 GDP 디플레이터가 100이고, 2024년 GDP 디플레이터는 120인 경우, 2024년의 전년 대비 실질 GDP 증가율은?

① 10%　② 15%
③ 20%　④ 25%
⑤ 30%

CHAPTER

05 기술직(기계일반) 적중예상문제

정답 및 해설 p.094

01 **다음 중 고압 증기터빈에서 저압 증기터빈으로 유입되는 증기의 건도를 높여 상대적으로 높은 보일러압력을 사용할 수 있게 하고, 터빈일을 증가시키며 터빈출구의 건도를 높이는 사이클은?**

① 재열 사이클
② 재생 사이클
③ 과열 사이클
④ 스털링 사이클
⑤ 카르노 사이클

02 **균일 분포하중 $\omega=10\text{N/mm}$가 전 길이에 작용할 때, 길이가 50cm인 단순지지보에 생기는 최대 전단력은?**

① 0.25kN
② 2.5kN
③ 25kN
④ 250kN
⑤ 2,500kN

03 **다음 중 베어링 메탈이 갖추어야 할 조건으로 옳지 않은 것은?**

① 내식성이 클 것
② 압축강도가 클 것
③ 열전도율이 높을 것
④ 유막 형성이 용이할 것
⑤ 베어링에 흡입된 먼지 등이 흡착되지 않을 것

04 다음 중 재결정에 대한 설명으로 옳지 않은 것은?

① 재결정온도는 일반적으로 약 1시간 안에 95% 이상 재결정이 이루어지는 온도로 정의한다.

② 금속의 용융온도를 절대온도 T_m이라 할 때 재결정온도는 대략 $0.3 \sim 0.5T_m$ 범위에 있다.

③ 재결정은 금속의 연성을 증가시키고 강도를 저하시킨다.

④ 냉간가공도가 클수록 재결정온도는 높아진다.

⑤ 결정입자의 크기가 작을수록 재결정온도는 낮아진다.

05 다음 중 전기전도율이 가장 높은 금속은?

① Pb ② Sn

③ Ni ④ Ag

⑤ Fe

06 다음 중 강의 탄소함유량이 증가함에 따라 나타나는 특성으로 옳지 않은 것은?

① 인장강도가 증가한다.

② 항복점이 증가한다.

③ 경도가 증가한다.

④ 충격치가 증가한다.

⑤ 인성이 감소한다.

07 다음 중 관통하는 구멍을 뚫을 수 없는 경우에 사용하는 볼트로, 양쪽 모두 수나사로 가공되어 나사 머리가 없는 볼트는?

① 스터드볼트 ② 관통볼트

③ 아이볼트 ④ 나비볼트

⑤ 탭볼트

08 다음 중 동력 전달용 기계요소가 아닌 것은?

① 축
② 스프링
③ 커플링
④ 베어링
⑤ 벨트

09 다음 중 유압 작동유의 점도 변화가 유압 시스템에 미치는 영향으로 옳지 않은 것은?(단, 정상운전 상태를 기준으로 한다)

① 점도가 낮을수록 작동유의 누설이 증가한다.
② 점도가 낮을수록 운동부의 윤활성이 나빠진다.
③ 점도가 높을수록 유압 펌프의 동력 손실이 증가한다.
④ 점도가 높을수록 밸브나 액추에이터의 응답성이 좋아진다.
⑤ 점도가 높을수록 주어진 부하에서 유체윤활을 이루기 위한 회전속도는 낮아진다.

10 다음 그림과 같이 지름이 d_1에서 d_2로 변하는 축에 인장력 P가 작용하고 있다. 직경비가 $d_1 : d_2 = 1 : 2$일 때 두 단면에서 발생하는 인장응력의 비인 $\sigma_1 : \sigma_2$는?

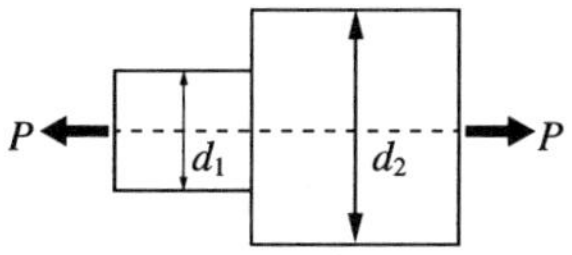

① 1 : 2
② 1 : 4
③ 2 : 1
④ 4 : 1
⑤ 6 : 1

11 다음 〈보기〉의 원소들을 체심입방격자와 면심입방격자로 바르게 구분한 것은?

보기

ㄱ. Al	ㄴ. Cr
ㄷ. Mo	ㄹ. Cu
ㅁ. V	ㅂ. Ag

	체심입방격자	면심입방격자
①	ㄱ, ㄷ, ㄹ	ㄴ, ㅁ, ㅂ
②	ㄱ, ㄹ, ㅂ	ㄴ, ㄷ, ㅁ
③	ㄴ, ㄷ, ㄹ	ㄱ, ㅁ, ㅂ
④	ㄴ, ㄷ, ㅁ	ㄱ, ㄹ, ㅂ
⑤	ㄴ, ㄹ, ㅂ	ㄱ, ㄷ, ㅁ

12 1,000K 고온과 300K 저온 사이에서 작동하는 카르노 사이클이 있다. 이때 한 사이클 동안 고온에서 50kJ의 열을 받고 저온으로 30kJ의 열을 방출하면서 일을 발생시킨다. 한 사이클 동안 이 열기관의 손실일(Lost Work)은?

① 5kJ
② 10kJ
③ 15kJ
④ 20kJ
⑤ 25kJ

13 $V_1 = 4.0\text{m}^3$, $P_1 = 80\text{kPa}$인 공기 5kg가 $V_2 = 1.5\text{m}^3$로 압축되었고, $P_2 = 236\text{kPa}$로 증가하였다. 내부에너지가 68kJ/kg 증가했다면, 엔탈피 변화량은?

① 152kJ
② 252kJ
③ 374kJ
④ 472kJ
⑤ 535kJ

14 **다음 중 보일러 효율을 향상시키는 부속장치인 절탄기(Economizer)에 대한 설명으로 옳은 것은?**

① 연도에 흐르는 연소가스의 열을 이용하여 급수를 예열하는 장치이다.
② 석탄을 잘게 부수는 장치이다.
③ 연도에 흐르는 연소가스의 열을 이용하여 연소실에 들어가는 공기를 예열하는 장치이다.
④ 연도에 흐르는 연소가스의 열을 이용하여 고온의 증기를 만드는 장치이다.
⑤ 절탄기를 이용하여 굴뚝에서 배출되는 열량의 대부분을 회수할 수 있다.

15 **다음 중 윤활유의 구비조건이 아닌 것은?**

① 온도에 따른 점도 변화가 적을 것
② 인화점이 높고 발열이나 화염에 인화되지 않을 것
③ 사용 중에 변질되지 않으며 불순물이 잘 혼합되지 않을 것
④ 발생열을 방출하여 열전도율이 낮을 것
⑤ 내열, 내압성이면서 가격이 저렴할 것

16 **다음 중 표준성분이 Al – Cu – Ni – Mg으로 구성되어 있으며, 내열성 주물로서 내연기관의 실린더나 피스톤으로 많이 사용되는 합금은?**

① 실루민
② 하이드로날륨
③ 두랄루민
④ Y합금
⑤ 코비탈륨

17 **다음 금속의 성질 중 고온에서 장시간 외력을 가하면 서서히 변형이 증가하는 현상은?**

① 전성
② 크리프
③ 가단성
④ 연성
⑤ 피로

18 압력용기 내의 게이지압력이 30kPa로 측정되었다. 대기압력이 100kPa일 때 압력용기 내의 절대압력은?

① 130kPa
② 70kPa
③ 30kPa
④ 15kPa
⑤ 0kPa

19 다음 〈보기〉 중 디젤 기관의 연료 장치와 관계있는 것을 모두 고르면?

보기
ㄱ. 노즐 ㄴ. 기화기 ㄷ. 점화 플러그 ㄹ. 연료 분사 펌프

① ㄱ, ㄴ
② ㄱ, ㄹ
③ ㄴ, ㄷ
④ ㄴ, ㄹ
⑤ ㄷ, ㄹ

20 다음 중 탄소강을 A_3변태점 또는 A_1변태점 이상의 온도로 가열한 후 일정 시간 유지시킨 다음, 물이나 기름 등에 급랭시키는 열처리법은?

① 담금질
② 뜨임
③ 풀림
④ 불림
⑤ 침탄

기술직(전기일반) 적중예상문제

정답 및 해설 p.097

01 **다음 중 표피효과와 침투깊이에 대한 설명으로 옳지 않은 것은?**

① 표피효과는 도전율에 비례한다.
② 침투깊이가 깊으면 표피효과가 적어진다.
③ 표피효과가 클수록 전력이 손실된다.
④ 투자율이 증가하면, 침투깊이가 증가하게 된다.
⑤ 전선에 직류가 흐를 때보다 교류가 흐를 때 전력손실이 많아진다.

02 **어떤 콘덴서에 1,000V의 전압을 가하였더니 5×10^{-3}C의 전하가 축적되었다. 이 콘덴서의 용량은?**

① $2.5\mu F$
② $5\mu F$
③ $25\mu F$
④ $50\mu F$
⑤ $75\mu F$

03 **다음 중 도체의 저항값에 대한 설명으로 옳지 않은 것은?**

① 저항값은 도체의 고유 저항에 비례한다.
② 저항값은 도체의 단면적에 비례한다.
③ 저항값은 도체의 길이에 비례한다.
④ 저항값은 도체의 단면적에 반비례한다.
⑤ 전기저항 $R=\rho\frac{l}{A}$이다.

04 **다음 중 비유전율이 6인 유전체 내에 전속밀도가 $2\times10^{-6}C/m^2$인 점의 전기장의 세기는 얼마인가?**

① 약 $3.764\times10^6V/m$
② 약 $3.764\times10^5V/m$
③ 약 $3.764\times10^4V/m$
④ 약 $3.764\times10^3V/m$
⑤ 약 $3.764\times10^2V/m$

05 **다음 중 자체 인덕턴스에 축적되는 에너지에 대한 설명으로 옳은 것은?**

① 자체 인덕턴스 및 전류의 세제곱에 비례한다.
② 자체 인덕턴스 및 전류에 반비례한다.
③ 자체 인덕턴스와 전류의 제곱에 반비례한다.
④ 자체 인덕턴스에 비례하고, 전류의 제곱에 비례한다.
⑤ 자체 인덕턴스에 반비례하고, 전류의 제곱에 반비례한다.

06 **다음 회로에서 저항 R_x에 흐르는 전류는 몇 A인가?**

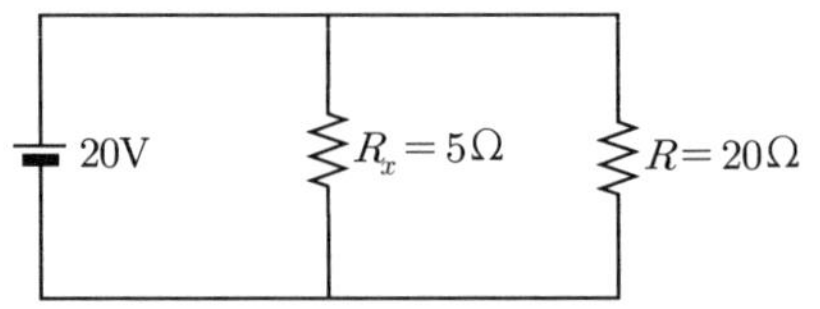

① 4A
② 3A
③ 2A
④ 1A
⑤ 0.5A

07 **다음 중 동기 조상기의 계자를 부족여자로 하여 운전한 결과로 옳은 것은?**

① 콘덴서로 작용
② 뒤진 역률 보상
③ 리액터로 작용
④ 저항손의 보상
⑤ 다이오드로 작용

08 **0.5Ω의 컨덕턴스를 가진 저항체에 6A의 전류를 흘리려면 몇 V의 전압을 가해야 하는가?**

① 3V
② 10V
③ 12V
④ 15V
⑤ 30V

09 **다음 중 비사인파를 많은 사인파의 합성으로 표시하는 전개식은?**

① 패러데이(Faraday)
② 헤르츠(Hertz)
③ 노튼(Norton)
④ 푸리에(Fourier)
⑤ 라플라스(Laplace)

10 **다음 중 전력 퓨즈는 주로 어떤 전류의 차단을 목적으로 하는가?**

① 충전전류
② 누설전류
③ 부하전류
④ 단락전류
⑤ 지락전류

11 **비투자율이 100인 철심을 코어로 하고 단위길이당 권선수가 100회인 이상적인 솔레노이드의 자속 밀도가 0.2Wb/m^2일 때, 솔레노이드에 흐르는 전류는?**

① $\frac{20}{\pi}$A
② $\frac{30}{\pi}$A
③ $\frac{40}{\pi}$A
④ $\frac{50}{\pi}$A
⑤ $\frac{60}{\pi}$A

12 **송전전력, 선간전압, 부하역률, 전력손실 및 송전거리를 동일하게 하였을 때, 단상 2선식에서의 전선량(중량)비에 대한 3상 3선식의 전선량비는?**

① 0.33
② 0.75
③ 0.85
④ 1
⑤ 1.11

13 다음 회로는 저항과 축전기로 구성되어 있다. 직류 전압을 인가하고 충분한 시간이 지난 후 $R=100\Omega$ 에 흐르는 전류 I[A]는?

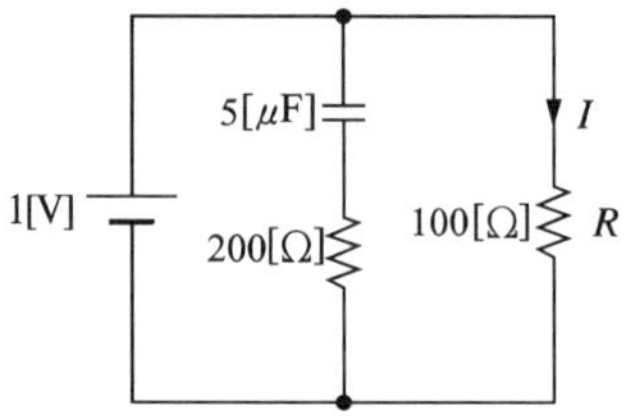

① 0.0001A
② 0.001A
③ 0.01A
④ 0.1A
⑤ 1A

14 다음 중 직류기에 있어서 불꽃 없는 정류를 얻는 데 가장 유효한 방법은?

① 보극과 탄소브러시
② 탄소브러시와 보상권선
③ 보극과 보상권선
④ 자기포화와 브러시 이동
⑤ 자기포화와 탄소브러시

15 전기자 저항이 각각 $R_A=0.1\Omega$, $R_B=0.2\Omega$ 인 100V, 10kW의 두 분권 발전기의 유기 기전력을 같게 병렬 운전하여 정격 전압으로 135A의 부하 전류를 공급할 때, 각기의 분담 전류는?

① $I_A=90$A, $I_B=45$A
② $I_A=90$A, $I_B=35$A
③ $I_A=80$A, $I_B=55$A
④ $I_A=80$A, $I_B=25$A
⑤ $I_A=70$A, $I_B=65$A

16 10kVA, 2,000/100V인 변압기에서 1차에 환산한 등가 임피던스는 $6.2+j7\Omega$ 이다. 이 변압기의 %리액턴스 강하는?

① 3.5%
② 1.75%
③ 0.35%
④ 0.175%
⑤ 0.035%

17 공진하고 있는 L, R, C 직렬회로에 있어서 저항 R 양단의 전압은 인가 전압의 몇 배인가?

① 인가 전압과 같다.
② 인가 전압의 2배이다.
③ 인가 전압의 3배이다.
④ 인가 전압의 4배이다.
⑤ 인가 전압의 6배이다.

18 저항 강하가 1.8, 리액턴스 강하가 2.0인 변압기의 전압 변동률의 최댓값과 이때의 역률은 각각 몇 %인가?

① 7.2%, 27%
② 2.7%, 18%
③ 2.7%, 67%
④ 1.8%, 38%
⑤ 1.8%, 45%

PART 3

19 다음 중 밑줄 친 ㉠과 ㉡에 해당하는 값이 바르게 짝지어진 것은?

> 권수비 2, 2차 전압 100V, 2차 전류 5A, 2차 임피던스 20Ω인 변압기의 ㉠ 1차 환산 전압 및 ㉡ 1차 환산 임피던스

	㉠	㉡
①	200V	80Ω
②	200V	40Ω
③	50V	20Ω
④	50V	10Ω
⑤	50V	5Ω

20 직류 전동기의 회전수를 $\frac{1}{2}$로 하려면, 계자 자속을 몇 배로 해야 하는가?

① $\frac{1}{4}$
② $\frac{1}{2}$
③ 2
④ 4
⑤ 6

기술직(전자일반) 적중예상문제

정답 및 해설 p.100

01 균일한 자장 안에 있는 직선도선의 길이와 전류가 4배씩 증가하면 이 도선에 작용하는 힘은 몇 배가 되는가?

① 2배
② 4배
③ 8배
④ 16배
⑤ 24배

02 무한평면 전하와 무한장 선전하에서 r[m] 떨어진 점의 전위는 각각 몇 V인가?(단, ρ_s = 평면전하 밀도, ρ_L = 선전하밀도이다)

	무한평면도체	무한직선도체
①	$\dfrac{\rho_s}{\varepsilon}$	$\dfrac{\rho_L}{2\pi\varepsilon_o}$
②	∞	$\dfrac{\rho_L}{\varepsilon}$
③	$\dfrac{\rho_s}{2\pi\varepsilon_o}$	∞
④	$\dfrac{\rho_s}{\varepsilon}$	$\dfrac{\rho_L}{4\pi\varepsilon_o r}$
⑤	∞	∞

03 환상철심에 감은 코일에 10A의 전류를 흘릴 때 1,000AT의 기자력을 발생시킬 경우에 코일의 권수는 몇 회인가?

① 50회　　② 100회
③ 200회　　④ 250회
⑤ 500회

04 다음 중 변위전류와 가장 관계가 깊은 것은?

① 도체　　② 초전도체
③ 반도체　　④ 유전체
⑤ 자성체

PART 3

05 다음 중 비투자율(μ_r)은 1, 비유전율(ε_r) 80인 전자파의 고유임피던스는 몇 Ω 인가?

① 160Ω　　② 80Ω
③ 61Ω　　④ 42Ω
⑤ 21Ω

06 다음 중 p형 반도체의 전기적 성질로 옳지 않은 것은?

① 3족이 불순물로 도핑되어 억셉터 준위를 형성한다.
② n형과 접촉하면 (−)로 대전된다.
③ 페르미 준위가 금지대 중앙으로부터 아래쪽에 위치한다.
④ 정공이 소수캐리어이며, 전자는 다수캐리어이다.
⑤ 3가 불순물은 Al, B, Ga, In을 사용한다.

07 다음 중 물 속에서 전자파의 속도는 몇 m/s인가?(단, $\mu_r=1$, $\varepsilon_r=80$이다)

① 약 9.0×10^9m/s
② 약 5.3×10^8m/s
③ 약 3.35×10^7m/s
④ 약 3.30×10^9m/s
⑤ 약 2.67×10^8m/s

08 A급 전력증폭기에서 $V_{CEQ}=60$V이고, $I_{CQ}=120$mA이면, 최대 신호의 출력 전력은?(단, 입력 신호가 없을 때의 트랜지스터의 전력소모일 때로 가정한다)

① 5.8W
② 7.2W
③ 8.4W
④ 10W
⑤ 20W

09 다음 그림과 같은 L－C 회로의 구동점 임피던스로 옳은 것은?

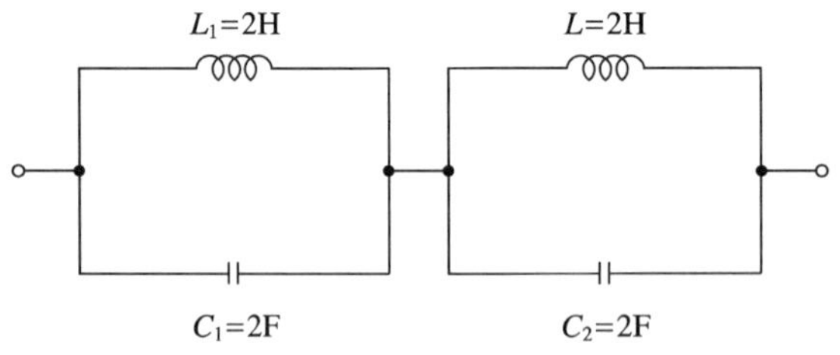

① $\dfrac{4s}{4s^2+1}\,\Omega$
② $\dfrac{4s}{4s^2-1}\,\Omega$
③ $\dfrac{s}{4s^2-1}\,\Omega$
④ $\dfrac{s}{4s^2+1}\,\Omega$
⑤ $\dfrac{1}{4s^2+1}\,\Omega$

10 다음 그림과 같은 L형 회로에 대한 영상 임피던스 Z_{01}과 Z_{02}가 바르게 짝지어진 것은?

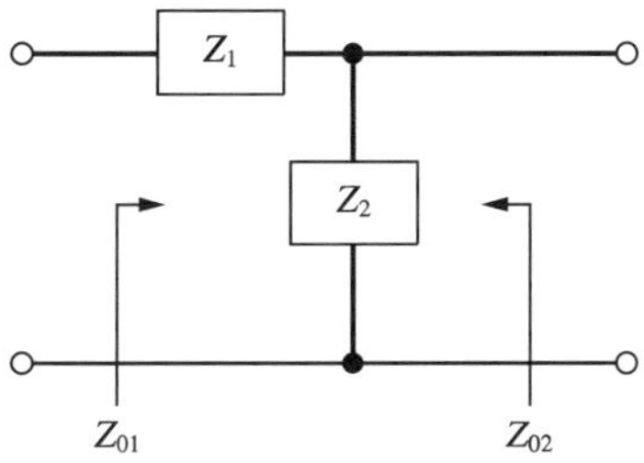

	Z_{01}	Z_{02}
①	$\sqrt{Z_1(Z_1+Z_2)}\ \Omega$	$\sqrt{\left(\dfrac{Z_1Z_2}{Z_1+Z_2}\right)Z_2}\ \Omega$
②	$\sqrt{Z_1(Z_1+Z_2)}\ \Omega$	$\sqrt{Z_1+Z_2}\ \Omega$
③	$\sqrt{Z_2(Z_1+Z_2)}\ \Omega$	$\sqrt{\left(\dfrac{Z_1Z_2}{Z_1+Z_2}\right)Z_2}\ \Omega$
④	$\sqrt{Z_1+Z_2}\ \Omega$	$\sqrt{\left(\dfrac{Z_1Z_2}{Z_1+Z_2}\right)Z_1}\ \Omega$
⑤	$\sqrt{Z_1+Z_2}\ \Omega$	$\sqrt{Z_1(Z_1+Z_2)}\ \Omega$

11 다음 회로에서 10Ω에 흐르는 전류 I는 얼마인가?

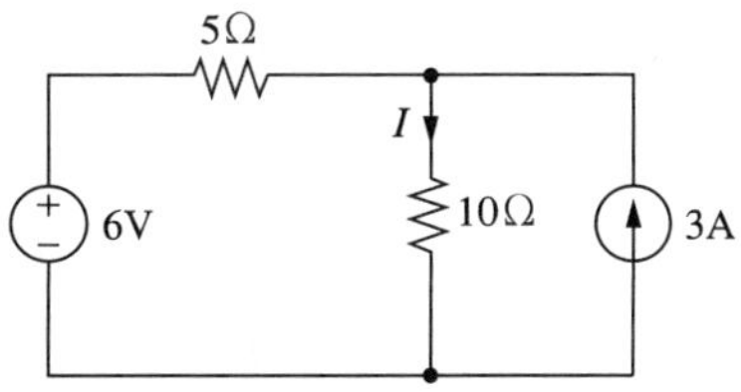

① -1.0A
② $+1.2$A
③ -1.2A
④ $+1.4$A
⑤ -1.4A

12 정격전압에서 2kW의 전력을 소비하는 저항에 70%인 전압을 인가할 때의 전력은 몇 W인가?

① 1,220W
② 980W
③ 890W
④ 680W
⑤ 560W

13 다음 그림의 회로에서 독립적인 전류방정식 N과 독립적인 전압방정식 B는 각각 몇 개인가?

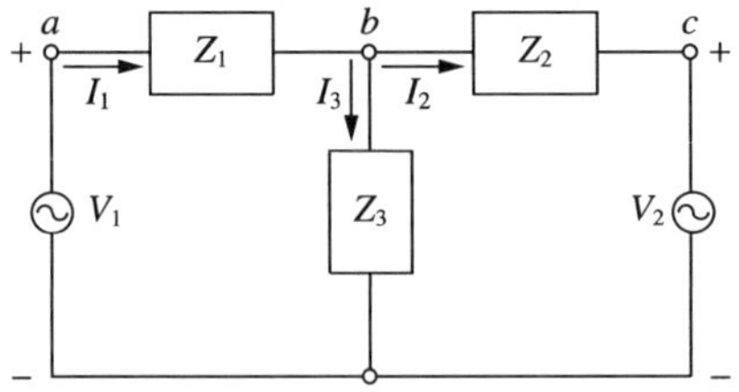

	N	B
①	3개	4개
②	2개	3개
③	2개	2개
④	1개	2개
⑤	1개	1개

14 다음 회로가 정저항 회로가 되기 위한 C의 값은 얼마인가?(단, $L=500\text{mH}$, $R=1,000\Omega$ 이다)

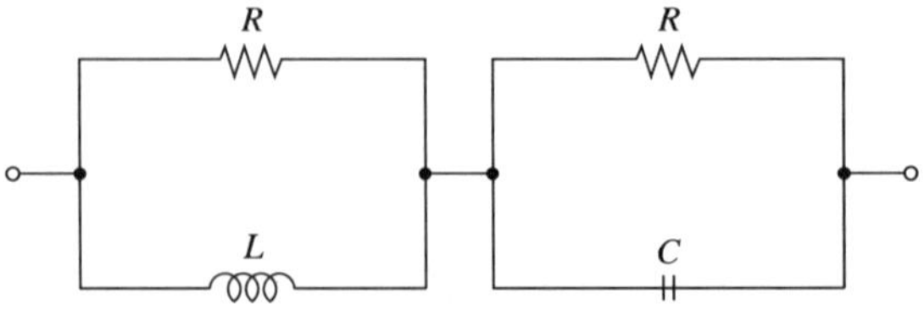

① $0.1\mu F$
② $0.2\mu F$
③ $0.5\mu F$
④ $1\mu F$
⑤ $2\mu F$

15 RL 직렬회로에 $v(t)=160\sin(10^4t+Q_1)$[V]의 전압을 가했더니 $i(t)=4\sin(10^4t+Q_2)$[A]의 전류가 흘렀다. 이때, $R=10\sqrt{15}\,\Omega$ 이라면 인덕턴스 L은 얼마인가?

① 100mH
② 10mH
③ 1mH
④ 0.1mH
⑤ 0.01mH

16 다음 중 리액턴스 함수가 $Z(s)=\dfrac{3s}{s^2+9}$로 표시되는 리액턴스 2단자 회로망은 무엇인가?

①
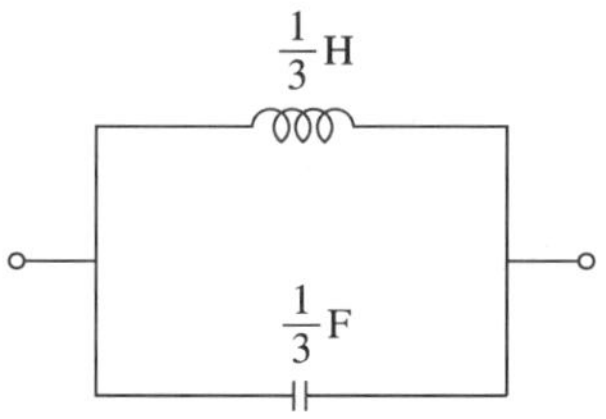

②
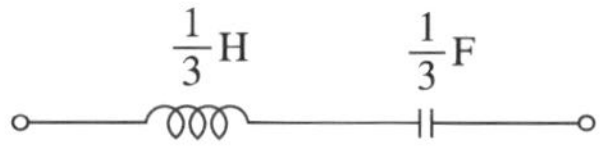

③
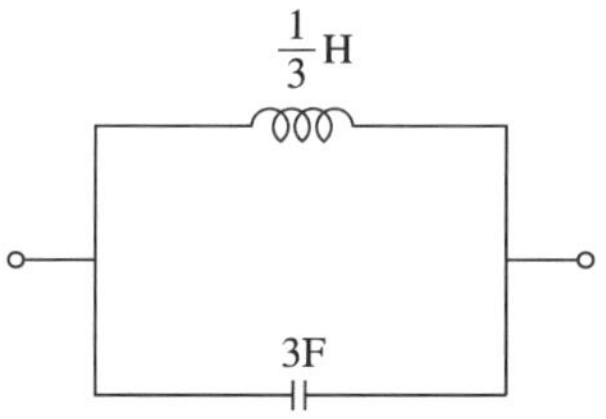

④
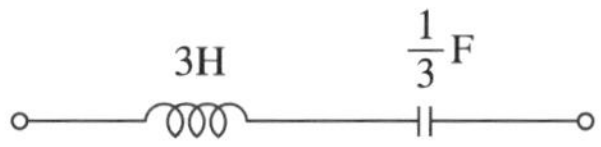

⑤
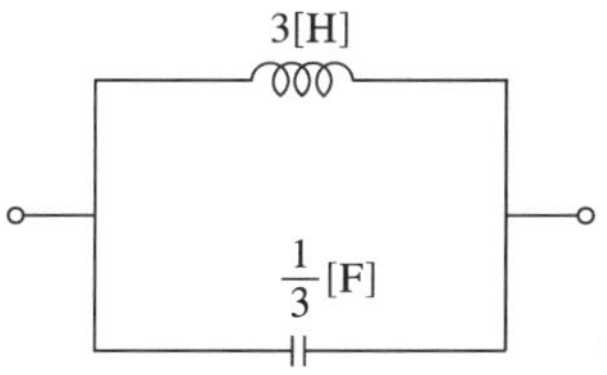

17 **다음 중 증폭회로의 고주파 응답을 결정하는 요소는?**

① 전달 컨덕턴스
② 컷 오프 전압
③ 트랜지스터의 내부 커패시턴스
④ 트랜지스터의 입력 전압
⑤ 롤 – 오프

18 **다음 중 프로그램 카운터가 명령의 주소 부분과 더해져서 유효 주소가 결정되는 방법으로, 명령의 주소 부분은 보통 부호를 포함한 수이며, 음수(2의 보수 표현)나 양수 둘 다 될 수 있는 것은?**

① 상대 주소 지정 방식
② 절대 주소 지정 방식
③ 간접 주소 지정 방식
④ 직접 주소 지정 방식
⑤ 색인 주소 지정 방식

19 **다음 중 저항체 내에서 불규칙한 운동으로 생기는 잡음은?**

① 열잡음
② 백색잡음
③ 산탄잡음
④ 분배잡음
⑤ 충격잡음

20 **다음 중 증폭기에 대한 설명으로 옳지 않은 것은?**

① 직류 증폭기는 직류 및 교류 신호 모두를 증폭한다.
② 플레이트 접지 증폭기는 진공관의 양극을 접지한 증폭기이다.
③ 아날로그인 연산증폭기는 입력저항이 크다.
④ 직류 증폭기는 드리프트 현상이 일어난다.
⑤ 증폭기는 입력신호의 에너지를 감소시켜 출력측에 에너지로 변환시킨다.

PART 4

최종점검 모의고사

최종점검 모의고사

※ 서울교통공사 최종점검 모의고사는 2024년 채용공고를 기준으로 구성한 것으로, 실제 시험과 다를 수 있습니다.

※ 응시 직렬에 맞추어 해당 영역을 학습하기 바랍니다.

※ 모바일 OMR 답안분석 서비스

사무직(행정학)	사무직(경영학)	사무직(법학)	사무직(경제학)	기술직(기계일반)	기술직(전기일반)	기술직(전자일반)

■ 취약영역 분석

| 01 | 직업기초능력평가

번호	O/×	영역	번호	O/×	영역	번호	O/×	영역
01		의사소통능력	16		조직이해능력	31		자기개발능력
02			17		정보능력	32		
03			18			33		대인관계능력
04			19			34		
05		수리능력	20			35		
06			21		자원관리능력	36		
07			22			37		직업윤리
08			23			38		
09		문제해결능력	24			39		
10			25		기술능력	40		
11			26					
12			27					
13		조직이해능력	28					
14			29		자기개발능력			
15			30					

| 02 | 직무수행능력평가

번호	41	42	43	44	45	46	47	48	49	50	51	52	53	54	55	56	57	58	59	60
영역	사무직(행정학 / 경영학 / 법학 / 경제학), 기술직(기계일반 / 전기일반 / 전자일반)																			
번호	61	62	63	64	65	66	67	68	69	70	71	72	73	74	75	76	77	78	79	80
영역	사무직(행정학 / 경영학 / 법학 / 경제학), 기술직(기계일반 / 전기일반 / 전자일반)																			

평가문항	80문항	평가시간	90분
시작시간	:	종료시간	:
취약영역			

최종점검 모의고사

문항 수 : 80문항 응시시간 : 90분

정답 및 해설 p.104

01 직업기초능력평가

01 S기업의 신입사원 교육담당자인 귀하는 상사로부터 다음과 같은 메일을 받았다. 신입사원의 업무 역량을 향상시킬 수 있도록 교육할 내용으로 적절하지 않은 것은?

> 수신 : ○○○
> 발신 : △△△
>
> ---
>
> 제목 : 신입사원 교육프로그램을 구성할 때 참고해 주세요.
> 내용 :
> ○○○씨, 오늘 조간신문을 보다가 공감이 가는 내용이 있어서 보내드립니다.
> 신입사원 교육 때 문서 작성 능력을 향상시킬 수 있는 프로그램을 추가하면 좋을 것 같습니다.
>
> 기업체 인사담당자들을 대상으로 한 조사에서 '신입사원의 국어 능력 만족도'는 '그저 그렇다'가 65.4%, '불만족'이 23.1%나 됐는데, 특히 '기획안과 보고서 작성능력'에서 '그렇다'의 응답 비율(53.2%)이 가장 높았다. 기업들이 대학에 개설되기를 희망하는 교과과정을 조사한 결과에서도 가장 많은 41.3%가 '기획문서 작성'을 꼽았다. 특히 인터넷 세대들은 '짜깁기' 기술엔 능해도 논리를 구축해 효과적으로 커뮤니케이션을 하고 상대를 설득하는 능력에선 크게 떨어진다.

① 문서의 의미를 전달하는 데 문제가 없다면 끊을 수 있는 부분은 가능한 한 끊어서 문장을 짧게 만들고, 실질적인 내용을 담을 수 있도록 한다.
② 상대방이 이해하기 어려운 글은 좋은 글이 아니므로, 우회적인 표현이나 현혹적인 문구는 지양한다.
③ 중요하지 않은 경우 한자의 사용을 자제하며 만약 사용할 경우 상용한자의 범위 내에서 사용하도록 한다.
④ 문서의 중요한 내용을 미괄식으로 작성하는 것은 문서 작성에 있어서 중요한 부분이다.
⑤ 문서로 전달하고자 하는 핵심메시지가 잘 드러나도록 작성하며 논리적으로 의견을 전개하도록 한다.

02 다음은 S공사의 미술관 사용 시 유의사항이다. 이에 대한 설명으로 가장 적절한 것은?

〈미술관 사용 시 유의사항〉

1. 전시 전에 역장에게 꼭 전시를 신고한 후 직원의 안내를 받아 전시하여 주시기 바랍니다.
   ※ 경복궁역 미술관 1·2관 : 경복궁역 역무실(6110-3271) / 개방시간 07:00 ~ 22:00
2. 전시면 사용요령
   - 전시장 벽면 사용 시 양면테이프나 못 등은 사용할 수 없으며, 스프레이를 뿌리거나 페인트를 사용하는 것은 절대 불가합니다.
   - 미술관 1·2관에서 현수막 사용 시 미술관 입구에 현수막 봉이 설치되어 있으므로 현수막을 봉에 설치하여 주시기 바랍니다.
     ※ 현수막 크기 : 가로 4.7m×세로 1m
   - 전시 벽면에 액자틀 먼지로 인해 자국이 남는 경우가 있으니 액자틀 뒷면을 깨끗이 닦은 상태에서 사용해 주시기 바랍니다.
   - 전시작품 설치 시 반드시 전시 고리를 이용하여 작품을 설치하여 주시고, 작품설명표지는 액자틀에 부착하여 주시기 바랍니다(전시 고리는 역무실에서 수령).
   - 전시 고리는 작품 부착 시 불량 상태를 꼭 확인한 후 사용하여 주시고, 불량 고리는 역무실에 교체를 요구하여 주시기 바랍니다.
     ※ 전시 고리 분실 시 분실 수량만큼 구매하여 역무실에 반납하여야 함
   - 전시면 이외의 공간(유리문 등)은 사용이 불가하며, 이용승객 통행에 지장을 주는 작품을 설치할 수 없습니다.
3. 쓰레기 처리요령
   - 화환 등 대형 폐기물은 판매처에서 회수하도록 하시거나 분해하여 꽃은 종량제 규격봉투에 담고 받침대 등은 정리하여 끈으로 묶은 후 대형 폐기물 스티커를 부착하여 주시기 바랍니다(무단 방치 금지).
   - 일반쓰레기는 종로구 종량제 규격봉투에 담아 처리하여 주시기 바랍니다.
4. 기타사항
   - 조명등의 위치는 변경할 수 없습니다.
5. 다음 전시회를 위해 전시작품 철거는 전시 마지막 날 오후 4시 이전까지 완료하여 주시기 바랍니다.

① 일반쓰레기는 아무 비닐봉투에 담아 역사 내 쓰레기통에 버린다.

② 전시 고리 중 불량 고리를 확인했다면 개인 사비로 사야 한다.

③ 벽면에 작품을 부착할 때 필요 시 관리자에게 요청한 후 못으로 고정할 수 있다.

④ 작품설명표지는 액자 바로 밑 전시 벽면에 부착한다.

⑤ 2관에서 현수막을 사용하려면 가로 4.7m×세로 1m 크기로 제작해 미술관 입구에 있는 현수막 봉에 설치해야 한다.

03 다음 글의 제목으로 가장 적절한 것은?

> 제4차 산업혁명은 인공지능이 기존의 자동화 시스템과 연결되어 효율이 극대화되는 산업 환경의 변화를 의미한다.
> 2016년에 세계경제포럼에서 언급되어, 유행처럼 번지는 용어가 되었다. 학자에 따라 바라보는 견해는 다르지만 대체로 기계학습과 인공지능의 발달이 그 수단으로 꼽힌다.
> 2010년대 중반부터 드러나기 시작한 제4차 산업혁명은 현재진행형이며, 그 여파는 사회 곳곳에서 드러나고 있다. 현재도 기계와 인공지능이 사람을 대체하고 있으며, 앞으로 일자리의 80 ~ 99%까지 사람이 아닌 기계로 대체될 것이라고 보는 견해도 등장하고 있다.
> 만약 우리가 현재의 경제 구조를 유지한 채로 이와 같은 극단적인 노동 수요 감소를 맞게 된다면, 전후 미국의 대공황 등과는 차원이 다른 끔찍한 대공황이 발생할 것이다. 계속해서 일자리가 줄어들수록 중·하위 계층은 사회에서 밀려날 수밖에 없는데, 자본주의 사회의 특성상 많은 비용을 수반하는 과학기술의 연구는 자본에 종속될 수밖에 없기 때문이다. 물론 지금도 이러한 현상이 없는 것은 아니지만, 아직까지는 단순노동이 필요하기 때문에 노동력을 제공하는 중·하위층도 불합리한 부분들에 파업과 같은 실력행사를 할 수 있었다. 그러나 앞으로 자동화가 더욱 진행되어 노동의 필요성이 사라진다면 그들을 배려해야 할 당위성은 법과 제도가 아닌 도덕이나 인권과 같은 윤리적인 영역에만 남게 되는 것이다.
> 반면에 이를 긍정적으로 생각한다면 이처럼 일자리가 없어졌을 때 극소수에 해당하는 경우를 제외한 나머지 사람들은 노동에서 완전히 해방되어, 인공지능이 제공하는 무제한적인 자원을 마음껏 향유할 수도 있을 것이다. 하지만 이러한 미래는 지금의 자본주의보다는 사회주의 경제 체제에 가깝다. 이 때문에 많은 경제학자와 미래학자들은 제4차 산업혁명 이후의 미래를 장밋빛으로 바꿔 나가기 위해 기본소득제 도입 등의 시도와 같은 고민들을 이어 가고 있다.

① 제4차 산업혁명의 의의
② 제4차 산업혁명의 빛과 그늘
③ 제4차 산업혁명의 위험성
④ 제4차 산업혁명에 대한 준비
⑤ 제4차 산업혁명의 시작

04 다음 빈칸 ㉠～㉢에 들어갈 단어를 골라 순서대로 바르게 나열한 것은?

> • 요즘 옷은 남녀의 ㉠(구별 / 차별)이 없는 경우가 많다.
> • 많은 생산품 중에서 최상의 것만을 ㉡(변별 / 식별)해서 시장에 내놓았다.
> • 필적을 ㉢(분별 / 감별)한 결과 본인의 것이 아님이 판명되었다.

	㉠	㉡	㉢
①	구별	식별	분별
②	구별	변별	분별
③	구별	변별	감별
④	차별	변별	감별
⑤	차별	식별	감별

05 S사의 A, B부서는 각각 4명, 6명으로 구성되어 있다. A, B부서는 업무 관련 자격증 시험에 단체로 응시하였고, 이들의 전체 평균 점수는 84점이었다. A부서의 평균점수가 81점이라고 할 때, B부서의 평균점수는 몇 점인가?

① 89점
② 88점
③ 87점
④ 86점
⑤ 85점

06 다음은 소매 업태별 판매액을 나타낸 자료이다. 2022년 대비 2024년 두 번째로 높은 비율로 증가한 업태의 2022년 대비 2024년 판매액의 증가율은?(단, 소수점 첫째 자리에서 반올림한다)

〈소매 업태별 판매액〉

(단위 : 십억 원)

구분	2022년	2023년	2024년
백화점	29,028	29,911	29,324
대형마트	32,777	33,234	33,798
면세점	9,198	12,275	14,465
슈퍼마켓 및 잡화점	43,481	44,361	45,415
편의점	16,455	19,481	22,237
승용차 및 연료 소매점	91,303	90,137	94,508
전문 소매점	139,282	140,897	139,120
무점포 소매점	46,788	54,046	61,240
합계	408,312	424,342	440,107

① 31%
② 35%
③ 42%
④ 55%
⑤ 57%

07 다음은 S공장에서 근무하는 근로자들의 임금수준 분포를 나타낸 자료이다. 근로자 전체에게 지급된 임금(월 급여)의 총액이 2억 원일 때, 이에 대한 설명으로 옳은 것을 〈보기〉에서 모두 고르면?

〈S공장 근로자의 임금수준 분포〉

임금수준(만 원)	근로자 수(명)
월 300 이상	4
월 270 이상 300 미만	8
월 240 이상 270 미만	12
월 210 이상 240 미만	26
월 180 이상 210 미만	30
월 150 이상 180 미만	6
월 150 미만	4
합계	90

보기

㉠ 근로자당 평균 월 급여액은 230만 원 이하이다.
㉡ 절반 이상의 근로자들이 월 210만 원 이상의 급여를 받고 있다.
㉢ 월 180만 원 미만의 급여를 받는 근로자의 비율은 약 14%이다.
㉣ 적어도 15명 이상의 근로자가 월 250만 원 이상의 급여를 받고 있다.

① ㉠
② ㉠, ㉡
③ ㉠, ㉡, ㉣
④ ㉡, ㉢, ㉣
⑤ ㉠, ㉡, ㉢, ㉣

PART 4

08 다음은 K국의 청년 고용동향에 대한 자료이다. 이에 대한 설명으로 옳지 않은 것은?

〈청년층(15 ~ 26세) 고용률 및 실업률〉

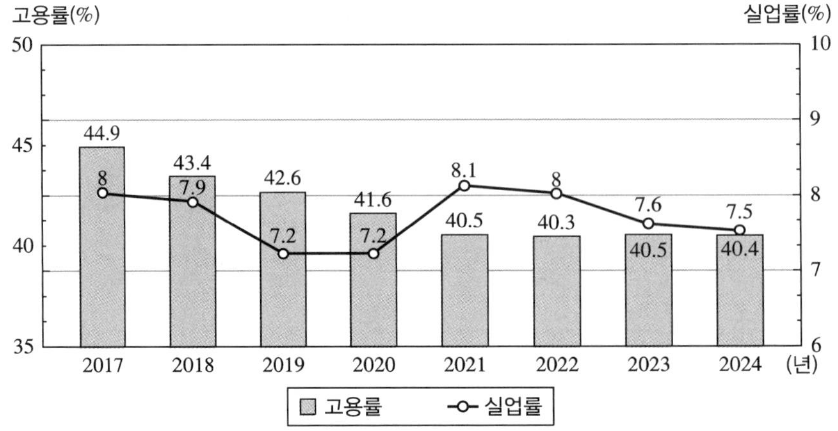

※ [실업률(%)] : [(실업자수)÷(경제활동인구)]×100

※ [고용률(%)] : [(취업자수)÷(생산가능인구)]×100

〈청년층(15 ~ 26세) 고용동향〉

(단위 : %, 천 명)

구분	2017년	2018년	2019년	2020년	2021년	2022년	2023년	2024년
생산가능인구	9,920	9,843	9,855	9,822	9,780	9,705	9,589	9,517
경제활동인구	4,836	4,634	4,530	4,398	4,304	4,254	4,199	4,156
경제활동참가율	48.8	47.1	46.0	44.8	44.0	43.8	43.8	43.7

※ 생산가능인구 : 만 15세 이상 인구

※ 경제활동인구 : 만 15세 이상 인구 중 취업자와 실업자

※ [경제활동참가율(%)] : [(경제활동인구)÷(생산가능인구)]×100

① 2017년부터 2019년까지 청년층 고용률과 실업률의 증감추이는 동일하다.

② 전년과 비교했을 때 2018년에 경제활동인구가 가장 많이 감소했다.

③ 생산가능인구는 매년 감소하고 있다.

④ 고용률 대비 실업률 비율이 가장 높았던 해는 2021년이다.

⑤ 경제활동참가율은 전체적으로 감소하고 있다.

09 다음 〈조건〉을 근거로 〈보기〉를 계산한 값은?

조건

연산자 A, B, C, D는 다음과 같이 정의한다.

- A : 좌우에 있는 두 수를 더한다. 단, 더한 값이 10 미만이면 좌우에 있는 두 수를 곱한다.
- B : 좌우에 있는 두 수 가운데 큰 수에서 작은 수를 뺀다. 단, 두 수가 같거나 뺀 값이 10 미만이면 두 수를 곱한다.
- C : 좌우에 있는 두 수를 곱한다. 단, 곱한 값이 10 미만이면 좌우에 있는 두 수를 더한다.
- D : 좌우에 있는 두 수 가운데 큰 수를 작은 수로 나눈다. 단, 두 수가 같거나 나눈 값이 10 미만이면 두 수를 곱한다.

※ 연산은 '( )', '[ ]'의 순으로 함

보기

[(1A5)B(3C4)]D6

① 10　② 12

③ 90　④ 210

⑤ 360

10 S공사에서는 보고서를 통과시키기 위해서 총 6명(A ~ F)에게 결재를 받아야 한다. 다음 〈조건〉에 따라 최종 결재를 받아야 하는 사람이 C일 때, 세 번째로 결재를 받아야 할 사람은?

조건

- C 바로 앞 순서인 사람은 F이다.
- B는 F와 C 보다는 앞 순서이다.
- E는 B보다는 앞 순서이다.
- E와 C는 D보다 뒤의 순서다.
- A는 E보다 앞 순서이다.
- 결재를 받을 때는 한 사람당 한 번만 거친다.

① A　② B

③ D　④ E

⑤ F

※ 다음은 박대리의 출장에 대한 자료이다. 이어지는 질문에 답하시오. [11~12]

〈상황〉

- 서울 지부에서 근무하는 박대리는 대구 지부에서 열리는 세미나에 3박 4일간 참석하고자 한다.
- 세미나는 10월 20일 오후 1시에 시작하여, 10월 23일 오후 5시까지 진행된다.
- 박대리는 서울 지부에서 대구 지부까지 이동 시 김포공항에서 대구공항으로 향하는 항공편을 이용한다. 박대리는 세미나 시작 1시간 전에는 대구공항에 도착하고자 하며, 세미나 종료 후 2시간 이내에는 김포행 항공편에 탑승하고자 한다.
- 식비는 출장 시작일과 마지막일을 포함하여 하루당 3만 원이 지급된다.
- 대구공항부터 세미나 장소인 대구 지부까지의 이동수단 중 항공료를 제외한 교통비는 하루당 1만 원이 지급된다.
- 숙박비는 1박당 8만 원이 지급된다.

〈항공편 정보〉

박대리는 다음 항공편 중에서 선택하여 이용한다.

항공편	출발	도착	출발시각	도착시각	편도요금
IA910	김포공항	대구공항	10:00	10:50	34,500원
JI831	김포공항	대구공항	12:10	13:20	41,000원
BQ381	김포공항	대구공항	14:00	14:50	40,500원
GO904	대구공항	김포공항	16:40	17:30	56,000원
TK280	대구공항	김포공항	18:00	18:50	58,000원
BV411	대구공항	김포공항	19:40	20:30	61,000원

11 출장비는 박대리가 10월 20일에 김포공항에서 출발하여 10월 23일에 다시 김포공항으로 돌아오기까지의 활동에 대해 지급된 출장비용의 합계를 말한다. 다음 중 박대리의 대구 출장으로 인한 출장비 총액으로 옳은 것은?

① 408,000원
② 423,500원
③ 458,000원
④ 472,500원
⑤ 521,000원

12 박대리가 이용한 항공사의 마일리지 적립 규정이 다음과 같다고 할 때, 박대리가 이번 출장으로 인해 적립하게 되는 마일리지는 몇 점인가?

항공편 가격	적립률(편도요금 기준)	비고
3만 원 미만	2%	10월 한 달 동안은 1.0%p 추가 적립 제공
3만 원 이상 5만 원 미만	3%	
5만 원 이상 10만 원 미만	5%	–
10만 원 이상	7%	–

① 3,935점
② 4,280점
③ 4,310점
④ 4,550점
⑤ 4,810점

13 다음은 S사 영업부에서 근무하는 A사원의 일일업무일지이다. 업무일지에 적힌 내용 중 영업부의 주요 업무로 적절하지 않은 것은 모두 몇 가지인가?

〈A사원의 일일업무일지〉

부서명	영업부	작성일자	2025년 8월 20일
작성자	A		
금일 업무 내용		명일 업무 내용	
• 시장 조사 계획 수립		• 신규 거래처 견적 작성 및 제출	
• 시장 조사 진행(출장)		• 전사 소모품 관리	
• 신규 거래처 개척		• 발주서 작성 및 발주	
• 판매 방침 및 계획 회의		• 사원 급여 정산	
• 전사 공채 진행		• 매입마감	

① 2가지
② 3가지
③ 4가지
④ 5가지
⑤ 6가지

14 **S공사 인사팀의 A부장은 신입사원들을 대상으로 조직의 의미를 다음과 같이 설명하였다. A부장의 설명에 근거할 때, 조직으로 적절하지 않은 것은?**

> A부장 : 조직은 특정한 목적을 추구하기 위하여 의도적으로 구성된 사람들의 집합체로, 외부 환경과 여러 가지 상호 작용을 하는 사회적 단위라고 말할 수 있지. 한데, 이러한 상호 작용이 유기적인 협력체제하에서 행해지면서 조직이 추구하는 목적을 달성하기 위해서는 내부적인 구조가 있어야만 해. 업무와 기능의 분배, 권한과 위임을 통하여 어떤 특정한 조직 구성원들의 공통된 목표를 달성하기 위하여 여러 사람의 활동을 합리적으로 조정한 것이야말로 조직의 정의를 가장 잘 나타내 주는 말이라고 할 수 있다네.

① 영화 촬영을 위해 모인 스태프와 배우들
② 주말을 이용해 춘천까지 다녀오기 위해 모인 자전거 동호회원들
③ 열띤 응원을 펼치고 있는 야구장의 관중들
④ 야간자율학습을 하고 있는 G고등학교 3학년 2반 학생들
⑤ 미국까지 가는 비행기 안에 탑승한 기장과 승무원들

15 **S회사는 새롭게 개발한 립스틱을 대대적으로 홍보하고 있다. 다음 중 S회사의 사례에 대한 대안으로 가장 적절한 것은?**

> S회사 립스틱의 특징은 지속력과 선명한 색상, 그리고 20대 여성을 타깃으로 한 아기자기한 디자인이다. 하지만 제품 홍보를 했음에도 불구하고 매출이 좋지 않다. 조사 결과 저가 화장품이라는 브랜드 이미지 때문인 것으로 드러났다.

① 블라인드 테스트를 통해 제품의 질을 인정받는다.
② 홍보비를 두 배로 늘려 더 많이 광고한다.
③ 브랜드 이름을 최대한 감추고 홍보한다.
④ 무료 증정 이벤트를 연다.
⑤ 타깃을 30대 여성으로 바꾼다.

16 다음은 S공사 직무전결표의 일부분이다. 이에 따라 문서를 처리한 내용 중 옳지 않은 것을 〈보기〉에서 모두 고르면?

〈S공사 직무전결표〉

직무내용	대표이사	위임전결권자		
		전무	이사	부서장
직원 채용 승인	○			
직원 채용 결과 통보				○
교육훈련 대상자 선정			○	
교육훈련 프로그램 승인		○		
직원 국내 출장 승인			○	
직원 해외 출장 승인		○		
임원 국내 출장 승인		○		
임원 해외 출장 승인	○			

보기

ㄱ. 전무가 출장 중이어서 교육훈련 프로그램 승인을 위해서 일단 이사 전결로 처리하였다.
ㄴ. 인사부장 명의로 영업부 직원 채용 결과서를 통보하였다.
ㄷ. 영업부 대리의 국내 출장을 승인받기 위해서 이사의 결재를 받았다.
ㄹ. 기획부의 교육훈련 대상자를 선정하기 위해서 기획부장의 결재를 받아 처리하였다.

① ㄱ, ㄴ
② ㄱ, ㄴ, ㄷ
③ ㄱ, ㄴ, ㄹ
④ ㄱ, ㄷ, ㄹ
⑤ ㄴ, ㄷ, ㄹ

17 다음 중 Windows 환경에서 단축키의 기능으로 옳지 않은 것은?

① 〈Ctrl〉+〈X〉 : 선택한 항목을 잘라낸다.
② 〈Ctrl〉+〈Insert〉 : 선택한 항목을 복사한다.
③ 〈Shift〉+〈Insert〉 : 작업을 실행 취소한다.
④ 〈Alt〉+〈Page Up〉 : 한 화면 위로 이동한다.
⑤ 〈Alt〉+〈F8〉 : 로그인 화면에서 암호를 표시한다.

18 다음 시트와 같이 월 ~ 금요일까지는 '업무'로, 토요일과 일요일에는 '휴무'로 표시하고자 할 때 [B2] 셀에 입력해야 할 함수식으로 옳지 않은 것은?

	A	B
1	일자	휴무, 업무
2	2025-06-07	휴무
3	2025-06-08	휴무
4	2025-06-09	업무
5	2025-06-10	업무
6	2025-06-11	업무
7	2025-06-12	업무
8	2025-06-13	업무

① =IF(OR(WEEKDAY(A2,0)=0,WEEKDAY(A2,0)=6),"휴무","업무")

② =IF(OR(WEEKDAY(A2,1)=1,WEEKDAY(A2,1)=7),"휴무","업무")

③ =IF(OR(WEEKDAY(A2,2)=6,WEEKDAY(A2,2)=7),"휴무","업무")

④ =IF(WEEKDAY(A2,2)>=6,"휴무","업무")

⑤ =IF(WEEKDAY(A2,3)>=5,"휴무","업무")

19 다음 시트에서 상품이 '하모니카'인 악기의 평균매출액을 구하려고 할 때, [E11] 셀에 입력할 수식으로 옳은 것은?

	A	B	C	D	E
1	모델명	상품	판매금액	판매수량	매출액
2	D7S	통기타	189,000	7	1,323,000
3	LC25	우쿨렐레	105,000	11	1,155,000
4	N1120	하모니카	60,000	16	960,000
5	MS083	기타	210,000	3	630,000
6	H904	하모니카	63,000	25	1,575,000
7	C954	통기타	135,000	15	2,025,000
8	P655	기타	193,000	8	1,544,000
9	N1198	하모니카	57,000	10	570,000
10	하모니카의 평균 판매수량				17
11	하모니카 평균매출액				1,035,000

① =COUNTIF(B2:B9,"하모니카")

② =AVERAGE(E2:E9)

③ =AVERAGEIFS(B2:B9,E2:E9,"하모니카")

④ =AVERAGEA(B2:B9,"하모니카",E2:E9)

⑤ =AVERAGEIF(B2:B9,"하모니카",E2:E9)

20 다음 코드를 참고하여 〈보기〉의 (가) ~ (마)에서 변수를 나타낸 내용으로 옳은 것을 모두 고르면?

```
int a = 10;
int *p = &a;
*p = 20;
```

보기

(가) a
(나) 10
(다) p
(라) *p
(마) &a

① (가), (나), (마)
② (가), (다), (라)
③ (나), (다), (라)
④ (나), (다), (마)
⑤ (다), (라), (마)

21 다음은 S공사 인사팀의 하계 휴가 스케줄이다. G사원은 휴가를 신청하기 위해 하계 휴가 스케줄을 확인하였다. 인사팀 팀장인 A부장은 25 ~ 28일은 하계 워크숍 기간이므로 휴가 신청이 불가능하며, 하루에 6명 이상은 사무실에 반드시 있어야 한다고 팀원들에게 공지했다. G사원이 휴가를 쓸 수 있는 기간으로 옳은 것은?

구분	8월 휴가																			
	3	4	5	6	7	10	11	12	13	14	17	18	19	20	21	24	25	26	27	28
	월	화	수	목	금	월	화	수	목	금	월	화	수	목	금	월	화	수	목	금
A부장	■	■	■																	
B차장								■	■	■										
C과장	■	■	■	■	■															
D대리										■	■	■	■							
E주임														■	■	■				
F주임											■	■	■	■						
G사원																				
H사원						■	■	■												

※ 스케줄에 색칠된 부분은 해당 직원의 휴가 예정일임
※ G사원은 4일 이상 휴가를 사용해야 함(토, 일 제외)

① 5 ~ 7일
② 6 ~ 11일
③ 11 ~ 16일
④ 13 ~ 18일
⑤ 19 ~ 24일

22 A와 B는 각각 해외에서 직구로 물품을 구매하였다. 해외 관세율이 다음과 같을 때, A와 B 중 관세를 더 많이 낸 사람과 그 금액을 바르게 짝지은 것은?

〈해외 관세율〉

(단위 : %)

품목	관세	부가세
책	5	5
유모차, 보행기	5	10
노트북	8	10
스킨, 로션 등 화장품	6.5	10
골프용품, 스포츠용 헬멧	8	10
향수	7	10
커튼	13	10
카메라	8	10
신발	13	10
TV	8	10
휴대폰	8	10

※ 향수・화장품의 경우 개별소비세 7%, 농어촌특별세 10%, 교육세 30%가 추가됨

※ 100만 원 이상 전자제품(TV, 노트북, 카메라, 핸드폰 등)은 개별소비세 20%, 교육세 30%가 추가됨

〈구매 품목〉

A : TV(110만 원), 화장품(5만 원), 휴대폰(60만 원), 스포츠용 헬멧(10만 원)

B : 책(10만 원), 카메라(80만 원), 노트북(110만 원), 신발(10만 원)

① A, 91.5만 원

② B, 90.5만 원

③ A, 94.5만 원

④ B, 92.5만 원

⑤ B, 93.5만 원

23 S공사는 적합한 인재를 채용하기 위하여 NCS 기반 능력중심 공개채용을 시행하였다. 1~4차 전형을 모두 마친 면접자들의 평가점수를 최종 합격자 선발기준에 따라 판단하여 A~E 중 상위자 2명을 최종 합격자로 선정하고자 한다. 다음 중 최종 합격자들로 바르게 짝지어진 것은?

〈최종 합격자 선발기준〉

구분	의사소통능력	문제해결능력	조직이해능력	대인관계능력	합계
평가비중	40%	30%	20%	10%	100%

〈면접평가 결과〉

구분	A	B	C	D	E
의사소통능력	A^+	A^+	A^+	B^+	C
문제해결능력	B^+	B+5	A^+	B+5	A+5
조직이해능력	A+5	A	C^+	A^+	A
대인관계능력	C	A^+	B^+	C^+	B^++5

※ 등급별 변환 점수 : A^+=100, A=90, B^+=80, B=70, C^+=60, C=50

※ 면접관의 권한으로 등급별 점수에 +5점을 가점할 수 있음

① A, B

② B, C

③ C, D

④ C, E

⑤ D, E

24 S공사의 A과장은 2박 3일로 경주 출장을 가기 위해 여러 경로를 알아보고 있다. 다음은 A과장이 회사 차를 타고 집에서 출발하여 경주 출장지까지 갈 수 있는 방법을 나타낸 자료이다. 이를 참고할 때, 출장 장소까지 가는 최단거리 경로는?

〈경로별 고속도로 및 국도 거리〉

(단위 : km)

<table>
<tr><th>구분</th><th colspan="3">고속도로 및 국도</th><th>기타 도로</th></tr>
<tr><td>경로 1</td><td>영동
46.5</td><td rowspan="2">중부내륙
127.0</td><td rowspan="2">상주영천
92.2</td><td>72.77</td></tr>
<tr><td>경로 2</td><td>제2중부
31.5</td><td>93.7</td></tr>
<tr><td>경로 3</td><td>중부내륙
145.2</td><td>상주영천
92.2</td><td>경부
22.3</td><td>87.69</td></tr>
<tr><td>경로 4</td><td>성남이천로
30.6</td><td>중부내륙
120.3</td><td>상주영천
72.7</td><td>104.56</td></tr>
<tr><td>경로 5</td><td>중부내륙
37.4</td><td>상주영천
57.2</td><td>대경로
31.3</td><td>202.53</td></tr>
</table>

① 경로 1

② 경로 2

③ 경로 3

④ 경로 4

⑤ 경로 5

※ S회사는 사무실에 제습기를 비치하고자 한다. 다음 자료를 보고 이어지는 질문에 답하시오. **[25~26]**

■ 제습기 안전하게 사용하기

- 전원코드를 무리하게 구부리거나 비틀기, 잡아당기기 등을 하지 마십시오(코드가 파손되어 화재 및 감전의 원인이 됩니다).
- 하나의 콘센트에 여러 전원코드를 사용하지 마십시오(무리한 전력사용은 감전 및 화재의 원인이 됩니다).
- 가스가 샐 때는 제습기를 작동하기 전에 창문을 열어 실내를 환기시켜 주십시오(폭발 및 화재, 화상의 원인이 됩니다).
- 흡입구나 토출구를 막지 마십시오(능력 저하나 고장의 원인이 될 수 있습니다).
- 제습기를 이동시킬 때는 운전을 정지하고, 물통의 물을 버린 후 이동시키십시오(물통 안의 물이 흘러넘쳐 가재도구 등을 적시거나 화재, 감전의 원인이 될 수 있습니다).
- 에어필터를 꼭 끼워서 사용하십시오(필터 없이 사용할 경우 제품 수명이 짧아집니다).
- 안정되고 튼튼한 바닥 위에 설치하십시오(바닥이 약하면 진동이나 소음의 원인이 됩니다).

■ 다음과 같은 증상은 고장이 아닙니다.

사용 중 갑자기 소리가 커져요.	압축기가 정지해 있다가 작동을 시작하면서 나는 소리입니다.
소리의 크기가 변화합니다.	루버의 각도에 따라 소리의 크기가 변화합니다.
온풍이 나옵니다.	실내 공기를 냉각시켜 제습한 공기를 응축기로 따뜻하게 하므로 이때 나오는 바람은 온풍이 됩니다.
배수 물통 내에 액체 또는 흰 증발 자국이 있습니다.	공장에서의 제습 테스트에 의해 남은 물, 또는 물의 증발 자국으로 고장 증상이 아닙니다.
운전 및 정지 시 제품이 떨려요.	압축기가 작동할 때 순간적으로 떨리는 정상적인 현상입니다.
물통을 뺐는데 물이 떨어져요.	제품 내부에 남아 있는 잔여 응축수가 일부 떨어진 것이니 마른걸레로 제거 후 사용하시면 됩니다.
물통 비움 표시 램프가 점등되지 않아요.	제품 내부의 물을 모으기 위해 만수 후에는 3분 뒤에 램프가 점등됩니다.
제품을 들 때나 이동 시 딸깍딸깍 소리가 납니다.	압축기가 흔들려서 나는 정상적인 소리입니다.

※ 다음과 같은 증상 외에 다른 문제가 있다면 즉시 서비스센터에 문의하시기 바라며, 절대 임의로 수리하지 마십시오.

25 다음 중 제습기 사용 시 화재 위험과 관련성이 가장 적은 것은?

① 에어필터를 사용하지 않았다.
② 문어발식 콘센트를 사용하였다.
③ 가스경보기가 울릴 때 제습기를 작동시켰다.
④ 제습기를 옮길 때 물통의 물을 버리지 않았다.
⑤ 전원코드를 무리하게 구부려 콘센트에 연결하였다.

26 다음 중 서비스센터에 문의할 만한 제습기 증상으로 가장 적절한 것은?

① 운전 시 제품이 떨린다.
② 사용 중 갑자기 소리가 커진다.
③ 물통 비움 표시 램프가 점등되지 않는다.
④ 전원 버튼을 눌러도 작동하지 않는다.
⑤ 물통을 뺐는데 물이 떨어진다.

27 다음 중 빈칸에 들어갈 용어로 가장 적절한 것은?

> ________ 분야에서 유망한 기술로 전망되는 것은 지능형 로봇 분야이다. 지능형 로봇이란 외부 환경을 인식하여 스스로 상황을 판단하고 자율적으로 동작하는 기계 시스템을 말한다. 지능형 로봇은 타 분야에 대한 기술적 파급 효과가 큰 첨단 기술의 복합체며, 소득 2만 달러 시대를 선도할 미래 유망산업으로 발전할 것이다. 산업적 측면에서 볼 때 지능형 로봇 분야는 자동차 산업 규모 이상의 성장 잠재력을 가지고 있으며, 기술 혁신과 신규투자가 유망한 신산업이다.
> 최근에는 기술혁신과 사회적 패러다임의 변화에 따라 인간 공존, 삶의 질 향상을 이룩하기 위한 새로운 지능형 로봇의 개념이 나타나고 있다. 지능형 로봇은 최근 IT기술의 융복합화, 지능화 추세에 따라 점차 네트워크를 통한 로봇의 기능 분산, 가상공간 내에서의 동작 등 IT와 융합한 '네트워크 기반 로봇'의 개념을 포함하고 있다.
> 그동안 일본이 산업형 로봇 시장을 주도하였다면, IT기술이 접목되는 지능형 로봇 시장은 우리나라가 주도하기 위해 국가 발전 전략에 따라 국가 성장 동력산업으로 육성하고 있다.

① 토목공학
② 환경공학
③ 생체공학
④ 전기전자공학
⑤ 자원공학

28 기술개발팀에서 근무하는 S씨는 차세대 로봇에 사용할 주행 알고리즘을 개발하고 있다. 다음 주행 알고리즘과 예시를 참고하였을 때, 로봇의 이동 경로로 옳은 것은?

〈주행 알고리즘〉

회전과 전진만이 가능한 로봇이 미로에서 목적지까지 길을 찾아가도록 구성하였다. 미로는 (4단위)×(4단위)의 정방형 단위구역(Cell) 16개로 구성되며 미로 중앙부에는 1단위구역 크기의 도착지점이 있다. 도착지점에 이르기 전 로봇은 각 단위구역과 단위구역 사이를 이동할 때 벽의 유무를 탐지하여 벽이 없음이 감지되는 방향으로 주행한다. 로봇은 주명령을 수행하고, 이에 따라 주행할 수 없을 때만 보조명령을 따른다.

- 주명령 : 현재 단위구역(Cell)에서 로봇은 왼쪽, 앞쪽, 오른쪽 순서로 벽의 유무를 탐지하여 벽이 없음이 감지되는 방향의 단위구역을 과거에 주행한 기록이 없다면 해당 방향으로 한 단위구역만큼 주행한다.
- 보조명령 : 현재 단위구역에서 로봇이 왼쪽, 앞쪽, 오른쪽, 뒤쪽 순서로 벽의 유무를 탐지하여 벽이 없음이 감지되는 방향의 단위구역에 벽이 없음이 감지되는 방향과 반대 방향의 주행기록이 있을 때만, 로봇은 그 방향으로 한 단위구역만큼 주행한다.

〈예시〉

로봇이 A → B → C → B → A로 이동한다고 가정할 때, A에서 C로의 이동은 주명령에 의한 것이고 C에서 A로의 이동은 보조명령에 의한 것이다.

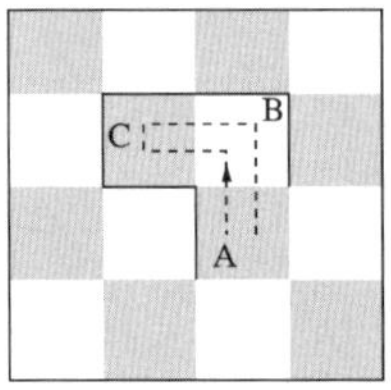

①

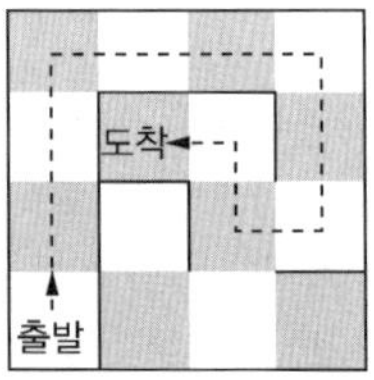

②

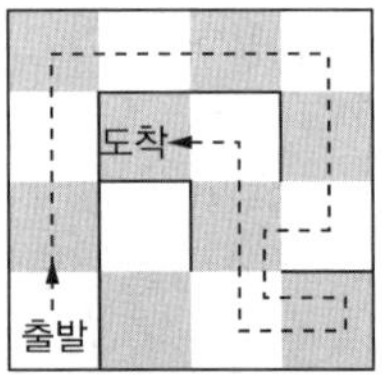

③

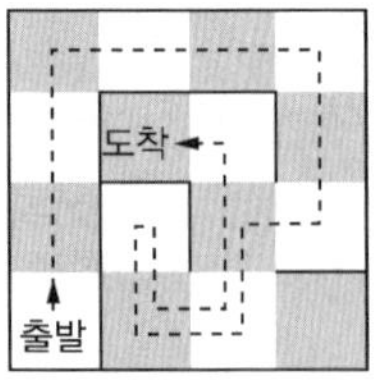

④

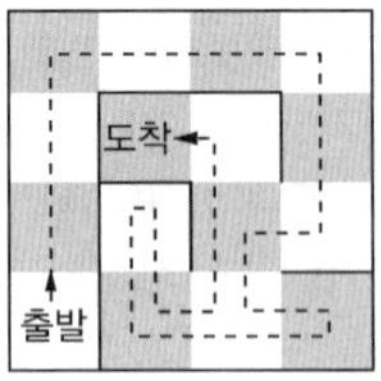

⑤

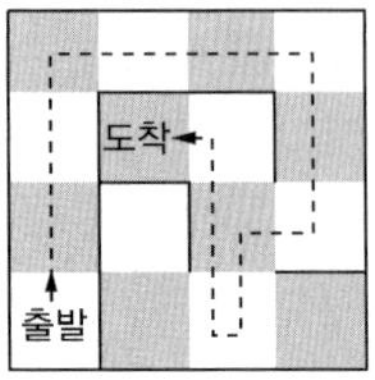

29 다음 중 자기개발 계획서의 작성이 적절하지 않은 사람은?

① A는 자신이 담당하고 있는 업무와 관련하여 필요한 역량이 무엇인지 분석하여 역량 강화를 위한 실천 계획을 수립하였다.

② B는 급변하는 조직 및 사회 환경에 빠르게 적응할 수 있도록 실현 가능성이 높은 1년 이내의 기간을 선정하여 자기개발 계획을 수립하였다.

③ C는 목표를 수립한 후 자기 역량 강화를 위한 실천력을 높이기 위해 자기개발 계획을 생활계획표 형태로 구체적으로 작성하였다.

④ D는 자신에게 요구되는 역량과 직장동료들과의 관계에 있어서 요구되는 항목으로 구분해 자기개발 계획서를 작성하였다.

⑤ E는 자신의 현재 업무를 고려하여 10년 뒤의 장기목표를 설정하였고, 이를 달성하는 데 필요한 자격증 취득을 단기목표로 설정하였다.

30 다음 중 S씨가 해당하는 경력 단계에 대한 설명으로 가장 적절한 것은?

> 차장으로 재직 중인 45세의 S씨는 입사동기 대부분이 부장으로 승진하였거나 퇴사한 상태이다. 조금 있으면 후배 차장들이 승진할 차례이고, 점차 빠르게 변화해 가는 조직에서 적응하기도 나름 힘들다는 걸 느끼고 있다. 퇴근 후에는 마음 놓고 속을 털어놓을 동료나 후배가 없어 혼자 포장마차에서 술을 마시는 경우가 많다. 매일 반복되는 생활 속에서 새로운 변화를 꿈꾸기도 하면서 서점에서 도움이 될 만한 자격증 서적을 찾아서 구입하기도 한다.

① 그동안 성취한 것을 재평가하고 생산성을 그대로 유지하는 단계이다.

② 자신이 선택한 경력 분야에서 원하는 조직의 일자리를 얻으며 직무를 선택하는 과정이다.

③ 자신에게 적합한 직업이 무엇인지를 탐색하고 이를 선택한 후, 여기에 필요한 능력을 키우는 과정이다.

④ 조직의 생산적인 기여자로 남고 자신의 가치를 지속적으로 유지하기 위하여 노력하며, 동시에 퇴직을 고려하게 되는 단계이다.

⑤ 자신이 맡은 업무 내용을 파악하고, 새로 들어간 조직의 규칙이나 규범, 분위기를 알아 가는 단계이다.

31 다음 <보기> 중 자기개발의 특징에 대한 설명으로 옳은 것을 모두 고르면?

> **보기**
>
> ㄱ. 자기개발의 주체와 객체는 자신이므로 자기개발의 성공적 수행을 위해서는 자신에 대한 이해가 필요하다.
>
> ㄴ. 자기개발은 가능한 환경과 시기적 필요성이 갖추어진 경우에 수행하여야 한다.
>
> ㄷ. 타인의 방법보다 자신에게 알맞은 자기개발 방법을 추구하는 것이 바람직하다.
>
> ㄹ. 완성도 있는 자기개발을 위해, 자기개발은 생활과 구분되어 이루어져야 한다.

① ㄱ, ㄴ
② ㄱ, ㄷ
③ ㄴ, ㄷ
④ ㄴ, ㄹ
⑤ ㄷ, ㄹ

32 다음 글에서 S씨가 경력개발 계획을 수립하고 실행하는 과정 중 나타나는 단계로 적절하지 않은 것은?

> 자산관리 회사에서 근무 중인 S씨는 투자 전문가가 되고자 한다. S씨는 주변 투자 전문가를 보면서 그들이 높은 보수를 받고 있으며, 직업에 대한 만족도도 높다는 것을 알았다. 또한 얼마 전 실시했던 적성 검사 결과를 보니, 투자 전문가의 업무가 자신의 적성과 적합한 것 같았다. 투자 전문가에 대해 본격적으로 알아본 결과 S씨는 투자 전문가가 되기 위해선 많은 경영학 지식과 관련 자격증이 필요하다는 것을 알게 되었다. 이를 위해 퇴근 후 저녁시간을 활용하여 공부를 해야겠다고 다짐하면서 투자 전문가 관련 자격증을 3년 내에 취득하는 것을 목표로 설정하였다.

① 직무정보 탐색 단계
② 자기 탐색 단계
③ 경력목표 설정 단계
④ 경력개발 전략수립 단계
⑤ 환경 탐색 단계

33 다음 중 갈등해결 방법으로 적절한 것을 〈보기〉에서 모두 고르면?

보기

㉠ 사람들이 당황하는 모습을 보는 것은 되도록 피한다.
㉡ 사람들과 눈을 자주 마주친다.
㉢ 어려운 문제는 피하지 말고 맞선다.
㉣ 논쟁을 통해 해결한다.
㉤ 어느 한쪽으로 치우치지 않는다.

① ㉠, ㉡, ㉣
② ㉠, ㉢, ㉤
③ ㉡, ㉢, ㉣
④ ㉡, ㉢, ㉤
⑤ ㉢, ㉣, ㉤

34 다음은 리더십의 개념 중 하나인 임파워먼트(Empowerment)에 대한 설명이다. 임파워먼트를 조성할 수 있는 조건으로 옳지 않은 것은?

리더십의 핵심 개념 중 하나는 '임파워먼트(Empowerment)', 즉 '권한 위임'이라고 할 수 있다. 직원들에게 일정 권한을 위임함으로써 훨씬 수월하게 성공의 목표를 이룰 수 있을뿐더러 존경받는 리더로 거듭날 수 있다. 자신의 능력을 인정받아 권한을 위임받았다고 인식하는 순간부터 직원들의 업무효율성은 높아지기 마련이지만, 안타까운 점은 많은 리더들이 직원들에게 권한을 위임하지 않는다는 것이다.
이처럼 임파워먼트(Empowerment)란 '조직구성원들을 신뢰하고, 그들의 잠재력을 믿으며, 그 잠재력의 개발을 통해 높은 수준의 조직이 되도록 하는 일련의 행위'로 정의할 수 있다.

① 긍정적인 인간관계
② 제한된 정책과 절차
③ 학습과 성장의 기회
④ 상부로부터의 지원
⑤ 도전적이고 흥미로운 업무

35 **다음 중 훌륭한 팀워크를 유지하기 위한 기본요소로 적절하지 않은 것은?**

① 팀원 간 공동의 목표의식과 강한 도전의식을 가진다.
② 팀원 간에 신뢰하고 존중한다.
③ 서로 협력하면서 각자의 역할에 책임을 다한다.
④ 팀원 개개인의 능력이 최대한 발휘되는 것이 핵심이다.
⑤ 강한 자신감으로 상대방의 사기를 드높인다.

36 **다음은 옷을 파는 A씨가 손님인 B씨를 상대로 협상하는 과정을 나타낸 자료이다. 협상 과정에 대한 설명으로 적절하지 않은 것은?(단, A씨가 원하는 옷 판매금액은 최소 5만 원이다)**

> B씨 : 이 옷은 얼마인가요?
> A씨 : 네, 이 옷은 현재 8만 원입니다.
> B씨 : 너무 비싸네요. 조금 할인해 주시면 안 될까요?
> A씨 : 안 됩니다. 저희도 남는 게 없어요.
> B씨 : 6만 원에 주시면 안 될까요? 너무 마음에 들어서요.
> A씨 : 7만 원에 드릴게요. 더 이상은 안 됩니다. 이 옷 정말 한 벌 남은 거예요.
> B씨 : 조금만 더 안 될까요? 부탁드릴게요.
> A씨 : 이거 참, 정말 손님께 너무 잘 어울릴 거 같아서 드리는 거예요. 그럼 6만 5천 원만 주세요.
> B씨 : 네 좋아요. 감사합니다!

① A씨의 협상 전략은 상호 교환적인 양보 전략으로 볼 수 있다.
② A씨는 B씨로 하여금 특별한 대우를 받았다고 느끼게 하였다.
③ A씨는 B씨의 제안을 일방적으로 수용하였다.
④ A씨는 B씨의 양보를 이끌어 내는 데 성공하였다.
⑤ A씨는 매우 중요한 것을 양보하는 것처럼 협상하였다.

37 **다음은 기업의 사회적 책임에 대한 자료이다. 빈칸 (ㄱ) ~ (ㄹ)에 들어갈 말을 순서대로 바르게 나열한 것은?**

〈기업의 사회적 책임〉

현대사회에서 기업이 지속적으로 유지・발전하기 위해서는 사회구성원과의 상생을 위한 기업의 노력이 필요하다. 기업의 사회적 책임이란 기업이 이윤 추구 활동 이외에 법령과 윤리를 준수하고, 기업 이해관계자의 요구에 적절히 대응함으로써 사회에 긍정적 영향을 미치는 책임 있는 활동을 의미한다. 이러한 기업의 사회적 책임에는 기본적으로 다음과 같은 4가지 책임이 따른다.

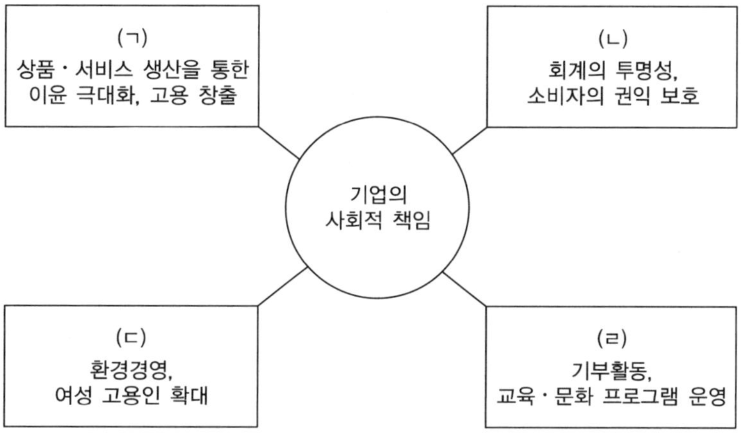

	(ㄱ)	(ㄴ)	(ㄷ)	(ㄹ)
①	경제적 책임	윤리적 책임	법적 책임	자선적 책임
②	경제적 책임	법적 책임	윤리적 책임	자선적 책임
③	자선적 책임	법적 책임	윤리적 책임	경제적 책임
④	자선적 책임	윤리적 책임	법적 책임	경제적 책임
⑤	법적 책임	자선적 책임	윤리적 책임	경제적 책임

38 **다음 중 B사원에게 결여된 덕목과 그에 따른 A부장의 조언을 바르게 짝지은 것은?**

평소 지각이 잦은 편인 B사원은 어제 퇴근 후 참석한 모임에서 무리하게 술을 마셨고, 결국 오늘도 지각을 하였다. 그동안 B사원의 지각을 눈감아 주었던 A부장은 오늘은 B사원에게 꼭 한마디를 해야겠다고 생각했다.

① 정직 : 근무 시간에 거짓말을 하고 개인적인 용무를 보지 않아야 합니다.
② 정직 : 비록 실수를 하였더라도 정직하게 밝혀야 합니다.
③ 책임 : 내가 해야 할 일이라면 개인적인 일을 포기하고 먼저 해야 합니다.
④ 근면 : 나에게 이익이 되는 일보다는 옳은 일을 해야 합니다.
⑤ 근면 : 출근 시간을 엄수하고 술자리를 적당히 절제하여야 합니다.

39 다음 영국 처칠 수상의 일화가 주는 직장생활에 대한 교훈으로 가장 적절한 것은?

> 어느 날 영국의 처칠 수상은 급한 업무 때문에 그의 운전기사에게 차를 빠르게 몰 것을 지시하였다. 그때 교통 경찰관은 속도를 위반한 처칠 수상의 차량을 발견하고 차를 멈춰 세웠다. 처칠 수상은 경찰관에게 말했다. "이봐. 내가 누군지 알아?" 그러자 경찰관이 대답했다. "얼굴은 우리 수상 각하와 비슷하지만, 법을 지키지 않는 것을 보니 수상 각하가 아닌 것 같습니다." 경찰관의 답변에 부끄러움을 느낀 처칠은 결국 벌금을 지불했고, 교통 경찰관의 근무 자세에 감명을 받았다고 한다.

① 무엇보다 고객의 가치를 최우선으로 생각해야 한다.
② 업무에 대해서는 스스로 자진해서 성실하게 임해야 한다.
③ 모든 결과는 나의 선택으로 일어난 것으로 여긴다.
④ 조직의 운영을 위해서는 지켜야 하는 의무가 있다.
⑤ 직장동료와 신뢰를 형성하고 유지해야 한다.

40 다음 사례에서 필요한 가장 중요한 역량은?

> 스칸디나비아항공은 고객이 예약 문의전화를 하고, 공항카운터를 방문하고, 티켓을 받은 후 탑승을 하고, 기내서비스를 받고, 공항을 빠져나오는 등의 모든 순간에 고객이 항공사와 함께 있다는 기분을 느낄 수 있도록 다양한 광고와 질 높은 서비스를 제공하는 MOT마케팅을 도입함으로써 수년간의 적자경영을 흑자경영으로 돌려놓는 결과를 낳았다. MOT마케팅은 고객이 여러 번에 걸쳐 최상의 서비스를 경험했다 하더라도 단 한 번의 불만족스러움을 느낀다면 결국 전체 서비스에 대한 만족도를 0으로 만들어버린다는 곱셈의 법칙(100－1＝99가 아니라 100×0＝0이라는 법칙)에 따라 고객과의 접점의 순간에서 최상의 서비스를 제공할 것을 강조한다.

① 근면
② 성실
③ 봉사
④ 책임감
⑤ 정직

| 01 | 사무직(행정학)

41 다음 중 행정에 대한 설명으로 옳지 않은 것은?

① 행정은 정부의 단독행위가 아니라 사회의 다양한 주체들이 참여하는 협력행위로 변해가고 있다.
② 행정은 사회의 공공가치 실현을 목적으로 한다.
③ 행정은 민주주의의 원칙에 따라 재원의 확보와 사용에 있어서 국회의 통제를 받는다.
④ 행정의 본질적 가치로는 공익성, 능률성, 복지 등이 있다.
⑤ 행정의 수단적 가치로는 합리성, 효과성, 합법성 등이 있다.

42 다음 〈보기〉의 설명에 해당하는 공무원 평정제도를 바르게 짝지은 것은?

보기

ㄱ. 고위공무원단제도의 도입에 따라 고위공무원으로서 요구되는 역량을 구비했는지를 사전에 검증하는 제도적 장치로 도입되었다.
ㄴ. 직무분석을 통해 도출된 성과책임을 바탕으로 성과 목표를 설정・관리・평가하고, 그 결과를 보수 혹은 처우 등에 적용하는 일련의 과정을 거친다.
ㄷ. 행정서비스에 관한 다방향적 의사전달을 촉진하며 충성심의 방향을 다원화하는 데 기여할 수 있다.
ㄹ. 공무원의 능력, 근무성적 및 태도 등을 평가해 교육훈련 수요를 파악하고, 승진 및 보수결정 등의 인사관리 자료를 얻는 데 활용한다.

	ㄱ	ㄴ	ㄷ	ㄹ
①	역량평가제	직무성과관리제	다면평가제	근무성적평정제
②	다면평가제	역량평가제	근무성적평정제	직무성과관리제
③	역량평가제	근무성적평정제	다면평가제	직무성과관리제
④	다면평가제	직무성과관리제	역량평가제	근무성적평정제
⑤	역량평가제	다면평가제	근무성과관리제	근무성적평정제

43 **다음 중 정부실패의 원인으로 옳지 않은 것은?**

① 권력으로 인한 분배적 불공정성
② 정부조직의 내부성
③ 파생적 외부효과
④ 점증적 정책결정의 불확실성
⑤ 비용과 편익의 괴리

44 **다음 중 공무원의 신분보장의 배제에 대한 설명으로 옳은 것은?**

① 직위해제 : 해당 공무원에 대해 직위를 부여하지 않음으로써 공무원의 신분을 박탈하는 임용행위이다.
② 직권면직 : 직제 · 정원의 변경으로 직위의 폐지나 초과정원이 발생한 경우에 임용권자가 직권으로 직무 수행의 의무를 면해 주되 공무원의 신분은 보유하게 하는 임용행위이다.
③ 해임 : 공무원의 신분을 박탈하는 중징계 처분의 하나이며 퇴직급여액의 2분의 1이 삭감되는 임용행위이다.
④ 파면 : 공무원의 신분을 박탈하는 중징계 처분의 하나이며 원칙적으로 퇴직금 감액이 없는 임용행위이다.
⑤ 정직 : 공무원의 신분은 보유하지만, 직무 수행을 일시적으로 정지시키며 보수를 전액 감하는 임용행위이다.

45 **다음 중 국회의 승인이나 의결을 얻지 않아도 되는 것은?**

① 명시이월
② 예비비 사용
③ 예산의 이용
④ 계속비
⑤ 예산의 이체

46 다음 설명에 해당하는 리더십의 유형으로 옳은 것은?

> • 추종자의 성숙단계에 따라 효율적인 리더십 스타일이 달라진다.
> • 리더십은 개인의 속성이나 행태뿐만 아니라 환경의 영향을 받는다.
> • 가장 유리하거나 가장 불리한 조건에서는 과업 중심적 리더십이 효과적이다.

① 변혁적 리더십
② 거래적 리더십
③ 카리스마적 리더십
④ 상황론적 리더십
⑤ 서번트 리더십

47 다음 중 탈신공공관리론(Post-NPM)에서 강조하는 행정개혁 전략으로 옳지 않은 것은?

① 분권화와 집권화의 조화
② 민간 – 공공부문 간 파트너십 강조
③ 규제 완화
④ 인사관리의 공공책임성 중시
⑤ 정치적 통제 강조

48 **다음 글의 ㉠에 대한 설명으로 옳은 것은?**

> ___㉠___이란 상대적으로 많이 가진 계층 또는 집단으로부터 적게 가진 계층 또는 집단으로 재산·소득·권리 등의 일부를 이전시키는 정책을 말한다. 이를테면 누진세 제도의 실시, 생활보호 대상자에 대한 의료보호, 영세민에 대한 취로사업, 무주택자에 대한 아파트 우선적 분양, 저소득 근로자들에게 적용시키는 근로소득보전세제 등의 정책이 이에 속한다.

① 정책 과정에서 이해당사자들 상호 간 이익이 되는 방향으로 협력하는 로그롤링(Log Rolling) 현상이 나타난다.

② 계층 간 갈등이 심하고 저항이 발생할 수 있으며, 국민적 공감대를 형성할 때 정책의 변화를 가져오게 된다.

③ 체제 내부를 정비하는 정책으로, 대외적 가치배분에는 큰 영향이 없으나 대내적으로는 게임의 법칙이 발생한다.

④ 대체로 국민 다수에게 돌아가지만 사회간접시설과 같이 특정지역에 보다 직접적인 편익이 돌아가는 경우도 많다.

⑤ 법령에서 제시하는 광범위한 기준을 근거로 국민들에게 강제적으로 특정한 부담을 지우는 것이다.

49 **다음 중 지방자치법상 지방의회의 의결사항에 해당하지 않는 것은?**

① 조례의 제정·개정 및 폐지

② 재의요구권

③ 기금의 설치·운용

④ 대통령령으로 정하는 중요 재산의 취득·처분

⑤ 청원의 수리와 처리

50 다음 중 정부의 역할에 대한 입장으로 옳은 것을 〈보기〉에서 모두 고르면?

보기

ㄱ. 진보주의 정부관에 따르면 정부에 대한 불신이 강하고 정부실패를 우려한다.
ㄴ. 공공선택론은 정부를 공공재의 생산자로 규정하고 대규모 관료제에 의한 행정의 효율성을 높이는 것이 중요하다고 본다.
ㄷ. 보수주의 정부관은 자유방임적 자본주의를 옹호한다.
ㄹ. 신공공서비스론에 따르면 정부의 역할은 시민들로 하여금 공유된 가치를 창출하고 충족시킬 수 있도록 봉사하는 데 있다.
ㅁ. 행정국가 시대에는 '최대의 봉사가 최선의 정부'로 받아들여졌다.

① ㄱ, ㄴ, ㄷ
② ㄴ, ㄷ, ㄹ
③ ㄷ, ㄹ, ㅁ
④ ㄱ, ㄴ, ㄹ, ㅁ
⑤ ㄱ, ㄴ, ㄷ, ㄹ, ㅁ

51 다음 중 신공공관리론에 대한 설명으로 옳은 것을 〈보기〉에서 모두 고르면?

보기

ㄱ. 기업경영의 논리와 기법을 정부에 도입·접목하려는 노력이다.
ㄴ. 정부 내의 관리적 효율성에 초점을 맞추고, 규칙중심의 관리를 강조한다.
ㄷ. 거래비용이론, 공공선택론, 주인－대리인이론 등을 이론적 기반으로 한다.
ㄹ. 중앙정부의 감독과 통제의 강화를 통해 일선공무원의 책임성을 강화시킨다.
ㅁ. 효율성을 지나치게 강조하는 과정에서 민주주의의 책임성이 결여될 수 있는 한계가 있다.

① ㄱ, ㄴ, ㄷ
② ㄱ, ㄷ, ㄹ
③ ㄱ, ㄷ, ㅁ
④ ㄴ, ㄷ, ㅁ
⑤ ㄴ, ㄹ, ㅁ

52 다음 중 예산제도에 대한 설명으로 옳지 않은 것은?

① 계획 예산제도(PPBS)는 기획, 사업구조화, 그리고 예산을 연계시킨 시스템적 예산제도이다.
② 계획 예산제도(PPBS)의 단점으로는 의사결정이 지나치게 집권화되고 전문화되어 외부통제가 어렵다는 점과 대중적인 이해가 쉽지 않아 정치적 실현가능성이 낮다는 점이 있다.
③ 품목별 예산제도(LIBS)는 정부의 지출을 체계적으로 구조화한 최초의 예산제도로서 지출대상별 통제를 용이하게 할 뿐 아니라 지출에 대한 근거를 요구하고 확인할 수 있다.
④ 성과 예산제도(PBS)는 사업별, 활동별로 예산을 편성하고, 성과평가를 통하여 행정통제를 합리화할 수 있다.
⑤ 품목별 예산제도(LIBS)는 왜 돈을 지출해야 하는지, 무슨 일을 하는지에 대하여 구체적인 정보를 제공하는 장점이 있다.

53 다음 중 정책네트워크에 대한 설명으로 옳지 않은 것은?

① 정책공동체의 경우 하위정부모형에 비해 정책참여자의 범위가 더 제한적이다.
② 정책공동체는 일정 기준을 충족하는 주체에 한해 정책네트워크 참여가 가능하다.
③ 이슈네트워크는 참여자의 범위에 제한을 두지 않아 개방적 의견수렴이 가능하다.
④ 정책공동체는 동일한 목표를 공유하는 사회주체들에 의해 정책적 의사결정이 이루어진다.
⑤ 하위정부모형은 의회 상임위원회, 정부관료, 이익집단에 의해 정책적 의사결정이 이루어진다고 본다.

54 다음 중 포스트모더니즘 행정이론에 대한 설명으로 옳은 것을 〈보기〉에서 모두 고르면?

보기

ㄱ. 파머는 전통적 관료제의 탈피를 통한 유기적인 조직구조를 강조하였다.
ㄴ. 파머는 시민의 요구를 충족시키기 위해 정부의 권위 강화가 불가피함을 주장하였다.
ㄷ. 담론이론에서는 소수의 이해관계에 따른 의사결정보다 심의 민주주의를 강조한다.

① ㄱ
② ㄴ
③ ㄱ, ㄷ
④ ㄴ, ㄷ
⑤ ㄱ, ㄴ, ㄷ

55 다음 중 예산총계주의에 대한 설명으로 옳은 것을 〈보기〉에서 모두 고르면?

> **보기**
>
> ㄱ. 예산총계주의는 수입과 지출 내역, 용도를 명확히 하고 예산을 합리적으로 분류하여 명료하게 관리해야 한다는 원칙이다.
> ㄴ. 한 회계연도의 모든 수입을 세입으로 하고, 모든 지출은 세출로 한다.
> ㄷ. 지방자치단체가 현물로 출자하는 경우는 예외사항에 해당된다.

① ㄱ
② ㄴ
③ ㄱ, ㄷ
④ ㄴ, ㄷ
⑤ ㄱ, ㄴ, ㄷ

56 다음 행정이론들을 시기 순서대로 바르게 나열한 것은?

> (가) 최소의 노동과 비용으로 최대의 능률을 올릴 수 있는 표준적 작업절차를 정하고 이에 따라 예정된 작업량을 달성하기 위한 가장 좋은 방법을 발견하려는 이론이다.
> (나) 기존의 거시적인 제도나 구조가 아닌 개인의 표출된 행태를 객관적·실증적으로 분석하는 이론이다.
> (다) 조직구성원들의 사회적·심리적 욕구와 조직 내 비공식집단 등을 중시하며, 조직의 목표와 조직구성원들의 목표 간의 균형 유지를 지향하는 민주적·참여적 관리 방식을 처방하는 이론이다.
> (라) 시민적 담론과 공익에 기반을 두고 시민에게 봉사하는 정부의 역할을 강조하는 이론이다.

① (가) – (나) – (다) – (라)
② (가) – (다) – (나) – (라)
③ (가) – (다) – (라) – (나)
④ (나) – (다) – (가) – (라)
⑤ (나) – (라) – (다) – (가)

57 **다음 중 우리나라의 지방재정조정제도에 대한 설명으로 옳지 않은 것은?**

① 지방교부세의 재원은 내국세의 19.24%에 해당하는 금액과 종합부동산세 전액으로 구성된다.
② 중앙정부가 지방자치단체별로 지방교부세를 교부할 때 사용하는 기준지표는 지방재정자립도이다.
③ 지방교부세는 용도가 정해져 있지 않다는 점에서 국고보조금과 다르다.
④ 재정자립도를 산정할 때 지방교부세는 지방자치단체의 의존재원에 속한다.
⑤ 국고보조금은 행정서비스의 구역외 확산에 대처할 수 있지만 지역 간 재정력 격차 및 불균형을 심화시키기도 한다.

58 **다음 중 개방형 인사관리에 대한 설명으로 옳지 않은 것은?**

① 충원된 전문가들이 관료집단에서 중요한 역할을 수행하게 한다.
② 개방형은 승진기회의 제약으로, 직무의 폐지는 대개 퇴직으로 이어진다.
③ 정치적 리더십의 요구에 따른 고위층의 조직 장악력 약화를 초래한다.
④ 공직의 침체, 무사안일주의 등 관료제의 병리를 억제한다.
⑤ 민간부문과의 인사교류로 적극적 인사행정이 가능하다.

59 **다음 중 롤스(J. Rawls)의 사회 정의의 원리와 거리가 먼 것은?**

① 원초상태(Original Position)하에서 합의되는 일련의 법칙이 곧 사회정의의 원칙으로서 계약 당사자들의 사회협동체를 규제하게 된다.
② 정의의 제1원리는 기본적 자유의 평등원리로, 모든 사람은 다른 사람의 유사한 자유와 상충되지 않는 한도 내에서 최대한의 기본적 자유의 평등한 권리를 인정하는 것이다.
③ 정의의 제2원리의 하나인 '차등의 원리(Difference Principle)'는 가장 불우한 사람들의 편익을 최대화해야 한다는 원리이다.
④ 정의의 제2원리의 하나인 '기회균등의 원리'는 사회・경제적 불평등은 그 모체가 되는 모든 직무와 지위에 대한 기회균등이 공정하게 이루어진 조건하에서 직무나 지위에 부수해 존재해야 한다는 원리이다.
⑤ 정의의 제1원리가 제2원리에 우선하고, 제2원리 중에서는 '차등의 원리'가 '기회균등의 원리'에 우선되어야 한다.

60 다음 가상 사례에 대한 설명으로 옳은 것은?

> 요즘 한 지방자치단체 공무원들 사이에는 민원 관련 허가를 미루려는 A국장의 기이한 행동이 입방아에 오르내리고 있다. A국장은 자기 손으로 승인여부에 대한 결정을 해야 하는 상황을 피하기 위해 자치단체장에 대한 업무보고도 과장을 시켜서 하는 등 단체장과 마주치지 않기 위해 피나는 노력을 하고 있다고 한다.
> 최근에는 해외일정을 핑계로 아예 장기간 자리를 뜨기도 했다. A국장이 승인여부에 대한 실무진의 의견을 제대로 올리지 않자 안달이 난 쪽은 다름 아닌 바로 단체장이다. 단체장이 모든 책임을 뒤집어써야 하는 상황이 될 수도 있기 때문이다. A국장과 단체장이 책임을 떠넘기려는 웃지 못할 해프닝이 일어나고 있는 것이다. 한 공무원은 "임기 말에 논란이 될 사안을 결정할 공무원이 누가 있겠느냐."고 말했다.
> 이런 현상은 중앙부처의 정책결정 과정이나 자치단체의 일선행정 현장에서 모두 나타나고 있다. 그 사이에 정부 정책의 신뢰는 저하되고, 신뢰를 잃은 정책은 표류할 수밖에 없다.

① 관료들이 위험회피적이고 변화저항적이며 책임회피적인 보신주의로 빠지는 행태를 말한다.
② 관료제의 구조적 특성인 권위의 계층적 구조에서 상사의 명령까지 절대적으로 추종하는 행태를 말한다.
③ 업무수행지침을 규정한 공식적인 법규정만을 너무 고집하고 상황에 따른 유연한 대응을 하지 않는 행태를 말한다.
④ 관료제에서 공식적인 규칙이나 절차가 본래의 목적을 상실하여 조직과 대상 국민에게 순응의 불편이나 비용을 초래하는 것을 말한다.
⑤ 기관에 대한 정서적 집착과 같은 귀속주의나 기관과 자신을 하나로 보는 심리적 동일시 현상을 말한다.

61 다음 근무성적평정상의 오류 중 '어떤 평정자가 다른 평정자들보다 언제나 좋은 점수 또는 나쁜 점수를 주게 됨'으로써 나타나는 것은?

① 집중화 경향
② 관대화 경향
③ 규칙적 오류
④ 총계적 오류
⑤ 시간적 오류

62 다음 중 예산성과금에 대한 설명으로 옳지 않은 것은?

① 각 중앙관서의 장은 예산낭비신고센터를 설치·운영하여야 한다.
② 예산낭비를 신고하거나 예산낭비 방지 방안을 제안한 일반 국민도 성과금을 받을 수 있다.
③ 각 중앙관서의 장은 직권으로 성과금을 지급하거나 절약된 예산을 다른 사업에 사용할 수 있다.
④ 예산낭비신고, 예산절감과 관련된 제안을 받은 중앙관서의 장 또는 기금관리주체는 그 처리결과를 신고 또는 제안을 한 자에게 통지하여야 한다.
⑤ 각 중앙관서의 장은 예산의 집행방법 또는 제도의 개선 등으로 인하여 수입이 증대되거나 지출이 절약된 때에는 이에 기여한 자에게 성과금을 지급할 수 있다.

63 다음 중 현재 행정각부와 그 소속 행정기관으로 옳은 것을 〈보기〉에서 모두 고르면?

보기

ㄱ. 산업통상자원부 – 관세청
ㄴ. 행정안전부 – 경찰청
ㄷ. 중소벤처기업부 – 특허청
ㄹ. 환경부 – 산림청
ㅁ. 기획재정부 – 조달청
ㅂ. 해양수산부 – 해양경찰청

① ㄱ, ㄴ, ㅁ
② ㄱ, ㄷ, ㄹ
③ ㄱ, ㄹ, ㅁ
④ ㄴ, ㄷ, ㅁ
⑤ ㄴ, ㅁ, ㅂ

64 다음 근무성적평정의 오류 중 강제배분법으로 방지할 수 있는 것을 〈보기〉에서 모두 고르면?

보기

ㄱ. 첫머리 효과
ㄴ. 집중화 경향
ㄷ. 엄격화 경향
ㄹ. 선입견에 의한 오류

① ㄱ, ㄴ
② ㄱ, ㄷ
③ ㄴ, ㄷ
④ ㄴ, ㄹ
⑤ ㄷ, ㄹ

65 다음 중 대중에 대한 억압과 통제를 통해 엘리트들에게 유리한 이슈만 정책의제로 설정하는 것은?

① 무의사결정론
② 체제이론
③ 다원주의론
④ 사이먼(Simon)의 의사결정론
⑤ 공공선택론

66 다음 중 정부의 결산 순서를 바르게 나열한 것은?

㉠ 감사원의 결산 확인 ㉡ 중앙예산기관의 결산서 작성·보고 ㉢ 국회의 결산심의 ㉣ 국무회의 심의와 대통령의 승인 ㉤ 해당 행정기관의 출납 정리·보고

① ㉡－㉠－㉣－㉢－㉤
② ㉡－㉤－㉠－㉢－㉣
③ ㉤－㉡－㉠－㉣－㉢
④ ㉤－㉡－㉣－㉢－㉠
⑤ ㉤－㉣－㉠－㉢－㉡

67 다음 중 행정의 특성에 대한 설명으로 옳지 않은 것은?

① 행정은 합리적 기준과 절차에 따라 이루어져야 한다.
② 행정은 특정 집단의 사익이 아닌 공공의 이익을 추구해야 한다.
③ 행정은 국민의 요구와 필요를 충족시키기 위한 고객 지향적 성격을 지닌다.
④ 행정은 공익의 목적을 위하여 개개인의 의사와 상관없이 획일적으로 규율한다.
⑤ 윌슨의 정치행정이원론에 따르면 행정은 법과 규제에 기반을 두어야 한다는 점에서 비정치성을 갖는다.

68 다음 글에서 설명하는 이론으로 옳은 것은?

> 경제학적인 분석도구를 관료 행태, 투표자 행태, 정당정치, 이익집단 등의 비시장적 분석에 적용함으로써 공공서비스의 효율적 공급을 위한 제도적 장치를 탐색한다.

① 과학적 관리론
② 공공선택론
③ 행태주의
④ 발전행정론
⑤ 현상학

69 다음 〈보기〉 중 행정가치에 대한 설명으로 옳은 것은 모두 몇 개인가?

보기

ㄱ. 실체설은 공익을 사익의 총합이라고 파악하며, 사익을 초월한 별도의 공익이란 존재하지 않는다고 본다.
ㄴ. 롤스(Rawls)의 사회정의의 원리에 의하면 정의의 제1원리는 기본적 자유의 평등 원리이며, 제2원리는 차등조정의 원리이다. 제2원리 내에서 충돌이 생길 때에는 '차등의 원리'가 '기회균등의 원리'에 우선되어야 한다.
ㄷ. 과정설은 공익을 사익을 초월한 실체적, 규범적, 도덕적 개념으로 파악하며, 공익과 사익의 갈등이란 있을 수 없다고 본다.
ㄹ. 베를린(Berlin)은 자유의 의미를 두 가지로 구분하면서, 간섭과 제약이 없는 상태를 적극적 자유라고 하고, 무엇을 할 수 있는 자유를 소극적 자유라고 하였다.

① 없음
② 1개
③ 2개
④ 3개
⑤ 4개

70 다음 중 사이어트(R. Cyert)와 마치(J. March)가 주장한 회사모형(Firm Model)의 내용이 아닌 것은?

① 조직의 전체적 목표 달성의 극대화를 위하여 장기적 비전과 전략을 수립 · 집행한다.
② 조직 내 갈등의 완전한 해결은 불가능하며 타협적 준해결에 불과하다.
③ 정책결정능력의 한계로 인하여 관심이 가는 문제 중심으로 대안을 탐색한다.
④ 조직은 반복적인 의사결정의 경험을 통하여 결정의 수준이 개선되고 목표달성도가 높아진다.
⑤ 표준운영절차(SOP; Standard Operation Procedure)를 적극적으로 활용한다.

71 다음 중 광역행정의 방식에 대한 설명으로 옳지 않은 것은?

① 공동처리 방식은 둘 이상의 지방자치단체가 상호 협력관계를 형성하여 광역적 행정사무를 공동으로 처리하는 방식이다.

② 연합 방식은 둘 이상의 지방자치단체가 독립적인 법인격을 그대로 유지하면서 연합단체를 새로 창설하여 광역행정에 관한 사무를 그 연합단체가 처리하게 하는 방식이다.

③ 연합 방식은 새로 창설된 연합단체가 기존 자치단체의 독립성을 존중하면서 스스로 사업의 주체가 된다는 점에서 공동처리 방식과 구별된다.

④ 통합 방식은 일정한 광역권 안에 여러 자치단체를 포괄하는 단일의 정부를 설립하여 그 정부의 주도로 광역사무를 처리하는 방식이다.

⑤ 통합 방식은 각 자치단체의 개별적 특수성을 반영함으로써 지방분권화를 촉진하고 주민참여를 용이하게 하는 장점이 있어 개발도상국보다 선진국가에서 많이 채택하고 있다.

72 다음 중 베버(Weber)의 관료제 모형에 대한 설명으로 옳지 않은 것은?

① 조직이 바탕으로 삼는 권한의 유형을 전통적 권한, 카리스마적 권한, 법적·합리적 권한으로 나누었다.

② 직위의 권한과 관할범위는 법규에 의하여 규정된다.

③ 관료제의 긍정적인 측면으로 목표의 대치 현상을 강조하였다.

④ 인간적 또는 비공식적 요인의 중요성을 간과하였다.

⑤ 상관의 권위에 대한 의존성 증가 및 무사안일이 초래되는 구조이다.

73 **다음 중 정부운영에서 예산이 가지는 특성에 대한 설명으로 옳지 않은 것은?**

① 예산 과정을 통해 정부정책의 산출을 평가하고 측정할 수 있다.
② 예산은 정부정책 중 보수적인 영역에 속한다.
③ 예산이 결정되는 과정에는 다양한 주체들의 상호작용이 끊임없이 발생한다.
④ 희소한 공공재원의 배분에서 기회비용이 우선 고려된다.
⑤ 정보를 제공하는 양식에 따라 예산제도는 품목별 예산 – 프로그램 예산 – 기획 예산 – 성과주의 예산 – 영기준 예산 등의 순으로 발전해 왔다.

74 **다음 중 중앙행정기관의 장과 지방자치단체의 장이 사무를 처리할 때 의견을 달리하는 경우 이를 협의·조정하기 위하여 설치하는 기구는?**

① 중앙분쟁조정위원회
② 행정협의조정위원회
③ 지방분쟁조정위원회
④ 행정협의회
⑤ 갈등조정협의회

75 **다음 중 정부 각 기관에 배정될 예산의 지출한도액은 중앙예산기관과 행정수반이 결정하고 각 기관의 장에게는 그러한 지출한도액의 범위 내에서 자율적으로 목표달성 방법을 결정하는 자율권을 부여하는 예산관리모형은 무엇인가?**

① 총액배분 자율편성예산제도
② 목표관리 예산제도
③ 성과주의 예산제도
④ 결과기준 예산제도
⑤ 기획 예산제도

76 **다음 중 근무성적평정에 대한 설명으로 옳지 않은 것은?**

① 정부의 근무성적평정방법은 다원화되어 있으며, 상황에 따라 신축적인 운영이 가능하다.
② 원칙적으로 5급 이상 공무원을 대상으로 하며 평가대상 공무원과 평가자가 체결한 성과계약에 따른 성과목표 달성도 등을 평가한다.
③ 행태기준척도법은 평정의 임의성과 주관성을 배제하기 위하여 도표식평정척도법에 중요사건기록법을 가미한 방식이다.
④ 다면평가는 더 공정하고 객관적인 평정이 가능하게 하며, 평정결과에 대한 당사자들의 승복을 받아내기 쉽다.
⑤ 어느 하나의 평정요소에 대한 평정자의 판단이 다른 평정요소의 평정에 영향을 미치는 현상을 연쇄적 착오라 한다.

77 **다음 중 다면평가제도의 장점에 대한 설명으로 옳지 않은 것은?**

① 평가의 객관성과 공정성 제고에 기여할 수 있다.
② 피평가자가 자기의 역량을 강화할 수 있는 기회를 제공해 준다.
③ 계층제적 문화가 강한 사회에서 조직 간 화합을 제고해 준다.
④ 조직 내 상하 간, 동료 간, 부서 간 의사소통을 촉진할 수 있다.
⑤ 팀워크가 강조되는 현대 사회의 새로운 조직 유형에 부합한다.

78 **다음 중 시장실패 또는 정부실패를 야기하는 원인과 그에 대한 정부의 대응으로 옳은 것은?**

① 공공재 – 정부보조 삭감
② 정보의 비대칭성 – 정부규제
③ 자연독점 – 규제완화
④ 관료의 사적 목표의 설정 – 공적유도
⑤ 정부개입에 의한 파생적 외부효과 – 공적공급

79 다음 중 수평적 인사이동에 해당하지 않는 것을 〈보기〉에서 모두 고르면?

> **보기**
>
> ㄱ. 강임　　　　ㄴ. 승진
>
> ㄷ. 전보　　　　ㄹ. 전직

① ㄱ, ㄴ　　② ㄱ, ㄷ

③ ㄴ, ㄷ　　④ ㄴ, ㄹ

⑤ ㄷ, ㄹ

80 다음 〈보기〉의 통계적 결론의 타당성 확보에 있어서 발생할 수 있는 오류를 바르게 구분한 것은?

> **보기**
>
> ㄱ. 정책이나 프로그램의 효과가 실제로 발생하였음에도 불구하고 통계적으로 효과가 나타나지 않은 것으로 결론을 내리는 경우
>
> ㄴ. 정책의 대상이 되는 문제 자체에 대한 정의를 잘못 내리는 경우
>
> ㄷ. 정책이나 프로그램의 효과가 실제로 발생하지 않았음에도 불구하고 통계적으로 효과가 나타난 것으로 결론을 내리는 경우

	제1종 오류	제2종 오류	제3종 오류
①	ㄱ	ㄴ	ㄷ
②	ㄱ	ㄷ	ㄴ
③	ㄴ	ㄱ	ㄷ
④	ㄴ	ㄷ	ㄱ
⑤	ㄷ	ㄱ	ㄴ

| 02 | 사무직(경영학)

41 **다음 중 제지생산 회사가 인도네시아의 산림을 확보하여 사업 확장을 도모하는 것은 어느 전략에 해당하는가?**

① 다운사이징 전략
② 후방통합 전략
③ 전방통합 전략
④ 관련다각화 전략
⑤ 비관련다각화 전략

42 **S주식회사의 2024년도 매입액이 ₩150,000이었고, 부가가치율이 25%였다면 해당 연도의 매출액은 얼마인가?**

① ₩180,000
② ₩200,000
③ ₩220,000
④ ₩240,000
⑤ ₩260,000

43 **다음 중 자본자산가격결정모형(CAPM)의 가정으로 옳지 않은 것은?**

① 투자자들은 기대효용을 극대화하고자 하는 위험회피자이다.
② 투자자들의 투자기간은 단일기간이다.
③ 투자자들은 투자대상의 미래수익률 확률분포에 대하여 동질적으로 예측한다.
④ 세금과 거래비용이 존재한다.
⑤ 무위험자산이 존재하며, 모든 투자자는 무위험이자율로 제한 없이 차입과 대출이 가능하다.

44 다음 〈보기〉 중 조직설계에 대한 설명으로 옳은 것을 모두 고르면?

보기

가. 환경의 불확실성이 높을수록 조직 내 부서의 분화 정도는 높아진다.
나. 많은 수의 제품을 생산하는 기업은 사업부 조직(Divisional Structure)이 적절하다.
다. 기업의 조직 구조는 전략에 영향을 미친다.
라. 대량생산 기술을 사용하는 기업은 효율성을 중시하는 유기적 조직으로 설계하는 것이 적절하다.
마. 조직 내 부서 간 상호의존성이 증가할수록 수평적 의사소통의 필요성은 증가한다.

① 가, 나, 마
② 가, 다, 라
③ 가, 다, 마
④ 나, 다, 라
⑤ 나, 라, 마

45 다음 중 인간관계론에 대한 설명으로 옳은 것은?

① 과학적 관리법과 유사한 이론이다.
② 인간 없는 조직이란 비판을 들었다.
③ 심리요인과 사회요인은 생산성에 영향을 주지 않는다.
④ 비공식집단을 인식했으나 그 중요성을 낮게 평가했다.
⑤ 메이요(E. Mayo)와 뢰슬리스버거(F. Roethlisberger)를 중심으로 호손실험을 거쳐 정리되었다.

46 다음 중 OJT(On the Job Training)에 해당하는 것은?

① 세미나
② 사례연구
③ 도제식 훈련
④ 시뮬레이션
⑤ 역할연기법

47 다음 중 소비자들에게 타사 제품과 비교하여 자사 제품에 대한 차별화된 이미지를 심어주기 위한 계획적인 전략접근법은?

① 포지셔닝 전략
② 시장세분화 전략
③ 가격차별화 전략
④ 제품차별화 전략
⑤ 비가격경쟁 전략

48 다음 중 허시와 블랜차드(P. Hersey & K. H. Blanchard)의 상황적 리더십 이론에 대한 설명으로 옳은 것은?

① 부하의 성과에 따른 리더의 보상에 초점을 맞춘다.
② 리더는 부하의 성숙도에 맞는 리더십을 행사함으로써 리더십 유효성을 높일 수 있다.
③ 리더가 부하를 섬기고 봉사함으로써 조직을 이끈다.
④ 리더십 유형은 지시형, 설득형, 거래형, 희생형의 4가지로 구분된다.
⑤ 리더십에 영향을 줄 수 있는 상황적 요소는 과업구조, 리더의 지위권력 등이다.

PART 4

49 다음 글에서 설명하는 제도는?

- 기업이 주어진 인건비로 평소보다 더 많은 부가가치를 창출하였을 경우, 이 초과된 부가가치를 노사협동의 산물로 보고 기업과 종업원 간에 배분하는 제도이다.
- 노무비 외 원재료비 및 기타 비용의 절감액도 인센티브 산정에 반영한다.

① 연봉제
② 개인성과급제
③ 임금피크제
④ 러커 플랜
⑤ 스캔런 플랜

50 다음과 같은 특징을 가진 생산운영관리시스템의 명칭은?

• 칸반(Kanban) 시스템	• 린(Lean) 시스템
• 무재고 생산 지향	• 생산의 평준화

① JIT
② MRP
③ MRP Ⅱ
④ CIM
⑤ FM

51 다음 중 인사고과에 대한 설명으로 옳지 않은 것은?

① 종업원의 능력과 업적을 평가하여 그가 보유하고 있는 현재적 및 잠재적 유용성을 조직적으로 파악하는 방법이다.
② 인사고과의 수용성은 종업원이 인사고과 결과가 정당하다고 느끼는 정도이다.
③ 인사고과의 타당성은 고과내용이 고과목적을 얼마나 잘 반영하고 있느냐에 관한 것이다.
④ 현혹효과(Halo Effect)는 피고과자의 어느 한 면을 기준으로 다른 것까지 함께 평가하는 경향을 말한다.
⑤ 대비오차(Contrast Errors)는 피고과자의 능력을 실제보다 높게 평가하는 경향을 말한다.

52 다음 중 총자산회전율의 산식은?

① (매출액)÷(매출채권)
② (매출액)÷(총자산)
③ (순이익)÷(자기자본)
④ (총자산)÷(매출액)
⑤ (자기자본)÷(순이익)

53 **다음 중 투자안의 순현가를 0으로 만드는 수익률(할인율)은?**

① 초과수익률
② 실질수익률
③ 경상수익률
④ 내부수익률
⑤ 만기수익률

54 **다음 중 자회사 주식의 일부 또는 전부를 소유해서 자회사 경영권을 지배하는 지주회사와 관련이 있는 기업결합은?**

① 콘체른(Konzern)
② 카르텔(Cartel)
③ 트러스트(Trust)
④ 콤비나트(Kombinat)
⑤ 조인트 벤처(Joint Venture)

55 **다음 글에서 설명하는 마케팅은 무엇인가?**

> 과거를 회고하는 것으로 마케팅을 한다는 의미로, 과거의 향수를 불러일으킬 수 있는 아이템을 현대인 기준으로 기호화하고 필요에 맞게 재해석하여 마케팅에 활용한다는 의미이다. 해당 마케팅은 포근함과 안정감을 통해서 공감과 호응을 얻어내는 방법으로 볼 수 있다.

① 앰부시마케팅
② 넛지마케팅
③ 레트로마케팅
④ 바이럴마케팅
⑤ 그린마케팅

56 다음 중 특정 시점의 기업의 재무상태를 나타내는 재무제표는 무엇인가?

① 재무상태표
② 포괄손익계산서
③ 자본변동표
④ 현금흐름표
⑤ 자금순환표

57 다음 〈보기〉 중 적대적 인수합병(M&A) 시도에 대한 방어수단을 모두 고르면?

보기

ㄱ. 그린메일
ㄴ. 황금낙하산
ㄷ. 곰의 포옹
ㄹ. 팩맨
ㅁ. 독약조항

① ㄱ, ㄴ, ㄷ
② ㄱ, ㄷ, ㅁ
③ ㄴ, ㄹ, ㅁ
④ ㄱ, ㄴ, ㄷ, ㅁ
⑤ ㄴ, ㄷ, ㄹ, ㅁ

58 다음 중 3C 분석에 대한 설명으로 옳지 않은 것은?

① 3C는 Company, Cooperation, Competitor로 구성되어 있다.
② 3C는 자사, 고객, 경쟁사로 기준을 나누어 현 상황을 파악하는 분석방법이다.
③ 3C는 기업들이 마케팅이나 서비스를 진행할 때 가장 먼저 실행하는 분석 중 하나이다.
④ 3C의 Company 영역은 외부요인이 아닌 내부 자원에 관한 역량 파악이다.
⑤ 3C는 SWOT 분석과 PEST 분석에 밀접한 관련이 있다.

59 다음은 마이클포터(Michael E. Porter)의 산업구조분석모델(5F; Five Force Model)이다. 빈칸 (A)에 들어갈 용어로 옳은 것은?

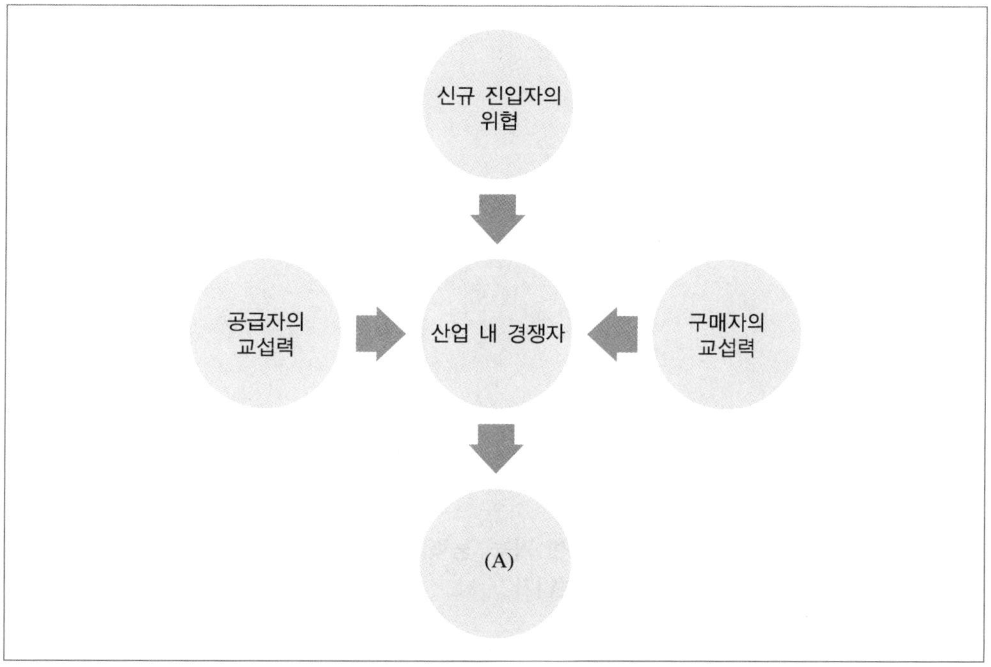

① 정부의 규제 완화
② 고객 충성도
③ 공급업체 규모
④ 가격의 탄력성
⑤ 대체재의 위협

60 다음 중 액면가가 10,000원, 만기가 5년, 표면이자율이 0%인 순할인채 채권의 듀레이션은?

① 5년
② 6년
③ 7년
④ 8년
⑤ 9년

61 다음 중 직무를 수행하는 데 필요한 기능, 능력, 자격 등 직무수행요건(인적요건)에 초점을 두어 작성한 직무분석의 결과물은 무엇인가?

① 직무명세서
② 직무표준서
③ 직무기술서
④ 직무지침서
⑤ 직무제안서

62 경영 전략의 수준에 따라 전략을 구분할 때, 다음 중 해당 전략과 그에 해당하는 예시가 옳지 않은 것은?

	전략 수준	예시
①	기업 전략(Corporate Strategy)	성장 전략
②	기업 전략(Corporate Strategy)	방어 전략
③	기능별 전략(Functional Strategy)	차별화 전략
④	사업 전략(Business Strategy)	집중화 전략
⑤	사업 전략(Business Strategy)	원가우위 전략

63 **다음 〈조건〉을 참고하여 S국가의 부가가치 노동생산성을 바르게 구한 것은?(단, 단위는 시간당이며, USD를 기준으로 한다)**

조건

- S국가의 2024년도 1분기 GDP는 USD 기준 약 3,200억 원이다(분기 공시이며, 연산 환산값 4이다).
- S국가의 2024년도 1분기 노동인구수는 5천만 명이다.
- S국가의 2024년도 1분기 평균노동시간은 40시간이다.

① 100달러
② 120달러
③ 130달러
④ 140달러
⑤ 160달러

PART 4

64 **다음 중 제품 – 시장 매트릭스에서 기존 시장에 그대로 머물면서 신제품으로 매출을 늘려 시장점유율을 높여가는 성장전략은?**

① 시장침투 전략
② 신제품개발 전략
③ 시장개발 전략
④ 다각화 전략
⑤ 신시장 전략

65 다음은 커크패트릭(Kirkpatrick)의 4단계 평가모형이다. 빈칸에 들어갈 단계별 평가로 바르게 연결된 것은?

〈커크패트릭의 4단계 평가모형〉

평가단계		4 Levels	정보가치	중점대상	사용빈도	분석 난이도
1단계	(　　)	Reaction	적음 ↕ 많음	참여자 ↕ 관리자	높음 ↕ 낮음	쉬움 ↕ 어려움
2단계	(　　)	Learning				
3단계	(　　)	Behavior				
4단계	(　　)	Results				

	1단계	2단계	3단계	4단계
①	반응도 평가	적용도 평가	기여도 평가	성취도 평가
②	성취도 평가	기여도 평가	적용도 평가	반응도 평가
③	기여도 평가	적용도 평가	성취도 평가	반응도 평가
④	반응도 평가	성취도 평가	적용도 평가	기여도 평가
⑤	적용도 평가	반응도 평가	기여도 평가	성취도 평가

66 다음 중 마케팅의 푸시(Push) 전략에 대한 설명으로 옳지 않은 것은?

① 채널 파트너에게 마케팅 노력의 방향을 포함하는 전략이다.

② 고객에게 제품이나 브랜드에 대해 알릴 수 있다.

③ 영업 인력이나 중간상 판촉 등을 활용하여 수행한다.

④ 최종 소비자에게 마케팅 노력을 홍보하는 전략이다.

⑤ 브랜드 충성도가 낮은 경우에 적합한 전략이다.

67 **다음 중 테일러(Taylor)의 과학적 관리법(Scientific Management)에 대한 설명으로 옳지 않은 것은?**

① 이론의 핵심 목표는 경제적 효율성, 특히 노동생산성 증진에 있다.

② 테일러리즘(Taylorism)이라고도 불리며, 20세기 초부터 주목받은 과업수행의 분석과 혼합에 대한 관리 이론이다.

③ 이론의 목적은 모든 관계자에게 과학적인 경영 활동의 조직적 협력에 의한 생산성을 높여 높은 임금을 실현할 수 있다는 인식을 갖게 하는 데 있다.

④ 과학적 관리와 공평한 이익 배분을 통해 생산성과 효율성을 향상하는 것이 기업과 노동자 모두가 성장할 수 있는 길이라는 테일러의 사상은 현대 경영학의 기초가 되었다.

⑤ 테일러의 과학적 관리법은 전문적인 지식과 역량이 요구되는 일에 적합하며, 노동자들의 자율성과 창의성을 고려하며 생산성을 높인다는 장점이 있다.

68 **인사평가제도는 평가목적을 어디에 두느냐에 따라 상대평가와 절대평가로 구분된다. 다음 중 상대평가에 해당하는 기법은?**

① 평정척도법

② 체크리스트법

③ 중요사건기술법

④ 연공형 승진제도

⑤ 강제할당법

69 다음 기사에 제시된 기업이 사용하는 전략으로 옳은 것은?

> 라면산업은 신제품을 꾸준히 출시하고 있다. 이는 소비자의 눈길을 잡기 위해서, 그리고 정통 라면에 대적할 만한 새로운 제품을 만들어 내기 위해서이다. 각 라면브랜드에서는 까르보불닭, 양념치킨라면, 미역국라면 등 소비자의 호기심을 불러일으킬 수 있는 이색 라면을 지속적으로 출시하고 있다. 당연 성공했다고 말할 수 있는 제품은 가장 많은 소비자의 마음을 사로잡은 불닭시리즈이다. 이는 다른 라면과 차별화하여, 볶음면 그리고 극강의 매운맛으로 매운맛을 좋아하는 마니아 층을 타깃으로 잡은 것이다. 그 후로도 기존의 불닭 소스(컨셉)를 기준으로 까르보, 짜장, 핵불닭 등을 지속적으로 신제품으로 출시하고 있으며, 유튜브 채널 '영국남자'를 통해 전 세계적으로 불닭볶음면의 존재를 알리게 되어 중국, 태국 등으로 해외수출에 박차를 가하고 있다고 한다.

① 대의명분 마케팅(Cause Related Marketing)
② 카테고리 확장(Category Extension)
③ 구전 마케팅(Word of Mouth Marketing)
④ 귀족 마케팅(Noblesse Marketing)
⑤ 라인 확장(Line Extension)

70 본예산은 투자로 인한 수익이 1년 이상에 걸쳐 장기적으로 실현될 투자결정에 대한 일련의 과정을 말한다. 다음 중 투자안의 평가방법에 해당하지 않는 것은?

① 내부수익률법
② 수익성지수법
③ 순현재가치법
④ 유동성분석법
⑤ 회수기간법

71 다음 중 마케팅 믹스의 4P에 해당하지 않는 것은?

① Picture
② Price
③ Promotion
④ Place
⑤ Product

72 다음 상황을 참고하여 브룸(Vroom)의 기대이론에 따른 A대리의 동기유발력의 값을 구하면?(단, 유인성은 ±10점으로 구성된다)

〈상황〉

S주식회사는 분기마다 인재개발 프로그램을 실시하고 있다. A대리는 프로그램 참여를 고민하고 있는 상태이다. A대리가 생각하기에 자신이 프로그램에 참여하면 성과를 거둘 수 있을 것이라는 주관적 확률이 70%, 그렇지 않을 확률은 30%이고, 만약 훈련성과가 좋을 경우 승진에 대한 가능성은 80%, 그 반대의 가능성은 20%라고 생각한다. 그리고 A대리는 승진에 대해 극히 좋게 평가하며 10점을 부여하였다.

- 기대치(E) : 인재개발 프로그램에 참여하여 성과를 거둘 수 있는가?
- 수단성(I) : 훈련성과가 좋으면 승진할 수 있을 것인가?
- 유인성(V) : 승진에 대한 선호도는 어느 정도인가?

① 1.0
② 2.3
③ 3.4
④ 4.8
⑤ 5.6

73 다음 중 목표설정이론 및 목표관리(MBO)에 대한 설명으로 옳지 않은 것은?

① 목표는 구체적이고 도전적으로 설정하는 것이 바람직하다.
② 목표는 지시적 목표, 자기설정 목표, 참여적 목표로 구분된다.
③ 성과는 경영진이 평가하여 부하직원 개개인에게 통보한다.
④ 조직의 목표를 구체적인 부서별 목표로 전환하게 된다.
⑤ 목표를 설정하는 과정에 부하직원이 함께 참여한다.

74 S회사는 철물과 관련한 사업을 하는 중소기업이다. 이 회사는 수요가 어느 정도 안정된 소모품을 다양한 거래처에 납품하고 있으며, 내부적으로는 부서별 효율성을 추구하고 있다. 이러한 회사의 조직구조로 적합한 유형은?

① 기능별 조직
② 사업부제 조직
③ 프로젝트 조직
④ 매트릭스 조직
⑤ 다국적 조직

75 다음 중 작업성과의 고저에 따라 임금을 적용하는 단순 복률 성과급 방식과 달리 예정된 성과를 올리지 못하여도 미숙련 근로자들에게 최저 생활을 보장하는 방식은?

① 테일러식 복률성과급
② 맨체스터 플랜
③ 메리크식 복률성과급
④ 할증성과급
⑤ 표준시간급

76 **다음 중 가격책정 방법에 대한 설명으로 옳은 것을 〈보기〉에서 모두 고르면?**

보기

㉠ 준거가격이란 구매자가 어떤 상품에 대해 지불할 용의가 있는 최고가격을 의미한다.
㉡ 명성가격이란 가격 - 품질 연상관계를 이용한 가격책정 방법이다.
㉢ 단수가격이란 판매 가격을 단수로 표시하여 가격이 저렴한 인상을 소비자에게 심어주어 판매를 증대시키는 방법이다.
㉣ 최저수용가격이란 심리적으로 적당하다고 생각하는 가격 수준을 의미한다.

① ㉠, ㉡
② ㉠, ㉢
③ ㉡, ㉢
④ ㉡, ㉣
⑤ ㉢, ㉣

77 **다음 〈보기〉 중 비유동부채에 해당하는 것은 모두 몇 개인가?**

보기

ㄱ. 매입채무
ㄴ. 예수금
ㄷ. 미지급금
ㄹ. 장기차입금
ㅁ. 임대보증금
ㅂ. 선수수익
ㅅ. 단기차입금
ㅇ. 선수금
ㅈ. 장기미지급금
ㅊ. 유동성장기부채

① 1개
② 3개
③ 5개
④ 7개
⑤ 9개

78 **다음 중 마이클 포터(Michael E. Porter)의 가치사슬 모형(Value Chain Model)에 대한 설명으로 옳지 않은 것은?**

① 기업이 가치를 창출하는 활동을 본원적 활동과 지원 활동으로 구분하였다.
② 물류 투입 및 산출 활동은 본원적 활동에 해당한다.
③ 마케팅 활동은 지원 활동에 해당한다.
④ 기술 개발은 지원 활동에 해당한다.
⑤ 지원 활동에 해당하는 활동도 기업의 핵심 역량이 될 수 있다.

79 **다음 중 대리비용 이론에 대한 설명으로 옳지 않은 것은?**

① 위임자와 대리인 간의 정보비대칭 상황을 전제한다.
② 대리비용의 발생원천에 따라 자기자본 대리비용과 부채 대리비용으로 구분된다.
③ 자기자본 대리비용은 외부주주의 지분율이 높을수록 커진다.
④ 부채 대리비용은 부채비율이 낮을수록 커진다.
⑤ 대리비용이 최소화되는 지점에서 최적 자본구조가 결정된다.

80 **S기업은 2021년 1월 1일 건물을 1,000,000원(내용연수 8년, 잔존가치 200,000원)에 취득하여 정액법으로 감가상각하고 있다. 2024년 1월 1일 S기업은 감가상각 방법을 연수합계법으로 변경하였으며, 잔존가치를 40,000원으로 재추정하였다면 2024년의 감가상각비는?**

① 44,000원
② 80,000원
③ 100,000원
④ 220,000원
⑤ 300,000원

| 03 | 사무직(법학)

41 **다음 중 권리의 객체에 대한 설명으로 옳지 않은 것은?(단, 다툼이 있으면 판례에 의한다)**

① 주물 자체의 효용과 직접 관계가 없는 물건은 종물이 아니다.
② 주물에 설정된 저당권의 효력은 특별한 사정이 없으면 종물에 미친다.
③ 입목에 관한 법률에 의하여 입목등기를 한 수목의 집단은 토지와 별개의 부동산이다.
④ 종물은 주물의 처분에 따르므로, 당사자의 특약에 의하여 종물만을 별도로 처분할 수 없다.
⑤ 법정과실은 수취할 권리의 존속기간일수의 비율로 취득한다.

42 **다음 중 법률행위의 부관에 대한 설명으로 옳은 것은?(단, 다툼이 있으면 판례에 의한다)**

① 기성조건이 해제조건이면 조건 없는 법률행위로 한다.
② 불능조건이 정지조건이면 조건 없는 법률행위로 한다.
③ 불법조건이 붙어 있는 법률행위는 불법조건만 무효이며, 법률행위 자체는 무효로 되지 않는다.
④ 기한의 효력은 기한 도래 시부터 생기며 당사자가 특약을 하더라도 소급효가 없다.
⑤ 어느 법률행위에 어떤 조건이 붙어 있었는지 여부는 법률행위 해석의 문제로서 당사자가 주장하지 않더라도 법원이 직권으로 판단한다.

43 **다음 중 현행 헌법상의 신체의 자유에 대한 설명으로 옳은 것은?**

① 법률과 적법한 절차에 의하지 아니하고는 강제노역을 당하지 아니한다.
② 누구든지 체포·구금을 받을 때에는 그 적부의 심사를 법원에 청구할 수 없다.
③ 체포, 구속, 수색, 압수, 심문에는 검사의 신청에 의하여 법관이 발부한 영장이 제시되어야 한다.
④ 법관에 대한 영장신청은 검사 또는 사법경찰관이 한다.
⑤ 특별한 경우 형사상 자기에게 불리한 진술을 강요받을 수 있다.

44 다음 중 노동법에 대한 설명으로 옳지 않은 것은?

① 노동기본권은 단결권, 단체교섭권, 단체행동권의 노동 3권만을 말한다.
② 집단적 노사관계법에는 노동조합 및 노동관계조정법 등이 있다.
③ 근로자가 할 수 있는 쟁의행위에 직장폐쇄는 포함되지 않는다.
④ 단결권은 근로자가 사용자와 대등한 교섭력을 갖기 위하여 단결해서 집단을 형성할 수 있는 권리이다.
⑤ 근로자의 실질적 평등과 자유를 보장함으로써 자본주의의 모순을 수정하기 위해서 생겨난 것이다.

45 불명확한 사실에 대하여 공익 또는 기타 법정책상의 이유로 사실의 진실성 여부와는 관계없이 확정된 사실로 의제하여 일정한 법률효과를 부여하고 반증을 허용하지 않는 것은?

① 간주
② 추정
③ 준용
④ 입증
⑤ 원용

46 다음 중 채권자가 그의 채권을 담보하기 위하여 채무의 변제기까지 채무자로부터 인도받은 동산을 점유·유치하기로 채무자와 약정하고, 채무의 변제가 없는 경우에 그 동산의 매각대금으로부터 우선변제받을 수 있는 담보물권은?

① 질권
② 유치권
③ 저당권
④ 양도담보권
⑤ 임차권

47 다음 중 군주 단독의 의사에 의하여 제정되는 헌법으로 옳은 것은?

① 국약헌법
② 민정헌법
③ 흠정헌법
④ 명목적 헌법
⑤ 연성헌법

48 다음 중 헌법재판에 대한 설명으로 옳은 것은?

① 헌법은 헌법재판소 재판관의 임기를 5년으로 규정한다.
② 헌법재판의 전심절차로서 행정심판을 거쳐야 한다.
③ 헌법재판소는 지방자치단체 상호 간의 권한쟁의심판을 관장한다.
④ 탄핵 인용결정을 할 때에는 재판관 5인 이상의 찬성이 있어야 한다.
⑤ 헌법재판소 재판관은 연임할 수 없다.

49 다음 중 회사의 권리능력에 대한 설명으로 옳지 않은 것은?

① 회사는 유증(遺贈)을 받을 수 있다.
② 회사는 상표권을 취득할 수 있다.
③ 회사는 다른 회사의 무한책임사원이 될 수 있다.
④ 회사는 명예권과 같은 인격권의 주체가 될 수 있다.
⑤ 회사는 합병을 할 수 있다.

50 다음 중 회사의 해산사유에 해당하지 않는 것은?

① 사장단의 동의 또는 결의
② 존립기간의 만료
③ 정관으로 정한 사유의 발생
④ 법원의 해산명령・해산판결
⑤ 회사의 합병・파산

51 **다음 중 무권대리행위의 추인에 대한 설명으로 옳지 않은 것은?(단, 다툼이 있으면 판례에 의한다)**

① 본인이 무권대리인에게 추인한 경우, 상대방은 추인이 있었음을 주장할 수 있다.

② 무권대리행위의 일부에 대한 추인은 상대방의 동의를 얻지 못하는 한 무효이다.

③ 추인은 무권대리행위로 인한 권리 또는 법률관계의 승계인에게도 할 수 있다.

④ 추인은 제3자의 권리를 해하지 않는 한, 다른 의사표시가 없으면 계약 시에 소급하여 그 효력이 생긴다.

⑤ 무권대리행위가 범죄가 되는 경우에 본인이 그 사실을 알고도 장기간 형사고소를 하지 않은 것만으로 묵시적 추인이 된다.

52 **다음 중 지명채권의 양도에 대한 설명으로 옳은 것은?(단, 다툼이 있으면 판례에 의한다)**

① 채권양도의 대항요건인 채무자의 승낙에는 조건을 붙일 수 있다.

② 채권양도에 대한 채무자의 승낙은 양도인에게 하여야 하며, 양수인에게 한 경우에는 효력이 없다.

③ 근로자가 그 임금채권을 양도한 경우, 양수인은 사용자에 대하여 임금의 지급을 청구할 수 있다.

④ 채무자는 채권양도를 승낙한 후에도 양도인에 대한 채권을 새로 취득한 경우에 이를 가지고 양수인에 대하여 상계할 수 있다.

⑤ 채권양도행위가 사해행위에 해당하지 않는 경우에도 양도통지가 별도로 채권자취소권 행사의 대상이 된다.

53 **다음 법의 이념 중 "법은 함부로 변경되어서는 안 된다."는 명제와 직접적으로 관련된 것은?**

① 정의

② 법적 안정성

③ 합목적성

④ 형평성

⑤ 합리성

54 **다음 중 임대차에 대한 설명으로 옳은 것은?(단, 다툼이 있으면 판례에 의한다)**

① 토지임차인이 지상물만을 타인에게 양도하더라도 임대차가 종료하면 그 임차인이 매수청구권을 행사할 수 있다.

② 건물임차인이 임대인의 동의 없이 건물의 소부분을 전대한 경우, 임대인은 임대차계약을 해지할 수 있다.

③ 임차인의 채무불이행으로 임대차계약이 해지된 경우, 임차인은 부속물매수청구권을 행사할 수 있다.

④ 임대인은 보증금반환채권에 대한 전부명령이 송달된 후에 발생한 연체차임을 보증금에서 공제할 수 없다.

⑤ 건물소유를 위한 토지임대차의 경우, 임차인의 차임연체액이 2기의 차임액에 이른 때에는 임대인은 계약을 해지할 수 있다.

55 **다음 중 민법에 대한 설명으로 옳지 않은 것은?**

① 민법은 실체법이다.

② 민법은 재산・신분에 관한 법이다.

③ 민법은 민간 상호 간에 관한 법이다.

④ 민법은 특별사법이다.

⑤ 민법은 재산관계와 가족관계를 규율하는 법이다.

56 **다음 중 미성년자가 단독으로 유효하게 할 수 없는 행위는?**

① 부담 없는 증여를 받는 것
② 채무의 변제를 받는 것
③ 근로계약과 임금청구
④ 허락된 재산의 처분행위
⑤ 허락된 영업에 관한 행위

57 **다음 중 위법 · 부당한 행정행위로 인하여 권익을 침해당한 자가 행정기관에 그 시정을 구하는 절차는?**

① 행정소송
② 행정심판
③ 행정상 손해배상제도
④ 행정상 손실보상제도
⑤ 행정상 즉시강제제도

58 **다음 중 법체계에 대한 설명으로 옳지 않은 것은?**

① 일반적으로 승인된 국제법규는 국내법과 같은 효력을 가진다.
② 대통령의 긴급명령은 법률과 같은 효력을 가진다.
③ 민법이 사법이므로 민사소송법도 사법에 속한다.
④ 민법과 상법은 실체법이다.
⑤ 형사소송법은 절차법이다.

59 **甲은 자신의 토지에 X건물을 신축하기로 하는 계약을 수급인 乙과 체결하면서 甲명의로 건축허가를 받아 소유권보존등기를 하기로 하는 등 완공된 X건물의 소유권을 甲에게 귀속시키기로 합의하였다. 乙은 X건물을 신축하여 완공하였지만 공사대금을 받지 못하고 있다. 다음 중 이에 대한 설명으로 옳은 것은?(단, 다툼이 있으면 판례에 의한다)**

① X건물의 소유권은 乙에게 원시적으로 귀속된다.
② X건물에 대한 乙의 하자담보책임은 무과실책임이다.
③ 乙의 甲에 대한 공사대금채권의 소멸시효는 10년이다.
④ 乙은 甲에 대한 공사대금채권을 담보하기 위하여 X건물을 목적으로 한 저당권 설정을 청구할 수 없다.
⑤ X건물의 하자로 인하여 계약의 목적을 달성할 수 없는 경우, 甲은 특별한 사정이 없는 한 계약을 해제할 수 있다.

60 다음 중 불법행위에 대한 설명으로 옳은 것은?(단, 다툼이 있으면 판례에 의한다)

① 민법 제758조의 공작물의 소유자책임은 과실책임이다.
② 불법행위에서 고의 또는 과실의 증명책임은 원칙적으로 가해자가 부담한다.
③ 여럿이 공동의 불법행위로 타인에게 손해를 가한 때에는 분할하여 그 손해를 배상할 책임이 있다.
④ 중과실의 불법행위자는 피해자에 대한 채권을 가지고 피해자의 손해배상채권을 상계할 수 있다.
⑤ 명예훼손의 경우, 법원은 피해자의 청구가 없더라도 직권으로 명예회복에 적합한 처분을 명할 수 있다.

61 다음 중 반사회질서 또는 불공정한 법률행위에 대한 설명으로 옳은 것은?(단, 다툼이 있으면 판례에 의한다)

① 소송사건에 증인으로서 증언에 대한 대가를 약정했다면 그 자체로 반사회질서행위로 무효이다.
② 민사사건에 관한 변호사의 성공보수약정은 선량한 풍속 기타 사회질서에 위배되어 무효이다.
③ 급부 간 현저한 불균형이 있더라도 폭리자가 피해 당사자 측의 사정을 알면서 이를 이용하려는 의사가 없다면 불공정한 법률행위가 아니다.
④ 경매 목적물이 시가에 비해 현저하게 낮은 가격으로 매각된 경우 불공정한 법률행위로 무효가 될 수 있다.
⑤ 반사회질서 법률행위에 해당되는 매매계약을 원인으로 한 소유권이전등기명의자의 물권적 청구권 행사에 대하여 상대방은 법률행위의 무효를 주장할 수 없다.

PART 4

62 다음 중 민법상 법인에 대한 설명으로 옳지 않은 것은?(단, 다툼이 있으면 판례에 의한다)

① 정관에 다른 규정이 없는 경우, 법인은 정당한 이유 없이도 이사를 언제든지 해임할 수 있다.
② 대표권이 없는 이사는 법인의 대표기관이 아니기 때문에 그의 행위로 인하여 법인의 불법행위가 성립하지 않는다.
③ 법인의 대표이사가 그 대표권의 범위 내에서 한 행위는 자기의 이익을 도모할 목적으로 그 권한을 남용한 것이라 할지라도, 특별한 사정이 없는 한 법인의 행위로서 유효하다.
④ 비법인사단의 대표자가 직무에 관하여 타인에게 손해를 가한 경우, 그 비법인사단은 그 손해를 배상하여야 한다.
⑤ 후임 이사가 유효하게 선임되었다고 하더라도 그 선임의 효력을 둘러싼 다툼이 있다면, 그 다툼이 해결되기 전까지는 구(舊) 이사만이 직무수행권한을 가진다.

63 다음 중 형법상 형벌에 해당하지 않는 것은?

① 징역
② 자격정지
③ 과태료
④ 과료
⑤ 몰수

64 甲은 乙로부터 금전을 빌렸고, 丙은 甲의 채무를 위해 보증인이 되었다. 다음 중 이에 대한 설명으로 옳은 것은?(단, 다툼이 있으면 판례에 의한다)

① 甲의 乙에 대한 채무가 시효로 소멸되더라도 丙의 보증채무는 원칙적으로 소멸하지 않는다.
② 丙의 보증계약은 구두계약에 의하여도 그 효력이 발생한다.
③ 丙은 甲이 가지는 항변으로 乙에게 대항할 수 있으나, 甲이 이를 포기하였다면 丙은 그 항변으로 乙에게 대항할 수 없다.
④ 丙이 모르는 사이에 주채무의 목적이나 형태가 변경되어 주채무의 실질적 동일성이 상실된 경우에도 丙의 보증채무는 소멸되지 않는다.
⑤ 甲의 의사에 반하여 보증인이 된 丙이 자기의 출재로 甲의 채무를 소멸하게 한 때에는 甲은 丙에게 현존이익의 한도에서 배상하여야 한다.

65 다음 중 판례의 법원성에 대해 규정하고 있는 법은?

① 대법원 규칙
② 법원조직법
③ 국회법
④ 형법
⑤ 헌법

66 **다음 중 주식회사의 감사에 대한 설명으로 옳지 않은 것은?(단, 다툼이 있으면 판례에 의한다)**

① 감사는 주주총회에서 선임한다.
② 감사의 선임과 종임에 관한 사항은 등기사항이다.
③ 자본금의 총액이 10억 원 미만인 회사의 경우에는 감사를 선임하지 아니할 수 있다.
④ 감사는 언제든지 주주총회의 특별결의로 이를 해임할 수 있다.
⑤ 감사의 임기는 취임 후 5년 내의 최종의 결산기에 관한 정기총회의 종결 시까지로 할 수 있다.

67 **다음 중 신의칙과 거리가 먼 것은?**

① 사적자치의 원칙
② 권리남용금지의 원칙
③ 실효의 원리
④ 금반언의 원칙(외형주의)
⑤ 사정변경의 원칙

PART 4

68 **권리와 의무는 서로 대응하는 것이 보통이나, 권리만 있고 그에 대응하는 의무가 없는 경우도 있다. 다음 중 이와 같은 권리에 해당하는 것은?**

① 친권
② 특허권
③ 채권
④ 취소권
⑤ 재산권

69 **다음 중 민법상 물건에 대한 설명으로 옳지 않은 것은?**

① 건물 임대료는 천연과실이다.
② 관리할 수 있는 자연력은 동산이다.
③ 건물은 토지로부터 독립한 부동산으로 다루어질 수 있다.
④ 토지 및 그 정착물은 부동산이다.
⑤ 물건의 사용대가로 받는 금전 기타의 물건은 법정과실이다.

70 행정행위에 취소사유가 있다고 하더라도 당연무효가 아닌 한 권한 있는 기관에 의해 취소되기 전에는 유효한 것으로 통용되는 것은 행정행위의 어떠한 효력 때문인가?

① 강제력
② 공정력
③ 불가변력
④ 구성요건적 효력
⑤ 불가쟁력

71 다음 중 행정심판에 의해 구제받지 못한 자가 위법한 행정행위에 대하여 최종적으로 법원에 구제를 청구하는 절차는?

① 헌법소원
② 손해배상청구
③ 손실보상청구
④ 행정소송
⑤ 경정청구

72 다음 중 근로기준법상 임금에 대한 설명으로 옳지 않은 것은?

① 종속노동관계에서 근로의 대가로 지급되는 것인가의 여부가 중요한 기준이 된다.
② 법령, 단체협약, 취업규칙, 근로계약, 관행 등에 의해 사용자에게 지급의무가 지워져 있는 것을 말한다.
③ 은혜적·호의적으로 지급되는 금품은 임금에 포함되지 않는다.
④ 일체의 금품을 말하므로 실비변상적인 출장소요경비의 지급도 임금에 포함된다.
⑤ 임금에서 근로의 대가는 노동력의 재생산을 위해 근로자에게 지급되는 것으로도 볼 수 있다.

73 다음 중 행정청이 건물의 철거 등 대체적 작위의무의 이행과 관련하여 의무자가 행할 작위를 스스로 행하거나 또는 제3자로 하여금 이를 행하게 하고 그 비용을 의무자로부터 징수하는 행정상의 강제집행수단은?

① 행정대집행
② 행정벌
③ 직접강제
④ 행정상 즉시강제
⑤ 행정조사

74 다음 중 행정기관에 대한 설명으로 옳은 것은?

① 행정청의 자문기관은 합의제이며, 그 구성원은 공무원으로 한정된다.

② 의결기관은 의사기관에 대하여 그 의결 또는 의사결정을 집행하는 기관이다.

③ 국무조정실, 각 부의 차관보·실장·국장 등은 행정조직의 보조기관이다.

④ 행정청은 행정주체의 의사를 결정하여 외부에 표시하는 권한을 가진 기관이다.

⑤ 보좌기관은 행정조직의 내부기관으로서 행정청의 권한 행사를 보조하는 것을 임무로 하는 행정기관이다.

75 다음 중 행정행위에 대한 설명으로 옳지 않은 것은?

① 내용이 명확하고 실현가능하여야 한다.

② 법률상 절차와 형식을 갖출 필요는 없다.

③ 법률의 규정에 위배되지 않아야 한다.

④ 정당한 권한을 가진 자의 행위이어야 한다.

⑤ 법률에 근거를 두어야 한다.

76 다음 중 조례에 대한 설명으로 옳지 않은 것은?(단, 다툼이 있으면 판례에 의한다)

① 조례가 법률 등 상위법령에 위배되면 비록 그 조례를 무효라고 선언한 대법원의 판결이 선고되지 않았더라도 그 조례에 근거한 행정처분은 당연무효가 된다.

② 시(市)세의 과세 또는 면제에 관한 조례가 납세의무자에게 불리하게 개정된 경우에 있어서 개정 조례 부칙에서 종전의 규정을 개정 조례 시행 후에도 계속 적용한다는 경과규정을 두지 아니한 이상, 다른 특별한 사정이 없는 한 법률불소급의 원칙상 개정 전후의 조례 중에서 납세의무가 성립한 당시에 시행되는 조례를 적용하여야 할 것이다.

③ 시·도의회에 의하여 재의결된 사항이 법령에 위반된다고 판단되면 주무부장관은 시·도지사에게 대법원에 제소를 지시하거나 직접 제소할 수 있다. 다만 재의결된 사항이 둘 이상의 부처와 관련되거나 주무부장관이 불분명하면 행정안전부장관이 제소를 지시하거나 직접 제소할 수 있다.

④ 법률이 주민의 권리의무에 관한 사항에 관하여 구체적으로 범위를 정하지 않은 채 조례로 정하도록 포괄적으로 위임한 경우에도 지방자치단체는 법령에 위반되지 않는 범위 내에서 주민의 권리의무에 관한 사항을 조례로 제정할 수 있다.

⑤ 조례안 재의결 내용 전부가 아니라 일부가 법령에 위반되어 위법한 경우에도 대법원은 재의결 전부의 효력을 부인하여야 한다.

77 **다음 중 재산권에 대한 설명으로 옳지 않은 것은?(단, 다툼이 있으면 판례에 의한다)**

① 보유기간이 1년 이상 2년 미만인 자산이 공용 수용으로 양도된 경우에도 중과세하는 구 소득세법 조항은 재산권을 침해하지 않는다.

② 법인이 과밀억제권역 내에 본점의 사업용 부동산으로 건축물을 신축하여 이를 취득하는 경우 취득세를 중과세하는 구 지방세법 조항은 인구유입이나 경제력집중의 유발 효과가 없는 신축 또는 증축으로 인한 부동산의 취득의 경우에도 모두 취득세 중과세 대상에 포함시키는 것이므로 재산권을 침해한다.

③ 계약의 이행으로 받은 금전을 계약 해제에 따른 원상회복으로서 반환하는 경우 그 받은 날로부터 이자를 지급하도록 한 민법 조항은 계약 해제의 경위・계약 당사자의 귀책사유 등 제반 사정을 계약 해제로 인한 손해배상의 범위를 정할 때 고려하게 되므로, 원상회복의 무자의 재산권을 침해하지 않는다.

④ 가축전염병의 확산을 막기 위한 방역조치로서 도축장 사용정지・제한명령은 공익목적을 위하여 이미 형성된 구체적 재산권을 박탈하거나 제한하는 헌법 제23조 제3항의 수용・사용 또는 제한에 해당하는 것이 아니라, 도축장 소유자들이 수인하여야 할 사회적 제약으로서 헌법 제23조 제1항의 재산권의 내용과 한계에 해당한다.

⑤ 친일반민족행위자 재산의 국가귀속에 관한 특별법(이하 '친일재산귀속법'이라 한다)에 따라 그 소유권이 국가에 귀속되는 '친일재산'의 범위를 '친일반민족행위자가 국권침탈이 시작된 러・일 전쟁 개전 시부터 1945년 8월 15일까지 일본제국주의에 협력한 대가로 취득하거나 이를 상속받은 재산 또는 친일재산임을 알면서 유증 증여를 받은 재산'으로 규정하고 있는 친일재산귀속법 조항은 재산권을 침해하지 않는다.

78 **다음 중 취소소송의 판결의 효력에 대한 설명으로 옳지 않은 것은?**

① 거부처분의 취소판결이 확정되었더라도 그 거부처분 후에 법령이 개정・시행되었다면 처분청은 그 개정된 법령 및 허가기준을 새로운 사유로 들어 다시 이전 신청에 대하여 거부처분을 할 수 있다.

② 거부처분의 취소판결이 확정된 경우 그 판결의 당사자인 처분청은 그 소송의 사실심 변론 종결 이후 발생한 사유를 들어 다시 이전의 신청에 대하여 거부처분을 할 수 있다.

③ 취소판결의 기속력은 그 사건의 당사자인 행정청과 그 밖의 관계행정청에게 확정판결의 취지에 따라 행동하여야 할 의무를 지우는 것으로 이는 인용판결에 한하여 인정된다.

④ 취소판결의 기판력은 판결의 대상이 된 처분에 한하여 미치고 새로운 처분에 대해서는 미치지 아니한다.

⑤ 취소판결의 기판력은 소송의 대상이 된 처분의 위법성 존부에 관한 판단 그 자체에만 미치기 때문에 기각판결의 원고는 당해 소송에서 주장하지 아니한 다른 위법사유를 들어 다시 처분의 효력을 다툴 수 있다.

79 **다음 중 공공의 영조물의 설치·관리의 하자로 인한 국가배상법상 배상책임에 대한 설명으로 옳지 않은 것은?(단, 다툼이 있으면 판례에 의한다)**

① 영조물의 설치·관리의 하자란 '영조물이 그 용도에 따라 통상 갖추어야 할 안정성을 갖추지 못한 상태에 있음'을 말한다.
② 영조물의 설치·관리상의 하자로 인한 배상책임은 무과실책임이고, 국가는 영조물의 설치·관리상의 하자로 인하여 타인에게 손해를 가한 경우에 그 손해방지에 필요한 주의를 해태하지 아니하였다 하여 면책을 주장할 수 없다.
③ 객관적으로 보아 시간적·장소적으로 영조물의 기능상 결함으로 인한 손해발생의 예견가능성과 회피가능성이 없는 경우에는 영조물의 설치관리상의 하자를 인정할 수 없다.
④ 영조물의 설치·관리의 하자에는 영조물이 공공의 목적에 이용됨에 있어 그 이용상태 및 정도가 일정한 한도를 초과하여 제3자에게 사회 통념상 참을 수 없는 피해를 입히는 경우도 포함된다.
⑤ 광역시와 국가 모두가 도로의 점유자 및 관리자, 비용부담자로서의 책임을 중첩적으로 지는 경우 국가만이 국가배상법에 따라 궁극적으로 손해를 배상할 책임이 있는 자가 된다.

80 **다음 중 관할행정청 甲이 乙의 경비업 허가신청에 대해 거부처분을 한 경우, 이에 불복하는 乙이 제기할 수 있는 행정심판은 무엇인가?**

① 당사자심판
② 부작위위법확인심판
③ 거부처분부당확인심판
④ 의무이행심판
⑤ 특허심판

| 04 | 사무직(경제학)

41 **다음 〈보기〉 중 주어진 상황에 대한 설명으로 옳은 것을 모두 고르면?**

> 인천공항에 막 도착한 A씨는 미국에서 사먹던 빅맥 1개의 가격인 5달러를 원화로 환전한 5,500원을 들고 햄버거 가게로 갔다. 여기서 A씨는 미국과 똑같은 빅맥 1개를 구입하고도 1,100원이 남았다.

보기

ㄱ. 한국의 빅맥 가격을 달러로 환산하면 4달러이다.
ㄴ. 구매력평가설에 의하면 원화의 대미 달러 환율은 1,100원이다.
ㄷ. 빅맥 가격을 기준으로 한 대미 실질환율은 880원이다.
ㄹ. 빅맥 가격을 기준으로 볼 때, 현재의 명목환율은 원화의 구매력을 과소평가하고 있다.

① ㄱ, ㄴ
② ㄱ, ㄷ
③ ㄱ, ㄹ
④ ㄴ, ㄷ
⑤ ㄴ, ㄹ

42 **두 개의 지역 A와 B로 나누어진 S시는 도심공원을 건설할 계획이다. 두 지역에 거주하는 지역주민의 공원에 대한 수요곡선과 공원 건설의 한계비용곡선이 다음과 같을 때, 사회적으로 최적인(Socially Optimal) 도심공원의 면적은?(단, P_A는 A지역 주민이 지불하고자 하는 가격, P_B는 B지역 주민이 지불하고자 하는 가격, Q는 공원면적, MC는 한계비용이다)**

- A지역 주민의 수요곡선 : $P_A=10-Q$
- B지역 주민의 수요곡선 : $P_B=10-\frac{1}{2}Q$
- 한계비용곡선 : $MC=5$

① 4
② 5
③ 6
④ 10
⑤ 15

43 **밀턴 프리드먼은 '공짜 점심은 없다(There is no such thing as a free lunch).'라는 말을 즐겨했다고 한다. 다음 중 이 말을 설명할 수 있는 경제 원리는?**

① 규모의 경제
② 긍정적 외부성
③ 기회비용
④ 수요공급의 원리
⑤ 한계효용 체감의 법칙

44 **다음 중 한국은행의 기준금리 인상이 경제에 미치는 영향으로 옳지 않은 것은?**

① 경기가 과열되거나 인플레이션 압력이 높을 때 금리 인상을 단행한다.
② 투자, 소비 활동이 상대적으로 줄어들면서 물가가 하락한다.
③ 장기시장금리보다 단기시장금리가 먼저 상승한다.
④ 예금금리, 대출금리 모두 상승한다.
⑤ 수출증가 및 수입감소 현상이 나타난다.

PART 4

45 **원자재가격 상승으로 물가수준이 상승하여 중앙은행이 기준금리를 인상하기로 결정하였다. 다음 〈보기〉 중 원자재가격 상승과 기준금리 인상의 경제적 효과를 단기 총수요－총공급 모형을 이용하여 분석한 내용으로 옳은 것을 모두 고르면?**

보기

가. 총수요곡선은 왼쪽으로 이동한다.
나. 총공급곡선은 왼쪽으로 이동한다.
다. 실질 GDP는 크게 감소한다.
라. 물가는 크게 감소한다.

① 가, 나
② 나, 다
③ 가, 나, 다
④ 나, 다, 라
⑤ 가, 나, 다, 라

46 **다음 중 코즈의 정리에 대한 설명으로 옳은 것은?**

① 전통적 투자함수의 주요 변수인 이자율 외에 투자유인에 대한 포괄적 정보를 고려하여 투자가 결정된다.

② 물건에 소유권이 분명하게 설정되고 그 소유권 거래에서 비용이 들지 않는다면, 그 권리를 누가 가지든 효율적 배분에는 영향을 받지 않는다.

③ 주어진 정부 지출을 현재의 조세로 충당하든 같은 금액의 공채 발행을 통한 적자 재정으로 조달하든 경제에 미치는 효과는 같다.

④ 비교우위의 원인을 각국의 생산요소 부존량의 차이로 설명하며, 생산요소의 상대가격이 국제 간에 균등화하는 경향이 있다.

⑤ 일정한 조건 아래에서 개인의 선호에 제한을 가하거나 독재성을 부과하지 않고는 개인의 선호를 전환하여 하나의 유효한 사회적 선호로 만드는 것이 불가능하다.

47 **개방경제의 소국 S에서 수입관세를 부과하였다. 이때 나타나는 효과로 옳지 않은 것은?**

① 국내가격이 상승한다.

② 소비량이 감소한다.

③ 생산량이 감소한다.

④ 사회적 후생손실이 발생한다.

⑤ 교역조건은 변하지 않는다.

48 **다음 중 재화의 성질 및 무차별곡선에 대한 설명으로 옳지 않은 것은?**

① 모든 기펜재(Giffen Goods)는 열등재이다.

② 두 재화가 대체재인 경우 두 재화 간 교차탄력성은 양(+)의 값을 가진다.

③ 두 재화가 완전보완재인 경우 무차별곡선은 L자 모형이다.

④ X축에는 홍수를, Y축에는 쌀을 나타내는 경우 무차별곡선은 우하향한다.

⑤ 두 재화가 완전대체재인 경우 두 재화의 한계대체율은 일정하다.

49 **다음은 비합리적 소비에 대한 설명이다. 빈칸 ㉠, ㉡에 들어갈 효과를 바르게 연결한 것은?**

> • ___㉠___ 효과는 유행에 따라 상품을 구입하는 소비현상으로, 특정 상품에 대한 어떤 사람의 수요가 다른 사람들의 수요에 의해 영향을 받는다.
> • ___㉡___ 효과는 다른 보통사람과 자신을 차별하고 싶은 욕망으로 나타나는데, 가격이 아닌 다른 사람의 소비에 직접 영향을 받는다.

	㉠	㉡
①	외부불경제	베블런(Veblen)
②	외부불경제	밴드왜건(Bandwagon)
③	베블런(Veblen)	외부불경제
④	밴드왜건(Bandwagon)	외부불경제
⑤	밴드왜건(Bandwagon)	베블런(Veblen)

PART 4

50 **다음 중 거시경제의 총수요와 총공급에 대한 설명으로 옳은 것은?**

① 명목임금 경직성하에서 물가수준이 하락하면 기업이윤이 줄어들어서 기업들의 재화와 서비스 공급이 감소하므로 단기총공급곡선은 왼쪽으로 이동한다.
② 폐쇄경제에서 확장적 재정정책의 구축효과는 변동환율제도에서 동일한 정책의 구축효과보다 더 크게 나타날 수 있다.
③ 케인스(Keynes)의 유동성선호이론에 의하면 경제가 유동성 함정에 빠지는 경우 추가적 화폐공급이 투자적 화폐 수요로 모두 흡수된다.
④ 장기균형 상태에 있던 경제에 원유가격이 일시적으로 상승하면 장기적으로 물가는 상승하고 국민소득은 감소한다.
⑤ 단기 경기변동에서 소비와 투자가 모두 경기순응적이며, 소비의 변동성은 투자의 변동성보다 크다.

51 다음 빈칸에 들어갈 용어를 순서대로 바르게 나열한 것은?

> 기업들에 대한 투자세액공제가 확대되면, 대부자금에 대한 수요가 _____한다. 이렇게 되면 실질이자율이 _____하고 저축이 늘어난다. 그 결과, 대부자금의 균형거래량은 _____한다(단, 실질이자율에 대하여 대부자금 수요곡선은 우하향하고, 대부자금 공급곡선은 우상향한다).

① 증가, 상승, 증가
② 증가, 하락, 증가
③ 증가, 상승, 감소
④ 감소, 하락, 증가
⑤ 감소, 하락, 감소

52 다음 중 정부지출 증가의 효과가 가장 크게 나타나게 되는 상황은 언제인가?

① 한계저축성향이 낮은 경우
② 한계소비성향이 낮은 경우
③ 정부지출의 증가로 물가가 상승한 경우
④ 정부지출의 증가로 이자율이 상승한 경우
⑤ 정부지출의 증가로 인해 구축효과가 나타난 경우

53 다음 〈보기〉 중 정부실패(Government Failure)의 원인이 되는 것을 모두 고르면?

> **보기**
> 가. 이익집단의 개입
> 나. 정책당국의 제한된 정보
> 다. 정책당국의 인지시차 존재
> 라. 민간부문의 통제 불가능성
> 마. 정책 실행 시차의 부재

① 가, 나, 라
② 나, 다, 마
③ 가, 나, 다, 라
④ 가, 나, 라, 마
⑤ 가, 나, 다, 라, 마

54 다음 〈보기〉 중 GDP가 증가하는 경우는 모두 몇 개인가?

보기

ㄱ. 대한민국 공무원 연봉이 전반적으로 인상되었다.
ㄴ. 중국인 관광객들 사이에서 한국의 명동에서 쇼핑하는 것이 유행하고 있다.
ㄷ. 대한민국 수도권 신도시에 거주하는 A씨의 주택가격이 전년도 대비 20% 상승하였다.
ㄹ. 한국에서 생산된 중간재가 미국에 수출되었다.

① 1개
② 2개
③ 3개
④ 4개
⑤ 없음

55 다음 중 칼도어(N. Kaldor)의 정형화된 사실(Stylized Facts)에 대한 내용으로 옳지 않은 것은?

① 자본수익률은 지속적으로 증가한다.
② 1인당 산출량(Y/L)이 지속적으로 증가한다.
③ 산출량 – 자본비율(Y/K)은 대체로 일정한 지속성(Steady)을 보인다.
④ 총소득에서 자본에 대한 분배와 노동에 대한 분배 간의 비율은 일정하다.
⑤ 생산성 증가율은 국가 간의 상당한 차이가 있다.

56 다음 〈조건〉을 참고할 때 실업률은 얼마인가?

조건

- 생산가능인구 : 50,000명
- 취업자 : 20,000명
- 실업자 : 5,000명

① 10%
② 15%
③ 20%
④ 25%
⑤ 30%

57 다음 〈보기〉 중 외부효과에 대한 설명으로 옳은 것을 모두 고르면?

보기

ㄱ. 외부효과가 존재할 경우 시장은 자원을 비효율적으로 배분한다.
ㄴ. 부정적 외부효과가 존재할 경우 사회적비용은 사적비용보다 작다.
ㄷ. 부정적 외부효과를 시정하기 위해 고안된 세금을 피구세(Pigouvian Tax)라고 한다.
ㄹ. 긍정적 외부효과가 존재할 경우 시장생산량은 사회적으로 바람직한 생산량보다 많다.

① ㄱ, ㄴ
② ㄱ, ㄷ
③ ㄴ, ㄹ
④ ㄷ, ㄹ
⑤ ㄱ, ㄷ, ㄹ

58 다음 중 공공재와 관련된 시장실패에 대한 설명으로 옳지 않은 것은?

① 순수공공재는 소비의 비배제성과 비경합성을 동시에 가지고 있다.
② 소비의 비배제성으로 인한 무임승차의 문제가 발생한다.
③ 긍정적 외부성이 존재하는 공공재의 생산을 민간에 맡길 때, 사회적 최적수준에 비해 과소생산 된다.
④ 공공재의 경우에는 개인의 한계편익곡선을 수평으로 합하여 사회적 한계편익곡선을 도출한다.
⑤ 공공재의 최적생산을 위해서는 경제주체들의 공공재 편익을 사실대로 파악하여야 한다.

59 다음 중 노동수요의 임금탄력성에 대한 설명으로 옳지 않은 것은?

① 노동수요의 임금탄력성은 단기보다 장기에서 더 크다.
② 노동수요의 임금탄력성은 총생산비 중 노동비용이 차지하는 비중에 의해 영향을 받는다.
③ 노동을 대체할 수 있는 다른 생산요소로의 대체가능성이 높을수록 동일한 임금상승에 대하여 고용감소는 적어진다.
④ 노동수요는 노동을 생산요소로 사용하는 최종생산물 수요의 가격탄력성에 영향을 받는다.
⑤ 노동수요의 임금탄력성은 노동수요량의 변화율을 임금변화율로 나눈 것이다.

60 다음 중 노동시장에 대한 설명으로 옳지 않은 것은?

① 교육과 현장훈련을 받는 행위를 인적투자라고 한다.
② 선별가설(Screen Hypothesis)은 교육이 노동수익을 높이는 원인이라는 인적자본이론을 비판한다.
③ 상응가치(Comparable Worth)원칙은 똑같은 일에 종사하는 사람에게는 똑같은 임금이 지급되어야 한다는 원칙이다.
④ 이중노동시장이론에 의하면, 내부노동시장은 하나의 기업 내에서 이루어지는 노동시장을 말한다.
⑤ 이중노동시장이론에서 저임금 및 열악한 근로조건의 특징을 가지고 있는 노동시장을 2차 노동시장(Secondary Labor Market)이라고 한다.

61 다음 중 수요의 탄력성에 대한 설명으로 옳은 것은?

① 재화가 기펜재라면 수요의 소득탄력성은 양(+)의 값을 갖는다.
② 두 재화가 서로 대체재의 관계에 있다면 수요의 교차탄력성은 음(−)의 값을 갖는다.
③ 우하향하는 직선의 수요곡선상에 위치한 두 점에서 수요의 가격탄력성은 동일하다.
④ 수요의 가격탄력성이 1이면 가격변화에 따른 판매총액은 증가한다.
⑤ 수요곡선이 수직선일 때 모든 점에서 수요의 가격탄력성은 0이다.

62 다음 〈보기〉 중 화폐발행이득(Seigniorage)에 대한 설명으로 옳은 것을 모두 고르면?

> **보기**
>
> ㄱ. 정부가 화폐공급량 증가를 통해 얻게 되는 추가적 재정수입을 가리킨다.
> ㄴ. 화폐라는 세원에 대해 부과하는 조세와 같다는 뜻에서 인플레이션 조세라 부른다.
> ㄷ. 화폐공급량 증가로 인해 생긴 인플레이션이 민간이 보유하는 화폐자산의 실질가치를 떨어뜨리는 데서 나온다.

① ㄱ
② ㄴ
③ ㄱ, ㄷ
④ ㄴ, ㄷ
⑤ ㄱ, ㄴ, ㄷ

63 완전경쟁기업 S의 X재 생산의 이윤극대화 생산량이 100단위이고, 현재 생산량 수준에서 평균비용이 24원, 평균고정비용이 10원, 한계비용이 40원일 때, 준지대의 크기는 얼마인가?

① 2,000원
② 2,300원
③ 2,600원
④ 2,900원
⑤ 3,200원

64 다음 〈보기〉 중 디플레이션(Deflation)에 대한 설명으로 옳은 것을 모두 고르면?

보기

가. 명목금리가 마이너스(−)로 떨어져 투자수요와 생산 감소를 유발할 수 있다.
나. 명목임금의 하방경직성이 있는 경우 실질임금의 하락을 초래한다.
다. 기업 명목부채의 실질상환 부담을 증가시킨다.
라. 기업의 채무불이행 증가로 금융기관 부실화가 초래될 수 있다.

① 가, 나
② 가, 다
③ 나, 다
④ 나, 라
⑤ 다, 라

PART 4

65 다음 중 보상적 임금격차에 대한 설명으로 옳지 않은 것은?

① 근무조건이 좋지 않은 곳으로 전출되면 임금이 상승한다.
② 물가가 높은 곳에서 근무하면 임금이 상승한다.
③ 비금전적 측면에서 매력적인 일자리는 임금이 상대적으로 낮다.
④ 성별 임금격차도 일종의 보상적 임금격차이다.
⑤ 더 비싼 훈련이 요구되는 직종의 임금이 상대적으로 높다.

66 S국 자동차시장의 독점기업인 B기업의 한계수입(MR)이 225, 수요의 가격탄력성이 4일 때, B기업이 판매하는 자동차의 1단위당 가격(P)은 얼마인가?

① 400
② 350
③ 300
④ 250
⑤ 200

67 다음 중 오쿤의 법칙(Okun's Law)에 대한 설명으로 옳은 것은?

① 어떤 시장을 제외한 다른 모든 시장이 균형 상태에 있으면 그 시장도 균형을 이룬다는 법칙이다.
② 실업률이 1% 늘어날 때마다 국민총생산이 2.5%의 비율로 줄어든다는 법칙이다.
③ 소득수준이 낮을수록 전체 생계비에서 차지하는 식료품 소비의 비율이 높아진다는 법칙이다.
④ 가난할수록 총지출에서 차지하는 주거비의 지출 비율이 점점 더 커진다는 법칙이다.
⑤ 악화(惡貨)는 양화(良貨)를 구축한다는 법칙이다.

68 다음의 여러 가지 경제지표 중 경기에 선행하는 지표로 보기 어려운 것은?

① 내수출하지수
② 구인구직비율
③ 건설수주액
④ 수출입물가지수
⑤ 재고순환지표

69 다음 글의 상황을 의미하는 경제 용어로 옳은 것은?

> 일본의 장기불황과 미국의 금융위기 사례에서와 같이 금리를 충분히 낮추는 확장적 통화정책을 실시해도 가계와 기업이 시중에 돈을 풀어놓지 않는 상황을 말한다. 특히 일본의 경우 1990년대 제로금리를 고수했음에도 불구하고 소위 '잃어버린 10년'이라고 불리는 장기 불황을 겪었다. 불황 탈출을 위해 확장적 통화정책을 실시했지만 경제성장률은 계속 낮았다. 이후 경기 비관론이 팽배해지고 디플레이션이 심화되면서 모든 경제 주체가 투자보다는 현금을 보유하려는 유동성 선호경향이 강해졌다.

① 유동성 함정(Liquidity Trap)
② 공개시장조작
③ 용의자의 딜레마
④ 동태적 비일관성
⑤ 구축 효과(Crowding-out Effect)

70 다음 중 어떤 산업이 자연독점화되는 이유로 옳은 것은?

① 고정비용의 크기가 작은 경우
② 최소효율규모의 수준이 매우 큰 경우
③ 다른 산업에 비해 규모의 경제가 작게 나타나는 경우
④ 생산량이 증가함에 따라 평균비용이 계속 늘어나는 경우
⑤ 기업 수가 증가할수록 산업의 평균 생산비용이 감소하는 경우

71 X재와 Y재에 대한 효용함수가 $U=min(X, Y)$인 소비자가 있다. 소득이 100이고 Y재의 가격(P_Y)이 10일 때, 이 소비자가 효용극대화를 추구한다면 X재의 수요함수는?(단, P_X는 X재의 가격이다)

① $X=\frac{10+100}{P_X}$
② $X=\frac{100}{P_X+10}$
③ $X=\frac{100}{P_X}$
④ $X=\frac{50}{P_X+10}$
⑤ $X=\frac{10}{P_X}$

72 다음 사례를 볼 때, 각 기업의 총수익 변화로 옳은 것은?(단, 다른 조건은 일정하다)

- 사례1 : 수요의 가격탄력성이 0.5인 X재를 생산하고 있는 A기업은 최근 X재의 가격을 1,000원에서 2,000원으로 인상하였다.
- 사례2 : 수요의 가격탄력성이 2인 Y재를 생산하고 있는 B기업은 최근 Y재의 가격을 3,000원에서 5,500원으로 인상하였다.

	A기업	B기업
①	증가	감소
②	증가	일정
③	일정	일정
④	감소	증가
⑤	감소	감소

73 S국의 이동통신 시장이 하나의 기업만이 존재하는 완전독점시장일 경우, 이 기업의 총비용함수와 시장수요가 다음과 같을 때, 이 기업이 이부가격(Two－part Tariff) 설정을 통해 이윤을 극대화하고자 한다면, 고정요금(가입비)은 얼마인가?

- $TC=40+4Q$(총비용함수)
- $P=20-Q$(시장수요)

① 16 ② 32
③ 48 ④ 64
⑤ 128

74 X재의 가격이 5% 상승할 때 X재의 소비지출액은 전혀 변화하지 않은 반면, Y재의 가격이 10% 상승할 때 Y재의 소비지출액은 10% 증가하였다. 이때, 두 재화에 대한 수요의 가격탄력성은?

	X재	Y재
①	완전탄력적	단위탄력적
②	단위탄력적	완전탄력적
③	단위탄력적	완전비탄력적
④	완전비탄력적	비탄력적
⑤	완전비탄력적	단위탄력적

75 다음 〈보기〉 중 케인스의 유동성 선호설에 대한 설명으로 옳은 것을 모두 고르면?

보기

㉠ 케인스의 유동성 선호설에 따르면 자산은 화폐와 채권 두 가지만 존재한다.
㉡ 케인스에 따르면 화폐공급곡선이 수평인 구간을 유동성 함정이라고 한다.
㉢ 유동성 함정구간에서는 화폐수요의 이자율탄력성은 무한대(∞)이다.
㉣ 케인스의 유동성 선호설에 따른 투기적 동기의 화폐수요(hr)는 화폐수요함수$\left(\frac{M^d}{P}\right)$와 비례관계에 있다.

① ㉠, ㉡ ② ㉠, ㉢
③ ㉡, ㉢ ④ ㉡, ㉣
⑤ ㉢, ㉣

76 **다음 중 고정환율제도에 대한 설명으로 옳지 않은 것은?(단, 자본의 이동은 완전히 자유롭다)**

① 환율이 안정적이므로 국제무역과 투자가 활발히 일어나는 장점이 있다.
② 고정환율제도하에서 확대금융정책을 실시할 경우, 최종적으로 이자율은 변하지 않는다.
③ 고정환율제도하에서 확대금융정책의 경우 중앙은행의 외환매입으로 통화량이 증가한다.
④ 고정환율제도하에서 확대재정정책를 실시할 경우 통화량이 증가하여 국민소득이 증가한다.
⑤ 정부가 환율을 일정수준으로 정하여 지속적인 외환시장 개입을 통해 정해진 환율을 유지하는 제도이다.

77 **다음은 S국의 중앙은행이 준수하는 테일러 법칙(Taylor's Rule)이다. 실제 인플레이션율은 4%이고 실제 GDP와 잠재 GDP의 차이가 1%일 때, S국의 통화정책에 대한 설명으로 옳지 않은 것은?**

$$r=0.03+\frac{1}{4}(\pi-0.02)-\frac{1}{4}\times\frac{Y^{*}-Y}{Y^{*}}$$

※ r은 중앙은행의 목표 이자율, π는 실제 인플레이션율, Y^{*}는 잠재 GDP, Y는 실제 GDP임

① 목표 이자율은 균형 이자율보다 낮다.
② 목표 인플레이션율은 2%이다.
③ 균형 이자율은 3%이다.
④ 다른 조건이 일정할 때, 인플레이션 갭 1%p 증가에 대해 목표 이자율은 0.25%p 증가한다.
⑤ 다른 조건이 일정할 때, GDP 갭 1%p 증가에 대해 목표 이자율은 0.25%p 감소한다.

78 **S국가의 생산가능인구는 3,160명, 비경제활동인구는 580명, 실업자 수는 1,316명이다. 15세 미만 인구는 500명이라고 가정할 때, 고용률은?**

① 39%
② 40%
③ 43%
④ 44%
⑤ 47%

79 **다음 〈보기〉 중 인플레이션에 대한 설명으로 옳지 않은 것을 모두 고르면?**

보기

가. 인플레이션이 예상되지 못한 경우, 채무자에게서 채권자에게로 부가 재분배된다.
나. 인플레이션이 예상된 경우, 메뉴비용이 발생하지 않는다.
다. 인플레이션이 발생하면 현금 보유의 기회비용이 증가한다.
라. 인플레이션이 발생하면 수출이 감소하고 경상수지가 악화된다.

① 가, 나
② 가, 다
③ 나, 다
④ 나, 라
⑤ 다, 라

80 **다음 그래프를 참고하여 빈칸 A～C에 들어갈 내용으로 옳은 것은?**

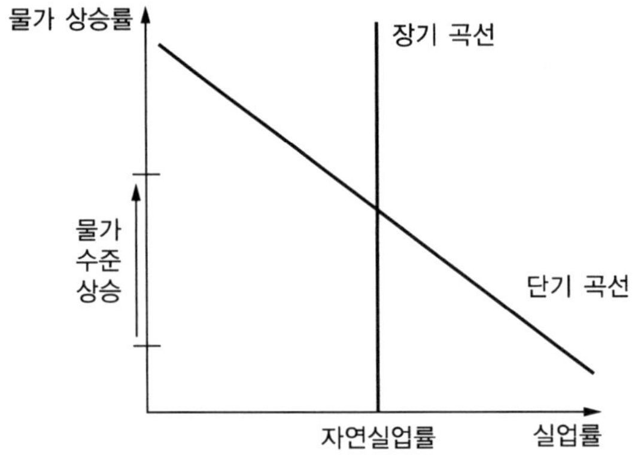

실업과 인플레이션 사이에는 __A__ 상충 관계가 존재하지 않는다. 그래서 해당 그래프는 __B__ 수준에서 수직선이 된다. 실업과 인플레이션 사이의 상충 관계는 __C__에만 존재해 총수요가 증가하면 실업률이 하락한다.

	A	B	C
①	단기적으로	물가상승률	장기
②	단기적으로	자연실업률	장기
③	단기적으로	통화증가율	장기
④	장기적으로	자연실업률	단기
⑤	장기적으로	물가상승률	단기

| 05 | 기술직(기계일반)

41 지름이 70mm인 환봉에 20MPa의 최대 전단응력이 생겼을 때의 비틀림 모멘트는 몇 N·m인가?

① 약 1,347N·m
② 약 2,546N·m
③ 약 3,467N·m
④ 약 4,500N·m
⑤ 약 6,400N·m

42 다음 중 탄성계수(E), 전탄탄성계수(G), 푸아송 비(ν)의 관계로 옳은 것은?

① $G=\dfrac{E}{(1+2\mu)}$
② $G=\dfrac{3E}{2(1+\mu)}$
③ $G=\dfrac{2E}{(1+\mu)}$
④ $G=\dfrac{E}{2(1+\mu)}$
⑤ $G=\dfrac{2(1+\mu)}{E}$

43 다음 중 이상기체의 등온과정에서 압력이 증가할 때 엔탈피의 변화로 옳은 것은?

① 증가하다가 감소한다.
② 증가한다.
③ 변화 없다.
④ 감소한다.
⑤ 감소하다가 증가한다.

44 수면에 떠 있는 선체의 저항 측정시험과 풍동실험을 통해 자동차 공기저항 측정시험을 하고자 한다. 이때, 모형과 원형 사이에 서로 역학적 상사를 이루려면 두 시험에서 공통적으로 고려해야 하는 무차원 수는?

① 마하 수(Ma)
② 레이놀즈 수(Re)
③ 오일러 수(Eu)
④ 프루드 수(Fr)
⑤ 웨버 수(We)

45 다음 중 강의 담금질 열처리에서 냉각속도가 가장 느린 경우에 나타나는 조직은?

① 소르바이트
② 잔류 오스테나이트
③ 트루스타이트
④ 마텐자이트
⑤ 베이나이트

46 나무토막의 절반이 물에 잠긴 채 떠 있다. 이 나무토막에 작용하는 부력과 중력에 대한 설명으로 옳은 것은?

① 알 수 없다.
② 부력과 중력의 크기가 같다.
③ 부력에 비해 중력의 크기가 더 크다.
④ 중력에 비해 부력의 크기가 더 크다.
⑤ 물의 온도에 따라 어떤 것이 더 큰지 다르다.

47 단면적이 $0.36m^2$이고 한쪽 벽이 고정되지 않은 실린더를 가열하여 벽이 40cm 이동하였다. 내부 압력이 50kPa으로 일정하고 내부에너지의 변화량이 13.5kJ일 때, 실린더가 얻은 열량은?

① 13.5kJ
② 16.1kJ
③ 18.5kJ
④ 20.7kJ
⑤ 22.3kJ

48 구동풀리의 직경이 250mm, 종동풀리의 직경이 600mm이고 구동풀리와 종동풀리의 축간 거리가 1,000mm일 때, 벨트로 두 풀리를 평행걸기로 연결한다면 벨트의 길이는?(단, $\pi=3$이다)

① 약 2,555.6mm
② 약 2,705.6mm
③ 약 3,305.6mm
④ 약 3,455.7mm
⑤ 약 3,687.6mm

49 어떤 기체의 정압비열이 1.075kJ/kg · K이다. 이 기체의 정적비열은?(단, 기체상수는 0.287kJ/kg · K이다)

① 0.9315kJ/kg · K
② 0.788kJ/kg · K
③ 0.6445kJ/kg · K
④ 0.5012kJ/kg · K
⑤ 0.3575kJ/kg · K

50 다음 중 점성계수가 μ인 유체가 지름이 D인 원형 직관 안에서 Q의 유량으로 흐르고 있다. 길이 L을 지나는 동안 발생한 압력 손실의 크기는?

① $\dfrac{32\mu QL}{\pi D^4}$
② $\dfrac{48\mu QL}{\pi D^4}$
③ $\dfrac{64\mu QL}{\pi D^4}$
④ $\dfrac{128\mu QL}{\pi D^4}$
⑤ $\dfrac{256\mu QL}{\pi D^4}$

51 다음 중 정상유동이 일어나는 경우는 무엇인가?

① 유체의 위치에 따른 속력의 변화가 0일 때
② 유체의 시간에 따른 속력의 변화가 일정할 때
③ 유체의 유동상태가 시간에 따라 점차적으로 변화할 때
④ 유체의 모든 순간에 유동상태가 이웃하는 점들과 같을 때
⑤ 유체의 유동상태가 모든 점에서 시간에 따라 변화하지 않을 때

52 선반을 이용하여 지름이 50mm인 공작물을 절삭속도 196m/min로 절삭할 때 필요한 주축의 회전수는?(단, π는 3.14로 계산하고, 회전수는 일의 자리에서 반올림한다)

① 1,000rpm
② 1,250rpm
③ 3,120rpm
④ 3,920rpm
⑤ 4,320rpm

53 어떤 유체의 오일러 수가 200이고 코시 수가 10일 때, 유체의 압축력이 $100kN/m^2$이면 탄성력의 크기는?

① $10N/m^2$
② $50N/m^2$
③ $100N/m^2$
④ $250N/m^2$
⑤ $500N/m^2$

54 다음 중 동점성계수에 대한 설명으로 옳은 것을 〈보기〉에서 모두 고르면?

보기

ㄱ. 유체의 압력을 밀도로 나눈 값이다.
ㄴ. 유체의 점성계수를 밀도로 나눈 값이다.
ㄷ. 단위는 Poise(P)이다.
ㄹ. 단위는 Stoke(St)이다.
ㅁ. 단위로는 cm/s^2를 사용한다.

① ㄱ, ㄷ
② ㄱ, ㅁ
③ ㄴ, ㄷ
④ ㄴ, ㄹ
⑤ ㄴ, ㅁ

55 압력 50kPa, 온도 25°C인 일정량의 이상기체가 있다. 부피를 일정하게 유지하면서 압력이 처음의 1.5배가 되었을 때, 기체의 온도는 몇 °C가 되는가?

① 약 37.51°C
② 약 78.18°C
③ 약 122.33°C
④ 약 174.08°C
⑤ 약 207.52°C

56 다음 중 단열 변화와 등온 변화의 과정으로 성립되며, 가장 이상적인 사이클은 무엇인가?

① 에릭슨 사이클(Ericsson Cycle)
② 사바테 사이클(Sabathé Cycle)
③ 앳킨슨 사이클(Atkinson Cycle)
④ 브레이턴 사이클(Brayton Cycle)
⑤ 카르노 사이클(Carnot Cycle)

57 다음 중 절삭 시 발생하는 칩에 대한 설명으로 옳은 것을 〈보기〉에서 모두 고르면?

보기

ㄱ. 칩이 공구의 날 끝에 붙어 원활하게 흘러가지 못하면 균열형 칩이 생성된다.
ㄴ. 메짐성이 큰 재료를 저속으로 절삭하면 열단형 칩이 생성된다.
ㄷ. 공구의 진행 방향 위쪽으로 압축되면서 불연속적인 미끄럼이 생기면 전단형 칩이 생성된다.
ㄹ. 연성재료에서 절삭조건이 맞고 절삭저항 변동이 작으면 유동형 칩이 생성된다.

① ㄱ, ㄴ
② ㄱ, ㄹ
③ ㄴ, ㄷ
④ ㄴ, ㄹ
⑤ ㄷ, ㄹ

58 바깥지름이 5cm이고 안지름이 3cm인 원의 극관성모멘트(I_P)는?

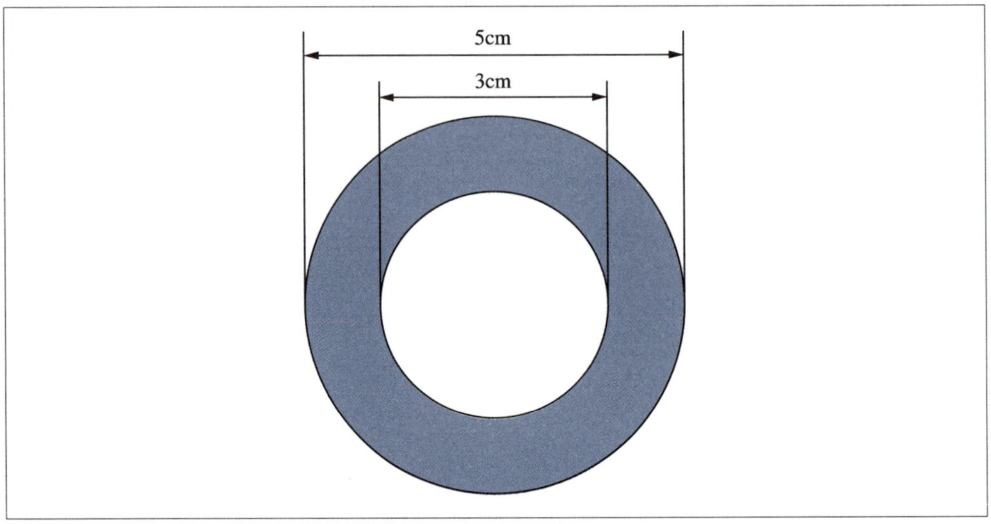

① 약 $45.2cm^4$
② 약 $53.4cm^4$
③ 약 $61.3cm^4$
④ 약 $69.7cm^4$
⑤ 약 $75.4cm^4$

59 전단 탄성계수가 80GPa인 강봉에 전단응력이 1kPa이 발생했다면 이 부재에 발생한 전단변형률 γ은?

① 12.5×10^{-3}
② 12.5×10^{-6}
③ 12.5×10^{-9}
④ 12.5×10^{-12}
⑤ 12.5×10^{-15}

60 **다음 중 사각형의 단면계수를 구하는 식으로 옳은 것은?**

① $Z=\frac{bh^2}{3}$　　② $Z=\frac{bh^3}{30}$

③ $Z=\frac{\pi d^3}{32}$　　④ $Z=\frac{bh^2}{6}$

⑤ $Z=\frac{bh^3}{36}$

61 **다음 중 축의 위험속도에 대한 설명으로 옳은 것은?**

① 축의 고유진동수이다.

② 축의 최대인장강도이다.

④ 축에 작용하는 최대굽힘모멘트이다.

④ 축에 작용하는 최대비틀림모멘트이다.

⑤ 축베어링이 견딜 수 있는 최고회전속도이다.

62 **다음 중 레이놀즈 수에 대한 설명으로 옳지 않은 것은?**

① 관성력과 점성력의 비를 나타낸다.

② 층류와 난류를 구별하여 주는 척도가 된다.

③ 유동단면의 형상이 변하면 임계 레이놀즈 수도 변한다.

④ 레이놀즈 수가 작은 경우에는 점성력이 크게 영향을 미친다.

⑤ 층류에서 난류로 변하는 레이놀즈 수를 하임계 레이놀즈 수라고 한다.

63 **직경이 50cm인 어떤 관에 동점성계수가 5cm^2/s인 기름이 층류로 흐를 때, 기름의 유속은?(단, 관마찰계수는 0.04이다)**

① 1.2m/s　　② 1.4m/s

③ 1.6m/s　　④ 1.8m/s

⑤ 2m/s

64 어떤 관의 직경이 0.5m이고 관의 길이가 10m이며, 유체가 10m/s의 속도로 흐르고 있다. Darcy–Weisbach식에 의한 마찰손실이 4.5m일 때, 이 유체의 레이놀즈 수는?(단, 유체의 흐름상태는 층류이다)

① 약 1,165
② 약 1,286
③ 약 1,451
④ 약 1,512
⑤ 약 1,763

65 단면의 폭이 4cm, 높이가 6cm, 길이가 2m인 단순보의 중앙에 집중하중이 작용할 때 최대 처짐이 0.5cm라면 집중하중은 몇 N인가?(단, 탄성계수 $E=200$GPa이다)

① 5,520N
② 4,320N
③ 3,300N
④ 2,530N
⑤ 1,950N

66 지름이 30mm이고 길이가 100cm인 연강봉에 인장하중이 50kN이 작용할 때, 탄성에너지의 크기는?(단, 연강봉의 탄성계수는 303.8GPa이다)

① 약 1.59J
② 약 2.91J
③ 약 5.82J
④ 약 8.73J
⑤ 약 11.64J

67 **다음 중 안전율을 가장 크게 고려해야 하는 하중은?**

① 정하중
② 교번하중
③ 반복하중
④ 충격하중
⑤ 모두 같음

68 **어떤 밸브의 기호가 다음과 같을 때, 이 밸브를 포트 수, 위치 수, 방향 수로 바르게 나타낸 것은?**

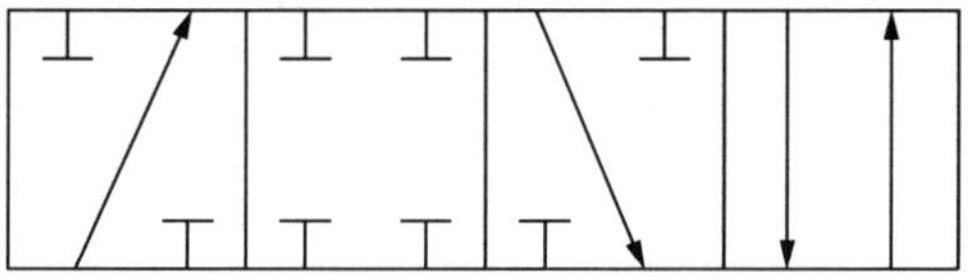

① 4포트 2위치 4방향 밸브
② 4포트 4위치 4방향 밸브
③ 4포트 8위치 4방향 밸브
④ 8포트 1위치 4방향 밸브
⑤ 8포트 3위치 4방향 밸브

69 **다음 중 공압 시스템에 대한 설명으로 옳지 않은 것은?**

① 유압 시스템에 비해 먼지나 습기에 민감하다.
② 유압 시스템에 비해 온도에 영향을 적게 받는다.
③ 유압 시스템에 비해 압축성이 크므로 응답속도가 늦다.
④ 유압 시스템에 비해 점성이 작으므로 압력 강하가 적다.
⑤ 유압 시스템에 비해 마찰이 적으므로 급유를 할 필요가 없다.

70 다음 중 조밀육방격자들로만 이루어진 금속은?

① W, Ni, Mo, Cr
② Mg, Ce, Ti, Co
③ V, Li, Ce, Zn
④ Mg, Ti, Zn, Cr
⑤ Zn, Ag, Ni, Y

71 다음 중 탄소강에 함유된 성분으로, 헤어크랙의 원인으로 내부 균열을 일으키는 원소는?

① 망간
② 규소
③ 인
④ 수소
⑤ 황

72 다음 중 탄성한도, 허용응력 및 사용응력 사이의 관계로 옳은 것은?

① 탄성한도 > 허용응력 ≥ 사용응력
② 탄성한도 > 사용응력 ≥ 허용응력
③ 허용응력 ≥ 사용응력 > 탄성한도
④ 사용응력 ≥ 허용응력 > 탄성한도
⑤ 사용응력 ≥ 탄성한도 > 허용응력

73 밑변이 20cm이고 높이가 30cm인 삼각형 단면이 있다. 이 삼각형의 밑변과 평행하고 도심을 지나는 축에 대한 단면 2차 모멘트의 크기는?

① 5,000cm^4
② 15,000cm^4
③ 25,000cm^4
④ 35,000cm^4
⑤ 45,000cm^4

74 다음 중 냉간가공에 대한 특징으로 옳지 않은 것은?

① 가공면이 아름답다.

② 제품의 치수를 정확하게 가공할 수 있다.

③ 가공방향에 따른 강도 변화가 거의 없다.

④ 재결정온도 이하에서 가공하는 소성가공이다.

⑤ 재결정온도 이상으로 어닐링하여 변형응력을 제거하는 과정을 거쳐야 한다.

75 다음과 같은 벤추리관에 비중이 γ_{oil}인 기름이 흐를 때, 2지점에서의 속력(v_2)을 D_1, D_2, h, γ_{oil}, γ_m으로 바르게 표현한 것은?

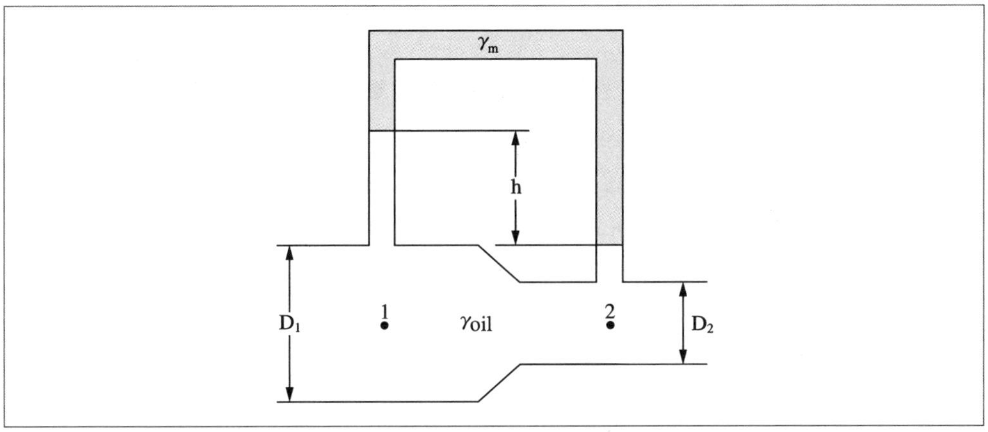

① $\sqrt{\dfrac{gh\left(\dfrac{\gamma_m}{\gamma_{oil}}-1\right)}{1-\left(\dfrac{D_2}{D_1}\right)^4}}$

② $\sqrt{\dfrac{2gh\left(\dfrac{\gamma_m}{\gamma_{oil}}-1\right)}{1-\left(\dfrac{D_2}{D_1}\right)^4}}$

③ $\sqrt{\dfrac{gh\left(\dfrac{\gamma_m}{\gamma_{oil}}-1\right)}{1-\left(\dfrac{D_2}{D_1}\right)^2}}$

④ $\sqrt{\dfrac{2gh\left(\dfrac{\gamma_m}{\gamma_{oil}}-1\right)}{1-\left(\dfrac{D_2}{D_1}\right)^2}}$

⑤ $2\sqrt{\dfrac{gh\left(\dfrac{\gamma_m}{\gamma_{oil}}-1\right)}{1-\left(\dfrac{D_2}{D_1}\right)^2}}$

76 다음 중 증기압축식 냉동기에서 냉매가 움직이는 경로를 순서대로 바르게 나열한 것은?

① 압축기 → 증발기 → 응축기 → 팽창밸브 → 압축기
② 압축기 → 증발기 → 팽창밸브 → 응축기 → 압축기
③ 압축기 → 응축기 → 증발기 → 팽창밸브 → 압축기
④ 압축기 → 응축기 → 팽창밸브 → 증발기 → 압축기
⑤ 압축기 → 팽창밸브 → 증발기 → 응축기 → 압축기

77 다음 중 합금강에 첨가하는 원소와 얻을 수 있는 효과를 바르게 연결한 것은?

① W : 경도를 낮추어 가공성을 강화한다.
② Ni : 내식성을 증가시키고 크리프 저항을 증가시킨다.
③ Mn : 청열 메짐을 방지하고 내마모성을 증가시킨다.
④ Cr : 전자기적 성질을 개선하고 내마멸성을 증가시킨다.
⑤ Mo : 담금질 깊이를 깊게 하고 크리프 저항을 증가시킨다.

78 다음 중 Y합금의 주요 성분을 바르게 나열한 것은?

① Al – Cu – Ni
② Al – Cu – Cr
③ Co – Cr – W – Ni
④ Al – Cu – Mg – Ni
⑤ Al – Cu – Mg – Mn

79 **다음 중 알루미늄에 많이 적용되며 다양한 색상의 유기염료를 사용하여 소재표면에 안정되고 오래 가는 착색피막을 형성하는 표면처리방법으로 옳은 것은?**

① 침탄법
② 화학증착법
③ 양극산화법
④ 크로마이징
⑤ 고주파경화법

80 **실린더 내부 유체가 외부로부터 68kJ/kg의 일을 받아 외부로 36kJ/kg의 열을 방출하였다. 이때, 유체의 내부에너지의 변화로 옳은 것은?**

① 내부에너지는 32kJ/kg 증가하였다.
② 내부에너지는 32kJ/kg 감소하였다.
③ 내부에너지는 36kJ/kg 증가하였다.
④ 내부에너지는 104kJ/kg 감소하였다.
⑤ 내부에너지는 104kJ/kg 증가하였다.

| 06 | 기술직(전기일반)

41 어떤 변압기의 단락시험에서 %저항강하 3.8%와 %리액턴스강하 4.9%를 얻었다. 부하역률이 80%일 때, 뒤진 경우의 전압변동률은?

① 5.98%
② 6.12%
③ 7.09%
④ −5.98%
⑤ −6.12%

42 면적이 $100cm^2$이고 간극이 1mm인 평행판 콘덴서 사이에 비유전율이 4인 유전체를 채우고 10kV의 전압을 가할 때, 극판에 저장되는 전하량은?

① $1.87\times10^{-6}C$
② $3.54\times10^{-6}C$
③ $5.23\times10^{-6}C$
④ $1.05\times10^{-4}C$
⑤ $2.23\times10^{-4}C$

43 2개 코일의 자체 인덕턴스가 각각 100mH, 200mH일 때 상호 인덕턴스가 100mH라면 결합 계수는 얼마인가?

① 0.707
② 0.625
③ 0.532
④ 0.323
⑤ 0.218

44 어떤 전위 함수가 $V(x,\ y,\ z)=5x+6y^2$로 주어질 때, 점(2, −1, 3)에서 전계의 세기는?

① 10V/m
② 12V/m
③ 13V/m
④ 15V/m
⑤ 16V/m

45 다음과 같은 회로에서 $a-b$ 사이에 걸리는 전압의 크기는?

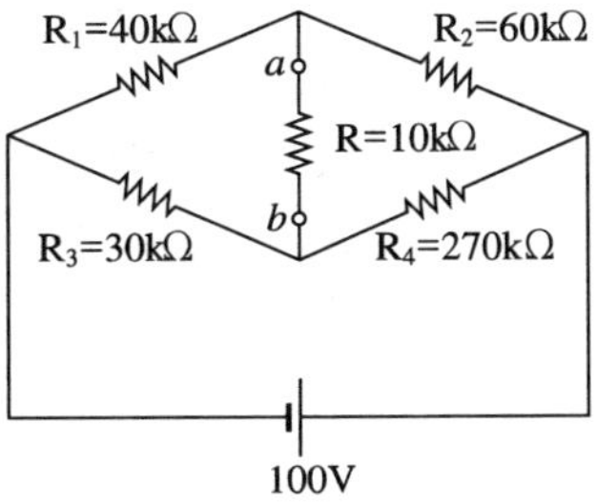

① 0V
② 15V
③ 30V
④ 45V
⑤ 60V

46 다음 중 발전기의 안정도를 향상시킬 수 있는 방안으로 옳지 않은 것은?

① 제동권선을 설치한다.
② 속응여자방식을 채택한다.
③ 조속기의 감도를 예민하게 한다.
④ 단락비를 크게 하여 동기리액턴스의 크기를 감소시킨다.
⑤ 전압변동률을 작게 하여 동기리액턴스의 크기를 감소시킨다.

47 다음 중 저항 R의 크기에 대한 설명으로 옳은 것을 〈보기〉에서 모두 고르면?

보기

ㄱ. 저항은 고유저항에 비례한다.
ㄴ. 저항은 단면적의 넓이에 비례한다.
ㄷ. 저항은 길이에 비례한다.
ㄹ. 저항의 길이가 n배, 단면적의 넓이가 n배 증가하면 저항의 크기는 n^2배 증가한다.

① ㄱ, ㄷ
② ㄴ, ㄷ
③ ㄱ, ㄷ, ㄹ
④ ㄴ, ㄷ, ㄹ
⑤ ㄱ, ㄴ, ㄷ, ㄹ

48 **다음 중 과도응답시간 특성에 대한 설명으로 옳지 않은 것은?**

① 감쇠비(ζ)가 0인 경우 시스템은 즉시 정지한다.

② 과도응답의 감쇠속도는 시정수의 크기에 영향을 받는다.

③ 0<[감쇠비(ζ)]<1일 때, 진폭이 점차 감소하는 진동을 보인다.

④ 지연시간은 출력값이 처음으로 정상 출력값의 50%에 도달하기까지 걸리는 시간이다.

⑤ 상승시간은 출력값이 정상 출력값의 10%에서 90% 값에 도달하기까지 걸리는 시간이다.

49 **소모 전력이 150kW인 어떤 공장의 부하역률이 60%일 때, 역률을 90%로 개선하기 위해 필요한 전력용 콘덴서의 용량은?**

① 약 67.1kVA　　② 약 86.7kVA

③ 약 103.9kVA　　④ 약 112.1kVA

⑤ 약 127.3kVA

50 **다음 중 동기발전기를 병렬로 운전할 수 있는 조건으로 옳지 않은 것은?**

① 기전력의 크기가 같을 것

② 기전력의 위상이 같을 것

③ 기전력의 주파수가 같을 것

④ 발전기의 초당 회전수가 같을 것

⑤ 기련력의 상회전 방향이 같을 것

51 무손실 선로의 분포 정수 회로에서 감쇠정수(α)와 위상정수(β)의 값은?

	α	β
①	0	$\omega\sqrt{LC}$
②	0	$\frac{1}{\sqrt{LC}}$
③	$\sqrt{RG}$	$\omega\sqrt{LC}$
④	$\sqrt{LG}$	$\frac{1}{\sqrt{LC}}$
⑤	$G\sqrt{RL}$	$\sqrt{\frac{L}{C}}$

PART 4

52 다음은 리플프리(Ripple－Free) 직류에 대한 설명이다. 빈칸에 들어갈 수로 옳은 것은?

> 리플프리 직류란 직류 성분에 대하여 ____%를 넘지 않는 실횻값을 갖는 직류 전압을 말한다. 공칭 전압 120V 리플프리 직류 전원 시스템에서 최고 첨두치 전압은 140V를 넘지 않으며, 리플프리 직류 전원 60V에서 최고 첨두치 전압은 70V를 넘지 않는다.

① 1
② 2
③ 5
④ 10
⑤ 37

53 30극, 360rpm의 3상 동기 발전기가 있다. 전 슬롯수 240, 2층권 각 코일의 권수 6, 전기자 권선은 성형으로, 단자 전압 6,600V인 경우 1극의 자속은 얼마인가?(단, 권선 계수는 0.85라 한다)

① 약 0.035Wb
② 약 0.375Wb
③ 약 0.066Wb
④ 약 0.762Wb
⑤ 약 0.085Wb

54 인덕턴스가 100mH인 코일에 전류가 0.5초 사이에 10A에서 20A로 변할 때, 이 코일에 유도되는 평균기전력과 자속의 변화량은?(단, 코일은 1회 감겨 있다)

	평균기전력[V]	자속의 변화량[Wb]
①	−1	0.5
②	−1	1
③	−2	0.5
④	−2	1
⑤	−3	2

55 다음 회로에서 두 점 a, b의 전위차는?

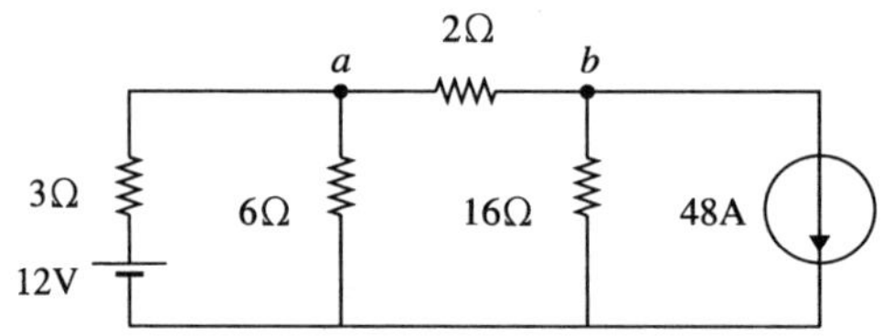

① 33.2V
② 46.2V
③ 68.8V
④ 77.6V
⑤ 80.8V

56 다음 중 부하가 조금씩 증가할 경우 지속적으로 송전할 수 있는 능력이며, 최대전력을 극한전력이라 하는 안정도는?

① 동태안정도
② 전압안정도
③ 정태안정도
④ 신호안정도
⑤ 과도안정도

57 **N회 감긴 환상코일의 단면적이 $S\text{m}^2$ 이고 평균길이가 $l\text{m}$일 때, 이 코일의 권수는 3배로 증가시키고 인덕턴스를 일정하게 유지하기 위한 조건으로 옳은 것은?**

① 단면적을 1/9배로 좁힌다.
② 비투자율을 1/3배로 조정한다.
③ 비투자율을 3배로 조정한다.
④ 전류의 세기를 9배로 늘린다.
⑤ 길이를 3배로 늘린다.

PART 4

58 **다음 중 실횻값 7A, 주파수 fHz, 위상 60°인 전류의 순시값 i를 수식으로 바르게 표현한 것은?**

① $7\sqrt{2}\sin\left(2\pi ft+\frac{\pi}{6}\right)$
② $7\sin\left(2\pi ft+\frac{\pi}{6}\right)$
③ $7\sqrt{2}\sin\left(2\pi ft-\frac{\pi}{3}\right)$
④ $7\sqrt{2}\sin\left(2\pi ft+\frac{\pi}{3}\right)$
⑤ $7\sin\left(2\pi ft+\frac{\pi}{3}\right)$

59 **다음 중 교류발전기에서 권선을 절약하고 특정 고조파분이 없는 권선법은?**

① 집중권
② 고상권
③ 단절권
④ 이층권
⑤ 파권

60 다음 〈보기〉에서 비유전율에 대한 설명으로 옳은 것은 모두 몇 개인가?

> **보기**
>
> ㄱ. 모든 유전체의 비유전율은 1보다 크다.
> ㄴ. 비유전율의 단위는 [C/m]이다.
> ㄷ. 어떤 물질의 비유전율은 진공 중의 유전율에 대한 물질의 유전율의 비이다.
> ㄹ. 비유전율은 절연물의 종류에 따라 다르다.
> ㅁ. 산화티탄 자기의 비유전율이 유리의 비유전율보다 크다.
> ㅂ. 진공 중의 비유전율은 0이다.
> ㅅ. 진공 중의 유전율은 $\frac{1}{36\pi}\times10^{9}$[F/m]로 나타낼 수 있다.

① 없음 ② 1개
③ 2개 ④ 3개
⑤ 4개

61 다음 중 가공지선의 설치 목적으로 옳은 것을 〈보기〉에서 모두 고르면?

> **보기**
>
> ㄱ. 직격뢰로부터의 차폐
> ㄴ. 선로정수의 평형
> ㄷ. 유도뢰로부터의 차폐
> ㄹ. 통신선유도장애 경감

① ㄴ, ㄹ ② ㄱ, ㄴ, ㄹ
③ ㄱ, ㄷ, ㄹ ④ ㄴ, ㄷ, ㄹ
⑤ ㄱ, ㄴ, ㄷ, ㄹ

62 다음 중 도전율 σ, 투자율 μ인 도체에 주파수가 f인 교류전류가 흐를 때, 표피효과에 대한 설명으로 옳은 것은?

① σ가 클수록, μ, f가 작을수록 표피효과는 커진다.
② μ가 클수록, σ, f가 작을수록 표피효과는 커진다.
③ μ, f가 클수록 σ가 작을수록 표피효과는 커진다.
④ σ, μ, f가 작을수록 표피효과는 커진다.
⑤ σ, μ, f가 클수록 표피효과는 커진다.

63 다음 중 동기발전기 전기자 반작용에 대한 설명으로 옳은 것은?

① 유기기전력과 전기자 전류가 동상인 경우 직축 반작용을 한다.
② 뒤진역률일 경우, 즉 전류가 전압보다 90° 뒤질 때는 증자작용을 한다.
③ 전기자 전류에 의해 발생한 자기장이 계자 자속에 영향을 주는 현상이다.
④ 계자전류에 의한 자속이 전기자전류에 의한 자속에 영향을 주는 현상이다.
⑤ 앞선역률일 경우, 즉 전류가 전압보다 90° 앞설 때는 교차자화작용을 한다.

64 저항이 5Ω 인 $R-L$ 직렬회로에 실횻값 200V인 정현파 전원을 연결하였다. 이 때 실횻값 10A의 전류가 흐른다면 회로의 역률은?

① 0.25
② 0.4
③ 0.5
④ 0.75
⑤ 0.8

65 어떤 회로에 전압 100V를 인가하였다. 이때 유효전력이 300W이고 무효전력이 400Var라면 회로에 흐르는 전류는?

① 2A
② 3A
③ 4A
④ 5A
⑤ 6A

66 자기장의 코일의 권수 $N=2{,}000$, 저항 $R=12\Omega$ 으로 전류 $I=10$A를 통했을 때의 자속이 $\Phi=6\times10^{-2}$Wb이다. 이 회로의 시상수는?

① 0.01초
② 0.1초
③ 1초
④ 10초
⑤ 60초

67 다음 회로의 역률과 유효전력을 바르게 짝지은 것은?

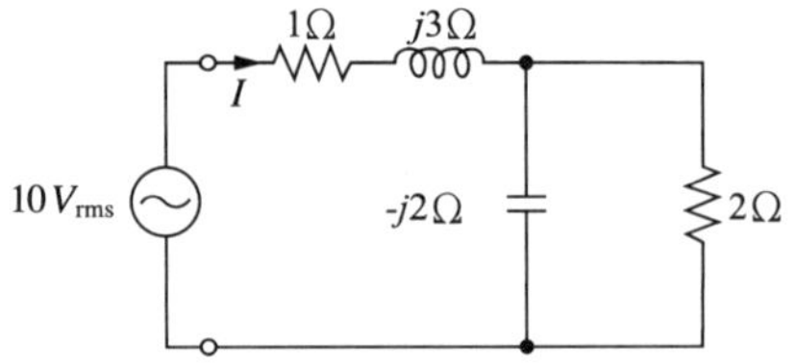

	역률	유효전력[W]
①	0.5	25
②	0.5	50
③	$\frac{\sqrt{2}}{2}$	25
④	$\frac{\sqrt{2}}{2}$	50
⑤	1	25

68 다음 중 저항 R, 인덕터 L, 커패시터 C 등의 회로 소자들을 직렬회로로 연결했을 경우에 나타나는 특성에 대한 설명으로 옳은 것을 〈보기〉에서 모두 고르면?

보기

ㄱ. 인덕터 L 만으로 연결된 회로에서 유도 리액턴스 $X_L = \omega L\,\Omega$이고, 전류는 전압보다 위상이 90° 앞선다.

ㄴ. 저항 (R)과 인덕터 (L)를 직렬로 연결했을 때의 합성임피던스는 $|Z| = \sqrt{R^2 + (wL)^2}\,\Omega$이다.

ㄷ. 저항 (R)과 커패시터 (C)를 직렬로 연결했을 때의 합성임피던스는 $|Z| = \sqrt{R^2 + (wC)^2}\,\Omega$이다.

ㄹ. 저항 (R), 인덕터 (L), 커패시터 (C)를 직렬로 연결했을 때의 양호도는 $Q = \frac{1}{R}\sqrt{\frac{L}{C}}$ 으로 정의한다.

① ㄱ, ㄴ
② ㄴ, ㄹ
③ ㄱ, ㄷ, ㄹ
④ ㄴ, ㄷ, ㄹ
⑤ ㄱ, ㄴ, ㄷ, ㄹ

69 다음 중 RLC 병렬회로의 동작에 대한 설명으로 옳은 것을 〈보기〉에서 모두 고르면?

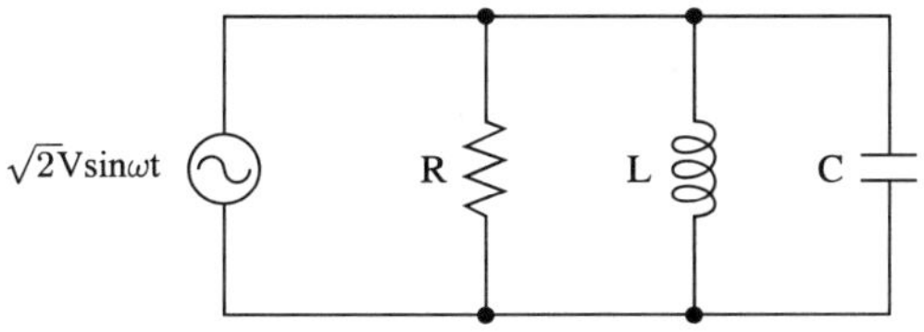

보기

ㄱ. 각 소자 R, L, C의 양단에 걸리는 전압은 전원전압과 같다.

ㄴ. 회로의 어드미턴스 $Y=\frac{1}{R}+j\left(\omega L-\frac{1}{\omega C}\right)$이다.

ㄷ. ω를 변화시켜 공진일 때 전원에서 흘러나오는 모든 전류는 R에만 흐른다.

ㄹ. L에 흐르는 전류와 C에 흐르는 전류는 동상(In Phase)이다.

ㅁ. 모든 에너지는 저항 R에서만 소비된다.

① ㄱ, ㅁ
② ㄱ, ㄴ, ㄹ
③ ㄱ, ㄷ, ㅁ
④ ㄴ, ㄷ, ㄹ
⑤ ㄴ, ㄹ, ㅁ

70 다음 중 반자성체 물질의 특색을 나타낸 식으로 옳은 것은?(단, μ S는 비투자율이다)

① μ S $>$ 1
② μ S $\gg$ 1
③ μ S $=$ 1
④ μ S $<$ 1
⑤ μ S $\ll$ 1

71 다음 중 직류 및 교류 송전에 대한 설명으로 옳지 않은 것은?

① 교류 송전은 유도장해가 발생한다.
② 직류 송전은 비동기 연계가 가능하다.
③ 직류 송전은 코로나손실 및 전력손실이 작다.
④ 교규 송전은 차단 및 전압의 승압과 강압이 쉽다.
⑤ 직류 송전은 차단기 설치 및 전압의 변성이 쉽다.

72 다음 송전선로의 코로나손실을 나타내는 Peek의 계산식에서 E_0가 의미하는 것은?

$$P=\frac{241}{\delta}(f+25)\sqrt{\frac{d}{2D}}(E-E_0)^2\times 10^{-5}$$

① 송전단 전압
② 수전단 전압
③ 코로나 임계전압
④ 기준충격 절연강도 전압
⑤ 전선에 걸리는 대지전압

73 다음은 교류 정현파의 최댓값과 다른 값들과의 상관관계를 나타낸 것이다. 실횻값(A)과 파고율(B)은?

파형	최댓값	실횻값	파형률	파고율
교류 정현파	V_m	(A)	$\frac{\pi}{2\sqrt{2}}$	(B)

	(A)	(B)
①	$\frac{V_m}{\sqrt{2}}$	$\frac{1}{\sqrt{2}}$
②	$\frac{V_m}{\sqrt{2}}$	$\sqrt{2}$
③	$\sqrt{2}\,V_m$	$\frac{1}{\sqrt{2}}$
④	$\sqrt{2}\,V_m$	$\sqrt{2}$
⑤	$2\sqrt{2}\,V_m$	$\frac{1}{\sqrt{2}}$

74
RLC 병렬회로에서 저항 10Ω, 인덕턴스 100H, 정전용량 $10^4\mu F$일 때, 공진 현상이 발생하였다. 이때, 공진 주파수는?

① $\frac{1}{2\pi} \times 10^{-3}$Hz
② $\frac{1}{2\pi}$Hz
③ $\frac{1}{\pi}$Hz
④ $\frac{10}{\pi}$Hz
⑤ πHz

75
100HP, 600V, 1,200rpm의 직류 분권 전동기가 있다. 분권 계자 저항이 400Ω, 전기자 저항이 0.22Ω이고, 정격 부하에서의 효율이 90%이라면 전부하시의 역기전력은 약 몇 V인가?(단, 1HP는 746W이다)

① 550V
② 560V
③ 570V
④ 580V
⑤ 590V

76
다음 중 권선형 유도 전동기와 농형 유도 전동기를 비교하여 설명한 내용으로 옳은 것은?

① 권현형 유도 전동기는 농형 유도 전동기보다 저렴하다.
② 권선형 유도 전동기는 농형 유도 전동기보다 용량이 작다.
③ 권선형 유도 전동기는 농형 유도 전동기보다 기동토크가 작다.
④ 권선형 유도 전동기는 농형 유도 전동기보다 기동전류가 작다.
⑤ 권선형 유도 전동기는 농형 유도 전동기보다 구조가 단순하다.

77
다음 중 고압회로의 큰 전류를 적은 전류로 변성하여 사용하는 전류 변성기는?

① PT
② CT
③ OVR
④ OCR
⑤ DSR

78 다음 중 정상특성과 응답속응성을 동시에 개선할 수 있는 제어동작은?

① 비례동작(P동작)
② 적분동작(I동작)
③ 비례미분동작(PD동작)
④ 비례적분동작(PI동작)
⑤ 비례적분미분동작(PID동작)

79 회전자 입력이 10kW, 슬립이 4%인 3상 유도 전동기의 2차 동손은?

① 약 8.2kW
② 약 4.2kW
③ 약 2.2kW
④ 약 0.82kW
⑤ 약 0.42kW

80 다음 중 정전계 내 도체가 있을 때, 이에 대한 설명으로 옳지 않은 것은?

① 도체표면은 등전위면이다.
② 도체내부의 정전계 세기는 0이다.
③ 등전위면의 간격이 좁을수록 정전계 세기가 크게 된다.
④ 도체표면상에서 정전계 세기는 모든 점에서 표면의 접선방향으로 향한다.
⑤ 도체에 작용하는 전기력선은 서로 교차하지 않으며, 양에서 음으로 향한다.

| 07 | 기술직(전자일반)

41 다음 중 히스테리시스 곡선의 기울기에 해당하는 값은?

① 자화율
② 유전율
③ 투자율
④ 도전율
⑤ 분극률

42 다음 중 유전율이 ε인 유전체 내에 있는 점전하 Q에서 발산되는 전기력선의 수는 모두 몇 개인가?

① $2Q$개
② $\dfrac{Q}{\varepsilon_0}$개
③ $\dfrac{Q}{\varepsilon_s}$개
④ Q개
⑤ $\dfrac{Q}{\varepsilon_0\varepsilon_s}$개

43 진공 중에서 전자파의 전파속도가 광속도와 일치하게 하기 위한 조건으로 옳은 것은?(단, μ_r은 비투자율이며, ε_r은 비유전율이다)

① $\mu_r=0$, $\varepsilon_r=0$
② $\mu_r=0$, $\varepsilon_r=1$
③ $\mu_r=1$, $\varepsilon_r=0$
④ $\mu_r=1$, $\varepsilon_r=1$
⑤ $\mu_r=\dfrac{1}{2}$, $\varepsilon_r=\dfrac{1}{4}$

44 30V/m인 전계 내의 60V인 점에서 1C의 전하를 전계 방향으로 90cm 이동시켰을 때 그 점에서의 전위는 몇 V인가?

① 87V
② 69V
③ 51V
④ 33V
⑤ 15V

45 정전용량이 20μF인 콘덴서에 3×10^{-3}C의 전하가 축적되었을 경우 콘덴서에 가해진 전압은 얼마인가?

① 150V
② 200V
③ 225V
④ 250V
⑤ 300V

46 다음 중 te^{-t}을 라플라스 변환한 식으로 옳은 것은?

① $\frac{1}{(s-1)^2}$
② $\frac{1}{(s+1)^2}$
③ $\frac{1}{s+1}$
④ $\frac{2}{s+1}$
⑤ $\frac{2}{(s+1)^2}$

47 다음 중 정상전류계에서 옴의 법칙에 대한 미분형은?(단, $i=$전류밀도, $k=$도전율, $E=$전계의 세기, $\rho=$고유저항이다)

① $i=k\rho[\text{A/m}^2]$
② $i=\rho E[\text{A/m}^2]$
③ $i=-kE[\text{A/m}^2]$
④ $i=kE[\text{A/m}^2]$
⑤ $i=\frac{E}{k}[\text{A/m}^2]$

48 투자율 μ, 길이 l, 단면적 S인 자성체의 자기회로에 권선을 N회 감고 I의 전류를 통하게 할 경우에 자속은 얼마인가?

① $\frac{\mu NI}{Sl}$Wb
② $\frac{\mu SI}{Nl}$Wb
③ $\frac{\mu SNI}{l}$Wb
④ $\frac{\mu SNI}{2l}$Wb
⑤ $\frac{NIl}{\mu S}$Wb

49 $Z_L = 4Z_0$인 선로의 전압 정재파비 S와 반사계수 ρ는 얼마인가?(단, Z_L는 부하 임피던스, Z_0는 선로의 특성 임피던스이다)

	S	ρ		S	ρ
①	4	0.75	②	3	0.75
③	4	0.6	④	3	0.6
⑤	0	0.4			

50 다음 그림의 저역필터회로의 차단 주파수에서 이득 $\dfrac{V_2}{V_1}$은 얼마인가?

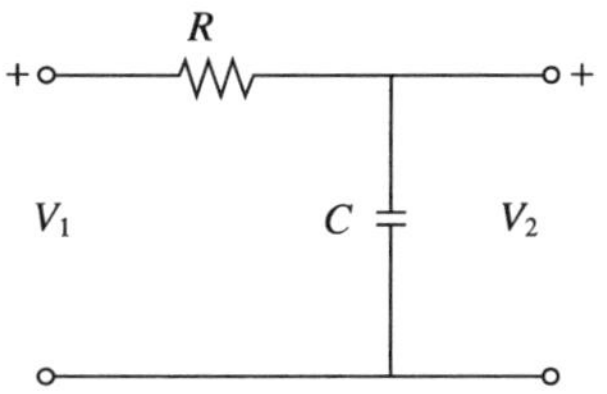

① 1.5
② 1
③ $\dfrac{\sqrt{2}}{1.5}$
④ $\dfrac{1}{\sqrt{2}}$
⑤ $\dfrac{1}{2}$

51 R－C 직렬회로에 직류전압 15V를 인가하고 $t=0$에서 스위치를 켰을 때 커패시터(C) 양단에 걸리는 전압 $V_c(t)$는 몇 V인가?[단, $V_c(0)=0$, $C=2\text{F}$, $R=0.5\Omega$ 이다]

① $15e^{-t}$V
② $-15e^{-t}$V
③ $1-e^{-t}$V
④ $15(1-e^{t})$V
⑤ $15(1-e^{-t})$V

52 다음 그림의 회로를 임피던스 파라미터로 나타낸다면 그 가운데 Z_{21}의 값은 얼마인가?

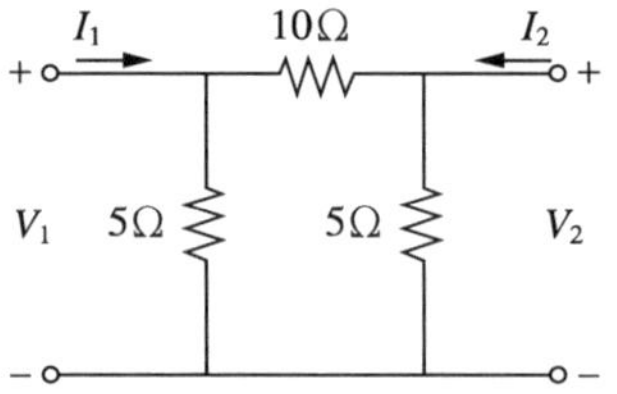

① $\frac{5}{4}$ ② $\frac{5}{2}$

③ $\frac{15}{4}$ ④ $\frac{3}{5}$

⑤ $\frac{12}{5}$

53 정전용량이 2μ F, 4μ F, 6μ F인 콘덴서로 얻을 수 있는 최대정전용량과 최소정전용량의 차이는 얼마인가?

① 약 9.45μF ② 약 10.09μF

③ 약 10.91μF ④ 약 11.45μF

⑤ 약 12.68μF

54 부하의 유효전력이 60kW이고 역률이 60%일 경우에 무효전력은 얼마인가?

① 80kVar ② 70kVar

③ 60kVar ④ 50kVar

⑤ 40kVar

55 다음 그림과 같은 공진곡선에서 선택도 Q_o는 얼마인가?

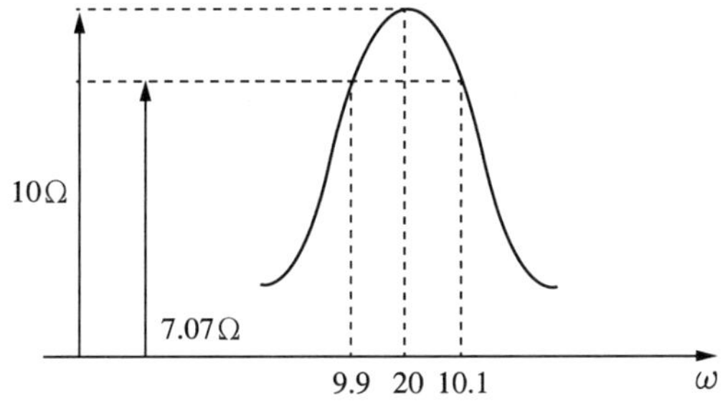

① 25
② 30
③ 50
④ 100
⑤ 125

56 다음 RL 직렬회로에서 $R=5\Omega$, $L=2$H이며, $t=0$에서 스위치(S)를 닫아 직류전압 110V를 회로의 양단에 가한 후 $\frac{L}{R}$초일 때의 전류는 얼마인가?

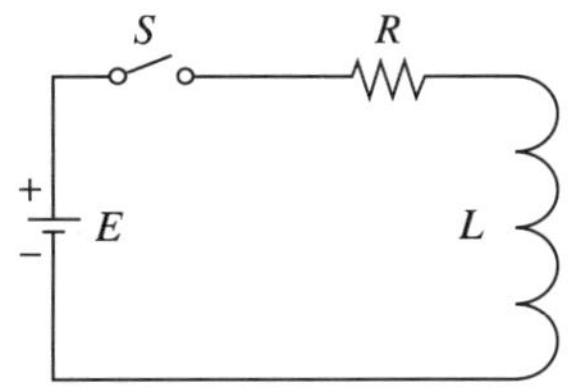

① 약 63.2A
② 약 36.8A
③ 약 13.9A
④ 약 6.95A
⑤ 약 0.63A

57 다음 중 A급 증폭과 B급 증폭에 대한 설명으로 옳지 않은 것은?

① A급 증폭은 입력과 출력이 비례하고, 파형의 변형이 적다.
② A급 증폭은 B급 증폭과 C급 증폭에 비해 전력의 효율이 크다.
③ B급 증폭은 입력이 없을 때는 컬렉터 전류가 흐르지 않는다.
④ B급 증폭은 입력이 있으면 그 반주기 기간만 컬렉터 전류가 흐르도록 동작한다.
⑤ B급 증폭은 일그러짐이 많으므로 저주파 증폭의 경우는 푸시풀 증폭기로 사용한다.

58 다음 중 불순물 반도체에서 부성(負性) 저항 특성이 나타나는 현상을 응용한 PN 접합 다이오드는?

① 제너 다이오드
② 발광 다이오드
③ 포토 다이오드
④ 쇼트키 다이오드
⑤ 터널 다이오드

59 다음 원소 중 P형 반도체를 만드는 불순물이 아닌 것은?

① 인듐(In)
② 알루미늄(Al)
③ 갈륨(Ga)
④ 안티몬(Sb)
⑤ 붕소(B)

60 다음 중 바리스터(Varistor)에 대한 설명으로 옳은 것은?

① 인가전압이 증가해도 전류의 크기는 변함없다.
② 인가전압이 높아지면 절연파괴가 일어난다.
③ 인가전압에 따라 정전용량이 달라져서 충격전류를 흡수한다.
④ 인가전압이 높을수록 저항이 감소하여 과잉전류를 흡수한다.
⑤ 인가전압이 높을수록 저항이 커져서 전류의 크기를 제한할 수 있다.

61 다음 중 실리콘 제어 정류기(SCR)에 대한 설명으로 옳지 않은 것은?

① PNPN접합의 반도체 소자이다.
② 사이리스터(Thyristor)라고도 명칭한다.
③ 단방향성 소자이다.
④ 무접점 On / Off 스위치로 작동하는 반도체 소자이다.
⑤ 게이트는 N형 반도체에 연결한다.

62 다음 중 초전도 현상에 대한 설명으로 옳은 것은?

① 물질의 격자 진동에 의해 파괴된다.
② 저항이 커짐에 따라 전류가 흐르지 않는다.
③ 임계 온도 이하로 냉각되면 저항이 0이 된다.
④ 전자의 이동도가 전계 강도의 평방근에 비례한다.
⑤ 임계 자기장은 온도 상승과 비례한다.

63 실내온도에서 진성반도체(Ge)의 페르미 에너지(E_f)가 근사적으로 금지대역의 중앙에 위치한다고 가정할 때, 전자가 전도대의 바닥상태에 있을 확률은?(단, 실온에서 Ge의 $E_g = 0.67$eV이다)

① 0.3×10^{-4} ② 0.5×10^{-4}
③ 1.3×10^{-6} ④ 2.3×10^{-6}
⑤ 2.9×10^{-6}

64 어떤 금속의 표면전위장벽(E_B)가 17.69eV이고, 페르미 에너지(E_f)가 6.45eV일 때, 이 금속의 일함수(E_w)는?

① 5.27eV ② 8.12eV
③ 11.24eV ④ 20.42eV
⑤ 24.14eV

65 다음 중 광도전 효과를 이용한 도전체가 아닌 것은?

① 태양전지
② 화재경보기
③ 광다이오드
④ Cds도전셀
⑤ 자동점멸장치

66 다음 논리식과 같은 식은 무엇인가?

$$Z = ABC + A\overline{B}C + AB\overline{C} + A\overline{BC} + \overline{ABC}$$

① $Z = AB + C$
② $Z = \overline{ABC} + A$
③ $Z = A + \overline{BC}$
④ $Z = A + BC$
⑤ $Z = ABC$

67 일반적으로 명령 중에 오퍼랜드(Operand)가 들어 있는 장소를 표시하기 위해서 어드레스를 지정하지만, 이 어드레스 대신에 데이터 그 자체를 지정하는 것은?

① 직접번지
② 간접번지
③ 절대번지
④ 상대번지
⑤ 참조번지

68 h_{oe}가 20×10^{-3}[℧]인 트랜지스터를 5×10^{3}[Ω]의 부하와 정합시키려고 할 때 정합 변압기의 권선비(a)로 옳은 것은?

① 1 : 1
② 10 : 1
③ 50 : 1
④ 100 : 1
⑤ 500 : 1

69 다음 글에서 설명하는 코드로 옳은 것은?

> 1963년 미국표준협회(ANSI, American National Standards Institute)에 의해 결정되어 미국의 표준 부호가 되었다. ANSI가 ISO(국제표준화기구) 위원회에 제안하였고, 이 체계에 준거해 ISO의 국제 부호체계가 제정되어 있다. 미니컴퓨터나 개인용 컴퓨터(PC) 등 소형 컴퓨터를 중심으로 보급되어 현재 국제적으로 널리 사용되고 있다. 컴퓨터의 내부에서 문자를 표현하는 표준적인 코드체계로, 7비트로 구성되어 있으며 자료의 처리나 통신장치에서 표준 코드로 널리 쓰인다.

① BCD 코드
② EBCDIC 코드
③ ASCII 코드
④ 유니코드
⑤ 확장 유닉스 코드

70 다음 중 부호화된 2의 보수에서 8비트로 표현할 수 있는 수의 표현 범위는?

① $-128 \sim 128$
② $-127 \sim 128$
③ $-128 \sim 127$
④ $-127 \sim 127$
⑤ $-126 \sim 127$

71 다음 중 발진기 회로의 발진 조건으로 옳은 것은?

① 궤환 루프의 이득이 $\frac{1}{3}$이다.
② 궤환 루프의 이득이 0이다.
③ 궤환 루프의 위상지연이 0°이다.
④ 궤환 루프의 위상지연이 180°이다.
⑤ 궤환 루프의 이득이 0.5이다.

72 다음 글에서 설명하는 것은?

> 컴퓨터에서의 제어 장치의 일부로, 컴퓨터가 다음에 실행할 명령의 로케이션이 기억되어 있는 레지스터이다. 현재의 명령이 실행될 때마다 그 레지스터의 내용에 1이 자동적으로 덧셈되고, 다음에 꺼낼 명령의 로케이션을 지시하도록 되어 있다.

① 프로그램 카운터(Program Counter)
② 명령 해독기(Instruction Decoder)
③ 제어 장치(Control Unit)
④ 인코더(Encoder)
⑤ 멀티플렉서(Multiplexer)

73 다음 중 누산기(Accumulator)에 대한 설명으로 옳은 것은?

① 연산을 한 결과를 일시적으로 저장해 두는 장치이다.
② 2개 이상의 수를 입력으로 하여 이들의 합을 출력으로 하는 장치이다.
③ 출력 함수가 입력 함수의 변화율에 비례하는 장치이다.
④ 복수 개의 입력 단자와 복수 개의 출력 단자를 갖는 장치이다.
⑤ 입력 데이터로 표현되는 수의 보수를 출력 데이터로서 표현하는 장치이다.

74 다음 중 자료를 추출하고 그에 의거한 보고서를 작성하는 데 사용하는 가장 적합한 프로그래밍 언어는?

① C언어
② Java
③ Perl
④ HTML
⑤ PHP

75 다음 중 부궤환 증폭기회로의 특징으로 옳지 않은 것은?

① 주파수 대역폭이 넓어진다.
② 출력 임피던스는 증가 또는 감소한다.
③ 안정도가 향상된다.
④ 왜율이 증가한다.
⑤ 이득이 감소한다.

76 다음 그림과 같은 삼각파의 파고율은 얼마인가?

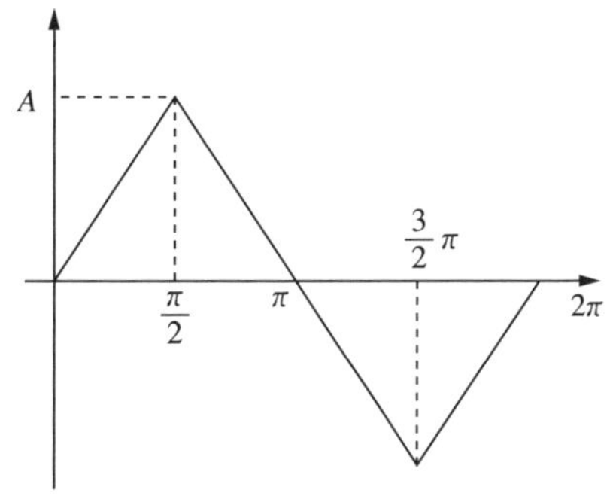

① 0.5
② 1
③ $\sqrt{2}$
④ $\sqrt{3}$
⑤ $\frac{2}{\sqrt{3}}$

77 다음 회로에서 단자 a와 b에 나타나는 전압은 얼마인가?

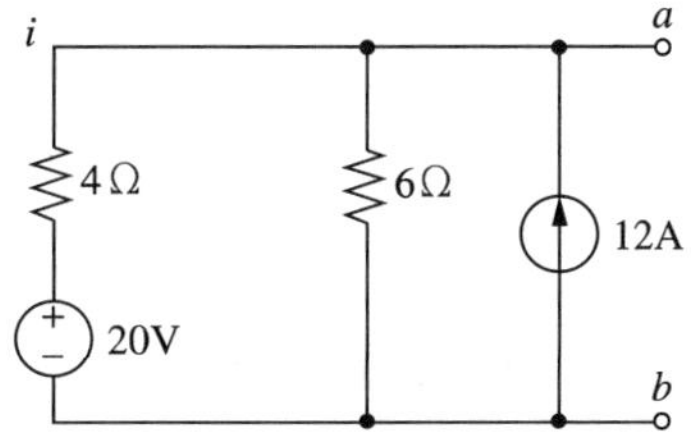

① 40.8V
② 34.2V
③ 27.4V
④ 10.6V
⑤ 8.7V

78 $e(t) = 220\sqrt{2}\,sin140\pi t$[V]인 정현파 전압의 실효치와 주파수는 얼마인가?

	실효치(V)	주파수(Hz)		실효치(V)	주파수(Hz)
①	$220\sqrt{2}$	140	②	$220\sqrt{2}$	70
③	220	70	④	220	140
⑤	110	70			

79 다음 회로의 합성 임피던스 $Z[\Omega]$는 얼마인가?

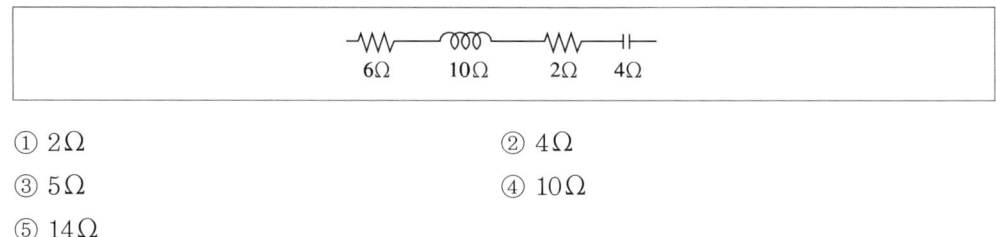

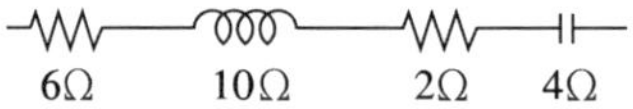

① 2Ω
② 4Ω
③ 5Ω
④ 10Ω
⑤ 14Ω

80 $L_1 = 40$H, $L_2 = 10$H인 전자 결합회로에서 결합계수 $K = 0.7$일 경우에 상호 인덕턴스 M는 몇 H인가?

① 7.5H
② 14H
③ 22H
④ 28H
⑤ 56H

PART 5

채용 가이드

CHAPTER

01 블라인드 채용 소개

1. 블라인드 채용이란?

채용 과정에서 편견이 개입되어 불합리한 차별을 야기할 수 있는 출신지, 가족관계, 학력, 외모 등의 편견요인은 제외하고, 직무능력만을 평가하여 인재를 채용하는 방식입니다.

2. 블라인드 채용의 필요성

- 채용의 공정성에 대한 사회적 요구
  - 누구에게나 직무능력만으로 경쟁할 수 있는 균등한 고용기회를 제공해야 하나, 아직도 채용의 공정성에 대한 불신이 존재
  - 채용상 차별금지에 대한 법적 요건이 권고적 성격에서 처벌을 동반한 의무적 성격으로 강화되는 추세
  - 시민의식과 지원자의 권리의식 성숙으로 차별에 대한 법적 대응 가능성 증가
- 우수인재 채용을 통한 기업의 경쟁력 강화 필요
  - 직무능력과 무관한 학벌, 외모 위주의 선발로 우수인재 선발기회 상실 및 기업경쟁력 약화
  - 채용 과정에서 차별 없이 직무능력중심으로 선발한 우수인재 확보 필요
- 공정한 채용을 통한 사회적 비용 감소 필요
  - 편견에 의한 차별적 채용은 우수인재 선발을 저해하고 외모·학벌 지상주의 등의 심화로 불필요한 사회적 비용 증가
  - 채용에서의 공정성을 높여 사회의 신뢰수준 제고

3. 블라인드 채용의 특징

편견요인을 요구하지 않는 대신 직무능력을 평가합니다.

블라인드 채용 = 편견유발 요인제외 + 직무능력 중심평가

※ 직무능력중심 채용이란?
기업의 역량기반 채용, NCS기반 능력중심 채용과 같이 직무수행에 필요한 능력과 역량을 평가하여 선발하는 채용방식을 통칭합니다.

4. 블라인드 채용의 평가요소

직무수행에 필요한 지식, 기술, 태도 등을 과학적인 선발기법을 통해 평가합니다.

평가기준 = 직무수행에 필요한 직무능력

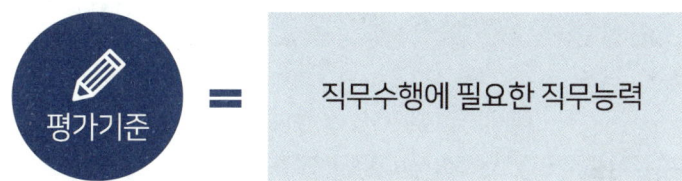

※ 과학적 선발기법이란?
직무분석을 통해 도출된 평가요소를 서류, 필기, 면접 등을 통해 체계적으로 평가하는 방법으로 입사지원서, 자기소개서, 직무수행능력평가, 구조화 면접 등이 해당됩니다.

5. 블라인드 채용 주요 도입 내용

- 입사지원서에 인적사항 요구 금지
  - 인적사항에는 출신지역, 가족관계, 결혼여부, 재산, 취미 및 특기, 종교, 생년월일(연령), 성별, 신장 및 체중, 사진, 전공, 학교명, 학점, 외국어 점수, 추천인 등이 해당
  - 채용 직무를 수행하는 데 있어 반드시 필요하다고 인정될 경우는 제외
    예 특수경비직 채용 시 : 시력, 건강한 신체 요구
    연구직 채용 시 : 논문, 학위 요구 등
- 블라인드 면접 실시
  - 면접관에게 응시자의 출신지역, 가족관계, 학교명 등 인적사항 정보 제공 금지
  - 면접관은 응시자의 인적사항에 대한 질문 금지

6. 블라인드 채용 도입의 효과성

- 구성원의 다양성과 창의성이 높아져 기업 경쟁력 강화
  - 편견을 없애고 직무능력 중심으로 선발하므로 다양한 직원 구성 가능
  - 다양한 생각과 의견을 통하여 기업의 창의성이 높아져 기업경쟁력 강화
- 직무에 적합한 인재선발을 통한 이직률 감소 및 만족도 제고
  - 사전에 지원자들에게 구체적이고 상세한 직무요건을 제시함으로써 허수 지원이 낮아지고, 직무에 적합한 지원자 모집 가능
  - 직무에 적합한 인재가 선발되어 직무이해도가 높아져 업무효율 증대 및 만족도 제고
- 채용의 공정성과 기업이미지 제고
  - 블라인드 채용은 사회적 편견을 줄인 선발 방법으로 기업에 대한 사회적 인식 제고
  - 채용과정에서 불합리한 차별을 받지 않고 실력에 의해 공정하게 평가를 받을 것이라는 믿음을 제공하고, 지원자들은 평등한 기회와 공정한 선발과정 경험

CHAPTER

02 서류전형 가이드

01 채용공고문

1. 채용공고문의 변화

기존 채용공고문	변화된 채용공고문
• 취업준비생에게 불충분하고 불친절한 측면 존재 • 모집분야에 대한 명확한 직무관련 정보 및 평가기준 부재 • 해당분야에 지원하기 위한 취업준비생의 무분별한 스펙 쌓기 현상 발생	• NCS 직무분석에 기반한 채용공고를 토대로 채용전형 진행 • 지원자가 입사 후 수행하게 될 업무에 대한 자세한 정보 공지 • 직무수행내용, 직무수행 시 필요한 능력, 관련된 자격, 직업기초능력 제시 • 지원자가 해당 직무에 필요한 스펙만을 준비할 수 있도록 안내
• 모집부문 및 응시자격 • 지원서 접수 • 전형절차 • 채용조건 및 처우 • 기타사항	• 채용절차 • 채용유형별 선발분야 및 예정인원 • 전형방법 • 선발분야별 직무기술서 • 우대사항

2. 지원 유의사항 및 지원요건 확인

채용 직무에 따른 세부사항을 공고문에 명시하여 지원자에게 적격한 지원 기회를 부여함과 동시에 채용과정에서의 공정성과 신뢰성을 확보합니다.

구성	내용	확인사항
모집분야 및 규모	고용형태(인턴 계약직 등), 모집분야, 인원, 근무지역 등	채용직무가 여러 개일 경우 본인이 해당되는 직무의 채용규모 확인
응시자격	기본 자격사항, 지원조건	지원을 위한 최소자격요건을 확인하여 불필요한 지원을 예방
우대조건	법정·특별·자격증 가점	본인의 가점 여부를 검토하여 가점 획득을 위한 사항을 사실대로 기재
근무조건 및 보수	고용형태 및 고용기간, 보수, 근무지	본인이 생각하는 기대수준에 부합하는지 확인하여 불필요한 지원을 예방
시험방법	서류·필기·면접전형 등의 활용방안	전형방법 및 세부 평가기법 등을 확인하여 지원전략 준비
전형일정	접수기간, 각 전형 단계별 심사 및 합격자 발표일 등	본인의 지원 스케줄을 검토하여 차질이 없도록 준비
제출서류	입사지원서(경력·경험기술서 등), 각종 증명서 및 자격증 사본 등	지원요건 부합 여부 및 자격 증빙서류 사전에 준비
유의사항	임용취소 등의 규정	임용취소 관련 법적 또는 기관 내부 규정을 검토하여 해당여부 확인

02 직무기술서

직무기술서란 직무수행의 내용과 필요한 능력, 관련 자격, 직업기초능력 등을 상세히 기재한 것으로 입사 후 수행하게 될 업무에 대한 정보가 수록되어 있는 자료입니다.

1. 채용분야

설명

NCS 직무분류 체계에 따라 직무에 대한 「대분류 – 중분류 – 소분류 – 세분류」 체계를 확인할 수 있습니다. 채용 직무에 대한 모든 직무기술서를 첨부하게 되며 실제 수행 업무를 기준으로 세부적인 분류정보를 제공합니다.

채용분야	분류체계			
사무행정	대분류	중분류	소분류	세분류
분류코드	02. 경영・회계・사무	03. 재무・회계	01. 재무	01. 예산
				02. 자금
			02. 회계	01. 회계감사
				02. 세무

2. 능력단위

설명

직무분류 체계의 세분류 하위능력단위 중 실질적으로 수행할 업무의 능력만 구체적으로 파악할 수 있습니다.

능력단위	(예산)	03. 연간종합예산수립 05. 확정예산 운영	04. 추정재무제표 작성 06. 예산실적 관리
	(자금)	04. 자금운용	
	(회계감사)	02. 자금관리 05. 회계정보시스템 운용 07. 회계감사	04. 결산관리 06. 재무분석
	(세무)	02. 결산관리 07. 법인세 신고	05. 부가가치세 신고

3. 직무수행내용

설명

세분류 영역의 기본정의를 통해 직무수행내용을 확인할 수 있습니다. 입사 후 수행할 직무내용을 구체적으로 확인할 수 있으며, 이를 통해 입사서류 작성부터 면접까지 직무에 대한 명확한 이해를 바탕으로 자신의 희망직무인지 아닌지, 해당 직무가 자신이 알고 있던 직무가 맞는지 확인할 수 있습니다.

직무수행내용	(예산) 일정기간 예상되는 수익과 비용을 편성, 집행하며 통제하는 일
	(자금) 자금의 계획 수립, 조달, 운용을 하고 발생 가능한 위험 관리 및 성과평가
	(회계감사) 기업 및 조직 내・외부에 있는 의사결정자들이 효율적인 의사결정을 할 수 있도록 유용한 정보를 제공, 제공된 회계정보의 적정성을 파악하는 일
	(세무) 세무는 기업의 활동을 위하여 주어진 세법범위 내에서 조세부담을 최소화시키는 조세전략을 포함하고 정확한 과세소득과 과세표준 및 세액을 산출하여 과세당국에 신고・납부하는 일

4. 직무기술서 예시

태도	(예산) 정확성, 분석적 태도, 논리적 태도, 타 부서와의 협조적 태도, 설득력
	(자금) 분석적 사고력
	(회계 감사) 합리적 태도, 전략적 사고, 정확성, 적극적 협업 태도, 법률준수 태도, 분석적 태도, 신속성, 책임감, 정확한 판단력
	(세무) 규정 준수 의지, 수리적 정확성, 주의 깊은 태도
우대 자격증	공인회계사, 세무사, 컴퓨터활용능력, 변호사, 워드프로세서, 전산회계운용사, 사회조사분석사, 재경관리사, 회계관리 등
직업기초능력	의사소통능력, 문제해결능력, 자원관리능력, 대인관계능력, 정보능력, 조직이해능력

5. 직무기술서 내용별 확인사항

항목	확인사항
모집부문	해당 채용에서 선발하는 부문(분야)명 확인 예 사무행정, 전산, 전기
분류체계	지원하려는 분야의 세부직무군 확인
주요기능 및 역할	지원하려는 기업의 전사적인 기능과 역할, 산업군 확인
능력단위	지원분야의 직무수행에 관련되는 세부업무사항 확인
직무수행내용	지원분야의 직무군에 대한 상세사항 확인
전형방법	지원하려는 기업의 신입사원 선발전형 절차 확인
일반요건	교육사항을 제외한 지원 요건 확인(자격요건, 특수한 경우 연령)
교육요건	교육사항에 대한 지원요건 확인(대졸 / 초대졸 / 고졸 / 전공 요건)
필요지식	지원분야의 업무수행을 위해 요구되는 지식 관련 세부항목 확인
필요기술	지원분야의 업무수행을 위해 요구되는 기술 관련 세부항목 확인
직무수행태도	지원분야의 업무수행을 위해 요구되는 태도 관련 세부항목 확인
직업기초능력	지원분야 또는 지원기업의 조직원으로서 근무하기 위해 필요한 일반적인 능력사항 확인

03 입사지원서

1. 입사지원서의 변화

기존지원서		능력중심 채용 입사지원서
직무와 관련 없는 학점, 개인신상, 어학점수, 자격, 수상경력 등을 나열하도록 구성	VS	해당 직무수행에 꼭 필요한 정보들을 제시할 수 있도록 구성

기존지원서		능력중심 채용 입사지원서	
직무기술서	→	인적사항	성명, 연락처, 지원분야 등 작성 (평가 미반영)
직무수행내용		교육사항	직무지식과 관련된 학교교육 및 직업교육 작성
요구지식 / 기술		자격사항	직무관련 국가공인 또는 민간자격 작성
관련 자격증 사전직무경험		경력 및 경험사항	조직에 소속되어 일정한 임금을 받거나(경력) 임금 없이(경험) 직무와 관련된 활동 내용 작성

2. 교육사항

- 지원분야 직무와 관련된 학교 교육이나 직업교육 혹은 기타교육 등 직무에 대한 지원자의 학습 여부를 평가하기 위한 항목입니다.
- 지원하고자 하는 직무의 학교 전공교육 이외에 직업교육, 기타교육 등을 기입할 수 있기 때문에 전공 제한 없이 직업교육과 기타교육을 이수하여 지원이 가능하도록 기회를 제공합니다.
  (기타교육 : 학교 이외의 기관에서 개인이 이수한 교육과정 중 지원직무와 관련이 있다고 생각되는 교육내용)

구분	교육과정(과목)명	교육내용	과업(능력단위)

3. 자격사항

- 채용공고 및 직무기술서에 제시되어 있는 자격 현황을 토대로 지원자가 해당 직무를 수행하는 데 필요한 능력을 가지고 있는지를 평가하기 위한 항목입니다.
- 채용공고 및 직무기술서에 기재된 직무관련 필수 또는 우대자격 항목을 확인하여 본인이 보유하고 있는 자격사항을 기재합니다.

자격유형	자격증명	발급기관	취득일자	자격증번호

4. 경력 및 경험사항

- 직무와 관련된 경력이나 경험 여부를 표현하도록 하여 직무와 관련한 능력을 갖추었는지를 평가하기 위한 항목입니다.
- 해당 기업에서 직무를 수행함에 있어 필요한 사항만을 기록하게 되어 있기 때문에 직무와 무관한 스펙을 갖추지 않아도 됩니다.
- 경력 : 금전적 보수를 받고 일정기간 동안 일했던 경우
- 경험 : 금전적 보수를 받지 않고 수행한 활동

※ 기업에 따라 경력/경험 관련 증빙자료 요구 가능

구분	조직명	직위/역할	활동기간(년/월)	주요과업/활동내용

Tip

입사지원서 작성 방법

○ 경력 및 경험사항 작성

- 직무기술서에 제시된 지식, 기술, 태도와 지원자의 교육사항, 경력(경험)사항, 자격사항과 연계하여 개인의 직무역량에 대해 스스로 판단 가능

○ 인적사항 최소화

- 개인의 인적사항, 학교명, 가족관계 등을 노출하지 않도록 유의

부적절한 입사지원서 작성 사례

- 학교 이메일을 기입하여 학교명 노출
- 거주지 주소에 학교 기숙사 주소를 기입하여 학교명 노출
- 자기소개서에 부모님이 재직 중인 기업명, 직위, 직업을 기입하여 가족관계 노출
- 자기소개서에 석·박사 과정에 대한 이야기를 언급하여 학력 노출
- 동아리 활동에 대한 내용을 학교명과 더불어 언급하여 학교명 노출

04 자기소개서

1. 자기소개서의 변화

- 기존의 자기소개서는 지원자의 일대기나 관심 분야, 성격의 장·단점 등 개괄적인 사항을 묻는 질문으로 구성되어 지원자가 자신의 직무능력을 제대로 표출하지 못합니다.
- 능력중심 채용의 자기소개서는 직무기술서에 제시된 직업기초능력(또는 직무수행능력)에 대한 지원자의 과거 경험을 기술하게 함으로써 평가 타당도의 확보가 가능합니다.

1. 우리 회사와 해당 지원 직무분야에 지원한 동기에 대해 기술해 주세요.

2. 자신이 경험한 다양한 사회활동에 대해 기술해 주세요.

3. 지원 직무에 대한 전문성을 키우기 위해 받은 교육과 경험 및 경력사항에 대해 기술해 주세요.

4. 인사업무 또는 팀 과제 수행 중 발생한 갈등을 원만하게 해결해 본 경험이 있습니까? 당시 상황에 대한 설명과 갈등의 대상이 되었던 상대방을 설득한 과정 및 방법을 기술해 주세요.

5. 과거에 있었던 일 중 가장 어려웠었던(힘들었었던) 상황을 고르고, 어떤 방법으로 그 상황을 해결했는지를 기술해 주세요.

PART 5

Tip

자기소개서 작성 방법

① 자기소개서 문항이 묻고 있는 평가 역량 추측하기

예시

- 팀 활동을 하면서 갈등 상황 시 상대방의 니즈나 의도를 명확히 파악하고 해결하여 목표 달성에 기여했던 경험에 대해서 작성해 주시기 바랍니다.
- 다른 사람이 생각해내지 못했던 문제점을 찾고 이를 해결한 경험에 대해 작성해 주시기 바랍니다.

② 해당 역량을 보여줄 수 있는 소재 찾기(시간×역량 매트릭스)

예시

시간

평가역량

	2021년	2022년	2023년	2024년
도전정신	*대학 발표수업*	*대학 발표수업*	~~*다이어트 (헬스)*~~	
대인관계	*대학 발표수업*	*대학 발표수업*		*경영 동아리*
의사소통	*편의점 아르바이트*	~~*군대 작업*~~	*봉사 동아리*	
직무역량			*경영 동아리*	*Book Study*
…				

③ 자기소개서 작성 Skill 익히기

- 두괄식으로 작성하기
- 구체적 사례를 사용하기
- '나'를 중심으로 작성하기
- 직무역량 강조하기
- 경험 사례의 차별성 강조하기

CHAPTER

03 인성검사 소개 및 모의테스트

01 인성검사 유형

인성검사는 지원자의 성격특성을 객관적으로 파악하고 그것이 각 기업에서 필요로 하는 인재상과 가치에 부합하는가를 평가하기 위한 검사입니다. 인성검사는 KPDI(한국인재개발진흥원), K-SAD(한국사회적성개발원), KIRBS(한국행동과학연구소), SHR(에스에이치알) 등의 전문기관을 통해 각 기업의 특성에 맞는 검사를 선택하여 실시합니다. 대표적인 인성검사의 유형에는 크게 다음과 같은 세 가지가 있으며, 채용 대행업체에 따라 달라집니다.

1. KPDI 검사

조직적응성과 직무적합성을 알아보기 위한 검사로 인성검사, 인성역량검사, 인적성검사, 직종별 인적성검사 등의 다양한 검사 도구를 구현합니다. KPDI는 성격을 파악하고 정신건강 상태 등을 측정하고, 직무검사는 해당 직무를 수행하기 위해 기본적으로 갖추어야 할 인지적 능력을 측정합니다. 역량검사는 특정 직무 역할을 효과적으로 수행하는 데 직접적으로 관련 있는 개인의 행동, 지식, 스킬, 가치관 등을 측정합니다.

2. KAD(Korea Aptitude Development) 검사

K-SAD(한국사회적성개발원)에서 실시하는 적성검사 프로그램입니다. 개인의 성향, 지적 능력, 기호, 관심, 흥미도를 종합적으로 분석하여 적성에 맞는 업무가 무엇인가 파악하고, 직무수행에 있어서 요구되는 기초능력과 실무능력을 분석합니다.

3. SHR 직무적성검사

직무수행에 필요한 종합적인 사고 능력을 다양한 적성검사(Paper and Pencil Test)로 평가합니다. SHR의 모든 직무능력검사는 표준화 검사입니다. 표준화 검사는 표본집단의 점수를 기초로 규준이 만들어진 검사이므로 개인의 점수를 규준에 맞추어 해석・비교하는 것이 가능합니다. S(Standardized Tests), H(Hundreds of Version), R(Reliable Norm Data)을 특징으로 하며, 직군・직급별 특성과 선발 수준에 맞추어 검사를 적용할 수 있습니다.

02 인성검사와 면접

인성검사는 특히 면접질문과 관련성이 높습니다. 면접관은 지원자의 인성검사 결과를 토대로 질문을 하기 때문입니다. 일관적이고 이상적인 답변을 하는 것이 가장 좋지만, 실제 시험은 매우 복잡하여 전문가라 해도 일정 성격을 유지하면서 답변을 하는 것이 힘듭니다. 또한, 인성검사에는 라이 스케일(Lie Scale) 설문이 전체 설문 속에 교묘하게 섞여 들어가 있으므로 겉치레적인 답을 하게 되면 회답태도의 허위성이 그대로 드러나게 됩니다. 예를 들어 '거짓말을 한 적이 한 번도 없다.'에 '예'로 답하고, '때로는 거짓말을 하기도 한다.'에 '예'라고 답하여 라이 스케일의 득점이 올라가게 되면 모든 회답의 신빙성이 사라지고 '자신을 돋보이게 하려는 사람'이라는 평가를 받을 수 있으므로 주의해야 합니다. 따라서 모의테스트를 통해 인성검사의 유형과 실제 시험 시 어떻게 문제를 풀어야 하는지 연습해 보고 체크한 부분 중 자신의 단점과 연결되는 부분은 면접에서 질문이 들어왔을 때 어떻게 대처해야 하는지 생각해 보는 것이 좋습니다.

03 유의사항

1. 기업의 인재상을 파악하라!

인성검사를 통해 개인의 성격 특성을 파악하고 그것이 기업의 인재상과 가치에 부합하는지를 평가하는 시험이기 때문에 해당 기업의 인재상을 먼저 파악하고 시험에 임하는 것이 좋습니다. 모의테스트에서 인재상에 맞는 가상의 인물을 설정하고 문제에 답해 보는 것도 많은 도움이 됩니다.

2. 일관성 있는 대답을 하라!

짧은 시간 안에 다양한 질문에 답을 해야 하는데, 그 안에는 중복되는 질문이 여러 번 나옵니다. 이때 앞서 자신이 체크했던 대답을 잘 기억해뒀다가 일관성 있는 답을 하는 것이 중요합니다.

3. 모든 문항에 대답하라!

많은 문제를 짧은 시간 안에 풀려다 보니 다 못 푸는 경우도 종종 생깁니다. 하지만 대답을 누락하거나 끝까지 다 못했을 경우 좋지 않은 결과를 가져올 수도 있으니 최대한 주어진 시간 안에 모든 문항에 답할 수 있도록 해야 합니다.

04 KPDI 모의테스트

※ 모의테스트는 질문 및 답변 유형 연습을 위한 것으로 실제 시험과 다를 수 있습니다.
※ 인성검사는 정답이 따로 없는 유형의 검사이므로 결과지를 제공하지 않습니다.

번호	내용	예	아니요
001	나는 솔직한 편이다.	☐	☐
002	나는 리드하는 것을 좋아한다.	☐	☐
003	법을 어겨서 말썽이 된 적이 한 번도 없다.	☐	☐
004	거짓말을 한 번도 한 적이 없다.	☐	☐
005	나는 눈치가 빠르다.	☐	☐
006	나는 일을 주도하기보다는 뒤에서 지원하는 것을 선호한다.	☐	☐
007	앞일은 알 수 없기 때문에 계획은 필요하지 않다.	☐	☐
008	거짓말도 때로는 방편이라고 생각한다.	☐	☐
009	사람이 많은 술자리를 좋아한다.	☐	☐
010	걱정이 지나치게 많다.	☐	☐
011	일을 시작하기 전 재고하는 경향이 있다.	☐	☐
012	불의를 참지 못한다.	☐	☐
013	처음 만나는 사람과도 이야기를 잘 한다.	☐	☐
014	때로는 변화가 두렵다.	☐	☐
015	나는 모든 사람에게 친절하다.	☐	☐
016	힘든 일이 있을 때 술은 위로가 되지 않는다.	☐	☐
017	결정을 빨리 내리지 못해 손해를 본 경험이 있다.	☐	☐
018	기회를 잡을 준비가 되어 있다.	☐	☐
019	때로는 내가 정말 쓸모없는 사람이라고 느낀다.	☐	☐
020	누군가 나를 챙겨주는 것이 좋다.	☐	☐
021	자주 가슴이 답답하다.	☐	☐
022	나는 내가 자랑스럽다.	☐	☐
023	경험이 중요하다고 생각한다.	☐	☐
024	전자기기를 분해하고 다시 조립하는 것을 좋아한다.	☐	☐

025	감시받고 있다는 느낌이 든다.	☐	☐
026	난처한 상황에 놓이면 그 순간을 피하고 싶다.	☐	☐
027	세상엔 믿을 사람이 없다.	☐	☐
028	잘못을 빨리 인정하는 편이다.	☐	☐
029	지도를 보고 길을 잘 찾아간다.	☐	☐
030	귓속말을 하는 사람을 보면 날 비난하고 있는 것 같다.	☐	☐
031	막무가내라는 말을 들을 때가 있다.	☐	☐
032	장래의 일을 생각하면 불안하다.	☐	☐
033	결과보다 과정이 중요하다고 생각한다.	☐	☐
034	운동은 그다지 할 필요가 없다고 생각한다.	☐	☐
035	새로운 일을 시작할 때 좀처럼 한 발을 떼지 못한다.	☐	☐
036	기분 상하는 일이 있더라도 참는 편이다.	☐	☐
037	업무능력은 성과로 평가받아야 한다고 생각한다.	☐	☐
038	머리가 맑지 못하고 무거운 느낌이 든다.	☐	☐
039	가끔 이상한 소리가 들린다.	☐	☐
040	타인이 내게 자주 고민상담을 하는 편이다.	☐	☐

05 SHR 모의테스트

※ 모의테스트는 질문 및 답변 유형 연습을 위한 것으로 실제 시험과 다를 수 있습니다.
※ 인성검사는 정답이 따로 없는 유형의 검사이므로 결과지를 제공하지 않습니다.

※ 이 성격검사의 각 문항에는 서로 다른 행동을 나타내는 네 개의 문장이 제시되어 있습니다. 이 문장들을 비교하여, 자신의 평소 행동과 가장 가까운 문장을 'ㄱ' 열에 표기하고, 가장 먼 문장을 'ㅁ' 열에 표기하십시오.

01 나는 ____________________

	ㄱ	ㅁ
A. 실용적인 해결책을 찾는다.	☐	☐
B. 다른 사람을 돕는 것을 좋아한다.	☐	☐
C. 세부 사항을 잘 챙긴다.	☐	☐
D. 상대의 주장에서 허점을 잘 찾는다.	☐	☐

02 나는 ____________________

	ㄱ	ㅁ
A. 매사에 적극적으로 임한다.	☐	☐
B. 즉흥적인 편이다.	☐	☐
C. 관찰력이 있다.	☐	☐
D. 임기응변에 강하다.	☐	☐

03 나는 ____________________

	ㄱ	ㅁ
A. 무서운 영화를 잘 본다.	☐	☐
B. 조용한 곳이 좋다.	☐	☐
C. 가끔 울고 싶다.	☐	☐
D. 집중력이 좋다.	☐	☐

04 나는 ____________________

	ㄱ	ㅁ
A. 기계를 조립하는 것을 좋아한다.	☐	☐
B. 집단에서 리드하는 역할을 맡는다.	☐	☐
C. 호기심이 많다.	☐	☐
D. 음악을 듣는 것을 좋아한다.	☐	☐

05 나는 ______________________

	ㄱ	ㅁ
A. 타인을 늘 배려한다.	☐	☐
B. 감수성이 예민하다.	☐	☐
C. 즐겨하는 운동이 있다.	☐	☐
D. 일을 시작하기 전에 계획을 세운다.	☐	☐

06 나는 ______________________

	ㄱ	ㅁ
A. 타인에게 설명하는 것을 좋아한다.	☐	☐
B. 여행을 좋아한다.	☐	☐
C. 정적인 것이 좋다.	☐	☐
D. 남을 돕는 것에 보람을 느낀다.	☐	☐

07 나는 ______________________

	ㄱ	ㅁ
A. 기계를 능숙하게 다룬다.	☐	☐
B. 밤에 잠이 잘 오지 않는다.	☐	☐
C. 한 번 간 길을 잘 기억한다.	☐	☐
D. 불의를 보면 참을 수 없다.	☐	☐

08 나는 ______________________

	ㄱ	ㅁ
A. 종일 말을 하지 않을 때가 있다.	☐	☐
B. 사람이 많은 곳을 좋아한다.	☐	☐
C. 술을 좋아한다.	☐	☐
D. 휴양지에서 편하게 쉬고 싶다.	☐	☐

09 나는 ______________________

	ㄱ	ㅁ
A. 뉴스보다는 드라마를 좋아한다.	☐	☐
B. 길을 잘 찾는다.	☐	☐
C. 주말엔 집에서 쉬는 것이 좋다.	☐	☐
D. 아침에 일어나는 것이 힘들다.	☐	☐

10 나는 ______________________

	ㄱ	ㅁ
A. 이성적이다.	☐	☐
B. 할 일을 종종 미룬다.	☐	☐
C. 어른을 대하는 게 힘들다.	☐	☐
D. 불을 보면 매혹을 느낀다.	☐	☐

11 나는 ______________________

	ㄱ	ㅁ
A. 상상력이 풍부하다.	☐	☐
B. 예의 바르다는 소리를 자주 듣는다.	☐	☐
C. 사람들 앞에 서면 긴장한다.	☐	☐
D. 친구를 자주 만난다.	☐	☐

12 나는 ______________________

	ㄱ	ㅁ
A. 나만의 스트레스 해소 방법이 있다.	☐	☐
B. 친구가 많다.	☐	☐
C. 책을 자주 읽는다.	☐	☐
D. 활동적이다.	☐	☐

CHAPTER

04 면접전형 가이드

01 면접유형 파악

1. 면접전형의 변화

기존 면접전형에서는 일상적이고 단편적인 대화나 지원자의 첫인상 및 면접관의 주관적인 판단 등에 의해서 입사 결정 여부를 판단하는 경우가 많았습니다. 이러한 면접전형은 면접 내용의 일관성이 결여되거나 직무 관련 타당성이 부족하였고, 면접에 대한 신뢰도에 영향을 주었습니다.

기존 면접(전통적 면접)		능력중심 채용 면접(구조화 면접)
• 일상적이고 단편적인 대화 • 인상, 외모 등 외부 요소의 영향 • 주관적인 판단에 의존한 총점 부여 ⇩ • 면접 내용의 일관성 결여 • 직무관련 타당성 부족 • 주관적인 채점으로 신뢰도 저하	VS	• 일관성 – 직무관련 역량에 초점을 둔 구체적 질문 목록 – 지원자별 동일 질문 적용 • 구조화 – 면접 진행 및 평가 절차를 일정한 체계에 의해 구성 • 표준화 – 평가 타당도 제고를 위한 평가 Matrix 구성 – 척도에 따라 항목별 채점, 개인 간 비교 • 신뢰성 – 면접진행 매뉴얼에 따라 면접위원 교육 및 실습

2. 능력중심 채용의 면접 유형

① 경험 면접
- 목적 : 선발하고자 하는 직무 능력이 필요한 과거 경험을 질문합니다.
- 평가요소 : 직업기초능력과 인성 및 태도적 요소를 평가합니다.

② 상황 면접
- 목적 : 특정 상황을 제시하고 지원자의 행동을 관찰함으로써 실제 상황의 행동을 예상합니다.
- 평가요소 : 직업기초능력과 인성 및 태도적 요소를 평가합니다.

③ 발표 면접
- 목적 : 특정 주제와 관련된 지원자의 발표와 질의응답을 통해 지원자 역량을 평가합니다.
- 평가요소 : 직무수행능력과 인지적 역량(문제해결능력)을 평가합니다.

④ 토론 면접
- 목적 : 토의과제에 대한 의견수렴 과정에서 지원자의 역량과 상호작용능력을 평가합니다.
- 평가요소 : 직무수행능력과 팀워크를 평가합니다.

02 면접유형별 준비 방법

1. 경험 면접

① 경험 면접의 특징

- 주로 직업기초능력에 관련된 지원자의 과거 경험을 심층 질문하여 검증하는 면접입니다.
- 직무능력과 관련된 과거 경험을 평가하기 위해 심층 질문을 하며, 이 질문은 지원자의 답변에 대하여 '꼬리에 꼬리를 무는 형식'으로 진행됩니다.

> • 능력요소, 정의, 심사 기준
>   – 평가하고자 하는 능력요소, 정의, 심사기준을 확인하여 면접위원이 해당 능력요소 관련 질문을 제시합니다.
>
> • Opening Question
>   – 능력요소에 관련된 과거 경험을 유도하기 위한 시작 질문을 합니다.
>
> • Follow-up Question
>   – 지원자의 경험 수준을 구체적으로 검증하기 위한 질문입니다.
>   – 경험 수준 검증을 위한 상황(Situation), 임무(Task), 역할 및 노력(Action), 결과(Result) 등으로 질문을 구분합니다.

경험 면접의 형태

〈일대다 면접〉 〈다대다 면접〉

② 경험 면접의 구조

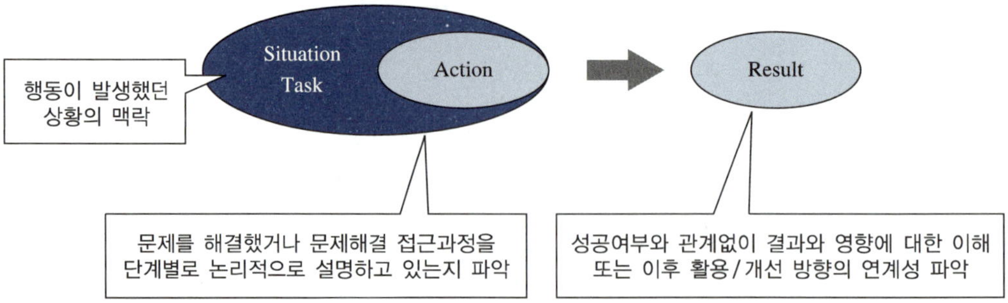

S(Situation)	귀하가 처해 있던 상황에 대해 말해 보시오.
T(Task)	귀하가 수행한 과제 / 과업은 무엇인가?
A(Action)	어떻게 행동(대응)했는가?
R(Result)	그 행동의 결과는 어땠는가?

( )에 관한 과거 경험에 대하여 말해 보시오.

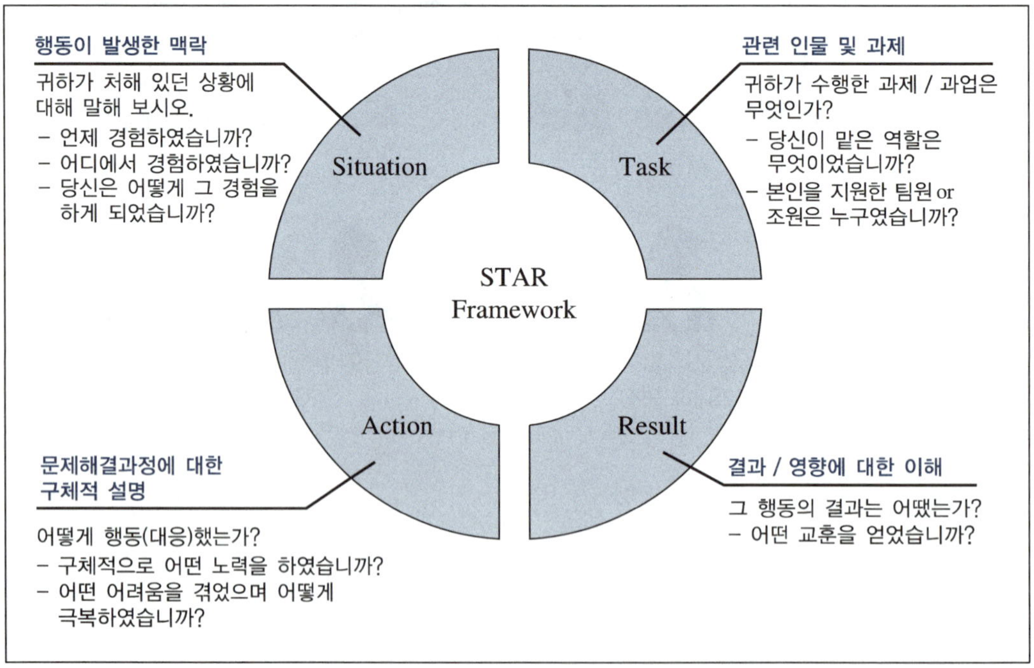

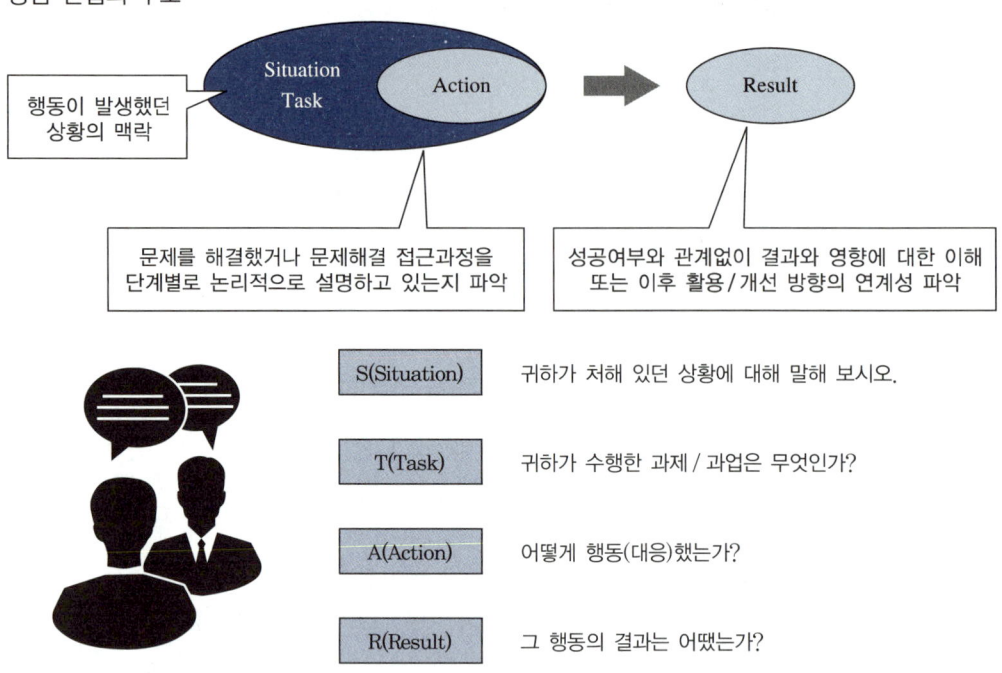

③ 경험 면접 질문 예시(직업윤리)

시작 질문	
1	남들이 신경 쓰지 않는 부분까지 고려하여 절차대로 업무(연구)를 수행하여 성과를 낸 경험을 구체적으로 말해 보시오.
2	조직의 원칙과 절차를 철저히 준수하며 업무(연구)를 수행한 것 중 성과를 향상시킨 경험에 대해 구체적으로 말해 보시오.
3	세부적인 절차와 규칙에 주의를 기울여 실수 없이 업무(연구)를 마무리한 경험을 구체적으로 말해 보시오.
4	조직의 규칙이나 원칙을 고려하여 성실하게 일했던 경험을 구체적으로 말해 보시오.
5	타인의 실수를 바로잡고 원칙과 절차대로 수행하여 성공적으로 업무를 마무리하였던 경험에 대해 말해 보시오.

후속 질문		
상황 (Situation)	상황	구체적으로 언제, 어디에서 경험한 일인가?
		어떤 상황이었는가?
	조직	어떤 조직에 속해 있었는가?
		그 조직의 특성은 무엇이었는가?
		몇 명으로 구성된 조직이었는가?
	기간	해당 조직에서 얼마나 일했는가?
		해당 업무는 몇 개월 동안 지속되었는가?
	조직규칙	조직의 원칙이나 규칙은 무엇이었는가?
임무 (Task)	과제	과제의 목표는 무엇이었는가?
		과제에 적용되는 조직의 원칙은 무엇이었는가?
		그 규칙을 지켜야 하는 이유는 무엇이었는가?
	역할	당신이 조직에서 맡은 역할은 무엇이었는가?
		과제에서 맡은 역할은 무엇이었는가?
	문제의식	규칙을 지키지 않을 경우 생기는 문제점 / 불편함은 무엇인가?
		해당 규칙이 왜 중요하다고 생각하였는가?
역할 및 노력 (Action)	행동	업무 과정의 어떤 장면에서 규칙을 철저히 준수하였는가?
		어떻게 규정을 적용시켜 업무를 수행하였는가?
		규정은 준수하는 데 어려움은 없었는가?
	노력	그 규칙을 지키기 위해 스스로 어떤 노력을 기울였는가?
		본인의 생각이나 태도에 어떤 변화가 있었는가?
		다른 사람들은 어떤 노력을 기울였는가?
	동료관계	동료들은 규칙을 철저히 준수하고 있었는가?
		팀원들은 해당 규칙에 대해 어떻게 반응하였는가?
		규칙에 대한 태도를 개선하기 위해 어떤 노력을 하였는가?
		팀원들의 태도는 당신에게 어떤 자극을 주었는가?
	업무추진	주어진 업무를 추진하는 데 규칙이 방해되진 않았는가?
		업무수행 과정에서 규정을 어떻게 적용하였는가?
		업무 시 규정을 준수해야 한다고 생각한 이유는 무엇인가?

결과 (Result)	평가	규칙을 어느 정도나 준수하였는가?
		그렇게 준수할 수 있었던 이유는 무엇이었는가?
		업무의 성과는 어느 정도였는가?
		성과에 만족하였는가?
		비슷한 상황이 온다면 어떻게 할 것인가?
	피드백	주변 사람들로부터 어떤 평가를 받았는가?
		그러한 평가에 만족하는가?
		다른 사람에게 본인의 행동이 영향을 주었다고 생각하는가?
	교훈	업무수행 과정에서 중요한 점은 무엇이라고 생각하는가?
		이 경험을 통해 느낀 바는 무엇인가?

2. 상황 면접

① 상황 면접의 특징

직무 관련 상황을 가정하여 제시하고 이에 대한 대응능력을 직무관련성 측면에서 평가하는 면접입니다.

- 상황 면접 과제의 구성은 크게 2가지로 구분
  - 상황 제시(Description) / 문제 제시(Question or Problem)
- 현장의 실제 업무 상황을 반영하여 과제를 제시하므로 직무분석이나 직무전문가 워크숍 등을 거쳐 현장성을 높임
- 문제는 상황에 대한 기본적인 이해능력(이론적 지식)과 함께 실질적 대응이나 변수 고려능력(실천적 능력) 등을 고르게 질문해야 함

상황 면접의 형태

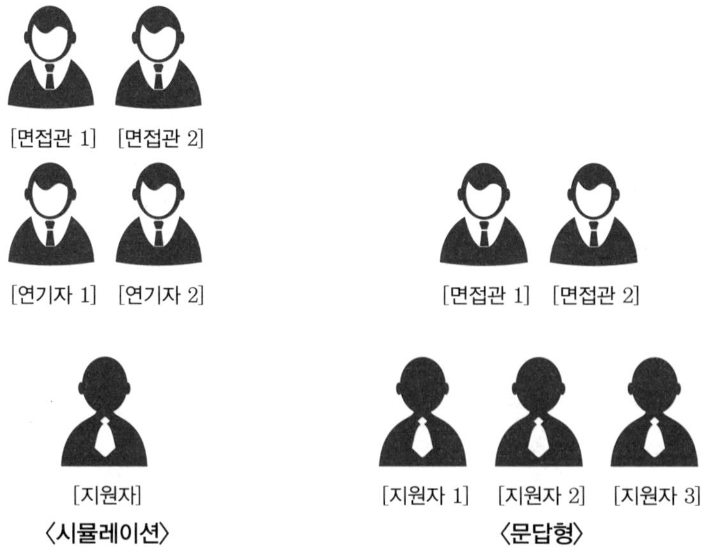

② 상황 면접 예시

상황 제시	인천공항 여객터미널 내에는 다양한 용도의 시설(사무실, 통신실, 식당, 전산실, 창고 면세점 등)이 설치되어 있습니다.	실제 업무 상황에 기반함
	금년에 소방배관의 누수가 잦아 메인 배관을 교체하는 공사를 추진하고 있으며, 당신은 이번 공사의 담당자입니다.	배경 정보
	주간에는 공항 운영이 이루어져 주로 야간에만 배관 교체 공사를 수행하던 중, 시공하는 기능공의 실수로 배관 연결 부위를 잘못 건드려 고압배관의 소화수가 누출되는 사고가 발생하였으며, 이로 인해 인근 시설물에 누수에 의한 피해가 발생하였습니다.	구체적인 문제 상황
문제 제시	일반적인 소방배관의 배관연결(이음)방식과 배관의 이탈(누수)이 발생하는 원인에 대해 설명해 보시오.	문제 상황 해결을 위한 기본 지식 문항
	담당자로서 본 사고를 현장에서 긴급히 처리하는 프로세스를 제시하고, 보수완료 후 사후적 조치가 필요한 부분 및 재발방지 방안에 대해 설명해 보시오.	문제 상황 해결을 위한 추가 대응 문항

3. 발표 면접

① 발표 면접의 특징

- 직무관련 주제에 대한 지원자의 생각을 정리하여 의견을 제시하고, 발표 및 질의응답을 통해 지원자의 직무능력을 평가하는 면접입니다.
- 발표 주제는 직무와 관련된 자료로 제공되며, 일정 시간 후 지원자가 보유한 지식 및 방안에 대한 발표 및 후속 질문을 통해 직무적합성을 평가합니다.

> • 주요 평가요소
> – 설득적 말하기 / 발표능력 / 문제해결능력 / 직무관련 전문성
> • 이미 언론을 통해 공론화된 시사 이슈보다는 해당 직무분야에 관련된 주제가 발표면접의 과제로 선정되는 경우가 최근 들어 늘어나고 있음
> • 짧은 시간 동안 주어진 과제를 빠른 속도로 분석하여 발표문을 작성하고 제한된 시간 안에 면접관에게 효과적인 발표를 진행하는 것이 핵심

발표 면접의 형태

〈개별 과제 발표〉 **〈팀 과제 발표〉**

※ 면접관에게 시각적 효과를 사용하여 메시지를 전달하는 쌍방향 커뮤니케이션 방식
※ 심층면접을 보완하기 위한 방안으로 최근 많은 기업에서 적극 도입하는 추세

② 발표 면접 예시

1. 지시문

당신은 현재 A사에서 직원들의 성과평가를 담당하고 있는 팀원이다. 인사팀은 지난주부터 사내 조직문화관련 인터뷰를 하던 도중 성과평가제도에 관련된 개선 니즈가 제일 많다는 것을 알게 되었다. 이에 팀장님은 인터뷰 결과를 종합하려 성과평가제도 개선 아이디어를 A4용지에 정리하여 신속 보고할 것을 지시하셨다. 당신에게 남은 시간은 1시간이다. 자료를 준비하는 대로 당신은 팀원들이 모인 회의실에서 5분 간 발표할 것이며, 이후 질의응답을 진행할 것이다.

2. 배경자료

〈성과평가제도 개선에 대한 인터뷰〉

최근 A사는 회사 사세의 급성장으로 인해 작년보다 매출이 두 배 성장하였고, 직원 수 또한 두 배로 증가하였다. 회사의 성장은 임금, 복지에 대한 상승 등 긍정적인 영향을 주었으나 업무의 불균형 및 성과보상의 불평등 문제가 발생하였다. 또한 수시로 입사하는 신입직원과 경력직원, 퇴사하는 직원들까지 인원들의 잦은 변동으로 인해 평가해야 할 대상이 변경되어 현재의 성과평가제도로는 공정한 평가가 어려운 상황이다.

[생산부서 김상호]
우리 팀은 지난 1년 동안 생산량이 급증했기 때문에 수십 명의 신규인력이 급하게 채용되었습니다. 이 때문에 저희 팀장님은 신규 입사자들의 이름조차 기억 못할 때가 많이 있습니다. 성과평가를 제대로 하고 있는지 의문이 듭니다.

[마케팅 부서 김흥민]
개인의 성과평가의 취지는 충분히 이해합니다. 그러나 현재 평가는 실적기반이나 정성적인 평가가 많이 포함되어 있어 객관성과 공정성에는 의문이 드는 것이 사실입니다. 이러한 상황에서 평가제도를 재수립하지 않고, 인센티브에 계속 반영한다면, 평가제도에 대한 반감이 커질 것이 분명합니다.

[교육부서 홍경민]
현재 교육부서는 인사팀과 밀접하게 일하고 있습니다. 그럼에도 인사팀에서 실시하는 성과평가제도에 대한 이해가 부족한 것 같습니다.

[기획부서 김경호 차장]
저는 저의 평가자 중 하나가 연구부서의 팀장님인데, 일 년에 몇 번 같이 일하지 않는데 어떻게 저를 평가할 수 있을까요? 특히 연구팀은 저희가 예산을 배정하는데, 저에게는 좋지만….

4. 토론 면접

① 토론 면접의 특징

• 다수의 지원자가 조를 편성해 과제에 대한 토론(토의)을 통해 결론을 도출해가는 면접입니다.

• 의사소통능력, 팀워크, 종합인성 등의 평가에 용이합니다.

> • 주요 평가요소
>   – 설득적 말하기, 경청능력, 팀워크, 종합인성
> • 의견 대립이 명확한 주제 또는 채용분야의 직무 관련 주요 현안을 주제로 과제 구성
> • 제한된 시간 내 토론을 진행해야 하므로 적극적으로 자신 있게 토론에 임하고 본인의 의견을 개진할 수 있어야 함

토론 면접의 형태

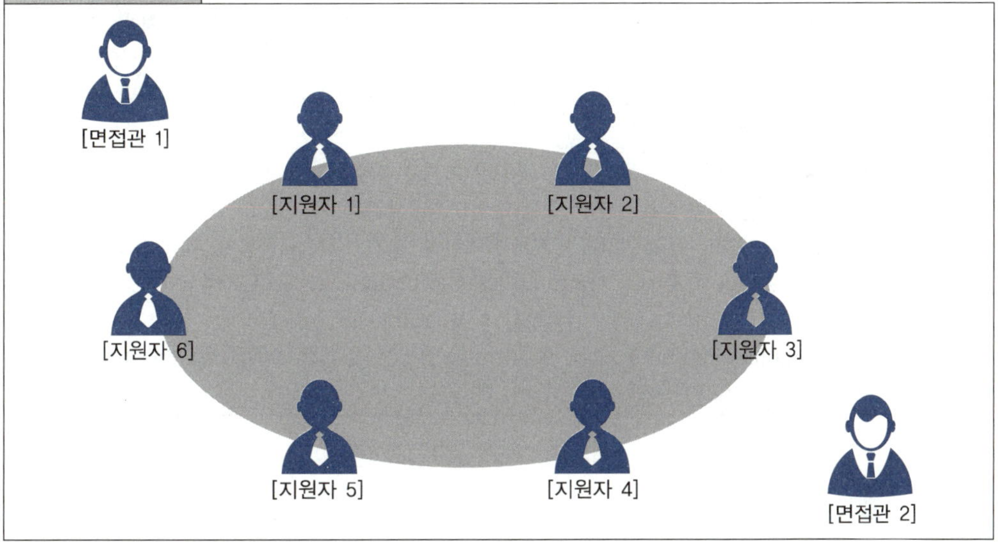

PART 5

② 토론 면접 예시

고객 불만 고충처리
1. 들어가며
최근 우리 상품에 대한 고객 불만의 증가로 고객고충처리 TF가 만들어졌고 당신은 여기에 지원해 배치받았다. 당신의 업무는 불만을 가진 고객을 만나서 애로사항을 듣고 처리해 주는 일이다. 주된 업무로는 고객의 니즈를 파악해 방향성을 제시해 주고 그 해결책을 마련하는 일이다. 하지만 경우에 따라서 고객의 주관적인 의견으로 인해 제대로 된 방향으로 의사결정을 하지 못할 때가 있다. 이럴 경우 설득이나 논쟁을 해서라도 의견을 관철시키는 것이 좋을지 아니면 고객의 의견대로 진행하는 것이 좋을지 결정해야 할 때가 있다. 만약 당신이라면 이러한 상황에서 어떤 결정을 내릴 것인지 여부를 자유롭게 토론해 보시오.
2. 1분 자유 발언 시 준비사항
• 당신은 의견을 자유롭게 개진할 수 있으며 이에 따른 불이익은 없습니다. • 토론의 방향성을 이해하고, 내용의 장점과 단점이 무엇인지 문제를 명확히 말해야 합니다. • 합리적인 근거에 기초하여 개선방안을 명확히 제시해야 합니다. • 제시한 방안을 실행 시 예상되는 긍정적·부정적 영향요인도 동시에 고려할 필요가 있습니다.
3. 토론 시 유의사항
• 토론 주제문과 제공해드린 메모지, 볼펜만 가지고 토론장에 입장할 수 있습니다. • 사회자의 지정 또는 발표자가 손을 들어 발언권을 획득할 수 있으며, 사회자의 통제에 따릅니다. • 토론회가 시작되면, 팀의 의견과 논거를 정리하여 1분간의 자유발언을 할 수 있습니다. 순서는 사회자가 지정합니다. 이후에는 자유롭게 상대방에게 질문하거나 답변을 하실 수 있습니다. • 핸드폰, 서적 등 외부 매체는 사용하실 수 없습니다. • 논제에 벗어나는 발언이나 지나치게 공격적인 발언을 할 경우, 위에서 제시한 유의사항을 지키지 않을 경우 불이익을 받을 수 있습니다.

03 면접 Role Play

1. 면접 Role Play 편성

- 교육생끼리 조를 편성하여 면접관과 지원자 역할을 교대로 진행합니다.
- 지원자 입장과 면접관 입장을 모두 경험해 보면서 면접에 대한 적응력을 높일 수 있습니다.

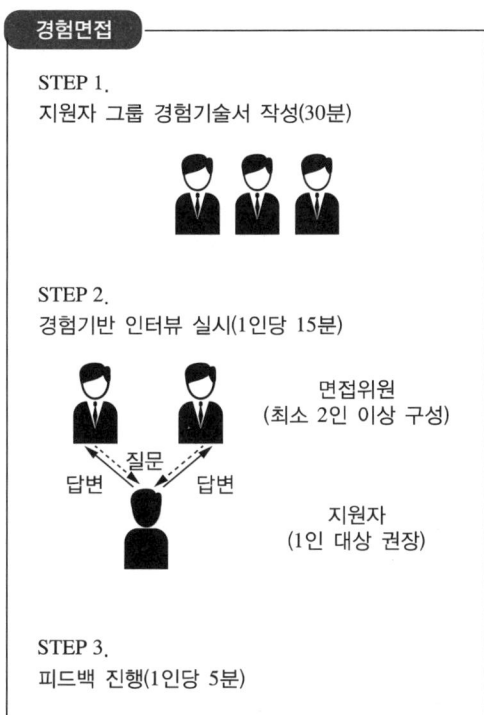

경험면접

STEP 1.
지원자 그룹 경험기술서 작성(30분)

STEP 2.
경험기반 인터뷰 실시(1인당 15분)

면접위원
(최소 2인 이상 구성)

지원자
(1인 대상 권장)

STEP 3.
피드백 진행(1인당 5분)

발표면접

STEP 1.
지원자 그룹 발표 내용 작성(30분)

STEP 2.
발표 5분+추가질의 5분(1인당 10분)

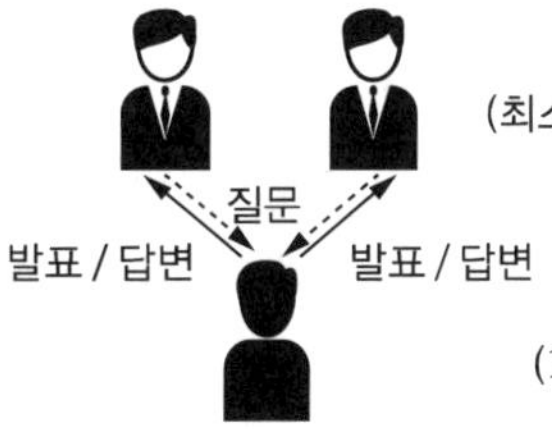

면접위원
(최소 2인 이상 구성)

지원자
(1인 대상 권장)

STEP 3.
피드백 진행(1인당 5분)

Tip

면접 준비하기

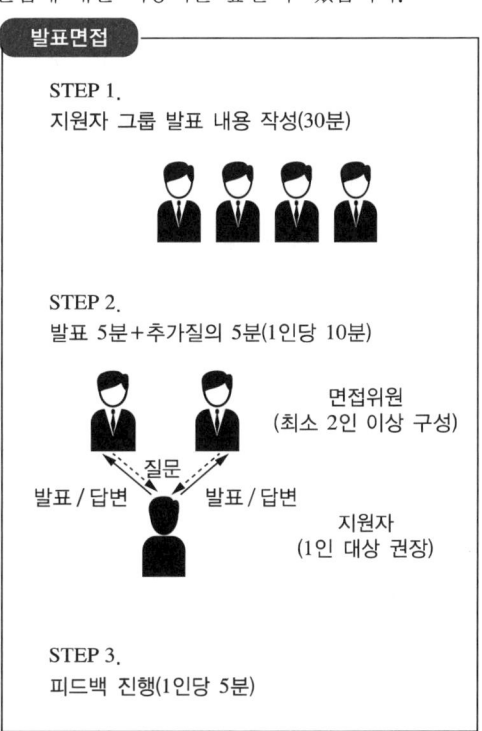

1. 면접 유형 확인 필수
   - 기업마다 면접 유형이 상이하기 때문에 해당 기업의 면접 유형을 확인하는 것이 좋음
   - 일반적으로 실무진 면접, 임원면접 2차례에 거쳐 면접을 실시하는 기업이 많고 실무진 면접과 임원 면접에서 평가요소가 다르기 때문에 유형에 맞는 준비방법이 필요
2. 후속 질문에 대한 사전 점검
   - 블라인드 채용 면접에서는 주요 질문과 함께 후속 질문을 통해 지원자의 직무능력을 판단
     → STAR 기법을 통한 후속 질문에 미리 대비하는 것이 필요

CHAPTER

05 서울교통공사 면접 기출질문

서울교통공사의 면접은 개별(상황)면접과 집단면접으로 진행된다. 면접에서는 직원으로서의 정신자세, 전문지식과 응용능력, 의사발표의 정확성과 논리성, 예의·품행 및 성실성, 창의력·의지력 및 기타 발전 가능성을 평가한다.

1. 직원으로서의 정신자세

서울교통공사에서 요구하는 인재상에 부합하는 인재라는 점을 강조할 필요가 있다. 우선 직원으로서의 성실함과 적극성을 어필해야 하며, 업무에 대한 관심과 이해를 충분히 보여 줘야 한다.

2. 전문지식과 응용능력

면접 중 직무와 관련된 전문지식에 대한 질문이 있을 수 있다. 본인이 알고 있는 지식을 서울교통공사 내 직무와 연결시켜 간단명료하게 설명할 수 있어야 한다.

3. 의사발표의 정확성과 논리성

면접 경험이 적은 사람은 상대적으로 자신이 말하고자 하는 바를 조리 있게 설명하는 것이 어렵다. 단기간에 실력을 높이기 힘들기 때문에 사전에 예상되는 면접 질문 목록을 만들고 그에 맞는 답변을 조리 있게 작성하여 많은 연습을 할 필요가 있다.

4. 예의·품행 및 성실성

면접은 자신을 평가하는 사람과의 첫 만남이다. 면접장에 들어와서 대기하는 순간부터 면접을 종료하고 퇴실할 때까지 긴장을 늦춰서는 안 된다. 특히 면접장에 입장했을 때는 단정한 옷차림새와 반듯한 인사로 면접관들에게 좋은 인상을 남기도록 해야 한다.

5. 창의력·의지력 및 기타 발전 가능성

서울교통공사는 기존의 틀에 박힌 관념에 사로잡히지 않고 서울 지하철 이용승객의 이용편의 증진을 위한 새로운 아이디어를 창출해 낼 수 있는 창의력 있는 인재를 선발하고자 한다. 또한 이를 실현시킬 수 있는 의지력과 발전성을 요구한다.

6. 2024년 면접 기출질문

- 혼잡한 시간대에 발생하는 응급환자와 관련한 민원에 어떻게 대응할 것인지 말해 보시오.
- 서울교통공사의 목표와 본인의 목표가 다르다면 어떻게 할 것인지 말해 보시오.
- 서울교통공사에 근무하게 된다면 어떠한 업무를 담당하고 싶은지 말해 보시오.

7. 2023년 면접 기출질문

- 자신의 소통 역량을 어필할 수 있는 경험이 있다면 말해 보시오.
- 본인의 강점과 업무상 필요한 자질을 연관 지어 이야기해 보시오.
- 대학 시절 전공 외에 노력하여 성취한 것이 있다면 말해 보시오.
- 경쟁하던 상대방을 배려한 경험이 있다면 말해 보시오.
- 책에서 배우지 않았던 지식을 활용했던 경험이 있다면 말해 보시오.
- 타인과의 소통에 실패했던 경험이 있는지, 이를 통해 느낀 점은 무엇인지 말해 보시오.
- 본인의 직업관을 솔직하게 말해 보시오.
- 정보를 수집하는 본인만의 기준이 있다면 말해 보시오.
- 긍정적인 에너지를 발휘했던 경험이 있다면 말해 보시오.
- 서울교통공사와 관련하여 최근 접한 이슈가 있는지, 그에 대한 본인의 생각은 어떠한지 말해 보시오.
- 팀 프로젝트 과정 중에 문제를 겪었던 경험이 있는지, 그런 경험이 있다면 문제를 어떻게 효과적으로 해결했는지 말해 보시오.
- 본인은 주위 사람들로부터 어떤 평가를 받는 사람인지 말해 보시오.
- 본인이 맡은 바보다 더 많은 일을 해 본 경험이 있는지 말해 보시오.
- 평소 생활에서 안전을 지키기 위해 노력했던 습관이 있다면 말해 보시오.
- 기대했던 목표보다 더 높은 성과를 거둔 경험이 있다면 말해 보시오.
- 공공데이터의 활용 방안에 대해 말해 보시오.
- 상대방을 설득하는 본인만의 방법에 대해 말해 보시오.
- 지하철 객차 내에서 느낀 불편한 점이 있는지 말해 보시오.
- 본인의 스트레스 해소 방안에 대해 말해 보시오.
- 서울교통공사에 입사하기 위해 참고했던 자료 중 세 가지를 골라 말해 보시오.
- 본인만의 악성민원 응대 방법에 대해 말해 보시오.
- 기획안을 작성하고자 할 때 어떤 자료를 어떻게 참고할 것인지 말해 보시오.

8. 과년도 면접 기출질문

- 공직자에게 가장 중요한 신념이 무엇이라고 생각하는지 말해 보시오.
- 봉사활동 경험이 있는지 말해 보시오.
- 갈등해결 경험이 있는지, 있다면 어떠한 갈등해결 전략을 어떻게 활용하였는지 말해 보시오.
- 직무에 대한 본인의 강점은 무엇인지 말해 보시오.
- 자기계발 경험에 대하여 간략하게 말해 보시오.
- 리더십을 발휘한 경험이 있는지 말해 보시오.
- 목표를 이루기 위하여 꾸준히 노력한 경험이 있는지 말해 보시오.
- 서울교통공사에 입사하기 위해 특별히 노력한 부분이 있는지 말해 보시오.
- 서울교통공사에서 시행 중인 4차 산업혁명 관련 사업을 아는 대로 말해 보시오.
- 지하철 관련 사건·사고에 대해서 아는 대로 말해 보시오.
- 공기업 직원으로서 가장 중요한 덕목이 무엇인지 말해 보시오.
- 갈등 상황에서 Win-Win 전략을 사용한 적이 있는지 말해 보시오.
- 다른 회사와 비교할 때 서울교통공사만의 장단점에 대해 말해 보시오.
- 역무원으로서 가져야 할 자세와 그에 대한 경험에 대해 말해 보시오.
- 역무원 업무에서 4차 산업혁명 기술을 이용할 수 있는 방안에 대해 말해 보시오.
- 부정승차를 대처할 수 있는 방안에 대해 말해 보시오.
- 컴플레인에 대처할 수 있는 방안에 대해 말해 보시오.
- 지하철 혼잡도를 낮추고 승객 스트레스를 줄이기 위한 방안에 대해 말해 보시오.
- 지하철 공간 활용 방안에 대해 말해 보시오.
- 일회용 교통권 회수율 상승 방안에 대해 말해 보시오.
- 특정 분야의 전문가가 되기 위해 노력했던 경험이 있는지, 이를 서울교통공사에서 어떻게 발휘할 것인지 말해 보시오.
- 지금의 자신을 가장 명확하게 표현할 수 있는 과거의 경험이 있다면 말해 보시오.
- 교대 근무에 대한 생각을 말해 보시오.
- 접지저항의 종별 크기에 대하여 말해 보시오.
- 본인의 친화력을 보여 주는 경험이 있다면 말해 보시오.
- 영어로 자기소개를 할 수 있다면 간략하게 해 보시오.
- 평상시 서울교통공사에 바라는 개선점이 있었다면 말해 보시오.
- 우리나라 지하철을 이용하며 느낀 장단점에 대하여 말해 보시오.
- 소속 집단을 위하여 사소하게라도 희생한 경험이 있다면 말해 보시오.

- 분기기에 대해 말해 보시오.
- 이론교점과 실제교점에 대해 말해 보시오.
- 크로싱부에 대해 말해 보시오.
- 궤도틀림에 대해 말해 보시오.
- 궤도 보수에 사용되는 장비에 대해 말해 보시오(MTT, STT 등).
- 온도 변화 신축관이란 무엇인지, 피뢰기와 피뢰침, 조합논리회로와 순차논리회로에 대한 개념과 비교하여 말해 보시오.
- 노인 무임승차 해결방안에 대해 말해 보시오.
- 혼잡한 시간대에 열차를 증차하면 그에 따르는 추가비용은 어떻게 감당할 것인지에 대한 방안을 빅데이터를 활용해서 말해 보시오.
- 대중교통 이용을 통해 건강문제를 해결할 수 있는 방안에 대해 말해 보시오.
- 지하철 성범죄 예방방법에 대해 말해 보시오.
- 신호체계 혼재로 인한 안전사고 해결방안에 대해 말해 보시오.
- 4차 산업의 빅데이터를 활용하여 지하철 출퇴근 시간의 붐비는 현상을 개선할 방안에 대해 말해 보시오.
- 지하철 안내판 개선방법에 대해 말해 보시오.
- 지하철 불법 광고 근절 방안에 대해 말해 보시오.
- 교통체계 시스템 개선 방안에 대해 말해 보시오.
- 국민들이 사기업보다 공기업 비리에 더 분노하는 이유는 무엇이라고 생각하는지 말해 보시오.
- 사람과 대화할 때 가장 중요한 것이 무엇이라고 생각하는지 말해 보시오.
- 본인을 색으로 표현하면 무슨 색이고, 왜 그 색인지 이유에 대해 말해 보시오.
- 창의적으로 무언가를 주도했던 경험을 말해 보시오.

시대에듀

M E M O

답안채점 • 성적분석 서비스

모바일 OMR

1. 도서 내 모의고사 우측 상단에 위치한 QR코드 찍기
2. 로그인 하기 (LOG IN)
3. '시작하기' 클릭
4. '응시하기' 클릭
5. 나의 답안을 모바일 OMR 카드에 입력
6. '성적분석 & 채점결과' 클릭
7. 현재 내 실력 확인하기

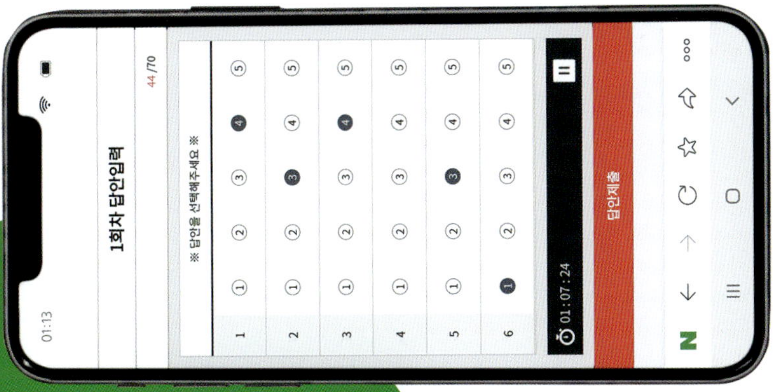

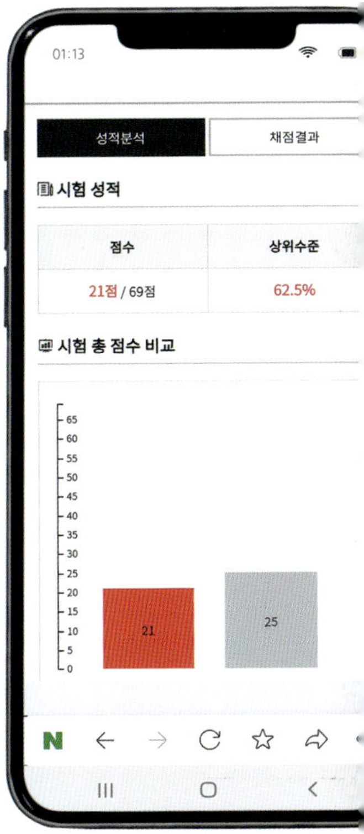

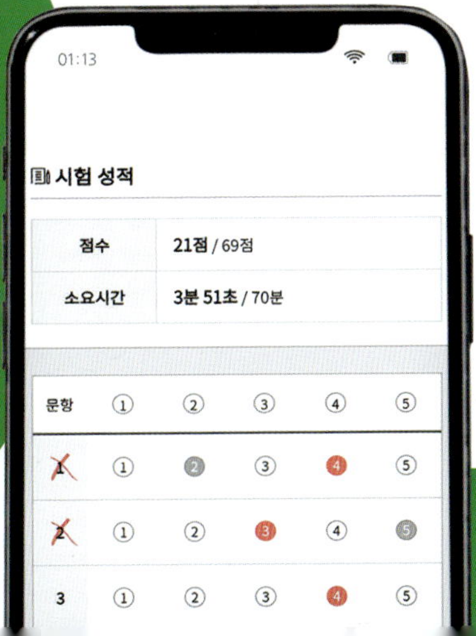

도서에 수록된 모의고사에 대한
객관적인 결과(정답률, 순위)를
종합적으로 분석하여 제공합니다.

※OMR 답안채점 / 성적분석 서비스는 등록 후 30일간 사용 가능합니다.

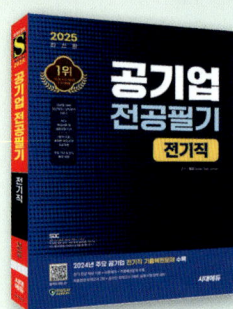

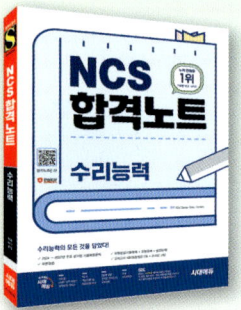

2025
하반기

서울 교통공사

통합기본서

편저 | SDC(Sidae Data Center)

정답 및 해설

누적 판매량
1위
기업별 NCS 시리즈

기출복원문제부터
대표기출유형 및
모의고사까지

한 권으로 마무리!

SDC
SDC는 시대에듀 데이터 센터의 약자로 약 30만 개의 NCS · 적성 문제 데이터를 바탕으로 최신 출제경향을 반영하여 문제를 출제합니다.

시대에듀

PART 1

서울교통공사 3개년 기출복원문제

CHAPTER 01

2024년 기출복원문제

01 직업기초능력평가

01	02	03	04	05	06	07	08	09	10	11	12	13	14						
③	⑤	⑤	③	⑤	①	②	①	④	①	④	⑤	③	④						

01

정답 ③

전기 집진기는 (+) 전하를 분진에 부여하여 집진판에 흡착시키는 방식이다. 따라서 집진판은 (+) 전하가 아니라 (−) 전하를 띨 것임을 추론할 수 있다.

오답분석

① 사이클론, 전기, 필터 등 여과하는 방식만 다를 뿐이며 분진 집진기는 분진이 포함된 공기를 흡입하여 분진과 공기를 분리하고, 깨끗한 공기를 외부로 배출하는 3단계를 거친다.
② 분진 집진기는 사이클론, 필터, 전기 등을 활용해 공기와 분진을 분리하는 장치이다.
④ 필터 집진기의 경우 섬유필터를 통해 분진을 걸러내므로 다양한 크기의 분진을 제거할 수 있어 큰 분진을 주로 제거하는 사이클론 방식이나 작은 분진을 주로 제거하는 전기 방식에 비해 광범위하게 사용할 수 있다.
⑤ 사이클론 집진기의 경우 큰 분진 제거에 유리하고, 전기 집진기의 경우 작은 분진 제거에 유리하기 때문에 분진의 크기를 고려하여 집진기 작동방식을 선택하는 것이 효과적이다.

02

정답 ⑤

'갖은'은 '골고루 다 갖춘. 또는 여러 가지의'를 의미하므로 옳은 어휘이다.

오답분석

① '겨루다'는 '서로 버티어 승부를 다툼'을 의미한다. 밑줄 친 어휘의 대상은 총구이므로 '활이나 총 따위를 쏠 때 목표물을 향해 방향과 거리를 잡음'을 의미하는 '겨누다'가 옳은 어휘이다.
② '늘이다'는 '본디보다 더 길어지게 함'을 의미한다. 밑줄 친 어휘의 대상은 수명이므로 '시간이나 기간을 길게 함'을 뜻하는 '늘리다'가 옳은 어휘이다.
③ '겉잡다'는 '겉으로 보고 대강 짐작하여 헤아림'을 의미한다. 제시된 문장에서는 퍼져나가는 소문을 붙들어 잡을 수 없음을 의미하므로 '한 방향으로 치우쳐 흘러가는 형세 따위를 붙들어 잡음'을 의미하는 '걷잡다'가 옳은 어휘이다.
④ '가늠'은 '목표나 기준에 맞고 안 맞음을 헤아려 봄'을 의미한다. 제시된 문장에서는 정치적 성향에 따라 편을 나누는 것을 의미하므로 '쪼개거나 나누어 따로따로 되게 하는 일'을 의미하는 '가름'이 옳은 어휘이다.

03

정답 ⑤

행정업무의 운영 및 혁신에 관한 규정 시행규칙 제2조에 따르면 공문서의 항목을 표시할 때에는 상위 항목부터 하위 항목까지 1. → 가. → 1) → 가) → (1) → (가) → ① → ㉮의 형태로 표시하여야 한다고 규정되어 있다.

04

정답 ③

행정업무의 운영 및 혁신에 관한 규정 시행규칙 제2조 제2항에 따르면 문서에 금액을 표기할 때는 아라비아 숫자로 쓰고, 숫자 다음에 괄호를 써 한글로 적어야 한다고 규정되어 있다. 또한 한글로 적을 때에는 숫자가 '1'일 경우 '일'이라는 표기를 하여야 하며, 금액 앞에 '금'은 붙여 써야 한다. 따라서 공문서의 금액 표기로 옳은 것은 ③이다.

05

정답 ⑤

2024년에 S시 버스를 이용한 사람은 5,200,000명이고, 운영한 버스 노선 수는 250개이므로 노선당 평균 이용자 수는 5,200,000÷250=20,800명이다. 2025년에 S시 버스를 이용할 것으로 예상되는 사람은 5,850,000명이므로 운영할 버스 노선 수를 x개라 하고, 노선당 이용자 수가 20,800명 이하가 되도록 하려면 다음 식이 성립해야 한다.

$5,850,000 \div x \leq 20,800$

$\rightarrow 5,850,000 \div 20,800 \leq x$

$\therefore x \geq 281.25$

이때 x의 값은 자연수이므로 필요한 노선의 최솟값은 282개이다.

따라서 2025년에 충원해야 하는 최소한의 버스 노선 수는 282−250=32개이다.

06

정답 ①

2호선과 3호선의 에스컬레이터 설치율을 비교하면 다음과 같다.

- 2호선 : (50÷65)×100≒76.9%
- 3호선 : (30÷45)×100≒66.7%

따라서 2호선의 에스컬레이터 설치율이 더 높다.

오답분석

② 1호선에서 에스컬레이터가 설치된 역사의 비율은 (38÷50)×100=76%이므로 75% 이상이다.

③ 4호선에서 에스컬레이터가 설치되지 않은 역사 수는 55−44=11개이다.

④ 전체 역사 215개 중 에스컬레이터가 설치되지 않은 역사는 215−162=53개이다. 따라서 전체 역사 중 에스컬레이터가 설치되지 않은 역사의 비율은 (53÷215)×100≒24.7%이며, 이는 $\frac{1}{4}$ 이하이다.

⑤ 3호선에서 에스컬레이터가 설치된 역사는 30개이고, 1, 2, 4호선의 에스컬레이터가 설치된 역사 수의 평균은 (38+50+44)÷3=44개이므로 옳은 설명이다.

07

정답 ②

고객별로 캐리어 이동 비용 및 보관료를 계산하면 다음과 같다.

(단위 : 원)

구분	이동 비용	캐리어 크기	기본 보관료	추가 보관료	합계
A	40,000	(40+20+55)÷2.54≒45.3인치	15,000	1,000	56,000
B	60,000	(40+40+55)÷2.54≒53.1인치	15,000	3,000	78,000
C	45,000	(40+60+60)÷2.54≒63.0인치	20,000	10,000	75,000
D	60,000	(25+30+60)÷2.54≒45.3인치	15,000	1,000	76,000
E	50,000	(20+20+30)÷2.54≒27.6인치	7,000	8,000	65,000

따라서 가장 많은 비용을 지불하는 사람은 B고객이다.

08

정답 ①

고객별 캐리어 이동 서비스 내용을 정리하면 다음과 같다.

(단위 : 원, 개)

구분	기본 거리 비용	추가 거리 비용	시간 비용	캐리어 수량	할인 내용
갑	10,000	6×3,000=18,000	42×200=8,400	2	10%
을	10,000	–	14×200=2,800	3	–
병	10,000	5×3,000=15,000	34×200=6,800	2	10%
정	10,000	10×3,000=30,000	43×200=8,600	1	–

이를 바탕으로 고객별 캐리어 이동 서비스 비용을 구하면 다음과 같다.

- 갑 : (10,000+18,000+8,400)×2×0.9=65,520원
- 을 : (10,000+2,800)×3=38,400원
- 병 : (10,000+15,000+6,800)×2×0.9=57,240원
- 정 : (10,000+30,000+8,600)×1=48,600원

따라서 4명의 캐리어 이동 서비스 비용의 총합은 65,520+38,400+57,240+48,600=209,760원이다.

09

정답 ④

A직원의 경우 1년간 근속하였으므로 10포인트의 경력 포인트를 받았으며, 사이버교육을 50시간을 이수하지 못했으므로 교육실적 포인트는 받지 못했다. 목표 및 실적에 따른 내부평가에서 A등급을 받아 17포인트의 경영평가 포인트를 받았으며, 전기기사 자격증을 취득하였으므로 2포인트의 가점 포인트를 받았다. 마지막으로 반기 단위 평정에서 상위 40%와 29%를 달성하여 총 15+28=43점의 근무평정 포인트를 받았다(세부 점수 부여 기준은 서울교통공사 홈페이지 참고). 따라서 A직원이 부여받지 못한 승진 포인트의 종류는 교육실적 포인트이다.

서울교통공사의 승진 포인트제

서울교통공사에서 7급 → 4급까지는 근속승진 대상으로 18년의 근속이 필요하지만, 승진 포인트제를 활용하면 이를 앞당길 수 있다. 승진 포인트제는 직원의 능력에 따라 포인트를 부여하여 더욱 빠른 승진을 가능하게 하는 제도로, 5급은 371포인트, 6급은 318포인트, 7급은 265포인트에 도달하면 심사승진 자격을 가질 수 있으며, 부여받을 수 있는 승진 포인트의 종류는 다음과 같다.

- 경력 포인트 : 월 단위로 1포인트씩 연간 최대 10포인트 부여
- 근무평정 포인트 : 반기마다 근무평정을 실시하여 연간 최대 66포인트까지 부여(반기별로 최대 33포인트)
- 경영평가 포인트 : 목표 및 실적에 따라 부서 내부평가를 바탕으로 S~D등급까지 연간 최대 20포인트 부여
- 교육실적 포인트 : 연간 50시간의 교육을 이수했을 때 4포인트 부여
- 가점 및 감점 포인트 : 자격증 취득, TF 파견, 포상 등에 가점을 부여하고, 정직, 감봉, 견책 등에 감점을 부여

10

정답 ①

스프레드 시트의 날짜에서 5일을 더하려면 단순히 기준 셀에 5를 더해주면 된다. 따라서 「=A6+5」가 옳은 함수식이다.

11

정답 ④

메일 머지에서 '부서' 필드를 삽입하려면 {{부서}}와 같이 중괄호 두 개를 사용한다.

12

정답 ⑤

기업별 전체 수입을 구하면 다음과 같다.

• A : 400×70,000=2,800만 원
• B : 650×50,000=3,250만 원
• C : (550×65,000)×0.8=2,860만 원
• D : 300×85,000=2,550만 원
• E : (850×55,000)×0.8=3,740만 원

기업별 전체 투입 비용을 구하면 다음과 같다.

• A : 4×100+3×100+500+120×1=1,320만 원
• B : (3×100+2×150+470+100×1)×1.2=1,404만 원
• C : 5×100+3×130+510+75×1=1,475만 원
• D : 2×100+1×200+535+135×1=1,070만 원
• E : (5×100+2×170+495+150×1)×1.2=1,782만 원

기업별 순수익을 구하면 다음과 같다.

• A : 2,800−1,320=1,480만 원
• B : 3,250−1,404=1,846만 원
• C : 2,860−1,475=1,385만 원
• D : 2,550−1,070=1,480만 원
• E : 3,740−1,782=1,958만 원

기업별 효율성을 구하면 다음과 같다.

• A : 1,480÷7,300×100≒20.27%
• B : 1,846÷8,500×100≒21.72%
• C : 1,385÷6,800×100≒20.37%
• D : 1,480÷7,600×100≒19.47%
• E : 1,958÷8,800×100=22.25%

따라서 가장 효율적인 사업을 하는 기업은 E이다.

13

정답 ③

선택지에 주어진 내용을 토대로 각 임직원의 귀속 강사료를 구하면 다음과 같다.

• A부사장 : 250,000×3×0.8=600,000원
• B상무 : 200,000×2×0.8=320,000원
• C부장 : 180,000×5×0.6=540,000원
• D대리 : 300,000×4×0.6=720,000원
• E사원 : 200,000×6×0.6=720,000원

선택지에 주어진 내용을 토대로 각 임직원의 여비를 구하면 다음과 같다.

• A부사장 : 100,000×2+50,000×3+100,000×2+60,000×3=730,000원
• B상무 : 50,000×2+50,000×2+100,000×1+50,000×2=400,000원
• C부장 : 50,000×2+30,000×5+50,000×4+40,000×5=650,000원
• D대리 : 30,000×2+30,000×4+50,000×3+30,000×4=450,000원
• E사원 : 30,000×2+30,000×6+50,000×5+30,000×6=670,000원

A부사장, B상무, C부장은 출장비가 귀속 강사료보다 많으므로 S공사 입장에서 적자이고, D대리와 E사원은 출장비가 귀속 강사료보다 적으므로 S공사 입장에서 흑자이다.

따라서 ③이 옳은 설명이다.

14

정답 ④

두 팀장의 대화를 볼 때 부서원들의 소극적인 모습은 실수에 대한 무관용 문화, 엄격한 시스템, 실패에 대한 압박 등이 결정적인 요인으로 언급되고 있다. 이는 개인이나 팀장 간의 관계 문제가 아니라, 조직 전체 분위기와 시스템에서 비롯된 임파워먼트 장애요인이므로 조직 차원의 장애요인으로 볼 수 있다.

임파워먼트

임파워먼트(Empowerment)란 조직구성원들을 신뢰하고 그들의 잠재력을 믿으며, 그 잠재력의 개발을 통해 고성과(High Performance) 조직이 되도록 하는 일련의 권한 위임 행위이다. 성공적인 임파워먼트는 조직의 모든 사람들로부터 시너지적이고 창조적인 에너지를 끌어내어 생산성이 향상되고, 사람들이 좋은 기회에 대한 큰 기대를 하게 되며 진보적이고 성공적인 조직을 만들 수 있게 된다. 그러나 이러한 임파워먼트는 4가지 차원의 장애요인이 있으므로 이를 파악하고 대처할 수 있어야 한다.

임파워먼트 장애요인

- 개인 차원 : 주어진 일을 해내는 역량의 결여, 동기의 결여, 결의의 부족, 책임감 부족, 의존성
- 대인 차원 : 다른 사람과의 성실성 결여, 약속 불이행, 성과를 제한하는 조직의 규범, 갈등처리 능력 부족, 승패의 태도
- 관리 차원 : 통제적 리더십 스타일, 효과적 리더십 발휘 능력 결여, 경험 부족, 정책 및 기획의 실행능력 결여, 비전의 효과적 전달능력 결여
- 조직 차원 : 공감대 형성이 없는 구조와 시스템, 제한된 정책과 절차

02 직무수행능력평가

| 01 | 경영학

01	02	03	04	05	06	07	08		
③	⑤	①	④	③	④	②	③		

01

정답 ③

무형자산은 기업의 영업활동 과정에서 사용되어 미래의 경제적 이익이 기대되는 물리적 형태가 없는 자산으로, 인적 자원, 영업권, 저작권, 라이선스, 개발비 등이 해당한다. 반면 유형자산은 기업이 영업 활동에 사용하기 위해 보유하고 있는 물리적 형태를 가진 자산으로, 토지, 건물, 기계장치, 차량, 선박, 건설 중인 자산 등이 해당한다.

02

정답 ⑤

확정기여형 퇴직연금은 회사가 부담금을 납입하고, 근로자가 직접 적립금을 운용하여 퇴직 시 적립금과 운용수익을 퇴직급여로 지급받는 제도로, 주택 구입, 의료비, 파산 등 법에서 정한 요건에 해당할 경우 중도인출이 가능하다.

03

정답 ①

적격자산은 계획된 용도로 사용하거나 판매 가능한 상태로 만들기 위해 상당한 기간이 소요되는 자산을 의미하며, 재고자산, 제조설비자산, 유형자산, 무형자산, 투자부동산 등이 해당한다.

04

정답 ④

배당세액공제제도는 법인세법이 아닌 소득세법에 규정된 제도이다.

05

정답 ③

협동조합은 조합의 이윤추구보다 조합원 간 협동을 통한 편익 증진을 최우선 목표로 한다.

오답분석

② 출자금을 납부하여 조합원이 될 수 있으며, 별도의 출자금 제한은 없다.
④ 조합원은 유한책임만 부담하므로 조합이 파산하는 등의 문제가 발생해도 출자금만큼만 손실을 입는다.
⑤ 협동조합기본법에 따라 최소 5명 이상의 발기인이 있어야 협동조합을 결성할 수 있다.

06

정답 ④

과학적 관리론은 노동자의 작업요소를 기존 경험에 의존하지 않고 과학적인 분석을 통해 판단한다.

07

정답 ②

생산량 비례급은 생산량에 따라 임금이 결정되는 단순성과급 방식이다. 한편, 복률성과급, 비도우식 할증급, 할시식 할증급, 맨체스터 플랜은 복률성과급 방식에 해당한다.

오답분석

① 복률성과급 : 작업성과에 따라 적용 임금률을 다르게 산정하는 복률성과급 방식이다.
③ 비도우식 할증급 : 성과달성을 기준으로 임금을 일정 비율로 할증 지급하는 복률성과급 방식이다.
④ 할시식 할증급 : 일정 작업에 대하여 표준시간을 단축할 경우 임금의 일부를 할증급으로 지급하는 복률성과급 방식이다.
⑤ 맨체스터 플랜 : 미숙련 근로자가 성과를 달성하지 못해도 최저수준의 임금을 보장하는 복률성과급 방식이다.

08

정답 ③

상여금, 점심식대 지원, 경조사 지원 등은 법정 외 복리후생에 해당한다.

오답분석

①·② 복리후생은 임금에 포함하지 않고 별도로 운영되며, 적절한 복리후생 제도는 직원과 직원가족 등의 애사심을 높이고 생활환경 향상을 통한 성과창출에 기여할 수 있다.
④ 사회보험, 퇴직금, 유급휴일 및 휴가 등 기업이 의무적으로 실시해야 하는 복리후생을 법정 복리후생이라 한다.
⑤ 퇴직자의 재취업 또는 창업을 지원하는 것도 복리후생에 해당한다.

| 02 | 경제학

01	02	03	04						
③	③	⑤	②						

01

정답 ③

국내총생산(GDP)은 (소비)+(투자)+(정부지출)+(순수출)을 통해 구하며, 정부저축 및 국민저축은 계산에 포함하지 않는다. 따라서 제시된 자료를 바탕으로 국내총생산을 구하면 1,200+400+600+(−50)=2,150조 원이다.

02

정답 ③

경제활동참가율은 [(경제활동인구)÷(15세 이상 인구)]×100으로 구하며, 비경제활동인구 및 총인구는 계산에 포함하지 않는다. 따라서 제시된 자료를 바탕으로 경제활동참가율을 구하면 (3,000÷5,000)×100=60%이다.

03

정답 ⑤

본원통화는 정부가 중앙은행에서 예금을 인출하거나 중앙은행이 정부에 대출을 할 때 공급하는 화폐를 의미한다.

04

정답 ②

무역수지는 일정 기간 동안의 총수출액에서 총수입액을 차감하여 구한다. 한편, 경상수지는 무역수지에 서비스 거래액, 배당액, 이자지급액 등을 더하여 구한다.

| 03 | 전기

01	02	03	04	05	06	07			
③	④	④	③	②	①	④			

01

정답 ③

변압기 보호계전기의 종류

- 과전류 계전기(OCR; Over Current Relay) : 정격 전류를 초과하면 동작하며, 외부 단락이나 과부하 등 외부 고장 시 빠르게 차단한다.
- 과전압 계전기(OVR; Over Voltage Relay) : 전압이 과도하게 상승했을 때 동작하며, 절연 파괴, 장비 손상을 방지한다.
- 부족전압 계전기(UVR; Under Voltage Relay) : 전압이 비정상적으로 낮아졌을 때 동작하며, 역상 운전 또는 기기 오동작을 방지한다.
- 차동 계전기(DPR; Differential Protection Relay) : 변압기의 1차측과 2차측 전류를 비교하여 내부 고장(권선 단락 등) 여부를 판단한다.
- 접지 계전기(GR; Ground Relay) : 접지(지락) 전류 발생 시 동작한다.

02

정답 ④

태양전지 표면온도 상승 시 전압은 감소하고, 전류는 약간 증가하며, 출력은 감소한다. 이러한 특성 때문에 태양광 발전 시스템 설계 시에는 온도 상승에 따른 효율 저하를 고려해야 하며, 적절한 환기 및 냉각 설비를 통해 태양전지 모듈의 온도를 관리하는 것이 중요하다.

03

정답 ④

무손실 선로의 전파속도 $v=\frac{\omega}{\beta}=\frac{1}{\sqrt{LC}}=\lambda f$이므로 파장 $\lambda=\frac{1}{f\sqrt{LC}}$이다.

04

정답 ③

무손실 선로의 전파속도 $v=\frac{3\times10^8}{\sqrt{\epsilon_s\mu_s}}=\frac{3\times10^8}{\sqrt{9\times1}}=1.0\times10^8\,\mathrm{m/sec}$

05

정답 ②

결합계수 $k=1$일 때

상호인덕턴스 $M_{21}=M_{12}=M=\frac{N_2\phi_{21}}{I_1}=\frac{N_1\phi_{12}}{I_2}=\frac{N_1N_2}{R_m}=\frac{\mu SN_1N_2}{l}$이다.

06

정답 ①

푸리에 급수 해석을 통해 모든 주기적인 비정현파는 직류 성분과 다양한 주파수의 정현파(기본파 및 고조파)의 합으로 나타낼 수 있다.

07

정답 ④

표피효과는 도체에 교류전류가 흐를 때 전류가 도체의 중심부보다는 표면 가까운 곳에 집중되어 흐르는 현상을 말한다. 표피효과는 주파수가 높을수록, 도전율이 높을수록, 투자율이 높을수록, 도체가 굵을수록 중심부의 인덕턴스가 커져 심해진다.

2023년 기출복원문제

01 직업기초능력평가

01	02	03	04	05	06	07	08	09	10	11	12	13	14	15	16	17	18	19	20
④	④	⑤	①	③	③	①	②	①	③	⑤	④	④	⑤	④	②	⑤	②	②	③
21	22	23	24	25	26	27	28	29	30	31	32	33	34	35	36	37			
③	④	③	③	②	⑤	④	③	③	①	②	②	④	③	④	③	⑤			

01

정답 ④

제시된 목차와 보기의 논문 내용을 연결하면 다음과 같다. 먼저 (가) 문단은 도로와 철도 수송시스템의 구성과 수송시스템의 환경영향을 저감시키는 방법에 대해 언급하고 있으므로 목차의 '2. 수송시스템'의 (1)과 (2)에 해당하는 내용이고, (나) 문단은 우리나라의 온실가스 배출량에 대한 통계치를 제시하며 왜 이 연구를 진행하게 되었는지에 대한 배경을 다루고 있으므로 목차의 '1. 서론'에 해당하는 내용임을 알 수 있다. 다음으로 (다) 문단은 본 연구를 각 단계로 나누어 분석해 본 결과 Modal Shift를 통해 효과가 확인되었다는 내용이므로 목차의 '4. 사례연구'에 해당하는 내용이고, (라) 문단은 도로와 철도의 온실가스 배출이 어느 과정에서 어떠한 수치를 보이는지에 대한 구체적인 수치자료이므로 목차의 '2. 수송시스템'의 (3)에 해당하는 내용이다. 마지막으로 (마) 문단은 Modal Shift가 무엇이며 이를 활성화하기 위해 어떻게 해야 하는지에 대해 언급하고 있으므로 목차의 '3. Modal Shift(전환교통)'에 해당하는 내용이다. 따라서 보기의 (가)~(마) 문단을 논리적 순서대로 바르게 나열한 것은 (나) – (가) – (라) – (마) – (다)이다.

02

정답 ④

세 번째 문단을 통해 정부가 철도 중심 교통체계 구축을 위해 노력하고 있음을 알 수는 있으나, 구체적으로 시행된 조치는 언급되지 않았다.

오답분석

① 첫 번째 문단을 통해 전 세계적으로 탄소중립이 주목받자 이에 대한 방안으로 등장한 것이 철도 수송임을 알 수 있다.
② 첫 번째 문단과 두 번째 문단을 통해 철도 수송의 확대가 온실가스 배출량의 획기적인 감축을 가져올 것임을 알 수 있다.
③ 네 번째 문단을 통해 '중앙선 안동~영천 간 궤도' 설계 시 탄소 감축 방안으로 저탄소 자재인 유리섬유 보강근이 철근 대신 사용되었음을 알 수 있다.
⑤ 네 번째 문단을 통해 S철도공단은 철도 중심 교통체계 구축을 위해 건설 단계에서부터 친환경·저탄소 자재를 적용하였고, 또한 탄소 감축을 위해 2025년부터는 모든 철도건축물을 일정한 등급 이상으로 설계하기로 결정하였음을 알 수 있다.

03

정답 ⑤

마지막 문단의 '도시권역 간 이동시간을 단축해 출퇴근 교통체증을 해소할 수 있고'라는 내용을 통해 도심항공교통의 상용화를 통해 도심지상교통이 이전보다 원활해질 것임을 예측할 수 있다.

오답분석

① 첫 번째 문단과 두 번째 문단의 내용을 통해 알 수 있듯이 도심항공교통은 비행기와 달리 '저고도 상공'에서 사람이나 물품 등을 운송하는 교통수단, 또는 이와 관련된 모든 사업을 통틀어 말하는 용어로 모든 항공교통수단 시스템을 지칭한다고 보기는 어렵다.
② 도심항공교통은 지상교통수단의 이용이 불가능해진 것이 아니라, 인구 증가와 인구 과밀화 등 여러 요인으로 인해 지상교통수단만으로는 한계에 다다라 이에 대한 해결책으로 등장한 기술이다.
③ 두 번째 문단의 내용을 통해 알 수 있듯이 도심항공교통은 수직이착륙 기술을 가지고 있어 활주로의 필요성은 없지만, 세 번째 문단의 '핵심 인프라 중 하나인 플라잉카 공항 에어원 건설 중에 있다.'라는 내용을 통해 해당 교통수단을 위한 별도의 공항이 필요함을 짐작할 수 있다.
④ 제시문에서 공기업과 사기업, 그리고 각 시가 도심항공교통의 상용화를 목표로 박차를 가하고 있음은 알 수 있으나, 그들이 역할을 분담하여 공동의 목표를 향한다는 내용은 확인할 수 없다.

PART 1

04

정답 ①

제시문을 살펴보면 먼저 첫 번째 문단에서는 이산화탄소로 메탄올을 만드는 곳이 있다며 관심을 유도하고, 두 번째 문단에서 메탄올을 어떻게 만드는지, 어디에서 사용하는지 구체적으로 설명함으로써 탄소 재활용의 긍정적인 측면을 부각하고 있다. 하지만 세 번째 문단에서는 앞선 내용과 달리 이렇게 만들어진 메탄올의 부정적인 측면을 설명하고, 네 번째 문단에서는 이와 같은 이유로 탄소 재활용에 대한 결론이 나지 않았다며 글을 마무리하고 있다. 따라서 제시문의 주제로 가장 적절한 것은 탄소 재활용의 장점과 이면을 모두 포함하는 ①이다.

오답분석

② 두 번째 문단에 한정된 내용이므로 글의 전체를 다루는 주제로 보기에는 적절하지 않다.
③ 지열발전소의 부산물을 통해 메탄올이 만들어진 것은 맞지만, 새롭게 탄생한 연료로 보기는 어려우며, 글의 전체를 다루는 주제로 보기에도 적절하지 않다.
④·⑤ 제시문의 첫 번째 문단과 두 번째 문단에서는 버려진 이산화탄소 및 부산물의 재활용을 통해 '메탄올'을 제조함으로써 미래 원료를 해결할 수 있을 것처럼 보이지만, 이어지는 세 번째 문단과 네 번째 문단에서는 이렇게 만들어진 '메탄올'이 과연 미래 원료로 적합한지 의문점이 제기되고 있다. 따라서 제시문의 주제로 보기에는 적절하지 않다.

05

정답 ③

'우회수송'은 사고 등의 이유로 직통이 아닌 다른 경로로 우회하여 수송한다는 뜻이므로 '우측 선로로의 변경'으로 순화하는 것은 적절하지 않다.

오답분석

① '열차시격'에서 '시격'이란 '사이에 뜬 시간'이라는 뜻의 한자어로, 열차와 열차 사이의 간격, 즉 '배차간격'으로 순화할 수 있다.
② '전차선'이란 철로를 의미하고, '단전'은 전기의 공급이 중단됨을 말한다. 따라서 바르게 순화하였다.
④ '핸드레일'(Handrail)은 난간을 뜻하는 영어 단어로, 우리말로는 '안전손잡이'로 순화할 수 있다.
⑤ '키스 앤 라이드'(Kiss and Ride)는 헤어질 때 키스를 하는 영미권 문화에서 비롯된 이름으로, 환승정차구역을 지칭한다.

06

정답 ③

(교통카드 기준 운임)×44×0.85를 계산한 후 십의 자리에서 반올림하여도 되지만 종별 교통카드 기준 운임 비용이 100원 차이이므로 1단계 교통카드의 14회 운임 비용을 계산한 후 1,400원씩 더하여 모든 종별 이용구간 14회 초과 시 차감 비용을 구한 후에 종별 정기권 잔액과 합하면 정기권 금액이 나올 것이다.

종별	정기권 운임(원)	전 종과의 정기권 금액 차이(원)	교통카드 기준 운임(원)	14회 초과 시 차감 금액(원)	정기권 잔액(원)
1단계	20,300+34,700=55,000	–	1,450	1,450×14=20,300	34,700
2단계	21,700+36,300=58,000	3,000	1,550	20,300+1,400=21,700	36,300
3단계	23,100+38,600=61,700	3,700	1,650	21,700+1,400=23,100	38,600
4단계	24,500+41,000=65,500	3,800	1,750	23,100+1,400=24,500	41,000
5단계	25,900+43,300=69,200	3,700	1,850	24,500+1,400=25,900	43,300
6단계	27,300+45,600=72,900	3,700	1,950	25,900+1,400=27,300	45,600
7단계	28,700+48,000=76,700	3,800	2,050	27,300+1,400=28,700	48,000
8단계	30,100+50,300=80,400	3,700	2,150	28,700+1,400=30,100	50,300
9단계	31,500+52,700=84,200	3,800	2,250	30,100+1,400=31,500	52,700
10단계	32,900+55,000=87,900	3,700	2,350	31,500+1,400=32,900	55,000
11단계	34,300+57,300=91,600	3,700	2,450	32,900+1,400=34,300	57,300
12단계	35,700+59,700=95,400	3,800	2,550	34,300+1,400=35,700	59,700
13단계	37,100+62,000=99,100	3,700	2,650	35,700+1,400=37,100	62,000
14단계	38,500+64,400=102,900	3,800	2,750	37,100+1,400=38,500	64,400
15단계	39,900+66,700=106,600	3,700	2,850	38,500+1,400=39,900	66,700
16단계	41,300+69,000=110,300	3,700	2,950	39,900+1,400=41,300	69,000
17단계	42,700+71,400=114,100	3,800	3,050	41,300+1,400=42,700	71,400
18단계	117,800	3,700	3,150	–	117,800

따라서 전 단계와의 정기권 운임 비용 차이가 3,800원인 경우는 4단계, 7단계, 9단계, 12단계, 14단계, 17단계이므로 총 6가지이다.

07

정답 ①

강대리는 평일에만 출근했으며 4월에 연차를 사용하지 않았으므로 출근하는 날은 총 20일이다. 편도 이용 거리가 25km이므로 강대리는 4월에 25×2×20=1,000km을 이용하였고 3단계는 30km를 초과할 때마다 1회 차감하므로 차감 횟수는 $\frac{1,000}{30}$ ≒ 33.33, 즉 33회이다. 따라서 3단계 정기권 운임은 61,700원이고 교통카드 기준 운임은 1,650원이므로 4월 말 정기권 잔액은 61,700−(1,650×33)=7,250원이다.

08

정답 ②

S군의 편도 이용 거리는 25km이므로 한 달 동안의 S군의 이용 거리는 45×2×25=2,250km이다. 또한 정기권 운임에 대한 교통카드 기준 운임의 비는 운임 차감 횟수이므로 이 값에 종별 차감기준을 곱하면 종별 1회 충전 시 이용 가능 거리이다.

종별	이용 가능 거리(km)	종별	이용 가능 거리(km)
1단계	37×20=740	10단계	37×74=2,738
2단계	37×25=925	11단계	37×82=3,034
3단계	37×30=1,110	12단계	37×90=3,330
4단계	37×35=1,295	13단계	37×98=3,626
5단계	37×40=1,480	14단계	37×106=3,922
6단계	37×45=1,665	15단계	37×114=4,218
7단계	37×50=1,850	16단계	37×122=4,514
8단계	37×58=2,146	17단계	37×130=4,810
9단계	37×66=2,442	18단계	–

따라서 이용 가능 거리가 2,250km 이상인 종별 중 정기권 운임이 가장 저렴한 것은 9단계이다.

09

정답 ①

제시된 수열은 17씩 증가하는 수열이다. 따라서 빈칸에 들어갈 수는 135+17=152이다.

10

정답 ③

제시된 수열은 +3, +6, +9, …인 수열이다. 따라서 빈칸에 들어갈 수는 32+15=47이다.

11

정답 ⑤

제시된 수열은 계차가 3씩 증가하는 수열이다.

수열의 일반항이 a_n일 때, 계차는 $b_n = a_{n+1} - a_n = 3n - 1$이므로

$\sum_{n=1}^{19} b_n = a_{20} - a_1$이다.

$$\sum_{n=1}^{19} (3n-1) = \frac{3 \times 19 \times (19+1)}{2} - 19 = a_{20} - 5$$

→ 570−19+5=556

따라서 제시된 수열의 20번째 항의 값은 556이다.

12

정답 ④

연도별 A～C철도사의 차량 1량당 승차인원 수는 다음과 같다.

- 2020년
  - A철도사 : $\frac{775,386}{2,751} \fallingdotseq 281.86$천 명
  - B철도사 : $\frac{26,350}{103} \fallingdotseq 255.83$천 명
  - C철도사 : $\frac{35,650}{185} \fallingdotseq 192.7$천 명
- 2021년
  - A철도사 : $\frac{768,776}{2,731} \fallingdotseq 281.5$천 명
  - B철도사 : $\frac{24,736}{111} \fallingdotseq 222.85$천 명
  - C철도사 : $\frac{33,130}{185} \fallingdotseq 179.08$천 명
- 2022년
  - A철도사 : $\frac{755,376}{2,710} \fallingdotseq 278.74$천 명
  - B철도사 : $\frac{23,686}{113} \fallingdotseq 209.61$천 명
  - C철도사 : $\frac{34,179}{185} \fallingdotseq 184.75$천 명

따라서 3년간 차량 1량당 평균 승차인원 수는 C철도사가 가장 적다.

오답분석

① 2020～2022년의 C철도사의 차량 수는 185량으로 변동이 없다.

② 2020～2022년의 승차인원의 비율은 모두 A철도사가 가장 높다.

③ A ~ C철도사의 2020년의 전체 연간 승차인원 수는 775,386+26,350+35,650=837,386천 명, 2021년의 전체 연간 승차인원 수는 768,776+24,736+33,130=826,642천 명, 2022년의 전체 연간 승차인원 수는 755,376+23,686+34,179=813,241천 명으로 매년 감소하였다.

⑤ 2020 ~ 2022년의 C철도사의 차량 1량당 연간 승차인원 수는 각각 192.7천 명, 179.08천 명, 184.75천 명이므로 모두 200천 명 미만이다.

13

정답 ④

일곱 번째 조건에 따라 지영이는 대외협력부에서 근무하고, 다섯 번째 조건의 대우에 따라 유진이는 감사팀에서 근무한다. 그러므로 네 번째 조건에 따라 재호는 마케팅부에서 근무하며, 여섯 번째 조건에 따라 혜인이는 회계부에서 근무를 할 수 없다. 세 번째 조건에 의해 성우가 비서실에서 근무하게 되면, 희성이는 회계부에서 근무하고, 혜인이는 기획팀에서 근무하게 된다. 반면, 세 번째 조건의 대우에 따라 희성이가 기획팀에서 근무하면, 성우는 회계부에서 근무하고, 혜인이는 비서실에서 근무하게 된다. 이를 정리하면 다음과 같다.

감사팀	대외협력부	마케팅부	비서실	기획팀	회계부
유진	지영	재호	성우 혜인	혜인 희성	희성 성우

따라서 반드시 참인 명제는 '혜인이는 회계팀에서 근무하지 않는다.'이다.

오답분석

① 재호는 마케팅부에서 근무한다.
② 희성이는 회계부에서 근무할 수도 있다.
③ 성우는 비서실에서 근무할 수도 있다.
⑤ 유진이는 감사팀에서 근무한다.

14

정답 ⑤

6월 달력에서 제시된 부서 주요업무를 제외하고 남은 날에 휴가를 신청할 수 있다.

일요일	월요일	화요일	수요일	목요일	금요일	토요일
				1	2	3
4	5	6	7	8	9	10
11	12	13	14	15	16	17
18	19	20	21	22	23	24
25	26	27	28	29	30	

공휴일 및 주말에는 휴가를 사용하지 않으므로 이에 해당하는 날을 제외한다. 회의를 진행하는 매주 수요일과 금요일, 회식을 진행하는 두 번째 주, 네 번째 주 월요일을 제외한다. 또한, 내부품질검증 TF에 참여하는 6월 22 ~ 26일과 본부에서 주관하는 세미나에 참석하는 6월 13 ~ 16일을 제외한다. 따라서 A씨는 부서 주요업무를 제외하고 남은 6월 1, 5, 8, 19, 20, 27, 29일 중 하루에 휴가를 신청할 수 있다.

오답분석

① 6월 2일은 회의 및 본부장님 대상 주간보고 일정이 있어 휴가를 신청할 수 없다.
② 6월 12일은 회식 일정이 있어 휴가를 신청할 수 없다.
③ 6월 15일은 본부에서 주관하는 세미나에 참석해야 하므로 휴가를 신청할 수 없다.
④ 6월 22일은 내부품질검증 TF에 참여해야 하므로 휴가를 신청할 수 없다.

15

정답 ④

후광효과는 대상에 대한 긍정적 또는 부정적인 측면으로 인해 그와 무관한 영역에 대해서도 같은 시각으로 평가하는 논리적 오류이다.

오답분석

① 근접효과 : 평가표상 위치가 근접하거나 평가시점과 근접한 평가요소로 인해 평가 결과가 유사하게 나타나는 논리적 오류이다.
② 초두효과 : 먼저 인지한 정보가 이후 접하는 정보보다 더 큰 영향력을 끼치는 현상이다.
③ 최신효과 : 최근에 인지한 정보가 이전에 접한 정보보다 더 큰 영향력을 끼치는 현상이다.
⑤ 현저성 효과 : 가장 눈에 들어오고 특징정인 정보에서 받은 인상만으로 대상을 판단하는 논리적 오류이다.

16

정답 ②

S사 신입사원 선발조건에 따라 지원자에게 점수를 부여하면 다음과 같다.

(단위 : 점)

지원자	학위점수	어학시험점수	면접점수	총 인턴근무 기간	총점
A	18	20	30	18	86
B	25	17	24	18	84
C	18	17	24	18	77
D	30	14	18	12	74

따라서 최고득점자는 A이고, 최저득점자는 D이다.

17

정답 ⑤

인천에서 출발하는 시각과 경유지 및 모스크바까지의 이동시간 및 환승 대기시간과 현지 도착 시각을 이용하여 각 도시와의 시차를 구하면 다음과 같다.

• 베이징

인천 시각 기준 베이징 도착 시각	인천과 베이징의 시차	베이징 시각 기준 모스크바 도착 시각	베이징과 모스크바의 시차
0시 30분+2시간 =2시 30분	2시 30분 −1시 30분 =1시간	1시 30분 +19시간+9시간 =익일 5시 30분	익일 5시 30분 −익일 0시 30분 =5시간
소요시간	2시간+19시간+9시간=30시간		
인천 기준 모스크바 도착 시각	0시 30분 +30시간 =익일 6시 30분	인천과 모스크바의 시차	익일 6시 30분 −익일 0시 30분 =6시간

• 상하이

인천 시각 기준 상하이 도착 시각	인천과 상하이의 시차	상하이 시각 기준 모스크바 도착 시각	상하이와 모스크바의 시차
23시 30분+2시간 =익일 1시 30분	익일 1시 30분 −익일 0시 30분 =1시간	익일 0시 30분 +15시간 +10시간 30분 =익익일 2시	익익일 2시 −익일 21시 =5시간
소요시간	2시간+15시간+10시간 30분=27시간 30분		
인천 기준 모스크바 도착 시각	23시 30분 +27시간 30분 =익익일 3시	인천과 모스크바의 시차	익익일 3시 −익일 21시 =6시간

• 아부다비

인천 시각 기준 아부다비 도착 시각	인천과 아부다비의 시차	아부다비 시각 기준 모스크바 도착 시각	아부다비와 모스크바의 시차
6시+10시간 =16시	16시−11시 =5시간	11시 +2시간 30분 +6시간 =19시 30분	19시 30분 −18시 30분 =1시간
소요시간	10시간+2시간 30분+6시간=18시간 30분		
인천 기준 모스크바 도착 시각	6시 +18시간 30분 =익일 0시 30분	인천과 모스크바의 시차	익일 0시 30분 −18시 30분 =6시간

• 도하

인천 시각 기준 도하 도착 시각	인천과 도하의 시차	도하 시각 기준 모스크바 도착 시각	도하와 모스크바의 시차
1시 30분+10시간 =11시 30분	11시 30분 −5시 30분 =6시간	5시 30분 +3시간 +5시간 30분 =14시	14시−14시 =0시간
소요시간	10시간+3시간+5시간 30분=18시간 30분		
인천 기준 모스크바 도착 시각	1시 30분 +18시간 30분 =20시	인천과 모스크바의 시차	20시−14시 =6시간

한편, 도하와 모스크바의 시차는 없으므로 각 도시의 모스크바와의 시차는 각 도시의 도하와의 시차와 같다. 또한, 인천과 아부다비와의 시차는 5시간이고, 인천과 상하이와의 시차는 1시간이므로 아부다비는 상하이보다 5시간−1시간=4시간 늦다.

18

정답 ②

서번트 리더십은 구성원의 신뢰를 바탕으로 조직성과를 달성하게 하는 리더십이다. 서번트 리더십을 지닌 리더는 섬기는 자세로 구성원의 성장과 발전을 돕고, 조직 목표 달성에 구성원이 스스로 기여하도록 도와준다. 따라서 서번트 리더십에서 리더는 구성원의 성과를 최종 결과물보다 목표를 이루는 과정에서의 노력의 정도를 중심으로 평가한다.

오답분석

① 전통적 리더십에서는 조직구성원들 간의 경쟁을 적극적으로 이용하여 성과를 증진시키려 하지만, 서번트 리더십에서는 구성원 간 과도한 경쟁을 경계한다.

③ 전통적 리더십에서는 인재(조직구성원)를 조직에서 필요한 여러 종류의 자원 중 하나로 보지만, 서번트 리더십에서는 인재를 가장 중요한 자원으로 인식하고 인재의 성장 및 발전을 최우선시 한다.

④ 전통적 리더십은 상명하복의 원칙에 따라 업무를 수직적인 관계하에 효율적인 방식으로 처리하지만, 서번트 리더십에서는 리더와 구성원 간의 충분한 커뮤니케이션과 발전을 통해 처리한다. 따라서 전통적 리더십에 비해 성과 발휘까지 비교적 오랜 시간이 걸린다.

⑤ 권위는 자신의 개인적 영향력을 통해 타인이 자신의 의도대로 기꺼이 행동하도록 하는 기술을 뜻한다. 서번트 리더십은 리더의 봉사나 희생으로 구성원이 스스로 리더에 대한 존경심을 가지게 한다.

19

정답 ②

- 소프트웨어적 요소
  - 스타일(Style) : 조직구성원을 이끌어 나가는 관리자의 경영방식
  - 구성원(Staff) : 조직 내 인적 자원의 능력, 전문성, 동기 등
  - 스킬(Skills) : 조직구성원이 가지고 있는 핵심 역량
  - 공유가치(Shared Values) : 조직의 이념, 비전 등 조직구성원이 함께 공유하는 가치관
- 하드웨어적 요소
  - 전략(Strategy) : 시장에서의 경쟁우위를 위해 회사가 개발한 계획
  - 구조(Structure) : 조직별 역할, 권한, 책임을 명시한 조직도
  - 시스템(Systems) : 조직의 관리체계, 운영절차, 제도 등 전략을 실행하기 위한 프로세스

20

정답 ③

power 함수는 거듭제곱에 대한 함수로 power(a,b)=a^b이다. 따라서 주어진 프로그램은 6^4를 계산하여 출력하는 프로그램이므로 출력되는 값은 $6^4=1,296$이다. 이때 6^4를 출력하려면 printf("%d^%d",a,b)를 입력해야 한다.

21

정답 ③

$n \neq 0$일 때 $k=n(n-1)(n-2)\cdots 2 \cdot 1=n!$이고 $0!=1$이다. 따라서 주어진 순서도의 출력값은 $n!$과 같다.

22

정답 ④

퀵 정렬 알고리즘은 가장 큰 수를 오른쪽으로 차례대로 배열하며 자리를 바꾼다. ④는 2번째로 작은 수를 왼쪽 2번째 자리와 바꾸었으므로 퀵 정렬 알고리즘의 과정으로 옳지 않다.

23

정답 ③

주어진 프로그램은 임의의 배열을 선택 정렬 알고리즘을 통해 오름차순으로 정렬하는 프로그램이다. 이 프로그램에서 오름차순 정렬을 내림차순 정렬로 변경하려면 9번째 행의 'if(min>arr[j])'를 'if(min<arr[j])'로 수정해야 한다.

24

정답 ③

2월 18일까지 모든 업체가 제작을 완료해야 하므로 이 날짜까지 각 업체의 근무시간 및 제작 개수는 다음과 같다.

구분	1인 1개 제작 시간(시간)	2월 18일까지 근무 시간(시간)	2월 18일까지 1인 제작 수(개)	제작 직원 수(명)	2월 18일까지 총 제작 수(개)	개당 가격(만 원)
A	4	120	30	7	210	50
B	5	120	24	10	240	50
C	4	120	30	3	90	40
D	2	96	48	5	240	40
E	6	96	16	6	96	30

1개당 가격이 가장 저렴한 업체에 최대한 많은 양을 의뢰한다. 즉, 1개당 가격이 30만 원으로 가장 저렴한 E업체에는 2월 18일까지 E업체가 제작 가능한 전자교탁의 총 개수인 96개의 제작을 의뢰할 수 있다. 나머지 244개는 가격이 동일한 C, D업체에 나누어 의뢰하면 된다. 따라서 E업체에 제작을 의뢰한 전자교탁의 수는 96개이다.

25

정답 ②

2월 9일까지 모든 업체가 제작을 완료하므로 이 날짜까지 각 업체의 근무시간 및 제작 개수는 다음과 같다.

구분	1인 1개 제작 시간(시간)	2월 9일까지 근무 시간(시간)	2월 9일까지 1인 제작 수(개)	제작 직원 수(명)	2월 9일까지 총 제작 수(개)	개당 가격(만 원)
A	4	56	14	7	98	50
B	5	56	11	10	110	50
C	4	56	14	3	42	40
D	2	48	24	5	120	40
E	6	48	8	6	48	30

1개당 가격이 가장 저렴한 업체에 최대한 많이 의뢰한다. 먼저 개당 가격이 가장 저렴한 E업체에 전자교탁 48개의 제작을 의뢰하고, 그다음으로 저렴한 C업체와 D업체에 각각 42개, 120개의 제작을 의뢰한다. 남은 전자교탁은 340−(48+42+120)=130개이고, 남은 두 업체의 1개당 가격은 50만 원이다. 따라서 필요한 비용은 130×50만+(42+120)×40만+48×30만=14,420만 원=1억 4,420만 원이다.

26

정답 ⑤

• F팀의 평일 대관 요일이 화요일일 때

<table>
<tr><th>구분</th><th>월</th><th>화</th><th>수</th><th>목</th><th>금</th><th>토</th></tr>
<tr><td>9:00 ~ 10:30</td><td></td><td rowspan="2">F팀</td><td>A팀</td><td rowspan="2">D팀</td><td rowspan="2">A팀</td><td>A팀</td></tr>
<tr><td>10:30 ~ 12:00</td><td>B팀</td><td>B팀</td><td>B팀</td></tr>
<tr><td>12:00 ~ 13:00</td><td colspan="6"></td></tr>
<tr><td>13:00 ~ 14:30</td><td colspan="2" rowspan="2">E팀</td><td rowspan="3">C팀</td><td rowspan="4">D팀</td><td>–</td><td rowspan="4"></td></tr>
<tr><td>14:30 ~ 16:00</td><td>–</td></tr>
<tr><td>16:00 ~ 17:30</td><td>–</td><td>–</td><td>–</td></tr>
<tr><td>17:30 ~ 19:00</td><td>(B팀, C팀, F팀)</td><td>(B팀, C팀, F팀)</td><td>(B팀, C팀, F팀)</td><td></td></tr>
</table>

• F팀의 평일 대관 요일이 목요일일 때

<table>
<tr><th>구분</th><th>월</th><th>화</th><th>수</th><th>목</th><th>금</th><th>토</th></tr>
<tr><td>9:00 ~ 10:30</td><td></td><td rowspan="2">D팀</td><td>A팀</td><td rowspan="2">F팀</td><td rowspan="2">A팀</td><td>A팀</td></tr>
<tr><td>10:30 ~ 12:00</td><td>B팀</td><td>B팀</td><td>B팀</td></tr>
<tr><td>12:00 ~ 13:00</td><td colspan="6"></td></tr>
<tr><td>13:00 ~ 14:30</td><td>–</td><td rowspan="4">D팀</td><td rowspan="3">C팀</td><td colspan="2" rowspan="2">E팀</td><td rowspan="4"></td></tr>
<tr><td>14:30 ~ 16:00</td><td>–</td></tr>
<tr><td>16:00 ~ 17:30</td><td>–</td><td>–</td><td>–</td></tr>
<tr><td>17:30 ~ 19:00</td><td>(B팀, C팀, F팀)</td><td>(B팀, C팀, F팀)</td><td>(B팀, C팀, F팀)</td><td></td></tr>
</table>

두 경우 모두 A~F팀의 대관료는 같으며 그 비용은 다음과 같다.

• A팀 대관료 : 15,000×3+(15,000+5,000)=65,000원
• B팀 대관료 : 15,000×2+(15,000+5,000)×2=70,000원
• C팀 대관료 : 15,000×3+(15,000+5,000)=65,000원
• D팀 대관료 : 15,000×5+(15,000+5,000)=95,000원
• E팀 대관료 : 15,000×4=60,000원
• F팀 대관료 : 15,000×2+(15,000+5,000)=50,000원

따라서 대관료를 가장 많이 지불한 팀은 D팀이고, 대관료를 가장 적게 지불한 팀은 F팀이다.

27

정답 ④

㉠ 드론(Drone) : 무인항공기(UAV; Unmanned Aerial Vehicle)로도 불리며, 조종사가 탑승하지 않고 무선 원격 조종하는 비행체이다. 모형항공기와 비교되곤 하는데 드론과 모형항공기의 가장 큰 차이는 자동비행장치의 탑재 유무이다. 자동비행이 가능하면 드론의 일종으로 보고, 자동비행이 불가능하여 수동 조작이 필요하면 모형항공기의 일종으로 본다.

㉡ 사물인터넷(IoT; Internet of Things) : 물체에 인터넷 등의 네트워크를 적용하여 물체와 사용자와의 커뮤니케이션은 물론 연결된 기기 간의 상호작용을 통해 자동으로 기기를 제어하는 기술이다.

㉢ 빅데이터(Big data) : 기존 데이터 처리 능력으로는 감당이 안 되는 매우 크고 복잡한 비정형 데이터이다. 흔히 빅데이터의 3대 중요 요소로 크기(Volume), 속도(Velocity), 다양성(Variety)을 꼽으며 빅데이터를 통한 가치 창출이 중요해지면서 정확성(Veracity), 가치(Value)까지 포함하여 빅데이터의 주요 5대 중요 요소로 꼽는 사람들도 있다. 시장 선호도 조사 등 다양한 산업 분야에서 목적에 따라 적절하게 빅데이터를 처리하여 결론을 도출해야 한다.

28

정답 ③

산업안전보건법 제4조 제1항 제6호에 따르면 산업 안전 및 보건에 관한 기술의 연구·개발 및 시설의 설치·운영은 정부의 책무이다.

사업주와 경영책임자등의 안전 및 보건 확보의무(중대재해 처벌 등에 관한 법률 제4조 제1항)

사업주 또는 경영책임자등은 사업주나 법인 또는 기관이 실질적으로 지배·운영·관리하는 사업 또는 사업장에서 종사자의 안전·보건상 유해 또는 위험을 방지하기 위하여 그 사업 또는 사업장의 특성 및 규모 등을 고려하여 다음 각 호에 따른 조치를 하여야 한다.

1. 재해예방에 필요한 인력 및 예산 등 안전보건관리체계의 구축 및 그 이행에 관한 조치
2. 재해 발생 시 재발방지 대책의 수립 및 그 이행에 관한 조치
3. 중앙행정기관·지방자치단체가 관계 법령에 따라 개선, 시정 등을 명한 사항의 이행에 관한 조치
4. 안전·보건 관계 법령에 따른 의무이행에 필요한 관리상의 조치

29

정답 ③

ㄱ. 투명데크를 본래 의도한 설계와 다르게 확장하여 건축하였으므로 제조상의 결함에 속한다.

ㄴ. 터널 방음벽을 설계 당시에 화제에 취약한 PMMA가 아니라 강화유리 등으로 설계하였다면 피해나 위험을 피할 수 있었을 것이므로, 이는 설계상의 결함에 속한다.

ㄷ. 방조설비 설계 시 자연적 여건을 바르게 측량하여 규정에 맞게 설계하였다면 발생하지 않았을 사고이므로, 이는 설계상의 결함에 속한다.

ㄹ. 해당 주사약이 밀폐 포장을 해야 함에도 불구하고, 생산 시에 본래 의도와 다르게 밀봉되지 않아 발생한 사고이므로 제조상의 결함에 속한다.

따라서 제조상의 결함은 ㄱ, ㄹ이고, 설계상의 결함은 ㄴ, ㄷ이다.

30

정답 ①

자기관리 계획의 수립 절차별 주요 활동은 다음과 같다.

단계		주요 활동
1단계	비전 및 목적 정립	• 자신에게 가장 중요한 것 파악 • 가치관, 원칙, 삶의 목적 정립 • 삶의 의미 파악
2단계	과제 발견	• 현재 주어진 역할 및 능력 파악 • 역할에 따른 활동목표 설정 • 우선순위 결정
3단계	일정 수립	• 하루, 주간, 월간 계획 수립
4단계	수행	• 수행과 관련된 요소 분석 • 수행방법 찾기
5단계	피드백	• 수행결과 분석 • 피드백

따라서 우선순위 결정은 과제 발견 단계에서 수행하는 활동이므로 적절하지 않다.

31

정답 ②

A사원은 자기개발 계획을 수립함에 있어 자신의 흥미, 장점, 가치, 라이프스타일을 충분히 이해하지 못하고 있다. 따라서 A사원의 자기개발 계획 수립이 어려운 이유로 가장 적절한 것은 자기정보의 부족이다.

자기개발 계획 수립이 어려운 이유

- 자기정보의 부족 : 자신의 흥미, 장점, 가치, 라이프스타일을 충분히 이해하지 못함
- 내부 작업정보 부족 : 회사 내의 경력기회 및 직무 가능성에 대해 충분히 알지 못함
- 외부 작업정보 부족 : 다른 직업이나 회사 밖의 기회에 대해 충분히 알지 못함
- 의사결정 시 자신감의 부족 : 자기개발과 관련된 결정을 내릴 때 자신감 부족
- 일상생활의 요구사항 : 개인의 자기개발 목표와 일상생활(가정 등) 간 갈등
- 주변상황의 제약 : 재정적 문제, 연령, 시간 등의 제약

32

정답 ②

S사원은 충분히 업무를 수행할 능력이 있으나 A과장으로부터 문책을 당한 경험으로 인해 과제를 완수하고 목표를 달성할 수 있는 능력 차원에서의 자아존중감이 부족한 상태이다.

오답분석

① 자기관리 : 자신을 이해하고, 목표를 성취하기 위해 자신의 행동 및 업무수행을 관리하고 조정하는 것이다.
③ 경력개발 : 자신과 자신의 환경 상황을 인식하고 분석하여 합당한 경력 관련 목표를 설정하는 과정이다.
④ 강인성 : 개인이 세상을 대하는 기본적 태도로서 헌신, 통제 및 도전적 성향을 가지는 것이다.
⑤ 낙관주의 : 아직 현실화되지 않은 앞으로의 일을 좋은 방향으로 생각하는 태도이다.

자아존중감

개인의 가치에 대한 주관적인 평가와 판단을 통해 자기결정에 도달하는 과정이며, 스스로에 대한 긍정적 또는 부정적 평가를 통해 가치를 결정짓는 것이다.

- 가치 차원 : 다른 사람들이 자신을 가치 있게 여기며 좋아한다고 생각하는 정도이다.
- 능력 차원 : 과제를 완수하고 목표를 달성할 수 있다는 신념이다.
- 통제감 차원 : 자신이 세상에서 경험하는 일들과 거기에 영향을 미칠 수 있다고 느끼는 정도이다.

33

정답 ④

분배적 협상과 통합적 협상

구분	분배적 협상	통합적 협상
협상전략	강압적 경쟁전략	협력적 문제해결전략
목표성격	개인 자신의 목표	상호 공동의 목표
과정지향	배타적 경쟁 지향	통합적 협력 지향
승패방식	Win - Lose 방식	Win - Win 방식
결과지향	결과(이득) 지향	인간관계(사람) 지향
이득증식	고정된 파이 분배	파이 자체의 증대
가치창출	기존 가치의 분배	새로운 가치의 창출
정보공유	은밀한 정보	공개적 정보공유
토론성격	입장 토론	실질적 이해관계 토론
이득지향	욕구충족을 위한 자신의 이득	공동이득을 위한 가치 있는 이득의 교환

34

정답 ③

인간관계의 성격적 특성은 크게 대인동기, 대인신념, 대인기술로 구분되며, 대인관계는 각기 다른 성격적 특성을 가진 개인의 상호작용으로 이루어진다.

㉠ 대인동기 : 인간관계를 지향하게 하고 사회적 행동을 유발하는 동기로, 내용에 따라 생리적 동기, 심리적 동기로 나뉘며 발생원인에 따라 선천적 동기(유전), 후천적 동기(학습)로 나뉜다.

㉡ 대인신념 : 개인이 인간과 인간관계에 대해 가지고 있는 지적인 이해나 믿음으로, 대인관계에 대한 지속적이고 안정적인 사고내용이다. 따라서 대인관계 상황에서 개인의 행동을 결정하는 주요한 요인이 된다.

㉢ 대인기술 : 인간관계를 성공적으로 이끌어 갈 수 있는 사교적 능력으로, 성장과정에서 후천적 경험을 통해 의식적 / 무의식적으로 배워 습득하는 언어적 / 비언어적 행동능력이다.

35

정답 ④

현대 사회가 점차 다원화됨에 따라 다양한 가치관의 이해관계자가 존재하게 되었으며 이에 기업들은 경제활동을 위해 소수의 이해관계자만을 상대하던 과거와 달리 환경적, 기술적, 사회적, 정치적 요구 등 다양한 이해관계자들의 요구에 대응하게 되었다. 따라서 사회의 획일화가 아닌 사회의 다원화로 인해 기업의 사회적 책임이 등장하였다고 보는 것이 적절하다.

오답분석

① 초국가적인 글로벌기업이 탄생하는 등 기업의 영향력이 확대됨에 따라 기업의 사회적 책임에 대한 필요성이 확산되었다.
② 기후변화 등 환경문제와 지속가능성에 대한 사회적 관심이 증대됨에 따라 기업의 사회적 책임이 확산되었다.
③ 인터넷, SNS 등 정보 공유가 빨라지고, 기업 정보에 대한 접근성이 확대됨에 따라 기업의 투명성을 요구하는 사람들이 많아졌다.
⑤ 다국적기업의 영향력 확대에 따라 국제기구 및 비정부기구(NGO)에서 기업의 책임을 요구하는 다양한 규범 및 기준이 제정되었다.

36

정답 ③

도덕적 해이의 특징

- 직무를 충실히 수행하지 않는 행위에 한정되며, 법률 위반과는 차이가 있어 적발과 입증이 어려운 측면이 있다.
- 도덕적 일탈행위와도 차이가 있어 사적 영역에서 도덕적 의무를 다하지 않는 행위는 제외된다.
- 조직의 큰 틀에 어긋나는 의도적 · 적극적인 자신의 이익실현 행위가 포함된다.
- 사익을 추구하지 않더라도 효율적 운영을 위해 최선을 다하지 않는 방만한 경영 행태가 포함된다.
- 위험이 따르지만 실적이 기대되는 신규업무에 관심을 갖지 않는 소극적 행위의 특징이 있다.
- 결정을 내리고 책임지기보다는 상급기관에 결정을 미루고 기계적으로 따라하는 행동방식을 취한다.

37

정답 ⑤

직장 내 성희롱의 성립 요건 중 '지위를 이용하거나 업무와의 관련성이 있을 것'이라는 내용이 있지만, 직장 내부라는 장소에서만 일어나야 한다고 한정하는 것은 아니다. 출장이나 회식 등 직장 외부에서 발생해도 성립하며, 사적인 만남이라도 업무를 빙자하여 상대를 불러내는 등 업무와 관련성이 있다고 판단될 경우 직장 내 성희롱에 해당한다.

오답분석

① 성희롱이란 업무와 관련하여 성적 언어나 행동 등으로 굴욕감을 느끼게 하거나, 성적 언동 등을 조건으로 고용상 불이익을 주는 행위를 뜻한다.
② 성희롱은 주관적인 기준에 의해 성립하고, 해당하는 경계가 모호하므로 단순한 성희롱적 언행은 형사처벌의 대상이 아니다. 그러나 성희롱 발언으로 인해 모욕죄나 명예훼손 등으로 형사처벌을 받을 수 있으며, 행위를 통한 성희롱의 경우 추행 등 범죄를 구성하면 역시 형사처벌을 받게 된다.
③ 성희롱의 법률적인 기준은 가해자의 의도가 아닌 피해자가 성적 수치심이나 굴욕감을 느꼈는지를 판단 기준으로 삼는다.
④ 여성뿐만 아니라 남성까지 직장 내 성희롱의 피해자가 될 수 있으며, 반대로 남성과 여성 모두 가해자가 될 수도 있다.

02 직무수행능력평가

| 01 | 행정학

01	02	03	04	05	06	07			
⑤	③	③	④	②	①	③			

01

정답 ⑤

오답분석

ㄷ. 사회명목론에서 사회는 개개인들의 단순합으로 보지만, 사회는 개인으로 환원될 수 없다는 주장은 사회는 개인의 합 이상의 존재라는 시각을 가진 사회실재론의 주장에 더 가깝다.

ㄹ. 사회명목론은 사회 자체의 개념이 아닌 개인에 더 큰 의의를 부여하므로 개인의 자유의지를 설명할 수 있다.

02

정답 ③

브룸의 기대이론에 따르면 개인의 동기부여는 노력이 얼마나 성과를 발생시킬지를 의미하는 '기대', 성과가 얼마나 보상으로 이어질지를 의미하는 '수단성', 보상의 유의미성을 의미하는 '유의성'의 곱에 따라 결정된다.

03

정답 ③

워라밸의 의미인 '일과 개인생활의 균형'은 곧 개인생활이 조직생활만큼 중시되어 균형을 이루는 상태라고 볼 수 있다. 따라서 워라밸의 개념과 가장 가까운 경력의 닻의 유형은 삶의 균형 추구형이다. 삶의 균형 추구형에서 중요한 것은 경력 자체보다 개인생활과 조직생활의 균형이다.

오답분석

① 전문성 추구형 : 자신이 보유한 전문적 역량이나 기술을 충분히 활용할 수 있으며, 그 기술을 조직과 동료들로부터 인정받기를 원하는 유형이다.
② 총괄관리 추구형 : 지도자로 성장할 수 있는 기회와 조직의 최고 경영자가 되는 것에 관심을 둔 유형으로, 이를 위해 조직 성장에 기여하고자 한다.
④ 안전 / 안정 추구형 : 정년이 보장되고 규칙적인 작업환경과 미래의 일이 예측가능한 안정적인 직무를 원하는 유형으로, 일이나 직위보다 안정된 조직에 속해 있다는 것에 가치를 둔다.
⑤ 사업가적 창의성 추구형 : 자신이 창조한 조직이나 생산물, 기획을 중심으로 과감하게 사업을 시작하거나 그 일에 깊이 헌신하는 유형으로, 새로운 프로젝트와 사업을 통한 경제적 성공이 가장 큰 관심 대상이다.

04

정답 ④

안전에 대한 욕구는 자연재해, 사고 등으로부터 안전하고자 하는 욕구를 의미한다. 따라서 화재에 대비한 보험은 안전의 욕구를 충족시키기 위한 장치로 해석할 수 있다.

오답분석

① 매슬로의 욕구이론에서 어느 한 행위는 각 욕구의 단계와 중복되지 않는 것을 전제로 하고 있다. 따라서 종족 번식의 본능은 생리적 욕구에만 해당한다.
② 자아실현의 욕구는 자신의 삶에 대한 만족도 및 발전에 대해 느끼는 만족감을 의미한다. 타인에게 인정받고 존중받고자 하는 욕구는 매슬로의 욕구이론에서 존경의 욕구에 해당한다.
③ 매슬로의 욕구이론에서 인간의 욕구는 생리적 욕구, 안전의 욕구, 애정의 욕구, 존경의 욕구, 자아실현의 욕구의 5가지 단계로 구분하였다.
⑤ 매슬로의 욕구이론에 따르면 상위욕구를 충족하려면 하위욕구가 충족되어야 한다.

05

정답 ②

포이즌 필은 기존 주주들의 경영권 방어를 위해 적대적 M&A나 경영권 침해 시도가 있다고 간주되는 경우, 기존 주주들이 지분을 매입하여 경영권을 방어하기 수월하도록 시가보다 낮은 가격에 지분 매입이 가능한 권리를 부여하는 제도이다.

오답분석

① 차입매수 : 자금이 부족한 매수기업이 매수대상의 자산 및 수익을 담보로 금융기관으로 자금을 차입해 이루어지는 매수합병이다.
③ 언더라이팅 : 개인 또는 기업의 소득, 자산, 부채, 신용 등을 바탕으로 발생 가능한 위험이나 손실의 정도를 검토하는 과정이다.
④ 차등의결권 : 1주 1의결권 원칙의 예외를 인정하여 일반적으로 대주주에게 보통주보다 많은 의결권을 지급한다.
⑤ 황금주 제도 : 주로 유럽국가에서 공기업이 민영화 후에도 경영권, 합병 등의 의사결정에 지속적으로 영향을 주기 위한 장치이다.

06

정답 ①

오답분석

ㄴ. 제한된 합리성을 따르는 경우 반드시 최선의 대안을 선택할 수는 없지만, 만족할 만한 대안을 선택할 수 있다고 주장한다.
ㄷ. 제한된 합리성을 토대로 한 정책결정은 만족모형이다.
ㄹ. 제한된 합리성에 따르면 모든 대안을 검토하는 것은 비효율적이므로 대안의 일부만 보고 판단한다고 주장한다.

07

정답 ③

정당은 정권획득을 목적으로 결성된 특수 조직이며 이익집단, NGO와 마찬가지로 정책과정에 큰 영향력을 행사하지만 비공식적 참여자에 해당한다.

| 02 | 경영학

01	02	03	04	05	06	07	08	09	10	11									
③	⑤	③	⑤	①	②	①	②	④	①	①									

01

정답 ③

• EPS(주당순이익)=(당기순이익)÷(유통주식 수) → 300억 원÷1,000만 주=3,000원
• PER(주가수익비율)=(주가)÷(주당순이익) → 24,000원÷3,000원=8배
따라서 적정주가는 24,000원이다.

02

정답 ⑤

공매도를 통한 기대수익은 자산 가격(100%) 미만으로 제한되나, 기대손실은 무한대로 커질 수 있다.

오답분석

① 공매도의 가능여부는 효율적 시장가설의 핵심전제 중 하나이다.
② 시장에 매도의견이 적극 반영되어 활발한 거래를 일으킬 수 있다.
③ 공매도는 주식을 빌려서 매도하고 나중에 갚는 것이기 때문에 주가상승 시 채무불이행 리스크가 존재한다.
④ 자산 가격이 하락할 것으로 예상되는 경우, 공매도를 통해 수익을 기대할 수 있다.

03

정답 ③

그린메일은 특정기업의 주식을 대량으로 매입한 뒤 경영진에게 적대적 M&A를 포기하는 대가로 매입한 주식을 시가보다 훨씬 높은 값에 되사도록 요구하는 행위로, 적대적 M&A 시도에 대한 사후 방어 전략에 해당한다.

오답분석

① 포이즌 필 : 현재 주가 대비 현저히 낮은 가격에 신주를 발행하는 것을 허용하여 매수자가 적대적 M&A를 시도할 때 엄청난 비용이 들도록 하는 전략이다.
② 포이즌 풋 : 채권자가 미리 약정한 가격에 채권을 상환할 것을 청구할 수 있는 권리를 부여하여 적대적 M&A를 시도하는 매수자가 인수 직후 부채 상환 부담을 갖게 하는 전략이다.
④ 황금낙하산 : 기업임원이 적대적 M&A로 인해 퇴사하는 경우 거액의 퇴직위로금을 지급받도록 하는 전략이다.
⑤ 황금주 : 단 1주만으로도 주주총회 결의사항에 대해 거부권을 행사할 수 있는 권리를 가진 주식을 발행하는 전략이다.

04

정답 ⑤

컨글로머리트는 사업내용이 전혀 다른 기업을 최대한 많이 흡수 또는 합병해서 지배하는 결합 형태로, 대기업의 문어발식 기업 확장에 가장 많이 사용되는 결합방식이다.

05

정답 ①

선수금은 대차대조표상 유동부채에 해당하고, 현금, 유가증권, 현금성자산, 미수금 등은 대차대조표상 유동자산에 해당한다.

06

정답 ②

메모리 반도체의 경우, D-RAM 등과 같은 표준화된 품목으로 구성되며 설계부터 생산까지 일괄적으로 이루어짐에 따라 규모의 경제를 통한 소품종 대량생산 체계를 갖추고 있다.

오답분석

① 차량용 충전기는 수요가 많지 않으나 이용자, 차량 등에 따라 형태나 방식이 제각각이므로 다품종 소량생산이 적합하다.
③ 생활용품은 수요가 매우 많고, 선호에 맞는 다양한 종류를 모두 필요로 하므로 다품종 대량생산이 적합하다.
④·⑤ 지하철 광고물, 발전기 부품 등은 수요도 많지 않고 사용하는 장소 등도 제한적이므로 소품종 소량생산이 적합하다.

07

정답 ①

시장 세분화 단계에서는 시장을 기준에 따라 세분화하고 각 세분시장의 고객 프로필을 개발하여 차별화된 마케팅을 실행한다.

오답분석

②·③ 시장 매력도 평가 단계와 표적시장 선정 단계에서는 각 세분시장의 매력도를 평가하여 표적시장을 선정한다.
④ 포지셔닝 단계에서는 각각의 시장에 대응하는 포지셔닝을 개발하고 전달한다.
⑤ 재포지셔닝 단계에서는 자사와 경쟁사의 경쟁위치를 분석하여 포지셔닝을 조정한다.

08

정답 ②

브룸의 기대이론에 대한 설명으로 기대감, 수단성, 유의성을 통해 구성원의 직무에 대한 동기 부여를 결정한다고 주장하였다.

오답분석

① 허즈버그의 2요인이론에 대한 설명이다.
③ 매슬로의 욕구 5단계이론에 대한 설명이다.
④ 맥그리거의 XY이론에 대한 설명이다.
⑤ 로크의 목표설정이론에 대한 설명이다.

09

정답 ④

벤치마킹을 통해 얻은 신뢰도 높은 자료는 비밀로 유지하여 해당 정보가 외부로 새어 나가지 않도록 주의하여야 한다(비밀보장의 원칙).

오답분석

① 벤치마킹을 하려는 대상이 가지고 있는 해결방안과 현재 가지고 있는 문제점이 서로 교환될 수 있는 정보이어야 한다.
② 벤치마킹을 할 때 불법적인 것으로 인식될 수 있는 행위는 지양해야 한다.
③ 항상 벤치마킹을 하려는 대상의 담당자와 직접 접촉하여 정보수집 등의 절차를 진행해야 한다.
⑤ 벤치마킹을 시작하기 전에 접근방법을 계획하고 개선해야 하는 영역을 설정한다.

10

정답 ①

우선순위는 투자 또는 예산지원의 우선순위를 결정하기 위한 수익성 요인으로, 기업내부에 대한 기능별 분석에 필요하지 않은 정보이다.

기능별 분석
가장 간단하게 기업내부를 분석할 수 있는 방법으로, 생산 및 기술개발 기능, 인적자원 및 조직관리 기능, 마케팅 기능, 재무/회계 기능으로 나눌 수 있다.

11

정답 ①

배추의 평당 시장가격이 6,000원에서 5,500원으로 하락하여 총 500만 원의 손실이 발생하였지만, 배추가격 하락으로 평당 계약금이 1,500원에서 800원으로 줄었으므로 700만 원의 이익이 발생하게 된다. 따라서 이익과 손실의 합은 200만 원이다.

| 03 | 경제학

01	02	03	04						
⑤	②	①	②						

01

정답 ⑤

가격탄력성이 1보다 크면 탄력적이라고 할 수 있다. 즉, 1을 초과해야 한다.

오답분석

①·② 수요의 가격탄력성은 가격의 변화에 따른 수요의 변화를 의미하며, 분모는 상품 가격의 변화량을 상품 가격으로 나눈 값이고, 분자는 수요량의 변화량을 수요량으로 나눈 값이다.
③ 해당 상품 가격 변동에 따른 수요의 변화는 대체재가 많을수록 더 크게 반응하게 된다.

02

정답 ②

GDP 디플레이터는 명목 GDP를 실질 GDP로 나눈 뒤 100을 곱하여 계산하는 지수로, 물가상승 수준을 예측할 수 있는 대표적인 물가지수이며 국내에서 생산된 모든 재화와 서비스 가격을 반영한다.

03

정답 ①

한계소비성향은 소비의 증가분을 소득의 증가분으로 나눈 값으로, 소득이 1,000만 원 늘었을 때 현재 소비자들의 한계소비성향이 0.7이기 때문에 소비는 700만 원이 늘었다고 할 수 있다. 즉, 소비의 변화 폭은 700만 원이 된다.

04

정답 ②

엥겔지수는 가계 소비지출에서 차지하는 식비의 비율을 의미하며, 가계 소비지출은 소비함수[(독립적인 소비지출)+{(한계소비성향)×(가처분소득)}]로 계산할 수 있다. 각각의 숫자를 대입하면 100만 원+(0.6×300만 원)=280만 원이 소비지출이 되고, 이 중 식비가 70만 원이므로, 엥겔지수는 70만 원÷280만 원=0.25이다.

PART 1

| 04 | 기계

01	02	03	04	05					
①	③	④	②	②					

01

정답 ①

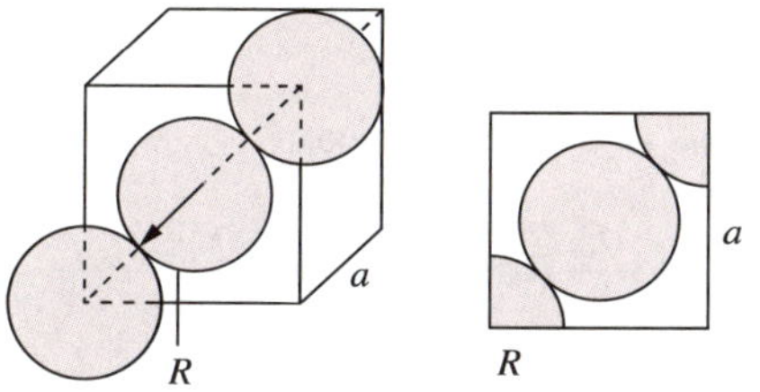

원자의 충진율은 단위격자의 부피에 대해 원자가 차지하는 부피이다. 단위격자에 있는 원자의 부피의 합은 반구 6개에 구 $\frac{1}{8}$ 조각 8개의 합과 같으므로 $\left(\frac{1}{2}\times6+\frac{1}{8}\times8\right)\times\frac{4}{3}\pi R^3=4\times\frac{4}{3}\pi R^3$ 이다. 그러므로 원자의 충진율은 $\frac{4\times\frac{4\pi}{3}R^3}{a^3}$ 이다.

면심입방격자에서 원자의 중심은 단위격자의 각 꼭짓점과 면에 있고, 면에서 원자들이 접한다. 따라서 $\sqrt{2}\,a=4R$ 관계가 성립한다.

02

정답 ③

냉간가공 시 가공방향에 따라 강도가 달라질 수 있다.

냉간가공과 열간가공의 특징

냉간가공	열간가공
• 재결정온도 이하에서의 소성가공이다. • 제품의 치수를 정확하게 가공할 수 있다. • 기계적 성질을 개선시킬 수 있다. • 가공면이 아름답다. • 강도 및 경도가 증가하고 연신율이 감소한다. • 가공방향에 따라 강도가 달라진다.	• 재결정온도 이상에서의 소성가공이다. • 적은 동력으로 큰 변형이 가능하다. • 재질을 균일하게 만든다. • 가공도가 크므로 거친 가공에 적합하다. • 산화 등의 이유로 정밀가공을 할 수 없다. • 기공 등이 압착될 수 있다.

03

정답 ④

ㄱ. 일 단위로 육지 위 공기와 바다 위 공기의 밀도 차이로 인해 대류가 발생한다.
ㄴ. 연 단위 이상으로 물의 밀도 차이로 인해 대류가 발생한다.
ㄷ. 분 단위로 뜨거운 수증기가 위로 올라간다.
따라서 시간 단위가 작을수록 규모도 작으므로 대류 현상 규모가 가장 작은 것부터 순서대로 바르게 나열하면 ㄷ – ㄱ – ㄴ이다.

04

정답 ②

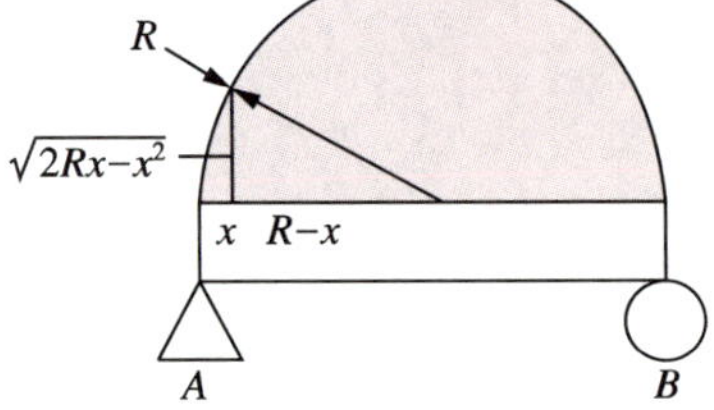

보 전체에 작용하는 하중은 $W = w_0 \times \mathrm{A} = w_0 \dfrac{\pi R^2}{2}$ 이다.

$R_A + R_B = w_0 \dfrac{\pi R^2}{2}$ 이고 $R_A = R_B$ 이므로 $R_A = R_B = w_0 \dfrac{\pi R^2}{4}$ 이다.

A로부터 x만큼 떨어진 지점에서의 미소하중은 $w_0 \sqrt{2Rx - x^2}\, dx$ 이므로 A로부터 x만큼 떨어진 지점에서의 전단력은

$V = -\int_0^x w\,dx + V_0 = -\int_0^x w_0 \sqrt{2Rx - x^2}\, dx + V_0$ 이고 $x=0$일 때, $V = V_0 = R_A = w_0 \dfrac{\pi R^2}{4}$ 이다.

따라서 R만큼 떨어진 지점에서의 전단력은 $-\int_0^R w_0 \sqrt{2Rx - x^2}\, dx + V_0 = -w_0 \dfrac{\pi R^2}{4} + w_0 \dfrac{\pi R^2}{4} = 0$ 이고

$\dfrac{R}{2}$ 만큼 떨어진 지점에서의 전단력은 $-\int_0^{\frac{R}{2}} w_0 \sqrt{2Rx - x^2}\, dx + V_0 = -w_0 \left(\dfrac{\pi R^2}{6} + \dfrac{\sqrt{3}}{8} R^2 + \dfrac{\pi R^2}{4} \right) = w_0 R^2 \left(\dfrac{\pi}{12} + \dfrac{\sqrt{3}}{8} \right)$

이다.

05

정답 ②

[스프링 상수(k)] $= \dfrac{P}{\delta} = \dfrac{Gd^4}{8nD^3}$ 이다(G : 횡탄성계수, d : 소선 지름, n : 권선 수, D : 스프링 평균 지름).

따라서 스프링 상수는 횡탄성계수와 비례관계이다.

한편, 푸아송 비(ν)와 종탄성계수(E), 횡탄성계수(G)의 관계는 $G = \dfrac{E}{2(1+\nu)}$ 이므로 푸아송 비는 스프링 상수와 비례관계가 아니다.

| 05 | 전기

01	02	03	04	05	06	07	08	09	10	11									
②	④	③	①	①	②	④	②	④	⑤	①									

01

정답 ②

리액터는 직렬로 연결한다.

리액터 기동

리액터 기동법을 사용하는 이유는 모터 기동 시 기동전류를 낮춤으로써 배전선상 전압강하를 낮추어 다른 설비들의 이상동작 및 고장을 방지하고 자기의 열적 부담도 감소시키기 위함이다.

기동전류는 기동전압에 비례하여 감소하지만 기동토크는 토크의 제곱에 비례하여 감소하므로 기동전압이 감소하면 기동전류에 비해 기동토크가 현저히 감소한다. 그러므로 리액터 기동은 대용량 모터를 기동하기에는 기동토크의 부족으로 부적합하다.

02

정답 ④

단상유도전압조정기는 1차권선인 분로권선, 2차권선인 직렬권선이 분리되어 회전자 위상각으로 전압의 크기를 조정한다. 단상유도전압조정기의 경우 교번자계가 발생하며, 단상이기 때문에 입력 및 출력 전압 위상이 동위상이다. 또한 단락권선이 필요하여 분로권선과 직각으로 설치하는데, 이 경우 직렬권선의 누설 리액턴스를 감소시킬 수 있어 전압강하가 감소할 수 있다.

03

정답 ③

단권변압기를 Y결선, △결선, V결선 등으로 연결하면 3상에서도 사용할 수 있다.

단권변압기의 장점과 단점

장점	단점
• 여자전류가 적다. • 가격이 저렴하고 소형이다. • 효율이 높다. • 전압변동률이 낮다.	• 1, 2차 회로가 완전히 절연되지 않는다. • 단락전류가 크다. • 열적, 기계적 강도가 커야 한다. • 1, 2차회로가 직접계통이어야 한다. • 충격전압이 직렬권선에 가해지므로 이를 견딜 수 있는 절연설계가 필요하다.

04

정답 ①

단락비가 큰 기기는 동기 임피던스가 작다.

단락비가 큰 기기의 특징
- %Z가 작다.
- 동기 임피던스가 작다.
- 안정도가 좋다.
- 전압변동률이 낮다.
- 전압강하가 작다.
- 전기자반작용이 작다.
- 공극이 크다.
- 기계가 크다.
- 손실이 증가한다.

05

정답 ①

원자로 제어재의 구비조건
- 중성자 흡수율이 커야 한다.
- 열과 방사능에 대하여 안정적이어야 한다.
- 냉각재에 대하여 내식성이 있어야 한다.
- 방사선 조사 및 방사능 열에 강해야 한다.
- 기계적 강도가 커야 한다.

06

정답 ②

단중파권의 병렬회로의 수는 항상 2개이며, 단중중권의 병렬회로의 수는 극수(p)와 같다.

07

정답 ④

비례추이는 권선형 유도전동기의 회전자에 외부에서 저항을 접속한 후 2차 저항을 변화시킴으로써, 토크는 유지하면서 저항에 비례하여 슬립이 이동한다는 특성을 가지고 있다. 비례추이에서 최대토크는 항상 일정하고 슬립은 2차 저항에 비례하며 저항이 클수록 기동토크는 증가하고 기동전류는 감소한다. 또한 권선형 유도전동기에서만 사용할 수 있으며, 비례추이가 가능한 것은 1, 2차 전류, 역률, 토크, 동기 와트 등이 있고, 비례추이가 불가능한 것은 효율, 동손, 2차 출력 등이 있다.

08

정답 ②

SF_6(육불화유황)가스는 1기압에서 끓는점이 −60℃이고 비중이 공기의 약 5배, 비열이 공기의 0.7배 정도의 기체 절연 재료로, 무색, 무취, 불연, 무독성 기체이다. 공기에 비해 절연강도가 우수하지만, 설비 시 가스가 누출될 수 있으므로 유의하여야 한다.

SF_6 가스의 특징
- 열전달성이 공기보다 약 1.6배 뛰어나다.
- 화학적으로 불활성기체이므로 매우 안정적이다.
- 열적 안정성이 뛰어나 용매가 없는 상태에서 약 500℃까지 분해되지 않는다.
- 무색, 무취, 무해, 불연성 가스이다.
- 소호능력이 뛰어나다.
- 아크가 안정적이다.
- 절연회복이 빠르다.

09

정답 ④

GIS(Gas Insulated Switchgear)는 차단기, 단로기 등의 개폐설비와 변성기, 피뢰기, 주회로 모선 등을 금속제 탱크 내에 일괄적으로 수납하여 충전부는 고체 절연물로 지지하고 있으며 탱크 내부에는 SF_6 가스를 절연매체로 하여 충전, 밀봉한 개폐설비 시스템을 말한다. 완전밀폐로 조작 중 소음이 적고 라디오 전파를 줄일 수 있고, 표준화된 조립방식으로 대량생산이 가능하다. 완전히 조립된 상태로 현지에 수송할 수 있으므로 설치작업이 간단하고, 종래 철구형에 비해 설치기간 또한 50%가 단축되므로 설치비용이 절감된다. 또한 염해 등의 외부 환경에 의한 사고가 거의 없고 인축에 의한 감전사고 역시 거의 없다.

10

정답 ⑤

직렬 콘덴서의 특징
- 선로의 전압강하를 감소시킨다.
- 수전단 전압변동을 감소시킨다.
- 정태안정도가 증가시켜 최대 송전전력을 증가시킨다.
- 부하역률이 불량한 선로일수록 효과가 좋다.
- 부하역률의 영향을 받으므로 역률 변동이 큰 선로에 부적합하다.
- 변압기 자기포화와 관련된 철공진, 선로개폐기 단락 고장 시 과전압이 발생한다.
- 철공진, 선로개폐기 단락 고장 시 유도기와 동기기의 자기여자 및 난조 등의 이상현상을 일으킬 수 있다.

11

정답 ①

Y−Y결선의 장점과 단점

장점	단점
• 1, 2차 측 모두 중성점 접지가 가능하여 이상전압을 감소시킬 수 있다. • 중성점 접지가 가능하므로 단절연 방식을 채택할 수 있어 경제적이다. • 선간전압이 상전압의 $\sqrt{3}$ 배이므로 고전압 권선에 적합하다. • 변압비, 권선 임피던스가 서로 달라도 순환전류가 발생하지 않는다.	• 제3고조파 여자전류 통로가 없으므로 유도전압 파형은 제3고조파를 포함한 왜형파가 되어 권선 절연에 부담을 준다. • 변압기 2차 측 중성점이 접지되어 있으면 제3고조파 충전전류가 흘러 통신선에 유도장해를 준다. • 중성점을 비접지한 경우 중성점 불안정으로 단상부하를 공급할 수 없다.

2022년 기출복원문제

01 직업기초능력평가

01	02	03	04	05	06	07	08	09	10	11	12	13	14	15	16	17	18	19	20
②	②	①	④	④	④	④	⑤	③	④	①	④	②	③	⑤	③	③	④	②	⑤
21	22	23	24	25															
④	③	①	②	⑤															

01

정답 ②

제시문의 논지는 서울교통공사에서 임산부 배려문화 조성을 위해 캠페인을 펼쳤음을 알리는 것으로, 제시문에서는 캠페인의 다채로운 내용들이 소개되었다. 따라서 이를 아우르는 글의 제목으로는 '서울교통공사, 임산부 배려 캠페인 진행'이 가장 적절하다.

02

정답 ②

두 번째 문단에 따르면 미세먼지 차단지수가 표준화되어 있지 않고, 나라와 회사별로 다른 지수를 제시하고 있다.

오답분석

① 첫 번째 문단에 따르면 초미세먼지 농도가 짙은 지역의 거주하는 사람 중 고령인 사람일수록 피부에 문제가 생길 확률이 증가했다.

③·④ 세 번째 문단에 따르면 미세먼지가 가장 많이 침투하는 부위는 피부가 얇거나 자주 갈라지는 눈 근처, 코 옆, 입술 등이다. 또한 메이크업을 즐겨하는 사람들은 색조 제품의 특성상 노폐물이 더 잘 붙을 수밖에 없으므로 주의해야 한다.

⑤ 마지막 문단에 따르면 미세먼지는 체내의 면역체계를 약하게 만들어서 비염, 편도선염, 폐질환, 피부염 등의 원인이 된다.

03

정답 ①

빈칸의 앞 문장에서는 '문학이 보여 주는 세상은 실제의 세상 그 자체가 아니며'라고 하였고, 빈칸의 뒤 문장에서는 '문학 작품 안에 있는 세상이나 실제로 존재하는 세상이나 그 본질에 있어서는 다를 바가 없다.'라고 하였다. 따라서 앞의 내용과 뒤의 내용이 상반됨을 나타내는 접속어인 '그러나'가 가장 적절하다.

04

정답 ④

여섯 번째 문단의 '1년 이상 장기 보관을 원하는 이용객은 매월 직접 결제하지 않아도 구독이 자동 연장돼 편리하게 이용할 수 있다.'는 내용을 통해 확인할 수 있다.

오답분석

① 네 번째 문단에 따르면 또타스토리지 서비스가 확장되면서 추가된 신규 모델은 0.15평형으로, 1인 가구 등 작은 짐 정도만 보관할 필요가 있는 이용층을 대상으로 합리적인 가격에 제공하는 맞춤 상품이다.

② 다섯 번째 문단의 마지막 문장에 따르면 보관은 1개월부터 가능하며 6개월 이상 이용 시 추가 할인이 제공된다.

③ 다섯 번째 문단에 따르면 또타스토리지 이용은 서울 지하철 운영시간인 평일(05:00 ~ 25:00), 주말 및 공휴일(05:00 ~ 24:00)에 가능하다.

⑤ 여섯 번째 문단에 따르면 서울교통공사가 이벤트 차원에서 정기구독 이용자들에게 제공하는 첫 달 추가 이용 기간은 7일이다.

05

정답 ④

'5. 선정자 발표'에 따르면 선정자에게 개별적으로 전화연락을 하지 않으므로 홈페이지에서 확인해야 한다.

오답분석

① '3. 신청대상'에 따르면 신청대상은 초등학생, 청소년, 일반인이므로 유치원생은 해당되지 않는다.
② '4. 체험인원 및 선정방법'에 따르면 체험인원은 30명이므로 적절하다.
③ '6. 체험프로그램 구성'에 따르면 체험시간은 13시에서 16시 40분까지이므로 적절하다.
⑤ '6. 체험프로그램 구성' 중 15시 08분에서 16시 40분에 체험하는 프로그램을 보면 후부운전실 방송 체험이 있다.

06

정답 ④

제시문의 세 번째 문단에서 전기자동차 산업이 확충되고 있음을 언급하면서 구리가 전기자동차의 배터리를 만드는 데 핵심 금속임을 설명하고 있다. 따라서 글의 핵심 내용으로는 '전기자동차 산업 확충에 따른 산업금속 수요의 증가'가 가장 적절하다.

오답분석

①·⑤ 제시문에서 언급하고 있는 내용이기는 하나 핵심 내용으로 보기는 어렵다.
② 제시문에서 '그린 열풍'을 언급하고 있으나, 그 현상의 발생 원인은 제시되어 있지 않다.
③ 제시문에서 산업금속 공급난이 우려된다고 언급하고 있으나 그로 인한 문제는 제시되어 있지 않다.

07

정답 ④

연령계층별 경제활동 참가율을 구하면 다음과 같다.

- 15 ~ 19세 : $\frac{265}{2,944}\times100 ≒ 9.0\%$
- 20 ~ 29세 : $\frac{4,066}{6,435}\times100 ≒ 63.2\%$
- 30 ~ 39세 : $\frac{5,831}{7,519}\times100 ≒ 77.6\%$
- 40 ~ 49세 : $\frac{6,749}{8,351}\times100 ≒ 80.8\%$
- 50 ~ 59세 : $\frac{6,238}{8,220}\times100 ≒ 75.9\%$
- 60세 이상 : $\frac{3,885}{10,093}\times100 ≒ 38.5\%$

경제활동 참가율이 가장 높은 연령대는 40 ~ 49세이고, 가장 낮은 연령대는 15 ~ 19세이다.
따라서 두 연령대의 차이는 $80.8-9.0=71.8\%p$이다.

08

정답 ⑤

총무부서 직원은 총 $250\times0.16=40$명이다. 2021년과 2022년의 독감 예방접종 여부가 총무부서에 대한 자료라면, 총무부서 직원 중 2021년과 2022년의 예방접종자 수의 비율 차는 $56-38=18\%p$이다. 따라서 $40\times0.18 ≒ 7.2$이므로 7명 증가하였다.

오답분석

① 2021년의 독감 예방접종자 수는 $250\times0.38=95$명, 2022년의 독감 예방접종자 수는 $250\times0.56=140$명이므로, 2021년에는 예방접종을 하지 않았지만, 2022년에는 예방접종을 한 직원은 총 $140-95=45$명이다.
② 2021년의 예방접종자 수는 95명이고, 2022년의 예방접종자 수는 140명이다. 따라서 $\frac{140-95}{95}\times100 ≒ 47\%$ 이상 증가했다.
③ 2021년에 예방접종을 하지 않은 직원들을 대상으로 2022년의 독감 예방접종 여부를 조사한 자료라고 한다면, 2021년과 2022년 모두 예방접종을 하지 않은 직원은 총 $250\times0.62\times0.44 ≒ 68$명이다.
④ 2022년에 제조부서를 제외한 직원은 $250\times(1-0.44)=140$명이고, 2022년 예방접종을 한 직원은 $250\times0.56=140$명이다. 따라서 제조부서 중 예방접종을 한 직원은 없다.

09

정답 ③

2021년에 예방접종을 한 직원은 250×0.38=95명이고, 부서별 예방접종을 한 직원은 250×(0.08+0.06+0.14)=70명이다. 즉, 제조부서 직원 중 예방접종을 한 직원은 95−70=25명이다. 제조부서 직원은 총 250×0.44=110명이므로 제조부서 직원 중 2021년에 예방접종을 한 직원의 비율은 $\frac{25}{110}\times100 \fallingdotseq 22\%$이다.

10

정답 ④

C계장은 목적지까지 3시간 내로 이동하여야 한다. 택시를 타고 가면 대전역까지는 15분, 열차대기 15분, KTX – 새마을호의 이동시간 2시간, 열차 환승 10분, 목포역에서 목포의 미팅장소까지는 택시를 타고 20분이 소요된다. 따라서 총 3시간이 걸리므로 ④는 소요시간 면에서 적절한 경로이다. 또한 비용은 택시 6,000원, KTX 20,000원, 새마을호 14,000원, 택시 9,000원으로 총 49,000원이다. 따라서 출장지원 교통비 한도인 50,000원 이내이므로 ④는 비용 면에서도 적절한 경로이다.

오답분석

①·② 이동시간이 3시간이 넘어가므로 소요시간 면에서 적절하지 않다.
③·⑤ 이동시간은 3시간 이내이지만, 출장지원 교통비 한도를 넘기 때문에 비용 면에서 적절하지 않다.

11

정답 ①

우선 대전본부, 울산본부, 부산본부에 방문하기 위한 경우의 수는 여러 가지가 있지만, 시간 외 근무수당을 가장 적게 들게 하기 위해서는 열차 이용시간을 최소화하는 것이 중요하다. 따라서 '서울 – 대전 – 울산 – 부산 – 서울' 또는 '서울 – 부산 – 울산 – 대전 – 서울'의 경우를 먼저 고려해야 한다.

• 경우 1

서울 – 대전 – 울산 – 부산 – 서울

시간	일정	시간	일정	시간	일정
09:00 ~ 09:15	회사 → 서울역	12:20 ~ 13:40	대전역 → 울산역	16:20	부산본부 도착
09:20 ~ 10:20	서울역 → 대전역	13:50	울산본부 도착	**16:30 ~ 18:00**	**회의**
10:30	대전본부 도착	**14:00 ~ 15:30**	**회의**	18:10	부산역 도착
10:30 ~ 12:00	**회의**	15:40	울산역 도착	18:20 ~ 21:10	부산역 → 서울역
12:10	대전역 도착	15:40 ~ 16:10	울산역 → 부산역	–	–

• 경우 2

서울 – 부산 – 울산 – 대전 – 서울

시간	일정	시간	일정	시간	일정
09:00 ~ 09:15	회사 → 서울역	14:20 ~ 14:50	부산역 → 울산역	18:10	대전본부 도착
09:20 ~ 12:10	서울역 → 부산역	15:00	울산본부 도착	**18:30 ~ 20:00**	**회의**
12:20	부산본부 도착	**15:00 ~ 16:30**	**회의**	20:10	대전역 도착
12:30 ~ 14:00	**회의**	16:40	울산역 도착	20:20 ~ 21:20	대전역 → 서울역
14:10	부산역 도착	16:40 ~ 18:00	울산역 → 대전역	–	–

지역별 회의는 정규 근무시간 내에 이뤄져야 하므로 경우 2는 가능하지 않다. 따라서 경우 1에 의해 09:00에 출발하여 21:10에 서울역에 도착해야 한다. 정규 근무시간 외 초과 근무한 시간은 (21:10)−(18:00)=3시간 10분으로, 총 3시간에 대한 시간 외 근무수당은 [(A대리 수당)+(B사원 수당)]×3=(20,000+15,000)×3=105,000원이다.

12

정답 ④

11번 문제에서 도출한 회의일정을 공유하였다고 했으므로, 회의시간을 지키되 나머지 시간을 고려하여 거래처에 방문하여야 한다. 조건에 따르면 시간 외 근무수당은 앞에서 도출한 금액을 고정한다고 하였으므로, 해당 금액 선에서 최대한 근무할 수 있는 시간이 21:30까지임을 유의하여야 한다. 역이나 지역본부에서 거래처로 가는 시간은 10분씩 걸리고 그 반대의 경우도 동일하다. 또한 지역별로 1곳 이상은 반드시 방문하여야 한다. 모든 조건을 고려하여 시간표를 다시 정리하면 다음과 같다.

시간	일정	시간	일정	시간	일정
09:00 ~ 09:15	회사 → 서울역	13:50	울산 거래처 방문(2)	**16:30 ~ 18:00**	**회의**
09:20 ~ 10:20	서울역 → 대전역	14:00	울산본부 도착	18:10	부산 거래처 방문(4)
10:30	대전본부 도착	**14:00 ~ 15:30**	**회의**	18:20	부산 거래처 방문(5)
10:30 ~ 12:00	**회의**	15:40	울산역 도착	18:30	부산역 도착
12:10	대전 거래처 방문(1)	15:40 ~ 16:10	울산역 → 부산역	18:40 ~ 21:30	부산역 → 서울역
12:20	대전역 도착	16:20	부산 거래처 방문(3)	–	–
12:20 ~ 13:40	대전역 → 울산역	16:30	부산본부 도착	–	–

따라서 A대리는 대전 1곳, 울산 1곳, 부산 3곳으로 총 5곳을 방문할 수 있다.

13

정답 ②

먼저 M사원의 시간당 통상임금을 구하면 4,493,500원÷209시간=21,500원이다.
주중 초과근무수당이 인정되는 날짜와 시간을 확인하면, 11일 2시간, 12일 2시간, 19일 2시간, 23일 3시간(3시간까지만 인정하므로)이다. 따라서 주중 초과근무수당은 21,500원×1.5×(2시간+2시간+2시간+3시간)=290,250원이다.
다음으로 주말과 공휴일의 초과근무수당을 확인하면, 5일과 27일에 각각 8시간을 채워서(점심시간 1시간 제외) 일당으로 초과근무수당을 받을 수 있다. 그러므로 주말과 공휴일의 초과근무수당은 (21,500×8)×1.5×2=516,000원이다.
따라서 이를 합한 M사원의 지난달 초과근무수당은 290,250+516,000=806,250원이다.

14

정답 ③

고객 불만처리 프로세스 중 '해결 약속' 단계에서는 고객이 불만을 느낀 상황에 대해 관심과 공감을 보이며, 문제의 빠른 해결을 약속해야 한다.

고객 불만처리 프로세스 8단계
1. 경청 단계
2. 감사와 공감 표시 단계
3. 사과 단계
4. 해결 약속 단계
5. 정보 파악 단계
6. 신속 처리 단계
7. 처리 확인과 사과 단계
8. 피드백 단계

15

정답 ⑤

물품 A 2박스와 물품 B 1박스를 한 세트로 보면 다음과 같이 쌓을 수 있다.

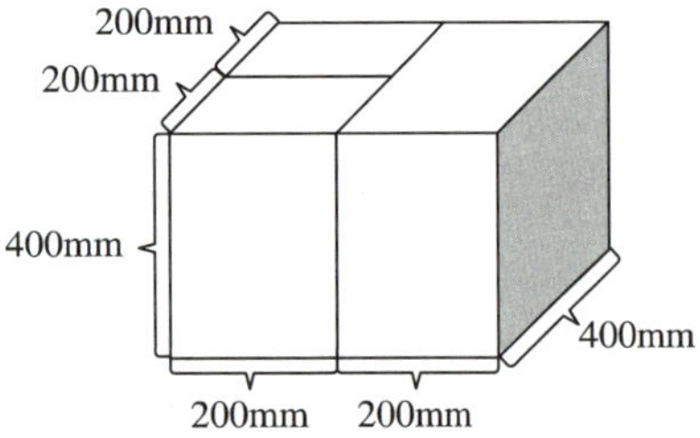

최종적으로 물품 한 세트의 규격은 (L) 400mm×(W) 400mm×(H) 400mm로 볼 수 있다.
해당 규격으로 20ft 컨테이너에 넣을 수 있는 세트의 개수는 다음과 같다.

- 6,000mm÷400mm =15세트
- 2,400mm÷400mm=6세트
- 2,400mm÷400mm=6세트

따라서 모두 15×6×6=540세트를 넣을 수 있고, 3박스가 결합되어야 하므로 총 540×3=1,620박스를 실을 수 있다.

16

정답 ③

K대리의 성과평가 등급을 통해 개인 성과평가 점수에 가중치를 적용하여 점수로 나타내면 다음과 같다.

실적	난이도평가	중요도평가	신속성	합계
30×1=30점	20×0.8=16점	30×0.4=12점	20×0.8=16점	74점

따라서 K대리는 80만 원의 성과급을 받게 된다.

17

정답 ③

지사별 최단거리에 위치한 곳은 '대전 – 김천(90km)', '김천 – 부산(120km)', '부산 – 진주(100km)'이다. 따라서 K대리가 방문할 지사를 순서대로 나열하면 '김천 – 부산 – 진주'이다.

18

정답 ④

K씨는 창업을 하기로 결심하고 퇴사 후 현재는 새로운 경력을 가지기 위해 관련 서적을 구매하거나 박람회에 참여하는 등 창업에 대한 정보를 탐색하고 있다. 이는 경력개발 단계 중 자신에게 적합한 직업이 무엇인지를 탐색하고 이를 선택한 후, 여기에 필요한 능력을 키우는 과정인 직업 선택 단계로, 사람에 따라 일생 동안 여러 번 일어날 수도 있다.

경력개발 단계

1. 직업 선택 단계 : 자신에게 적합한 직업이 무엇인지를 탐색하고, 이를 선택하는 단계를 말한다.
2. 조직 입사 단계 : 선택한 직업에 따라 조직생활을 시작하는 단계를 말한다.
3. 경력 초기 단계 : 자신이 맡은 업무의 내용을 파악하고, 새로 들어간 조직의 규칙이나 규범, 분위기를 알고 적응해 나가는 단계를 말한다.
4. 경력 중기 단계 : 자신이 그동안 성취한 것을 평가하고, 생산성을 그대로 유지하는 단계를 말한다.
5. 경력 말기 단계 : 조직의 생산적인 기여자로 남고 자신의 가치를 지속적으로 유지하기 위하여 노력하는 동시에 퇴직을 고려하는 단계를 말한다.

19

정답 ②

조직을 관리하는 대표는 리더(Leader)와 관리자(Manager)로 나눌 수 있다. '무엇을 할까'를 생각하면서 적극적으로 움직이는 사람은 리더이고, 처해 있는 상황에 대처하기 위해 '어떻게 할까'를 생각하는 사람은 관리자이다. 따라서 적절하지 않은 것은 ②이다.

20

정답 ⑤

업무 차원은 임파워먼트의 장애요인에 해당하지 않는다.

임파워먼트의 장애요인

- 개인 차원 : 주어진 일을 해내는 역량의 결여, 대응성, 동기 결여, 결의 부족, 책임감 부족, 성숙 수준의 전반적인 의존성, 빈곤의 정신 등
- 대인 차원 : 다른 사람과의 성실성 결여, 약속 불이행, 성과를 제한하는 조직의 규범(Norm), 갈등처리 능력의 결여, 승패의 태도 등
- 관리 차원 : 효과적 리더십 발휘능력 결여, 경험 부족, 정책 및 기획의 실행능력 결여, 통제적 리더십 스타일, 비전의 효과적 전달능력 결여 등
- 조직 차원 : 공감대 형성이 없는 구조와 시스템, 제한된 정책과 절차 등

21

정답 ④

역선택은 시장에서 거래를 할 때 주체 간 정보 비대칭으로 인해 부족한 정보를 가지고 있는 쪽이 불리한 선택을 하게 되어 경제적 비효율이 발생하는 상황을 말한다. 따라서 역선택의 사례에 해당하는 것은 ㉡·㉢이다.

오답분석

㉠·㉣ 도덕적 해이와 관련된 사례이다.

도덕적 해이

감추어진 행동이 문제가 되는 상황에서 정보를 가진 측이 정보를 가지지 못한 측의 이익에 반하는 행동을 취하는 경향을 말한다. 역선택이 거래 이전에 발생하는 문제라면, 도덕적 해이는 거래가 발생한 후 정보를 더 많이 가지고 있는 사람이 바람직하지 않은 행위를 하는 것을 말한다.

22

정답 ③

㉠·㉣은 윤리적인 문제에 대하여 제대로 인식하지 못한 채 취해야 할 행동을 취하지 않는 도덕적 타성에 속하고, ㉡·㉢은 자신의 행위가 나쁜 결과를 가져올 수 있다는 것을 모르는 도덕적 태만에 속한다.

비윤리적 행위의 유형

- 도덕적 타성 : 직면한 윤리적 문제에 대하여 무감각하거나 행동하지 않는 것을 말한다.
- 도덕적 태만 : 비윤리적인 결과를 피하기 위하여 일반적으로 필요한 주의나 관심을 기울이지 않는 것을 말한다.
- 거짓말 : 상대를 속이려는 의도로 표현되는 메시지를 말한다.

23

정답 ①

더글러스가 자사의 기술적 불가능에도 불구하고 가능하다고 거짓으로 답장을 보냈다면, 책임 의식과 전문가 의식에 어긋난 행동이 된다.

직업윤리 덕목

- 소명 의식 : 나에게 주어진 일이라 생각하며, 반드시 해야 한다고 생각하는 태도를 말한다.
- 천직 의식 : 태어나면서 나에게 주어진 재능이라고 생각하는 태도를 말한다.
- 직분 의식 : 자아실현을 통해 사회와 기업이 성장할 수 있다는 자부심을 말한다.
- 책임 의식 : 책무를 충실히 수행하고 책임을 다하는 태도를 말한다.
- 전문가 의식 : 자신의 일이 누구나 할 수 있는 것이 아니라 해당 분야의 지식과 교육을 바탕으로 성실히 수행해야만 가능한 것이라고 믿고 수행하는 태도를 말한다.
- 봉사 의식 : 내가 한 일이 소비자에게 행복함을 준다고 믿고 수행하는 태도를 말한다.

24

정답 ②

더글러스는 소음방지 장치를 약속할 수 없다고 하면서 이스턴 항공사와 계약을 하지 못할 경우 발생할 수 있는 매출로 인한 단기적 이익 및 주변의 부러움을 포기하였지만, 직업윤리를 선택함으로써 명예로움과 양심을 얻을 수 있다.

25

정답 ⑤

근면에는 스스로 자진해서 행동하는 근면과 외부로부터 강요당한 근면이 있다. ⑤는 외부(상사의 지시)로부터 강요당한 근면으로 다른 사례들과 성격이 다르다.

02 직무수행능력평가

| 01 | 기계

01	02	03	04	05	06				
③	①	②	⑤	②	⑤				

01

정답 ③

볼 베어링(Ball Bearing)은 전동체로 구체 모양의 볼을 사용하는 구름 베어링(Rolling Bearing)의 일종으로, 슬리브 베어링(Sleeve Bearing) 다음으로 흔히 볼 수 있는 베어링이다. 가격이 저렴해 대량생산에 용이하며 크기와 내구도가 적당해 시중에서 쉽게 구할 수 있다. 기본 구성요소는 외륜, 내륜, 볼, 케이지(혹은 리테이너)이며, 케이지의 재질은 스틸 케이지와 나일론 케이지가 있다.

02

정답 ①

인바는 철(Fe)에 35%의 니켈(Ni), 0.1 ~ 0.3%의 코발트(Co), 0.4%의 망간(Mn)이 합금된 불변강의 일종으로, 상온 부근에서 열팽창계수가 매우 작아서 길이 변화가 거의 없기 때문에 줄자나 측정용 표준자, 바이메탈용 재료로 사용한다.

오답분석

② 인코넬 : 내열성과 내식성이 우수한 니켈 합금의 일종이다.
③ 두랄루민 : 가공용 알루미늄 합금으로, 알루미늄(Al)+구리(Cu)+마그네슘(Mg)+망간(Mn)으로 이루어진 재료이다. 고강도로서 항공기나 자동차용 재료로 사용된다.
④ 하이드로날륨 : 내식성과 용접성이 우수한 알루미늄 합금으로, 알루미늄(Al)에 10%의 마그네슘(Mg)을 첨가하여 내식성을 크게 향상시킨 재료이므로, 철도 차량이나 여객선의 갑판 구조물용으로 사용된다.

⑤ 퍼멀로이 : 니켈과 철의 이원합금(Ni - Fe계 합금)으로, 고투자율(High Permeability)을 나타낸다. 자기장 차폐 효과가 탁월하며 절곡, 절단 등 함체 가공이 용이하다.

03

정답 ②

그라쇼프 수는 열전달 이론에서 사용되는 무차원 파라미터로, 자유대류 내에서 유체에 작용하는 점성력에 대한 부력의 비로 정의되며, 다음과 같이 표현된다.

$$G_r = \frac{(\text{부력})}{(\text{점성력})} = (g/T_0)(L^3 \triangle T/\nu^2)$$

이때, g는 중력가속도, T_0는 기준 상태에서의 온도, L은 길이규모, $\triangle T$는 유체 온도와 T_0 사이의 차, ν는 동점성계수이다.

오답분석

① 레일리 수(Ra; Rayleigh Number) : 유체 사이의 열전달 과정에서 자유대류와 관련된 무차원 수로, 부력과 열 이류의 곱 그리고 점성력과 열 전도의 곱 사이의 비로 정의된다.

③ 넛셀 수(Nu; Nusselt Number) : 어떤 유체 층을 통과하는 대류에 의해 일어나는 열전달의 크기와 동일한 유체 층을 통과하는 전도에 의해 일어나는 열전달의 크기의 비로 정의된다.

④ 레이놀즈 수(Re; Reynolds Number) : 점성력에 대한 관성력의 비로, 점성력이 커서 유체가 매우 느리게 운동하는 경우의 레이놀즈 수는 작으며, 레이놀즈 수가 작으면 유체흐름은 층류가 된다. 반면 유체가 빠르게 움직이거나 점성력이 작은 경우의 레이놀즈 수는 크며, 난류가 발생한다.

⑤ 프란틀 수(Pr; Prandtl Number) : 열 확산도에 대한 운동량 확산도의 비 또는 열 이류와 점성력의 곱과 열 확산과 관성력의 곱 사이의 무차원 수이다.

04

정답 ⑤

피복제는 아크열에 의해 분해되는 가스를 많이 발생시키며, 이 가스는 용융 금속과 아크를 대기로부터 보호한다.
따라서 ㉠~㉤ 모두 피복제의 역할에 해당한다.

05

정답 ②

엔트로피는 가역 단열일 때 일정하다. 교축과정은 비가역 단열과정이므로, 엔트로피는 항상 증가한다. 따라서 ㉣은 옳지 않다.

06

정답 ⑤

넛셀 수는 열전달 계수로, 다음과 같이 표현된다.

$$Nu = \frac{hL}{\kappa}$$

이때, κ는 유체의 열전도도, h는 대류열전달계수, L은 특성 길이이다.
$Nu = 1$이면 유체 층을 통과하는 대류와 전도가 같다는 것이고, 넛셀 수가 크면 클수록 대류가 더 활발하다는 의미이다.

| 02 | 전기

01	02	03	04	05	06				
②	②	①	①	③	④				

01

정답 ②

변압기유는 절연내력과 냉각효과가 커야 하고, 절연유는 고온에서 화학적 반응을 일으키면 안 된다. 또한 침식, 침전물이 생기지 않고, 응고점은 낮고, 발화점이 높아야 하며, 산화되지 않아야 한다.

02

정답 ②

- 전류 $i(t)=\frac{E}{R}\left(e^{-\frac{1}{RC}t}\right)$
- 시정수 $\tau=RC \rightarrow R=\frac{\tau}{C}$

$\tau=1$, $C=1\times10^{-6}$을 대입하면 다음과 같다.

$R=\frac{1}{1\times10^{-6}}=1\times10^{6}\,\Omega=1\mathrm{M}\Omega$

03

정답 ①

- 누설 임피던스 $Z_{21}=\frac{V_s'}{I_{1s}}=\frac{300}{7.27}=41.26\,\Omega$

  $I_{1s}=\frac{I_{2s}}{a}=\frac{200\times120}{3,300}=7.27\mathrm{A}$
- 임피던스 전압 $V_s=I_{1n}Z_{21}=3.03\times41.26=125\mathrm{V}$

  $I_{1n}=\frac{P}{V_1}=\frac{10\times10^3}{3,300}=3.03\mathrm{A}$

따라서 (백분율 임피던스 강하)$=\frac{V_s}{V_{1n}}\times100=\frac{125}{3,300}\times100\fallingdotseq3.8\%$이다.

04

정답 ①

$P=VI$에서 $I=\frac{P}{V}=40\mathrm{A}$

$V=IR$에서 $R=\frac{V}{I}=\frac{100}{40}=2.5\Omega$

$E=V+I_aR_a=100+(40\times2.5)=106\mathrm{V}$

$E'=E\times\frac{1,200}{1,500}=84.8\mathrm{V}$

$P=VI$에서 $I=\frac{P}{V}=40\mathrm{A}$

$V=IR$에서 $R=\frac{V}{I}=\frac{100}{40}=2.5\Omega$

$E=V+I_aR_a=106\mathrm{V}$

$E'=E\times\frac{1,200}{1,500}=84.8\mathrm{V}$

따라서 부하 전류 $I_a' = \dfrac{E'}{R_a + R} = 32\text{A}$이며, 단자 전압 $V' = E' - I_a' R_a = 84.8 - 32 \times 0.15 = 80\text{V}$이다.

05

정답 ③

• 역률개선 전 무효전력 $Q_1 = P_a \times \sin\theta_1 = 100 \times 0.8 = 80\text{kVar}$

• 역률개선 후 무효전력 $Q_2 = P_a \times \sin\theta_2 = 100 \times \sqrt{1 - 0.9^2} = 43.59\text{kVar}$

따라서 소요되는 전력용 콘덴서의 용량은 다음과 같다.

$Q = Q_1 - Q_2 = 80 - 43.59 = 36.41\text{kVA}$

06

정답 ④

전선은 허용전류(최대안전전류) 및 도전율이 크고, 기계적 강도 및 인장강도가 커야 한다. 반면 고유저항, 전압강하 및 전력손실은 작아야 한다.

M E M O

PART 2

직업기초능력평가

CHAPTER

01 의사소통능력

대표기출유형 01 기출응용문제

01

정답 ②

제시문에 따르면 도구일 뿐인 기계가 인간을 판단하는 것은 정당하지 않으며, 인공 지능은 인간이 만든 도구일 뿐이고, 이런 도구가 인간을 판단하면 주체와 객체가 뒤바뀌는 상황이 발생한다. 따라서 ②가 글의 내용으로 가장 적절하다.

오답분석

① 미래에 인공 지능이 인간을 대체할 것인지에 대해서는 제시문에 나와있지 않다.
③ 인공 지능이 아닌 인간이 사회에서 의사소통을 통해 관계를 형성한다.
④ 제시문은 인공 지능과 인간의 차이점을 통해 논지를 주장하고 있다.
⑤ 인공 지능은 빅데이터를 바탕으로 결과를 도출해 내는 기계에 불과하므로, 통계적 분석을 할 뿐 타당한 판단을 할 수 없다.

02

정답 ⑤

제시문에 따르면 오염수를 희석시키더라도 시간이 지나면 오염물질이 다시 모여들 수 있다는 것은 엔트로피 증가의 법칙을 무시한 주장이다.

오답분석

① 방사선 오염 물질은 초미세먼지(2.5마이크로미터)의 1만 분의 1 정도의 크기이다.
② 방사성 오염 물질은 독립된 원자 상태로 존재하기도 하나, 대부분은 다른 원소들과 화학적으로 결합한 분자 상태로 존재한다.
③ 방사선 오염 물질은 전기적으로 중성인 경우도 있고, 양전하나 음전하를 가진 이온의 상태로 존재하기도 한다.
④ 당초 섭씨 1,000도 이상으로 뜨거웠던 건 맞지만 오랜 기간에 걸쳐 천천히 식은 상태이다.

03

정답 ⑤

ⓒ 공기가 따뜻하고 습할수록 구름이 많이 생성된다.
ⓓ 적란운은 아래쪽부터 연직으로 차곡차곡 쌓이게 되어 두터운 구름층을 형성하는 형태의 구름이다.

오답분석

㉠ 공기가 충분한 수분을 포함하고 있다면 공기 중의 수증기가 냉각되어 작은 물방울이나 얼음 알갱이로 응결되면서 구름이 형성된다.
㉡ 구름이 생성되는 과정에서 열이 외부로 방출되고 이것이 공기의 온도를 높인다.

대표기출유형 02 기출응용문제

01

정답 ②

제시문은 유류세 상승으로 인해 발생하는 장점을 열거함으로써 유류세 인상을 정당화하고 있다. 따라서 글의 제목으로 가장 적절한 것은 '높은 휘발유세의 정당성'이다.

02

정답 ⑤

제시문은 빠른 사회변화 속 다양해지는 수요에 맞춘 주거복지 정책의 예로 예술인을 위한 공동주택, 창업 및 취업자를 위한 주택, 의료안심주택을 들고 있다. 따라서 글의 주제로 가장 적절한 것은 '다양성을 수용하는 주거복지 정책'이다.

대표기출유형 03 기출응용문제

01

정답 ④

우리 눈은 원추세포를 통해 밝은 곳에서의 노란색 빛을 인식하고, 어두운 곳에서는 막대세포를 통해 초록색 빛을 더 민감하게 인식한다. 또한 밝은 곳에서 눈에 잘 띄던 노란색 경고 표지판은 날이 어두워지면 무용지물이 될 수도 있으므로 어두운 터널 내에는 초록색의 경고 표지판을 설치하는 것이 더 효과적이다.

오답분석

① 막대세포의 로돕신은 빛을 받으면 분해되어 시신경을 자극하고, 이 자극이 대뇌에 전달되어 초록색 빛을 민감하게 인식하지만, 색을 인식하지는 못한다.
② 눈조리개의 초점 부근 좁은 영역에 주로 분포되어 있는 세포는 원뿔 모양의 원추세포이다.
③ 원추세포는 노란색 빛에 민감하며, 초록색 빛에 민감한 세포는 막대세포이다.
⑤ 우리 눈에는 파장이 500나노미터 부근인 노란색 빛에 민감한 원추세포의 수가 많지 않아 어두운 곳보다 밝은 곳에서 인식 기능이 발휘된다. 따라서 밝은 곳에서 눈에 잘 띄는 노란색이나 붉은색으로 경고나 위험 상황을 나타내는 것은 막대세포가 아닌 원추세포의 수와 관련이 있다.

02

정답 ③

경덕왕 시기에는 통일된 석탑양식이 지방으로까지 파급되지는 못하고 경주에 밀집된 모습을 보였다.

오답분석

① 문화가 부흥할 수 있었던 배경에는 안정된 왕권과 정치제도가 깔려 있었다.
② 장항리 오층석탑 역시 통일 신라 경덕왕 시기에 유행했던 통일된 석탑양식으로 주조되었다.
④ 통일된 석탑양식 이전에는 시원양식과 전형기가 유행했다.
⑤ 1층의 탑신에 비해 2층과 3층의 탑신은 낮게 만들어 체감률에 있어 안정감을 추구한다.

03

정답 ⑤

바우마이스터에 따르면 개인은 자신이 가지고 있는 제한된 에너지를 자기 조절 과정에 사용하는데, 이때 에너지를 많이 사용한다고 하더라도 긴박한 상황을 대비하여 에너지의 일부를 남겨 두기 때문에 에너지가 완전히 고갈되는 상황은 벌어지지 않는다. 즉, S씨는 식단 조절 과정에 에너지를 효율적으로 사용하지 못하였을 뿐, 에너지가 고갈되어 식단 조절에 실패한 것은 아니다.

오답분석

① 반두라에 따르면 인간은 자기 조절 능력을 선천적으로 가지고 있으며, 자기 조절은 세 가지의 하위 기능인 자기 검열, 자기 판단, 자기 반응의 과정을 통해 작동한다.
② 반두라에 따르면 자기 반응은 자신이 한 행동 이후에 자신에게 부여하는 정서적 현상을 의미하는데, 자신이 지향하는 목표와 관련된 개인적 표준에 부합하지 않은 행동은 죄책감이나 수치심이라는 자기 반응을 만들어 낸다.
③ 반두라에 따르면 선천적으로 자기 조절 능력을 가지고 있는 인간은 가치 있는 것을 획득하기 위해 행동하거나 두려워하는 것을 피하기 위해 행동한다.
④ 바우마이스터에 따르면 자기 조절은 개인적 표준, 모니터링, 동기, 에너지로 구성된다. S씨의 건강관리는 개인의 목표 성취와 관련된 개인적 표준에 해당하며, 이를 위해 S씨는 자신의 행동을 관찰하는 모니터링 과정을 거쳤다.

대표기출유형 04 기출응용문제

01

정답 ②

개요의 흐름상 '전력 소비에 대한 잘못된 인식'은 '대기전력의 발생 원인'에 해당하므로 'Ⅱ – 1'의 하위 항목으로 새로 추가하기보다는 'Ⅱ – 1 – (1)'의 내용으로 들어가는 것이 적절하다.

02

정답 ①

공문서는 반드시 일정한 양식과 격식을 갖추어 작성해야 한다.

오답분석

② 공문서의 날짜 작성 시 날짜 다음에 괄호를 사용할 경우에는 마침표를 찍지 않는다.
③ 도표를 사용하는 것은 설명서의 특징이며, 공문서의 경우 복잡한 내용은 '–다음–'이나 '–아래'와 같이 항목별로 구분한다.
④ 공문서는 내용을 한 장에 담아내는 것이 원칙이다.
⑤ 공문서는 회사 외부로 전달되는 문서로, 누가, 언제, 어디서, 무엇을, 어떻게(혹은 왜)가 정확하게 드러나도록 작성해야 한다.

03

정답 ①

'유발하다'는 '어떤 것이 다른 일을 일어나게 하다.'의 의미를 지닌 단어로, 이미 사동의 의미를 지니고 있다. 따라서 사동 접미사 '–시키다'와 결합하지 않고 ㉠과 같이 사용할 수 있다.

04

정답 ①

제시문에 따르면 기존의 경제학에서는 인간을 철저하게 합리적이고 이기적인 존재로 보았지만, 행동경제학에서는 인간을 제한적으로 합리적이고 감성적인 존재로 보았다. 따라서 글의 흐름상 ㉠에는 '다른'이 적절하다.

05

정답 ⑤

㉤의 앞뒤 문장은 생활 속에서 초미세먼지에 적절히 대응하기 위한 방안을 나열하고 있으므로 ㉤에는 문장을 병렬적으로 연결할 때 사용하는 접속어인 '그리고'가 들어가는 것이 적절하다.

대표기출유형 05 기출응용문제

01

정답 ②

㉠ 조언 : 말로 거들거나 깨우쳐 주어서 도움. 또는 그 말
㉡ 경신 : 어떤 분야의 종전 최고치나 최저치를 깨트림
㉢ 결재 : 결정할 권한이 있는 상관이 부하가 제출한 안건을 검토하여 허가하거나 승인함
㉣ 비치다 : 의향을 떠보려고 슬쩍 말을 꺼내거나 의사를 넌지시 깨우쳐 주다.

오답분석

- 자문 : 어떤 일을 좀 더 효율적이고 바르게 처리하려고 그 방면의 전문가나 전문가들로 이루어진 기구에 의견을 물음
  → '자문을 구하다.'는 옳지 않은 표현으로 '자문에 응하다.'가 옳은 표현이다.
- 갱신 : 이미 있던 것을 고쳐 새롭게 함
- 결제 : 일을 처리하여 끝을 냄
- 비추다 : 어떤 것과 관련하여 견주어 보다.

02

정답 ④

'시간적인 사이를 두고서 가끔씩'이라는 의미의 부사는 '간간이'이다.

오답분석

① 쉬이 : 어렵거나 힘들지 아니하게
② 소홀히 : 대수롭지 아니하고 예사롭게. 또는 탐탁하지 아니하고 데면데면하게
③ 깊숙이 : 위에서 밑바닥까지. 또는 겉에서 속까지의 거리가 멀고 으슥하게
⑤ 틈틈이 : 겨를이 있을 때마다

03

정답 ④

- 포상(褒賞) : 1. 칭찬하고 장려하여 상을 줌
  2. 각 분야에서 나라 발전에 뚜렷한 공로가 있는 사람에게 정부가 칭찬하고 장려하여 상을 줌. 또는 그 상

오답분석

① 보훈(報勳) : 공훈에 보답함
② 공훈(功勳) : 나라나 회사를 위하여 두드러지게 세운 공로
③ 공로(功勞) : 일을 마치거나 목적을 이루는 데 들인 노력과 수고. 또는 일을 마치거나 그 목적을 이룬 결과로서의 공적
⑤ 공적(功績) : 노력과 수고를 들여 이루어 낸 일의 결과

CHAPTER

02 수리능력

대표기출유형 01 기출응용문제

01

정답 ①

여학생 수의 비율을 $a\%$, 남학생 수의 비율은 $(1-a)\%$라고 하면 다음 식이 성립한다.

$60a\times1{,}000+45(1-a)\times1{,}000=51\times1{,}000$

$\rightarrow 60a+45(1-a)=51$

$\therefore a=\frac{2}{5}$

따라서 여학생은 $1{,}000\times\frac{2}{5}=400$명이다.

02

정답 ②

샌들의 정가는 $20{,}000+20{,}000\times0.4=28{,}000$원이다.

정가를 $x\%$ 할인하였다고 하면 다음과 같이 정리할 수 있다.

(판매가)=(정가)−(할인 금액)=$(28{,}000)-\left(28{,}000\times\frac{1}{100}x\right)$원

이때 (판매가)−(원가)=(이익)이고, 원가의 10%인 이익은 $20{,}000\times0.1=2{,}000$원이므로 다음 식이 성립한다.

$\left\{(28{,}000)-\left(28{,}000\times\frac{1}{100}x\right)\right\}-20{,}000=2{,}000$

$28{,}000-280x=22{,}000$

$\rightarrow 280x=6{,}000$

$\therefore x\fallingdotseq21.4$

따라서 판매가에서 21.4%를 할인해야 원가의 10% 이익을 얻을 수 있다.

03

정답 ④

- B비커의 설탕물 100g을 A비커의 설탕물과 섞은 후 각 비커의 설탕의 양
  - A비커 : $\left(\frac{x}{100}\times300+\frac{y}{100}\times100\right)$g
  - B비커 : $\left(\frac{y}{100}\times500\right)$g
- A비커의 설탕물 100g을 B비커의 설탕물과 섞은 후 각 비커의 설탕의 양
  - A비커 : $\left(\frac{3x+y}{400}\times300\right)$g
  - B비커 : $\left(\frac{y}{100}\times500+\frac{3x+y}{400}\times100\right)$g

설탕물을 모두 옮긴 후 두 비커에 들어 있는 설탕물의 농도는 다음과 같다.

$\frac{\frac{3x+y}{400}\times300}{300}\times100=5\cdots$ ㉠

$\frac{\frac{y}{100}\times500+\frac{3x+y}{400}\times100}{600}\times100=9.5\cdots$ ㉡

ⓒ에 ⓐ을 대입하여 정리하면 $5y+5=57$이므로

$y=\frac{52}{5}$이고, $x=\frac{20-\frac{52}{5}}{3}=\frac{16}{5}$이다.

따라서 $10x+10y=10\times\frac{16}{5}+10\times\frac{52}{5}=32+104=136$이다.

04

정답 ④

A, B기차의 속력은 일정하며 두 기차가 터널 양 끝에서 동시에 출발하면 $\frac{1}{3}$ 지점에서 만난다고 했으므로 두 기차 중 하나는 다른 기차 속력의 2배인 것을 알 수 있다. 또한, A기차보다 B기차가 터널을 통과하는 시간이 짧으므로 B기차의 속력이 더 빠르다. A기차의 길이를 xm, 속력을 ym/s라고 하면 B기차의 속력은 $2y$m/s이다.

$570+x=50\times y$ ⋯ ㉠

$570+(x-60)=23\times 2y$ ⋯ ㉡

㉠과 ㉡을 연립하면

$60=4y$

$\therefore y=15$

이를 ㉠에 대입하면

$x=50\times15-570$

$\therefore x=180$

따라서 A기차의 길이는 180m이다.

대표기출유형 02 기출응용문제

01

정답 ①

업체별로 구매가격을 정리하면 다음과 같다.

- S전자 : 8대 구매 시 2대를 무료로 증정하기 때문에 32대를 사면 8개를 무료로 증정받아 32대 가격으로 총 40대를 살 수 있다. 32대의 가격은 $80,000\times32=2,560,000$원이고, 구매금액 100만 원당 2만 원이 할인되므로 구매가격은 $2,560,000-40,000=2,520,000$원이다.
- B마트 : 40대 구매금액인 $90,000\times40=3,600,000$원에서 40대 이상 구매 시 7% 할인 혜택을 적용하면 $3,600,000\times0.93=3,348,000$원이다. 1,000원 단위 이하는 절사하므로 구매가격은 3,340,000원이다.

따라서 S전자가 B마트에 비해 $3,340,000-2,520,000=82$만 원 저렴하다.

02

정답 ②

A통신회사의 기본요금을 x원이라 하면 8월과 9월의 요금 계산식은 각각 다음과 같다.

$x+60a+30\times2a=21,600 \rightarrow x+120a=21,600$ ⋯ ㉠

$x+20a=13,600$ ⋯ ㉡

㉠−㉡을 하면 다음과 같다.

$100a=8,000$

$\therefore a=80$

대표기출유형 03 기출응용문제

01

정답 ⑤

ㄷ. 2024년에 케이블PP를 제외한 나머지 매체들의 광고매출액을 더하면 16,033억 원이다. 따라서 2024년 케이블PP의 광고매출액은 15,008억 원이므로 케이블PP의 광고매출액은 매년 감소한다.

ㄹ. 모바일은 거의 2배 가까이 증가한 반면, 나머지는 이에 한참 미치지 못하고 있다.

오답분석

ㄱ. 2022년의 경우 전년에 비해 약 8,000억 원 증가하였고 2023년과 2024년에는 약 9,000억 원씩 증가하였다. 이는 각각 28,659억 원, 36,618억 원, 45,678억 원의 0.3배보다 작다.

ㄴ. 2022년 방송 매체 중 지상파TV 광고매출액이 차지하는 비중은 $\frac{14}{35}$이고, 온라인 매체 중 인터넷(PC)이 차지하는 비중은 $\frac{20}{57}$이므로 온라인 매체 중 인터넷(PC) 광고매출액이 차지하는 비율이 더 작다.

02

정답 ③

오답분석

① 1984년의 A국의 석유 수입액은 74달러이고, B국의 석유 수입액은 75달러이므로 B국이 더 많다.

② 2004년의 A국의 석유 수입액과 석탄 수입액의 합은 110.7달러이고, LNG 수입액의 2배는 108.6달러이므로 2배보다 많다.

④ 두 국가의 1984년 대비 2024년의 LNG 수입액 증가율은 다음과 같다.

- A국 : $\frac{79.9-29.2}{29.2}\times 100 \fallingdotseq 173.6\%$
- B국 : $\frac{102-30}{30}\times 100=240\%$

따라서 증가율은 B국이 더 크다.

⑤ 두 국가의 1984년 대비 2024년의 석탄 수입액 감소율은 다음과 같다.

- A국 : $\frac{28-82.4}{82.4}\times 100 \fallingdotseq -66\%$
- B국 : $\frac{7.1-44}{44}\times 100 \fallingdotseq -83.4\%$

따라서 감소율은 B국이 더 크다.

03

정답 ⑤

2021년의 인구성장률은 0.63%, 2024년의 인구성장률은 0.39%이다. 2024년의 인구성장률은 2021년의 인구성장률에서 40% 감소한 값인 $0.63\times(1-0.4)=0.378\%$보다 값이 크므로 40% 미만으로 감소하였다.

오답분석

① 2021년 이후 인구성장률이 매년 감소하고 있으므로 옳은 설명이다.

② 2019년부터 2024년까지의 인구성장률이 가장 낮았던 해는 2024년이며, 합계출산율도 2024년에 가장 낮았다.

③ 인구성장률과 합계출산율은 모두 2020년에는 전년 대비 감소하고, 2021년에는 전년 대비 증가하였으므로 옳은 설명이다.

④ 인구성장률이 높은 순서로 나열하면 2021년 – 2022년 – 2019년 – 2020년 – 2023년 – 2024년이다. 합계출산율이 높은 순서로 나열하면 2019년 – 2022년 – 2021년 – 2020년 – 2023년 – 2024년이다. 따라서 인구성장률과 합계출산율이 두 번째로 높은 해는 2022년이다.

04

정답 ③

ㄴ. 연령대별 아메리카노와 카페라테의 선호율의 차이를 구하면 다음과 같다.

구분	20대	30대	40대	50대
아메리카노 선호율	42%	47%	35%	31%
카페라테 선호율	8%	18%	28%	42%
차이	34%p	29%p	7%p	11%p

따라서 아메리카노와 카페라테의 선호율 차이가 가장 적은 연령대는 40대임을 알 수 있다.

ㄷ. 20대와 30대의 선호율 하위 3개 메뉴를 정리하면 다음과 같다.

- 20대 : 핫초코(6%), 에이드(3%), 아이스티(2%)
- 30대 : 아이스티(3%), 핫초코(2%), 에이드(1%)

따라서 20대와 30대의 선호율 하위 3개 메뉴는 동일함을 알 수 있다.

오답분석

ㄱ. 연령대별 아메리카노 선호율은 20대는 42%, 30대는 47%, 40대는 35%, 50대는 31%로, 30대의 선호율이 20대보다 높음을 알 수 있다.

ㄹ. 40대와 50대의 선호율 상위 2개 메뉴가 전체 선호율에서 차지하는 비율을 구하면 다음과 같다.

- 40대 : 아메리카노(35%), 카페라테(28%) → 63%
- 50대 : 카페라테(42%), 아메리카노(31%) → 73%

따라서 50대의 선호율 상위 2개 메뉴가 전체 선호율에서 차지하는 비율은 70%를 넘지만, 40대에서는 63%로 70% 미만이다.

05

정답 ②

2023년의 50대 선물환거래 금액은 1,980억×0.306=605.88억 원이며, 2024년은 2,084억×0.297=618.948억 원이다. 따라서 2023년 대비 2024년의 50대 선물환거래 금액 증가량은 618.948−605.88=13.068억 원이므로 13억 원 이상이다.

오답분석

① 2023 ~ 2024년의 전년 대비 10대의 선물환거래 금액 비율 증감 추이는 '증가 – 감소'이고, 20대는 '증가 – 증가'이다.

③ 2022 ~ 2024년의 40대 선물환거래 금액은 다음과 같다.

- 2022년 : 1,920억×0.347=666.24억 원
- 2023년 : 1,980억×0.295=584.1억 원
- 2024년 : 2,084억×0.281=585.604억 원

2024년의 40대 선물환거래 금액은 전년 대비 증가했으므로 40대의 선물환거래 금액은 지속적으로 감소하고 있지 않다.

④ 2024년의 10 ~ 40대 선물환거래 금액 총비율은 2.5+13+26.7+28.1=70.3%로, 2023년의 50대 비율의 2.5배인 30.6%×2.5=76.5%보다 낮다.

⑤ 2024년의 30대의 선물환거래 비율은 2022년에 비해 26.7−24.3=2.4%p 더 높다.

06

정답 ③

응답기간 중 하위 두 정당은 항상 D, E로 같다. 이 두 정당의 지지율의 합과 정당 C의 지지율은 다음과 같다.

구분	1월	6월	12월
정당 D · E의 지지율 합	8.9+5.6=14.5%	5.2+3.3=8.5%	4.7+7.5=12.2%
정당 C의 지지율	12.8%	11.2%	10.8%

따라서 하위 두 정당의 지지율의 합이 정당 C의 지지율보다 낮은 때는 2024년 6월뿐이다.

오답분석

① 정당별 2024년 1월, 6월, 12월의 지지율 증감추이는 다음과 같다.

- 정당 A : 증가 – 감소
- 정당 B : 증가 – 증가
- 정당 C : 감소 – 감소
- 정당 D : 감소 – 감소
- 정당 E : 감소 – 증가

따라서 지지율 증감추이가 동일한 정당은 정당 C와 정당 D이다.

② 응답기간인 2024년 1월부터 12월까지 정당 A와 정당 B의 지지율 합은 다음과 같다.

구분	1월	6월	12월
정당 A·B의 지지율 합	38.2+34.5=72.7%	41.5+38.8=80.3%	36.8+40.2=77%

따라서 응답기간 중 정당 A와 정당 B의 지지율 합은 항상 70% 이상이다.

④ 2024년 6월 조사에서 정당 A의 지지율은 41.5%이고, 정당 B의 지지율은 38.8%이므로 두 지지율의 차이는 41.5−38.8=2.7%p이다. 따라서 총 응답자 수는 600+705+695=2,000명이므로 정당 A와 정당 B를 지지하는 인원수 차이는 2,000×0.027=54명이다.

⑤ 2024년 1월 조사에서 20대부터 50대까지의 응답자 수는 총 600+705=1,305명이다. 이 중 정당 A와 정당 C의 전체 지지자가 20 ~ 50대이고, 나머지 인원이 정당 B를 지지하는 최소 인원이 된다. 따라서 정당 A와 정당 C의 전체 지지자는 (2,000×0.382)+(2,000×0.128)=764+256=1,020명이므로 20 ~ 50대 응답자 수에서 제외한 1,305−1,020=285명이 정당 B의 최소 지지자 수이다.

CHAPTER

03 문제해결능력

대표기출유형 01 기출응용문제

01

정답 ④

우선 지원자 4의 진술이 거짓이면 지원자 5의 진술도 거짓이고, 지원자 4의 진술이 참이면 지원자 5의 진술도 참이다. 즉, 1명의 진술만 거짓이므로 지원자 4, 5의 진술은 참이다. 이에 따라 나머지 지원자들의 진술을 정리하면 다음과 같다.

i) 지원자 1의 진술이 거짓인 경우

지원자 3은 A부서에 선발되었고, 지원자 2는 B부서 또는 C부서에 선발되었다. 이때, 지원자 3의 진술에 따라 지원자 4가 B부서, 지원자 2가 C부서에 선발되었다.

∴ A부서 : 지원자 3, B부서 : 지원자 4, C부서 : 지원자 2, D부서 : 지원자 5

ii) 지원자 2의 진술이 거짓인 경우

지원자 2는 A부서에 선발되었고, 지원자 3은 B부서 또는 C부서에 선발되었다. 이때, 지원자 3의 진술에 따라 지원자 4가 B부서, 지원자 3이 C부서에 선발되었다.

∴ A부서 : 지원자 2, B부서 : 지원자 4, C부서 : 지원자 3, D부서 : 지원자 5

iii) 지원자 3의 진술이 거짓인 경우

지원자 4는 C부서에 선발되었고, 지원자 2는 A부서, 지원자 3은 D부서에 선발되는데, 이때 지원자 4의 진술과 모순이 발생하므로 지원자 3의 진술은 거짓이 아니다.

따라서 지원자 1과 지원자 2 중 1명의 진술이 거짓이며, 모든 경우에서 항상 참인 것은 ④이다.

02

정답 ③

주어진 조건을 토대로 보면 다음과 같이 정리해 볼 수 있다. 원형 테이블은 회전시켜도 좌석 배치는 동일하므로 좌석에 1 ~ 7번으로 번호를 붙이고, A가 1번 좌석에 앉았다고 가정하여 배치하면 다음과 같다.

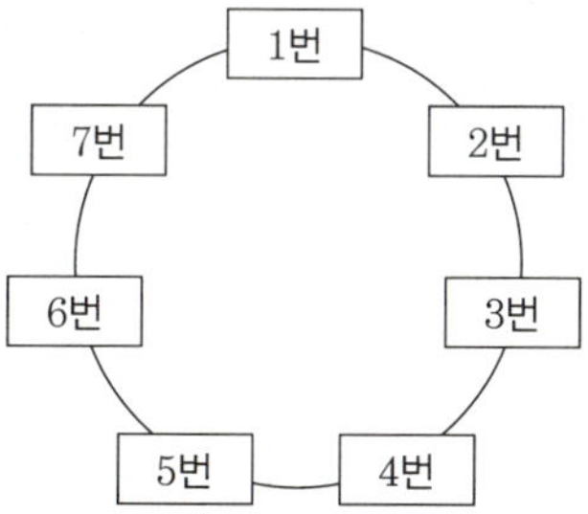

첫 번째 조건에 따라 2번에는 부장이, 7번에는 차장이 앉게 된다.

세 번째 조건에 따라 부장과 이웃한 자리 중 비어 있는 3번 자리에 B가 앉게 된다.

네 번째 조건에 따라 7번에 앉은 사람은 C가 된다.

다섯 번째 조건에 따라 5번에 과장이 앉게 되고, 과장과 차장 사이인 6번에 G가 앉게 된다.

여섯 번째 조건에 따라 A와 이웃한 자리 중 직원명이 정해지지 않은 2번, 부장 자리는 D가 앉게 된다.

일곱 번째 조건에 따라 4번 자리에는 대리, 3번 자리에는 사원이 앉는 것을 알 수 있다. 또 3번 자리에 앉는 사람은 사원 직급인 B인 것을 알 수 있다.

두 번째 조건에 따라 E는 사원과 이웃하지 않았고 직원명이 정해지지 않은 5번, 과장 자리에 앉는 것을 알 수 있다.

이를 정리하면 다음과 같은 좌석 배치가 되며, F는 이 중 유일하게 빈자리인 4번, 대리 자리에 앉게 된다.

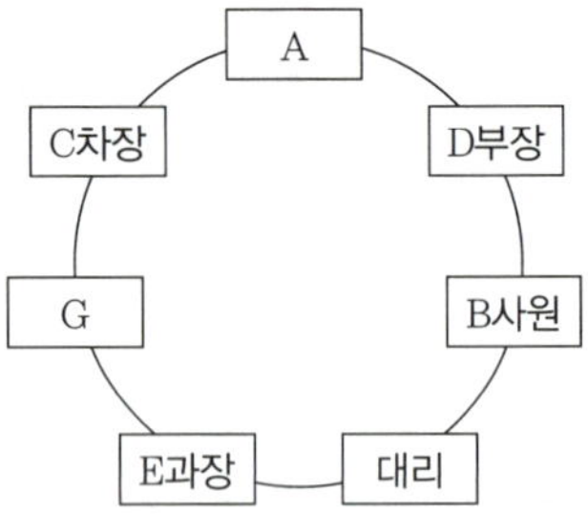

따라서 사원 직급은 B, 대리 직급은 F가 해당하는 것을 도출할 수 있다.

03

정답 ⑤

E는 교양 수업을 신청한 A보다 나중에 수강한다고 하였으므로 목요일 또는 금요일에 강의를 들을 수 있다. 이때, 목요일과 금요일에는 교양 수업이 진행되므로 'E는 반드시 교양 수업을 듣는다.'는 항상 참이 된다.

오답분석

① A가 수요일에 강의를 듣는다면 E는 교양2 또는 교양3 강의를 들을 수 있다.
② B가 수강하는 전공 수업의 정확한 요일을 알 수 없으므로 C는 전공1 또는 전공2 강의를 들을 수 있다.
③ C가 화요일에 강의를 듣는다면 D는 교양 강의를 듣는다. 이때, 교양 수업을 듣는 A는 E보다 앞선 요일에 수강하므로 E는 교양2 또는 교양3 강의를 들을 수 있다.

구분	월 (전공1)	화 (전공2)	수 (교양1)	목 (교양2)	금 (교양3)
경우1	B	C	D	A	E
경우2	B	C	A	D	E
경우3	B	C	A	E	D

④ D는 전공 수업을 신청한 C보다 나중에 수강하므로 전공 또는 교양 수업을 들을 수 있다.

04

정답 ①

한 번 배정받은 층은 다시 배정받을 수 없기 때문에 A는 3층, B는 2층에 배정받을 수 있다. C는 1층 또는 4층에 배정받을 수 있지만, D는 1층에만 배정받을 수 있으므로 C는 4층, D는 1층에 배정받는다. 이를 표로 정리하면 다음과 같다.

A	B	C	D
3층	2층	4층	1층

따라서 항상 참인 것은 ①이다.

오답분석

②·③·④ 주어진 조건만으로는 판단하기 힘들다.
⑤ 매년 새롭게 층을 배정받기 때문에 B 또한 3년 이상 기숙사에 살았을 것이다.

05

정답 ⑤

주어진 조건에 따라 엘리베이터 검사 순서를 추론해 보면 다음과 같다.

첫 번째	5호기
두 번째	3호기
세 번째	1호기
네 번째	2호기
다섯 번째	6호기
여섯 번째	4호기

따라서 1호기 다음은 2호기, 그 다음이 6호기이고, 6호기는 5번째로 검사한다.

06

정답 ③

을과 무의 진술이 모순되므로 둘 중 한 명은 참, 다른 한 명은 거짓이다. 여기서 을의 진술이 참일 경우 갑의 진술도 거짓이 되어 두 명이 거짓을 진술한 것이 되므로 모순이 발생한다. 그러므로 을의 진술이 거짓, 무의 진술이 참이다. 따라서 A강좌는 을이, B와 C강좌는 갑과 정이, D강좌는 무가 담당하고, 병은 강좌를 담당하지 않는다.

PART 2

대표기출유형 02 기출응용문제

01

정답 ①

모든 암호는 각 자릿수의 합이 21이 되도록 구성되어 있다.

• K팀 : $9+0+2+3+x=21 \rightarrow x=7$

• L팀 : $7+y+3+5+2=21 \rightarrow y=4$

$\therefore x+y=7+4=11$

02

정답 ④

• 1단계 : 주민등록번호 앞 12자리 숫자에 가중치를 곱하면 다음과 같다.

숫자	2	4	0	2	0	2	8	0	3	7	0	1
가중치	2	3	4	5	6	7	8	9	2	3	4	5
결과	4	12	0	10	0	14	64	0	6	21	0	5

• 2단계 : 1단계에서 구한 값의 합을 계산한다.

$4+12+0+10+0+14+64+0+6+21+0+5=136$

• 3단계 : 2단계에서 구한 값을 11로 나누어 나머지를 구한다.

$136 \div 11 = 12 \cdots 4$

• 4단계 : 11에서 3단계의 나머지를 뺀 수를 10으로 나누어 나머지를 구한다.

$(11-4) \div 10 = 0 \cdots 7$

따라서 빈칸에 들어갈 수는 7이다.

대표기출유형 03 기출응용문제

01

정답 ③

오답분석

(라)·(마) 아동수당 제도 첫 도입에 따라 초기에 아동수당 신청이 한꺼번에 몰릴 것으로 예상되어 연령별 신청기간을 운영한다. 그러므로 만 5세 아동은 7월 1 ~ 5일 사이에 접수를 하거나 연령에 관계없는 7월 6일 이후에 신청하도록 안내하는 것이 옳다. 또한 아동수당 관련 신청서 작성요령이나 수급 가능성 등 자세한 내용은 아동수당 홈페이지에서 확인 가능한데, 어떤 홈페이지로 접속해야 하는지 안내를 하지 않았다. 따라서 옳지 않은 답변이다.

02

정답 ⑤

A대리는 2021년 11월에 입사해 현재 입사한 지 2년 차에 해당한다. 올해 직원 복지 지원금을 한 번도 못 받았으므로 생일, 결혼, 출산, 학자금 모두 신청이 가능한 상황이다.

먼저 생일 혜택 10만 원, 결혼 혜택 50만 원을 받을 수 있으며, 출산과 관련하여서는 결혼 축하금을 받고 아이는 등본상 둘째이므로 150+20=170만 원을 받을 수 있다. 또한, 첫째 아이가 중학생이므로 학자금 50만 원을 받을 수 있다.

따라서 A대리는 총 10+50+170+50=280만 원의 혜택을 받을 수 있다.

03

정답 ②

먼저 대학원 학자금은 입사 2년 차 이상이어야 지원받을 수 있으므로 1년 차인 직원 B는 지원받을 수 없고, 주택 비용 5,000만 원 중 절반인 2,500만 원은 지원 대출 최대한도 초과이므로 최대한도인 2,000만 원만 대출받을 수 있다.

04

정답 ①

재작년 3월 초에 입사했다면 입사 2년 차에 해당하므로 대학원 학자금 잔여 대출원금의 80%인 1,500×0.8=1,200만 원을 지원받을 수 있다. 또한 주택 지원 대출의 한도가 3,000만 원으로 증가하는데, 주택 비용 5,000만 원 중 절반인 2,500만 원은 최대한도 내에 해당되므로 전액 대출이 가능하다. 따라서 직원 B가 지원받을 총금액은 1,200+2,500=3,700만 원이다.

CHAPTER

04 조직이해능력

대표기출유형 01 기출응용문제

PART 2

01

정답 ③

①·②·④·⑤는 전략과제에서 도출할 수 있는 추진방향이지만, ③의 국제경쟁입찰의 과열 경쟁 심화와 컨소시엄 구성 시 민간기업과 업무배분, 이윤추구성향 조율의 어려움 등은 문제점에 대한 언급이므로 추진방향으로 적절하지 않다.

02

정답 ③

일 년에 한두 권밖에 안 팔리는 책일지라도 이러한 책들의 매출이 모이고 모이면 베스트셀러 못지않은 수익을 낼 수 있다. 따라서 ③은 '티끌 모아 태산'이라는 롱테일 법칙에 해당하는 사례로 적절하다.

03

정답 ④

제시문은 '한정 판매 마케팅 기법'에 대한 글이다. 이는 한정판 제품의 공급을 통해 의도적으로 공급의 가격탄력성을 0에 가깝게 조정한 것으로, 판매 기업의 입장에서는 이윤 증대를 위한 경영 혁신이지만 소비자의 합리적 소비를 저해할 수 있다.

04

정답 ②

경영활동을 구성하는 요소는 경영목적, 인적자원, 자금, 경영전략이다. (나)의 경우와 같이 봉사활동을 수행하는 일은 목적과 인력, 자금 등이 필요한 일이지만, 정해진 목표를 달성하기 위한 조직의 관리, 전략, 운영활동이라고 볼 수 없으므로 경영활동이 아니다.

05

정답 ②

시각, 청각, 후각, 촉각, 미각의 다섯 가지 감각을 통해 만들어진 감각 마케팅의 사례로, 개인화 마케팅의 사례로 보기는 어렵다.

오답분석

① 고객들의 개인적인 사연을 기반으로 광고 서비스를 제공함으로써 개인화 마케팅의 사례로 적절하다.
③ 고객들이 자신이 직접 사과를 받는 듯한 효과를 얻게 됨으로써 개인화 마케팅의 사례로 적절하다.
④ 댓글 작성자의 이름을 기반으로 이벤트를 진행함으로써 개인화 마케팅의 사례로 적절하다.
⑤ 고객의 이름을 불러주고 서비스를 제공해 줌으로써 개인화 마케팅의 사례로 적절하다.

대표기출유형 02 기출응용문제

01

정답 ①

조직이 생존하기 위해서는 급변하는 환경에 적응하여야 한다. 이를 위해서는 원칙이 확립되어 있고 고지식한 기계적 조직보다는 운영이 유연한 유기적 조직이 더 적합하다.

오답분석

② 대규모 조직은 소규모 조직과는 다른 조직 구조를 갖게 된다. 대규모 조직은 소규모 조직에 비해 업무가 전문화, 분화되어 있고 많은 규칙과 규정이 존재하게 된다.

③ 조직 구조 결정요인으로는 크게 전략, 규모, 기술, 환경이 있다. 전략은 조직의 목적을 달성하기 위하여 수립한 계획으로, 조직이 자원을 배분하고 경쟁적 우위를 달성하기 위한 주요 방침이며, 기술은 조직이 투입요소를 산출물로 전환시키는 지식, 기계, 절차 등을 의미한다. 또한 조직은 환경의 변화에 적절하게 대응하기 위해 환경에 따라 조직의 구조를 다르게 조작한다.

④ 조직 활동의 결과에 따라 조직의 성과와 만족이 결정되며, 그 수준은 조직구성원들의 개인적 성향과 조직문화의 차이에 따라 달라진다.

⑤ 조직 구조의 결정 요인 중 하나인 기술은 조직이 투입요소를 산출물로 전환시키는 지식, 기계, 절차 등을 의미한다. 일반적으로 소량생산기술을 가진 조직은 유기적 조직 구조를, 대량생산기술을 가진 조직은 기계적 조직 구조를 가진다.

02

정답 ⑤

많은 조직들은 그 조직만의 독특한 조직문화를 만들기 위해 노력한다.

03

정답 ④

조직목표의 기능

- 조직이 존재하는 정당성과 합법성 제공
- 조직이 나아갈 방향 제시
- 조직 구성원의 의사결정의 기준
- 조직 구성원 행동수행의 동기 유발
- 수행평가의 기준
- 조직설계의 기준

04

정답 ①

조직변화의 과정

1. 환경변화 인지
2. 조직변화 방향 수립
3. 조직변화 실행
4. 변화결과 평가

05

정답 ⑤

영리조직의 사례로는 이윤 추구를 목적으로 하는 사기업을 들 수 있으며, 비영리조직으로는 정부조직, 병원, 대학, 시민단체, 종교단체 등을 들 수 있다.

06

정답 ③

마케팅기획본부는 해외마케팅기획팀과 마케팅기획팀으로 구성된다고 했으므로 옳지 않다.

오답분석

① · ② 마케팅본부의 마케팅기획팀과 해외사업본부의 해외마케팅기획팀을 통합해 마케팅기획본부가 신설된다고 했으므로 옳다.
④ 해외사업본부의 해외사업 1팀과 해외사업 2팀을 해외영업팀으로 통합하고 마케팅본부로 이동한다고 했으므로 옳다.
⑤ 구매 · 총무팀에서 구매팀과 총무팀이 분리되고 총무팀과 재경팀을 통합 후 재무팀이 신설된다고 했으므로 옳다.

대표기출유형 03 기출응용문제

01

정답 ④

홍보용 보도 자료 작성은 홍보팀의 업무이며, 물품 구매는 총무팀의 업무이다. 즉, 영업팀이 아닌 홍보팀이 홍보용 보도 자료를 작성해야 하며, 홍보용 사은품 역시 직접 구매하는 것이 아니라 홍보팀이 총무팀에 업무협조를 요청하여 총무팀이 구매하도록 하여야 한다.

02

정답 ③

오전 반차를 사용한 이후 14시부터 16시까지 미팅 업무가 있는 J대리는 택배 접수 마감 시간인 16시 이전에 행사 용품 오배송건 반품 업무를 진행할 수 없다.

오답분석

① 부서장 회의이므로 총무부 부장인 S부장은 반드시 회의에 참석해야 한다.
② H프로젝트 보고서 초안 작성 업무는 해당 프로젝트 회의에 참석한 G과장이 담당하는 것이 적절하다.
④ 사내 교육 프로그램 참여 이후 17시 전까지 주요 업무가 없는 L사원은 우체국 방문 및 등기 발송 업무를 담당할 수 있다.
⑤ 사내 교육 프로그램 참여 이후 주요 업무가 없는 O사원은 사무용품 주문서 작성 및 주문 메일 발송 업무를 담당할 수 있다.

03

정답 ⑤

현재 시각이 오전 11시이므로 오전 중으로 처리하기로 한 업무를 가장 먼저 처리해야 한다. 따라서 오전 중으로 고객에게 보내기로 한 자료 작성 ㉣을 가장 먼저 처리한다. 다음으로 오늘까지 처리해야 하는 업무 두 가지 ㉠, ㉡ 중 비품 신청 ㉠보다 부서장이 지시한 부서 업무 사항인 ㉡을 먼저 처리하는 것이 적절하다. 그리고 특별한 상황이 없는 한 개인의 단독 업무보다는 타인 · 타 부서와 협조된 업무를 우선적으로 처리해야 한다. 따라서 '㉣ 고객에게 보내기로 한 자료 작성 – ㉡ 부서 업무 사항 – ㉢ 인접 부서의 협조 요청 – ㉠ 단독 업무인 비품 신청' 순서로 업무를 처리해야 한다.

04

정답 ②

오답분석

① · ④ 전결권자는 상무이사이다.
③ · ⑤ 대표이사의 결재가 필수이다(전결 사항이 아님).

CHAPTER

05 정보능력

대표기출유형 01 기출응용문제

01

정답 ④

World Wide Web(WWW)에 대한 설명으로, 웹은 3차 산업혁명에 큰 영향을 미쳤다.

오답분석

① 스마트 팜에 대한 설명이다.
② 3D프린팅에 대한 설명이다.
③ 클라우드 컴퓨팅에 대한 설명이다.
⑤ 사물인터넷에 대한 설명이다.

02

정답 ①

데이터베이스(DB; Data Base)란 어느 한 조직의 여러 응용 프로그램들이 공유하는 관련 데이터들의 모임이다. 대학 내 서로 관련 있는 데이터들을 하나로 통합하여 데이터베이스로 구축하게 되면, 학생 관리 프로그램, 교수 관리 프로그램, 성적 관리 프로그램은 이 데이터베이스를 공유하게 된다. 이처럼 데이터베이스는 여러 사람에 의해 공유될 목적으로 통합하여 관리되는 데이터의 집합을 말하며, 자료 항목의 중복을 없애고 자료를 구조화하여 저장함으로써 자료 검색과 갱신의 효율을 높인다.

오답분석

② 유비쿼터스 : 사용자가 네트워크나 컴퓨터를 의식하지 않고 장소에 상관없이 자유롭게 네트워크에 접속할 수 있는 정보통신 환경을 의미한다.
③ RFID : 극소형 칩에 상품정보를 저장하고 안테나를 달아 무선으로 데이터를 송신하는 장치를 말한다.
④ NFC : 전자태그(RFID)의 하나로, 13.56MHz 주파수 대역을 사용하는 비접촉식 근거리 무선통신 모듈이며, 10cm의 가까운 거리에서 단말기 간 데이터를 전송하는 기술을 말한다.
⑤ 와이파이 : 무선접속장치(AP; Access Point)가 설치된 곳에서 전파를 이용하여 일정 거리 안에서 무선인터넷을 할 수 있는 근거리 통신망 기술을 말한다.

대표기출유형 02 기출응용문제

01

정답 ②

TODAY( )는 현재 날짜값을 반환해 주는 함수이고, DATE(연,월,일)는 연, 월, 일의 값을 입력받아 해당 날짜 값으로 변환해 주는 함수이다. 따라서 「=TODAY()−DATE(2024,6,1)」의 함수식을 통해 현재까지의 근속 일수를 구할 수 있다.

02

정답 ⑤

INDEX(범위,행,열)는 해당하는 범위 안에서 지정한 행, 열의 위치에 있는 값을 출력한다. 따라서 [B2:D9]의 범위에서 2행 3열에 있는 값 23,200,000이 도출된다.

03

정답 ⑤

「=SUM(합계를 구할 처음 셀:합계를 구할 마지막 셀)」으로 표시해야 한다. 판매수량과 추가판매를 더하는 것은 비연속적인 셀을 더하는 것이므로 연속하는 영역을 입력하고 ','로 구분해 준 뒤 다음 영역을 다시 지정해야 한다. 따라서 [B6] 셀에 작성해야 할 수식으로는 「=SUM(B2:B5,C2,C5)」이 옳다.

04

정답 ③

LEFT(데이터가 있는 셀 번호,왼쪽을 기준으로 가져올 자릿수)이기 때문에 주민등록번호가 있는 [C2] 셀을 선택하고, 왼쪽을 기준으로 생년월일은 6자리이므로 「=LEFT(C2,6)」를 작성하는 것이 옳다.

05

정답 ①

학생들의 평균 점수는 G열에 해당하고 가장 높은 순서대로 구해야 하므로 RANK 함수를 이용하여 오름차순으로 순위를 구해야 한다. 즉, [H2] 셀에 들어갈 함수식은 「=RANK(G2,$G$2:$G$10,0)」이다. 이때, 참조할 범위는 고정해야 하므로 행과 열 앞에 '$'를 붙여야 하는데, G열은 항상 고정이므로 행만 고정시켜도 된다. 따라서 「=RANK(G2,G$2:G$10,0)」를 사용하여도 같은 결과가 나온다.

06

정답 ②

DSUM 함수는 지정한 조건에 맞는 데이터베이스에서 필드 값들의 합을 구하는 함수이다. 따라서 [A1:C7]에서 상여금이 100만 원 이상인 값의 합계를 구하므로 2,500,000이 도출된다.

대표기출유형 03 기출응용문제

01

정답 ③

for 반복문은 i 값이 0부터 1씩 증가하면서 10보다 작을 때까지 수행하므로 i 값은 각 배열의 인덱스(0~9)를 가리키게 되고, num에는 i가 가리키는 배열 요소 값의 합이 저장된다. arr 배열의 크기는 10이고 초기값들은 배열의 크기 10보다 작으므로 나머지 요소들은 0으로 초기화된다. 따라서 배열 arr는 {1, 2, 3, 4, 5, 0, 0, 0, 0, 0}으로 초기화되므로 이 요소들의 합 15와 num의 초기값 10에 대한 합은 25이다.

02

정답 ②

증감 연산자(++, --)는 피연산자를 1씩 증가시키거나 감소시킨다. 수식에서 증감 연산자가 피연산자의 후의에 사용되었을 때는 값을 먼저 리턴하고 증감시킨다.

temp=i++;은 temp에 i를 먼저 대입하고 난 뒤 i 값을 증가시키기 때문에 temp는 10, i는 11이 된다. temp=i--; 역시 temp에 먼저 i 값을 대입한 후 감소시키기 때문에 temp는 11, i는 10이 된다.

CHAPTER

06 자원관리능력

대표기출유형 01 기출응용문제

01

정답 ①

조건에 따라 자동차를 대여할 수 없는 날을 표시하면 다음과 같다.

〈2월 달력〉

일	월	화	수	목	금	토
	1	2 × 짝수 날 점검	3	4 × 짝수 날 점검	5	6 × 짝수 날 점검
7	8	9 × 업무	10 × 업무	11 × 설 연휴	12 × 설 연휴	13 × 설 연휴
14	15 × 출장	16 × 출장	17	18	19	20
21	22	23	24 × C 대여	25 × C 대여	26 × C 대여	27
28						

따라서 B자동차를 대여할 수 있는 날은 주말을 포함한 18 ~ 20일, 19 ~ 21일, 20 ~ 22일, 21 ~ 23일이므로 수요일(17일)은 자동차를 대여할 수 없다.

02

정답 ④

팀원들의 모든 스케줄이 비어 있는 시간대인 16:00 ~ 17:00가 가장 적절하다.

03

정답 ①

화상 회의 진행 시각(한국 기준 오후 4 ~ 5시)을 각국 현지 시각으로 변환하면 다음과 같다.

- 파키스탄 지사(−4시간) : 오후 12 ~ 1시로 점심시간이므로 회의에 참석 불가능하다.
- 불가리아 지사 (−6시간) : 오전 10 ~ 11시이므로 회의에 참석 가능하다.
- 호주 지사(+1시간) : 오후 5 ~ 6시이므로 회의에 참석 가능하다.
- 영국 지사(−8시간) : 오전 8 ~ 9시이므로 회의에 참석 가능하다(시차는 −9시간이지만, 서머타임을 적용한다).
- 싱가포르 지사(−1시간) : 오후 3 ~ 4시이므로 회의에 참석 가능하다.

따라서 파키스탄 지사는 화상 회의에 참석할 수 없다.

04

정답 ④

공정별 순서는 A → B ↘ C → F이고, D → E ↗ C공정을 시작하기 전에 B공정과 E공정이 선행되어야 하는데 B공정까지 끝나려면 4시간이 소요되고 E공정까지 끝나려면 3시간이 소요된다. 선행작업이 완료되어야 이후 작업을 할 수 있으므로, 가장 긴 경로가 끝난 후에 C공정을 시작할 수 있다. 따라서 C공정을 진행하기 위해서는 최소 4시간이 걸린다. 완제품은 F공정이 완료된 후 생산되므로 첫 번째 완제품 생산의 소요시간은 9시간이다.

대표기출유형 02 기출응용문제

01

정답 ⑤

선택지별 교통편 조합의 비용을 계산해 보면 다음과 같다.

① 대형버스 1대 : 500,000원

② 소형버스 1대, 렌터카 1대 : 200,000+130,000=330,000원

③ 소형버스 1대, 택시 1대 : 200,000+(120,000×2)=440,000원

④ 렌터카 3대 : (80,000×3×0.95)+(50,000×3)=378,000원

⑤ 대중교통 13명 : 13,400×13×2×0.9=313,560원

따라서 주어진 교통편 조합 중 가장 저렴한 방법은 13명 모두 대중교통을 이용하는 것이다.

02

정답 ②

기존의 운송횟수는 12회이므로 1일 운송되는 화물량은 12×1,000=12,000상자이다. 이때, 적재효율을 높이면 화물량이 기존 1,000상자에서 1,200상자로 늘어나므로 운송횟수를 12,000÷1,200=10회로 줄일 수 있다. 기존 방법과 새로운 방법의 월 수송비를 계산하면 다음과 같다.

(월 수송비)=(1회당 수송비)×(차량 1대당 1일 운행횟수)×(차량 운행대수)×(월 운행일수)

- 기존 월 수송비 : 100,000×3×4×20=24,000,000원
- 신규 월 수송비 : 100,000×10×20=20,000,000원

따라서 월 수송비 절감액은 24,000,000−20,000,000=4,000,000원이다.

03

정답 ③

상별로 수상 인원을 고려하여 상패 및 물품별 총수량과 비용을 계산하면 다음과 같다.

상패 혹은 물품	총 수량(개)	개당 비용(원)	총 비용(원)
금 도금 상패	7	49,500원(10% 할인)	7×49,500=346,500
은 도금 상패	5	42,000	42,000×4(1개 무료)=168,000
동 상패	2	35,000	35,000×2=70,000
식기 세트	5	450,000	5×450,000=2,250,000
신형 노트북	1	1,500,000	1×1,500,000=1,500,000
태블릿 PC	6	600,000	6×600,000=3,600,000
만년필	8	100,000	8×100,000=800,000
안마의자	4	1,700,000	4×1,700,000=6,800,000
합계	–	–	15,534,500

따라서 총 상품 구입비용은 15,534,500원이다.

04

정답 ④

제품군별 지급해야 할 보관료는 다음과 같다.

- A제품군 : 300억×0.01=3억 원
- B제품군 : 2,000CUBIC×20,000=4천만 원
- C제품군 : 500톤×80,000=4천만 원

따라서 S기업이 보관료로 지급해야 할 총금액은 3억+4천만+4천만=3억 8천만 원이다.

대표기출유형 03 기출응용문제

01

정답 ②

가중평균은 각각에 해당하는 가중치를 적용하여 더한 값을 가중치 총합으로 나눈 것이다. 5개 업체의 가중치를 적용한 총점을 구하면 다음과 같다.

(단위 : 점)

구분	총점
A업체	(8×0.2)+(8×0.5)+(7×0.3)=7.7
B업체	(7×0.2)+(9×0.5)+(8×0.3)=8.3
C업체	(6×0.2)+(10×0.5)+(5×0.3)=7.7
D업체	(5×0.2)+(7×0.5)+(10×0.3)=7.5
E업체	(8×0.2)+(6×0.5)+(8×0.3)=7.0

이때 가중치의 합은 0.2+0.5+0.3=1이므로 가중치를 적용한 총점과 가중평균 값은 같다. 따라서 총점이 가장 높은 B업체가 선정될 것이다.

02

정답 ①

두 번째 조건에서 총 구매금액이 30만 원 이상이면 총금액에서 5%를 할인해 주므로 한 벌당 가격이 300,000÷50=6,000원 이상인 품목은 할인적용이 들어간다. 업체별 품목 금액을 보면 모든 품목이 6,000원 이상이므로 5% 할인 적용대상이다. 따라서 모든 품목에 할인 조건이 적용되어 정가로 비교가 가능하다.
세 번째 조건에서 차순위 품목이 1순위 품목보다 총금액이 20% 이상 저렴한 경우 차순위를 선택하므로 한 벌당 가격으로 계산하면 1순위인 카라 티셔츠의 20% 할인된 가격은 8,000×0.8=6,400원이다. A업체의 티셔츠의 정가가 6,400원 이하이므로 팀장은 1순위인 카라 티셔츠보다 2순위인 A업체의 티셔츠를 구입할 것이다.

03

정답 ④

어떤 컴퓨터를 구매하더라도 각각 사는 것보다 세트로 사는 것이 한 세트(모니터＋본체)당 약 5만 원에서 10만 원 정도 이득이다. 하지만 세트 혜택이 아닌 다른 혜택에 해당하는 조건에서는 비용을 비교해 봐야 한다. 컴퓨터별 구매 비용을 계산하면 다음과 같다. E컴퓨터는 성능평가에서 '하'를 받았으므로 계산에서 제외한다.

- A컴퓨터 : 80만 원×15대=1,200만 원
- B컴퓨터 : (75만 원×15대)−100만 원=1,025만 원
- C컴퓨터 : (20만 원×10대)+(20만 원×0.85×5대)+(60만 원×15대)=1,185만 원 또는 70만 원×15대=1,050만 원
- D컴퓨터 : 66만 원×15대=990만 원

D컴퓨터만 예산 범위인 1,000만 원 내에서 구매할 수 있다. 따라서 조건을 만족하는 컴퓨터는 D컴퓨터이다.

대표기출유형 04 기출응용문제

01

정답 ③

오답분석

- A지원자 : 9월에 복학 예정이기 때문에 인턴 기간이 연장될 경우 근무할 수 없으므로 적합하지 않다.
- B지원자 : 경력사항이 없으므로 적합하지 않다.
- D지원자 : 근무 시간(9 ~ 18시) 이후에 업무가 불가능하므로 적합하지 않다.
- E지원자 : 포토샵을 활용할 수 없으므로 적합하지 않다.

02

정답 ③

C대리의 2025년 업무평가 점수는 직전연도 업무평가 점수인 89점에서 지각 1회에 따른 5점, 결근 1회에 따른 10점을 제한 74점이다. 따라서 승진대상에 포함되지 못하므로, 그대로 대리일 것이다.

오답분석

① A사원은 근속연수가 3년 미만이므로 승진대상이 아니다.
② B주임은 출산휴가 35일을 제외하면 근속연수가 3년 미만이므로 승진대상이 아니다.
④・⑤ 승진대상에 대한 자료로 대리가 될 수 없다.

03

정답 ④

성과급 기준표를 적용한 A～E교사에 대한 성과급 배점을 정리하면 아래와 같다.

구분	주당 수업시간	수업 공개 유무	담임 유무	업무 곤란도	호봉	합계
A교사	14점	–	10점	20점	30점	74점
B교사	20점	–	5점	20점	30점	75점
C교사	18점	5점	5점	30점	20점	78점
D교사	14점	10점	10점	30점	15점	79점
E교사	16점	10점	5점	20점	25점	76점

따라서 D교사가 가장 높은 배점을 받게 된다.

CHAPTER

07 기술능력

대표기출유형 01 기출응용문제

01

정답 ①

제시문에 주어진 컴퓨터 연결, 원하는 시간만큼 학습 가능, 멀티미디어 이용 등의 특징을 볼 때, e-Learning(전자 매체를 통한 학습 시스템)을 활용한 기술교육의 장·단점에 대해 설명하는 글임을 알 수 있다.

오답분석

④ OJT란 조직 안에서 피교육자인 종업원이 직무에 종사하면서 받게 되는 교육 훈련방법이다. 직장 상사나 선배가 지도·조언을 해주는 형태로, 교육자와 피교육자 사이에 친밀감을 조성하며, 시간의 낭비가 적고, 조직의 필요에 합치되는 교육훈련을 할 수 있다는 장점이 있다. 그러나 지도자의 높은 자질이 요구되며, 교육훈련 내용의 체계화가 어렵다는 등의 단점도 볼 수 있다.

02

정답 ①

석유자원을 대체하고 에너지의 효율성을 높이는 것은 기존 기술에서 탈피하고 새로운 기술을 습득하는 기술경영자의 능력으로 볼 수 있다.

기술경영자의 능력

- 기술을 기업의 전반적인 전략 목표에 통합시키는 능력
- 빠르고 효과적으로 새로운 기술을 습득하고 기존의 기술에서 탈피하는 능력
- 기술을 효과적으로 평가할 수 있는 능력
- 기술 이전을 효과적으로 할 수 있는 능력
- 새로운 제품 개발 시간을 단축할 수 있는 능력
- 크고 복잡하며 서로 다른 분야에 걸쳐 있는 프로젝트를 수행할 수 있는 능력
- 조직 내의 기술 이용을 수행할 수 있는 능력
- 기술 전문 인력을 운용할 수 있는 능력

03

정답 ⑤

전기산업기사, 건축산업기사, 정보처리산업기사 등의 자격 기술은 구체적 직무수행능력 형태를 의미하는 기술의 협의의 개념으로 볼 수 있다.

오답분석

① 사회가 기술 개발에 영향을 준다는 점을 볼 때, 산업혁명과 같은 사회적 요인은 기술 개발에 영향을 주었다고 볼 수 있다.
② 로봇은 인간의 능력을 확장시키기 위한 하드웨어로 볼 수 있으며, 기술은 이러한 하드웨어와 그것의 활용을 뜻한다.
③ 기술은 하드웨어를 생산하는 과정이며, 하드웨어는 소프트웨어에 대비되는 용어로, 건물, 도로, 교량, 전자장비 등 인간이 만들어 낸 모든 물질적 창조물을 뜻한다.
④ 컴퓨터의 발전으로 개인이 정보를 효율적으로 활용/관리하게 됨으로써 현명한 의사결정이 가능해졌음을 알 수 있다.

04

정답 ③

A사가 한 벤치마킹은 경쟁관계에 있지 않은 기업 중 마케팅이 우수한 곳을 찾아가 벤치마킹을 했기 때문에 비경쟁적 벤치마킹이다. B사는 동일 업종이지만 외국에 있는 비경쟁적 기업을 대상으로 벤치마킹을 했기 때문에 글로벌 벤치마킹이다.

오답분석

- 경쟁적 벤치마킹 : 동일 업종이면서 경쟁관계에 있는 기업을 대상으로 하는 벤치마킹이다.
- 직접적 벤치마킹 : 벤치마킹 대상을 직접 방문하여 수행하는 벤치마킹이다.
- 간접적 벤치마킹 : 인터넷 및 문서형태의 자료를 통해서 수행하는 벤치마킹이다.

대표기출유형 02 기출응용문제

01

정답 ④

사용 중인 공유기의 IP주소가 http://190.275.2.3으로 HI-804A의 IP주소와 동일할 경우 HI-804A 공유기가 아닌 사용 중인 공유기의 IP주소를 다른 IP주소로 변경하여야 한다.

02

정답 ③

PC와 분리한 외장형 모뎀을 인터넷케이블로 HI-804A의 INTERNET포트인 1번 또는 2번 포트에 연결한다. 그리고 LAN케이블로 PC를 HI-804A의 LAN포트인 3번 또는 4번 포트에 연결한다. 따라서 공유기가 바르게 설치된 것은 ③이다.

오답분석

①·④·⑤ 외장형 모뎀과 PC는 별도의 케이블로 직접 서로 연결되지 않고, HI-804A의 INTERNET포트와 LAN포트를 통해 각각 연결된다.

② 외장형 모뎀은 INTERNET포트인 2번 포트에 맞게 연결되었으나, PC는 5번 포트가 아닌 3번 또는 4번 포트에 연결되어야 한다.

03

정답 ①

주어진 조건을 토대로 논리연산을 정리하면 다음과 같다.

0	0	0	0
0	1	1	0
0	1	1	0
0	0	0	0

→(가)→

0	0	0	0
0	0	0	0
0	0	1	1
0	0	1	1

=

0	0	0	0
0	0	0	0
0	0	1	0
0	0	0	0

따라서 입력 패턴 A, B 모두 1인 경우에만 결괏값이 1이 되므로 AND 연산자가 사용되었다는 것을 알 수 있다.

04

정답 ④

Index 뒤의 문자 SOPENTY와 File 뒤의 문자 ATONEMP에서 일치하는 알파벳의 개수를 확인하면, O, P, E, N, T로 총 5개가 일치하는 것을 알 수 있다. 따라서 판단 기준에 따라 Final Code는 Nugre이다.

CHAPTER

08 자기개발능력

대표기출유형 01 기출응용문제

01

정답 ⑤

일을 할 때에 너무 큰 단위로 하지 않고 작은 단위로 나누어 수행하는 것이 좋다. 작은 성공의 경험들이 축적되어 자신에 대한 믿음이 강화되면 보다 큰 일을 할 수 있기 때문이다. 따라서 작은 단위의 업무로 조금씩 성취감을 느끼는 것이 흥미와 적성을 개발하는 데 적절하다.

02

정답 ②

자기개발을 통해서 능력을 신장시키고 다른 사람과 차별성을 가지더라도 이에 대한 홍보를 하지 않으면 다른 사람들이 알아봐 주지 못한다. 따라서 A사원이 메뉴 개발에만 몰두하는 것은 자신을 홍보하기 위한 전략으로 적절하지 않다. ①·③·④·⑤와 같은 전략을 활용하여 자신의 능력을 홍보해야 한다.

03

정답 ①

장·단기를 구분하는 기준은 개인에 따라 중요한 생애전환기(결혼, 취직, 이직 등)를 기준으로 바뀔 수도 있으나 보통 장기목표는 5～20년 뒤를 설계하는 것을 의미하며, 단기목표는 1～3년 정도의 목표를 의미한다.

04

정답 ④

S사원은 새로운 분야의 업무와 새로운 직장에 대한 두려움 때문에 자기개발에 어려움을 겪고 있다. 즉, 현재 익숙한 일과 환경을 지속하려는 습성으로 인해 새로운 자기개발의 한계에 직면한 것이다.

05

정답 ④

자기관리 단계

1. 비전 및 목표 정립
2. 과제 발견
3. 일정 수립
4. 수행
5. 반성 및 피드백

06

정답 ③

다혈질적인 면은 S사원 자신은 알고, 타인은 모르는 자신의 모습이다. 따라서 자신이 다혈질적인지 생각해 볼 필요는 없으며, 자신이 가지고 있는 다혈질적인 면을 사람들과의 대인관계에 있어 어떻게 해야 할지 고민하는 것이 적절하다.

01

정답 ③

경력개발 단계

- 직업 선택(0 ~ 25세)
  - 최대한 여러 직업의 정보를 수집하여 탐색 후 나에게 적합한 최초의 직업을 선택함
  - 관련 학과 외부 교육 등 필요한 교육을 이수함
- 조직 입사(18 ~ 25세)
  - 원하는 조직에서 일자리를 얻음
  - 정확한 정보를 토대로 적성에 맞는 적합한 직무를 선택함
- 경력 초기(25 ~ 40세)
  - 조직의 규칙과 규범에 대해 배움
  - 직업과 조직에 적응해 감
  - 역량(지식, 기술, 태도)을 증대시키고 꿈을 추구해 나감
- 경력 중기(40 ~ 55세)
  - 경력 초기를 재평가하고 좀 더 업그레이드된 꿈으로 수정함
  - 성인 중기에 적합한 선택을 하고 지속적으로 열심히 일함
- 경력 말기(55 ~ 퇴직)
  - 지속적으로 열심히 일함
  - 자존심을 유지함
  - 퇴직 준비의 자세한 계획을 세움(경력 중기부터 준비하는 것이 바람직함)

02

정답 ④

경력개발계획 수립 과정

1. 직무정보 탐색 : 관심 직무에 대한 모든 정보를 알아내는 단계이다.
2. 자신과 환경이해 : 자기인식 관련 워크숍 참여 등의 자기 탐색과 경력 상담 회사・기관을 방문하는 등의 환경 탐색이 이루어지는 단계이다.
3. 경력목표 설정 : 하고 싶은 일과 이를 달성하기 위해서는 어떻게 능력을 개발해야 하는지에 대하여 단계별로 목표를 설정하는 단계이다.
4. 경력개발 전략수립 : 경력목표를 달성하기 위한 활동계획을 수립하는 단계이다.
5. 실행 및 평가 : 전략에 따라 목표달성을 위해 실행하고 도출된 결과를 검토・수정하는 단계이다.

03

정답 ③

경력개발능력이 필요한 이유

- 환경변화
  - 지식정보의 빠른 변화
  - 인력난 심화
  - 삶의 질 추구
  - 중견사원 이직 증가
- 조직요구
  - 경영 전략 변화
  - 승진적체
  - 직무환경 변화
  - 능력주의 문화
- 개인요구
  - 발달단계에 따른 가치관, 신념 변화
  - 전문성 축적 및 성장 요구 증가
  - 개인의 고용시장 가치 증대

CHAPTER

09 대인관계능력

대표기출유형 01 기출응용문제

01

정답 ④

S부서는 빠른 실천과 피드백을 위해 개개인의 재량을 확대시키고자 한다. 이를 위해서는 결재 단계를 간소화하여 개인적 책임을 강조하고, 통제를 제한하는 자율적 유형의 팀워크를 적용하는 것이 적합하다. 따라서 자율적 유형의 팀워크의 핵심 가치로 옳은 것은 개인적 책임과 제한된 조망이다.

팀워크의 유형
- 협력 : 구성원 간 협력과 시너지 효과 강조
- 통제 : 일관성과 전체적 조직 차원에서의 조망 강조
- 자율 : 개인적 책임과 제한된 통제, 제한된 조망 강조

02

정답 ②

팀워크와 응집력의 차이는 팀 성과의 유무이다. 응집력은 사람들로 하여금 집단에 머물도록 만들고, 그 집단의 멤버로서 계속 남아 있기를 원하게 만드는 힘이다. 팀워크는 단순히 사람들이 모여 있는 것이 아닌 목표 달성의 의지를 가지고 성과를 내는 것을 뜻한다.

대표기출유형 02 기출응용문제

01

정답 ④

동기의 결여나 결의의 부족은 임파워먼트의 장애요인 중 개인 차원의 장애요인에 해당한다.

오답분석

① 정보를 독점하려고 하는 통제적 리더십 스타일은 관리 차원의 장애요인에 해당한다.
② 리더의 경험 부족은 관리 차원의 장애요인에 해당한다.
③ 정책 및 기획의 실행 능력 부족은 관리 차원의 장애요인에 해당한다.
⑤ 효과적인 전달 능력의 부족은 관리 차원의 장애요인에 해당한다.

임파워먼트 장애요인

개인 차원	주어진 일을 해낼 수 있는 역량 부족, 동기의 결여, 결의의 부족, 책임감 부족, 의존성
대인 차원	갈등처리 능력 부족, 다른 사람에 대한 성실성 결여, 약속 불이행, 성과를 제한하는 조직의 규범
관리 차원	통제적 리더십 스타일, 효과적 리더십 발휘 능력 부족, 리더의 경험 부족, 정책 및 기회의 실행 능력 부족, 비전의 효과적 전달능력 부족
조직 차원	제한된 정책과 절차, 공감대 형성이 없는 구조와 시스템

02

정답 ⑤

수동형 사원은 자신의 능력과 노력이 조직으로부터 인정받지 못해 자신감이 떨어지는 모습을 보인다. 따라서 사원의 의견을 존중해 자신감을 키워 주는 것이 가장 적절하다.

오답분석

① 적절한 보상이 없다고 느끼는 소외형 사원에게 팀에 대한 협조의 조건으로 보상을 제시하는 것은 적절하지 않다.
② 리더는 팀원을 배제시키지 않고, 팀 목표를 위해 팀원들이 자발적으로 업무에 참여하도록 노력해야 한다.
③ 순응형 사원에 대해서는 그들의 잠재력 개발을 통해 팀 발전을 위한 창의적인 모습을 갖도록 해야 한다.
④ 실무형 사원에 대해서는 징계를 통해 규정준수를 억지로 강조하는 모습보다는 의사소통을 통해 규정준수를 이해시키는 것이 적절하다.

대표기출유형 03 기출응용문제

01

정답 ②

3단계는 상대방의 입장을 파악하는 단계이다. 따라서 자기 생각을 말한 뒤 A씨의 견해를 물으며 상대방의 입장을 파악하려는 ②가 3단계에 해당하는 대화로 적절하다.

02

정답 ④

갈등을 성공적으로 해결하기 위해서는 누가 옳고 그른지 논쟁하는 일은 피하는 것이 좋으며, 상대방의 측면을 모두 이해하고 배려하는 것이 중요하다.

대표기출유형 04 기출응용문제

01

정답 ④

ㄴ. Win – Lose전략은 강압전략으로, 상호 간에 신뢰가 없고, 협상력의 우위에 있을 때 효과적인 전략이다.
ㄹ. 협력 전략의 한 형태에 해당한다.

오답분석

ㄱ. 회피 전략을 취하는 경우, 회피 전략을 통한 압박에 실패하면 상대방도 협상에서 철수할 수 있다. 이러한 경우에 다른 방안이 필요하므로 회피 전략을 위해서는 반드시 다른 대안이 있어야 한다.
ㄷ. 유화 전략은 협상의 결과로 인한 이득보다 상대방과의 우호적 관계를 통해 협력관계를 이어가는 것을 중시하는 전략으로, 결과보다는 상대방과의 인간관계 유지를 선호하는 경우, 상대방과의 충돌을 피하고자 하는 경우, 자신의 이익보다는 상대방의 이익을 고려해야 하는 경우 등에 사용된다.

02

정답 ⑤

과학적인 논리보다 동료나 사람들의 행동에 의해서 상대방을 설득하는 사회적 입증 전략의 사례로 적절하다.

오답분석

① 상대방 이해 전략 : 상대방에 대한 이해를 바탕으로 갈등해결을 용이하게 하는 전략이다.
② 권위 전략 : 직위나 전문성, 외모 등을 활용하여 협상을 용이하게 하는 전략이다.
③ 희소성 해결 전략 : 인적·물적자원 등의 희소성을 해결함으로써 협상과정상의 갈등 해결을 용이하게 하는 전략이다.
④ 호혜관계 형성 전략 : 호혜관계(서로에게 도움을 주고받는 관계) 형성을 통해 협상을 용이하게 하는 전략이다.

CHAPTER

10 직업윤리

대표기출유형 01 기출응용문제

01

정답 ④

오답분석

㉠・㉢ 외부로부터 강요당한 근면에 해당한다.

02

정답 ③

㉠과 ㉣은 윤리적인 문제에 대하여 제대로 인식하지 못한 채 취해야 할 행동을 취하지 않는 도덕적 타성에 속하고, ㉡과 ㉢은 자신의 행위가 나쁜 결과를 가져올 수 있다는 것을 모르는 도덕적 태만에 속한다.

비윤리적 행위의 유형

- 도덕적 타성 : 직면하는 윤리적 문제에 대하여 무감각하거나 행동하지 않는 것
- 도덕적 태만 : 비윤리적인 결과를 피하기 위하여 일반적으로 필요한 주의나 관심을 기울이지 않는 것
- 거짓말 : 상대를 속이려는 의도로 표현되는 메시지

대표기출유형 02 기출응용문제

01

정답 ①

S과장은 사회적으로는 좋은 일을 했지만, 회사의 입장에서는 자신의 책임을 그르친 행동을 하였다고 볼 수 있다. 직업을 가진 사람에게 자기가 맡은 업무는 함께한 동료들을 포함하여 수많은 사람과 관련된 공적인 약속이자 최우선 과제이다. S과장은 회사 업무 중이었으므로 공적인 입장에서도 판단해야 한다.

02

정답 ②

고객접점서비스(MOT)는 고객과 서비스 요원 사이에서 15초 동안의 짧은 순간 이루어지는 서비스로, 이 15초 동안 고객접점에 있는 서비스 요원이 책임과 권한을 가지고 우리 회사를 선택한 것이 가장 좋은 선택이었다는 사실을 고객에게 입증시켜야 한다. 이때, 서비스 요원의 용모와 복장 등은 첫인상을 좌우하는 중요한 요소가 된다.

오답분석

ㄱ. 고객접점서비스는 모든 서비스에서 100점을 맞았더라도 한 접점에서 불만이 나오면 $100 \times 0 = 0$의 곱셈 법칙이 적용되어 모든 서비스 점수가 0점이 된다.

ㅁ. 고객접점서비스를 강화하기 위해서는 서비스 요원의 권한을 강화하여야 한다.

시대에듀

M E M O

PART 3

직무수행능력평가

CHAPTER 01

사무직(행정학)

적중예상문제

01	02	03	04	05	06	07	08	09	10	11	12	13	14	15	16	17	18	19	20
①	①	②	⑤	④	⑤	④	③	④	⑤	①	⑤	②	④	③	②	①	⑤	②	①

01

정답 ①

앨리슨 모형은 1960년대 초 쿠바 미사일 사건과 관련된 미국의 외교정책 과정을 분석한 후 정부의 정책결정 과정을 설명하고 예측하기 위한 분석틀로, 세 가지 의사결정모형인 합리모형, 조직과정모형, 관료정치모형을 제시하여 설명한 것이다. 앨리슨은 이 중 어느 하나가 아니라 세 가지 모두 적용될 수 있다고 주장하였다.

02

정답 ①

주민참여의 확대는 행정적 비용과 시간의 증가를 초래하고, 행정지체와 비능률이 발생할 수 있다.

03

정답 ②

규제피라미드는 규제가 규제를 낳은 결과 피규제자의 규제 부담이 점점 증가하는 현상이다.

오답분석

①·③·④·⑤ 규제의 역설에 대한 설명이다.

04

정답 ⑤

역사학적 신제도주의는 각국에서 채택된 정책의 상이성과 효과를 역사적으로 형성된 제도에서 찾으려는 접근방법을 말한다.

오답분석

① 행태론은 인간을 사물과 같은 존재로 인식하기 때문에 인간의 자유와 존엄을 강조하기 보다는 인간을 수단적 존재로 인식한다.
② 자연현상과 사회현상을 동일시하여 자연과학적인 논리실증주의를 강조한 것은 행태론적 연구의 특성이다.
③ 행태주의를 비판하며 나타난 후기 행태주의의 입장이다.
④ 행태주의는 객관적인 사실에 입각한 일반법칙적인 연구에만 몰두한 나머지 보수적인 이론이며, 제도변화와 개혁을 지향하지 않는다.

행태론과 신제도론의 비교

비교	행태론	신제도론
차이점	방법론적 개체주의, 미시주의	거시와 미시의 연계
	제도의 종속변수성 (제도는 개인행태의 단순한 집합)	제도의 독립변수성 (제도와 같은 집합적 선호가 개인의 선택에 영향을 줌)
	정태적	동태적(제도의 사회적 맥락과 영속성 강조)

05

정답 ④

뉴거버넌스는 공공서비스를 전달하는 과정에서 정부와 민간부문 및 비영리부문 간의 협력적 네트워크를 강조하는 네트워크 거버넌스를 의미한다.

오답분석

① 정부·시장·시민사회의 파트너십을 전제로 하고 이를 중요시한다.
② 입법과정에서의 세력연합과 협상 및 타협을 중요시한다.
③ 정부의 역할에 있어서 방향잡기(Steering)를 중시한다.
⑤ 투입보다 산출에 대한 통제를 강조한다.

06

정답 ⑤

등급에 대한 설명에 해당한다. 등급은 직무의 종류는 다르지만 직무의 곤란도 및 책임도나 자격 요건이 유사하여 동일한 보수를 지급할 수 있는 모든 직위의 집단을 의미한다.

직위분류제의 구성요소

구분	내용	예시
직위	한 사람의 근무를 필요로 하는 직무와 책임의 양	기상통보관, 예보관
직급	직무의 종류와 곤란성·책임도가 유사한 직위의 군(동일 직급에 속하는 직위에 대해서는 임용자격·시험·보수 등에 있어서 동일한 취급)	행정 7급
등급	직무의 종류는 다르지만 직무의 곤란도·책임도가 유사하여 동일한 보수를 지급할 수 있는 직위의 군	9급 서기보
직군	직무의 성질이 유사한 직렬의 군	행정직군, 기술직군
직렬	직무의 종류가 유사하고 그 책임과 곤란성의 정도가 서로 다른 직급의 군	행정직군 내 행정직렬, 세무직렬
직류	같은 직렬 내에서 담당분야가 같은 직무의 군	행정직렬 내 일반행정 직류, 법무행정 직류

07

정답 ④

관료제는 업무의 수행은 안정적이고 세밀하게 이루어져야 하며 규칙과 표준화된 운영절차에 따라 이루어지도록 되어 있다. 따라서 이념형으로서의 관료는 직무를 수행하는 데 감정을 갖지 않는 비정의성(Impersonality)이며 형식 합리성의 정신에 따라 수행해야 한다.

08

정답 ③

크리밍효과에 대한 설명이다. 크리밍효과는 정책효과가 나타날 가능성이 높은 집단을 의도적으로 실험집단으로 선정함으로써 정책의 영향력이 실제보다 과대평가된다. 한편, 호손효과는 실험집단 구성원이 실험의 대상이라는 사실로 인해 평소와 달리 특별한 심리적 또는 감각적 행동을 보이는 현상으로, 외적타당도를 저해하는 대표적 요인이다. 실험조작의 반응효과라고도 하며, 1927년 호손실험으로 발견되었다.

09

정답 ④

제도화된 부패란 부패가 관행화되어버린 상태로, 부패가 실질적 규범이 되면서 조직 내의 공식적 규범은 준수하지 않는 상태가 만연한 경우이다. 이러한 조직에서는 지켜지지 않는 비현실적 반부패 행동규범의 대외적 발표를 하게 되며, 부패에 저항하는 자에 대한 보복이 뒤따르게 된다.

10

정답 ⑤

합리모형에서 말하는 합리성은 경제적 합리성을 말한다. 정치적 합리성은 점증모형에서 중시하는 합리성이다.

합리모형과 점증모형

구분	합리모형	점증모형
합리성 최적화 정도	• 경제적 합리성(자원배분의 효율성) • 전체적 · 포괄적 분석	• 정치적 합리성(타협 · 조정과 합의) • 부분적 최적화
목표와 수단	• 목표 – 수단 분석을 함 • 목표는 고정됨(목표와 수단은 별개) • 수단은 목표에 합치	• 목표 – 수단 분석을 하지 않음 • 목표는 고정되지 않음 • 목표는 수단에 합치
정책결정	• 근본적 · 기본적 결정 • 비분할적 · 포괄적결정 • 하향적 결정 • 단발적 결정(문제의 재정의가 없음)	• 지엽적 · 세부적 결정 • 분할적 · 한정적 결정 • 상향적 결정 • 연속적 결정(문제의 재정의 빈번)
정책특성	• 비가분적 정책에 적합	• 가분적 정책에 적합
접근방식과 정책 변화	• 연역적 접근 • 쇄신적 · 근본적 변화 • 매몰비용은 미고려	• 귀납적 접근 • 점진적 · 한계적 변화 • 매몰비용 고려
적용국가	• 상대적으로 개도국에 적용 용이	• 다원화된 선진국에 주로 적용
배경이론 및 참여	• 엘리트론 • 참여 불인정(소수에 의한 결정)	• 다원주의 • 참여 인정(다양한 이해관계자 참여)

11

정답 ①

책임운영기관이란 정부가 수행하는 집행적 사무 중 공공성을 유지하면서도 경쟁원리에 따라 운영하는 것이 바람직하거나, 전문성이 있어 성과관리를 강화할 필요가 있는 사무에 대해 기관운영상의 자율성을 부여하고 성과에 대하여 책임을 지도록 설치된 행정기관이다. 이러한 특성상 책임운영기관은 공공성이 크기 때문에 민영화가 곤란한 분야에 설치한다.

12

정답 ⑤

리더의 어떠한 행동이 리더십 효과성과 관계가 있는가를 파악하고자 하는 접근법은 행태론적 리더십이다.

오답분석

① 행태론적 접근법에 대한 비판이다.
② 거래적 리더십은 상하 간 교환적 거래나 보상관계에 기초하였다.
③ 변혁적 리더십은 리더의 카리스마, 개별적 배려, 지적자극, 영감이 부하에게 미치는 영향을 강조한다.
④ 리더의 개인적 특성과 자질에 초점을 둔 연구는 특성론적 접근법이다.

13

정답 ②

ㄱ. 베버의 관료제론은 규칙과 규제가 조직에 계속성을 제공하여 조직을 예측 가능성 있는 조직, 안정적인 조직으로 유지시킨다고 보았다.
ㄴ. 행정관리론은 모든 조직에 적용시킬 수 있는 효율적 조직관리의 원리들을 연구하였다.
ㄷ. 호손실험으로 인간관계에서의 비공식적 요인이 업무의 생산성에 큰 영향을 끼친다는 것이 확인되었다.

오답분석

ㄹ. 조직군 생태이론은 조직과 환경의 관계에서 조직군이 환경에 의해 수동적으로 결정된다는 환경결정론적 입장을 취한다.

거시조직 이론의 유형

구분	결정론	임의론
조직군	• 조직군 생태론 • 조직경제학(주인 – 대리인이론, 거래비용 경제학) • 제도화이론	• 공동체 생태론
개별조직	• 구조적 상황론	• 전략적 선택론 • 자원의존이론

14

정답 ④

고객이 아닌 시민에 대한 봉사는 신공공서비스론의 원칙이다. 신공공관리론은 경쟁을 바탕으로 한 고객 서비스의 질 향상을 지향한다.

오답분석

①·②·③·⑤ 신공공관리론의 특징이다.

15

정답 ③

회계장부가 하나여야 한다는 원칙은 단일성의 원칙을 말한다. 한편, 통일성의 원칙은 특정한 세입과 세출이 바로 연계됨이 없이 국고가 하나로 통일되어야 한다는 원칙이다.

오답분석

① 공개성의 원칙의 예외로는 국방비와 국가정보원 예산 등 기밀이 필요한 예산이 있다.
② 사전의결의 원칙의 예외는 사고이월, 준예산, 전용, 예비비지출, 긴급명령, 선결처분이 있다.
④ 목적세는 통일성의 원칙의 예외이다.
⑤ 총괄 예산제도는 명확성의 원칙의 예외이다.

16

정답 ②

정책문제 자체를 잘못 인지한 상태에서 계속 해결책을 모색하여 정책문제가 해결되지 못하고 남아있는 상태는 제3종 오류라고 한다. 제1종 오류는 옳은 가설을 틀리다고 판단하고 기각하는 오류이고, 제2종 오류는 틀린 가설을 옳다고 판단하여 채택하는 오류를 말한다.

17

정답 ①

정책의 수혜집단이 강하게 조직되어 있는 집단이라면 정책집행은 용이해진다.

오답분석

② 집행의 명확성과 일관성이 보장되어야 한다.
③ 규제정책의 집행과정에서 실제로 불이익을 받는 자가 생겨나게 되는데, 이때 정책을 시행하는 과정에서 격렬한 갈등이 발생할 수 있다.
④ 나카무라와 스몰우드는 집행자와 결정자의 역할에 따라 정책집행을 유형별로 분류하였다.
⑤ 정책의 집행에는 대중의 지지, 매스컴의 반응, 정책결정기관의 입장, 정치・경제・사회・문화적 흐름 등 많은 환경적 요인들이 영향을 끼친다.

18

정답 ⑤

오답분석

① 매트릭스 조직은 기능구조와 사업구조를 절충한 형태로, 두 조직의 화학적 결합을 시도한 구조이다. 한편, 팀제와 유사한 조직에는 수평조직이 있다.
② 정보화가 진전되면 팀제 등 수평구조가 등장하고 조직이 탈관료제화함에 따라 통솔범위가 넓어졌다고 판단하는 입장이 지배적이다.
③ 기계적 조직구조는 직무범위가 좁다.
④ 유기적인 조직은 환경의 변화에 유려하게 적응할 수 있도록 설계된 조직이다. 안정적인 환경에서 더 높은 성과를 내는 조직은 기계적 조직이다.

19

정답 ②

기대이론은 과정이론에 해당하는 동기부여이론으로, 성과에 대한 기대성, 수단성, 유의성을 종합적으로 고려하여 구성원에 대한 동기부여의 정도가 나타난다는 이론이다.

오답분석

①・③・④・⑤ 동기부여이론 중 내용이론에 해당한다.

20

정답 ①

오답분석

ㄷ. 예산결산특별위원회는 상설특별위원회이기 때문에 따로 활동기한을 정하지 않는다.
ㄹ. 예산결산특별위원회는 소관 상임위원회가 삭감한 세출예산의 금액을 증액하거나 새 비목을 설치하려는 경우에는 소관 상임위원회의 동의를 얻어야 한다.

CHAPTER

02 사무직(경영학) 적중예상문제

01	02	03	04	05	06	07	08	09	10	11	12	13	14	15	16	17	18	19	20
④	⑤	②	⑤	④	②	①	④	④	②	②	①	⑤	①	⑤	①	①	③	③	④

01

정답 ④

가치사슬은 기업활동에서 부가가치가 생성되는 과정을 의미한다. 이는 본원적 활동과 지원 활동으로 구분되는데 본원적 활동은 제품 생산, 운송, 마케팅, 판매, 물류, 서비스 등과 같은 부가가치를 직접 창출하는 활동이다. 반면, 지원 활동은 구매, 기술개발, 인사, 재무, 기획 등 현장활동을 지원하는 제반업무로 부가가치가 간접적으로 창출되도록 하는 활동으로, R&D기술개발활동은 지원활동에 속한다.

02

정답 ⑤

학습과 성장 관점에서는 기존의 재무 고객 프로세스 측면의 관점과 연관하여 조직의 현재 역량을 파악하고, 필요한 역량을 끌어올리는 데 집중하여야 한다.

03

정답 ②

오답분석

① 관계 마케팅 : 거래의 당사자인 고객과 기업 간 관계를 형성하고 유지·강화하며 동시에 장기적인 상호작용을 통해 상호 간 이익을 극대화할 수 있는 다양한 마케팅활동이다.
③ 표적시장 선정 : 시장세분화를 통해 포지셔닝을 하기 전에 포지셔닝을 할 대상을 결정하는 단계이다.
④ 일대일 마케팅 : 기업과 개별 고객 간 직접적인 의사소통을 통한 마케팅이다.
⑤ 시장세분화 : 수요층별로 시장을 분할화 또는 단편화하여 각 층에 대해 집중적으로 마케팅 전략을 펴는 활동이다.

04

정답 ⑤

오답분석

① 데이터베이스관리시스템 : 데이터의 중복성을 최소화하면서 조직에서의 다양한 정보요구를 충족시킬 수 있도록 상호 관련된 데이터를 모아놓은 데이터의 통합된 집합체이다.
② 전문가시스템 : 특정 전문분야에서 전문가의 축적된 경험과 전문지식을 시스템화하여 의사결정을 지원하거나 자동화하는 정보시스템이다.
③ 전사적 자원관리시스템 : 구매, 생산, 판매, 회계, 인사 등 기업의 모든 인적·물적 자원을 효율적으로 관리하여 기업의 경쟁력을 강화시켜주는 통합정보시스템이다.
④ 의사결정지원시스템 : 경영관리자의 의사결정을 도와주는 시스템이다.

05

정답 ④

공정가치모형은 최초 측정 시 원가로 기록한 후 감가상각을 하지 않고, 회계연도 말에 공정가치로 평가하여 평가손익을 '당기손익'에 반영하는 방법이다. 즉, 투자부동산에 대해 공정가치모형을 적용할 경우 공정가치 변동으로 발생하는 손익은 발생한 기간의 당기손익에 반영한다.

06

정답 ②

시계열분석은 과거의 수요를 분석하여 시간에 따른 수요의 패턴을 파악하고 이의 연장선상에서 미래의 수요를 예측하는 방법으로, 정량적 예측기법이다.

오답분석

① 델파이법 : 설계된 절차의 앞부분에서 어떤 일치된 의견으로부터 얻어지는 정보와 의견의 피드백을 중간에 삽입하여 연속적으로 질문을 적용하는 기법을 말한다.
③ 전문가패널법 : 전문가들이 의견을 자유롭게 교환하여 일치된 예측결과를 얻는 기법을 말한다.
④ 자료유추법 : 유사한 기존제품의 과거자료를 기초로 하여 예측하는 방법을 말한다.
⑤ 패널동의법 : 개인보다는 집단의 의견이 더 나은 예측을 한다는 가정으로 경영자, 판매원, 소비자 등으로 패널을 구성하여 예측치를 구하는 방법을 말한다.

07

정답 ①

포트폴리오의 분산은 각 구성자산과 포트폴리오 간의 공분산을 각 자산의 투자비율로 가중평균하여 계산한다.

자본예산기법

자본예산이란 투자효과가 장기적으로 나타나는 투자의 총괄적인 계획으로서 투자대상에 대한 각종 현금흐름을 예측하고 투자안의 경제성분석을 통해 최적 투자결정을 내리는 것을 말한다.

자본예산의 기법에는 회수기간법, 회계적이익률법, 수익성지수법, 순현가법, 내부수익률법 등이 주로 활용된다.

- 회수기간법 : 투자시점에서 발생한 비용을 회수하는 데 걸리는 기간을 기준으로 투자안을 선택하는 자본예산기법이다.
  - 상호독립적 투자안 : 회수기간<목표회수기간 → 채택
  - 상호배타적 투자안 : 회수기간이 가장 짧은 투자안 채택
- 회계적이익률법 : 투자를 원인으로 나타나는 장부상의 연평균 순이익을 연평균 투자액으로 나누어 회계적 이익률을 계산하고 이를 이용하여 투자안을 평가하는 방법이다.
  - 상호독립적 투자안 : 투자안의 ARR>목표ARR → 채택
  - 상호배타적 투자안 : ARR이 가장 큰 투자안 채택
- 순현가법 : 투자로 인하여 발생할 미래의 모든 현금흐름을 적절한 할인율로 할인한 현가로 나타내어서 투자결정에 이용하는 방법이다.
  - 상호독립적 투자안 : NPV>0 → 채택
  - 상호배타적 투자안 : NPV가 가장 큰 투자안 채택
- 내부수익률법 : 미래현금유입의 현가와 현금유출의 현가를 같게 만드는 할인율인 내부수익률을 기준으로 투자안을 평가하는 방법이다.
  - 상호독립적 투자안 : IRR>자본비용 → 채택
  - 상호배타적 투자안 : IRR이 가장 큰 투자안 채택

08

정답 ④

직무기술서는 직무수행과 관련된 과업 및 직무 행동을 직무요건을 중심으로 기술한 양식이다.

직무기술서와 직무명세서의 비교

구분	직무기술서	직무명세서
개념	직무수행과 관련된 과업 및 직무 행동을 직무요건을 중심으로 기술한 양식	특정 직무를 수행하기 위해 요구되는 지식, 기능, 육체적 정신적 능력 등 인적요건을 중심으로 기술한 양식
포함 내용	• 직무 명칭, 직무코드, 소속 직군, 직렬 • 직급(직무등급), 직무의 책임과 권한 • 직무를 이루고 있는 구체적 과업의 종류 및 내용 등	• 요구되는 교육 수준 • 요구되는 지식, 기능, 기술, 경험 • 요구되는 정신적, 육체적 능력 • 인정 및 적성, 가치, 태도 등
작성 요건	명확성, 단순성, 완전성, 일관성	

09

정답 ④

트러스트는 카르텔이나 콘체른보다 더 강력한 기업연합으로, 각 기업이 독립성을 상실하고 합동하여 시장을 독점하는 형태를 말한다.

오답분석

①·② 카르텔에 대한 설명이다.
③ 신디케이트에 대한 설명이다.
⑤ 콘체른에 대한 설명이다.

10

정답 ②

오답분석

① 횡축은 상대적 시장점유율, 종축은 시장성장률이다.
③ 별 영역은 시장성장률이 높고, 상대적 시장점유율도 높다.
④ 현금젖소 영역은 시장점유율이 높아 자금투자보다 자금산출이 많다.
⑤ 개 영역은 시장성장률과 상대적 시장점유율이 낮은 쇠퇴기에 접어든 경우이다.

11

정답 ②

현금이자지급액은 (30,000−3,000)−(5,200−3,800)+(2,700−2,000)=26,300원이다.

12

정답 ①

임프로쉐어 플랜에 대한 설명이다.

오답분석

② 스캔런 플랜 : 생산의 판매가치에 대한 인건비 비율이 사전에 정한 표준 이하인 경우 종업원에게 보너스를 주는 제도이다.
③ 메리크식 복률성과급 : 표준생산량을 83% 이하, 83 ~ 100%, 그리고 100% 이상으로 나누어 상이한 임금률을 적용하는 방식이다.
④ 테일러식 차별성과급 : 근로자의 하루 표준 작업량을 시간연구 및 동작연구에 의해 과학적으로 설정하고 이를 기준으로 하여 고·저 두 종류의 임금률을 적용하는 제도이다.
⑤ 러커 플랜 : 조직이 창출한 부가가치 생산액을 구성원 인건비를 기준으로 배분하는 제도이다.

13

정답 ⑤

글로벌경쟁이 심화될수록 해당 사업에 경쟁력이 낮아지며, 다각화 전략보다 집중화 현상이 심해진다.

- 다각화(Diversification) : 한 기업이 다른 여러 산업에 참여하는 것이다.
  - 관련다각화 : 제품이나 판매지역 측면에서 관련된 산업에 집중하는 것이다.
  - 비관련다각화 : 서로 연관되지 않은 사업에 참여하여 영위하는 전략(한국식 재벌기업형태)이다.

14

정답 ①

델파이 기법은 예측하려는 현상에 대하여 관련 있는 전문가나 담당자들로 위원회를 구성하고 개별적 질의를 통해 의견을 수집하여 종합·분석·정리하고 의견이 일치될 때까지 개별적 질의 과정을 되풀이하는 예측기법이다.

15

정답 ⑤

마이클 포터는 원가우위전략과 차별화전략을 동시에 추구하는 것을 이도저도 아닌 어정쩡한 상황이라고 언급하였으며, 둘 중 한 가지를 선택하여 추구하는 것이 효과적이라고 주장했다.

16

정답 ①

ㄱ. 변혁적 리더십은 거래적 리더십에 대한 비판으로, 현상 탈피, 변화 지향성, 내재적 보상의 강조, 장기적 관점이 특징이다.
ㄷ. 카리스마 리더십은 부하에게 높은 자신감을 보이며 매력적인 비전을 제시한다.

오답분석

ㄴ. 거래적 리더십은 전통적 리더십 이론으로, 현상 유지, 안정 지향성, 즉각적이고 가시적인 보상체계, 단기적 관점이 특징이다.
ㄹ. 슈퍼리더십은 부하들이 역량을 최대한 발휘하여 셀프 리더가 될 수 있도록 환경을 조성해 주고 동기부여를 한다.

17

정답 ①

신제품 수용자 유형

- 혁신자(Innovators) : 신제품 도입 초기에 제품을 수용하는 소비자. 모험적, 새로운 경험 추구
- 조기 수용자(Early Adopters) : 혁신자 다음으로 수용하는 소비자. 의견선도자 역할
- 조기 다수자(Early Majority) : 대부분의 일반 소비자. 신중한 편
- 후기 다수자(Late Majority) : 대부분의 일반 소비자. 신제품 수용에 의심 많음
- 최후 수용자(Laggards) : 변화를 싫어하고 전통을 중시함

18

정답 ③

TQM(Total Quality Management)은 전통적 조직에 비하여 과업의 전문화가 낮고, 팀 단위로 과업이 이루어진다.

오답분석

① TQM은 종업원의 참여를 통한 프로세스의 지속적 개선을 통해 고객 만족도를 향상시키는 것을 목표로 한다.
② TQM은 지속적 개선을 강조한다. 지속적 개선은 계획(Plan) – 실행(Do) – 검토(Check) – 조치(Act)의 과정을 통해 이루어진다.
④ TQM은 고객 만족도 향상이라는 공동의 목적을 달성하기 위해 기업의 전 부문 종업원들이 참여하는 방식이다.
⑤ TQM은 결과 지향적보다는 과정 지향적이다.

19

정답 ③

매트릭스 조직은 조직의 구성원이 원래 속해 있던 종적계열과 함께 횡적계열이나 프로젝트 팀의 일원으로 속해 동시에 임무를 수행하는 조직형태로, 결국 한 구성원이 동시에 두 개의 팀에 속하게 된다. 특징은 계층원리와 명령일원화 원리의 불적용, 라인·스태프 구조의 불일치, 프로젝트 임무 완수 후 원래 속한 조직업무로의 복귀 등이 있다.

- 장점 : 지식공유가 일어나는 속도가 빠르므로 프로젝트를 통해 얻은 지식과 경험을 다른 프로젝트에 활용하기 쉽고, 프로젝트 또는 제품별 조직과 기능식 조직 간에 상호 견제가 이루어지므로 관리의 일관성을 꾀할 수 있으며 인적자원 관리도 유연하게 할 수 있다. 또한 시장의 요구에 즉각적으로 대응할 수 있으며 경영진에게도 빠르게 정보를 전달할 수 있다.
- 단점 : 조직의 특성상 구성원은 자신의 위치에 대해 불안감을 가질 수 있고, 이것이 조직에 대한 몰입도나 충성심 저하의 원인이 될 수 있다. 관리비용의 증가 문제 역시 발생할 수 있다.

20

정답 ④

오답분석

① 침투가격전략 : 신제품을 출시할 때 처음에는 경쟁제품보다 낮은 가격을 제시한 후 점차적으로 가격을 올리는 전략이다.
② 적응가격전략 : 다양한 소비자들의 구매를 유도하기 위하여 동일하거나 유사한 제품의 가격을 다르게 적용하는 전략이다.
③ 시가전략 : 기업이 경쟁업자의 가격과 동일한 가격으로 설정하는 전략이다.
⑤ 명성가격전략 : 가격 결정 시 해당 제품군의 주 소비자층이 지불할 수 있는 가장 높은 가격이나 시장에서 제시된 가격 중 가장 높은 가격을 설정하는 전략이다.

CHAPTER 03

사무직(법학) 적중예상문제

01	02	03	04	05	06	07	08	09	10
②	③	①	④	⑤	①	①	④	①	②
11	12	13	14	15	16	17	18	19	20
④	①	⑤	②	④	①	④	④	④	②

01

정답 ②

국회는 상호원조 또는 안전보장에 관한 조약, 중요한 국제조직에 관한 조약, 우호통상항해조약, 주권의 제약에 관한 조약, 강화조약, 국가나 국민에게 중대한 재정적 부담을 지우는 조약 또는 입법사항에 관한 조약의 체결 · 비준에 대한 동의권을 가진다(헌법 제60조 제1항). 따라서 외국과의 조약 · 체결의 동의권 등의 권한은 국회의 권한 중 국정통제에 대한 권한에 속한다.

02

정답 ③

오답분석

① 허가 : 일반적 금지(부작위 의무)를 특정한 경우에 해제하여 적법하게 일정한 사실행위 또는 법률행위를 할 수 있도록 하는 행정행위이다.
② 면제 : 법령 또는 법령에 따른 행정행위에 의해 과해진 작위 · 수인 · 급부의무를 해제하는 행정행위이다.
④ 특허 : 특정인을 위하여 새로운 법률상의 힘을 부여하는 행위이다.
⑤ 공증 : 특정한 사실 또는 법률관계의 존재를 공적으로 증명하는 행정행위이다.

03

정답 ①

사실인 관습은 그 존재를 당사자가 주장 · 입증하여야 하나, 관습법은 당사자의 주장 · 입증을 기다림이 없이 법원이 직권으로 이를 판단할 수 있다(대판1983.6.14., 80다3231).

04

정답 ④

상사에 관하여는 상법에 규정이 없으면 상관습법에 의하고 상관습법이 없으면 민법의 규정에 의한다(상법 제1조)는 점을 주의하여야 한다. 또한 특별법우선의 원칙에 따라 민사특별법이 민법보다 우선시된다는 것을 알 수 있다. 따라서 상법의 적용순서는 '상법 → 상관습법 → 민사특별법 → 민법 → 민사관습법 → 조리'의 순이다.

05

정답 ⑤

오답분석

① 강행법과 임의법은 당사자 의사의 상관성 여부에 따라 구분한다.
② 고유법과 계수법은 연혁에 따라 구분한다.
③ 실체법과 절차법은 법의 규정 내용에 따라 구분한다.
④ 공법과 사법은 법이 규율하는 생활관계에 따라 구분하는 것으로, 대륙법계의 특징에 해당한다.

06

정답 ①

행정상 강제집행에는 대집행, 집행벌(이행강제금), 직접강제, 강제징수가 있다. 즉시강제는 행정상 장해가 존재하거나 장해의 발생이 목전에 급박한 경우에 성질상 개인에게 의무를 명해서는 공행정 목적을 달성할 수 없거나 또는 미리 의무를 명할 시간적 여유가 없는 경우에 개인에게 의무를 명함이 없이 행정기관이 직접 개인의 신체나 재산에 실력을 가해 행정상 필요한 상태의 실현을 목적으로 하는 작용을 말한다.

07

정답 ①

채권자취소권을 특정물에 대한 소유권이전등기청구권을 보전하기 위하여 행사하는 것은 허용되지 않으므로 부동산의 제1양수인(乙)은 자신의 소유권이전등기청구권 보전을 위하여 양도인(甲)과 제3자(丙) 사이에 이루어진 이중양도행위에 대하여 채권자취소권을 행사하지 못한다(대판 1999.4.27., 98다56690).

오답분석

② 乙은 甲에게 등기청구권의 이행불능을 이유로 계약을 해제하고 손해배상을 청구할 수 있다.
③ 반사회적 법률행위로 甲과 丙의 계약이 무효가 되면 乙은 甲을 대위하여 丙에게 X건물에 대한 소유권이전등기의 말소를 청구할 수 있다.
④ 甲과 丙 사이의 매매계약이 반사회적 법률행위로 무효인 경우, 양자의 급여는 불법원인급여가 되므로 甲은 소유권

에 기하여 丙에게 X건물의 반환을 청구할 수 없다.

⑤ 丙이 甲과 乙 사이의 매매사실을 알면서 甲의 배임행위에 적극 가담하여 甲과 계약을 체결한 경우, 그 계약은 민법 제103조 위반으로 무효이다.

08

정답 ④

근로자참여 및 협력증진에 관한 법은 집단적 노사관계법으로, 노동조합과 사용자단체 간의 노사관계를 규율한 법이다. 이에는 노동조합 및 노동관계조정법, 근로자참여 및 협력증진에 관한 법, 노동위원회법, 교원의 노동조합설립 및 운영 등에 관한 법률, 공무원직장협의회법 등이 해당한다. 나머지는 근로자와 사용자의 근로계약을 체결하는 관계에 대해 규율한 법으로, 개별적 근로관계법이라고 한다. 이에는 근로기준법, 최저임금법, 산업안전보건법, 직업안정법, 남녀고용평등법, 선원법, 산업재해보상보험법, 고용보험법 등이 해당한다.

09

정답 ①

법률은 특별한 규정이 없으면 공포한 날로부터 20일을 경과함으로써 효력이 발생한다.

법의 시행과 폐지

- 법의 효력은 시행일로부터 폐지일까지만 계속되는데 이를 시행기간(또는 시효기간)이라 한다.
- 관습법은 성립과 동시에 효력을 가지나 제정법은 시행에 앞서 국민에게 널리 알리기 위하여 공포를 해야 하는데, 공포일로부터 시행일까지의 기간을 주지기간이라 한다.
- 법률은 특별한 규정이 없으면 공포한 날로부터 20일을 경과함으로써 효력을 발생한다.

10

정답 ②

판례(대판 2008.7.10., 2008다12453)에 따르면 재단법인 정관에 기재한 기본재산은 재단법인의 실체이며 목적을 수행하기 위한 기본적인 수단으로서, 그러한 기본재산을 처분하는 것은 재단법인의 실체가 없어지는 것을 의미하므로 함부로 처분할 수 없고 정관의 변경 절차를 필요로 한다. 정관의 변경은 민법상 주무관청의 허가를 얻어야 효력이 있으므로 재단법인이 기본재산을 처분할 경우는 주무관청의 허가를 얻어야 한다.

오답분석

① 재단법인의 설립은 유언으로 가능하다(민법 제48조 제2항 참고).

③ 재단법인의 출연자는 착오를 이유로 출연의 의사표시를 취소할 수 있다(대판 1999.7.9., 98다9045).

④ 재단법인의 설립자가 그 명칭, 사무소 소재지 또는 이사 임면의 방법을 정하지 아니하고 사망한 때에는 이해관계인 또는 검사의 청구에 의하여 법원이 이를 정한다(민법 제44조). 목적에 대한 사항은 대상이 아니다.

⑤ 재단법인의 목적을 달성할 수 없는 경우, 이사는 주무관청의 허가를 얻어 그 목적을 변경할 수 있다(민법 제46조 참고).

11

정답 ④

우리나라 헌법은 1987년 10월 29일에 제9차로 개정되었다. 헌법 전문상의 제8차라고 밝히고 있는 것은 9차 개정의 현행 헌법을 공표하면서 그때까지 8차례에 걸쳐 개정되었던 것을 이제 9차로 개정하여 공포하는 취지를 밝힌 것이다.

12

정답 ①

법 해석은 대체로 3단계를 거쳐 해석할 때 완전을 기할 수 있다. 1단계로 성문법조문의 문장의 의미 · 내용을 파악하고(문리해석), 2단계로 논리법칙에 따라 해석하고(논리해석), 3단계로 타 법규와 대조 또는 관련하여서 통일적 체계성을 보지(保持)하도록 한다(체계해석).

13

정답 ⑤

헌법의 개정은 헌법의 동일성을 유지하면서 의식적으로 헌법전의 내용을 수정 · 삭제 · 추가하는 것을 말한다.

14

정답 ②

근로자가 노동조합을 결성하지 아니할 자유나 노동조합에 가입을 강제당하지 아니할 자유, 그리고 가입한 노동조합을 탈퇴할 자유는 근로자에게 보장된 단결권의 내용에 포섭되는 권리로서가 아니라 헌법 제10조의 행복추구권에서 파생되는 일반적 행동의 자유 또는 제21조 제1항의 결사의 자유에서 그 근거를 찾을 수 있다(헌재결2005.11.24., 2002헌바95).

오답분석

① 노동조합의 재정 집행과 운영에 있어서의 적법성, 민주성 등을 확보하기 위해서는 조합자치 또는 규약자치에만 의존할 수는 없고 행정관청의 감독이 보충적으로 요구되는 바, 이 사건 법률조항은 노동조합의 재정 집행과 운영의 적법성, 투명성, 공정성, 민주성 등을 보장하기 위한 것으로서 정당한 입법목적을 달성하기위한 적절한 수단이다(헌재결 2013.7.25., 2012헌바116).

③ 헌재결 2015.3.26., 2014헌가5

④ 사용종속관계하에서 근로를 제공하고 그 대가로 임금 등을 받아 생활하는 사람은 노동조합법상 근로자에 해당하고, 노동조합법상의 근로자성이 인정되는 한, 그러한 근로자가 외국인인지 여부나 취업자격의 유무에 따라 노동조합법상 근로자의 범위에 포함되지 아니한다고 볼 수는 없다(대판 2015.6.25., 2007두4995).

⑤ 노동조합 및 노동관계조정법상의 교섭창구단일화제도는 근로조건의 결정권이 있는 사업 또는 사업장 단위에서 복수 노동조합과 사용자 사이의 교섭절차를 일원화하여 효율적이고 안정적인 교섭체계를 구축하고, 소속 노동조합과 관계없이 조합원들의 근로조건을 통일하기 위한 것으로, 교섭대표노동조합이 되지 못한 소수 노동조합의 단체교섭권을 제한하고 있지만, 소수 노동조합도 교섭대표노동조합을 정하는 절차에 참여하게 하여 교섭대표노동조합이 사용자와 대등한 입장에 설 수 있는 기반이 되도록 하고 있으며, 그러한 실질적 대등성의 토대 위에서 이뤄낸 결과를 함께 향유하는 주체가 될 수 있도록 하고 있으므로 노사대등의 원리하에 적정한 근로조건의 구현이라는 단체교섭권의 실질적인 보장을 위한 불가피한 제도라고 볼 수 있다. 따라서 위 '노동조합 및 노동관계조정법' 조항들이 과잉금지원칙을 위반하여 청구인들의 단체교섭권을 침해한다고 볼 수 없다(헌재결 2012.4.24., 2011헌마338).

15

정답 ④

대법원에 의하면 국·공립대학교원 임용지원자는 임용권자에게 임용 여부에 대한 응답을 신청할 법규상 또는 조리상 권리가 없으므로 국·공립대학교원 임용지원자가 임용권자로부터 임용거부를 당하였다면 이는 거부처분으로서 항고소송의 대상이 되지 않는다(대판 2003.10.23., 2002두12489).

오답분석

① 대판 1996.9.20., 95누8003
② 대법원에 의하면 개별공시지가결정은 내부행위나 중간처분이지만 그로써 실질적으로 국민의 권리가 제한되거나 의무가 부과되는 행위이므로 항고소송의 대상이 되는 처분이다(대판 1993.1.15., 92누12407).
③ 대법원에 의하면 상표원부에 상표권자인 법인에 대한 청산종결등기가 되었음을 이유로 상표권의 말소등록이 이루어졌다고 해도 이는 상표권이 소멸하였음을 확인하는 사실적·확인적 행위에 지나지 않고, 말소등록으로 비로소 상표권 소멸의 효력이 발생하는 것이 아니어서, 상표권의 말소등록은 국민의 권리의무에 직접적으로 영향을 미치는 행위라고 할 수 없다. 한편 상표권 설정등록이 말소된 경우에도 등록령 제27조에 따른 회복등록의 신청이 가능하고, 회복신청이 거부된 경우에는 거부처분에 대한 항고소송이 가능하다. 이러한 점들을 종합하면, 상표권자인 법인에 대한 청산종결등기가 되었음을 이유로 한 상표권의 말소등록행위는 항고소송의 대상이 될 수 없다(대판 2015.10.29., 2014두2362).
⑤ 대법원에 의하면 어업권면허에 선행하는 우선순위결정은 행정청이 우선권자로 결정된 자의 신청이 있으면 어업권면허처분을 하겠다는 것을 약속하는 행위로서 강학상 확약에 불과하고 행정처분은 아니다(대판 1995.1.20., 94누6529). 그러나 어업면허우선순위결정 대상탈락자 결정은 최종 법적 효과를 가져오기 때문에 행정처분이다.

16

정답 ①

임의적 감면사유에는 외국에서 받은 형의 집행, 과잉방위, 과잉피난, 과잉자구행위, 불능미수, 자수, 자복이 있다. 농아자의 행위는 필요적 감경사유에 해당한다(형법 제11조).

17

정답 ④

청원권은 청구권적 기본권에 해당한다. 자유권적 기본권에는 인신의 자유권(생명권, 신체의 자유), 사생활의 자유권(거주·이전의 자유, 주거의 자유, 사생활의 비밀과 자유, 통신의 자유), 정신적 자유권(양심의 자유, 종교의 자유, 언론·출판의 자유, 집회·결사의 자유, 학문의 자유, 예술의 자유), 사회·경제적 자유권(직업선택의 자유, 재산권의 보장)이 있다.

18

정답 ④

현행 헌법에서는 국민소환을 채택하고 있지 않다.

오답분석

① 헌법 제61조 제1항
② 헌법 제76조
③ 헌법 제111조 제1항
⑤ 헌법 제65조

19

정답 ④

회사는 제434조(정관변경의 특별결의)의 규정에 의한 주주총회의 특별결의로 주식을 분할할 수 있다(상법 제329조의2 제1항).

오답분석

① 회사는 이익의 배당, 잔여재산의 분배, 주주총회에서의 의결권의 행사, 상환 및 전환 등에 관하여 내용이 다른 종류의 주식을 발행할 수 있다(상법 제344조 제1항).
② 주식이 수인의 공유에 속하는 때에는 공유자는 주주의 권리를 행사할 자 1인을 정하여야 한다(상법 제333조 제2항).
③ 무액면주식을 발행하는 경우 액면주식을 발행할 수 없다(상법 제329조 제1항 후단).
⑤ 회사가 성립한 날로부터 2년이 경과해야만 주식을 액면미달 가액으로 발행할 수 있다(상법 제417조 제1항 참고).

20

정답 ②

오답분석

① 근로계약 자체가 무효이므로 취소와는 별개가 된다.
③ 무효인 법률행위는 추인하여도 그 효력이 생기지 아니한다. 그러나 당사자가 그 무효임을 알고 추인한 때에는 새로운 법률행위로 본다(민법 제139조).
④·⑤ 甲과 乙의 근로계약은 확정적 무효이다.

CHAPTER

04 사무직(경제학) 적중예상문제

01	02	03	04	05	06	07	08	09	10
③	⑤	①	④	③	②	④	④	①	③
11	12	13	14	15	16	17	18	19	20
①	②	⑤	①	②	⑤	②	④	②	④

01

정답 ③

독점적 경쟁시장의 장기균형에서 $P > SMC$가 성립한다.

오답분석

① · ② 독점적 경쟁시장의 장기균형은 수요곡선과 단기평균비용곡선, 장기평균비용곡선이 접하는 점에서 달성된다.

④ 균형생산량은 단기평균비용의 최소점보다 왼쪽에서 달성된다.

⑤ 가격과 평균비용이 같은 지점에서 균형이 결정되므로, 장기 초과이윤은 0이다.

02

정답 ⑤

물가지수를 구할 때는 상품에 대해 각각의 가중치를 부여한 후 합계를 내어 계산한다.

03

정답 ①

오답분석

② 새케인스 학파는 비용인상 인플레이션을 긍정하였다.

③ 예상한 것보다 높은 인플레이션이 발생했을 경우에는 그 만큼 실질이자율이 하락하게 되어, 채무자가 이득을 보고 채권자가 손해를 보게 된다.

④ 예상치 못한 인플레이션이 발생했을 경우 실질임금이 하락하므로 노동자는 불리해지며, 고정된 임금을 지급하는 기업은 유리해진다.

⑤ 예상하지 못한 인플레이션 발생의 불확실성이 커지면 단기계약이 활성화되고 장기계약이 위축된다.

04

정답 ④

지니계수는 0과 1 사이이며 이 값이 작을수록 소득분배가 평등하다는 것을 의미한다. 지니계수는 로렌츠 곡선에서 도출된 것이므로 로렌츠 곡선이 교차하는 경우에는 단순히 지니계수 수치만으로 소득분배상태를 비교하는 것이 불가능하다. 또한, 동일한 지니계수일지라도 로렌츠 곡선의 형태가 달라질 수 있으며 경우에 따라서는 소득분배상태가 변함에 따라 로렌츠 곡선이 교차하는 경우가 나타날 수 있다.

05

정답 ③

오답분석

ㄷ. 채용비용이 존재할 때는 숙련 노동수요곡선보다 미숙련 노동수요곡선이 임금의 변화에 더 탄력적이다.

06

정답 ②

IS곡선 혹은 LM곡선이 우측으로 이동하면 AD곡선도 우측으로 이동한다.

IS곡선	우측 이동요인	소비증가, 투자증가, 정부지출증가, 수출증가
	좌측 이동요인	조세증가, 수입증가, 저축증가
LM곡선	우측 이동요인	통화량증가
	좌측 이동요인	화폐수요증가, 물가상승, 실질통화량감소

ㄱ. 주택담보대출의 이자율 인하 → 투자증가 → IS곡선 우측 이동

ㄷ. 기업에 대한 투자세액공제 확대 → 투자증가 → IS곡선 우측 이동

ㅁ. 해외경기 호조로 순수출 증대 → 수출증가 → IS곡선 우측 이동

오답분석

ㄴ. 종합소득세율 인상 → 조세증가 → IS곡선 좌측 이동

ㄹ. 물가의 변화는 LM곡선의 이동요인이나 AD곡선의 이동요인은 아니다(AD곡선상에서의 이동요인임).

PART 3

07 정답 ④

조세부담의 전가란 조세가 부과되었을 때 세금이 납세의무자에게 부담되지 않고, 경제주체들의 가격조정 과정을 통해 조세부담이 다른 경제주체에게 이전되는 현상을 말한다. 한편, 조세부담의 전가는 해당 재화의 시장에서 수요와 공급의 가격탄력성에 따라 결정된다. 즉, 수요의 가격탄력성이 작으면 소비자가 조세를 더 많이 부담하고, 공급의 가격탄력성이 작으면 판매자가 조세를 더 많이 부담한다.

08 정답 ④

케인스는 소득이 증가할수록 평균소비성향은 감소한다고 가정하였다. 소비와 가처분소득 사이의 관계를 1차함수로 표현한 것을 케인스의 소비함수라고 부른다. 이 소비함수는 케인스가 가정한 다음의 세 가지 속성을 보여준다.

- 한계소비성향은 0과 1 사이이므로 소득이 증대하면 소비가 증가하고 또한 저축도 증가한다.
- 소득이 증가함에 따라 평균소비성향이 감소한다.
- 케인스는 이자율이 특별한 역할을 하지 않는다고 보았다.

09 정답 ①

정부의 확장적 재정정책, 독립적인 민간 투자의 증가, 가계의 소비 증가, 확대금융정책으로 인한 통화량의 증가 등은 총수요곡선을 오른쪽으로 이동시키는 수요견인 인플레이션의 요인이다.

오답분석

②·⑤ 수입 자본재나 국제 원자재 가격의 상승은 총공급곡선을 왼쪽으로 이동시켜 비용인상 인플레이션이 발생하게 된다.

③ 임금이 하락하면 총공급곡선이 오른쪽으로 이동하므로 물가는 하락하게 된다.

④ 환경오염의 감소는 인플레이션과 직접적인 관련이 없다.

10 정답 ③

독점적 경쟁시장에서는 제품의 차별화가 클수록 수요의 가격탄력성은 낮아져서 서로 다른 가격의 수준을 이루게 된다.

11 정답 ①

차선이론이란 모든 파레토효율성 조건이 동시에 충족되지 못하는 상황에서 더 많은 효율성 조건이 충족된다고 해서 더 효율적인 자원배분이라는 보장이 없다는 이론이다. 차선이론에 따르면 점진적인 제도개혁을 통해서 일부의 효율성 조건을 추가로 충족시킨다고 해서 사회후생이 증가한다는 보장이 없다. 한편, 후생경제학에서 효율성은 파레토효율성을 통하여 평가하고, 공평성은 사회후생함수(사회무차별곡선)를 통해 평가한다. 후생경제학의 제1정리를 따르면 모든 경제주체가 합리적이고 시장실패 요인이 없으면 완전경쟁시장에서 자원배분은 파레토효율적이다.

12 정답 ②

솔로우모형은 규모에 대한 보수불변 생산함수를 가정하며, 시간이 흐름에 따라 노동량이 증가하며 기술이 진보하는 것을 고려한 성장모형이다. 솔로우모형은 장기 균형상태에서 더 이상 성장이 발생하지 않으며 자본의 한계생산체감에 의해 일정한 값을 갖게 되는 수렴현상이 발생한다고 설명한다.

13 정답 ⑤

노동생산성은 단위시간 동안에 생산한 재화나 서비스의 양을 생산에 투입된 노동량으로 나눈 비율을 의미한다. 따라서 생산량이 가장 낮고 노동투입량은 제일 높은 E기업이 평균노동생산성이 가장 낮다.

14 정답 ①

일정수준 이상의 임금 상승으로 실질소득이 증가하여 여가는 늘리고 근로시간을 줄이려는 소득효과가 대체효과보다 커지면 노동공급은 감소한다. 임금이 상승함에 따라 여가의 기회비용이 증가하여 여가는 줄이고 근로시간을 늘리려는 대체효과가 소득효과보다 커지게 되면 노동공급이 증가하여 노동공급곡선은 정(+)의 기울기를 가지게 된다.

15 정답 ②

가. 생산물시장과 생산요소시장이 완전경쟁일 때는 $W=MP_L \times P=VMP_L$이 성립한다.

다. 10분위 분배율은 0과 2 사이의 값을 나타내며, 그 값이 클수록 소득분배가 균등하다. 한편, 지니계수는 0과 1 사이의 값을 나타내며, 그 값이 작을수록 소득분배가 균등하다.

오답분석

나. 요소의 대체탄력성이 1보다 작은 경우에는 임금이 1% 상승하더라도 노동고용량은 1% 미만으로 감소하므로 노동소득분배비율이 증가한다.

라. 간접세의 역진적 성격에 따라 간접세 비중이 높아지면 소득분배가 불균등해지기 때문에 지니계수가 높아진다.

16

정답 ⑤

한계생산물 가치와 임금의 값이 같을 때 기업의 이윤이 극대화가 된다. 이를 식으로 표현하면 $VMP_L = MP_L \times P = w$ (VMP_L : 한계생산물가치, MP_L : 노동의 한계생산, P : 재화의 가격, w : 임금)이 된다.

$MP_L \times P = w$

$(27-5L)\times 20 = 10$

따라서 $L=5$이므로 재화의 가격이 20이고, 임금이 40일 때 기업 S가 생산하는 재화에 투입하는 노동의 양은 5이므로 기업 S의 노동수요량은 5가 된다.

17

정답 ②

굴절수요곡선

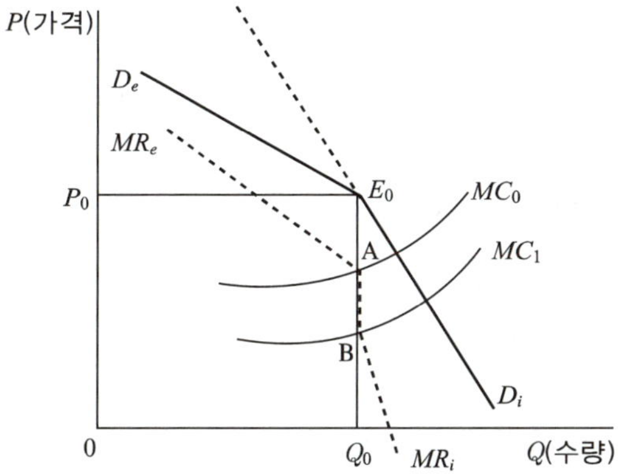

어떤 과점기업의 생산물 가격이 P_0라고 가정한다면 그보다 가격을 인상하여도 다른 기업은 가격을 유지할 것이며, 이 과점기업에 대한 수요곡선은 P_0점보다 위에서는 매우 탄력적이다. 그러나 이 기업이 가격을 내리면 다른 기업도 따라서 가격을 내릴 것이므로 P_0점보다 아래의 수요곡선은 비탄력적으로 될 것이다. 따라서 수요곡선은 P_0점에서 굴절하고, 굴절수요곡선($D_e - D_i$)에서 도출되는 한계수입곡선(MRe – MRi)은 불연속이 된다.

18

정답 ④

시장수요곡선과 시장공급곡선을 통해 시장균형량을 구하면 다음과 같다.

$340-4X=100+4X$

$\therefore X=30$

시장균형량이 30일 때, 시장균형가격 $P=220$이다. 따라서 생산자잉여는 $(220-100)\times 30\times 0.5=1,800$이다.

19

정답 ②

오답분석

ㄴ. 평균비용곡선이 상승할 때 한계비용곡선은 평균비용곡선 위에 있다.

ㄹ. 총가변비용곡선을 총고정비용만큼 상방으로 이동시키면 총비용곡선이 도출되므로 총가변비용곡선의 기울기와 총비용곡선의 기울기는 같다.

한계비용(MC)과 평균비용(AC)의 관계
- MC>AC : AC 증가
- MC=AC : AC 극소
- MC<AC : AC 감소

20

정답 ④

2023년 GDP 디플레이터

$=\frac{\text{명목 GDP}_{2023}}{\text{실질 GDP}_{2023}}\times 100=\frac{100}{\text{실질 GDP}_{2022}}\times 100=100$

→ 2023년 실질 GDP=100

2024년 GDP 디플레이터

$=\frac{\text{명목 GDP}_{2024}}{\text{실질 GDP}_{2024}}\times 100=\frac{150}{\text{실질 GDP}_{2024}}\times 100=120$

→ 2024년 실질 GDP=125

따라서 2024년의 전년 대비 실질 GDP 증가율은 $\frac{125-100}{100}\times 100=25\%$이다.

CHAPTER 05

기술직(기계일반)

적중예상문제

01	02	03	04	05	06	07	08	09	10
①	②	⑤	④	④	④	①	②	④	④
11	12	13	14	15	16	17	18	19	20
④	③	③	①	④	④	②	①	②	①

01

정답 ①

재열 사이클은 터빈출구의 건도를 높임으로써 높은 보일러압력을 사용할 수 있도록 한 열기관 사이클이다.

02

정답 ②

단순지지보가 균일 분포하중을 받고 있을 때 최대 전단력은 양끝단 지지부의 반력으로 볼 수 있으며, 양쪽의 반력은 같기 때문에 한쪽 부분의 반력을 구하면 다음과 같다.

$R_A = \frac{wl}{2} = \frac{10 \times 500}{2} = 2{,}500\text{N} = 2.5\text{kN}$

03

정답 ⑤

베어링 메탈이 갖추어야 할 조건

- 축의 처짐 등 미소 변형에 유연하게 대처할 것
- 베어링 내 흡입된 먼지를 원활하게 흡착할 것
- 압축강도가 클 것
- 열전도율이 높을 것
- 축과의 마찰계수가 작을 것
- 내식성이 클 것
- 하중 및 피로를 잘 견딜 것
- 유막 형성이 용이할 것

04

정답 ④

재결정의 특징으로 가공도가 클수록, 가열시간이 길수록, 냉간가공도가 커질수록 재결정온도는 낮아지고, 강도가 약해지며 연성은 증가한다. 일반적으로 약 1시간 안에 95% 이상 재결정이 이루어지는 온도로 정의하며, 금속의 용융온도를 절대온도 T_m이라 할 때 재결정온도는 대략 $0.3 \sim 0.5T_m$ 범위에 있다.

05

정답 ④

전기전도율이 높은 순서대로 금속을 나열하면 'Ag(은)>Ni(니켈)>Fe(철)>Sn(주석)>Pb(납)'이므로 Ag(은)의 전기전도율이 가장 높다.

06

정답 ④

강(Steel)은 철과 탄소 기반의 합금으로, 탄소함유량이 증가함에 따라 성질이 달라진다. 탄소함유량이 증가하면 경도, 항복점, 인장강도는 증가하고, 충격치와 인성은 감소한다.

탄소함유량 증가에 따른 강(Steel)의 특성

- 경도 증가
- 취성 증가
- 항복점 증가
- 충격치 감소
- 인장강도 증가
- 인성 및 연신율 감소

07

정답 ①

스터드볼트는 양쪽 끝이 모두 수나사로 되어 있는 볼트로, 한쪽 끝은 암나사가 난 부분에 반영구적인 박음 작업을 하고, 반대쪽 끝은 너트를 끼워 고정시킨다.

오답분석

② 관통볼트 : 구멍에 볼트를 넣고 반대쪽에 너트로 조이는 일반적인 형태의 볼트이다.
③ 아이볼트 : 나사의 머리 부분을 고리 형태로 만들고 고리에 로프나 체인, 훅 등을 걸어 무거운 물건을 들어 올릴 때 사용하는 볼트이다
④ 나비볼트 : 볼트를 쉽게 조일 수 있도록 머리 부분을 날개 모양으로 만든 볼트이다.
⑤ 탭볼트 : 조이려고 하는 부분이 두꺼워서 관통 구멍을 뚫을 수 없거나 길다란 구멍을 뚫었다고 하더라도 구멍이 너무 길어서 관통볼트의 머리가 숨겨져서 조이기 곤란할 때 상대편에 직접 암나사를 깎아 너트 없이 조여서 체결하는 볼트이다.

08

정답 ②

- 결합용 기계요소 : 나사, 볼트, 너트, 키, 핀, 코터, 리벳 등
- 동력 전달용 기계요소 : 축, 커플링, 클러치, 베어링, 마찰차, 벨트, 체인, 스프로킷 휠, 로프, 기어, 캠 등
- 동력 제어용 기계요소 : 클러치, 브레이크, 스프링 등

09

정답 ④

점도가 높을수록 마찰계수도 높아지므로 밸브나 액추에이터의 응답성은 떨어진다.

10

정답 ④

$\sigma_1 : \sigma_2 = \frac{P_1}{A_1} : \frac{P_2}{A_2}$

$\rightarrow \sigma_1 : \sigma_2 = \frac{P_1}{\frac{\pi d_1^2}{4}} : \frac{P_2}{\frac{\pi d_2^2}{4}}$

$\rightarrow \sigma_1 \times \frac{P_2}{\frac{\pi d_2^2}{4}} = \sigma_2 \times \frac{P_1}{\frac{\pi d_1^2}{4}}$

이때 인장력(P)은 모두 같으므로 $\sigma_1 \frac{1}{d_2^2} = \sigma_2 \frac{1}{d_1^2}$이 된다.

$d_1 : d_2 = 1 : 2 \rightarrow d_2 = 2d_1$을 식에 대입하면

$\sigma_1 \frac{1}{d_2^2} = \sigma_2 \frac{1}{d_1^2} \rightarrow \sigma_1 \frac{1}{4d_1^2} = \sigma_2 \frac{1}{d_1^2} \rightarrow \frac{1}{4}\sigma_1 = \sigma_2$이다.

따라서 $\sigma_1 : \sigma_2 = \sigma_1 : \frac{1}{4}\sigma_1 = 4 : 1$이다.

11

정답 ④

체심입방격자에 해당하는 원소는 Cr, Mo, Ni, Ta, V, W 등이 있고, 면심입방격자에 해당하는 원소는 Ag, Al, Au, Cu, Ni, Pt 등이 있다.

12

정답 ③

카르노 사이클에서 손실일은 열효율과 비교하여 방출한 열량(Q_L)을 구하면 된다.

$\frac{Q_L}{Q_H} = \frac{T_L}{T_H}$

$\rightarrow \frac{Q_L}{50} = \frac{300}{1,000}$

$\therefore Q_L = 50 \times \frac{300}{1,000} = 15\text{kJ}$

13

정답 ③

$(H_2 - H_1) = m(u_2 - u_1) + (P_2 V_2 - P_1 V_1)$
$= m\,du + (P_2 V_2 - P_1 V_1)$
$= 5 \times 63 + (236 \times 1.5 - 80 \times 4)$
$= 374\text{kJ}$

14

정답 ①

절탄기는 폐열을 회수하여 보일러의 연도에 흐르는 연소가스의 열을 이용하여 급수를 예열하는 장치로, 보일러의 효율을 향상시킨다.

15

정답 ④

발생열을 흡수하여 열전도율이 좋아야 한다.

윤활유의 구비조건
- 온도에 따른 점도 변화가 적을 것
- 적당한 점도가 있고 유막이 강할 것
- 인화점이 높을 것
- 변질되지 않으며 불순물이 잘 혼합되지 않을 것
- 발생열을 흡수하여 열전도율이 좋을 것
- 내열, 내압성이면서 가격이 저렴할 것
- 중성이며 베어링이나 메탈을 부식시키지 않을 것

16

정답 ④

Y합금(내열합금)은 Al – Cu 4% – Ni 2% – Mg 1.5% 성분으로 구성되어 있으며, 내연기관의 실린더 및 피스톤에 사용된다.

오답분석

① 실루민 : Al – Si계 합금으로, 주조성은 좋으나 절삭성이 나쁘다.
② 하이드로날륨 : Al – Mg계 합금으로, 내식성이 가장 우수하다.
③ 두랄루민 : Al – Cu – Mg – Mn계 합금으로, 주로 항공기 재료로 사용된다.
⑤ 코비탈륨 : Y합금에 Ti, Cu 0.5%를 첨가한 내열합금이다.

17

정답 ②

크리프(Creep) 현상은 금속을 고온에서 오랜 시간 외력을 가하면 시간의 경과에 따라 서서히 변형이 증가하는 현상을 말한다.

오답분석

① 전성 : 얇은 판으로 넓게 펼 수 있는 성질이다.
③ 가단성 : 금속을 두드려 늘릴 수 있는 성질이다.
④ 연성 : 가느다란 선으로 늘어나는 성질이다.
⑤ 피로 : 재료의 파괴력보다 적은 힘으로 오랜 시간 반복 작용하면 파괴되는 현상이다.

18

정답 ①

절대압력(P_{abs})은 완전진공상태를 기점인 0으로 하여 측정한 압력이다.

따라서 $P_{abs}=P_{a(=atm)}+P_g=100+30=130\text{kPa}$이다.

19

정답 ②

오답분석

기화기와 점화 플러그는 가솔린과 LPG 연료 장치와 관련된 장치이다.

20

정답 ①

담금질(Quenching)은 재료를 강하게 만들기 위하여 변태점 이상의 온도 즉, A_3변태점 또는 A_1변태점 이상의 온도인 오스테나이트 영역까지 가열한 후 물이나 기름 등의 냉각제 속에 집어넣어 급랭시킴으로써 강도와 경도가 큰 마텐자이트 조직을 만들기 위한 열처리법이다.

오답분석

② 뜨임 : 잔류 응력에 의한 불안정한 조직을 A_1변태점 이하의 온도로 재가열하여 원자들을 더 안정적인 위치로 이동시킴으로써 잔류응력을 제거하고 인성을 증가시키기 위한 열처리법이다.
③ 풀림 : 강 속에 있는 내부 응력을 제거하고 재료를 연하게 만들기 위해 A_1변태점 이상의 온도로 가열한 후 가열로나 공기 중에서 서랭함으로써 강의 성질을 개선하기 위한 열처리법이다.
④ 불림 : 주조나 소성가공에 의해 거칠고 불균일한 조직을 표준화 조직으로 만드는 열처리법으로, A_3변태점보다 30 ~ 50[℃] 높게 가열한 후 공랭시킴으로써 만들 수 있다.
⑤ 침탄(Carburizing) : 강의 표면에 탄소(Carbon)를 침투시키는 방법으로, 침탄제의 종류에 따라 고체, 액체, 가스 침탄법으로 분류된다.

CHAPTER

06 기술직(전기일반) 적중예상문제

01	02	03	04	05	06	07	08	09	10
④	②	②	③	④	①	③	③	④	④
11	12	13	14	15	16	17	18	19	20
④	②	③	①	①	②	①	③	①	③

01

정답 ④

투자율이 증가하면 침투깊이는 감소한다.

02

정답 ②

콘덴서의 용량 : $C=\frac{Q}{V}=\frac{5\times10^{-3}\text{C}}{1{,}000\text{V}}=5\times10^{-6}\text{F}=5\mu\text{F}$

03

정답 ②

전기 저항은 전류가 흐르는 통로의 단면적에 반비례하고 도체의 길이에 비례한다.

$R=\rho\frac{l}{A}$ [Ω][ρ : 고유 저항, A : 도체의 단면적($=\pi r^2$)]

04

정답 ③

$D=\epsilon E=\epsilon_0\epsilon_s E[\text{C/m}^2]$

$\therefore\ E=\frac{D}{\epsilon_0\epsilon_s}=\frac{2\times10^{-6}}{8.855\times10^{-12}\times6}\fallingdotseq 3.764\times10^4\text{V/m}$

05

정답 ④

자체 인덕턴스에 축적되는 에너지 공식을 보면 $W=\frac{1}{2}LI^2$[J]로 자체 인덕턴스(L)에 비례하고, 전류(I)의 제곱에 비례한다.

06

정답 ①

저항 병렬 회로에서는 전압이 공통이므로 $I_{Rx}=\frac{20}{5}=4\text{A}$이다.

07

정답 ③

동기 조상기를 운전할 때 부족여자로 운전하면 동기속도가 되려는 동기 전동기의 특성으로 인해 증자작용이 필요한 리액터처럼 작용한다. 반면, 과여자로 운전하면 콘덴서로 작용한다.

08

정답 ③

컨덕턴스 $G=\frac{1}{R}$이고, $V=IR$이므로

$V=I\times\frac{1}{G}$[V]

$\therefore\ V=6\times\frac{1}{0.5}=12\text{V}$

09

정답 ④

사인 함수에 대한 무한 급수는 푸리에 급수이다.

10

정답 ④

전력 퓨즈(PF)는 단락전류, 과부하전류를 차단할 수 있으며, 주로 단락전류를 차단한다.

11

정답 ④

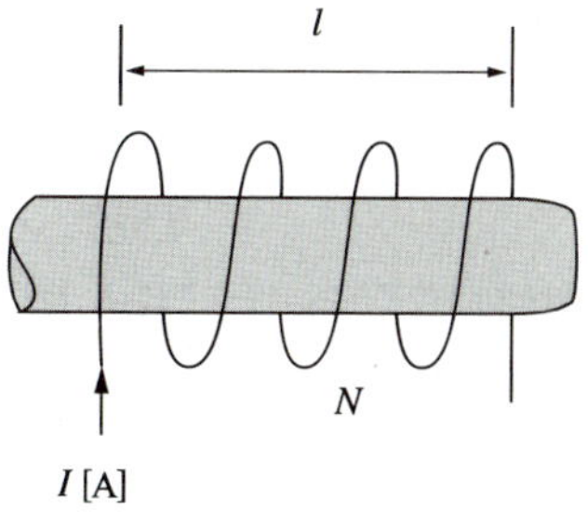

• 자기장의 세기 $H=n_0 I$[AT/m]

• 자속밀도 $B=\mu H=\mu_0\mu_s H[\text{Wb/m}^2]\rightarrow H=\frac{B}{\mu_0\mu_s}$

$\therefore\ n_0 I=\frac{B}{\mu_0\mu_s}$

PART 3

• 전류 $I = \dfrac{B}{n_0 \mu_0 \mu_s} = \dfrac{0.2}{100 \times 4\pi \times 10^{-7} \times 100}$

$= \dfrac{0.2}{4\pi \times 10^{-3}} = \dfrac{0.2 \times 10^3}{4\pi} = \dfrac{200}{4\pi} = \dfrac{50}{\pi}$A

12

정답 ②

단상 2선식에서의 전선량비는 1이고, 3상 3선식에서의 전선량비는 $\dfrac{3}{4}$이다.

따라서 단상 2선식에서의 전선량비에 대한 3상 3선식에서의 전선량의 비는 $\dfrac{\frac{3}{4}}{1}$ =0.75이다.

전기방식의 비교

전기방식	전선량비
단상 2선식	1
단상 3선식	$\dfrac{3}{8}$
3상 3선식	$\dfrac{3}{4}$
3상 4선식	$\dfrac{1}{3}$

13

정답 ③

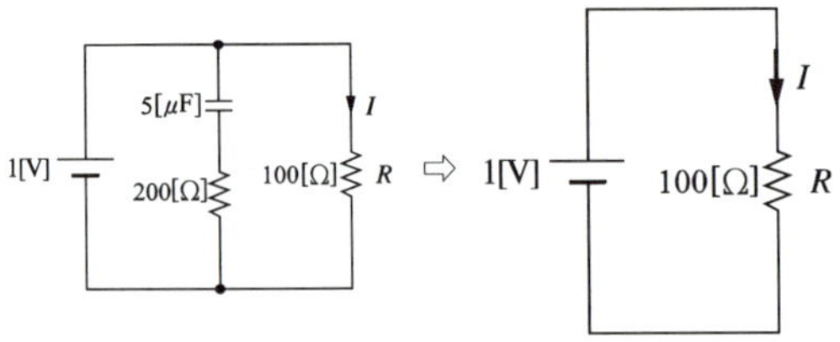

직류전원 인가 시 충분한 시간 흐른 후 C : 개방 상태

∴ 100Ω에 흐르는 전류 $I = \dfrac{V}{R} = \dfrac{1}{100} = 0.01$A

14

정답 ①

리액턴스 전압은 불꽃 발생의 원인이 되는데, 리액턴스 전압을 감소시키기 위한 방법에는 정류주기 증가, 인덕턴스 감소, 보극설치가 있다. 또한 브러시 접촉 저항 확대를 위해 접촉 저항이 큰 탄소브러시를 사용하는 것이 불꽃 없는 정류를 얻는데 유효한 방법이다.

15

정답 ①

$E_A - I_A R_A = E_B - I_B R_B$

두 발전기의 유기 기전력은 같으므로 $E_A = E_B$이다.

$I_A R_A = I_B R_B (I : 135A \Rightarrow 135 = I_A + I_B)$

$(135 - I_B) \times 0.1 = I_B \times 0.2$

∴ $I_A = 90$A, $I_B = 45$A

16

정답 ②

$(\%\text{리액턴스 강하}) = \dfrac{I_{1n} x}{V_{1n}} \times 100$

$I_{1n} = \dfrac{10 \times 10^3}{2{,}000} = 5$A이므로 다음과 같다.

∴ $(\%\text{리액턴스 강하}) = \dfrac{I_{1n} x}{V_{1n}} \times 100 = \dfrac{5 \times 7}{2{,}000} \times 100 = 1.75\%$

17

정답 ①

RLC 직렬회로의 임피던스 $Z = R + j\left(wL - \dfrac{1}{wC}\right)$에서

$wL = \dfrac{1}{wC}$이면 RLC 직렬회로는 공진한다.

즉, 코일 L의 리액턴스 wL과 콘덴서 C의 리액턴스 $\dfrac{1}{wC}$의 값이 같은 것이 공진 조건이다.

따라서 $wL = \dfrac{1}{wC}$이면 $Z = R$이 되기 때문에 R 양단의 전압은 인가 전압과 같다.

18

정답 ③

• 최대의 전압 변동률 $\epsilon = \sqrt{p^2 + q^2} = \sqrt{1.8^2 + 2^2} = 2.7\%$

• 역률 $\cos\phi = \dfrac{p}{\sqrt{p^2 + q^2}} = \dfrac{1.8}{2.7} = 0.67 = 67\%$

19

정답 ①

㉠ 1차 환산 전압 : $V_1 = \dfrac{N_1}{N_2} V_2 = a \times V_2 = 2 \times 100 =$ 200V

㉡ 1차 환산 임피던스 : $Z_1 = a^2 \times Z_2 = 4 \times 20 = 80\Omega$

20

정답 ③

$N = K(\text{기계정수}) \times \dfrac{E}{\Phi}$, $E = V - I_a R_a$

$\therefore\ N = K \times \dfrac{V - R_a I_a}{\Phi}$

따라서 식에서 N을 $\dfrac{1}{2}$로 하기 위해서 Φ는 2가 되어야 한다.

PART 3

적중예상문제

01	02	03	04	05	06	07	08	09	10
④	⑤	②	④	④	④	③	②	①	①
11	12	13	14	15	16	17	18	19	20
④	②	④	③	③	①	③	①	①	⑤

01

정답 ④

플레밍의 왼손 법칙에서 작용하는 힘은 $F=IBl\sin\theta[\mathrm{N}]$이므로 길이와 전류는 힘과 각각 비례관계에 있다. 따라서 4배씩 증가된 길이와 전류에 따른 작용하는 힘 $F'=4I\cdot B\cdot 4l\sin\theta=16IBl\sin\theta=16F$이므로 처음 작용하는 힘의 16배가 작용한다.

02

정답 ⑤

- 무한평면 전하의 전계의 세기 : $E=\dfrac{\rho_s}{\varepsilon_o}[\mathrm{V/m}]$
- 무한평면도체의 전위

$$V=-\int_{\infty}^{r}E\,dr=-\int_{\infty}^{r}\frac{\rho_s}{\epsilon_o}\,dr$$

$$=\frac{\rho_s}{\varepsilon_o}(-r)_{\infty}^{r}=\frac{\rho_s}{\varepsilon_o}(-r+\infty)=\infty[\mathrm{V}]$$

- 무한장 선전하의 전계의 세기 : $E=\dfrac{\rho_L}{2\pi\varepsilon_o r}[\mathrm{V/m}]$
- 무한직선도체의 전위

$$V=-\int_{\infty}^{r}Edr=-\int_{\infty}^{r}\frac{\rho_L}{2\pi\epsilon_o r}\,dr=\frac{\rho_L}{2\pi\varepsilon_o}(-\ln r)_{\infty}^{r}$$

$$=\frac{\rho_L}{2\pi\varepsilon_o}(-\ln r+\ln\infty)=\frac{\rho_L}{2\pi\varepsilon_o}\ln\frac{\infty}{r}=\infty[\mathrm{V}]$$

03

정답 ②

코일에 발생하는 자속은 전류와 코일을 감은 권수에 비례한다. 이때 권수(N)와 전류(I)의 곱을 기자력(F, 자속을 흐르게 하는 힘)이라 한다. 따라서 $F=NI$이다. 환상철심 코일의 기자력 $F=NI=R\phi[\mathrm{AT}]$이므로 권선수 $N=\dfrac{F}{I}=\dfrac{1{,}000}{10}=$ 100회이다.

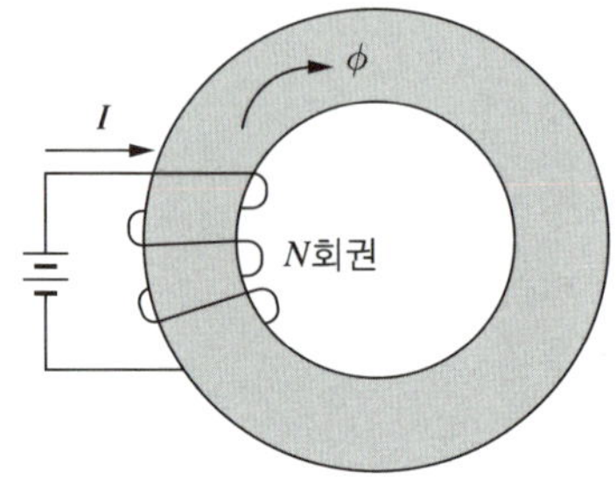

04

정답 ④

유전체는 부도체이므로 내부를 통해 흐르는 전도전류가 아니라 교류전압이 인가되었을 경우에 변위전류가 흐른다. 변위전류(i_d)는 전속밀도(D)의 시간적 변화에 의한 전류, 유전체 내에 존재하는 구속전자의 변위에 의해 나타나는 전류를 뜻한다.

05

정답 ④

전자계 고유임피던스 $Z_0=\dfrac{E}{H}=\sqrt{\dfrac{\mu}{\varepsilon}}=\sqrt{\dfrac{\mu_o\mu_r}{\varepsilon_o\varepsilon_r}}$ 이며,

$\sqrt{\dfrac{\mu_o}{\epsilon_o}}\fallingdotseq 377$을 고유임피던스에 대입하면

$Z_0=\sqrt{\dfrac{\mu_o\mu_r}{\varepsilon_o\varepsilon_r}}=\dfrac{377}{\sqrt{\varepsilon_r}}\fallingdotseq\dfrac{377}{\sqrt{80}}\fallingdotseq 42\Omega$이다.

06

정답 ④

p형 반도체는 정공이 다수캐리어이며, 전자는 소수캐리어이다.

07

정답 ③

전자파 속도는 $v=\dfrac{\omega}{\beta}=\dfrac{\omega}{\omega\sqrt{LC}}=\dfrac{1}{\sqrt{\varepsilon_o\varepsilon_r\mu_o\mu_r}}$이며, 광속도 $c=\dfrac{1}{\sqrt{\epsilon_o\mu_o}}$이므로 $v=\dfrac{1}{\sqrt{\varepsilon_o\varepsilon_r\mu_o\mu_r}}=\dfrac{1}{\sqrt{\varepsilon_o\mu_o}}\times\dfrac{1}{\sqrt{\varepsilon_r}}$

$\fallingdotseq\dfrac{3\times10^8}{\sqrt{80}}\fallingdotseq 3.35\times10^7\,\mathrm{m/s}$이다.

08
정답 ②

전력은 $P = V \times I$로, 전압과 전류의 곱이므로 최대 신호의 출력 전력은 $P_{\max} = V_{CEQ} \times I_{CQ} = 60 \times 120 \times 10^{-3} = 7.2\text{W}$이다.

09
정답 ①

- $\int dt = \frac{1}{j\omega} = \frac{1}{s}$, $\frac{d}{dt} = j\omega = s$

구동점 임피던스 $Z(s) = \dfrac{sL_1 \times \frac{1}{sC_1}}{sL_1 + \frac{1}{sC_1}} + \dfrac{sL_2 \times \frac{1}{sC_2}}{sL_2 + \frac{1}{sC_2}}$

$= \dfrac{sL_1}{s^2L_1C_1 + 1} + \dfrac{sL_2}{s^2L_2C_2 + 1}$이며, 회로에 제시된 자체인덕턴스($L$)와 캐패시터($C$)를 대입하면

$Z(s) = \dfrac{sL_1}{s^2L_1C_1+1} + \dfrac{sL_2}{s^2L_2C_2+1} = \dfrac{2s}{4s^2+1} + \dfrac{2s}{4s^2+1}$

$= \dfrac{4s}{4s^2+1}\,\Omega$이 된다.

10
정답 ①

L형 4단자 회로망의 4단자 정수

$$\begin{vmatrix} A & B \\ C & D \end{vmatrix} = \begin{vmatrix} 1 & Z_1 \\ 0 & 1 \end{vmatrix} \begin{vmatrix} 1 & 0 \\ \frac{1}{Z_2} & 1 \end{vmatrix} = \begin{vmatrix} 1 + \frac{Z_1}{Z_2} & Z_1 \\ \frac{1}{Z_2} & 1 \end{vmatrix}$$

- 영상 임피던스

$$Z_{01} = \sqrt{\frac{AB}{CD}} = \sqrt{\frac{\frac{Z_1+Z_2}{Z_2} \times Z_1}{\frac{1}{Z_2} \times 1}} = \sqrt{Z_1(Z_1+Z_2)}\ \Omega$$

- 영상 임피던스

$$Z_{02} = \sqrt{\frac{BD}{CA}} = \sqrt{\frac{Z_1 \times 1}{\frac{1}{Z_2} \times \frac{Z_1+Z_2}{Z_2}}} = \sqrt{\left(\frac{Z_1Z_2}{Z_1+Z_2}\right)Z_2}\ \Omega$$

11
정답 ④

전류원이 개방되었을 때의 $I_1 = \dfrac{6}{5+10} = 0.4\text{A}$이고, 전압원이 단락되었을 때의 $I_2 = \dfrac{5}{5+10} \times 3 = 1\text{A}$이다.

따라서 전류 $I = I_1 + I_2 = 0.4 + 1 = 1.4\text{A}$이며, 방향은 I의 화살표 방향과 같으므로 (+)이다.

12
정답 ②

전력 $P = V \times I = I^2 \times R = \dfrac{V^2}{R}$[W]이며($V$: 전압, I : 전류, R : 저항), 제시된 문제에서 소비전력 $P \fallingdotseq V^2 = 2{,}000\text{W}$이다. $V' = 0.7\,V$[V]일 경우의 소비전력이며, $P' = (V')^2 = (0.7\,V)^2 = 0.49\,V^2 = 0.49 \times 2{,}000 = 980\text{W}$이다.

13
정답 ④

'$N = b$점' 기준 독립적인 전류방정식(키르히호프의 제1법칙)은 1개, 'B=폐회로'인 독립적인 전압방정식(키르히호프 제2법칙)은 2개이다.

14
정답 ③

정저항 회로는 두 단자의 임피던스가 주파수와 무관하게 일정한 저항과 같은 회로를 뜻한다. 이때 근사치는 $\dfrac{Z_1}{Y_2} = Z_1Z_2 = R^2$으로 계산하며, 정밀치 계산은 허수부가 0일 때이다. $\dfrac{Z_1}{Y_2} = Z_1Z_2 = j\omega L \times \dfrac{1}{j\omega C} = \dfrac{L}{C} = R^2$이므로 $C = \dfrac{L}{R^2}$이다. 따라서 $C = \dfrac{L}{R^2} = \dfrac{500 \times 10^{-3}}{1{,}000^2} = 0.5 \times 10^{-6} = 0.5\mu\text{F}$가 된다.

15
정답 ③

RL 직렬회로의 임피던스 $Z = \sqrt{R^2 + (\omega L)^2} = \dfrac{V_m}{I_m}\,\Omega$이므로 $Z = \dfrac{160}{4} = 40\,\Omega$이다. 또한, $\omega L = \sqrt{Z^2 - R^2}$이므로 $\omega L = \sqrt{40^2 - (10\sqrt{15})^2} = \sqrt{1{,}600 - 1{,}500} = \sqrt{100} = 10\,\Omega$이다.

따라서 인덕턴스 $L = \dfrac{10}{\omega} = \dfrac{10}{10^4} = 10^{-3} = 1\text{mH}$이다.

16

정답 ①

카워형(사다리형) 방정식은

$$Z(s) = \frac{1}{Y(s)} =$$

$$Z_1 + \cfrac{1}{Y_2 + \cfrac{1}{Z_3 + \cfrac{1}{Y_4 + \cfrac{1}{Z_5 + \cfrac{1}{Y_6 + \cfrac{1}{Z_7}}}}}}\ \Omega \text{이다.}$$

리액턴스 함수 $Z(s) = \frac{3s}{s^2+9}$ 의 분자를 1로 만들기 위해 $3s$로 각 항을 나누면

$$Z(s) = \frac{1}{\frac{s^2}{3s}+\frac{9}{3s}} = \frac{1}{\frac{s}{3}+\frac{3}{s}} = Z_1 + \cfrac{1}{\frac{s}{3}+\cfrac{1}{\frac{s}{3}}}\ \Omega \text{이고,}$$

2단자 회로망을 구하면 Z_1(직렬)$=0$이다.

Z_2(병렬)$= \frac{1}{Y_2} = \frac{1}{\frac{s}{3}} = \frac{1}{j\omega\frac{1}{3}}$ 이며 C_2(콘덴서)$= \frac{1}{3}$F이고,

Z_3(직렬)$= \frac{s}{3} = j\omega\frac{1}{3}$ 이며 L_3(인덕턴스)$= \frac{1}{3}$H이다.

따라서 리액턴스 함수에 부합하는 2단자 회로망은 ①이다.

17

정답 ③

증폭회로의 고주파 응답을 결정하는 요소는 트랜지스터의 내부 커패시턴스이다.

18

정답 ①

오답분석

② 절대 주소 지정 방식 : 기계어 명령에 원하는 기억 장소의 절대 주소를 포함시키는 것을 말한다.
③ 간접 주소 지정 방식 : 지정된 주소에 들어 있는 값을 꺼내어 그것을 다른 기억 장치 주소로 보고, 그 위치에 있는 실제 피연산자에 접근하는 방식이다.
④ 직접 주소 지정 방식 : 기억 장소를 주소부에 직접 지정할 수 있게 되어 있는 것으로, 이 방식은 주소부에서 지정한 기억 장소의 내용을 피연산자로 취급할 수 있다.
⑤ 색인 주소 지정 방식 : 명령의 실행 과정에서 피연산자의 주소를 명령어의 주소 부분과 색인 레지스터에 의해 결정하는 방법이다.

19

정답 ①

열잡음은 저항체 내부에서 저항체 내부에서 전도전자의 열교란운동에 의해 생기는 잡음이다.

오답분석

② 백색잡음 : 어떤 주파수 대역 내에서의 모든 주파수의 출력이 포함되어 있는 잡음이다.
③ 산탄잡음 : 전자의 특수한 현상 때문에 전류에 불규칙한 요동이 생겨 발생하는 잡음이다.
④ 분배잡음 : 여러 개의 극(極)을 갖는 소자 중의 전류가 각각의 극으로 나뉠 때 그 비율이 변동함으로써 생기는 잡음이다.
⑤ 충격잡음 : 비교적 계속 시간이 짧으며, 잡음 발생의 시간 간격이 계속 시간에 비해 긴 불규칙한 잡음이다.

20

정답 ⑤

증폭기는 입력신호의 에너지를 증가시켜 출력측에 큰 에너지의 변화로 출력하는 장치로, 앰프라고도 부른다.

PART 4

최종점검 모의고사

최종점검 모의고사

01 직업기초능력평가

01	02	03	04	05	06	07	08	09	10	11	12	13	14	15	16	17	18	19	20
④	⑤	②	③	④	②	②	③	①	④	④	②	②	③	①	③	③	①	⑤	②
21	22	23	24	25	26	27	28	29	30	31	32	33	34	35	36	37	38	39	40
②	④	②	④	①	④	④	④	②	①	②	④	④	②	④	③	②	⑤	④	③

01 문서 작성 　　정답 ④

중요한 내용을 두괄식으로 작성함으로써 보고받은 자가 해당 문서를 신속하게 이해하고, 의사결정을 하는 데 도움을 주는 것이 중요하다.

02 문서 내용 이해 　　정답 ⑤

전시면 사용요령에 따르면 현수막 크기는 가로 4.7m×세로 1m이며, 미술관 1・2관에서 현수막 사용 시 미술관 입구에 현수막 봉이 설치되어 있으므로 현수막을 봉에 설치하라고 언급하고 있다.

오답분석

① 일반쓰레기는 종로구 종량제 규격봉투에 담아 처리해야 한다.
② 불량 고리는 역무실에 교체를 요구해야 한다.
③ 전시장 벽면에 못은 사용할 수 없다.
④ 작품설명표지는 액자틀에 부착해야 한다.

03 글의 제목 　　정답 ②

제시문은 제4차 산업혁명으로 인한 노동 수요 감소로 인해 나타날 수 있는 문제점으로 대공황에 대한 위험을 설명하면서도, 긍정적인 시각으로 노동 수요 감소를 통해 인간적인 삶의 향유가 이루어질 수 있다고 말한다. 따라서 제4차 산업혁명의 밝은 미래와 어두운 미래를 나타내는 ②가 글의 제목으로 가장 적절하다.

04 어휘 　　정답 ③

㉠ 구별(區別) : 성질이나 종류에 따라 차이가 남. 또는 성질이나 종류에 따라 갈라놓음
㉡ 변별(辨別) : 사물의 옳고 그름이나 좋고 나쁨을 가림
㉢ 감별(鑑別) : 보고 식별함

오답분석

• 차별(差別) : 둘 이상의 대상을 각각 등급이나 수준 따위의 차이를 두어서 구별함
• 식별(識別) : 분별하여 알아봄
• 분별(分別) : 서로 다른 일이나 사물을 구별하여 가름

05 응용 수리

정답 ④

평균점수는 $\frac{(총점수)}{(인원수)}$이므로 A, B부서 10명의 총점수는 $84\times10=840$점이다.

또한 A부서의 총점수는 $81\times4=324$점이므로, B부서의 총점수는 $840-324=516$점이다.
따라서 B부서의 평균점수는 $516\div6=86$점이다.

06 자료 계산

정답 ②

2022년 대비 2024년에 눈에 띄는 증가를 보인 면세점과 편의점, 무점포 소매점의 증가율을 계산하면 다음과 같다.

- 2022년 대비 2024년 면세점 판매액의 증가율 : $\frac{14,465-9,198}{9,198}\times100\fallingdotseq57\%$
- 2022년 대비 2024년 편의점 판매액의 증가율 : $\frac{22,237-16,455}{16,455}\times100\fallingdotseq35\%$
- 2022년 대비 2024년 무점포 소매점 판매액의 증가율 : $\frac{61,240-46,788}{46,788}\times100\fallingdotseq31\%$

따라서 2022년 대비 2024년에 두 번째로 높은 비율의 판매액 증가를 보인 소매 업태는 편의점이고, 증가율은 35%이다.

07 자료 이해

정답 ②

㉠ 근로자가 총 90명이고 전체에게 지급된 임금의 총액이 2억 원이므로 근로자당 평균 월 급여액은 $\frac{2억\ 원}{90명}\fallingdotseq222$만 원이다.
따라서 평균 월 급여액은 230만 원 이하이므로 옳은 설명이다.

㉡ 월 210만 원 이상 급여를 받는 근로자 수는 $26+12+8+4=50$명이다. 따라서 총 90명의 절반인 45명보다 많으므로 옳은 설명이다.

오답분석

㉢ 월 180만 원 미만의 급여를 받는 근로자 수는 $6+4=10$명이다. 따라서 전체에서 $\frac{10}{90}\fallingdotseq11\%$의 비율을 차지하고 있으므로 옳지 않은 설명이다.

㉣ 월 240만 원 이상 270만 원 미만의 구간에서 월 250만 원 이상 받는 근로자의 수는 주어진 자료만으로는 확인할 수 없다. 따라서 옳지 않은 설명이다.

08 자료 이해

정답 ③

2018년 대비 2019년의 생산가능인구는 12명 증가했다.

오답분석

① 2017년부터 2019년까지 고용률의 증감추이와 실업률의 증감추이는 '감소 – 감소'로 동일하다.
② 2018년에 전년 대비 경제활동인구가 202명 감소하였으므로 가장 많이 감소하였음을 알 수 있다.
④ 분모가 작고, 분자가 크면 비율이 높다. 그러므로 고용률이 낮고 실업률이 높은 2021년과 2022년의 비율만 비교하면 된다.

- 2021년 : $\frac{8.1}{40.5}=0.2$
- 2022년 : $\frac{8}{40.3}\fallingdotseq0.1985$

따라서 2021년의 비율이 더 크므로 옳은 설명이다.

⑤ 2022년과 2023년의 경제활동참가율은 같지만, 전체적으로는 경제활동참가율이 감소하고 있다.

09 규칙 적용

정답 ①

조건에 따라 소괄호 안에 있는 부분을 순서대로 풀이하면 다음과 같다.

'1 A 5'에서 A는 좌우의 두 수를 더하는 것이지만, 더한 값이 10 미만이면 좌우에 있는 두 수를 곱해야 한다. 1+5=6으로 10 미만이므로 두 수를 곱하여 5가 된다.

'3 C 4'에서 C는 좌우의 두 수를 곱하는 것이지만 곱한 값이 10 미만일 경우 좌우에 있는 두 수를 더한다. 이 경우 3×4=12로 10 이상이므로 12가 된다.

중괄호를 풀어보면 '5 B 12'이다. B는 좌우에 있는 두 수 가운데 큰 수에서 작은 수를 빼는 것이지만, 두 수가 같거나 뺀 값이 10 미만이면 두 수를 곱한다. 12−5=7로 10 미만이므로 두 수를 곱해야 한다. 따라서 60이 된다.

'60 D 6'에서 D는 좌우에 있는 두 수 가운데 큰 수를 작은 수로 나누는 것이지만, 두 수가 같거나 나눈 값이 10 미만이면 두 수를 곱해야 한다. 이 경우 나눈 값이 10이 되므로 답은 10이다.

10 명제 추론

정답 ④

주어진 조건에 따라 결재를 받을 사람의 순서를 배치해 보면 다음과 같다.

• 경우 1

첫 번째	두 번째	세 번째	네 번째	다섯 번째	여섯 번째
A	D	E	B	F	C

• 경우 2

첫 번째	두 번째	세 번째	네 번째	다섯 번째	여섯 번째
D	A	E	B	F	C

따라서 세 번째로 결재를 받아야 할 사람은 E이다.

11 자료 해석

정답 ④

박대리는 세미나 시작 1시간 전에는 대구 공항에 도착하여야 하므로 12:00까지는 대구에 도착하는 것을 타야 한다. 따라서 김포공항에서 대구공항으로 가는 항공편은 IA910편을 이용하며, 다시 김포공항으로 오는 경우에는 세미나 종료시각인 17:00부터 2시간 이내에 출발하는 항공편을 이용하여야 하므로 TK280을 이용한다. 또한 항공료를 제외한 교통비는 대구공항에서 이동하는 첫날과 마지막 날 2일에 대한 비용이 지급된다. 이를 반영하여 출장비를 계산하면 다음과 같다.

(식비)+(숙박비)+(교통비)+(대구행 비행기요금)+(서울행 비행기요금)=(4일×30,000원)+(3박×80,000원)+(2일×10,000원)+34,500원+58,000원=472,500원

12 자료 해석

정답 ②

박대리는 김포공항에서 대구공항으로 이동 시에는 IA910편을, 대구공항에서 김포공항으로 이동 시에는 TK280편을 이용한다. 이때 IA910편의 경우, 1.0%p 추가로 적립된다는 점에 유의한다.

따라서 IA910편을 이용하는 경우에는 34,500원×(3+1)%=1,380점, TK280편을 이용하는 경우에는 58,000원×5%=2,900점이 적립되어 총 1,380+2,900=4,280점이 적립된다.

13 업무 종류

정답 ②

영업부의 주요 업무로는 견적 작성 및 제출, 시장분석, 판매 등을 들 수 있다. 금일 업무 내용 중 전사 공채 진행은 인사 업무이며, 명일 업무 내용 중 전사 소모품 관리는 총무 업무, 사원 급여 정산은 인사 업무로 볼 수 있다.

14 조직 구조

정답 ③

조직은 목적을 가지고 있어야 하고, 구조가 있어야 한다. 또한 목적을 달성하기 위해 구성원들은 서로 협동적인 노력을 하고, 외부 환경과 긴밀한 관계를 가지고 있어야 한다. 따라서 야구장에 모인 관중들은 동일한 목적만 가지고 있을 뿐 구조를 갖춘 조직으로 볼 수 없다.

15 경영 전략

정답 ①

제품의 질은 우수하나 브랜드의 저가 이미지 때문에 매출이 좋지 않은 것이므로 선입견을 제외하고 제품의 우수성을 증명할 수 있는 블라인드 테스트를 통해 인정을 받는다. 그리고 그 결과를 홍보의 수단으로 사용하는 것이 가장 적절하다.

16 업무 종류

정답 ③

ㄱ. 전결권자인 전무가 출장 중인 경우 대결권자가 이를 결재하고 전무가 후결을 하는 것이 바람직하다.
ㄴ. 부서장이 전결권자이므로 해당 직원을 채용하는 부서(영업부, 자재부 등)의 부서장이 결재하는 것이 바람직하다.
ㄹ. 교육훈련 대상자 선정은 이사에게 전결권이 있으므로 옳지 않은 결재 방식이다.

17 정보 이해

정답 ③

〈Shift〉+〈Insert〉는 선택한 항목을 붙여 넣는다.

18 엑셀 함수

정답 ①

WEEKDAY 함수는 일정 날짜의 요일을 나타내는 1에서 7까지의 수를 구하는 함수다. WEEKDAY 함수의 두 번째 인수에 '1'을 입력해 주면 '일요일(1)~토요일(7)'로 표시되고 '2'를 넣으면 '월요일(1)~일요일(7)'로 표시되며 '3'을 입력하면 '월요일(0)~일요일(6)'로 표시된다.

19 엑셀 함수

정답 ⑤

상품이 '하모니카'인 매출액의 평균을 구해야 하므로 AVERAGEIF 함수를 사용해야 한다. 「=AVERAGEIF(계산할 셀의 범위, 평균을 구할 셀의 정의, 평균을 구하는 셀)」로 표시되기 때문에 [E11] 셀에 들어갈 함수로는 「=AVERAGEIF(B2:B9, "하모니카", E2:E9)」가 옳다.

20 프로그램 언어(코딩)

정답 ②

&a는 변수 a의 시작 주소값이므로 주소 상수이다. p는 포인터, *p는 p가 가리키는 변수 a이다.

21 시간 계획

정답 ②

하루에 6명 이상 근무해야 하기 때문에 2명까지만 휴가를 중복으로 쓸 수 있다. G사원이 4일 동안 휴가를 쓰면서 최대 휴가 인원이 2명만 중복되게 하려면 6~11일만 가능하다.

오답분석

① G사원은 4일 이상 휴가를 사용해야 하기 때문에 3일인 5~7일은 불가능하다.
③·④·⑤ 4일 이상 휴가를 사용하지만 하루에 6명 미만의 인원이 근무하게 되어 불가능하다.

22 비용 계산

정답 ④

전자제품의 경우 관세와 부가세의 합이 18%로 모두 동일하며, 전자제품의 가격이 다른 가격보다 월등하게 높기 때문에 대소비교는 전자제품만 고려해도 된다. 이 중 A의 TV와 B의 노트북은 가격이 동일하기 때문에 굳이 계산할 필요가 없고 TV와 노트북을 제외한 휴대폰과 카메라만 비교한다. B의 카메라가 A의 휴대폰보다 비싸기 때문에 B가 더 많은 관세를 내야 함을 알 수 있다.

구분	전자제품	전자제품 외
A	TV(110만), 휴대폰(60만)	화장품(5만), 스포츠용 헬멧(10만)
B	노트북(110만), 카메라(80만)	책(10만), 신발(10만)

B가 내야 할 세금을 계산해 보면 우선 카메라와 노트북의 부가세를 포함한 관세율은 18%로, 190×0.18=34.2만 원이다. 이때, 노트북은 100만 원 이상 전자제품에 해당하므로 특별과세 110×0.5=55만 원이 더 과세된다. 나머지 품목들의 세금은 책이 10×0.1=1만 원, 신발이 10×0.23=2.3만 원이다.

따라서 B가 낸 관세 총액은 34.2+55+1+2.3=92.5만 원이다.

23 인원 선발

정답 ②

면접평가 결과를 점수로 변환하면 다음과 같다.

(단위 : 점)

구분	A	B	C	D	E
의사소통능력	100	100	100	80	50
문제해결능력	80	75	100	75	95
조직이해능력	95	90	60	100	90
대인관계능력	50	100	80	60	85

변환된 점수에 최종 합격자 선발기준에 따른 평가비중을 곱하여 최종 점수를 도출하면 다음과 같다.

- A : (100×0.4)+(80×0.3)+(95×0.2)+(50×0.1)=88점
- B : (100×0.4)+(75×0.3)+(90×0.2)+(100×0.1)=90.5점
- C : (100×0.4)+(100×0.3)+(60×0.2)+(80×0.1)=90점
- D : (80×0.4)+(75×0.3)+(100×0.2)+(60×0.1)=80.5점
- E : (50×0.4)+(95×0.3)+(90×0.2)+(85×0.1)=75점

따라서 최종 합격자는 상위자 2명이므로 B, C가 선발된다.

24 품목 확정

정답 ④

경로별 거리의 총합은 다음과 같다.

구분	거리 총합
경로 1	46.5+127+92.2+72.77=338.47km
경로 2	31.5+127+92.2+93.7=344.4km
경로 3	145.2+92.2+22.3+87.69=347.39km
경로 4	30.6+120.3+72.7+104.56=328.16km
경로 5	37.4+57.2+31.3+202.53=328.43km

따라서 A과장이 집에서 출장지까지 회사 차로 이동하는 최단거리의 경로는 328.16km인 '경로 4'이다.

25 기술 적용

정답 ①

에어필터 없이 사용하는 것은 제습기 수명이 단축되는 것으로 화재 위험과 관련성이 적다.

26 기술 적용

정답 ④

표에서 제시된 증상 외에 다른 문제가 있다면 서비스센터로 문의하여야 한다. '전원 버튼을 눌러도 작동하지 않는다.'는 내용은 고장이 아닌 증상 외의 다른 문제이므로 서비스센터로 문의하여야 한다.

27 기술 이해

정답 ④

IT와 융합한 지능형 로봇이 유망한 기술로 전망되는 것을 볼 때, 빈칸에 들어갈 용어로 가장 적절한 것은 전기전자공학임을 알 수 있다.

오답분석

① 토목공학 : 도로·하천·도시계획 등 토목에 관한 이론과 실제를 연구하는 공학의 한 부문으로, 국토를 대상으로 해서 그 보전·개수·개발경영을 맡는 공학이다.
② 환경공학 : 대기·수질·폐기물·토양·해양 등의 오염 예방과 소음 및 진동공해 방지 등의 환경문제를 해결하기 위하여 학문적인 연구를 하는 분야이다.
③ 생체공학 : 생체의 기구·기능을 공학적으로 연구해서 얻은 지식을 기술적 문제에 응용하는 학문이다.
⑤ 자원공학 : 지구의 표면 및 내부, 즉 지하와 해저에 부존하는 유용자원과 지하매체를 경제적인 목적과 관련하여 각종 원리와 방법을 이용하여 다루는 학문이다.

전기전자공학
국가 기간산업의 근간을 이루며 최근 전자와 정보(컴퓨터) 그리고 정보통신공학의 기본이 되는 공학이다. 전기전자공학에서는 전기 에너지의 생산, 수송 및 변환, 반도체 소자와 컴퓨터를 계측기화할 수 있는 각종 컴퓨터 언어와 하드웨어, 그리고 컴퓨터를 이용한 디지털 시스템 설계, VHDL 및 VLSI 설계, 시스템의 자동계측, 자동화, 디지털통신 기술 및 영상 신호처리, 고속전기철도 등을 중심으로 기본 원리부터 응용에 이르기까지 기술적인 방법 등을 다룬다.

28 기술 적용

정답 ④

주행 알고리즘에 따른 로봇의 이동 경로를 그림으로 나타내면 다음과 같다.

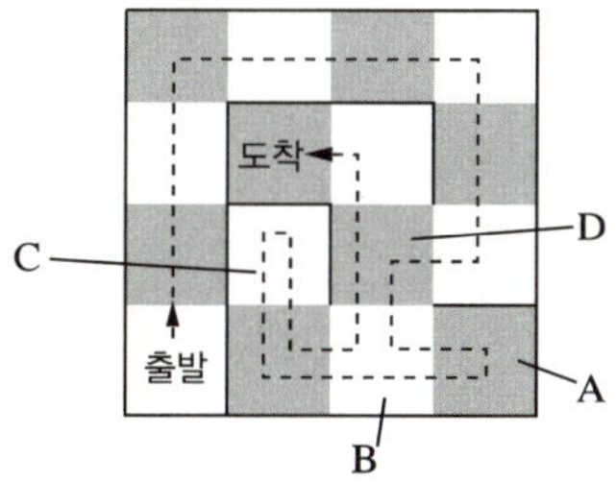

따라서 A에서 B, C에서 D로 이동할 때는 보조명령을 통해 이동했으며, 그 외의 구간은 주명령을 통해 이동했음을 알 수 있다.

29 자기 관리

정답 ②

B의 경우 실현 가능성이 높은 1년 이내의 계획은 세웠으나 장기목표를 별도로 수립하지는 않았다. 급변하는 사회에 적응하기 위해서는 먼 미래를 예측할 수 있는 준비와 목표를 설정하는 것이 중요하므로 자기개발에 대한 계획을 수립할 때는 장·단기 목표 모두를 세워야 한다.

30 경력 관리

정답 ①

S씨는 경력 중기의 단계에 해당한다. 경력 중기는 자신이 그동안 성취한 것을 재평가하고, 생산성을 그대로 유지하는 단계이다. 그러나 경력 중기에 이르면 직업 및 조직에서 어느 정도 입지를 굳히게 되어 더 이상 수직적인 승진 가능성이 적은 경력 정체 시기에 이르게 되며, 새로운 환경의 변화(과학기술, 관리방법의 변화 등)에 직면하게 되어 생산성을 유지하는 데 어려움을 겪기도 한다. 또한 개인적으로 현 직업이나 라이프스타일에 대한 불만을 느끼며, 매일의 반복적인 일상에 따분함을 느끼기도 한다.

오답분석

② 조직 입사의 단계에 해당한다.
③ 직업 선택의 단계에 해당한다.
④ 경력 말기의 단계에 해당한다.
⑤ 경력 초기의 단계에 해당한다.

31 자기 관리

정답 ②

ㄱ. 자기개발에서 개발의 주체와 객체는 자기 자신이므로, 자신이 자신의 능력, 적성, 특성 등을 이해하고, 목표성취를 위해 자신을 관리하며 개발해야 한다.
ㄷ. 자기개발은 개별적인 과정으로서 자기개발을 통해 지향하는 바와 선호하는 방법 등이 사람마다 다르므로 자신에게 알맞은 자기개발 전략이나 방법을 선정하여야 한다.

오답분석

ㄴ. 자기개발은 평생에 걸쳐서 이루어지는 과정이다. 우리를 둘러싸고 있는 환경은 끊임없이 변화하고 있으므로, 환경에 적응하기 위해서는 지속적인 자기개발이 필요하다.
ㄹ. 자기개발은 자신이 현재 하고 있는 직무 혹은 지향하는 직업 세계와 관련하여 자신의 역할 및 능력을 점검하고 개발 계획을 수립해야 하므로, 생활 가운데 이루어져야 한다.

32 경력 관리

정답 ④

경력개발 전략수립 단계는 경력목표를 수립한 이후 이를 달성하기 위한 구체적인 활동계획을 수립하는 것이다. S씨는 현재 경력목표만 설정한 상태로 그 이후 단계인 경력개발 전략수립 단계는 제시문에서 찾아볼 수 없다.

오답분석

① 직무정보 탐색 단계 : 투자 전문가의 보수, 종사자의 직무만족도 등을 파악하였다.
② 자기 탐색 단계 : 적성검사를 통해 자신의 적성을 파악하였다.
③ 경력목표 설정 단계 : 3년 내에 투자 전문가 관련 자격증을 취득하는 것을 목표로 설정하였다.
⑤ 환경 탐색 단계 : 자신이 경력개발을 위해 활용할 수 있는 시간을 파악하였다.

33 갈등 관리

정답 ④

올바른 갈등해결 방법

- 다른 사람들의 입장을 이해한다. 사람들이 당황하는 모습을 자세하게 살핀다.
- 어려운 문제는 피하지 말고 맞선다.
- 자신의 의견을 명확하게 밝히고 지속적으로 강화한다.
- 사람들과 눈을 자주 마주친다.
- 마음을 열어놓고 적극적으로 경청한다.
- 타협하려 애쓴다.
- 어느 한쪽으로 치우치지 않는다.
- 논쟁하고 싶은 유혹을 떨쳐 낸다.
- 존중하는 자세로 사람들을 대한다.

34 리더십

정답 ②

임파워먼트의 조성 조건

- 도전적이고 흥미있는 업무
- 학습과 성장의 기회
- 성과에 대한 지식
- 긍정적인 인간관계
- 개인들이 공헌하며 만족한다는 느낌
- 상부로부터의 지원

임파워먼트 장애요인

- 개인 차원 : 주어진 일을 해내는 역량의 결여, 동기의 결여, 결의의 부족, 책임감 부족, 의존성
- 대인 차원 : 다른 사람과의 성실성 결여, 약속 불이행, 성과를 제한하는 조직의 규범, 갈등처리 능력 부족, 승패의 태도
- 관리 차원 : 통제적 리더십 스타일, 효과적 리더십 발휘 능력 결여, 경험 부족, 정책 및 기획의 실행 능력 결여, 비전의 효과적 전달 능력 결여
- 조직 차원 : 공감대 형성이 없는 구조와 시스템, 제한된 정책과 절차

35 팀워크

정답 ④

팀워크는 개인의 능력이 발휘되는 것도 중요하지만 팀원들 간의 협력이 더 중요하다. 즉, 팀워크는 팀원 개개인의 능력이 최대치일 때 가장 뛰어난 것은 아니다.

36 협상 전략

정답 ③

6만 원에 사고자 했던 B씨의 제안에 대해 협상을 통해 6만 5천 원에 거래하였으므로 ③은 적절하지 않은 설명이다.

오답분석

① A씨의 협상 전략은 자신의 양보만큼 상대방의 양보도 요구하는 상호 교환적인 양보전략으로 볼 수 있다.
② 한 벌 남은 옷이라는 점과 손님에게 잘 어울려서 싸게 드린다는 점을 통해 B씨로 하여금 특별한 대우를 받았다고 느끼게 하였다.
④ 6만 원에 사고 싶어했던 B씨와 6만 5천 원에 거래를 성사시키면서 B씨의 양보를 이끌어 내는 데 성공했다고 볼 수 있다.
⑤ 한 벌 남은 옷이라는 점을 내세우면서 자신에게 중요한 것을 양보하는 것처럼 협상했다고 볼 수 있다.

37 책임 의식

정답 ②

(ㄱ) 경제적 책임 : 사회적으로 필요한 상품과 서비스를 생산·판매하여 이윤과 고용을 창출해야 하는 책임이다.
(ㄴ) 법적 책임 : 국가와 사회가 규정한 법에 의거하여 경영·경제 활동을 해야 하는 책임이다.
(ㄷ) 윤리적 책임 : 사회의 윤리의식에 합치되도록 경영·경제 활동을 해야 하는 책임이다.
(ㄹ) 자선적 책임 : 경제·경영 활동과는 직접 관련이 없는 기부·문화 활동 등을 자발적으로 해야 하는 책임이다.

38 근면

정답 ⑤

잦은 지각을 일삼는 B사원에게 결여된 덕목은 근면으로, 게으르지 않고 부지런한 것을 말한다. 직장에서의 근면한 생활을 위해서는 출근 시간을 엄수해야 하며, 술자리 등 개인적인 일로 업무에 지장이 없도록 해야 한다.

39 윤리

정답 ④

제시된 일화는 민주 시민으로서 기본적으로 지켜야 하는 의무와 생활 자세인 '준법정신'에 대한 사례이다. 사회가 유지되기 위해서는 준법정신이 필요한 것처럼 직장생활에서도 조직의 운영을 위해 준법정신이 필요하다.

오답분석

① 봉사(서비스)에 대한 설명이다.
② 근면에 대한 설명이다.
③ 책임에 대한 설명이다.
⑤ 정직과 신용에 대한 설명이다.

40 봉사

정답 ③

봉사의 사전적 의미는 자신보다는 남을 위하여 일하는 것으로, 현대 사회의 직업인에게 봉사란 자신보다는 고객의 가치를 최우선으로 하는 서비스 개념이다. MOT마케팅은 소비자와 접촉하는 극히 짧은 결정적 순간(MOT)이 브랜드와 기업에 대한 인상을 좌우하는 극히 중요한 순간이라는 것을 강조하며 전개하는 마케팅이다. 따라서 기업은 그 결정적 순간 동안 최대한의 봉사 역량을 동원하여 고객을 만족시켜주어야 한다.

02 직무수행능력평가

| 01 | 사무직(행정학)

41	42	43	44	45	46	47	48	49	50	51	52	53	54	55	56	57	58	59	60
④	①	④	⑤	⑤	④	③	②	②	③	③	⑤	①	③	④	②	②	③	⑤	①
61	62	63	64	65	66	67	68	69	70	71	72	73	74	75	76	77	78	79	80
③	③	⑤	③	①	③	⑤	②	①	①	⑤	③	⑤	②	①	②	③	②	①	⑤

41

정답 ④

행정의 가치 중 능률성은 수단적 가치에 해당한다.

행정의 가치 구분

본질적 가치	공익성, 자유, 사회적 형평, 평등, 정의, 복지 등
수단적 가치	합리성, 효과성, 능률성, 민주성, 합법성, 책임성, 투명성, 가외성, 신뢰성 등

42

정답 ①

ㄱ은 역량평가제, ㄴ은 직무성과관리제, ㄷ은 다면평가제, ㄹ은 근무성적평정제에 해당한다.

공무원 평정제도

- 역량평가제 : 고위공무원단에 진입하기 전 관리자(고위공무원)로서의 능력 및 자격을 사전에 검증하는 제도이다.
- 직무성과관리제 : 장・차관 등 기관장과 실・국장, 과장, 팀장 간에 성과목표와 지표 등에 대해 직근상하급자 간에 합의를 통해 Top－Down 방식으로 공식적인 성과계약을 체결하고 그 이행도를 평가하여 승진 등에 반영하는 제도이다.
- 다면평가제 : 피평정자 본인, 상관, 부하뿐만 아니라 피평정자의 능력과 직무수행을 관찰할 기회가 있는 동료, 프로젝트 팀 구성원, 고객 등이 다양하게 참여하는 집단평정방법이다.
- 근무성적평정제 : 5급 이하 공무원을 대상으로 실시되며, 근무실적・직무수행능력・직무수행태도 등을 평가항목으로 한다. 상벌・채용시험의 타당도 측정・교육훈련 수요 파악・근무능률 향상・적절한 인사배치 및 각종 인사행정의 기준으로 이용한다.

43

정답 ④

점증적 정책결정은 지식과 정보의 불완전성, 미래예측의 불확실성을 전제하는 의사결정 모형으로, 그 자체가 정부실패 요인으로 거론되는 것은 아니다.

오답분석

①・②・③・⑤ 정부실패 요인에 해당한다.

44

정답 ⑤

정직은 1개월 이상 3개월 이하의 기간으로 하고, 정직 처분을 받은 자는 그 기간 중 공무원의 신분은 보유하나 직무에 종사하지 못하며 보수는 전액을 감한다.

오답분석

① 직위해제는 신분을 박탈하는 처분은 아니고, 신분은 유지하되 직위만을 해제한다.
② 직권면직은 정원의 변경으로 직위의 폐지나 과원 등의 사유가 발생한 경우에 직권으로 신분을 박탈하는 면직처분을 말한다.

③ 해임은 공무원을 강제로 퇴직시키는 처분으로, 3년 간 재임용이 불가하다. 연금법에는 크게 영향을 주지 않으나, 금품 및 향응수수, 공금의 횡령·유용으로 징계 해임된 경우에는 퇴직급여의 1/8 내지는 1/4을 감한다.
④ 파면은 공무원을 강제로 퇴직시키는 처분으로, 5년간 재임용이 불가하며, 퇴직급여의 1/4 내지는 1/2의 지급을 제한한다.

징계의 종류
- 견책(譴責) : 전과(前過)에 대하여 훈계하고 회개하게 한다.
- 감봉 : 1개월 이상 3개월 이하의 기간 동안 보수의 3분의 1을 감한다.
- 정직 : 1개월 이상 3개월 이하의 기간으로 하고, 정직 처분을 받은 자는 그 기간 중 공무원의 신분은 보유하나 직무에 종사하지 못하며 보수는 전액을 감한다.
- 강등 : 1계급 아래로 직급을 내리고(고위공무원단에 속하는 공무원은 3급으로 임용하고, 연구관 및 지도관은 연구사 및 지도사로 한다) 공무원 신분은 보유하나 3개월간 직무에 종사하지 못하며 그 기간 중 보수는 전액을 감한다.
- 해임 : 공무원을 강제로 퇴직시키는 처분으로 3년간 재임용이 불가하다. 연금법에는 크게 영향을 주지 않으나, 금품 및 향응수수, 공금의 횡령·유용으로 징계 해임된 경우에는 퇴직급여의 1/8 내지는 1/4을 감한다.
- 파면 : 공무원을 강제로 퇴직시키는 처분으로 5년간 재임용이 불가하다. 퇴직급여의 1/4 내지는 1/2을 지급제한한다.

45

정답 ⑤

예산의 이체는 정부조직 등에 관한 법령의 제정·개정 또는 폐지로 인하여 그 직무와 권한에 변동이 있는 경우 관련되는 예산의 귀속을 변경하여 예산집행의 신축성을 부여하는 제도이다. 사업내용이나 규모 등에 변경을 가하지 않고 해당 예산의 귀속만 변경하는 것으로, 어떤 과목의 예산부족을 다른 과목의 금액으로 보전하기 위하여 당초 예산의 내용을 변경시키는 예산의 이·전용과는 구분된다. 이체의 절차는 기획재정부장관이 중앙관서의 장의 요구에 따라 예산을 이체할 수 있도록 규정하고 있다. 정부조직법 개편 시 국회의 의결을 얻었기 때문에 이체 시 별도의 국회의 의결을 받을 필요는 없다.

오답분석

① 명시이월은 세출예산 중 경비의 성질상 연도 내 지출을 끝내지 못할 것으로 예견되는 경우, 다음 연도로 이월할 수 있다는 취지를 명백히 하여 미리 국회의 의결을 거쳐 다음 연도에 이월하는 제도이다.
② 정부가 예비비로 사용한 금액의 총괄명세서를 다음 연도 5월 31일까지 국회에 제출하여 승인을 얻도록 한다(총액으로 사전에 의결을 받지만, 구체적인 사용 용도는 사후승인을 받는다. 이런 이유로 견해에 따라 사전의결의 원칙에 예외로 보는 견해도 있고, 예외가 아니라고 보는 견해도 있다).
③ 예산의 이용은 예산이 정한 장·관·항 간(입법과목)에 각각 상호 융통하는 것을 말한다. 예산 이용제도는 국가재정법 제45조에 따른 예산의 목적 외 사용금지 원칙의 예외로, 예산집행에 신축성을 부여하여 예산집행주체가 집행과정에서 발생한 여건변화에 탄력적으로 대응할 수 있도록 미리 국회의 의결을 받은 경우에 한하여 허용되고 있다.
④ 계속비는 완성에 수년도를 요하는 공사나 제조 및 연구개발사업은 그 경비의 총액과 연부액(年賦額)을 정하여 미리 국회의 의결을 얻은 범위 안에서 수년도에 걸쳐서 지출할 수 있는 제도로, 수년간의 예산이 안정적으로 집행되어 재정투자의 효율성을 높일 수 있는 제도이다.

46

정답 ④

상황론적 리더십
- 추종자(부하)의 성숙단계에 따라 리더십의 효율성이 달라진다는 주장은 Hersey & Blanchard의 삼차원이론(생애주기이론)이다.
- 리더의 행동이나 특성이 상황에 따라 달라진다는 것은 상황론적 리더십에 대한 설명이다.
- 상황이 유리하거나 불리한 조건에서는 과업을 중심으로 한 리더십이 효과적이라는 것은 Fiedler의 상황조건론이다.

47

정답 ③

탈신공공관리론은 신공공관리의 역기능적 측면을 교정하고 통치 역량을 강화하여 정치행정 체제의 통제와 조정을 개선하기 위해 재집권화와 재규제를 주장한다. 한편, 규제 완화는 신공공관리론에서 강조하는 전략이다.

신공공관리론과 탈신공공관리론의 비교

구분		신공공관리론	탈신공공관리론
정부기능	정부 – 시장 관계의 기본 철학	시장지향주의(규제 완화)	정부의 정치 · 행정력 역량 강화 • 재규제의 주장 • 정치적 통제 강조
	주요 행정 가치	능률성, 경제적 가치 강조	민주성 · 형평성 등 전통적 행정가치 동시 고려
	정부규모와 기능	정부규모와 기능 감축 (민간화 · 민영화 · 민간 위탁)	민간화 · 민영화의 신중한 접근
	공공서비스 제공 방식	시장 메커니즘의 활용	민간 – 공공부문의 파트너십 강조
조직구조	기본모형	탈관료제모형	관료제모형과 탈관료제모형의 조화
	조직구조의 특징	비항구적 · 유기적 구조, 분권화	재집권화(분권과 집권의 조화)
	조직개편의 방향	소규모의 준자율적 조직으로 행정의 분절화(책임운영기관)	• 분절화 축소 • 총체적 정부 강조 • 집권화, 역량 및 조정의 증대

48

정답 ②

제시문의 ㉠에 들어갈 용어는 '재분배 정책'이다. 재분배 정책은 계층 간 갈등이 심하고 저항이 발생할 수 있으며, 국민적 공감대를 형성할 때 정책의 변화를 가져오게 된다.

오답분석

①・④ 분배정책에 대한 설명이다.
③ 구성정책에 대한 설명이다.
⑤ 규제정책에 대한 설명이다.

49

정답 ②

재의요구권은 자치단체장의 권한에 속하는 사항으로, 단체장이 위법 · 부당한 지방의회의 의결사항에 재의를 요구하는 것이다. 지방자치단체장의 재의요구 사유는 다음과 같다.

- 조례안에 이의가 있는 경우
- 지방의회의 의결이 월권 또는 법령에 위반되거나 공익을 현저히 해한다고 인정된 때
- 지방의회의 의결에 예산상 집행할 수 없는 경비가 포함되어 있는 경우, 의무적 경비나 비상재해복구비를 삭감한 경우
- 지방의회의 의결이 법령에 위반되거나 공익을 현저히 해한다고 판단되어 주무부장관 또는 시 · 도지사가 재의요구를 지시한 경우

지방의회 의결사항(지방자치법 제47조 제1항)

1. 조례의 제정 · 개정 및 폐지
2. 예산의 심의 · 확정
3. 결산의 승인
4. 법령에 규정된 것을 제외한 사용료 · 분담금 · 지방세 또는 가입금의 부과와 징수
5. 기금의 설치 · 운용
6. 대통령령으로 정하는 중요 재산의 취득 · 처분
7. 대통령령으로 정하는 공공시설의 설치 · 처분
8. 법령과 조례에 규정된 것을 제외한 예산 외의 의무부담이나 권리의 포기
9. 청원의 수리와 처리
10. 외국 지방자치단체와의 교류협력
11. 그 밖에 법령에 따라 그 권한에 속하는 사항

50

정답 ③

오답분석

ㄱ. 보수주의 정부관에 따르면 정부에 대한 불신이 강하고 정부실패를 우려한다.

ㄴ. 공공선택론은 정부를 공공재의 생산자로 규정하고 있다. 그러나 대규모 관료제에 의한 행정은 효율성을 극대화하지 못한다고 비판하므로 옳지 않다.

보수주의 · 진보주의 정부관

구분	보수주의	진보주의
추구하는 가치	• 자유 강조(국가로부터의 자유) • 형식적 평등, 기회의 평등 중시 • 교환적 정의 중시	• 자유를 열렬히 옹호(국가에로의 자유) • 실질적 평등, 결과의 평등 중시 • 배분적 정의 중시
인간관	• 합리적이고 이기적인 경제인	• 오류 가능성의 여지 인정
정부관	• 최소한의 정부 → 정부 불신	• 적극적인 정부 → 정부 개입 인정
경제 정책	• 규제완화, 세금감면, 사회복지정책의 폐지	• 규제옹호, 소득재분배정책, 사회보장정책
비고	• 자유방임적 자본주의	• 복지국가, 사회민주주의, 수정자본주의

51

정답 ③

ㄱ. 신공공관리론은 기업경영의 논리와 기법을 정부에 도입 · 접목하려는 노력이다.

ㄷ. 신공공관리론은 거래비용이론, 공공선택론, 주인 – 대리인이론 등을 이론적 기반으로 한다.

ㅁ. 신공공관리론은 가격과 경쟁에 의한 행정서비스 공급으로 공공서비스의 생산성을 강조하기 때문에 형평의 저해 가능성이 있다.

오답분석

ㄴ. 신공공관리론은 법규나 규칙중심의 관리보다는 임무와 사명중심의 관리를 강조한다.

ㄹ. 중앙정부의 감독과 통제를 강화하는 것은 전통적인 관료제 정부의 특징이다. 신공공관리론은 분권을 강조한다.

52

정답 ⑤

품목별 예산제도는 지출대상 중심으로 분류를 사용하기 때문에 지출의 대상은 확인할 수 있으나, 지출의 주체나 목적은 확인할 수 없다.

53

정답 ①

정책참여자의 범위는 이슈네트워크 – 정책공동체 – 하위정부모형 순으로 넓다.

54

정답 ③

ㄱ. 파머는 유기적 행정을 위해 행정조직의 구조가 유연해져야 한다고 주장하였다.

ㄷ. 담론이론에서 행정은 시민들이 민주적으로 참여하고 토론하는 공간이 되어야 한다고 주장하였다.

오답분석

ㄴ. 파머는 타인을 자신과 동등한 주체로 인식하는 것을 바탕으로 개방적이고 반권위적인 시민참여 행정을 강조하였다.

55

정답 ④

ㄴ. 국가재정법 제17조에는 '한 회계연도의 모든 수입을 세입으로 하고, 모든 지출은 세출로 한다.'라는 내용이 명시되어 있다.
ㄷ. 지방재정법 제34조 제3항에 따르면 지방자치단체가 현물로 출자하는 경우는 적용 예외사항으로 규정되어 있다.

오답분석

ㄱ. 예산총계주의는 세입과 세출에 대해 누락 없이 예산에 계상해야 한다는 완전성에 대한 원칙이다.

56

정답 ②

(가) 1910년대 과학적 관리론 → (다) 1930년대 인간관계론 → (나) 1940년대 행정행태론 → (라) 1990년대 후반 신공공서비스론의 순서이다.

57

정답 ②

중앙정부가 지방자치단체별로 지방교부세를 교부할 때 사용하는 기준지표는 지방재정자립도가 아닌 재정력지수[=(기준재정수입액)÷(기준재정수요액)]이다. 중앙정부는 지방자치단체의 재정력지수가 1보다 클 경우 보통교부세를 교부하지 않는다.

58

정답 ③

개방형 인사관리는 인사권자에게 재량권을 주어 정치적 리더십을 강화하고 조직의 장악력을 높여준다.

개방형 인사관리의 장단점

장점	• 행정의 대응성 제고 • 조직의 신진대사 촉진 • 정치적 리더십 확립을 통한 개혁 추진 • 세력 형성 및 조직 장악력 강화 • 행정에 전문가주의적 요소 강화 • 권위주의적 행정문화 타파 • 우수인재의 유치 • 행정의 질적 수준 증대 • 공직침체 및 관료화의 방지 • 재직공무원의 자기개발 노력 촉진
단점	• 조직의 응집성 약화 • 직업공무원제와 충돌 • 정실임용의 가능성 • 구성원 간의 불신 • 공공성 저해 가능성 • 민·관 유착 가능성 • 승진기회 축소로 재직공무원의 사기 저하 • 빈번한 교체근무로 행정의 책임성 저하 • 복잡한 임용절차로 임용비용 증가

59

정답 ⑤

롤스(J. Rawls)는 정의의 제1원리(평등)가 제2원리(차등조정의 원리)에 우선하고, 제2원리 중에서는 기회균등의 원리가 차등의 원리에 우선되어야 한다고 보았다.

60

정답 ①

해외일정을 핑계로 책임과 결정을 미루는 행위 등의 사례는 관료들이 위험회피적이고 변화저항적이며 책임회피적인 보신주의로 빠지는 행태를 말한다.

61

정답 ③

규칙적 오류는 어떤 평정자가 다른 평정자들보다 언제나 좋은 점수 혹은 나쁜 점수를 주는 것을 말한다.

근무평정상의 대표적 오류

연쇄효과	피평정자의 특정 요소가 다른 평정요소의 평가에까지 영향을 미치는 것
집중화 오류	무난하게 중간치의 평정만 일어나는 것
규칙적 오류	한 평정자가 지속적으로 낮은 혹은 높은 평정을 보이는 것
시간적 오류	시간적으로 더 가까운 때에 일어난 사건이 평정에 더 큰 영향을 끼치는 것
상동적 오류	피평정자에 대한 선입견이나 고정관념이 다른 요소의 평정에 영향을 끼치는 것

62

정답 ③

각 중앙관서의 장은 성과금을 지급하거나 절약된 예산을 다른 사업에 사용하고자 하는 때에는 '예산성과금 심사위원회'의 심사를 거쳐야 한다(국가재정법 제49조 제2항).

63

정답 ⑤

오답분석

ㄱ. 관세청은 기획재정부 소속이다.
ㄷ. 특허청은 산업통상자원부 소속이다.
ㄹ. 산림청은 농림축산식품부 소속이다.

64

정답 ③

ㄴ·ㄷ. 강제배분법은 점수의 분포비율을 정해놓고 평가하는 상대평가방법으로 집중화, 엄격화, 관대화 오차를 방지하기 위해 도입되었다.

오답분석

ㄱ. 첫머리 효과(시간적 오류) : 최근의 실적이나 능력을 중심으로 평가하려는 오류이다.
ㄹ. 선입견에 의한 오류(고정관념에 기인한 오류) : 평정자의 편견이 평가에 영향을 미치는 오류이다.

65

정답 ①

무의사결정론은 엘리트들이 대중에 대한 억압과 통제를 통해 불리한 문제는 거론을 못하게 막고, 본인들에게 유리한 이슈만을 정책의제로 설정하게 하는 것을 말한다.

오답분석

② 체제이론 : 정치체제의 능력상의 한계로 인해 사회의 모든 문제가 정책의제화가 될 수는 없음을 설명하는 이론으로, 문지기가 선호하는 일부 문제만 정책의제로 채택되는 경향이 나타난다.
③ 다원주의론 : 사회를 구성하는 집단들 사이에 권력은 널리 동등하게 분산되어 있으며, 정책은 많은 이익집단의 경쟁과 타협의 산물이라고 설명하는 이론이다.
④ 사이먼(Simon)의 의사결정론 : 인간은 인지능력의 제한을 가지므로 완전히 합리적인 결정에는 한계가 있어 일부 사회문제만을 정책의제로 선택한다는 이론이다.

⑤ 공공선택론 : 인간을 합리적 경제인으로 가정하며, 인간은 자신의 이익극대화를 추구하며 정부를 공급자로, 국민을 소비자로 간주하는 이론이다.

66

정답 ③

정부의 결산 과정은 ⓜ 해당 행정기관의 출납 정리 · 보고 – ⓛ 중앙예산기관의 결산서 작성 · 보고 – ㉠ 감사원의 결산 확인 – ⓔ 국무회의 심의와 대통령의 승인 – ⓒ 국회의 결산심의 순서로 진행된다.

67

정답 ⑤

윌슨의 정치행정이원론에 따르면 행정의 비정치성이란 행정은 정치적 이념 혹은 집안이나 특정 개인의 선호도를 고려하지 않고 중립적으로 이루어져야 한다는 것을 의미한다.

68

정답 ②

공공선택론은 유권자, 정치가, 그리고 관료를 포함하는 정치제도 내에서 자원배분과 소득분배에 대한 결정이 어떻게 이루어지는지를 분석하고, 이를 기초로 하여 정치적 결정의 예측 및 평가를 목적으로 한다.

오답분석

① 과학적 관리론 : 최소의 비용으로 최대의 성과를 달성하고자 하는 민간기업의 경영합리화 운동으로, 객관화된 표준과업을 설정하고 경제적 동기 부여를 통하여 절약과 능률을 달성하고자 하였던 고전적 관리연구이다.
③ 행태주의 : 면접이나 설문조사 등을 통해 인간행태에 대한 규칙성과 유형성 · 체계성 등을 발견하여 이를 기준으로 종합적인 인간관리를 도모하려는 과학적 · 체계적인 연구를 말한다.
④ 발전행정론 : 환경을 의도적으로 개혁해 나가는 행정인의 창의적 · 쇄신적인 능력을 중요시한다. 또한 행정을 독립변수로 간주해 행정의 적극적 기능을 강조한 이론이다.
⑤ 현상학 : 사회적 행위의 해석에 있어서 이러한 현상 및 주관적 의미를 파악하여 이해하는 철학적 · 심리학적 접근법, 주관주의적 접근(의식적 지향성 중시)으로, 실증주의 · 행태주의 · 객관주의 · 합리주의를 비판하면서 등장하였다.

69

정답 ①

오답분석

ㄱ. 실체설이 아니라 과정설에 대한 설명이다.
ㄴ. 롤스의 사회정의의 원리에 따르면 제2원리 내에서 충돌이 생길 때에는 기회균등의 원리가 차등의 원리에 우선되어야 한다.
ㄷ. 실체설에 대한 설명이다.
ㄹ. 베를린은 간섭과 제약이 없는 상태를 소극적 자유라고 하고, 무엇을 할 수 있는 자유를 적극적 자유라고 하였다.

70

정답 ①

합리모형에 대한 설명이다. 회사모형은 환경의 불확실성으로 인해 단기적인 대응을 통해 불확실성을 회피 · 통제한다.

회사모형의 특징
- 갈등의 준해결 : 받아들일 만한 수준의 의사결정
- 표준운영절차(SOP) 중시
- 불확실성 회피 : 단기적 대응, 단기적 환류를 통한 불확실성 회피
- 휴리스틱적 학습(도구적 학습)

PART 4

71

정답 ⑤

통합 방식은 일정한 광역권 안의 여러 자치단체를 포괄하는 단일의 정부를 설립하여 주도적으로 광역사무를 처리하는 방식으로, 선진국보다는 개발도상국에서 많이 채택한다.

72

정답 ③

목표의 대치 현상은 관료제의 부정적 병리 현상 중 하나로, 베버는 이를 고려하지 못하였다. 목표의 대치 현상은 목적보다는 수단을 중시하는 현상으로, 동조과잉이라고도 한다.

73

정답 ⑤

예산제도는 품목별 예산(LIBS, 1920) → 성과주의 예산(PBS, 1950) → 기획 예산(PPBS, 1965) → 영기준 예산(ZBB, 1979) → 신성과주의 예산(프로그램 예산, 1990) 등의 순으로 발전해 왔다.

74

정답 ②

중앙행정기관의 장과 지방자치단체의 장이 사무를 처리할 때 의견을 달리하는 경우 이를 협의 · 조정하기 위하여 신청에 의해 국무총리 소속으로 행정협의조정위원회를 설치한다. 단, 실질적인 구속력은 없다.

75

정답 ①

총액배분 자율편성예산제도는 중앙예산기관이 국가재정운용계획에 따라 각 부처의 지출한도를 하향식으로 설정해 주면 각 부처가 배정받은 지출한도 내에서 자율적으로 편성하는 예산제도이다.

76

정답 ②

근무성적평정은 모든 공무원이 대상이다. 다만 5급 이하의 공무원은 원칙적으로 근무성적평가제에 의한다. 4급 이상 공무원은 평가대상 공무원과 평가자가 체결한 성과계약에 따라 성과목표 달성도 등을 평가하는 성과계약 등 평가제로 근무성적평정을 실시한다.

77

정답 ③

다면평가제는 경직된 분위기의 계층제적 사회에서는 부하의 평정, 동료의 평정을 받는 것이 조직원들의 강한 불쾌감을 불러올 수 있고, 이로 인해 조직 내 갈등상황이 불거질 수 있다.

78

정답 ②

정보의 비대칭성에 의한 시장실패는 보조금이나 정부규제로 대응한다.

오답분석

① 공공재로 인한 시장실패는 공적공급으로 대응한다.
③ 자연독점은 공적공급 또는 정부규제로 대응한다.
④ 관료의 사적 목표의 설정은 정부실패의 원인으로, 민영화가 필요하다.
⑤ 파생적 외부효과는 정부실패의 원인으로, 정부보조금 삭감 또는 규제완화가 필요하다.

79

정답 ①

ㄱ. 강임은 현재보다 낮은 직급으로 임명하는 것으로, 수직적 인사이동에 해당된다.
ㄴ. 승진은 현재보다 높은 직위로 이동하는 것으로, 수직적 인사이동에 해당된다.

오답분석

ㄷ. 전보는 동일 직급 내에서 다른 관직으로 이동하는 것으로, 수평적 인사이동에 해당된다.
ㄹ. 전직은 직렬을 변경하는 것으로, 수평적 인사이동에 해당된다.

80

정답 ⑤

ㄱ. 정책오류 중 제2종 오류이다. 정책효과가 있는데 없다고 판단하여 옳은 대안을 선택하지 않는 경우이다.
ㄴ. 정책오류 중 제3종 오류이다. 정책문제 자체를 잘못 인지하여 틀린 정의를 내린 경우이다.
ㄷ. 정책오류 중 제1종 오류이다. 정책효과가 없는데 있다고 판단하여 틀린 대안을 선택하는 경우이다.

정책오류의 유형

제1종 오류	제2종 오류	제3종 오류
올바른 귀무가설을 기각하는 것	잘못된 귀무가설을 인용하는 것	가설을 검증하거나 대안을 선택하는 과정에 있어서는 오류가 없었으나, 정책문제 자체를 잘못 인지하여 정책문제가 해결되지 못하는 것
잘못된 대립가설을 채택하는 것	올바른 대립가설을 기각하는 것	
잘못된 대안을 선택하는 것	올바른 대안을 선택하지 않는 것	
정책효과가 없는데 있다고 판단하는 것	정책효과가 있는데 없다고 판단하는 것	

| 02 | 사무직(경영학)

41	42	43	44	45	46	47	48	49	50
②	②	④	①	⑤	③	①	②	④	①
51	52	53	54	55	56	57	58	59	60
⑤	②	④	①	③	①	③	①	⑤	①
61	62	63	64	65	66	67	68	69	70
①	③	⑤	②	④	④	⑤	⑤	⑤	④
71	72	73	74	75	76	77	78	79	80
①	⑤	③	①	②	③	②	③	④	④

41

정답 ②

수직적 통합이란 원재료 획득에서부터 최종제품의 생산, 판매에 이르기까지의 제품의 전체적인 공급과정에서 기업이 어느 일정 부분을 통제하는 전략으로, 다각화의 한 방법이며 이는 전방통합과 후방통합으로 구분할 수 있다. 원재료를 공급하는 기업이 생산기업을 통합하거나, 생산기업이 유통채널을 가진 기업을 통합하는 것을 전방통합이라고 한다. 반면 유통기업이 생산기업을 통합하거나, 생산기업이 원재료 공급업체를 통합하는 것을 후방통합이라고 한다. 수직적 통합은 경쟁자 배제, 수익의 증대, 기술적 일관성 증가 등의 장점이 있다.

42

정답 ②

$$(\text{부가가치율})=\frac{(\text{매출액})-(\text{매입액})}{(\text{매출액})}\times 100$$

$$25\%=\frac{r-150,000}{r}\times 100$$

$\therefore\ r=200,000$

따라서 매출액은 ₩200,000이다.

43

정답 ④

자본자산가격결정모형(CAPM)이란 자산의 균형가격이 어떻게 결정되어야 하는지를 설명하는 이론이다. 구체적으로 자본시장이 균형상태가 되면 위험과 기대수익률 사이에 어떤 관계가 성립하는지 설명한다. 마찰적 요인이 없는 완전자본시장을 가정하기 때문에 세금과 거래비용이 존재하지 않는다.

CAPM의 가정
- 모든 투자자는 위험회피형이며, 기대효용을 극대화할 수 있도록 투자한다.
- 모든 투자자는 평균 – 분산 기준에 따라 투자한다.
- 모든 투자자의 투자기간은 단일기간이다.
- 자신의 미래수익률 분포에 대하여 모든 투자자가 동질적으로 기대한다.
- 무위험자산이 존재하며, 모든 투자자는 무위험이자율로 제한 없이 차입, 대출이 가능하다.
- 세금, 거래비용과 같은 마찰적 요인이 없는 완전자본시장을 가정한다.

44

정답 ①

오답분석

다. 기업의 조직 구조가 전략에 영향을 미치는 것이 아니라 조직의 전략이 정해지면 그에 맞는 조직 구조를 선택하므로, 조직의 전략이 조직 구조에 영향을 미친다.

라. 대량생산 기술을 사용하는 조직은 기계적 조직 구조에 가깝게 설계해야 한다. 기계적 조직 구조는 효율성을 강조하며 고도의 전문화, 명확한 부서화, 좁은 감독의 범위, 높은 공식화, 하향식 의사소통의 특징을 갖는다. 반면 유기적 조직 구조는 유연성을 강조하며 적응성이 높고 환경변화에 빠르게 적응하는 것을 강조한다.

45

정답 ⑤

인간관계론은 과학적 관리법의 비인간적 합리성과 기계적 도구관에 대한 반발로 인해 발생한 조직이론으로, 메이요(E. Mayo)와 뢰슬리스버거(F. Roethlisberger)가 중심이 된 호손실험이 출발점이 되었다. 조직 내의 인간적 요인을 조직의 주요 관심사로 여겼으며, 심리요인을 중시하고, 비공식조직이 공식조직보다 생산성 향상에 더 중요한 역할을 한다고 생각했다.

46

정답 ③

OJT(On the Job Training)는 직장 내 교육훈련으로, 회사 내에서 업무를 진행하면서 직속 상사로부터 교육, 훈련을 받는 것을 뜻한다. 즉, 실무상의 교육이다. 다른 말로는 도제식 훈련이라고 할 수 있다.

장점은 종업원이 실제로 수행하게 될 직무와 직접 관련성이 높은 교육을 받게 되며, 작업현장에서 교육이 실시되므로 결과에 대한 피드백이 즉각 주어지고, 동기부여 효과가 크다. 상대적으로 비용이 적게 들어 효율적이며 능력과 수준에 따른 맞춤형 교육이 가능하다. 단점은 전문교육자가 아니므로 교육훈련의 성과가 떨어질 수 있으며, 일과 교육의 병행으로 집중도가 낮아질 수 있다는 것이다.

47

정답 ①

포지셔닝 전략은 자사 제품의 큰 경쟁우위를 찾아내어 이를 바탕으로 선정된 목표시장의 소비자들의 마음 속에 자사의 제품을 자리잡게 하는 전략이다.

48

정답 ②

허시와 블랜차드(P. Hersey & K. H. Blanchard)의 상황적 리더십

- 기본가정
  허시와 블랜차드는 리더십의 효과가 구성원의 성숙도라는 상황요인에 의하여 달라질 수 있다는 상황적 리더십 모델을 제안하였다.
- 리더십 모델
  구성원의 성숙도란 구성원의 업무에 대한 능력과 의지를 뜻하는 것인데, 구체적으로는 달성 가능한 범위 내에서 높은 목표를 세울 수 있는 성취욕구, 자신의 일에 대해서 책임을 지려는 의지와 능력, 과업과 관련된 교육과 경험을 종합적으로 지칭하는 변수가 된다.
  - 지시형 리더십 : 업무의 구체적 지시, 밀착 감독
  - 판매형 리더십 : 의사결정에 대해 구성원이 그 내용을 이해, 납득할 수 있도록 기회 부여
  - 참여형 리더십 : 의사결정에서 정보와 아이디어를 공유
  - 위임형 리더십 : 결정과 실행책임을 구성원에게 위임

49

정답 ④

오답분석

① 연봉제 : 개별 구성원의 능력·실적 및 조직 공헌도 등을 평가해 계약에 의해 연간 임금액을 책정하는 보수 체계이다.
② 개인성과급제 : 노동의 성과를 측정하여 그 결과에 따라 임금을 지급하는 제도이다.
③ 임금피크제 : 근로자들의 임금을 삭감하지 않고 고용을 유지하기 위해 근무시간을 줄여 고용을 보장하기 위한 제도이다.
⑤ 스캔런 플랜 : 생산액의 변동에 임금을 연결시켜 산출하는 것으로, 일정 기간 동안 구성원과 조직이 기대한 원가절감액에서 실제 절약한 비용을 뺀 나머지를 모든 구성원들에게 금전적 형태로 제공하는 제도이다.

50

정답 ①

JIT(적시생산시스템)는 무재고 생산방식 또는 린(Lean) 시스템이라고도 하며, 인력과 생산설비 등 생산능력을 필요한 만큼만 유지하면서 생산효율을 극대화하는 생산방식을 의미한다. 필요한 것을 필요한 만큼 필요한 때에 만드는 생산방식으로, 무재고 생산을 지향하고 생산의 평준화를 끌어낸다. 서브시스템으로 칸반(Kanban) 시스템이 있다.

51

정답 ⑤

대비오차(Contrast Errors)는 대조효과라고도 하며, 고과자가 연속적으로 평가되는 두 피고과자 간의 평가점수 차이를 실제보다 더 큰 것으로 느끼게 되는 오류를 말한다. 면접 시 우수한 후보의 바로 뒷 순서에 면접을 보는 평범한 후보가 중간 이하의 평가점수를 받는 경우가 그 예라고 할 수 있다.

52

정답 ②

총자산회전율(총자본회전율)은 매출액을 총자산으로 나눈 것으로, 이는 기업이 소유하고 있는 자산을 얼마나 효과적으로 이용하고 있는지를 측정하는 것이다.

53

정답 ④

내부수익률은 미래 현금유입의 현가와 현금유출의 현가를 같게 만드는 할인율로, 투자안의 순현재가치를 0으로 만든다.

오답분석

① 초과수익률 : 자본자산가격결정모형에서 개별자산 또는 포트폴리오의 수익률이 무위험이자율을 초과하는 부분이다.
② 실질수익률 : 인플레이션율이 고려되어 조정된 투자수익률이다.
③ 경상수익률 : 채권수익률의 일종으로, 채권매입가격 대비 표면이자의 비율이다.
⑤ 만기수익률 : 보유기간이 만료가 되는 경우의 채권수익률을 말하며, 만기까지 보유했을 때 얻을 수 있는 총수익이라고도 할 수 있다.

54

정답 ①

콘체른(Konzern)은 기업결합이라고 하며, 법률상으로 독립되어 있으나 지분 결합 등의 방식으로 경영상 실질적으로 결합되어 있는 기업결합형태를 말한다. 일반적으로는 거대기업이 여러 산업의 다수의 기업을 지배할 목적으로 형성된다.

오답분석

② 카르텔 : 한 상품 또는 상품군의 생산이나 판매를 일정한 형태로 제한하고자 경제적, 법률적으로 서로 독립성을 유지하며, 기업 간 상호 협정에 의해 결합하는 담합 형태이다.
③ 트러스트 : 카르텔보다 강력한 집중의 형태로, 시장독점을 위해 각 기업체가 개개인의 독립성을 상실하고 합동한다.
④ 콤비나트 : 기술적으로 연관성 있는 생산부문이 가까운 곳에 입지하여 형성된 기업의 지역적 결합형태이다.
⑤ 조인트 벤처 : 특정 경제적 목적을 달성하기 위해 2인 이상의 업자가 공동으로 결성한 사업체이다.

55 정답 ③

오답분석

① 앰부시마케팅 : 게릴라 작전처럼 기습적으로 행해지며 교묘히 규제를 피해가는 마케팅 활동이다.
② 넛지마케팅 : 공공활동 등 상품을 소개하지 않는 다른 활동으로 주의를 끌거나 긍정적 이미지를 갖게하여 구매활동으로 이어지게 하는 마케팅 활동이다.
④ 바이럴마케팅 : 입소문 마케팅으로도 불리며, 이슈를 만들고 이를 각종 휴먼네트워크를 통해 확산시켜 구매활동으로 이어지게 하는 마케팅 활동이다.
⑤ 그린마케팅 : 기존의 상품판매전략이 단순한 고객의 욕구나 수요충족에만 초점을 맞추는 것과는 달리 공해 요인을 제거한 상품을 제조·판매해야 한다는 소비자보호운동에 입각하여 인간 삶의 질을 높이려는 기업활동이다.

56 정답 ①

재무상태표는 특정 시점에서 기업의 재무상태(자산, 자본, 부채의 구성상태)를 표시하는 재무제표이다.

오답분석

② 포괄손익계산서 : 일정한 회계기간 동안의 영업성과를 집약적으로 표시한 자료이다.
③ 자본변동표 : 회계기간 동안 소유주지분(자본)의 변동을 구성항목별로 구분하여 보고하는 회계보고서이다.
④ 현금흐름표 : 기업의 영업활동과 재무활동 그리고 투자활동에 의하여 발생하는 현금흐름의 특징이나 변동원인에 대한 정보를 제공하는 회계보고서이다.
⑤ 자금순환표 : 국가경제 내의 금융활동이 경제주체 간 어떤 관계를 가지고 있는지, 발생한 소득이 소비와 투자에 얼마나 사용되고, 남은 자금은 어떻게 사용되는지 등을 나타내는 표이다.

57 정답 ③

ㄴ. 황금낙하산 : 적대적 M&A로 당해 기존 임원이 해임되는 경우 거액의 보상금을 지급하도록 미리 규정해 M&A를 저지하는 전략을 말한다.
ㄹ. 팩맨 : 적대적 M&A를 시도하는 공격 기업을 거꾸로 공격하는 방어 전략이다.
ㅁ. 독약조항 : M&A 공격을 당했을 때 기존 주주들이 회사 주식을 저가에 매입할 수 있는 권리를 행사할 수 있도록 콜옵션을 부여해 공격 측의 지분 확보를 어렵게 하는 방어법이다.

58 정답 ①

3C는 Company, Customer, Competitor로 구성되어 있다. 자사, 고객, 경쟁사로 기준을 나누어 현 상황을 파악하는 분석방법으로, PEST 분석 후 분석 내용을 기반으로 3C의 상황 및 행동을 분석, 예측한다.

- Company : 자사의 마케팅 전략, 강점, 약점, 경쟁우위, 기업 사명, 목표 등을 파악(SWOT 분석 활용)한다.
- Customer : 고객이 원하는 필요와 욕구를 파악하고, 시장 동향과 고객(표적 시장)을 파악한다.
- Competitor : 경쟁사의 미래 전략, 경쟁 우위, 경쟁 열위(자사와의 비교 시 장점, 약점)를 파악하고, 경쟁사의 기업 사명과 목표를 파악한다.

59 정답 ⑤

마이클 포터의 산업구조분석모델은 산업에 참여하는 주체를 기존기업, 잠재적 진입자, 대체제, 공급자, 구매자로 나누고 이들 간의 경쟁 우위에 따라 기업 등의 수익률이 결정되는 것으로 본다.

오답분석

① 정부의 규제 완화 : 정부의 규제 완화는 시장 진입장벽이 낮아지게 만들며 신규 진입자의 위협으로 볼 수 있다.
② 고객 충성도 : 고객의 충성도의 정도에 따라 진입자의 위협도가 달라진다.
③ 공급업체 규모 : 공급업체의 규모에 따라 공급자의 교섭력에 영향을 준다.
④ 가격의 탄력성 : 소비자들은 가격에 민감할 수도 둔감할 수도 있기에 구매자 교섭력에 영향을 준다.

60 정답 ①

순할인채의 듀레이션은 만기와 일치한다. 따라서 주어진 순할인채의 듀레이션은 5년이다.

61 정답 ①

직무분석의 결과물 중 직무수행요건, 즉 기능, 능력, 자격 등에 초점을 맞추고 있는 것은 직무명세서이다.

62 정답 ③

- 기업 전략(Corporate Strategy) : 조직의 사명(Mission) 실현을 위한 전략으로, 기업의 기본적인 대외경쟁방법을 정의한 것
  예 안정 전략, 성장 전략, 방어 전략 등
- 사업 전략(Business Strategy) : 특정 산업이나 시장부문에서 기업이 제품이나 서비스의 경쟁력을 확보하고 개선하기 위한 전략
  예 원가우위 전략, 차별화 전략, 집중화 전략 등

• 기능별 전략 (Functional Strategy) : 기업의 주요 기능 영역인 생산 및 마케팅, 재무, 인사, 구매 등을 중심으로 상위 전략인 기업 전략 내지 사업 전략을 지원하고 보완하기 위해 수립되는 전략
예 R&D 전략, 마케팅 전략, 생산 전략, 재무 전략, 구매 전략 등

63

정답 ⑤

부가가치 노동생산성은 국내에서 생산된 부가가치의 총합인 국내총생산(GDP)을 전체 고용자 수로 나눠 산출한다(단순화하면 노동자 한 명이 얼마를 버느냐를 확인하는 척도이다). 이 때문에 노동자의 능력과 관계없이 해당 노동에 대한 대가가 낮게 책정돼 있다면 노동생산성은 떨어질 수밖에 없다.

• $(\text{노동생산성}) = \dfrac{\text{GDP}}{(\text{노동인구수}) \times (\text{평균노동시간})}$

• $(\text{S국가 노동생산성}) = \dfrac{3,200}{40 \times 0.5} \rightarrow \dfrac{3,200}{20} = 160$

따라서 S국가의 노동생산성은 시간당 160달러로, 고임금 노동자가 많은 국가로 볼 수 있다.

64

정답 ②

제품 – 시장 매트릭스

구분	기존 제품	신제품
기존 시장	시장침투 전략	신제품개발 전략
신시장	시장개발 전략	다각화 전략

65

정답 ④

HRD에서 대표적으로 사용되는 평가모델인 커크패트릭의 4단계 평가모형이다.

1. 반응도 평가
   교육 후 만족도 평가이다. 인터뷰나 관찰을 통해서도 진행되지만, 보통 설문지로 진행된다.
2. 성취도 평가
   교육생이 교육내용을 잘 숙지하고 이해했는지, 학습목표의 달성여부를 평가한다.
3. 적용도 평가
   교육을 통해 배운 것들이 현업에서 얼마나 잘 적용되었는지 평가한다.
4. 기여도 평가
   현업에 대한 적용도까지 평가한 상태에서, 진행되었던 교육이 궁극적으로 기업과 조직에 어떤 공헌을 했는지를 평가한다.

66

정답 ④

최종 소비자에게 마케팅 노력을 홍보하는 전략은 풀(Pull) 전략에 해당한다.

구분	푸시 전략	풀 전략
의미	채널 파트너에게 마케팅 노력의 방향을 포함하는 전략	최종 소비자에게 마케팅 노력을 홍보하는 전략
목표	고객에게 제품이나 브랜드에 대해 알릴 수 있음	고객이 제품이나 브랜드를 찾도록 권장
용도	영업 인력, 중간상 판촉, 무역 진흥 등	광고, 소비자 판촉 및 기타 의사소통 수단
강조	자원 할당	민감도
효과	브랜드 충성도가 낮을 때	브랜드 충성도가 높을 때
리드 타임	길다	짧다

67

정답 ⑤

테일러(Taylor)의 과학적 관리법은 전문적인 지식과 역량이 요구되는 일에는 부적합하며, 노동자들의 자율성과 창의성은 무시한 채 효율성의 논리만을 강조했다는 비판을 받았다. 이러한 테일러의 과학적 관리법은 단순노동과 공정식 노동에 적합하다.

68

정답 ⑤

1. 상대평가 : 선별형 인사평가
   • 상대평가의 개념
   상대평가는 피평가자들 간에 비교를 통하여 피평가자를 평가하는 방법으로, 피평가자들의 선별에 초점을 두는 인사평가이다.
   • 평가기법 : 서열법, 쌍대비교법, 강제할당법 등
   – 서열법 : 피평가자의 능력·업적 등을 통틀어 그 가치에 따라 서열을 매기는 기법
   – 쌍대비교법 : 두 사람씩 쌍을 지어 비교하면서 서열을 정하는 기법
   – 강제할당법 : 사전에 범위와 수를 결정해 놓고 피평가자를 일정한 비율에 맞추어 강제로 할당하는 기법
2. 절대평가 : 육성형 인사평가
   • 절대평가의 개념
   절대평가는 피평가자의 실제 업무수행 사실에 기초한 평가방법으로, 피평가자의 육성에 초점을 둔 평가방법이다.
   • 평가기법
   평정척도법, 체크리스트법, 중요사건기술법 등
   – 평정척도법 : 피평가자의 성과, 적성, 잠재능력, 작업행동 등을 평가하기 위하여 평가요소들을 제시하고, 이에 따라 단계별 차등을 두어 평가하는 기법

– 체크리스트법 : 직무상 행동들을 구체적으로 제시하고 평가자가 해당 서술문을 체크하는 기법
– 중요사건기술법 : 피평가자의 직무와 관련된 효과적이거나 비효과적인 행동을 관찰하여 기록에 남긴 후 평가하는 기법

69

정답 ⑤

라인 확장은 기존 제품 카테고리에서 새로운 세분시장으로 진입할 때, 새롭게 개발된 제품에 모 브랜드를 적용하여 확장하는 것이다. 해당 기업은 불닭볶음면이라는 브랜드 라인을 적용하여 확장한 대표적인 사례이다.

오답분석

① 대의명분 마케팅(Cause Related Marketing) : 기업이나 상표(브랜드)를 자선이나 대의명분과 연관지어 이익을 도모한다는 전략적 위치설정의 도구이다.
② 카테고리 확장(Category Extension) : 모 브랜드의 제품군과 전혀 다른 범주의 제품군으로 진입할 때, 모 브랜드를 적용하여 확장하는 것이다. 라인 확장 전략과 함께 이분법으로 구분된다.
③ 구전 마케팅(Word of Mouth Marketing) : 소비자 또는 그 관련인의 입에서 입으로 전달되는 제품, 서비스, 기업 이미지 등에 대한 마케팅을 말한다.
④ 귀족 마케팅(Noblesse Marketing) : VIP 고객을 대상으로 차별화된 서비스를 제공하는 것을 말한다.

70

정답 ④

오답분석

① 내부수익률법 : 내부수익률을 투자자의 요구수익률과 비교하여 투자 의사결정을 하는 방법이다.
② 수익성지수법 : 비용의 크기가 서로 매우 다른 여러 투자안들이 있거나 투자할 수 있는 여력이 제한되어 자본할당을 해야 하는 경우에 이용될 수 있는 투자안 평가방법이다.
③ 순현재가치법 : 투자로 인해 발생하는 현금흐름의 총 유입액 현재가치에서 총 유출액 현재가치를 차감한 가치인 순현가(순현재가치)를 이용하여 투자안을 평가하는 방법이다.
⑤ 회수기간법 : 투자에 소요된 자금을 그 투자로 인하여 발생하는 현금흐름으로부터 모두 회수하는 데 걸리는 기간을 재무관리자가 사전에 정해놓은 회수기간과 비교하여 투자안을 평가하는 방법이다.

71

정답 ①

마케팅 믹스의 4P는 Product(제품), Price(가격), Place(유통), Promotion(판매촉진)을 말한다.

72

정답 ⑤

[동기유발력(MF)]$=\sum VIE$

상황별로 VIE의 값을 구하면 유인성(V)은 10점, 수단성(I)은 80%이며, 기대치(E)는 70%이다. 브룸의 기대이론에 따르면 동기유발력은 유인성과 기대치, 그리고 수단성을 서로 곱한 결과를 모두 합한 값이므로 동기유발력은 $VIE=10\times0.8\times0.7=5.6$이다.

73

정답 ③

목표관리는 목표의 설정뿐 아니라 성과평가 과정에도 부하직원이 참여하는 관리기법이다.

오답분석

① 목표설정이론은 명확하고 도전적인 목표가 성과에 미치는 영향을 분석한다.
② 목표는 지시적 목표, 자기설정 목표, 참여적 목표로 구분되며, 이 중 참여적 목표가 종업원의 수용성이 가장 높다.
④ 조직의 목표를 부서별, 개인별 목표로 전환하여 조직 구성원 각자의 책임을 정하고, 조직의 효율성을 향상시킬 수 있다.
⑤ 조직의 상・하 구성원이 모두 협의하여 목표를 설정한다.

74

정답 ①

기능별 조직은 전체 조직을 기능별 분류에 따라 형성시키는 조직의 형태이다. 해당 회사는 수요가 비교적 안정된 소모품을 납품하는 업체이기 때문에 환경적으로도 안정되어 있으며, 부서별 효율성을 추구하므로 기능별 조직이 이 회사의 조직 구조로 적합하다.

75

정답 ②

오답분석

① 테일러식 복률성과급 : 테일러가 고안한 것으로, 과학적으로 결정된 표준작업량을 기준으로 하여 고 – 저 두 종류의 임금률로 임금을 계산하는 방식이다.
③ 메리크식 복률성과급 : 메리크가 고안한 것으로, 테일러식 복률성과급의 결함을 보완하여 고 – 중 – 저 세 종류의 임금률로 초보자도 비교적 목표를 쉽게 달성할 수 있도록 자극하는 방법이다.
④ 할증성과급 : 최저한의 임금을 보장하면서 일정한 표준을 넘는 성과에 대해서 일정한 비율의 할증 임금을 지급하는 방법이다.
⑤ 표준시간급 : 비반복적이고 많은 기술을 요하는 과업에 이용할 수 있는 제도이다.

76

정답 ③

㉡ 명성가격은 가격이 높으면 품질이 좋다고 판단하는 경향으로 인해 설정되는 가격이다.
㉢ 단수가격은 가격을 단수(홀수)로 적어 소비자에게 싸다는 인식을 주는 가격이다(예 9,900원).

오답분석

㉠ 구매자가 어떤 상품에 대해 지불할 용의가 있는 최고가격은 유보가격이다.
㉣ 심리적으로 적당하다고 생각하는 가격 수준은 준거가격이라고 한다. 최저수용가격이란 소비자들이 품질에 대해 의심 없이 구매할 수 있는 가장 낮은 가격을 의미한다.

77

정답 ②

부채는 유동부채와 비유동부채로 구분되며, 그중 비유동부채는 장기차입금, 임대보증금, 퇴직급여충당부채, 장기미지급금 등이 있다.

78

정답 ③

마케팅 활동은 본원적 활동에 해당한다.

오답분석

① 기업은 본원적 활동 및 지원 활동을 통하여 이윤을 창출한다.
② 물류 투입, 운영, 산출, 마케팅 및 서비스 활동은 모두 본원적 활동에 해당한다.
④ 인적자원관리, 기술 개발, 구매, 조달 활동 등은 지원 활동에 해당한다.
⑤ 가치사슬 모형은 기업의 내부적 핵심 역량을 파악하는 모형으로, 지원 활동에 해당하는 항목도 핵심 역량이 될 수 있다.

79

정답 ④

부채 대리비용은 채권자와 주주의 이해상충관계에서 발생하며, 부채비율이 높을수록 부채 대리비용은 커진다.

오답분석

① 위임자는 기업 운영을 위임한 투자자 등을 의미하고, 대리인은 권한을 위임받아 기업을 경영하는 경영자를 의미한다. 대리인은 위임자에 비해 기업 운영에 대한 정보를 더 많이 얻게 되어 정보비대칭 상황이 발생한다.
② 기업의 자금조달의 원천인 자기자본과 부채 각각에서 대리비용이 발생할 수 있다.
③ 자기자본 대리비용은 외부주주와 소유경영자(내부주주)의 이해상충관계에서 발생한다. 지분이 분산되어 있어서 외부주주의 지분율이 높을수록 자기자본 대리비용은 커진다.
⑤ 대리비용 이론에 따르면 최적 자본구조가 존재하는데, 이는 전체 대리비용의 합이 최소화되는 지점을 의미한다.

80

정답 ④

• [과거분(정액법) 감가상각비 누계액]

$$=(1,000,000-200,000)\times\frac{3}{8}=300,000\text{원}$$

• [당기분(2024년) 감가상각비]

$$=(1,000,000-300,000-40,000)\times\frac{5}{15}=220,000\text{원}$$

| 03 | 사무직(법학)

41	42	43	44	45	46	47	48	49	50
④	④	①	①	①	①	③	③	③	①
51	52	53	54	55	56	57	58	59	60
⑤	①	②	⑤	④	②	②	③	②	④
61	62	63	64	65	66	67	68	69	70
③	⑤	③	⑤	②	⑤	①	④	①	②
71	72	73	74	75	76	77	78	79	80
④	④	①	④	②	①	②	⑤	⑤	④

41 정답 ④

종물은 주물의 처분에 수반된다는 민법 제100조 제2항은 임의규정이므로, 당사자는 주물을 처분할 때에 특약으로 종물을 제외할 수 있고 종물만을 별도로 처분할 수도 있다(대판 2012. 1. 26., 2009다76546).

42 정답 ④

오답분석

① 조건이 법률행위의 당시 이미 성취한 것인 경우에는 그 조건이 정지조건이면 조건없는 법률행위로 하고 해제조건이면 그 법률행위는 무효로 한다(민법 제151조 제2항).
② 조건이 법률행위의 당시에 이미 성취할 수 없는 것인 경우에는 그 조건이 해제조건이면 조건없는 법률행위로 하고 정지조건이면 그 법률행위는 무효로 한다(민법 제151조 제3항).
③ 조건이 선량한 풍속 기타 사회질서에 위반한 것인 때에는 그 법률행위는 무효로 한다(민법 제151조 제1항).
⑤ 어떠한 법률행위가 조건의 성취 시 법률행위의 효력이 발생하는 소위 정지조건부 법률행위에 해당한다는 사실은 그 법률행위로 인한 법률효과의 발생을 저지하는 사유로서 그 법률효과의 발생을 다투려는 자에게 주장, 입증책임이 있다고 할 것이다(대판 1993.9.28., 93다20832).

43 정답 ①

헌법 제12조 제1항에서 규정하고 있다.

오답분석

② 우리 헌법은 구속적부심사청구권을 인정하고 있다(헌법 제12조 제6항).
③ 심문은 영장주의 적용대상이 아니다(헌법 제12조 제3항).
④ 영장발부신청권자는 검사에 한한다(헌법 제12조 제3항).
⑤ 형사상 자기에게 불리한 진술을 강요당하지 않는다(헌법 제12조 제2항).

44 정답 ①

노동기본권이라 함은 근로의 권리(헌법 제32조 제1항)와 근로3권(단결권 · 단체교섭권 · 단체행동권)을 포함하는 일체의 권리를 말한다.

근로3권(헌법 제33조 근거)
- 단결권 : 근로자가 자주적으로 단결하여 근로지위 향상 · 개선을 위하여 노동조합 등 단결체를 조직 · 가입하거나 운영할 권리
- 단체교섭권 : 노동조합이 주체가 되어 근로조건의 향상 · 개선을 위하여 사용자와 자주적으로 교섭할 권리
- 단체행동권 : 근로자가 근로조건의 향상 · 개선을 위해 사용자에 대해 단체적인 행동을 할 권리

45 정답 ①

간주는 법의 의제를 말한다. 사실 여하를 불문하고 일정한 상태를 법에 의하여 사실관계로 확정하는 것으로 법문상 "~(으)로 본다."라고 규정한 경우가 이에 해당한다. 또한 반증을 허용하지 않는다는 점이 특징이다.

46 정답 ①

오답분석

② 유치권 : 타인의 물건 또는 유가증권을 점유한 자가 그 물건이나 유가증권에 관하여 생긴 채권이 변제기에 있는 경우에 그 채권을 변제받을 때까지 그 물건 또는 유가증권을 유치할 수 있는 법정담보물권이다(민법 제320조).
③ 저당권 : 저당권자가 채무자 또는 제3자로부터 점유를 이전하지 않고 채무의 담보로 제공된 부동산에 대하여 다른 채권자에 우선하여 변제를 받을 수 있는 약정담보물권이다(민법 제356조).
④ 양도담보권 : 채권담보의 목적으로 물건의 소유권을 채권자에게 이전하고 채무자가 이행하지 아니한 경우에는 채권자가 그 목적물로부터 우선변제를 받게 되지만, 채무자가 이행을 하는 경우에는 목적물을 다시 원소유자에게 반환하는 비전형담보물권이다.
⑤ 임차권 : 임대차계약에 의하여 임차인이 임차물을 사용 · 수익하는 권리이다(민법 제618조).

47 정답 ③

흠정헌법은 군주가 제정한다 하여 군주헌법이라고도 한다. 전제군주제를 취했던 나라에서 군주의 권력을 유보하고 국민에게 일정한 권리나 자유를 은혜적으로 인정하면서 제정한 헌법(입헌군주제로의 이행)을 말하는데, 일본의 명치헌법, 19세기 전반의 독일 각 연방헌법 등이 이에 해당한다.

오답분석

① 국약헌법 : 둘 이상의 국가 간의 합의의 결과로 국가연합을 구성하여 제정한 헌법이다(예 미합중국 헌법).
② 민정헌법 : 국민의 대표자로 구성된 제헌의회를 통하여 제정된 헌법이다(예 오늘날 자유민주주의 국가 대부분이 해당).
④ 명목적 헌법 : 헌법을 이상적으로 제정하였으나, 사회여건은 이에 불일치하는 헌법이다(예 남미 여러 나라의 헌법).
⑤ 연성헌법 : 법률과 같은 절차에 의하여 개정할 수 있는 헌법이다(예 영국 헌법).

48

정답 ③

헌법 제111조 제1항 제4호에 해당하는 내용이다.

오답분석

①·⑤ 헌법재판소 재판관의 임기는 6년으로 하며, 법률이 정하는 바에 의하여 연임할 수 있다(헌법 제112조 제1항).
② 헌법 중 제5장 법원에 관한 부분에서 '재판의 전심절차로서 행정심판을 할 수 있다(헌법 제107조 제3항).'라고 규정하고 있다.
④ 헌법재판소에서 법률의 위헌결정, 탄핵의 결정, 정당해산의 결정 또는 헌법소원에 관한 인용결정을 할 때에는 재판장 6인 이상의 찬성이 있어야 한다(헌법 제113조 제1항).

49

정답 ③

회사의 법인격은 법률이 부여한 것으로 그의 권리능력은 법률에 의하여 제한을 받는다. 따라서 상법은 '회사는 다른 회사의 무한책임사원이 되지 못한다.'는 규정을 두어 정책적 제한을 하고 있다(상법 제173조).

50

정답 ①

사장단이 아닌 사원의 동의 또는 결의가 있어야 한다.

상법상 회사의 공통된 해산사유(상법 제227조, 제287조의 38, 제517조, 제609조 참조)

- 사원의 동의 또는 결의
- 존립기간의 만료
- 정관으로 정한 사유의 발생
- 회사의 합병·파산
- 법원의 해산명령·해산판결

51

정답 ⑤

무권대리행위에 대한 추인은 무권대리행위로 인한 효과를 자기에게 귀속시키려는 의사표시이니만큼 무권대리행위에 대한 추인이 있었다고 하려면 그러한 의사가 표시되었다고 볼 만한 사유가 있어야 하고, 무권대리행위가 범죄가 되는 경우에 대하여 그 사실을 알고도 장기간 형사고소를 하지 아니하였다 하더라도 그 사실만으로 묵시적인 추인이 있었다고 할 수는 없는바, 권한 없이 기명날인을 대행하는 방식에 의하여 약속어음을 위조한 경우에 피위조자가 이를 묵시적으로 추인하였다고 인정하려면 추인의 의사가 표시되었다고 볼 만한 사유가 있어야 한다(대판 1998.2.10., 97다31113).

52

정답 ①

오답분석

② 민법 제450조 소정의 채무자의 승낙은 채권양도의 사실을 채무자가 승인하는 뜻으로서 동조가 규정하는 채권양도의 대항요건을 구비하기 위하여서는 채무자가 양도의 사실을 양도인 또는 양수인에 대하여 승인함을 요한다(대판 1986.2.25., 85다카1529).
③ 근로자가 그 임금채권을 양도한 경우라 할지라도 그 임금의 지급에 관하여는 근로기준법 제36조 제1항에 정한 임금 직접지급의 원칙이 적용되어 사용자는 직접 근로자에게 임금을 지급하지 아니하면 안 되고, 그 결과 비록 적법 유효한 양수인이라도 스스로 사용자에 대하여 임금의 지급을 청구할 수 없으며, 그러한 법리는 근로자로부터 임금채권을 양도받았거나 그의 추심을 위임받은 자가 사용자의 집행 재산에 대하여 배당을 요구하는 경우에도 그대로 적용된다(대판 1996.3.22., 95다2630).
④ 채무자는 채권양도를 승낙한 후에 취득한 양도인에 대한 채권으로써 양수인에 대하여 상계로써 대항하지 못한다(대판 1984.9.11., 83다카2288).
⑤ 채권양도의 경우 권리이전의 효과는 원칙적으로 당사자 사이의 양도계약 체결과 동시에 발생하며 채무자에 대한 통지 등은 채무자를 보호하기 위한 대항요건일 뿐이므로, 채권양도행위가 사해행위에 해당하지 않는 경우에 양도통지가 따로 채권자취소권 행사의 대상이 될 수는 없다(대판 2012.8.30., 2011다32785, 32792).

53

정답 ②

제시된 명제는 법적 안정성과 관련된 법언(法諺)이다. 법적 안정성은 사회 구성원들이 법에 의하여 안심하고 사회적 활동을 할 수 있는 것을 의미한다. 따라서 법적 안정성은 법의 가장 중요한 가치 중 하나이다.

54

정답 ⑤

오답분석

① 지상물이 양도되었으므로 임차인은 매수청구권을 행사할 수 없다.
② 전3조의 규정은 건물의 임차인이 그 건물의 소부분을 타인에게 사용하게 하는 경우에 적용하지 아니한다(민법 제632조).
③ 임대차계약이 임차인의 채무불이행으로 인하여 해지된 경우에는 임차인은 민법 제646조에 의한 부속물매수청구권이 없다(대판 1990.1.23., 88다카7245, 88다카7252).
④ 임차보증금을 피전부채권으로 하여 전부명령이 있을 경우에도 제3채무자인 임대인은 임차인에게 대항할 수 있는 사유로서 전부채권자에게 대항할 수 있는 것이어서 건물임대차보증금의 반환채권에 대한 전부명령의 효력이 그 송달에 의하여 발생한다고 하여도 위 보증금반환채권은 임대인의 채권이 발생하는 것을 해제조건으로 하는 것이므로 임대인의 채권을 공제한 잔액에 관하여서만 전부명령이 유효하다(대판 1988.1.19., 87다카1315).

55

정답 ④

민법은 인간이 사회생활을 영위함에 있어 상호 간에 지켜야 할 법을 의미한다. 즉, 사법(私法) 중 일반적으로 적용되는 일반사법이다.

56

정답 ②

채무의 변제를 받는 것은 이로 인하여 권리를 상실하는 것이므로, 단순히 권리만 얻거나 의무만을 면하는 행위에 속하지 않는다. 따라서 미성년자 단독으로 유효하게 할 수 없고 법정대리인의 동의를 얻어서 해야 하는 행위에 속한다.

미성년자의 행위능력

- 원칙
  - 법정대리인의 동의를 요하고 이를 위반한 행위는 취소 가능
- 예외(단독으로 할 수 있는 행위)
  - 단순히 권리만을 얻거나 또는 의무만을 면하는 행위
  - 처분이 허락된 재산의 처분행위
  - 허락된 영업에 관한 미성년자의 행위
  - 혼인을 한 미성년자의 행위(성년의제)
  - 대리행위
  - 유언행위(만 17세에 달한 미성년자의 경우)
  - 법정대리인의 허락을 얻어 회사의 무한책임사원이 된 미성년자가 사원자격에 기해서 한 행위(상법 제7조)
  - 근로계약과 임금의 청구(근로기준법 제67조 · 제68조)

57

정답 ②

행정쟁송제도에서 행정기관에 대하여 위법 · 부당한 행정행위의 취소 · 변경을 구하는 절차는 행정심판이고, 행정심판에 의해 구제받지 못한 때 최종적으로 법원에 구제를 청구하는 제도는 행정소송이다.

58

정답 ③

민사 · 형사소송법은 사법의 절차법에 속하지만, 국가재판권의 조직적 작용을 규정하는 공법에 해당한다.

59

정답 ②

오답분석

① 일반적으로 자기의 노력과 재료를 들여 건물을 건축한 사람이 그 건물의 소유권을 원시취득하는 것이지만, 도급계약에 있어서는 수급인이 자기의 노력과 재료를 들여 건물을 완성하더라도 도급인과 수급인 사이에 도급인 명의로 건축허가를 받아 소유권보존등기를 하기로 하는 등 완성된 건물의 소유권을 도급인에게 귀속시키기로 합의한 것으로 보일 경우에는 그 건물의 소유권은 도급인에게 원시적으로 귀속된다(대판 2003.12.18., 98다43601).
③ 공사에 관한 채권의 소멸시효는 3년이다.
④ 부동산공사의 수급인은 전조의 보수에 관한 채권을 담보하기 위하여 그 부동산을 목적으로 한 저당권의 설정을 청구할 수 있다(민법 제666조).
⑤ 도급인이 완성된 목적물의 하자로 인하여 계약의 목적을 달성할 수 없는 때에는 계약을 해제할 수 있다. 그러나 건물 기타 토지의 공작물에 대하여는 그러하지 아니하다(민법 제668조).

60

정답 ④

오답분석

① 민법 제758조 제1항은 일종의 무과실책임을 인정한 것이다(대판 1983.12.13., 82다카1038).
② 불법행위의 증명책임은 피해자가 부담한다.
③ 수인이 공동의 불법행위로 타인에게 손해를 가한 때에는 연대하여 그 손해를 배상할 책임이 있다(민법 제760조 제1항).
⑤ 타인의 명예를 훼손한 자에 대하여는 법원은 피해자의 청구에 의하여 손해배상에 갈음하거나 손해배상과 함께 명예회복에 적당한 처분을 명할 수 있다(민법 제764조).

61

정답 ③

오답분석

① 소송사건에서 일방 당사자를 위하여 증인으로 출석하여 증언하였거나 증언할 것을 조건으로 어떤 대가를 받을 것을 약정한 경우, 증인은 법률에 의하여 증언거부권이 인정되지 않은 한 진실을 진술할 의무가 있는 것이므로 그 대

가의 내용이 통상적으로 용인될 수 있는 수준(예컨대 증인에게 일당과 여비가 지급되기는 하지만 증인이 법원에 출석함으로써 입게 되는 손해에는 미치지 못하는 경우 그러한 손해를 전보해 주는 정도)을 초과하는 경우에는 그와 같은 약정은 금전적 대가가 결부됨으로써 선량한 풍속 기타 사회질서에 반하는 법률행위가 되어 민법 제103조에 따라 효력이 없다고 할 것이다(대판 1999.4.13., 선고 98다52483).

② 종래 이루어진 보수약정의 경우에는 보수약정이 성공보수라는 명목으로 되어 있다는 이유만으로 민법 제103조에 의하여 무효라고 단정하기는 어렵다. 그러나 대법원이 이 판결을 통하여 형사사건에 관한 성공보수약정이 선량한 풍속 기타 사회질서에 위반되는 것으로 평가할 수 있음을 명확히 밝혔음에도 불구하고 향후에도 성공보수약정이 체결된다면 이는 민법 제103조에 의하여 무효로 보아야 한다(대판 2015.7.23., 선고 2015다200111).

④ 적법한 절차에 의하여 이루어진 경매에 있어서 경락가격이 경매부동산의 시가에 비하여 저렴하다는 사유는 경락허가결정에 대한 적법한 불복이유가 되지 못하는 것이고 경매에 있어서는 불공정한 법률행위 또는 채무자에게 불리한 약정에 관한 것으로서 효력이 없다는 민법 제104조, 제608조는 적용될 여지가 없다(대결 1980.3.21., 80마77).

⑤ 거래 상대방이 배임행위를 유인·교사하거나 배임행위의 전 과정에 관여하는 등 배임행위에 적극 가담하는 경우에는 실행행위자와 체결한 계약이 반사회적 법률행위에 해당하여 무효로 될 수 있고, 선량한 풍속 기타 사회질서에 위반한 사항을 내용으로 하는 법률행위의 무효는 이를 주장할 이익이 있는 자는 누구든지 무효를 주장할 수 있다. 따라서 반사회질서 법률행위를 원인으로 하여 부동산에 관한 소유권이전등기를 마쳤더라도 그 등기는 원인무효로서 말소될 운명에 있으므로 등기명의자가 소유권에 기한 물권적 청구권을 행사하는 경우에, 권리 행사의 상대방은 법률행위의 무효를 항변으로서 주장할 수 있다(대판 2016.3.24., 선고 2015다11281).

62

정답 ⑤

후임 이사가 유효히 선임되었는데도 그 선임의 효력을 둘러싼 다툼이 있다고 하여 그 다툼이 해결되기 전까지는 후임 이사에게는 직무수행권한이 없고 임기가 만료된 구 이사만이 직무수행권한을 가진다고 할 수는 없다(대판 2006.4.27., 2005도8875).

63

정답 ③

과태료는 행정법상 의무위반에 대한 제재로서 부과·징수되는 금전을 말하는 것으로, 형벌과는 별개의 개념이다.

형의 종류(형법 제41조)
사형, 징역, 금고, 자격상실, 자격정지, 벌금, 구류, 과료, 몰수

64

정답 ⑤

오답분석

① 보증 채무에 대한 소멸시효가 중단되는 등의 사유로 완성되지 아니하였다고 하더라도 주채무에 대한 소멸시효가 완성된 경우에는 시효완성 사실로써 주채무가 당연히 소멸되므로 보증채무의 부종성에 따라 보증채무 역시 당연히 소멸된다(대판 2012.7.12., 선고 2010다51192).

② 보증은 그 의사가 보증인의 기명날인 또는 서명이 있는 서면으로 표시되어야 효력이 발생한다. 다만, 보증의 의사가 전자적 형태로 표시된 경우에는 효력이 없다(민법 제428조의2 제1항).

③ 주채무자의 항변포기는 보증인에게 효력이 없다(민법 제433조 제2항).

④ 보증계약이 성립한 후에 보증인이 알지도 못하는 사이에 주채무의 목적이나 형태가 변경되었다면, 그 변경으로 인하여 주채무의 실질적 동일성이 상실된 경우에는 당초의 주채무는 경개로 인하여 소멸하였다고 보아야 할 것이므로 보증채무도 당연히 소멸하고, 그 변경으로 인하여 주채무의 실질적 동일성이 상실되지 아니하고 동시에 주채무의 부담 내용이 축소·감경된 경우에는 보증인은 그와 같이 축소·감경된 주채무의 내용에 따라 보증 책임을 질 것이지만, 그 변경으로 인하여 주채무의 실질적 동일성이 상실되지는 아니하고 주채무의 부담내용이 확장·가중된 경우에는 보증인은 그와 같이 확장·가중된 주채무의 내용에 따른 보증 책임은 지지 아니하고, 다만 변경되기 전의 주채무의 내용에 따른 보증 책임만을 진다(대판 2000.1.21., 선고 97다1013).

65

정답 ②

우리나라는 법원조직법에서 판례의 법원성에 대해 규정하고 있다.

66

정답 ⑤

감사의 임기는 취임 후 3년 내의 최종의 결산기에 관한 정기총회의 종결 시까지로 한다(상법 제410조).

67

정답 ①

사적자치의 원칙은 신분과 재산에 관한 법률관계를 개인의 의사에 따라 자유롭게 규율하는 것이다. 즉, 계약의 내용 및 형식에 있어서 국가 또는 타인의 간섭을 배제하는 원칙을 말한다.

68

정답 ④

취소권, 추인권, 해제권과 같은 형성권에 있어서는 권리만 있고 그에 대응하는 의무는 존재하지 않는다.

69

정답 ①

집세나 이자 등은 원물을 타인에게 사용시킨 대가로 얻는 과실로 법정과실이다(민법 제101조 제2항).

오답분석

② 유체물 및 전기 기타 관리할 수 있는 자연력은 물건인데(민법 제98조)이고, 부동산(토지 및 그 정착물) 이외의 물건은 동산이므로(민법 제99조 제2항) 관리할 수 있는 자연력은 동산이다.

③·④ 토지 및 그 정착물은 부동산이므로 건물은 토지로부터 독립한 부동산으로 다루어질 수 있다(민법 제99조 제1항).

⑤ 물건의 사용대가로 받는 금전 기타의 물건은 법정과실로 한다(민법 제101조 제2항).

70

정답 ②

비록 행정행위에 하자가 있는 경우라도 그 하자가 중대하고 명백하여 당연무효인 경우를 제외하고는 권한 있는 기관에 의해 취소되기까지 유효한 것으로 보는 것은 행정행위의 효력 중 공정력 때문이다.

행정행위의 효력

- 구성요건적 효력 : 유효한 행정행위가 존재하는 이상 모든 국가기관은 그 존재를 존중하고 스스로의 판단에 대한 기초로 삼아야 한다는 효력을 말한다.
- 공정력 : 비록 행정행위에 하자가 있는 경우에도 그 하자가 중대하고 명백하여 당연무효인 경우를 제외하고는, 권한 있는 기관에 의해 취소될 때까지는 일응 적법 또는 유효한 것으로 보아 누구든지(상대방은 물론 제3의 국가기관도) 그 효력을 부인하지 못하는 효력을 말한다.
- 구속력 : 행정행위가 그 내용에 따라 관계행정청, 상대방 및 관계인에 대하여 일정한 법적 효과를 발생하는 힘으로, 모든 행정행위에 당연히 인정되는 실체법적 효력을 말한다.
- 형식적 존속력
  - 불가쟁력(형식적 확정력) : 행정행위에 대한 쟁송제기기간이 경과하거나 쟁송수단을 다 거친 경우에는 상대방 또는 이해관계인은 더 이상 그 행정행위의 효력을 다툴 수 없게 되는 효력을 말한다.
  - 불가변력(실질적 확정력) : 일정한 경우 행정행위를 발한 행정청 자신도 행정행위의 하자 등을 이유로 직권으로 취소·변경·철회할 수 없는 제한을 받게 되는 효력을 말한다.
- 강제력
  - 제재력 : 행정법상 의무위반자에게 처벌을 가할 수 있는 힘을 말한다.
  - 자력집행력 : 행정법상 의무불이행자에게 의무의 이행을 강제할 수 있는 힘을 말한다.

71

정답 ④

행정쟁송제도 중 행정소송에 대한 설명이다. 행정심판은 행정관청의 구제를 청구하는 절차를 말한다.

72

정답 ④

임금이란 사용자가 근로의 대가로 근로자에게 임금, 봉급, 그 밖에 어떠한 명칭으로든지 지급하는 일체의 금품으로, 근로의 대가뿐만 아니라 근로자로 하여금 근로의 제공을 원활히 하게 하거나, 근로의욕을 고취시키기 위한 것도 포함된다. 그러나 법은 그 범위에서 의례적·임의적, 호의적·은혜적, 복지후생을 위한 시설이나 비용, 기업설비에 갈음하여 실비변상조로 지급되는 금품은 제외시키고 있다.

73

정답 ①

행정상 강제집행수단 중 대체적 작위의무의 불이행에 대하여 행정청이 의무자가 행할 작위를 스스로 행하거나 제3자로 하여금 이를 행하게 하고 그 비용을 의무자로부터 징수하는 것은 행정대집행이다(행정대집행법 제2조).

74

정답 ④

오답분석

① 참여기관(의결기관)이 행정관청의 의사를 구속하는 의결을 하는 합의제 기관이다(경찰위원회, 소청심사위원회 등).

② 의결기관이 아닌 집행기관에 대한 설명이다.

③ 국무조정실, 각 부의 차관보·실장·국장 등은 행정조직의 보좌기관이다.

⑤ 행정조직의 내부기관으로서 행정청의 권한 행사를 보조하는 것을 임무로 하는 행정기관은 보조기관이다.

75

정답 ②

행정행위는 법률에 근거를 두어야 하고(법률유보), 법령에 반하지 않아야 한다(법률우위). 따라서 법률상의 절차와 형식을 갖추어야 한다.

76

정답 ①

일반적으로 조례가 법률 등 상위법령에 위배된다는 사정은 그 조례의 규정을 위법하여 무효라고 선언한 대법원의 판결이 선고되지 아니한 상태에서는 그 조례 규정의 위법 여부가 해석상 다툼의 여지가 없을 정도로 명백하였다고 인정되지 아니하는 이상 객관적으로 명백한 것이라 할 수 없으므로, 이러한 조례에 근거한 행정처분의 하자는 취소사유에 해당할 뿐 무효사유가 된다고 볼 수는 없다(대판 2009.10.29., 2007두26285).

오답분석

② 대판 1999.9.3., 98두15788

③ 주무부장관이나 시・도지사는 재의결된 사항이 법령에 위반된다고 판단됨에도 불구하고 해당 지방자치단체의 장이 소를 제기하지 아니하면 그 지방자치단체의 장에게 제소를 지시하거나 직접 제소 및 집행정지결정을 신청할 수 있다(지방자치법 제192조 제5항). 제1항에 또는 제2항에 따른 지방의회의 의결이나 제3항에 따라 재의결된 사항이 둘 이상의 부처와 관련되거나 주무부장관이 불분명하면 행정안전부장관이 재의요구 또는 제소를 지시하거나 직접 제소 및 집행정지결정을 신청할 수 있다(지방자치법 제192조 제9항).

④ 대판 1991.8.27., 90누6613

⑤ 조례안 재의결의 내용 전부가 아니라 그 일부만이 위법한 경우에도 대법원은 의결전부의 효력을 부인할 수밖에 없다. 왜냐하면 의결의 일부에 대한 효력배제는 결과적으로 전체적인 의결의 내용을 변경하는 것에 다름 아니어서 의결기관인 지방의회의 고유권한을 침해하는 것이 될 뿐 아니라, 그 일부만의 효력배제는 자칫 전체적인 의결내용을 지방의회의 당초의 의도와는 다른 내용으로 변질시킬 우려도 있기 때문이다(대판 1992.7.28., 92추31).

77

정답 ②

구 지방세법은 구법과 달리 인구유입과 경제력 집중의 효과가 뚜렷한 건물의 신축, 증축 그리고 부속토지의 취득만을 그 적용대상으로 한정하여 부당하게 중과세할 소지를 제거하였다. 최근 대법원 판결도 구체적인 사건에서 인구유입이나 경제력 집중 효과에 관한 판단을 전적으로 배제한 것으로는 보기 어렵다. 따라서 이 사건 법률조항은 거주・이전의 자유와 영업의 자유를 침해하지 아니한다(헌재결 2014.7.24., 2012헌바408).

오답분석

① 단기보유자산이 공용수용에 의하여 양도된 경우에도 높은 세율로 중과세하는 것은 부동산 투기를 억제하여 토지라는 한정된 자원을 효율적으로 이용하기 위한 것으로 입법목적의 정당성이 인정되고, … 단기보유자산의 양도에 대하여 일률적으로 중과세함으로써 실현되는 공익이 그로써 제한되는 사익보다 결코 작다고 할 수 없으므로 법익의 균형성도 준수하고 있어 심판대상조항은 청구인들의 재산권을 침해하지 아니한다(헌재결 2015.6.25., 2014헌바256).

③ 계약상 급부의 상환성과 등가성은 계약 당사자의 이익을 공평하게 조정하기 위하여 계약 해제에 따른 원상회복 관계에서도 유지되어야 하므로, 원상회복범위는 당사자의 구체적이고 주관적인 사정과 관계없이 규범적・객관적으로 정해져야 할 필요가 있다. 계약 해제의 경위・계약 당사자의 귀책사유 등 제반 사정은 계약 해제로 인한 손해배상의 범위를 정할 때 고려된다. 따라서 민법 제548조 제2항은 원상회복의무자의 재산권을 침해하지 않는다(헌재결 2017.5.25., 2015헌바421).

④ 도축장 사용정지・제한명령은 구제역과 같은 가축전염병의 발생과 확산을 막기 위한 것이고, 도축장 사용정지・제한명령이 내려지면 국가가 도축장 영업권을 강제로 취득하여 공익 목적으로 사용하는 것이 아니라 소유자들이 일정기간 동안 도축장을 사용하지 못하게 되는 효과가 발생할 뿐이다. 이와 같은 재산권에 대한 제약의 목적과 형태에 비추어 볼 때, 도축장 사용정지・제한명령은 공익목적을 위하여 이미 형성된 구체적 재산권을 박탈하거나 제한하는 헌법 제23조 제3항의 수용・사용 또는 제한에 해당하는 것이 아니라, 도축장 소유자들이 수인하여야 할 사회적 제약으로서 헌법 제23조 제1항의 재산권의 내용과 한계에 해당한다(헌재결 2015.10.21., 2012헌바367).

⑤ 친일재산조항은 정의를 구현하고 민족의 정기를 바로 세우며 일제에 저항한 3・1운동의 헌법이념을 구현하기 위하여, 친일반민족행위로 축재한 재산을 친일재산으로 규정하여 국가에 귀속시킬 수 있도록 하기 위한 것으로서, 입법목적의 정당성 및 수단의 적합성이 인정된다. … 과거사 청산의 정당성과 진정한 사회통합의 가치를 고려할 때 이 사건 친일재산조항의 공익적 중대성은 막중하고, 이 사건 친일재산조항으로 인한 친일반민족행위자 등의 재산권에 대한 제한의 정도가 위 조항에 의하여 보장되는 공익에 비하여 결코 중하다고 볼 수 없으므로, 위 조항이 법익의 균형성에 반한다고 볼 수 없다. 따라서 친일재산조항이 과잉금지원칙을 위반하여 재산권을 침해한다고 할 수 없다(2018.4.26., 2016헌바454).

78

정답 ⑤

기판력은 사실심 변론 종결 시(표준시)를 기준으로 하여 발생한다. 기판력은 표준시에 있어서의 권리관계의 존부판단에 대하여 생기므로, 전소 변론 종결 시 이전에 제출(주장)할 수 있었으나 변론 종결 시까지 제출하지 않은 공격방어방법은 후소에서 제출하지 못한다(주장했던 공격방어방법은 당연히 차단된다).

오답분석

① 행정처분의 적법 여부는 그 행정처분이 행하여 진 때의 법령과 사실을 기준으로 하여 판단하는 것이므로 거부처분 후에 법령이 개정・시행된 경우에는 개정된 법령 및 허가기준을 새로운 사유로 들어 다시 이전의 신청에 대한 거부처분을 할 수 있으며 그러한 처분도 행정소송법 제30조 제2항에 규정된 재처분에 해당된다(대판 1998.1.7., 97두22).

② 행정소송법 제30조 제2항의 규정에 의하면 행정청의 거부처분을 취소하는 판결이 확정된 경우에는 그 처분을 행한 행정청이 판결의 취지에 따라 이전의 신청에 대하여 재처분할 의무가 있으나, 이 때 확정판결의 당사자인 처분 행정청은 그 행정소송의 사실심 변론 종결 이후 발생한 새로운 사유를 내세워 다시 이전의 신청에 대한 거부처분을 할 수 있고 그러한 처분도 위 조항에 규정된 재처분에 해당된다(대판 1997.2.4., 96두70).

③ 처분 등을 취소하는 확정판결은 그 사건에 관하여 당사자인 행정청과 그 밖의 관계행정청을 기속한다(행정소송법 제30조 제1항). 기속력은 인용판결에 인정되며 기판력은 인용판결과 기각판결 모두에 인정된다.
④ 취소판결의 기판력은 소송물로 된 행정처분의 위법성 존부에 관한 판단 그 자체에만 미치는 것이므로 전소와 후소가 그 소송물을 달리하는 경우에는 전소 확정판결의 기판력이 후소에 미치지 아니한다(대판 1996.4.26., 95누5820).

79

정답 ⑤

원래 광역시가 점유·관리하던 일반국도 중 일부 구간의 포장공사를 국가가 대행하여 광역시에 도로의 관리를 이관하기 전에 교통사고가 발생한 경우, 광역시는 그 도로의 점유자 및 관리자, 도로법 제56조, 제55조, 도로법시행령 제30조에 의한 도로관리비용 등의 부담자로서의 책임이 있고, 국가는 그 도로의 점유자 및 관리자, 관리사무귀속자, 포장공사비용 부담자로서의 책임이 있다고 할 것이며, 이와 같이 광역시와 국가 모두가 도로의 점유자 및 관리자, 비용부담자로서의 책임을 중첩적으로 지는 경우에는, 광역시와 국가 모두가 국가배상법 제6조 제2항 소정의 궁극적으로 손해를 배상할 책임이 있는 자라고 할 것이고, 결국 광역시와 국가의 내부적인 부담 부분은, 그 도로의 인계·인수 경위, 사고의 발생 경위, 광역시와 국가의 그 도로에 관한 분담비용 등 제반 사정을 종합하여 결정함이 상당하다(대판 1998.7.10., 96다42819).

오답분석

①·③ 국가배상법 제5조 제1항 소정의 영조물의 설치 또는 관리의 하자라 함은 영조물이 그 용도에 따라 통상 갖추어야 할 안전성을 갖추지 못한 상태에 있음을 말하는 것으로서, 안전성의 구비 여부를 판단함에 있어서는 당해 영조물의 용도, 그 설치장소의 현황 및 이용 상황 등 제반 사정을 종합적으로 고려하여 설치 관리자가 그 영조물의 위험성에 비례하여 사회통념상 일반적으로 요구되는 정도의 방호조치의무를 다하였는지 여부를 그 기준으로 삼아야 할 것이며, 객관적으로 보아 시간적·장소적으로 영조물의 기능상 결함으로 인한 손해발생의 예견가능성과 회피가능성이 없는 경우, 즉 그 영조물의 결함이 영조물의 설치관리자의 관리행위가 미칠 수 없는 상황 아래에 있는 경우에는 영조물의 설치·관리상의 하자를 인정할 수 없다(대판 2007.9.21., 2005다65678).
② 국가배상법 제5조 소정의 영조물의 설치·관리상의 하자로 인한 책임은 무과실책임이고 나아가 민법 제758조 소정의 공작물의 점유자의 책임과는 달리 면책사유도 규정되어 있지 않으므로, 국가 또는 지방자치단체는 영조물의 설치·관리상의 하자로 인하여 타인에게 손해를 가한 경우에 그 손해의 방지에 필요한 주의를 해태하지 아니하였다 하여 면책을 주장할 수 없다(대판 1994.11.22., 94다32924).
④ 영조물이 그 용도에 따라 갖추어야 할 안전성을 갖추지 못한 상태, 즉 타인에게 위해를 끼칠 위험성이 있는 상태라 함은 당해 영조물을 구성하는 물적 시설 그 자체에 있는 물리적·외형적 흠결이나 불비로 인하여 그 이용자에게 위해를 끼칠 위험성이 있는 경우뿐만 아니라, 그 영조물이 공공의 목적에 이용됨에 있어 그 이용 상태 및 정도가 일정한 한도를 초과하여 제3자에게 사회통념상 수인할 것이 기대되는 한도를 넘는 피해를 입히는 경우까지 포함된다고 보아야 한다(대판 2005.1.27., 2003다49566).

80

정답 ④

乙은 의무이행심판 청구를 통하여 관할행정청의 거부처분에 대해 불복의사를 제기할 수 있다. 의무이행심판이란 당사자의 신청에 대한 행정청의 위법 또는 부당한 거부처분이나 부작위에 대하여 일정한 처분을 하도록 하는 행정심판을 말한다(행정심판법 제5조 제3호).

| 04 | 사무직(경제학)

41	42	43	44	45	46	47	48	49	50
③	④	③	⑤	③	②	③	④	⑤	③
51	52	53	54	55	56	57	58	59	60
①	①	③	③	①	③	②	④	③	③
61	62	63	64	65	66	67	68	69	70
⑤	⑤	③	⑤	④	③	②	①	①	②
71	72	73	74	75	76	77	78	79	80
②	①	⑤	③	②	③	①	②	①	④

41

정답 ③

ㄱ. A씨가 5달러를 원화로 환전한 금액은 5,500원이므로 1달러는 1,100원이다. 한국의 빅맥 가격은 4,400원이므로 달러로 환산하면 4달러이다.

ㄹ. 현재 원화의 명목환율은 1,100원으로, 상대적인 구매력을 나타내는 실질환율의 1,375원보다 낮으므로 원화의 구매력을 과소평가하고 있다.

오답분석

ㄴ. 구매력평가설에 의하면 환율은 국내 물가수준을 외국 물가수준으로 나눈 비율과 동일하다. 빅맥 1개의 가격이 미국에서는 5달러, 한국에서는 4,400원이므로 원화의 대미 달러 환율은 $\frac{4,400}{5,500} \times 1,100 = 880$원이다.

ㄷ. $(\text{실질환율}) = \frac{(\text{명목환율}) \times (\text{외국물가})}{(\text{자국물가})} = \frac{1,100 \times 5,500}{4,400}$ $= 1,375$원이다.

42

정답 ④

공공재의 시장수요곡선은 각각의 수요곡선의 합이다. 그러므로 S시 공공재의 시장수요곡선 $P=(10-Q)+(10-0.5Q)=20-1.5Q$이고, 한계비용 $MC=5$이므로 $20-1.5Q=5$이다. 따라서 $Q=10$이다.

43

정답 ③

'공짜 점심은 없다.'라는 말은 무엇을 얻고자 하면 보통 그 대가로 무엇인가를 포기해야 한다는 뜻으로 해석할 수 있다. 즉, 어떠한 선택에는 반드시 포기하게 되는 다른 가치가 존재한다는 의미이다. 시간이나 자금의 사용은 다른 활동에의 시간 사용, 다른 서비스나 재화의 구매를 불가능하게 만들어 기회비용을 유발한다. 정부의 예산배정, 여러 투자상품 중 특정 상품의 선택, 경기활성화와 물가안정 사이의 상충관계 등이 기회비용의 사례가 될 수 있다.

44

정답 ⑤

원화가치 상승에 따라 수출감소 및 수입증대 현상이 나타난다.

오답분석

① 기준금리 인상은 경기 과열을 진정시킨다.
② 투자, 소비 활동이 줄어들면 경기둔화로 이어져 물가하락 효과를 기대할 수 있다.
③ 단기시장금리가 가장 먼저 움직이고, 점차 장기시장금리 상승으로 이어진다.
④ 예금금리, 대출금리 모두 단기시장금리의 영향을 받기 때문에 함께 상승한다.

45

정답 ③

원자재가격 상승으로 인한 기업 생산비의 증가는 총공급곡선을 왼쪽으로 이동시킨다. 한편, 기준금리 인상으로 이자율이 상승하면 투자와 소비가 위축되므로 총수요곡선도 왼쪽으로 이동한다. 이 경우 실질 GDP는 크게 감소하게 되는 반면, 물가는 증가하는지 감소하는지 알 수 없다.

46

정답 ②

코즈의 정리란 민간 경제주체들이 자원배분 과정에서 거래비용 없이 협상할 수 있다면 외부효과로 인해 발생하는 비효율성을 시장 스스로 해결할 수 있다는 이론이다. 코즈의 정리에 따르면 재산권이 누구에게 부여되는지는 경제적 효율성 측면에서 아무런 차이가 없지만, 소득분배 측면에서는 차이가 발생한다.

오답분석

① 토빈의 Q 이론에 대한 설명이다.
③ 리카도의 대등정리에 대한 설명이다.
④ 헥셔 – 올린 정리에 대한 설명이다.
⑤ 애로우의 불가능성 정리에 대한 설명이다.

47

정답 ③

소국의 수입관세 부과 시 국내가격은 상승하고 생산량은 증가한다. 그에 따라 생산자잉여도 증가하게 된다.

오답분석

① 부과한 관세만큼 국내가격이 상승하게 된다.
② 국내가격이 상승하므로 소비량은 감소하게 된다.
④ 수입관세 부과 시 정부는 관세수입을 얻고, 관세 부과로 인한 가격 조정에 따른 사회적 후생손실이 발생한다.
⑤ 소국은 국제 시장에서의 가격설정능력이 없다. 따라서 관세를 부과해도 교역조건은 변화하지 않는다. 반면 대국의 경우 수입관세 부과 시 교역조건이 개선된다.

48

정답 ④

X재가 한계효용이 0보다 작은 비재화이고, Y재가 정상재인 경우 X재의 소비가 증가할 때 효용이 동일한 수준으로 유지되기 위해서는 Y재의 소비가 증가하여야 한다. 따라서 무차별곡선은 우상향의 형태로 도출된다.

49

정답 ⑤

㉠ 밴드왜건 효과(편승 효과) : 유행에 따라 상품을 구입하는 소비현상으로, 특정 상품에 대한 어떤 사람의 수요가 다른 사람들의 수요에 의해 영향을 받는다.

㉡ 베블런 효과 : 다른 보통사람과 자신을 차별하고 싶은 욕망으로 나타나는데, 가격이 아닌 다른 사람의 소비에 직접 영향을 받는다.

오답분석

- 외부불경제 효과 : 시장실패와 관련된 효과로, 자원이 비효율적으로 배분되는 것을 의미한다. 자가용 운전자가 주변 사람들에게 배출가스 피해를 입히는 것도 하나의 예이다.

50

정답 ③

케인스(Keynes)의 유동성선호이론은 실질화폐공급과 실질화폐수요로 이루어진 화폐시장을 설명하는 이론으로, 경제가 유동성 함정에 빠지면 통화량의 증가 등이 물가에 영향을 미치지 못하고, 늘어난 통화량은 투자적 화폐 수요로 흡수된다.

오답분석

① 총공급곡선이 우상향 형태일 때 물가수준이 하락하면 총공급곡선 자체가 이동하는 것이 아니라 총공급곡선상에서 좌하방으로 이동한다.

② 확장적 재정정책을 실시하면 이자율이 상승하여 민간투자가 감소하는 구축효과가 발생하게 되는데, 변동환율제도 하에서는 확장적 재정정책을 실시하면 환율하락으로 인해 추가적으로 총수요가 감소하는 효과가 발생한다. 즉, 확장적 재정정책으로 이자율이 상승하면 자본유입이 이루어지므로 외환의 공급이 증가하여 환율이 하락한다. 이렇듯 평가절상이 이루어지면 순수출이 감소하므로 폐쇄경제에서보다 총수요가 더 큰 폭으로 감소한다.

④ 장기균형 상태에 있던 경제에 원유가격이 일시적으로 상승하면 단기에는 물가가 상승하고 국민소득이 감소하지만, 장기적으로는 원유가격이 하락하여 총공급곡선이 다시 오른쪽으로 이동하므로 물가와 국민소득은 변하지 않는다.

⑤ 단기 경기변동에서 소비와 투자가 모두 경기순응적이며, 소비의 변동성은 투자의 변동성보다 작다.

51

정답 ①

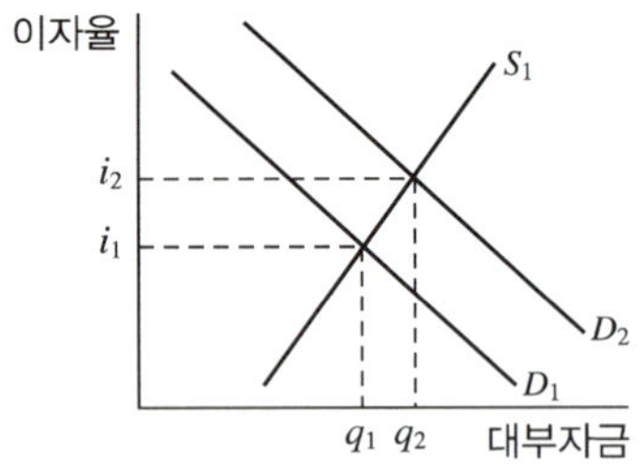

기업들에 대한 투자세액공제가 확대되면, 투자가 증가하므로 대부자금에 대한 수요가 증가($D_1 \rightarrow D_2$)한다. 이렇게 되면 실질이자율이 상승($i_1 \rightarrow i_2$)하고 저축이 늘어난다. 그 결과, 대부자금의 균형거래량은 증가($q_1 \rightarrow q_2$)한다.

52

정답 ①

정부지출의 효과가 크기 위해서는 승수효과가 커져야 한다. 승수효과란 확대 재정정책에 따른 소득의 증가로 인해 소비지출이 늘어나게 되어 총수요가 추가적으로 증가하는 현상을 말한다. 즉, 한계소비성향이 높을수록 승수효과는 커진다. 한계소비성향이 높다는 것은 한계저축성향이 낮다는 것과 동일한 의미이다.

53

정답 ③

오답분석

마. 정책 실행 시차가 부재한다면 정부정책이 더 효과적으로 시행된다.

54

정답 ③

GDP는 한 나라에서 일정 기간에 생산된 모든 최종 재화와 서비스의 시장가치이다. GDP는 총생산, 총소득, 총지출의 세 측면에서 파악할 수 있는데 총지출의 경우 소비(C), 투자(I), 정부지출(G), 순수출(NX, 수출 – 수입)로 구성된다.

ㄱ. 정부지출의 증가로 인해 GDP가 증가한다.

ㄴ. 해외유입 관광객의 소비 증가로 인해 GDP가 증가한다.

ㄹ. 한국에서 생산된 중간재의 수출로 인한 순수출 증가로 GDP가 증가한다.

오답분석

ㄷ. 주택가격의 상승은 GDP 증가에 직접적인 영향을 미치지 않는다.

55
정답 ①

칼도어(N. Kaldor)는 1958년 선진국을 대상으로 수행한 세계 경제성장과정의 연구를 통하여 다음과 같은 6가지 정형화된 사실(Stylized Facts)을 밝혔다.

- 1인당 산출량(Y/L)은 지속적으로 증가한다.
- 1인당 자본량(K/L)은 지속적으로 증가한다.
- 산출량 – 자본비율(Y/K)은 대체로 일정한 지속성(Steady)을 보인다.
- 자본수익율은 대체로 일정하다.
- 총소득에서 자본에 대한 분배와 노동에 대한 분배 간의 비율은 일정하다.
- 생산성 증가율은 국가 간 차이를 보인다.

56
정답 ③

- (실업률)=(실업자)÷(경제활동인구)×100
- (경제활동인구)=(취업자)+(실업자)

∴ 5,000÷(20,000+5,000)×100=20%

57
정답 ②

오답분석

ㄴ. 부정적 외부효과가 존재할 경우 사회적비용은 사적비용보다 크다.

ㄹ. 긍정적 외부효과가 존재할 경우 시장생산량은 사회적으로 바람직한 생산량보다 적다.

58
정답 ④

공공재의 경우에는 개인의 한계편익곡선을 수직으로 합하여 사회적 한계편익곡선을 도출한다. 이때 개인의 한계편익곡선을 수직으로 합하는 이유는 소비에 있어서의 비경합성 때문이다.

59
정답 ③

노동수요에 대한 탄력성은 상품생산에 투입되는 다른 생산요소와의 대체가능성에 의해 영향을 받는다. 임금이 상승할 때 노동 대신 다른 생산요소로의 대체가능성이 높을수록, 즉 요소 간 대체가능성이 높을수록 노동수요에 대한 탄력성은 커지게 되므로 임금상승에 대하여 고용감소는 커진다.

60
정답 ③

상응가치원칙은 동일한 사업 내의 동일 가치 노동에 대해서는 동일한 임금을 지급해야 한다는 것이다. 따라서 똑같은 일이라고 해서 가치가 동일한 것은 아니기 때문에 옳지 않다.

61
정답 ⑤

오답분석

① 기펜재는 열등재에 속하는 것으로 수요의 소득탄력성은 음(−)의 값을 갖는다.

② 두 재화가 서로 대체재의 관계에 있다면 수요의 교차탄력성은 양(+)의 값을 갖는다.

③ 우하향하는 직선의 수요곡선상에 위치한 점에서 수요의 가격탄력성은 다르다. 가격하락 시 소비자총지출액이 증가하는 점에서는 수요의 가격탄력성이 1보다 크고, 소비자총지출액이 극대화가 되는 점에서는 수요의 가격탄력성이 1이며, 가격하락 시 소비자총지출액이 감소하는 점에서는 수요의 가격탄력성이 1보다 작다.

④ 수요의 가격탄력성이 1이면 판매자의 총수입이 극대화되는 점이며, 가격변화에 따라 판매액이 증가하는 구간은 수요의 가격탄력성이 1보다 클 때이다.

62
정답 ⑤

화폐발행이득은 화폐발행의 특권에서 나오는 이득을 의미하는 것으로, ㄱ, ㄴ, ㄷ 모두 옳은 설명에 해당한다.

63
정답 ③

준지대란 공장설비 등과 같이 단기적으로 고정된 생산요소에 대한 보수로, 총수입에서 총가변비용을 차감한 크기 또는 총고정비용에 초과이윤을 더한 크기이다.

X재의 가격은 40원이며, 균형에서 생산량이 100단위이므로 총수입은 4,000원이다. 생산량이 100단위일 때 평균비용은 24원, 평균고정비용은 10원이므로 총가변비용은 1,400원이다. 따라서 준지대는 4,000−1,400=2,600원이다.

총가변비용 공식

(총가변비용)=(평균가변비용*)×(생산량)

* (평균가변비용)=(평균비용)−(평균고정비용)

64
정답 ⑤

다. 디플레이션이 발생하면 기업의 실질적인 부채부담이 증가한다.

오답분석

가. 피셔효과에 따르면 '(명목이자율)=(실질이자율)+(예상인플레이션율)'인 관계식이 성립하므로 예상인플레이션율이 명목이자율을 상회할 경우 실질이자율은 마이너스(−) 값이 될 수 있다. 하지만 명목이자율이 마이너스(−) 값을 가질 수는 없다.

나. 명목임금이 하방경직적일 때 디플레이션으로 인해 물가가 하락하면 실질임금은 상승하게 된다.

65

정답 ④

보상적 임금격차는 노동강도의 차이, 작업환경의 차이, 교육·훈련비용의 차이 등에 따라 발생하는 임금격차를 말한다. 성별 임금격차는 보상적 임금격차가 아니라 차별의 일종이다.

66

정답 ③

한계수입과 수요의 가격탄력성이 주어져 있으므로 아모로소-로빈슨(Amoroso-Robinson) 공식을 이용하여 자동차 가격을 구할 수 있다.

아모로소-로빈슨 공식 : $MR=P\left(1-\frac{1}{\varepsilon}\right)$

$225=P\left(1-\frac{1}{4}\right)$

$\therefore P=300$

따라서 B기업이 판매하는 자동차의 1단위당 가격은 300이다.

67

정답 ②

경기 회복기에는 고용의 증가 속도보다 국민총생산의 증가 속도가 더 크고, 불황기에는 고용의 감소 속도보다 국민총생산의 감소 속도가 더 크다. 구체적으로 실업률이 1% 늘어날 때마다 국민총생산은 2.5%의 비율로 줄어드는데, 이와 같은 실업률과 국민총생산의 밀접한 관계를 오쿤의 법칙이라 한다.

68

정답 ①

경기지표

- 선행종합지수 : 제조업 재고순환지표, 소비자기대지수, 기계류내수출하지수, 건설수주액, 수출입물가지수, 구인구직비율, 코스피 지수, 장단기 금리 차이
- 동행종합지수 : 광공업생산지수, 건설기성액, 서비스업생산지수, 소매판매액지수, 내수출하지수, 수입액, 비농림어업 취업자 수
- 후행종합지수 : 생산자제품 재고지수, 소비자물가지수 변화율, 소비재수입액, 취업자 수, CP 유통수익률

69

정답 ①

케인스가 주장하였던 유동성 함정(Liquidity Trap)의 상황이다. 유동성 함정이란 시장에 현금이 흘러 넘쳐 구하기 쉬운데도 기업의 생산·투자와 가계의 소비가 늘지 않아 경기가 나아지지 않고, 마치 경제가 함정(Trap)에 빠진 것처럼 보이는 상황을 말한다. 즉, 유동성 함정의 경우에는 금리를 아무리 낮추어도 실물경제에 영향을 미치지 못하게 된다.

70

정답 ②

자연독점이란 규모가 가장 큰 단일 공급자를 통한 재화의 생산 및 공급이 최대 효율을 나타내는 경우 발생하는 경제 현상을 의미한다. 자연독점 현상은 최소효율규모의 수준 자체가 매우 크거나 생산량이 증가할수록 평균총비용이 감소하는 '규모의 경제'가 나타날 경우에 발생한다. 최소효율규모란 평균비용곡선상에서 평균비용이 가장 낮은 생산 수준을 나타낸다.

71

정답 ②

주어진 효용함수는 두 재화가 완전보완재일 때이다. 효용함수가 $U=min(X,\ Y)$이므로 효용을 극대화하려면 X재와 Y재를 항상 1 : 1로 소비해야 한다.

소득이 100이고 Y재의 가격이 10일 때, X재와 Y재의 양은 항상 같으므로 두 재화를 같은 양 X라고 설정하고 예산선식($M=P_X X+P_Y Y$)에 대입해 보면 $100=P_X\times X+10\times X$이다. 이를 정리하면 $X=\frac{100}{P_X+10}$임을 알 수 있다.

72

정답 ①

수요의 가격탄력성(ε)이란 가격이 변화할 때, 수요량의 변화 정도를 나타낸다.

가격탄력성(ε)의 크기	용어
$\varepsilon=0$	완전비탄력적
$0<\varepsilon<1$	비탄력적
$\varepsilon=1$	단위탄력적
$1<\varepsilon<\infty$	탄력적
$\varepsilon=\infty$	완전탄력적

사례1의 경우 비탄력적인 재화이다. 비탄력적인 재화의 경우 다른 조건이 일정할 때, 가격 상승 시 기업의 총수입은 증가한다.

사례2의 경우 탄력적인 재화이다. 탄력적인 재화의 경우 다른 조건이 일정할 때, 가격 상승 시 기업의 총수입은 감소한다.

가격탄력성의 크기	판매자의 총수입	
	가격 인상 시	가격 인하 시
$0<\varepsilon<1$	증가	감소
$\varepsilon=1$	불변	불변
$\varepsilon>1$	감소	증가

73

정답 ⑤

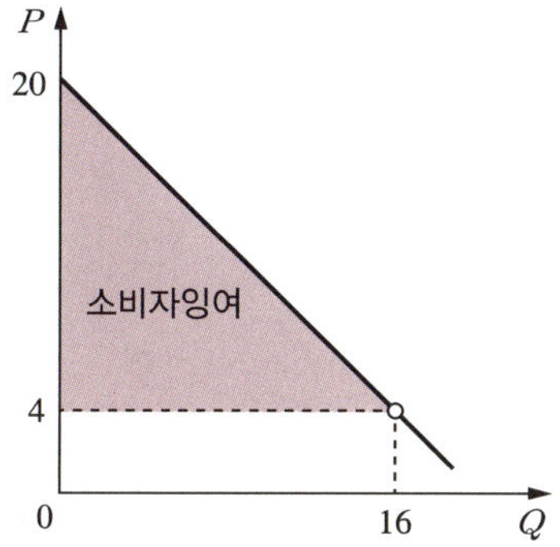

이부가격 설정을 통해 이윤을 극대화하고자 한다면 사용요금은 한계비용과 일치시키고, 소비자잉여에 해당하는 만큼 고정요금으로 설정한다. 총비용함수(TC)를 미분하면 한계비용(MC)은 4이므로, 사용요금(P)은 4가 된다. 이를 수요함수에 대입하면 $4=20-Q$이고, 소비자의 구입량(Q)은 16으로 계산된다. 따라서 고정요금으로 받을 수 있는 최대금액은 소비자잉여에 해당하는 삼각형 면적인 $(20-4)\times16\times\frac{1}{2}=128$이다.

74

정답 ③

- X재 수요의 가격탄력성 : '(X재 소비지출액)=(X재 가격)×(X재 수요량)'인데 X재 가격이 5% 상승할 때 소비지출액이 변화가 없는 것은 X재 수요량이 5% 감소함을 의미한다. 따라서 X재 수요의 가격탄력성은 단위탄력적이다.
- Y재 수요의 가격탄력성 : '(Y재 소비지출액)=(Y재 가격)×(Y재 수요량)'인데 Y재 가격이 10% 상승할 때 소비지출액이 10% 증가하였다. 이는 가격이 상승함에도 불구하고 Y재 수요량이 전혀 변하지 않았음을 의미한다. 따라서 Y재 수요의 가격탄력성은 완전비탄력적이다.

75

정답 ②

㉠ 케인스의 유동성 선호설에 따르면 자산은 화폐와 채권 두 가지만 존재한다고 가정하며, 화폐공급이 증가하더라도 증가된 통화량이 모두 화폐수요로 흡수되는 구간을 유동성 함정이라고 한다.

㉢ 유동성 함정에서의 화폐수요곡선은 수평형태를 가지고, 화폐수요의 이자율탄력성이 무한대인 상태이다.

오답분석

㉡ 유동성 함정은 화폐수요곡선이 수평인 구간이다.

㉣ 케인스의 유동성 선호설에 따른 투기적 동기의 화폐수요는 화폐수요함수와 반비례관계에 있다. $\left[\frac{M^d}{P}=kY\right.$(거래적 동기의 화폐수요)$-hr$(투기적 동기의 화폐수요)$\left.\right]$

76

정답 ③

고정환율제도는 정부가 환율을 일정수준으로 정하고, 지속적인 외환시장 개입을 통해 정해진 환율을 유지하는 제도이다. 이 제도하에서 확대금융정책의 경우 중앙은행의 외환매각으로 통화량이 감소한다.

77

정답 ①

(테일러 법칙)=(균형 이자율)+(인플레이션 갭)−(산출 갭)
[(인플레이션 갭)=(실제 인플레이션율)−(목표 인플레이션율)]

(목표 이자율)$=0.03+\frac{1}{4}\times$[실제 인플레이션율(4%)-0.02] $-\frac{1}{4}\times$[GDP 갭(1%)]$=0.03+\frac{1}{4}\times(0.04-0.02)-\frac{1}{4}\times0.01=0.0325$

따라서 목표 이자율(3.25%)은 균형 이자율(3%)보다 높다.

78

정답 ②

- 비생산활동인구 : 500명
- 생산가능인구 : 3,160명
- (생산가능인구)=(취업자수)+(실업자수)+(비경제활동인구)
- (고용률)$=\frac{\text{(취업자수)}}{\text{(생산가능인구)}}\times100$

따라서 (고용률)$=1,264\div3,160\times100=40\%$이다.

79

정답 ①

가. 인플레이션이 예상되지 못한 경우, 부와 소득의 재분배가 일어난다. 인플레이션으로 인해 화폐 가치가 하락하면 고정된 금액을 받아야 하는 채권자는 불리해지고, 반대로 채무자는 유리해진다. 즉, 채권자에게서 채무자에게로 부가 재분배된다. 이러한 부의 재분배는 인플레이션이 완전히 예상된 경우에는 발생하지 않는다.

나. 메뉴비용이란 인플레이션 상황에서 생산자가 제품의 가격을 수정하면서 발생하는 비용을 의미한다. 메뉴비용은 예상된 인플레이션과 예상되지 못한 인플레이션 두 경우 모두에서 발생한다.

오답분석

다. 인플레이션으로 인해 현금의 가치가 하락하고, 현금 외의 실물자산의 가치가 상대적으로 상승한다. 즉, 현금 보유의 기회비용이 증가한다.

라. 인플레이션이 발생하면 국내에서 생산되는 재화의 상대가격이 상승하므로, 이는 세계 시장에서의 가격경쟁력을 약화시킨다. 따라서 수출이 감소하고, 경상수지가 악화된다.

80

정답 ④

제시된 그래프는 필립스곡선이다. 영국의 경제학자 필립스는 실업률과 인플레이션율 사이에 단기적으로 마이너스 상관관계가 있음을 밝혀냈으며, 이를 나타낸 것이 필립스곡선이다. 필립스곡선은 단기적으로 실업률이 낮을 땐 인플레이션이 높고, 실업률이 높은 해에는 인플레이션이 낮음을 보여준다. 하지만 장기적으로는 인플레이션율과 실업률 사이에 상충관계는 존재하지 않는다. 장기 필립스곡선은 수직이 되며 인플레이션이 아무리 높아져도 실업률은 일정한 수준, 즉 자연실업률 이하로 하락하지 않는다.

| 05 | 기술직(기계일반)

41	42	43	44	45	46	47	48	49	50	51	52	53	54	55	56	57	58	59	60
①	④	③	②	①	②	④	③	②	④	⑤	②	②	④	④	⑤	⑤	②	③	④
61	62	63	64	65	66	67	68	69	70	71	72	73	74	75	76	77	78	79	80
①	⑤	③	③	②	③	④	②	⑤	②	④	①	②	③	②	④	⑤	④	③	①

41

정답 ①

• 비틀림 모멘트 $T=\tau\times Z_p$ (τ : 전단응력, Z_p : 단면계수)

• 극단면계수 $Z_P=\dfrac{\pi d^3}{16}$ (d : 지름)

$$T=\tau\times Z_p=\tau\times\frac{\pi d^3}{16}=20\times10^6\times\frac{\pi\times0.07^3}{16}\fallingdotseq1,347\text{N}\cdot\text{m}$$

42

정답 ④

• 탄성계수 : $E=2G(1+\mu)$

• 전단탄성계수 : $G=\dfrac{E}{2(1+\mu)}$

43

정답 ③

등온과정에서 엔탈피는 0으로 불변이다.

엔탈피(H)
내부에너지(U)와 일(W)의 합으로 나타낸 값으로, 열의 이동과 상태변화로 인한 물질의 에너지 변화를 설명한다.

44

정답 ②

자유표면(수면)이 존재할 경우 프루드 수나 레이놀즈 수가 같아야 역학적 상사성이 존재하지만, 자동차의 풍동시험의 경우 수면이 존재하지 않는 유체의 흐름이므로 자유표면이 없으면 레이놀즈 수가 모형과 원형의 값이 같아야 한다. 따라서 선체와 자동차 풍동시험은 역학적 상사를 이루기 위해 공통적으로 레이놀즈 수가 같은지 고려해야 한다.

오답분석

① 마하 수 : 유체의 유동속도와 음속의 비를 나타내는 무차원 수이다.
③ 오일러 수 : 유체의 압력 변화와 밀도와 유체의 속도 간 관계를 나타내는 무차원 수이다.
④ 프루드 수 : 유체 유동을 관성과 중력의 비로 나타내는 무차원 수로, 유동의 역학적 상사성을 판단하기 위해 사용한다. 자유표면 유동 해석에 중요한 영향을 미친다.
⑤ 웨버 수 : 유체의 관성력과 점성력의 비를 나타내는 무차원 수이다.

45

정답 ①

소르바이트 조직은 트루스타이트보다 냉각속도를 더 느리게 했을 때 얻어지는 조직으로 펄라이트보다 강인하고 단단하다.

46

정답 ②

나무토막이 일부 잠긴 채 떠 있다는 것은 나무토막에 작용하는 힘이 평형상태임을 나타낸다. 따라서 나무토막에 작용하는 부력과 중력의 크기는 같다.

47

정답 ④

기체가 받은 일의 양은 $W=P\triangle V=50\times(0.36\times0.4)=7.2$kJ이다.
내부 에너지의 변화량이 13.5kJ이고 등압변화를 하였으므로 $Q=W+\triangle U=7.2+13.5=20.7$kJ이다.
따라서 실린더는 열량을 20.7kJ 얻었다.

48

정답 ③

$$L=2\times1,000+\frac{3\times(250+600)}{2}+\frac{(600-250)^2}{4\times1,000}=3,305.625\text{mm}\fallingdotseq3,305.6\text{mm}$$

벨트의 평행걸기와 엇갈림걸기의 길이와 접촉각

구분	평행걸기		엇걸기	
개체 수	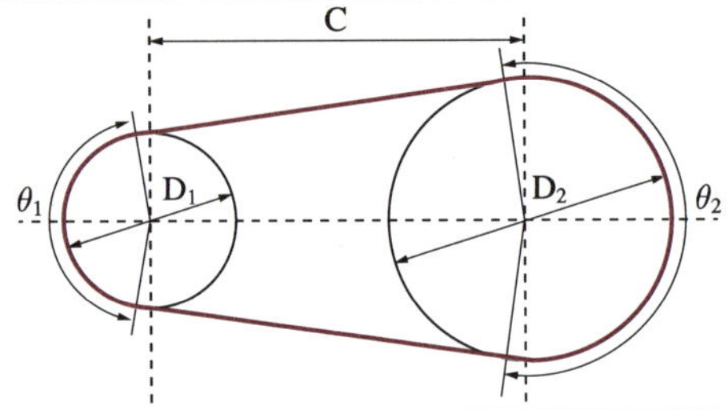		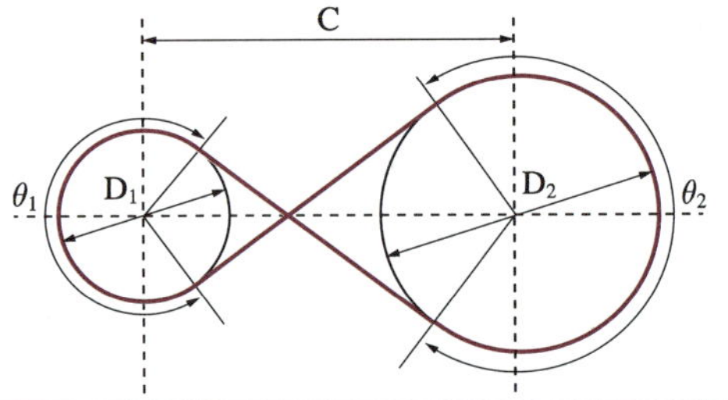	
길이	$L=2C+\frac{\pi(D_2+D_1)}{2}+\frac{(D_2-D_1)^2}{4C}$		$L=2C+\frac{\pi(D_2+D_1)}{2}+\frac{(D_2+D_1)^2}{4C}$	
접촉각	θ_1	$180°-\sin^{-1}\left(\frac{D_2-D_1}{2C}\right)$	θ_1	$180°+\sin^{-1}\left(\frac{D_2+D_1}{2C}\right)$
	θ_2	$180°+\sin^{-1}\left(\frac{D_2-D_1}{2C}\right)$	θ_2	$180°+\sin^{-1}\left(\frac{D_2+D_1}{2C}\right)$

49

정답 ②

$C_P=1.075$kJ/kg·K, $R=0.287$kJ/kg·K이므로 $C_V=C_P-R=1.075-0.287=0.788$kJ/kg·K이다.

50

정답 ④

하겐 – 푸아죄유 방정식

$\triangle P=\frac{128\mu QL}{\pi D^4}$ ($\triangle P$: 압력손실, μ : 점성계수, Q : 유량, L : 관의 길이, D : 관의 직경)

51

정답 ⑤

정상류는 유체 임의의 한 점에서 유체의 모든 특성이 시간이 경과하여도 변화하지 않는 흐름의 상태를 말한다.

$\frac{\partial V}{\partial t}=0,\ \frac{\partial p}{\partial t}=0,\ \frac{\partial T}{\partial t}=0,\ \frac{\partial \rho}{\partial t}=0$

52

정답 ②

절삭속도 $v = \frac{\pi dn}{1,000}$ (v : 절삭속도, d : 공작물의 지름, n : 주축 회전수)

$$v = \frac{\pi dn}{1,000}$$

$$n = \frac{1,000v}{\pi d} = \frac{1,000 \times 196}{3.14 \times 50}$$

$\therefore\ n \fallingdotseq 1,248$

따라서 회전수는 1,250rpm이다.

53

정답 ②

$(\text{오일러 수}) = \frac{(\text{압축력})}{(\text{관성력})} = \frac{100}{(\text{관성력})} = 200$이므로

$(\text{관성력}) = \frac{100}{200} = 0.5\text{kN/m}^2$이고,

$(\text{코시 수}) = \frac{(\text{관성력})}{(\text{탄성력})} = \frac{0.5}{(\text{탄성력})} = 10$이므로

$(\text{탄성력}) = \frac{0.5}{10} = 0.05\text{kN/m}^2 = 50\text{N/m}^2$이다.

54

정답 ④

동점성계수(ν)는 유체가 유동할 때 밀도를 고려한 점성계수(μ)로, 점성계수를 유체의 밀도(ρ)로 나눈 값이다. 단위로는 $1\text{Stokes} = 1\text{cm}^2/\text{s}$을 쓴다[$1\text{Stokes(St)} = 1\text{cm}^2/\text{s} = 100\text{cSt}$].

55

정답 ④

$\frac{P_1 V_1}{T_1} = \frac{P_2 V_2}{T_2}$에서 $P_2 = 1.5P_1$이고 $V_1 = V_2 = V$이므로

$$\frac{P_1 V}{25 + 273.15} = \frac{1.5P_1 V}{T_2}$$

$\therefore\ T_2 = 1.5 \times (25 + 273.15) \fallingdotseq 447.23\text{K} = 174.08℃$

56

정답 ⑤

카르노 사이클은 단열 변화와 등온 변화의 과정으로 이루어지는 사이클로, 열기관 사이클 중 가장 이상적인 사이클이다.

오답분석

① 에릭슨 사이클(Ericsson Cycle) : 등온 압축, 등온 연소 및 등온 팽창을 시키는 가스 터빈 사이클로, 2개의 정압과정과 2개의 등온과정으로 이루어진다.

② 사바테 사이클(Sabathé Cycle) : 정압 사이클과 정적 사이클로 이루어진 고속 디젤기관의 기본 사이클로, 복합 사이클 또는 정적·정압 사이클이라고도 한다.

③ 앳킨슨 사이클(Atkinson Cycle) : 2개의 단열과정과 1개의 정적과정, 1개의 정압과정으로 이루어진 가스터빈(외연기관) 이상 사이클이다.

④ 브레이턴 사이클(Brayton Cycle) : 2개의 정압과정과 2개의 단열과정으로 구성된 가스터빈 기관의 이상적 사이클이다.

57

정답 ⑤

오답분석

ㄱ. 열단형 칩 : 칩이 날 끝에 달라붙어 경사면을 따라 원활히 흘러가지 못해 공구에 균열이 생기고 가공 표면이 뜯겨진 것처럼 보인다.

ㄴ. 균열형 칩 : 주철과 같이 취성(메짐)이 있는 재료를 저속으로 절삭할 때 발생하며, 가공면에 깊은 홈을 만들기 때문에 재료의 표면이 매우 불량해진다.

58

정답 ②

$$I_P = \frac{\pi({d_2}^4 - {d_1}^4)}{32} = \frac{\pi(5^4 - 3^4)}{32} \fallingdotseq 53.4\text{cm}^4$$

59

정답 ③

$\tau = \gamma \times G$ (τ : 전단응력, G : 전단탄성계수, γ : 전단변형률)

$$\therefore \gamma = \frac{\tau}{G} = \frac{1\times 10^3}{80\times 10^9} = 12.5\times 10^{-9}$$

60

정답 ④

단면의 형상에 따른 단면계수는 다음과 같다.

- 원형 중실축 : $Z = \frac{\pi d^3}{32}$
- 원형 중공축 : $Z = \frac{\pi {d_2}^3}{32}(1-x^4)$ (단, $x = \frac{d_1}{d_2}$ 이며 $d_1 < d_2$ 이다)
- 삼각형 : $Z_c = \frac{bh^2}{24}$, $Z_t = \frac{bh^2}{12}$
- 사각형 : $Z = \frac{bh^2}{6}$

61

정답 ①

축의 위험회전속도(n_c) 를 구하기 위해서는 각속도(ω) 구하는 식을 응용해야 한다.

$$\omega = \frac{2\pi n}{60}$$

위 식에 ω 대신 위험각속도(ω_c), 회전수 n 대신 축의 위험 회전수(n_c)를 대입하면

$$[\text{위험각속도}(\omega_c)] = \frac{2\pi n_c}{60}$$

$$n_c = \frac{60\omega_c}{2\pi} = \frac{30}{\pi} w_c = \frac{30}{\pi}\sqrt{\frac{k}{m}}$$

한편, $[\text{고유진동수}(f)] = \frac{1}{2\pi}\sqrt{\frac{k}{m}}$ 이다.

따라서 n_c와 f 모두 $\sqrt{\frac{k}{m}}$ 와 연관이 있으므로 축의 위험속도(n_c)는 고유진동수(f)와 관련이 있다.

고유진동수(f)

단위시간당 진동하는 횟수이다. 구조물의 동적 특성을 표현하는 가장 대표적인 개념으로, 단위는 [Hz]를 사용한다.

$f=\frac{1}{2\pi}\sqrt{\frac{k}{m}}$ (k : 강성, m : 질량)

62

정답 ⑤

레이놀즈 수는 층류와 난류를 구분하는 척도로, 관성력과 점성력의 비이다 $\left[Re=\frac{(\text{관성력})}{(\text{점성력})}\right]$. 레이놀즈 수가 작은 경우에는 점성력이 관성력에 비해 크게 영향을 미친다. 층류에서 난류로 변하는 레이놀즈 수를 상임계 레이놀즈 수라 하고, 난류에서 층류로 변하는 레이놀즈 수를 하임계 레이놀즈 수라고 한다. 또한, 유동단면의 형상이 변하면 임계 레이놀즈 수도 변화한다.

63

정답 ③

유체가 층류일 때 $f=\frac{64}{Re}$이므로 $Re=\frac{64}{0.04}=1,600$이다.

$Re=\frac{VD}{\nu}$이므로 $V=\frac{Re\times\nu}{D}=\frac{1,600\times5}{50}=160\text{cm/s}=1.6\text{m/s}$이다.

64

정답 ③

Darcy − Weisbach 식에 의해 $h_L=f\frac{l}{D}\frac{v^2}{2g}$이고, 층류이므로 $f=\frac{64}{Re}$이다.

따라서 $Re=\frac{64lv^2}{2gh_LD}=\frac{64\times10\times10^2}{2\times9.8\times4.5\times0.5}\fallingdotseq1,451$이다.

65

정답 ②

- 단순보 최대 처짐 : $\delta=\frac{PL^3}{48EI}$ [P : 하중, L : 길이, E : 탄성계수, $I\left(=\frac{bh^3}{12}\right)$: 관성모멘트]

따라서 집중하중은 $P=\frac{48EI}{L^3}\times\delta$이므로, $P=\frac{48EI}{L^3}\times\delta=\frac{48\times200\times10^9\times(10^{-2})^2}{(200)^3}\times\frac{4\times6^3}{12}\times0.5=4,320\text{N}$이다.

66

정답 ③

$\sigma=\frac{P}{A}=E\varepsilon=E\cdot\frac{\lambda}{l}\rightarrow\lambda=\frac{Pl}{AE}$

$\therefore U=\frac{1}{2}P\lambda=\frac{P^2l}{2AE}=\frac{(50\times10^3)^2\times1}{2\times\left(\frac{\pi\times0.03^2}{4}\right)\times(303.8\times10^9)}\fallingdotseq5.82\text{J}$

67

정답 ④

하중에 따른 안전율의 크기

충격하중 > 교번하중 > 반복하중 > 정하중

> **하중의 종류**
> • 정하중 : 힘의 크기와 방향 및 작용점이 항상 일정하게 작용하는 하중으로, 인장하중, 압축하중, 전단하중 등이 있다.
> • 반복하중 : 힘의 방향과 크기 및 작용점이 항상 같으며, 일정한 주기를 갖고 반복하여 작용하는 하중이다.
> • 충격하중 : 매우 짧은 시간에 큰 힘이 작용하는 하중이다.
> • 교번하중 : 힘의 작용점은 항상 같으나, 힘의 방향 및 크기가 주기적으로 변하는 하중이다.
> • 이동하중 : 힘의 작용점이 시간에 따라 변화하는 하중이다.
> • 임의진동 : 힘의 크기와 방향, 주기 등이 불규칙적인 하중이다.

68

정답 ②

밸브의 포트 수는 접속구의 수, 위치 수는 전체 사각형의 개수, 방향 수는 전체 화살표의 개수이다.
따라서 접속구의 수는 4개, 전체 사각형의 수는 4개, 전체 화살표의 수는 4개이므로 4포트 4위치 4방향 밸브이다.

69

정답 ⑤

공압 시스템은 공압기기의 녹을 방지하고 윤활성을 주기 위해 급유를 해야 한다.

70

정답 ②

• 체심입방격자(BCC) : 강도, 경도가 크고 용융점이 높은 반면 연성, 전성이 낮다.
  대표 원소 : V, Ta, W, Rb, K, Li, Mo, $\alpha-$Fe, $\delta-$Fe, Cs, Cr, Ba, Na
• 면심입방격자(FCC) : 강도, 경도가 작고 연성, 전성이 좋다.
  대표 원소 : Ag, Cu, Au, Al, Ni, Pb, Pt, Si, $\gamma-$Fe, Pd, Rh, Ge, Ca
• 조밀육방격자(HCP) : 연성, 전성이 낮고 취성이 있다.
  대표 원소 : Mg, Zn, Ce, Zr, Ti, Y, Ru, Co

71

정답 ④

탄소강에 함유된 원소는 탄소, 규소, 망간, 인, 황, 수소 등이 있으며, 수소는 백점과 헤어크랙의 원인이 된다.

오답분석

① 망간 : 강도, 경도, 인성을 증가시키며, 고온에서 결정입자의 성장을 억제한다.
② 규소 : 인장강도, 탄성한계, 경도를 증가시킨다.
③ 인 : 상온취성의 원인이며, 결정입자를 조대화시킨다.
⑤ 황 : 절삭성을 좋게 하고, 알칼리성에 약하다.

72

정답 ①

강도의 크기

극한강도 > 항복응력 > 탄성한도 > 허용응력 ≥ 사용응력

73

정답 ②

제시된 축에 대한 삼각형의 단면 2차 모멘트는 $I=\frac{bh^3}{36}$이다(b : 밑변, h : 높이).

따라서 단면 2차 모멘트는 $I=\frac{bh^3}{36}=\frac{20\times 30^3}{36}=15,000\text{cm}^4$이다.

74

정답 ③

냉간가공 시 가공방향에 따라 강도가 달라질 수 있다.

냉간가공과 열간가공의 특징

냉간가공	열간가공
• 재결정온도 이하에서의 소성가공이다. • 제품의 치수를 정확하게 가공할 수 있다. • 기계적 성질을 개선시킬 수 있다. • 가공면이 아름답다. • 강도 및 경도가 증가하고 연신율이 감소한다. • 가공방향에 따라 강도가 달라진다.	• 재결정온도 이상에서의 소성가공이다. • 적은 동력으로 큰 변형이 가능하다. • 재질을 균일하게 만든다. • 가공도가 크므로 거친 가공에 적합하다. • 산화 등의 이유로 정밀가공을 할 수 없다. • 기공 등이 압착될 수 있다.

75

정답 ②

1지점에서의 유량과 2지점에서의 유량은 같으므로 $\frac{\pi D_1^2}{4}v_1=\frac{\pi {D_2}^2}{4}v_2 \rightarrow v_1=\left(\frac{D_2}{D_1}\right)^2 v_2$이다.

1지점과 2지점에 대해 베르누이 방정식을 적용하면

$\frac{P_1}{\gamma_{oil}}+\frac{{v_1}^2}{2g}=\frac{P_2}{\gamma_{oil}}+\frac{{v_2}^2}{2g} \rightarrow \frac{P_1}{\gamma_{oil}}+\frac{{v_2}^2}{2g}\left(\frac{D_2}{D_1}\right)^4=\frac{P_2}{\gamma_{oil}}+\frac{{v_2}^2}{2g}$이고,

v_2에 대해 정리하면 $v_2=\sqrt{\frac{2g\frac{P_1-P_2}{\gamma_{oil}}}{1-\left(\frac{D_2}{D_1}\right)^4}}$이다.

한편, $P_1+\gamma_{oil}h=P_2+\gamma_m h$이므로 $P_1-P_2=(\gamma_m-\gamma_{oil})h$이다.

따라서 이를 대입하면 $v_2=\sqrt{\frac{2gh\left(\frac{\gamma_m}{\gamma_{oil}}-1\right)}{1-\left(\frac{D_2}{D_1^4}\right)^4}}$이다.

76

정답 ④

냉동 사이클에서 냉매는 압축기 → 응축기 → 팽창밸브 → 증발기 → 압축기의 순서로 순환하는 경로를 갖는다.

냉동기의 4대 구성요소

- 압축기 : 냉매기체의 압력과 온도를 높여 고온, 고압으로 만들면서 냉매에 압력을 가해 순환시킨다.
- 응축기 : 복수기라고도 불리며, 냉매기체를 액체로 상변화시키면서 고온, 고압의 액체를 만든다.
- 팽창밸브 : 교축과정 상태로 줄어든 입구를 지나면서 냉매액체가 무화되어 저온, 저압의 액체를 만든다.
- 증발기 : 냉매액체가 대기와 만나면서 증발되면서 기체가 된다.

77

정답 ⑤

오답분석

① 텅스텐(W)은 경도를 증가시킨다.
② 니켈(Ni)은 내식성 및 내산성을 증가시키지만, 크리프 내성까지 증가시키지는 않는다.
③ 망간(Mn)은 적열 메짐을 방지한다.
④ 크롬(Cr)은 전자기적 성질을 개선하지는 않는다.

78

정답 ④

Y합금은 Al에 Cu, Mg, Ni를 첨가한 합금이다.

주요 합금 구성요소

Y합금	Al+Cu+Mg+Ni
두랄루민	Al+Cu+Mg+Mn
스텔라이트	Co+Cr+W+Mi

79

정답 ③

오답분석

① 침탄법 : 순철에 0.2% 이하의 C(탄소)가 합금된 저탄소강을 목탄과 같은 침탄제 속에 완전히 파묻은 상태로 약 900~950℃로 가열하여 재료의 표면에 C를 침입시켜 고탄소강으로 만든 후 급랭시킴으로써 표면을 경화시키는 열처리법이다. 기어나 피스톤 핀을 표면경화할 때 주로 사용된다.
② 화학증착법 : CVD(Chemical Vapor Deposition)법으로, 기체 상태의 혼합물을 가열된 기판의 표면 위에서 화학반응을 시킴으로써 그 생성물이 기판의 표면에 증착되도록 만드는 기술이다.
④ 크로마이징 : 크롬(Cr)을 1,000~1,400℃인 환경에서 침투 및 확산시키는 표면처리방법이다.
⑤ 고주파경화법 : 고주파유도전류로 강(Steel)의 표면층을 급속 가열한 후 급랭시키는 방법으로 가열시간이 짧고 피가열물에 대한 영향을 최소로 억제하며 표면을 경화시키는 표면경화법이다.

80

정답 ①

$Q=\triangle U+W$에서 외부로부터 받은 일의 양이 36kJ/kg이고 방출한 열이 36kJ/kg이므로 다음과 같다.

$-36=\triangle U-68$

따라서 내부에너지의 변화량은 $\triangle U=-36-(-68)=32$kJ/kg이고 양수이므로 증가하였다.

| 06 | 기술직(전기일반)

41	42	43	44	45	46	47	48	49	50
①	②	①	③	③	③	①	①	⑤	④
51	52	53	54	55	56	57	58	59	60
①	④	①	④	④	③	①	④	③	⑤
61	62	63	64	65	66	67	68	69	70
③	⑤	③	①	④	③	③	②	③	④
71	72	73	74	75	76	77	78	79	80
⑤	③	②	②	③	④	②	⑤	⑤	④

41

정답 ①

$\epsilon = pcos\theta + qsin\theta = (3.8\times0.8)+(4.9\times0.6)=5.98\%$

변압기의 전압변동률
- 지상
  $\epsilon = pcos\theta + qsin\theta$
- 진상
  $\epsilon = pcos\theta - qsin\theta$

42

정답 ②

$Q = CV = \epsilon\dfrac{S}{d}V = \epsilon_0\epsilon_s\dfrac{S}{d}V$

$\therefore\ Q = (8.85\times10^{-12})\times4\times\dfrac{100\times10^{-4}}{1\times10^{-3}}\times10\times10^3$

$=3.54\times10^{-6}\text{C}$

43

정답 ①

상호 인덕턴스 $M = k\sqrt{L_1L_2}$ 이므로

$k = \dfrac{M}{\sqrt{L_1L_2}} = \dfrac{100}{\sqrt{100\times200}} = 0.707$

44

정답 ③

$E = -\nabla V$

$= \left(\dfrac{\partial}{\partial x}\hat{i} + \dfrac{\partial}{\partial y}\hat{y} + \dfrac{\partial}{\partial z}\hat{z}\right)(5x+6y^2)$

$= \left[\dfrac{\partial}{\partial x}(5x+6y^2)\hat{i} + \dfrac{\partial}{\partial y}(5x+6y^2)\hat{y}\right.$

$\left. + \dfrac{\partial}{\partial z}(5x+6y^2)\hat{z}\right]$

$= 5\hat{i} + 12\hat{y}$

$\therefore\ |E| = \sqrt{5^2+12^2} = 13\text{V/m}$

45

정답 ③

전원과 $R_1 - R_2$, $R_3 - R_4$는 서로 병렬로 연결되어 있으므로 R_1, R_2에 걸리는 전압과 R_3, R_4에 걸리는 전압의 크기는 100V로 같다.

- a에 걸리는 전압의 크기
  R_1, R_2에 걸리는 전압이 100V이고 $R_1 : R_2 = 2:3$이므로 각 저항에 걸리는 전압의 비 또한 $2:3$이다. 따라서 a에 걸리는 전압의 크기는 40V이다.
- b에 걸리는 전압의 크기
  R_3, R_4에 걸리는 전압 또한 100V이고 $R_3 : R_4 = 1:9$이므로 각 저항에 걸리는 전압의 비 또한 $1:9$이다. 따라서 b에 걸리는 전압의 크기는 10V이다.

따라서 $a-b$ 사이에 걸리는 전압의 크기는 $40-10=30$V이다.

46

정답 ③

발전기는 조속기의 감도를 둔감하게 해야 안정도가 향상된다.

안전도 향상 대책
- 발전기
  - 조속기의 감도를 적당히 둔감하게 한다.
  - 제동권선을 설치한다(난조 방지).
  - 속응여자방식을 채용한다.
  - 단락비를 크게 한다.
  - 전압변동률을 작게 한다.
  - 동기리액턴스를 감소시킨다.
- 송전선
  - 리액턴스를 감소시킨다.
  - 복도체(다도체)를 사용한다.
  - 병행 2회선 방식을 채용한다.
  - 고속도 재폐로 방식을 채용한다.
  - 고속 차단기를 설치한다.

47

정답 ①

오답분석

ㄴ. 저항은 단면적의 넓이와 반비례한다.

ㄹ. 길이가 n배 증가하고 단면적의 넓이가 n배 증가하면, $R' = \rho\dfrac{nl}{nS} = \rho\dfrac{l}{S}$ 이므로 저항의 크기는 변하지 않는다.

저항의 크기

$[\text{전기저항}(R)] = \rho\dfrac{l}{S}$

(ρ : 고유저항, l : 저항의 길이, S : 저항의 단면적의 넓이)

48

정답 ①

감쇠비(ζ)가 0일 경우 시스템은 무한히 진동하며 발산한다.

오답분석

② 시정수가 작을수록 시스템 응답속도가 빠르다.
③ $0<\zeta<1$이면 진폭은 점차 감소하는 진동 시스템이다.
④ 지연시간은 출력값이 처음으로 정상 출력값의 50%에 도달하기까지 걸리는 시간이다.
⑤ 상승시간은 출력값이 정상 출력값의 10%에서 처음으로 90% 값에 도달하기까지 걸리는 시간이다.

감쇠비

감쇠비(ζ)는 진동 시스템의 감쇠가 어느 정도인지 나타내는 상수이며, 그 값에 따라 진동의 형태가 달라진다.

- $\zeta=0$: 무한진동
- $0<\zeta<1$: 미급감쇠진동
- $\zeta=1$: 임계감쇠진동
- $\zeta>1$: 과도감쇠진동

49

정답 ⑤

$$Q_c=P(\tan\theta_1-\tan\theta_2)=P\left(\frac{\sin\theta_1}{\cos\theta_1}-\frac{\sin\theta_2}{\cos\theta_2}\right)=150\times\left(\frac{\sqrt{1-0.6^2}}{0.6}-\frac{\sqrt{1-0.9^2}}{0.9}\right)≒127.3\text{kVA}$$

50

정답 ④

발전기의 초당 회전수가 다르더라도 동기발전기의 극수에 의해 주파수가 같아지면 병렬로 운전할 수 있다.

동기발전기 병렬운전 시 필요조건

- 유기기전력의 주파수가 같을 것

  $f=\frac{p}{2}n$ (f : 주파수, p : 극수, n : 초당 회전수)

- 유기기전력의 크기가 같을 것
- 유기기전력의 위상이 같을 것
- 유기기전력의 파형이 같을 것
- 유기기전력의 상회전의 방향이 같을 것

51

정답 ①

무손실 선로의 전파정수는 $\gamma=\sqrt{ZY}=0+j\omega\sqrt{LC}$이다. 따라서 감쇠정수($\alpha$)의 값은 0, 위상정수($\beta$)의 값은 $\omega\sqrt{LC}$이다.

52

정답 ④

리플프리(Ripple－Free) 전류는 전압 및 전류 변동이 거의 없는 전류이며 직류 성분에 대하여 10%를 넘지 않는다. 즉, 리플프리 직류 시스템에서는 120V 직류 전원일 때, 변동이 발생하여도 140V를 넘을 수 없고, 60V 직류 전원일 때 변동이 발생하여도 70V를 넘을 수 없다.

53

정답 ①

$E=\frac{6,600}{\sqrt{3}}≒3,810.5\text{V}$

$f=\frac{pN_s}{120}=\frac{30\times480}{240}=60\text{Hz}$

$\omega=\frac{240\times6}{3}$ 480($\because$ 슬롯의 수 : 240, 각 코일의 권수 : 6, 3상 동기발전기)

$\therefore\ \Phi=\frac{E}{4.44\times Kf\omega}=\frac{3,810.5}{4.44\times0.85\times60\times480}≒0.035\text{Wb}$

54

정답 ④

유도기전력의 크기는 $E=-L\frac{di}{dt}=-N\frac{d\phi}{dt}$으로 정의한다.

따라서 $E=-(100\times10^{-3})\times\frac{(20-10)}{0.5}=-2\text{V}$이다.

또한 자속의 변화량은 $-2=-N\frac{d\phi}{dt}$이므로 $d\phi=\frac{2}{N}\times dt$ $=2\times0.5=1\text{Wb}$이다.

55

정답 ④

중첩의 정리에 의해서 다음과 같이 정리할 수 있다.

1) 전류원을 개방하는 경우

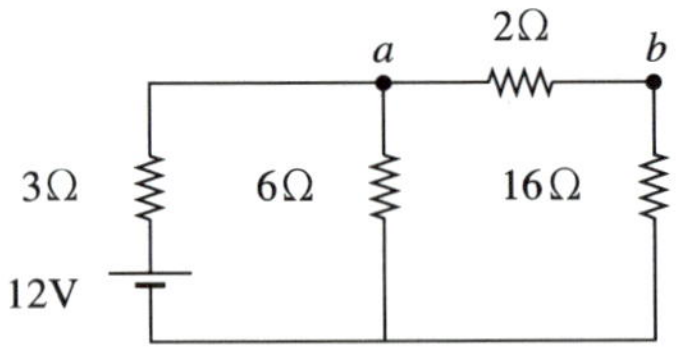

a, b에 흐르는 전류의 방향은 오른쪽이고 $\frac{12}{3+4.5}\times\frac{6}{6+18}$ $=0.4\text{A}$의 세기로 흐르므로, 0.8V의 전위차가 생긴다.

2) 전압원을 단락하는 경우

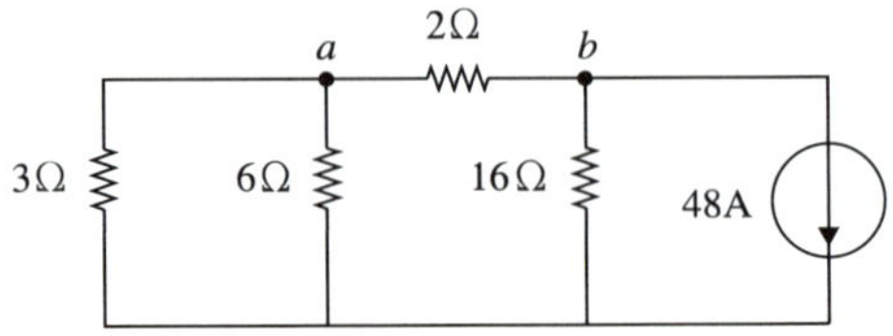

a, b에 흐르는 전류의 방향은 오른쪽이고 $48\times\frac{16}{16+4}=$ 38.4A의 세기로 흐르므로, 76.8V의 전위차가 생긴다.
따라서 a, b 두 점간의 전위차는 1)+2)=0.8+76.8=77.6V 이다.

56

정답 ③

정태안정도란 부하가 서서히 올라가는 경우 지속적으로 송전할 수 있는 능력이며, 안정도를 유지할 수 있는 최대전력을 정태안정 극한전력이라 한다.

오답분석

① 동태안정도 : 자동장치인 자동전압조정기가 있을 경우의 안정도이다.
② 전압안정도 : 전압을 일정하게 유지하는 안정도이다.
⑤ 과도안정도 : 과도현상 발생 후 안정운전이 가능하게 한다.

57

정답 ①

환상코일의 인덕턴스인 경우, $L=\frac{\mu SN^2}{l}$이고

$L'=\frac{\mu S(3N)^2}{l}=\frac{9\mu SN^2}{l}=9L$이다.

따라서 $L'=L$이 되기 위해서는 비투자율을 1/9배로 조정하거나 단면적을 1/9배로 좁히거나 길이를 9배 늘리면 된다.

58

정답 ④

교류의 실횻값이 7A이므로, 최댓값은 $I_m=\sqrt{2}I_s=7\sqrt{2}$이다.

따라서 $i(t)=7\sqrt{2}\sin(2\pi ft+60°)=7\sqrt{2}\sin\left(2\pi ft+\frac{\pi}{3}\right)$ 이다.

59

정답 ③

교류발전기에서 권선을 절약하고, 특정 고조파를 제거하여 유기 기전력의 파형을 개선하는 권선법은 단절권이다. 단절권은 권선의 길이를 줄여 동량과 기계 크기를 절약할 수 있으며, 고조파 억제를 통해 파형을 정현파에 가깝게 만들어 기기의 효율과 신뢰성을 높인다.

60

정답 ⑤

[유전율(ϵ)]$=\epsilon_0\epsilon_s$에서 ϵ_s는 비유전율이고, ϵ_0는 진공에서의 유전율이며 $\epsilon_0=8.855\times10^{-12}$F/m으로 정의한다.

ㄱ. 모든 유전체의 비유전율은 1보다 크다.
ㄷ. 어떤 물질의 비유전율은 진공 중의 유전율에 대한 물질의 유전율의 비이다.
ㄹ. 비유전율은 절연물의 종류에 따라 다르다.
ㅁ. 산화티탄 자기의 비유전율이 유리의 비유전율보다 크다(산화티탄 : 115~5,000, 유리 : 5.4~9.9).

따라서 옳은 설명은 ㄱ, ㄷ, ㄹ, ㅁ으로 4개이다.

오답분석

ㄴ. 비유전율은 비율을 나타내는 무차원 수로, 단위는 없다.
ㅂ. 진공, 공기 중의 비유전율은 1이다.
ㅅ. 진공 중의 유전율은 $\frac{1}{36\pi}\times10^{-9}$F/m으로 나타낼 수 있다.

61

정답 ③

오답분석

선로정수의 평형은 연가의 사용목적이다.

가공지선의 설치 목적
- 직격뢰로부터의 차폐
- 유도뢰로부터의 차폐
- 통신선유도장애 경감

62

정답 ⑤

표피효과는 도체에 주파수가 큰 교류를 송전하면 내부에 전류가 표피로 집중하여 흐르는 현상으로, 도전율(σ), 투자율(μ), 주파수(f)가 클수록 커진다.

63

정답 ③

오답분석

① 유기기전력과 전기자 전류가 동상인 경우 횡축 반작용을 한다.
② 뒤진역률일 경우, 즉 전류가 전압보다 90° 뒤질 때는 감자작용을 한다.
④ 계자전류에 의한 자속이 전기자자속에 영향을 주는 현상이 아니라 전기자전류에 의한 자기장이 계자자속에 영향을 주는 현상이다.
⑤ 앞선역률일 경우, 즉 전류가 전압보다 90° 앞설 때는 증자작용을 한다.

전기자 반작용
전기자 전류가 흘러 생긴 전기자 자속이 계자 자속에 영향을 주는 현상이다.
- 역률 1일 때(전압과 전류가 동상인 전류, 저항부하) : 교차자화작용(횡축 반작용)
- 뒤진역률(지상 전류, 유도성부하) : 감자작용(직축 반작용)
- 앞선역률(진상 전류, 용량성부하) : 증자작용(직축 반작용)

64
정답 ①

- 임피던스 $Z=\frac{V}{I}[\Omega]=\frac{200}{10}=20\Omega$
- 역률 $\cos\theta=\frac{R}{|Z|}=\frac{5}{20}=0.25$

65
정답 ④

- 피상전력 $P_a=\sqrt{(P)^2+(P_r)^2}$
$=\sqrt{(300)^2+(400)^2}$
$=500\text{VA}$
- 전류 $P_a=VI$에서 $I=\frac{P_a}{V}$이므로 $\frac{500}{100}=5\text{A}$

66
정답 ③

코일의 인덕턴스는 $L=N\frac{\Phi}{I}=\frac{2{,}000\times6\times10^{-2}}{10}=12\text{H}$이다.

따라서 시상수는 $\tau=\frac{L}{R}=\frac{12}{12}=1$초이다.

67
정답 ③

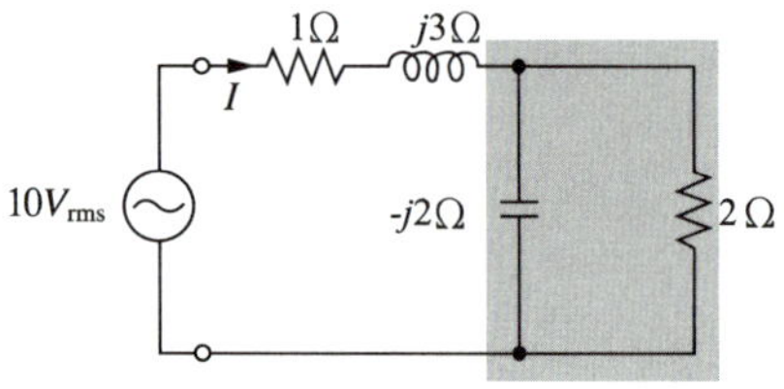

- 임피던스

$$Z=\left(\frac{(-j2)\times(2)}{(-j2)+(2)}\right)+(1+j3)$$
$$=\left(\frac{-j4}{2-j2}\right)+(1+j3)$$
$$=\frac{2+j6-j2+6-j4}{2-j2}$$
$$=\frac{8}{2-j2}\text{(분모, 분자공액)}$$
$$=\frac{8\cdot(2+j2)}{(2-j2)\cdot(2+j2)}$$
$$=2+j2[\Omega]$$
$$\therefore |Z|=\sqrt{(2)^2+(2)^2}=\sqrt{8}=2\sqrt{2}\,\Omega$$

- 역률

$$\cos\theta=\frac{\text{(임피던스의 실수부)}}{|Z|}=\frac{2}{2\sqrt{2}}=\frac{1}{\sqrt{2}}=\frac{\sqrt{2}}{2}$$

- 유효전력

$$P=I^2R=\left(\frac{V}{Z}\right)^2\times R$$
$$=\left(\frac{10}{2\sqrt{2}}\right)^2\times2$$
$$=25\text{W}$$

68
정답 ②

ㄴ. RL직렬회로의 임피던스는 $Z=R+j\omega L$이고 그 크기는 $|Z|=\sqrt{(R)^2+(\omega L)^2}$이다.

ㄹ. [양호도(Q)]$=\frac{1}{R}\sqrt{\frac{L}{C}}$

오답분석

ㄱ. 인덕터만으로 연결된 회로의 유도 리액턴스는 $X_L=\omega L$이다. RL회로는 전압이 전류보다 위상이 90° 앞선다.

ㄷ. RC직렬회로의 임피던스는 $Z=R-j\frac{1}{wC}$이고 그 크기는 $|Z|=\sqrt{(R)^2+\left(\frac{1}{\omega C}\right)^2}$이다.

69
정답 ③

ㄱ. RLC병렬이므로 전압은 모두 같다.
ㄷ. 공진 시 전류는 저항 R에만 흐른다.
ㅁ. 공진 시 에너지는 저항 R에서만 소비된다.

오답분석

ㄴ. [어드미턴스(Y)]$=\frac{1}{R}+j\frac{1}{X_c}-j\frac{1}{X_L}[\mho]$
$=\frac{1}{R}+j\left(\frac{1}{X_c}-\frac{1}{X_L}\right)$

$X_c=\frac{1}{\omega C}$, $X_L=\omega L$을 대입하여 정리하면

$$\frac{1}{R}+j\left(\frac{1}{\frac{1}{\omega C}}-\frac{1}{\omega L}\right)=\frac{1}{R}+j\left(\omega C-\frac{1}{\omega L}\right)[\mho]$$

ㄹ. L과 C의 전류 위상차 : $-90°$와 $+90°$, 즉 180° 위상차가 발생한다.

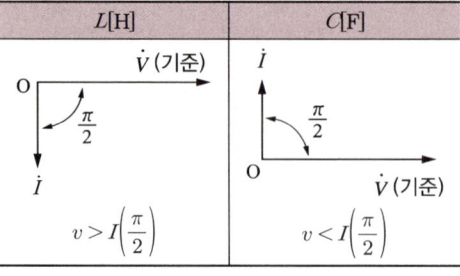

L[H]	C[F]
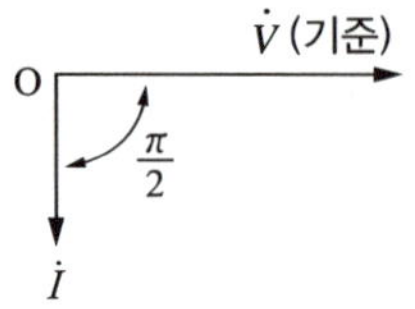 $v>I\left(\frac{\pi}{2}\right)$	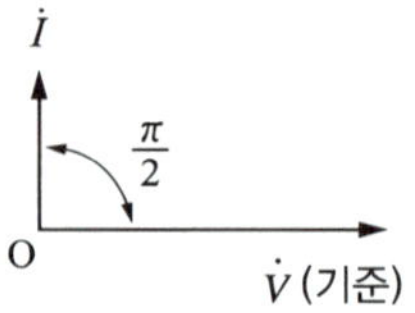 $v<I\left(\frac{\pi}{2}\right)$

70

정답 ④

반자성체란 외부자기장이 없을 때 물질을 구성하는 원자들의 총 자기장은 0이고, 외부 자기장의 방향과 반대방향으로 자기화되는 물질이다. 이에 속하는 물질은 구리, 유리, 금 등이며, 비투자율은 $\mu S < 1$이다.

오답분석

강자성체 비투자율은 $\mu S \gg 1$이고, 상자성체 비투자율은 $\mu S > 1$이다.

71

정답 ⑤

직류 송전은 차단기 설치 및 전압의 변성이 어렵다.

72

정답 ③

Peek의 식

$$P=\frac{241}{\delta}(f+25)\sqrt{\frac{d}{2D}}(E-E_0)^2\times10^{-5}$$

- δ : 상대공기밀도 ($\delta=\frac{0.368b}{273+t}$, b : 기압, t : 온도)
- D : 선간거리[cm]
- d : 전선의 지름[cm]
- f : 주파수[Hz]
- E : 전선에 걸리는 대지전압[kV]
- E_0 : 코로나 임계전압[kV]

73

정답 ②

파형별 특징

구분	파형	실횻값	평균값	파고율	파형률
정현파(사인파)	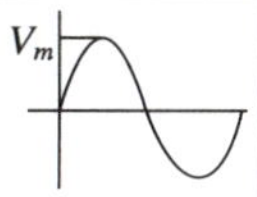	$\frac{V_m}{\sqrt{2}}$	$\frac{2}{\pi}V_m$	$\sqrt{2}$	$\frac{\pi}{2\sqrt{2}}$
전파(정류)	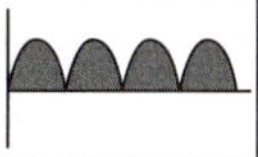	$\frac{V_m}{\sqrt{2}}$	$\frac{2}{\pi}V_m$	$\sqrt{2}$	$\frac{\pi}{2\sqrt{2}}$
반파(정류)	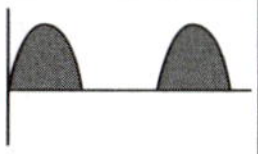	$\frac{V_m}{2}$	$\frac{V_m}{\pi}$	2	$\frac{\pi}{2}$
구형파(사각파)	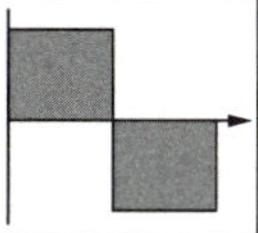	V_m	V_m	1	1
반구형파	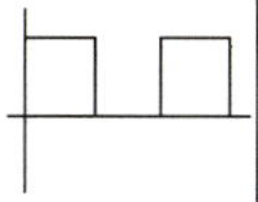	$\frac{V_m}{\sqrt{2}}$	$\frac{V_m}{2}$	$\sqrt{2}$	$\sqrt{2}$
삼각파(톱니파)	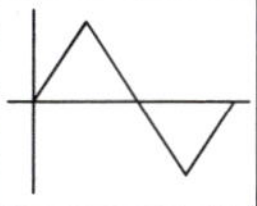	$\frac{V_m}{\sqrt{3}}$	$\frac{V_m}{2}$	$\sqrt{3}$	$\frac{2}{\sqrt{3}}$
제형파(사다리꼴)	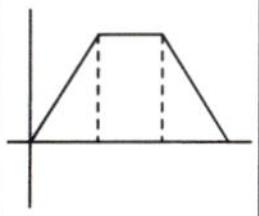	$\frac{\sqrt{5}}{3}V$	$\frac{2}{3}V_m$	$\frac{3}{\sqrt{5}}$	$\frac{\sqrt{3}}{2}$

74

정답 ②

병렬회로 공진 주파수는 직렬회로의 공진 주파수와 동일하다.

$$\therefore f=\frac{1}{2\pi\sqrt{LC}}[\text{Hz}]=\frac{1}{2\pi\sqrt{100\times1\times10^4\times10^{-6}}}$$

$$=\frac{1}{2\pi}\text{Hz}$$

75

정답 ③

$$I_a=I-I_f=\frac{P}{V\times\eta}-\frac{V}{R_f}=\frac{100\times746}{600\times0.9}-\frac{600}{400}=136.65$$

$$\therefore E=V-I_aR_a=600-(136.5\times0.22)≒570\text{V}$$

76

정답 ④

권선형 전동기와 유도 전동기의 비교

구분	권선형 유도 전동기	농형 유도 전동기
장점	• 기동전류가 작다. • 기동토크가 크다. • 용량이 크다.	• 구조가 간단하다. • 유지보수 및 수리가 간단하다. • 상대적으로 저렴하다.
단점	• 구조가 복잡하다.	• 기동전류가 크다. • 기동토크가 작다.

77

정답 ②

계기용변류기(CT)는 고압회로에 흐르는 큰 전류를 이에 비례하는 적은 전류로 변성하여 배전반의 측정계기나 보호 계전기의 전원으로 사용하는 전류 변성기이다.

오답분석

① 계기용변압기(PT) : 고압회로의 높은 전압을 이에 비례하는 낮은 전압으로 변성하는 변압기이다.
③ 과전압 계전기(OVR) : 전압이 일정 값 이상이 되었을 때 동작하는 계전기이다.
④ 지락 계전기(OCR) : 전류가 일정 값 이상으로 흐를 때 동작하는 계전기이다.
⑤ 단락방향 계전기(DSR) : 일정 방향으로 일정 값 이상의 단락 전류가 발생할 경우 동작하는 계전기이다.

78

정답 ⑤

자동제어계 동작의 분류

- 비례동작(P동작) : 정상오차를 수반하며 잔류편차를 발생시킨다.
- 적분동작(I동작) : 잔류편차(Offset) 제거하며 지상을 보상한다.
- 미분동작(D동작) : 오차가 커지는 것을 방지하며 진상을 보상한다.
- 비례적분동작(PI동작) : 잔류편차를 제거한다.
- 비례미분동작(PD동작) : 응답속응성을 개선한다.
- 비례적분미분동작(PID동작) : 잔류편차를 제거하고, 응답의 오버슈트가 감소하고, 응답속응성을 개선하며, 정상특성을 개선하는 최상의 최적제어로 안정한 제어가 되도록 한다.

79

정답 ⑤

$P_{c2}=sP_2$, $P=P_2(1-s)$에서

$$P_2=\frac{P}{1-s}=\frac{10,000}{1-0.04}\fallingdotseq 10.42\text{kW}$$

$$\therefore\ P_{c2}=0.04\times 10.42\fallingdotseq 0.42\text{kW}$$

80

정답 ④

등전위면과 전기력선은 항상 수직이다.

오답분석

① 도체표면은 등전위면이다.
② 도체표면에만 존재하고 도체내부에는 존재하지 않는다.
③ 전기력선은 등전위면 간격이 좁을수록 세기가 커진다.
⑤ 전기력선은 서로 교차하지 않고, 그 방향은 양(+)에서 음(−)으로 향한다.

전기력선의 성질

- 도체 표면에 존재한다(도체 내부에는 없다).
- 양전하(+)에서 음전하(−)로 향한다.
- 등전위면과 수직으로 발산한다.
- 전하가 없는 곳에는 전기력선이 없다(발생, 소멸이 없다).
- 전기력선 자신만으로 폐곡선을 이루지 않는다.
- 전위가 높은 곳에서 낮은 곳으로 이동한다.
- 전기력선은 서로 교차하지 않는다.
- 전기력선 접선방향은 그 점의 전계의 방향을 의미한다.
- 어떤 한 점의 전하량이 Q일 때, 그 점에서 $\frac{Q}{\varepsilon_0}$개의 전기력선이 나온다.
- 전기력선의 밀도는 전기장의 세기에 비례한다(전기력선의 세기는 등전위면 간격이 좁을수록 커진다).

| 07 | 기술직(전자일반)

41	42	43	44	45	46	47	48	49	50
③	⑤	④	④	①	②	④	③	③	④
51	52	53	54	55	56	57	58	59	60
⑤	①	③	①	④	③	②	⑤	④	④
61	62	63	64	65	66	67	68	69	70
⑤	③	④	③	①	③	①	②	③	③
71	72	73	74	75	76	77	78	79	80
③	①	①	③	④	④	①	③	④	②

41

정답 ③

히스테리시스 곡선은 자계(H)와 자속밀도(B)의 관계를 나타낸 그래프이다. 이때 x축은 자계(H), y축은 자속밀도(B)로, 관계식은 $B=\mu H$이다. 기울기는 x축 대비 y축인 $\frac{y}{x}=\frac{B}{H}$이며, 투자율 $\mu=\frac{B}{H}$이다. 따라서 히스테리시스 곡선의 기울기는 투자율임을 알 수 있다.

오답분석

① 자화율 : 외부에서 걸어준 자기장에 의해서 물질의 자기 분극이 생기는 정도이다.
② 유전율 : 외부 전기장을 유전체에 가하여 유전체 내 전기장 세기가 작아진 비율이다.
④ 도전율 : 물질에서 전류가 잘 흐르는 정도를 나타내는 물리량이다.
⑤ 분극률 : 유전체에 전계가 가해졌을 경우 전속 밀도의 증가량이다.

42

정답 ⑤

가우스 정리 적분형 $\int_s E\ ds=\frac{Q}{\varepsilon}=\frac{Q}{\varepsilon_0\varepsilon_s}$개이므로 유전율이 ε인 유전체 내에 있는 점전하 Q에서 발산되는 전기력선의 수는 모두 $\frac{Q}{\varepsilon_0\varepsilon_s}$개이다.

(ε_0 : 진공 유전율, ε_s : 비유전율)

43

정답 ④

$$v=\frac{\omega}{\beta}=\frac{\omega}{\omega\sqrt{LC}}=\frac{1}{\sqrt{LC}}=\frac{1}{\sqrt{\varepsilon\mu}}=\frac{1}{\sqrt{\varepsilon_o\varepsilon_r\mu_o\mu_r}}$$

$$=\frac{1}{\sqrt{\varepsilon_o\mu_o}}\fallingdotseq 3\times10^8=c(\text{광속도})[\text{m/s}]$$

따라서 $c=\frac{1}{\sqrt{\epsilon_o\mu_o}}$이므로 비투자율($\mu_r$)과 비유전율($\varepsilon_r$)이 모두 1이 되어야 한다.

44

정답 ④

$E=30\text{V/m}$의 평등전계 내에서 이동거리에 따른 전위차 $V_{AB}=30\times0.9=27\text{V}$이다. 전하는 전계 방향으로 이동되었으므로 이동한 후의 전위 V_B는 이동하기 전의 전위 $V_A=60\text{V}$보다 27V 낮아진다. 따라서 $V_{AB}=V_A-V_B \rightarrow V_B=V_A-V_{AB}=60-27=33\text{V}$이다.

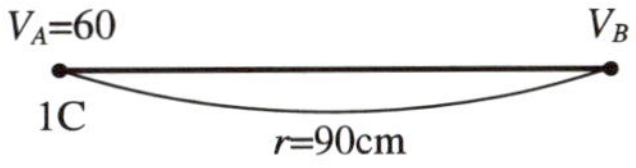

45

정답 ①

전하(Q) 공식 $Q=CV$에서 전압(V)에 대한 식으로 바꾸면 $V=\frac{Q}{C}$이다. 따라서 $V=\frac{3\times10^{-3}}{20\times10^{-6}}=150\text{V}$이다.

46

정답 ②

자연대수의 라플라스 변환에서

복소미분 정리 $L\{t^n f(t)\}=(-1)^n\frac{d^n}{ds^n}F(s)$를 이용하면

$$te^{-t}=(-1)^1\frac{d}{ds}F(s)=-\frac{d}{ds}\left(\frac{1}{s+1}\right)$$

$$=(-1)\times\frac{-1}{(s+1)^2}=\frac{1}{(s+1)^2}\text{이다.}$$

• (라플라스 변환) $t^n f(t)=te^{-at} \rightarrow (-1)^1\cdot\frac{d}{ds}\left(\frac{1}{s+a}\right)$

47

정답 ④

$k=\frac{1}{\rho}[\mho/\text{m}]$, $E=\frac{V}{l}[\text{V/m}]$, 전류밀도($i$)는 $i=\frac{I}{S}=\frac{V}{RS}$이다. 전류밀도에 $R=\rho\frac{l}{S}$를 대입하면 $i=\frac{V}{RS}=\frac{V}{\rho\frac{l}{S}\times S}$ $\rightarrow i=\frac{V}{\rho l}$이 된다. 고유저항 ρ은 도전율 k의 역수로 $\rho=\frac{1}{k}$과 전계의 세기 $E=\frac{V}{l}$를 대입하면 $i=\frac{V}{l/k}=k\times\frac{V}{l}=kE[\text{A/m}^2]$이 된다.

48

정답 ③

기자력 $F=NI=R\phi=Hl$[AT]이다. 따라서 자속 $\phi=\frac{NI}{R}=\frac{\ni}{\frac{l}{\mu S}}=\frac{\mu SNI}{l}$[Wb]가 된다$\left(R=\frac{l}{\mu S}\right)$.

49

정답 ③

반사계수 $\rho=\frac{Z_L-Z_0}{Z_L+Z_0}$이므로 $\rho=\frac{4Z_0-Z_0}{4Z_0+Z_0}=\frac{3Z_0}{5Z_0}=\frac{3}{5}$ $=0.6$이다. 또한 정재파비 $S=\frac{1+|\rho|}{1-|\rho|}=\frac{1+0.6}{1-0.6}=\frac{1.6}{0.4}$ $=4$이다.

50

정답 ④

저역필터회로의 저항조건은 $R=\frac{1}{\omega C}$이므로

차단 주파수 $\omega=\frac{1}{RC}$[rad]에서 $CR=\frac{1}{\omega}$이 된다.

따라서 이득 $\frac{V_2}{V_1}=\frac{\frac{1}{SC}}{R+\frac{1}{SC}}=\frac{1}{SCR+1}$이며,

이득에 $S=j\omega$를 대입하면 $\frac{V_2}{V_1}=\frac{1}{1+j\omega\times\frac{1}{\omega}}=\frac{1}{|1+j|}$ $=\frac{1}{\sqrt{1^2+1^2}}=\frac{1}{\sqrt{2}}$이다.

51

정답 ⑤

R－C 직렬회로에 직류전압 15V를 인가하고 $t=0$에서 스위치를 켰을 때 커패시터 C에 충전된 전하 $q=CE(1-e^{-\frac{1}{CR}t})$[C]이다. 또한 커패시터 양단에 걸리는 전압 $V_c=\frac{q}{C}=\frac{CE}{C}(1-e^{-\frac{1}{CR}t})=E(1-e^{-\frac{1}{CR}t})$[V]이다. 따라서 커패시터 양단에 걸리는 전압 $V_c=15(1-e^{-\frac{t}{2\times0.5}})=15(1-e^{-t})$[V]이다.

52

정답 ①

π형 4단자 망에서 4단자 정수 $\begin{vmatrix}A & B\\ C & D\end{vmatrix}=\begin{vmatrix}1 & 0\\ \frac{1}{5} & 1\end{vmatrix}\begin{vmatrix}1 & 10\\ 0 & 1\end{vmatrix}\begin{vmatrix}1 & 0\\ \frac{1}{5} & 1\end{vmatrix}$ $=\begin{vmatrix}1 & 10\\ \frac{1}{5} & 3\end{vmatrix}\begin{vmatrix}1 & 0\\ \frac{1}{5} & 1\end{vmatrix}=\begin{vmatrix}1+\frac{10}{5} & 10\\ \frac{1}{5}+\frac{3}{5} & 3\end{vmatrix}=\begin{vmatrix}3 & 10\\ \frac{4}{5} & 3\end{vmatrix}$이 된다. 따라서 임피던스 파라미터는 역방향이므로 $Z_{21}=\frac{1}{C}=\frac{1}{\frac{4}{5}}=\frac{5}{4}$가 된다.

53

정답 ③

콘덴서에서 최대정전용량을 얻을 수 있는 접속은 병렬접속이고, 합성정전용량 $C_0=2+4+6=12\mu$F이다. 최소정전용량은 직렬접속이므로 $C_0=\frac{1}{\frac{1}{2}+\frac{1}{4}+\frac{1}{6}}=\frac{12}{11}\fallingdotseq1.09[\mu F]$가 된다. 따라서 최대정전용량과 최소정전용량의 차이는 $12-1.09=10.91\mu$F이다.

54

정답 ①

피상전력 $P_a=\frac{P}{\cos\theta}=\frac{60}{0.6}=100$kVar이고, 역률 $\cos\theta=\frac{(\text{유효전력})}{(\text{피상전력})}=\frac{P}{P_a}=0.6$, 무효율 $\sin\theta=\frac{(\text{무효전력})}{(\text{피상전력})}=\frac{P_r}{P_a}=\sqrt{1-\cos^2\theta}=\sqrt{1-(0.6)^2}=0.8$이다. 따라서 무효전력 $P_r=P_a\sin\theta=100\times0.8=80$kVar이다.

55

정답 ④

공진곡선에서 선택도 $Q_o=\frac{(\text{공진주파수})}{(\text{대역폭})}=\frac{f_o}{B}=\frac{f_o}{f_H-f_L}$이다. 따라서 $Q_o=\frac{20}{10.1-9.9}=\frac{20}{0.2}=100$이 된다.

56

정답 ③

과도현상은 $t=0$인 시간을 기준으로 $t=0$에서 어떤 상태의 변화가 일어난 후에, 정상적인 현상이 발생하기 전에 나타나는 전압, 전류 등의 여러 가지 과도기적 현상을 뜻한다. 이러한 과도현상은 시정수(시상수, i)가 클수록 오래 지속되며, 시정수는 특성근의 절댓값의 역수(e^{-1}이 되는 t의 값)이다.

RL 직렬회로의 전류 $i(t)=\frac{E}{R}(1-e^{-\frac{R}{L}t})$[A]이며, 시정수 $\tau=\frac{L}{R}$[sec]이다.

따라서 $\frac{L}{R}$초 후의 전류 $i(t)=\frac{E}{R}(1-e^{-\frac{R}{L}\times\frac{L}{R}})=\frac{110}{5}(1-e^{-1})=22\left(1-\frac{1}{e}\right)=22\left(1-\frac{1}{2.718}\right)=22(1-0.368)=22\times0.632=13.904 \fallingdotseq 13.9$A가 된다.

57

정답 ②

A급 증폭은 동작점에 대응하는 평균 전압·전류가 B급 증폭과 C급 증폭에 비해 크기 때문에 전력의 효율은 작다.

58

정답 ⑤

터널 다이오드는 불순물 농도를 증가시킨 반도체로, PN 접합을 만들면 공핍층이 아주 얇게 되어 터널 효과가 발생하고, 갑자기 전류가 많이 흐르게 되며, 순방향 바이어스 상태에서 부성 저항 특성이 나타난다.

오답분석

① 제너 다이오드 : 제너 항복을 응용한 정전압 소자로, 정전압 다이오드와 전압 표준 다이오드의 두 종류가 있다.
② 발광 다이오드 : 전류를 빛으로 변환시키는 반도체 소자로, LED(Light Emitting Diode)라고도 한다.
③ 포토 다이오드 : 반도체 다이오드의 일종으로, 광다이오드라고도 하며, 빛에너지를 전기에너지로 변환한다.
④ 쇼트키 다이오드 : 금속과 반도체의 접촉면에 생기는 장벽의 정류 작용을 이용한 다이오드이다.

59

정답 ④

안티몬(Sb)은 N형 반도체의 불순물이며, 이외에 As(비소), P(인), Bi(비스무트)가 있다.

오답분석

P형 반도체에 들어가는 3가 원소는 인듐(In), 알루미늄(Al), 갈륨(Ga), 붕소(B)이다.

60

정답 ④

바리스터(Varistor)란 인가전압에 크기에 따라 저항이 민감하게 변하는 비선형 저항소자이다. 또한 바리스터는 전압이 높아지면 저항이 감소하여 과잉전류를 흡수하는 것으로, 전압 제한 회로, 트랜지스터 보호, 과전압 방지에 사용한다.

61

정답 ⑤

실리콘 제어 정류기(Silicon Controlled Rectifier)의 게이트는 P형 반도체에 단자를 연결하여 전류가 흐르도록 한다. SCR은 일반적으로 사이리스터(Thyristor)라고 불리며, 무접점 스위치로 작동하고, 소전력용부터 대전력용까지 각종 제어 정류소자로 쓰인다.

62

정답 ③

초전도 현상은 어떤 물질을 특정 임계 온도 이하로 냉각시켰을 때 저항이 0이 되고 내부 자기장을 밀쳐내는 현상이다. 초전도체의 임계 자기장은 온도가 높아질수록 낮아지고, 모든 초전도체는 외부 자기장이 없거나 외부 자기장의 세기가 특정한 값 미만일 때 낮은 전류에 대하여 전기저항이 0이 되는 현상을 보인다.

63

정답 ④

게르마늄(Ge)인 진성반도체에서 전자가 전도대의 바닥상태일 때의 불순물 농도 $N_v=1$이다. 전자 확률 공식에 대입하여 구하면 다음과 같다(n_i는 자유전자, K는 볼츠만상수, T는 절대온도이다).

$$n_i=N_v e^{-\frac{E_g}{2KT}}=1\times e^{-\frac{0.67\times1.602\times10^{-19}}{2\times1.38\times10^{-23}\times300}}$$
$$=e^{-\frac{1.07334\times10^4}{828}}$$
$$\fallingdotseq e^{-13}\fallingdotseq 2.3\times10^{-6}$$

64

정답 ③

금속 표면에서 전자를 튀어나오게 하는 필요한 일의 양을 일함수(E_w)라고 하며, 일함수는 표면전위 장벽에서 페르미 준위를 빼준 값으로 나타낸다. 따라서 이 금속의 일함수는 $E_w=E_B-E_f=17.69-6.45=11.24$eV이다.

65

정답 ①

태양전지는 광기전력 효과를 이용한 광전지로, 빛에너지를 전기로 변환시킨다.

오답분석

광도전 효과를 이용한 도전체는 광도전 셀(화재경보기, 자동점멸장치 등), 광다이오드, Cds도전셀이 있다.

PART 4

66

정답 ③

부울 대수에 따라 제시된 논리식을 간소화하면

$Z = ABC + A\overline{B}C + AB\overline{C} + A\overline{B}\overline{C} + \overline{ABC}$

$= AB(C+\overline{C}) + A\overline{B}(C+\overline{C}) + \overline{ABC}$

$= AB + A\overline{B} + \overline{ABC}$

$= A(B+\overline{B}) + \overline{ABC}$

$= A + \overline{ABC}$

$= A + \overline{BC}$

따라서 논리식 $Z = A + \overline{BC}$ 로 간소화된다.

67

정답 ①

오답분석

② 간접번지 : 대상 데이터의 기억 장소를 직접 지정하지 않고, 이 어드레스를 저장하고 있는 기억 장소의 어드레스를 지정하는 것이다.

③ 절대번지 : 주 메모리에 미리 고정적으로 매겨져 있는 번지를 말한다.

④ 상대번지 : 절대번지에 대해서 별도로 지정한 번지를 기준으로 하여 상대적으로 나타낸 번지를 말한다.

⑤ 참조번지 : 임시적 상태 번지를 최종적 절대 번지로 변환시키는 데 사용되는 번지이다.

68

정답 ②

입력 저항 $R_i = \frac{1}{h_{oe}} = \frac{1}{20\times10^{-3}} = 50\Omega$이고, 출력 저항 $R_L = 50\Omega$이다.

권선비 $a = \frac{V_1}{V_2} = \frac{N_1}{N_2} = \frac{I_2}{I_1}$이며, 권선비의 제곱은 $a^2 = \frac{V_1}{V_2}\times\frac{I_2}{I_1} = \frac{R_i}{R_L}$이므로 권선비는 $a = \sqrt{\frac{R_i}{R_L}}$

$= \sqrt{\frac{5,000}{50}} = \sqrt{100} = 10$, 또는 $N_1 : N_2 = 10 : 1$이다.

69

정답 ③

오답분석

① BCD 코드 : 숫자, 영문자, 특수 기호를 나타내기 위한 6비트로 이루어지는 코드로, 오류 검사용의 1비트가 부가되어, 전체로서는 7비트로 구성된다.

② EBCDIC 코드 : 8비트의 조합에서 1자를 표현하는 부호체계로, 이 8비트를 1바이트라 하며, 1바이트로 영문자(A~Z), 숫자(0~9), 특수기호 등 256종의 문자를 표현할 수 있다.

④ 유니코드 : 세계 모든 나라의 언어를 통일된 방법으로 표현할 수 있게 제안된 국제적인 코드 규약이다.

⑤ 확장 유닉스 코드 : 1985년 일본어 유닉스 시스템 자문위원회의 제안에 따라 AT&T가 정한 복수 바이트의 문자를 취급할 수 있는 문자 코드 방식이다.

70

정답 ③

n비트의 저장공간이 부호화된 2의 보수에서 표현할 수 있는 범위는 $-2^{n-1} \sim (2^{n-1}-1)$을 통해 계산할 수 있다. 따라서 8비트로 표현할 수 있는 수의 표현 범위는 $-2^7 \sim (2^7-1)$ → $-128 \sim 127$이다.

71

정답 ③

발진기 회로의 발진조건은 $\beta A_v = 1$이며, 이때 궤환 루프의 위상지연은 0°이다.

72

정답 ①

오답분석

② 명령 해독기(Instruction Decoder) : 명령어 레지스터에 입력되는 신호의 조합(1과 0)에 의해 어떤 명령인가를 해독하는 회로이며, 중앙 처리 장치 내부의 중요 회로이다.

③ 제어 장치(Control Unit) : 데이터 처리 시스템에서 하나 이상의 주변장치를 제어하는 기능 단위로 기억장치에 축적되어 있는 일련의 프로그램 명령을 순차적으로 꺼내 이것을 분석·해독하여 각 장치에 필요한 지령 신호를 주고, 장치간의 정보 조작을 제어하는 구실을 한다.

④ 인코더(Encoder) : 디지털 전자회로에서 어떤 부호계열의 신호를 다른 부호계열의 신호로 바꾸는 변환기이다.

⑤ 멀티플렉서(Multiplexer) : 최선의 유효이용을 꾀하기 위하여 각 통신로(채널)의 필요 성분을 재배치하는 장치이며, 다중화장치라 총칭된다.

73

정답 ①

컴퓨터의 중앙처리장치에서 더하기, 빼기, 곱하기, 나누기 등의 연산을 한 결과 등을 일시적으로 저장해 두는 레지스터를 누산기라고 한다.

오답분석

② 가산기에 대한 설명이다.

③ 미분기에 대한 설명이다.

④ 부호기에 대한 설명이다.

⑤ 보수기에 대한 설명이다.

74

정답 ③

Perl(Practical Extraction and Report Language)은 텍스트를 스캐닝하고, 형식화된 보고서를 프린트한다. 또한 중첩된 데이터 구조와 객체 지향의 기능을 지원함으로써, 자료를 추출하고 그에 의거한 보고서를 작성하는 데 적합한 프로그래밍 언어로 볼 수 있다.

오답분석

① C언어 : 운영 체제나 언어 처리계 등의 시스템 기술에 적합한 프로그래밍 언어이다.
② Java : C/C++에 비해 간략하고 쉬우며 네트워크 기능의 구현이 용이하기 때문에, 인터넷 환경에서 가장 활발히 사용되는 프로그래밍 언어이다.
④ HTML : 인터넷 서비스의 하나인 월드 와이드 웹을 통해 볼 수 있는 문서를 만들 때 사용하는 웹 언어의 한 종류이다.
⑤ PHP : 하이퍼텍스트 생성 언어(HTML)에 포함되어 동작하는 스크립팅 언어이다.

75

정답 ④

부궤한 증폭기회로는 궤환 시 이득, 왜율, 잡음이 감소하고, 안정도는 증가하며, 입·출력 임피던스는 증가 또는 감소한다.

76

정답 ④

전파 삼각파의 최댓값 전류는 I_m, 실횻값 전류는 $\frac{I_m}{\sqrt{3}}$, 평균값 전류는 $\frac{I_m}{2}$ 이다. 또한 파고율은 실횻값 대비 최댓값 비율로 $\frac{I_m}{\frac{I_m}{2}} = \sqrt{3}$ 이다.

77

정답 ①

내부 임피던스를 갖는 전압원들이 병렬로 접속된 때에는 그 병렬 접속점에서 나타나는 합성 전압은 개개의 전원이 단락된 경우의 전류 대수합을 개개의 전원의 내부 어드미턴스 대수합으로 나눈 것과 같다는 밀만의 정리를 이용한다. 정전압원이 단락되었을 때 a, b단자에 걸리는 전압 $V_1 = I \times \frac{4\times6}{4+6} = 12\times2.4 = 28.8$V이다. 또한 정전류원이 개방되었을 때 a, b단자에 걸리는 전압 $V_2 = I\times R = \frac{20}{4+6}\times6 = 12$V이다. 따라서 정전압원이 단락되고 정전류원이 개방되었을 때 a, b단자에 나타나는 전압 $V_{ab} = V_1 + V_2 = 28.8+12 = 40.8$V이다.

78

정답 ③

실효치는 $\frac{(\text{최대값})}{\sqrt{2}} = \frac{220\sqrt{2}}{\sqrt{2}} = 220$V이며, 전기각속도는 $\omega = 2\pi f = 140\pi$이므로 $f = 70$Hz이다.

79

정답 ④

회로에서 유도 리액턴스는 $X_L = 10\Omega$, 용량 리액턴스는 $X_C = 4\Omega$이며, 직렬 연결 합성저항 $R = 6+2 = 8\Omega$이다.

따라서 합성 임피던스 $Z = \sqrt{R^2+(X_L-X_C)^2}$ 이므로 해당되는 수치를 대입하면

$Z = \sqrt{R^2+(X_L-X_C)^2} = \sqrt{(6+2)^2+(10-4)^2}$

$= \sqrt{8^2+6^2} = \sqrt{100} = 10\Omega$이다.

80

정답 ②

상호 인덕턴스 $M = K\sqrt{L_1 L_2}$ 에 자체 인덕턴스와 결합계수를 대입하면 $M = K\sqrt{L_1 L_2} = 0.7\sqrt{40\times10} = 0.7\sqrt{400} = 14$H가 된다.

시대에듀

M E M O

서울교통공사 필기시험 답안카드

성 명

지원 분야

문제지 형별기재란	
(　　　)형	Ⓐ Ⓑ

수 험 번 호						
⓪	⓪	⓪	⓪	⓪	⓪	⓪
①	①	①	①	①	①	①
②	②	②	②	②	②	②
③	③	③	③	③	③	③
④	④	④	④	④	④	④
⑤	⑤	⑤	⑤	⑤	⑤	⑤
⑥	⑥	⑥	⑥	⑥	⑥	⑥
⑦	⑦	⑦	⑦	⑦	⑦	⑦
⑧	⑧	⑧	⑧	⑧	⑧	⑧
⑨	⑨	⑨	⑨	⑨	⑨	⑨

감독위원 확인
ⓘ인

1	①	②	③	④	⑤	21	①	②	③	④	⑤	41	①	②	③	④	⑤	61	①	②	③	④	⑤
2	①	②	③	④	⑤	22	①	②	③	④	⑤	42	①	②	③	④	⑤	62	①	②	③	④	⑤
3	①	②	③	④	⑤	23	①	②	③	④	⑤	43	①	②	③	④	⑤	63	①	②	③	④	⑤
4	①	②	③	④	⑤	24	①	②	③	④	⑤	44	①	②	③	④	⑤	64	①	②	③	④	⑤
5	①	②	③	④	⑤	25	①	②	③	④	⑤	45	①	②	③	④	⑤	65	①	②	③	④	⑤
6	①	②	③	④	⑤	26	①	②	③	④	⑤	46	①	②	③	④	⑤	66	①	②	③	④	⑤
7	①	②	③	④	⑤	27	①	②	③	④	⑤	47	①	②	③	④	⑤	67	①	②	③	④	⑤
8	①	②	③	④	⑤	28	①	②	③	④	⑤	48	①	②	③	④	⑤	68	①	②	③	④	⑤
9	①	②	③	④	⑤	29	①	②	③	④	⑤	49	①	②	③	④	⑤	69	①	②	③	④	⑤
10	①	②	③	④	⑤	30	①	②	③	④	⑤	50	①	②	③	④	⑤	70	①	②	③	④	⑤
11	①	②	③	④	⑤	31	①	②	③	④	⑤	51	①	②	③	④	⑤	71	①	②	③	④	⑤
12	①	②	③	④	⑤	32	①	②	③	④	⑤	52	①	②	③	④	⑤	72	①	②	③	④	⑤
13	①	②	③	④	⑤	33	①	②	③	④	⑤	53	①	②	③	④	⑤	73	①	②	③	④	⑤
14	①	②	③	④	⑤	34	①	②	③	④	⑤	54	①	②	③	④	⑤	74	①	②	③	④	⑤
15	①	②	③	④	⑤	35	①	②	③	④	⑤	55	①	②	③	④	⑤	75	①	②	③	④	⑤
16	①	②	③	④	⑤	36	①	②	③	④	⑤	56	①	②	③	④	⑤	76	①	②	③	④	⑤
17	①	②	③	④	⑤	37	①	②	③	④	⑤	57	①	②	③	④	⑤	77	①	②	③	④	⑤
18	①	②	③	④	⑤	38	①	②	③	④	⑤	58	①	②	③	④	⑤	78	①	②	③	④	⑤
19	①	②	③	④	⑤	39	①	②	③	④	⑤	59	①	②	③	④	⑤	79	①	②	③	④	⑤
20	①	②	③	④	⑤	40	①	②	③	④	⑤	60	①	②	③	④	⑤	80	①	②	③	④	⑤

※ 본 답안카드는 마킹연습용 모의 답안카드입니다.

〈절취선〉

서울교통공사 필기시험 답안카드

성 명

지원 분야

문제지 형별기재란	
(　　　)형	Ⓐ Ⓑ

수 험 번 호						
⓪	⓪	⓪	⓪	⓪	⓪	⓪
①	①	①	①	①	①	①
②	②	②	②	②	②	②
③	③	③	③	③	③	③
④	④	④	④	④	④	④
⑤	⑤	⑤	⑤	⑤	⑤	⑤
⑥	⑥	⑥	⑥	⑥	⑥	⑥
⑦	⑦	⑦	⑦	⑦	⑦	⑦
⑧	⑧	⑧	⑧	⑧	⑧	⑧
⑨	⑨	⑨	⑨	⑨	⑨	⑨

감독위원 확인
인

1	① ② ③ ④ ⑤	21	① ② ③ ④ ⑤	41	① ② ③ ④ ⑤	61	① ② ③ ④ ⑤
2	① ② ③ ④ ⑤	22	① ② ③ ④ ⑤	42	① ② ③ ④ ⑤	62	① ② ③ ④ ⑤
3	① ② ③ ④ ⑤	23	① ② ③ ④ ⑤	43	① ② ③ ④ ⑤	63	① ② ③ ④ ⑤
4	① ② ③ ④ ⑤	24	① ② ③ ④ ⑤	44	① ② ③ ④ ⑤	64	① ② ③ ④ ⑤
5	① ② ③ ④ ⑤	25	① ② ③ ④ ⑤	45	① ② ③ ④ ⑤	65	① ② ③ ④ ⑤
6	① ② ③ ④ ⑤	26	① ② ③ ④ ⑤	46	① ② ③ ④ ⑤	66	① ② ③ ④ ⑤
7	① ② ③ ④ ⑤	27	① ② ③ ④ ⑤	47	① ② ③ ④ ⑤	67	① ② ③ ④ ⑤
8	① ② ③ ④ ⑤	28	① ② ③ ④ ⑤	48	① ② ③ ④ ⑤	68	① ② ③ ④ ⑤
9	① ② ③ ④ ⑤	29	① ② ③ ④ ⑤	49	① ② ③ ④ ⑤	69	① ② ③ ④ ⑤
10	① ② ③ ④ ⑤	30	① ② ③ ④ ⑤	50	① ② ③ ④ ⑤	70	① ② ③ ④ ⑤
11	① ② ③ ④ ⑤	31	① ② ③ ④ ⑤	51	① ② ③ ④ ⑤	71	① ② ③ ④ ⑤
12	① ② ③ ④ ⑤	32	① ② ③ ④ ⑤	52	① ② ③ ④ ⑤	72	① ② ③ ④ ⑤
13	① ② ③ ④ ⑤	33	① ② ③ ④ ⑤	53	① ② ③ ④ ⑤	73	① ② ③ ④ ⑤
14	① ② ③ ④ ⑤	34	① ② ③ ④ ⑤	54	① ② ③ ④ ⑤	74	① ② ③ ④ ⑤
15	① ② ③ ④ ⑤	35	① ② ③ ④ ⑤	55	① ② ③ ④ ⑤	75	① ② ③ ④ ⑤
16	① ② ③ ④ ⑤	36	① ② ③ ④ ⑤	56	① ② ③ ④ ⑤	76	① ② ③ ④ ⑤
17	① ② ③ ④ ⑤	37	① ② ③ ④ ⑤	57	① ② ③ ④ ⑤	77	① ② ③ ④ ⑤
18	① ② ③ ④ ⑤	38	① ② ③ ④ ⑤	58	① ② ③ ④ ⑤	78	① ② ③ ④ ⑤
19	① ② ③ ④ ⑤	39	① ② ③ ④ ⑤	59	① ② ③ ④ ⑤	79	① ② ③ ④ ⑤
20	① ② ③ ④ ⑤	40	① ② ③ ④ ⑤	60	① ② ③ ④ ⑤	80	① ② ③ ④ ⑤

※ 본 답안카드는 마킹연습용 모의 답안카드입니다.

서울교통공사 필기시험 답안카드

성 명

지원 분야

문제지 형별기재란	
(　　　)형	Ⓐ Ⓑ

수 험 번 호						
⓪	⓪	⓪	⓪	⓪	⓪	⓪
①	①	①	①	①	①	①
②	②	②	②	②	②	②
③	③	③	③	③	③	③
④	④	④	④	④	④	④
⑤	⑤	⑤	⑤	⑤	⑤	⑤
⑥	⑥	⑥	⑥	⑥	⑥	⑥
⑦	⑦	⑦	⑦	⑦	⑦	⑦
⑧	⑧	⑧	⑧	⑧	⑧	⑧
⑨	⑨	⑨	⑨	⑨	⑨	⑨

감독위원 확인
(인)

1	① ② ③ ④ ⑤	21	① ② ③ ④ ⑤	41	① ② ③ ④ ⑤	61	① ② ③ ④ ⑤
2	① ② ③ ④ ⑤	22	① ② ③ ④ ⑤	42	① ② ③ ④ ⑤	62	① ② ③ ④ ⑤
3	① ② ③ ④ ⑤	23	① ② ③ ④ ⑤	43	① ② ③ ④ ⑤	63	① ② ③ ④ ⑤
4	① ② ③ ④ ⑤	24	① ② ③ ④ ⑤	44	① ② ③ ④ ⑤	64	① ② ③ ④ ⑤
5	① ② ③ ④ ⑤	25	① ② ③ ④ ⑤	45	① ② ③ ④ ⑤	65	① ② ③ ④ ⑤
6	① ② ③ ④ ⑤	26	① ② ③ ④ ⑤	46	① ② ③ ④ ⑤	66	① ② ③ ④ ⑤
7	① ② ③ ④ ⑤	27	① ② ③ ④ ⑤	47	① ② ③ ④ ⑤	67	① ② ③ ④ ⑤
8	① ② ③ ④ ⑤	28	① ② ③ ④ ⑤	48	① ② ③ ④ ⑤	68	① ② ③ ④ ⑤
9	① ② ③ ④ ⑤	29	① ② ③ ④ ⑤	49	① ② ③ ④ ⑤	69	① ② ③ ④ ⑤
10	① ② ③ ④ ⑤	30	① ② ③ ④ ⑤	50	① ② ③ ④ ⑤	70	① ② ③ ④ ⑤
11	① ② ③ ④ ⑤	31	① ② ③ ④ ⑤	51	① ② ③ ④ ⑤	71	① ② ③ ④ ⑤
12	① ② ③ ④ ⑤	32	① ② ③ ④ ⑤	52	① ② ③ ④ ⑤	72	① ② ③ ④ ⑤
13	① ② ③ ④ ⑤	33	① ② ③ ④ ⑤	53	① ② ③ ④ ⑤	73	① ② ③ ④ ⑤
14	① ② ③ ④ ⑤	34	① ② ③ ④ ⑤	54	① ② ③ ④ ⑤	74	① ② ③ ④ ⑤
15	① ② ③ ④ ⑤	35	① ② ③ ④ ⑤	55	① ② ③ ④ ⑤	75	① ② ③ ④ ⑤
16	① ② ③ ④ ⑤	36	① ② ③ ④ ⑤	56	① ② ③ ④ ⑤	76	① ② ③ ④ ⑤
17	① ② ③ ④ ⑤	37	① ② ③ ④ ⑤	57	① ② ③ ④ ⑤	77	① ② ③ ④ ⑤
18	① ② ③ ④ ⑤	38	① ② ③ ④ ⑤	58	① ② ③ ④ ⑤	78	① ② ③ ④ ⑤
19	① ② ③ ④ ⑤	39	① ② ③ ④ ⑤	59	① ② ③ ④ ⑤	79	① ② ③ ④ ⑤
20	① ② ③ ④ ⑤	40	① ② ③ ④ ⑤	60	① ② ③ ④ ⑤	80	① ② ③ ④ ⑤

※ 본 답안카드는 마킹연습용 모의 답안카드입니다.

〈절취선〉

서울교통공사 필기시험 답안카드

성 명

지원 분야

문제지 형별기재란	
(　　　)형	Ⓐ Ⓑ

수 험 번 호						
⓪	⓪	⓪	⓪	⓪	⓪	⓪
①	①	①	①	①	①	①
②	②	②	②	②	②	②
③	③	③	③	③	③	③
④	④	④	④	④	④	④
⑤	⑤	⑤	⑤	⑤	⑤	⑤
⑥	⑥	⑥	⑥	⑥	⑥	⑥
⑦	⑦	⑦	⑦	⑦	⑦	⑦
⑧	⑧	⑧	⑧	⑧	⑧	⑧
⑨	⑨	⑨	⑨	⑨	⑨	⑨

감독위원 확인
인

1	① ② ③ ④ ⑤	21	① ② ③ ④ ⑤	41	① ② ③ ④ ⑤	61	① ② ③ ④ ⑤
2	① ② ③ ④ ⑤	22	① ② ③ ④ ⑤	42	① ② ③ ④ ⑤	62	① ② ③ ④ ⑤
3	① ② ③ ④ ⑤	23	① ② ③ ④ ⑤	43	① ② ③ ④ ⑤	63	① ② ③ ④ ⑤
4	① ② ③ ④ ⑤	24	① ② ③ ④ ⑤	44	① ② ③ ④ ⑤	64	① ② ③ ④ ⑤
5	① ② ③ ④ ⑤	25	① ② ③ ④ ⑤	45	① ② ③ ④ ⑤	65	① ② ③ ④ ⑤
6	① ② ③ ④ ⑤	26	① ② ③ ④ ⑤	46	① ② ③ ④ ⑤	66	① ② ③ ④ ⑤
7	① ② ③ ④ ⑤	27	① ② ③ ④ ⑤	47	① ② ③ ④ ⑤	67	① ② ③ ④ ⑤
8	① ② ③ ④ ⑤	28	① ② ③ ④ ⑤	48	① ② ③ ④ ⑤	68	① ② ③ ④ ⑤
9	① ② ③ ④ ⑤	29	① ② ③ ④ ⑤	49	① ② ③ ④ ⑤	69	① ② ③ ④ ⑤
10	① ② ③ ④ ⑤	30	① ② ③ ④ ⑤	50	① ② ③ ④ ⑤	70	① ② ③ ④ ⑤
11	① ② ③ ④ ⑤	31	① ② ③ ④ ⑤	51	① ② ③ ④ ⑤	71	① ② ③ ④ ⑤
12	① ② ③ ④ ⑤	32	① ② ③ ④ ⑤	52	① ② ③ ④ ⑤	72	① ② ③ ④ ⑤
13	① ② ③ ④ ⑤	33	① ② ③ ④ ⑤	53	① ② ③ ④ ⑤	73	① ② ③ ④ ⑤
14	① ② ③ ④ ⑤	34	① ② ③ ④ ⑤	54	① ② ③ ④ ⑤	74	① ② ③ ④ ⑤
15	① ② ③ ④ ⑤	35	① ② ③ ④ ⑤	55	① ② ③ ④ ⑤	75	① ② ③ ④ ⑤
16	① ② ③ ④ ⑤	36	① ② ③ ④ ⑤	56	① ② ③ ④ ⑤	76	① ② ③ ④ ⑤
17	① ② ③ ④ ⑤	37	① ② ③ ④ ⑤	57	① ② ③ ④ ⑤	77	① ② ③ ④ ⑤
18	① ② ③ ④ ⑤	38	① ② ③ ④ ⑤	58	① ② ③ ④ ⑤	78	① ② ③ ④ ⑤
19	① ② ③ ④ ⑤	39	① ② ③ ④ ⑤	59	① ② ③ ④ ⑤	79	① ② ③ ④ ⑤
20	① ② ③ ④ ⑤	40	① ② ③ ④ ⑤	60	① ② ③ ④ ⑤	80	① ② ③ ④ ⑤

※ 본 답안카드는 마킹연습용 모의 답안카드입니다.

서울교통공사 필기시험 답안카드

성 명

지원 분야

문제지 형별기재란	
(　　　)형	Ⓐ Ⓑ

수 험 번 호						
⓪	⓪	⓪	⓪	⓪	⓪	⓪
①	①	①	①	①	①	①
②	②	②	②	②	②	②
③	③	③	③	③	③	③
④	④	④	④	④	④	④
⑤	⑤	⑤	⑤	⑤	⑤	⑤
⑥	⑥	⑥	⑥	⑥	⑥	⑥
⑦	⑦	⑦	⑦	⑦	⑦	⑦
⑧	⑧	⑧	⑧	⑧	⑧	⑧
⑨	⑨	⑨	⑨	⑨	⑨	⑨

감독위원 확인
㉞ 인

1	① ② ③ ④ ⑤	21	① ② ③ ④ ⑤	41	① ② ③ ④ ⑤	61	① ② ③ ④ ⑤
2	① ② ③ ④ ⑤	22	① ② ③ ④ ⑤	42	① ② ③ ④ ⑤	62	① ② ③ ④ ⑤
3	① ② ③ ④ ⑤	23	① ② ③ ④ ⑤	43	① ② ③ ④ ⑤	63	① ② ③ ④ ⑤
4	① ② ③ ④ ⑤	24	① ② ③ ④ ⑤	44	① ② ③ ④ ⑤	64	① ② ③ ④ ⑤
5	① ② ③ ④ ⑤	25	① ② ③ ④ ⑤	45	① ② ③ ④ ⑤	65	① ② ③ ④ ⑤
6	① ② ③ ④ ⑤	26	① ② ③ ④ ⑤	46	① ② ③ ④ ⑤	66	① ② ③ ④ ⑤
7	① ② ③ ④ ⑤	27	① ② ③ ④ ⑤	47	① ② ③ ④ ⑤	67	① ② ③ ④ ⑤
8	① ② ③ ④ ⑤	28	① ② ③ ④ ⑤	48	① ② ③ ④ ⑤	68	① ② ③ ④ ⑤
9	① ② ③ ④ ⑤	29	① ② ③ ④ ⑤	49	① ② ③ ④ ⑤	69	① ② ③ ④ ⑤
10	① ② ③ ④ ⑤	30	① ② ③ ④ ⑤	50	① ② ③ ④ ⑤	70	① ② ③ ④ ⑤
11	① ② ③ ④ ⑤	31	① ② ③ ④ ⑤	51	① ② ③ ④ ⑤	71	① ② ③ ④ ⑤
12	① ② ③ ④ ⑤	32	① ② ③ ④ ⑤	52	① ② ③ ④ ⑤	72	① ② ③ ④ ⑤
13	① ② ③ ④ ⑤	33	① ② ③ ④ ⑤	53	① ② ③ ④ ⑤	73	① ② ③ ④ ⑤
14	① ② ③ ④ ⑤	34	① ② ③ ④ ⑤	54	① ② ③ ④ ⑤	74	① ② ③ ④ ⑤
15	① ② ③ ④ ⑤	35	① ② ③ ④ ⑤	55	① ② ③ ④ ⑤	75	① ② ③ ④ ⑤
16	① ② ③ ④ ⑤	36	① ② ③ ④ ⑤	56	① ② ③ ④ ⑤	76	① ② ③ ④ ⑤
17	① ② ③ ④ ⑤	37	① ② ③ ④ ⑤	57	① ② ③ ④ ⑤	77	① ② ③ ④ ⑤
18	① ② ③ ④ ⑤	38	① ② ③ ④ ⑤	58	① ② ③ ④ ⑤	78	① ② ③ ④ ⑤
19	① ② ③ ④ ⑤	39	① ② ③ ④ ⑤	59	① ② ③ ④ ⑤	79	① ② ③ ④ ⑤
20	① ② ③ ④ ⑤	40	① ② ③ ④ ⑤	60	① ② ③ ④ ⑤	80	① ② ③ ④ ⑤

※ 본 답안카드는 마킹연습용 모의 답안카드입니다.

〈절취선〉

서울교통공사 필기시험 답안카드

성 명

지원 분야

문제지 형별기재란	
(　　　)형	Ⓐ Ⓑ

수 험 번 호						
⓪	⓪	⓪	⓪	⓪	⓪	⓪
①	①	①	①	①	①	①
②	②	②	②	②	②	②
③	③	③	③	③	③	③
④	④	④	④	④	④	④
⑤	⑤	⑤	⑤	⑤	⑤	⑤
⑥	⑥	⑥	⑥	⑥	⑥	⑥
⑦	⑦	⑦	⑦	⑦	⑦	⑦
⑧	⑧	⑧	⑧	⑧	⑧	⑧
⑨	⑨	⑨	⑨	⑨	⑨	⑨

감독위원 확인
(인)

1	① ② ③ ④ ⑤	21	① ② ③ ④ ⑤	41	① ② ③ ④ ⑤	61	① ② ③ ④ ⑤
2	① ② ③ ④ ⑤	22	① ② ③ ④ ⑤	42	① ② ③ ④ ⑤	62	① ② ③ ④ ⑤
3	① ② ③ ④ ⑤	23	① ② ③ ④ ⑤	43	① ② ③ ④ ⑤	63	① ② ③ ④ ⑤
4	① ② ③ ④ ⑤	24	① ② ③ ④ ⑤	44	① ② ③ ④ ⑤	64	① ② ③ ④ ⑤
5	① ② ③ ④ ⑤	25	① ② ③ ④ ⑤	45	① ② ③ ④ ⑤	65	① ② ③ ④ ⑤
6	① ② ③ ④ ⑤	26	① ② ③ ④ ⑤	46	① ② ③ ④ ⑤	66	① ② ③ ④ ⑤
7	① ② ③ ④ ⑤	27	① ② ③ ④ ⑤	47	① ② ③ ④ ⑤	67	① ② ③ ④ ⑤
8	① ② ③ ④ ⑤	28	① ② ③ ④ ⑤	48	① ② ③ ④ ⑤	68	① ② ③ ④ ⑤
9	① ② ③ ④ ⑤	29	① ② ③ ④ ⑤	49	① ② ③ ④ ⑤	69	① ② ③ ④ ⑤
10	① ② ③ ④ ⑤	30	① ② ③ ④ ⑤	50	① ② ③ ④ ⑤	70	① ② ③ ④ ⑤
11	① ② ③ ④ ⑤	31	① ② ③ ④ ⑤	51	① ② ③ ④ ⑤	71	① ② ③ ④ ⑤
12	① ② ③ ④ ⑤	32	① ② ③ ④ ⑤	52	① ② ③ ④ ⑤	72	① ② ③ ④ ⑤
13	① ② ③ ④ ⑤	33	① ② ③ ④ ⑤	53	① ② ③ ④ ⑤	73	① ② ③ ④ ⑤
14	① ② ③ ④ ⑤	34	① ② ③ ④ ⑤	54	① ② ③ ④ ⑤	74	① ② ③ ④ ⑤
15	① ② ③ ④ ⑤	35	① ② ③ ④ ⑤	55	① ② ③ ④ ⑤	75	① ② ③ ④ ⑤
16	① ② ③ ④ ⑤	36	① ② ③ ④ ⑤	56	① ② ③ ④ ⑤	76	① ② ③ ④ ⑤
17	① ② ③ ④ ⑤	37	① ② ③ ④ ⑤	57	① ② ③ ④ ⑤	77	① ② ③ ④ ⑤
18	① ② ③ ④ ⑤	38	① ② ③ ④ ⑤	58	① ② ③ ④ ⑤	78	① ② ③ ④ ⑤
19	① ② ③ ④ ⑤	39	① ② ③ ④ ⑤	59	① ② ③ ④ ⑤	79	① ② ③ ④ ⑤
20	① ② ③ ④ ⑤	40	① ② ③ ④ ⑤	60	① ② ③ ④ ⑤	80	① ② ③ ④ ⑤

※ 본 답안카드는 마킹연습용 모의 답안카드입니다.

2025 하반기 시대에듀 서울교통공사 통합기본서

개정10판1쇄 발행	2025년 09월 10일 (인쇄 2025년 08월 25일)
초 판 발 행	2017년 10월 30일 (인쇄 2017년 10월 13일)
발 행 인	박영일
책 임 편 집	이해욱
편 저	SDC(Sidae Data Center)
편 집 진 행	여연주 · 김미진
표지디자인	현수빈
편집디자인	양혜련 · 장성복
발 행 처	(주)시대고시기획
출 판 등 록	제10-1521호
주 소	서울시 마포구 큰우물로 75 [도화동 538 성지 B/D] 9F
전 화	1600-3600
팩 스	02-701-8823
홈 페 이 지	www.sdedu.co.kr

I S B N	979-11-383-9833-6 (13320)
정 가	25,000원

서울 교통공사

통합기본서

최신 출제경향 전면 반영

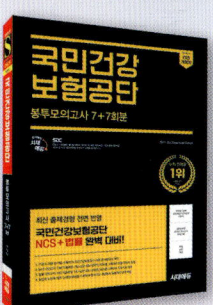

NEXT STEP
시대에듀가 합격을 준비하는
당신에게 제안합니다.
성공의 기회
시대에듀를 잡으십시오.
시대에듀
기회란 포착되어 활용되기 전에는 기회인지조차 알 수 없는 것이다.
– 마크 트웨인 –